国家社科基金
GUOJIA SHEKE JIJIN HOUQI ZIZHU XIANGMU
后期资助项目

# 太谷学派文献研究

张进　著

九州出版社
JIUZHOUPRESS　全国百佳图书出版单位

**图书在版编目（CIP）数据**

太谷学派文献研究 / 张进著. -- 北京 ：九州出版
社，2024. 12. -- ISBN 978-7-5225-3195-3

Ⅰ. B249.95

中国国家版本馆CIP数据核字第20242HU022号

**太谷学派文献研究**

| | |
|---|---|
| 作　者 | 张　进　著 |
| 责任编辑 | 邹　婧 |
| 出版发行 | 九州出版社 |
| 地　址 | 北京市西城区阜外大街甲 35 号（100037） |
| 发行电话 | (010)68992190/3/5/6 |
| 网　址 | www.jiuzhoupress.com |
| 印　刷 | 北京捷迅佳彩印刷有限公司 |
| 开　本 | 710 毫米×1000 毫米　16 开 |
| 印　张 | 30.75 |
| 字　数 | 530 千字 |
| 版　次 | 2024 年 12 月第 1 版 |
| 印　次 | 2024 年 12 月第 1 次印刷 |
| 书　号 | ISBN 978-7-5225-3195-3 |
| 定　价 | 108.00 元 |

# 国家社科基金后期资助项目
# 出版说明

后期资助项目是国家社科基金设立的一类重要项目，旨在鼓励广大社科研究者潜心治学，支持基础研究多出优秀成果。它是经过严格评审，从接近完成的科研成果中遴选立项的。为扩大后期资助项目的影响，更好地推动学术发展，促进成果转化，全国哲学社会科学工作办公室按照"统一设计、统一标识、统一版式、形成系列"的总体要求，组织出版国家社科基金后期资助项目成果。

全国哲学社会科学工作办公室

# 序言一

祝贺张进大作《太谷学派文献研究》正式出版！

太谷学派起于淮扬，兴于江淮，蔓延苏鲁，且辐射京、津、陕、甘、新疆和东北，其学衍流各地。该学派谱系清晰，加之吸纳下层民众，传闻神异。其学宗儒兼释道，是一个典型的区域民间学派，被称为"中国最后一个民间传统儒家学派"。研究中国学术史和区域社会史的学者，都曾不同程度地关注过太谷学派。

对于许多学者而言，太谷学派是一个难以涉猎的研究领域，曾被视为晚清的"绝学"。这中间缘由既有太谷学派组织的"述而不作"的隐秘传道，外人难以窥其内貌，更重要的是，太谷学派的文献散存海内外，少有人窥其全貌且文献研究异常薄弱。尽管太谷学派的部分文献，曾有过晚清时期汪全泰整理编辑的《周氏遗书》，以及民国时期张德广先后编辑整理《归群宝籍》243卷33种、《归群宝籍总目》31卷、《归群宝籍续编》36卷39种等，总计90种307卷；此外，另有《归群词丛》等，但张德广编辑整理太谷学派文献的目的并不在于公开太谷学派的学说和它的信仰，这些太谷学派文献并不轻易示人。张德广去世之后，所编太谷学派文献流传不明，其所编之书仅向刘鹗之子刘大绅提供过目录抄本。除张德广提供的文献外，太谷学派还有一部"刘家本"传世，即汪全泰所编的《周氏遗书》，曾由张积中继承并带至山东。张积中在黄崖山聚众期间，将《十三经或问》及其他遗篇汇集合成《周氏遗书》，除他自己留存一部外，另抄一部送给了李光炘。学派内部称前者为"北本"，后者为"南本"。李光炘组织龙川弟子抄录12份，分存于他的弟子黄葆年、蒋文田、刘鹗、毛庆蕃、谢逢源等处。刘鹗逝世后所藏的"南本"，其书由其继室郑安香转交于刘鹗之子刘大绅处，所传即为"刘家本"。1957年，刘大绅之子刘蕙孙以"刘家本"及张德广向其父亲所提供的《归群宝籍目录》及《续编目录》，撰写成《太谷学派的遗书》一文，首度向外界公布了"太谷学派遗书"的书目。1992年，刘蕙孙的高足，福建师范大学方宝川教授在盛成、刘蕙孙、严薇清等人的支持帮助下，分别在 1997 年、1998 年、2001 年完成了《太谷学派遗书》（1—3 辑）共 17 册，由广陵古籍刻印社王明发担任责任编辑正式出版，为太谷学派文献的整理做出了巨大的贡献。

张进的国家社科基金后期资助项目《太谷学派文献研究》的完成，是在前人整理研究太谷学派文献的基础上，做了更加系统更加全面的梳理、考订与诠释，是迄今所见研究太谷学派文献的集大成者。该成果有三大特点：

其一，该书首次对太谷学派文献进行了全景式集中扫描，从时空两个维度探讨了太谷学派文献的分布情况，梳理了太谷学派文献的形成与传播的进程；同时全面系统地收集了太谷学派以稿本、抄本为主的各类文献，勾勒了太谷学派的学术传承、演变和组织架构的脉络，基本廓清了太谷学派文献的底数。该书首次统计了太谷学派已知文献的总数为 352 种，存世为 200 多种，并列出了太谷学派文献书目的简表。这对于研究太谷学派是极有参考价值的，它克服了太谷学派文献研究中的"碎片化"的倾向。

其二，该书在梳理研究太谷学派历史的基础上，首次将太谷学派文献的生成总结为八次整理阶段，这基本符合太谷学派文献历史发展的逻辑。同时该书对太谷学派文献进行了宏观分析和具体的考辨，并且在《太谷学派遗书》的基础上，对现存所有太谷学派的文献开展了深度的探究，考辨版本，剖析内容，校对讹误，钩稽辑佚，考其著年等，显示了作者深厚的学术素养和研究功底。

其三，该书中开展的对太谷学派学人文献的个案研究，对太谷学派和其相关的区域学派的研究，是具有重要价值的。该书以太谷学派学术传承的顺序为经，以周太谷、张积中、李龙川、黄葆年等太谷学派的创建者和重要传承人的活动为纬，分人别类整理研究其存世文献的内容、数量、特点，展示了太谷学派从创立者周太谷到其后学派的传承人的传习活动、治学特点、学术成就和各自不同的心路历程，对研究太谷学派有重要的价值。特别是该书在对太谷学派与泰州学派以及扬州学派等区域学派的比较研究中，分析总结了上述三个学派各自的特殊性和普遍性，得以管窥太谷学派历史文献的堂奥，展示中国区域学派的特点，进而对太谷学派进行了辩证的分析，指出了太谷学派历史文献的底蕴与历史价值等，这是很有见地的。

扬州是太谷学派的诞生地，也是太谷学派研究的重镇。21 世纪以来，随着刘蕙孙、盛成、陈辽等老一代学者的先后逝去，海内外一批新学者开始担纲并继续推动了太谷学派研究。由我所负责的扬州大学"淮扬文化研究中心"，作为江苏省哲学社会科学研究的基地，以中国史一级学科博士点为学科基础，以太谷学派研究为重要的研究方向，长期坚持开展太谷学派研究，先后出版了《太谷学派史稿》《太谷学派生存与信仰研究》《张积中年谱》《李光炘与太谷学派南宗研究》《黄葆年与太谷学派研究》等著作，发表了《徘徊于学派与教派之间的活化石——太谷学派发展轨迹探讨》《危机与应对——黄崖教案后的李光炘与太谷学派》等数十篇有关太谷学派研究的学术论文，先后获得了教育部人文社科项目、国家社科基金项目国家社科基金后期资助项目以及江苏省人文社科基金重点规划项目的资助等，有力推动了太谷学派研究的不断拓展和深入。

张进副教授是我在 2007 年指导的博士研究生，其博士论文《李光炘与太谷学派南宗研究》，开启了其个人研究太谷学派的学术之路。此次完成《太谷学派文献研究》的项目，获得了 2019 年国家社科基金后期资助。四年间，其不分寒暑，长期奔走在国内各大图书馆、档案馆，查阅、收集整理各类有关太谷学派文献的稿本、抄本和相关书籍，终于完成了这一力作，可喜可贺！期待张进百尺竿头，更进一步，为太谷学派研究做出更大贡献！期待张进有更多的研究太谷学派的佳作问世！

周新国

江苏省历史学会会长；原扬州大学副校长、教授、博导

# 序言二

继《李光炘与太谷学派南宗研究》之后，张进博士又一部太谷学派的研究力作——《太谷学派文献研究》即将付梓，作为相知多年的师友，我为此感到由衷的高兴。

太谷学派真正进入世人视野，是由于其在清同治五年（1866）十月于山东肥城、长清两县间造成的"黄崖教案"。之前，创教人周太谷虽开山传道，设帐授徒，弟子张积中在黄崖山据崖结寨、聚徒讲学，但影响不大。"黄崖教案"中，张积中及其教徒死伤千余，成为轰动一时的大血案，加上这时清政府判定太谷学派为"邪教"，才引起朝野关注。"黄崖教案"是不是"冤案"？太谷学派是何种性质的组织？教案后，无论朝野还是学界，都有截然相反的看法。我个人认为，看法的不同，主要源于观察者的立场和视角的差异。"黄崖教案"以前，太谷学派已经成为一个独立于主流社会之外的"异端"宗教组织——有糅合儒、释、道三教民间信仰、隐秘的经卷（所谓"圣经"等）、教主（周太谷）崇拜、师徒授受、对教徒的精神和人身控制、集群行为、较为稳定的活动场所和钱财来源等，但是，礼乐教化和驭民养民是国家的政治职能和垄断权力，当太谷学派开始"僭越"地行使这些政府职能、试图分享国家权力的时候，从清政府的立场来看，理所当然地要目之为"邪教"（因为太谷学派本身具有清朝律例所确定的"邪教"要件），加以清剿。看法的不同，也与观察视角有关。太谷学派（尤其是"归群弟子"）后人以为，前人之所以对"黄崖教案"、太谷学派性质和评价莫衷一是，是由于对学派内部流传的口头、文字经卷（遗书）不了解或不熟悉，只要认真地搜集、研读这些经卷文献，就可以认定太谷学派是一个传授和研究民间儒学的学术团体。其实，秘密社会（包括民间宗教）史学者在观察分析其研究对象时，往往侧重于对象的组织行为，特别是这些行为的秘密性（地下性）、集群性以及抗衡于政府或主流社会的程度（互助性或互助行为，不是关注重点，因为"互助"，是任何一个地下和地上组织的最基本职能）。历史上有影响的民间秘密教派，一般都有长久流传的经卷，这些经卷基本都是为灌输儒、释、道三教合一信仰（虽然各有侧重）服务的，而三教合一这个信仰，是政府和主流社会可以容忍并加以利用的。一些经卷中虽有少量晦涩难解的煽动叛乱之字句，但很少，并且，在传抄和流布过程中，被不断地篡改或删除。判定团体组织的民间宗教属性，不能仅从经卷文本着手。

张进博士和我是亦师亦友的关系。他念本科、硕士和博士时，都上过我的课。念本科时，他就开始了解和研究太谷学派。他硕士毕业留校后，由于都从事中国近现代史研究缘故，我们时常交流切磋，过从甚密，结下了深厚的友谊。张进博士平时为人诚朴慎言、敏思笃行，治学上刻苦钻研，勤勉耕耘，所出成果经得起历史检验。文如其人，言为心声，他为读者呈献的这部《太谷学派文献研究》，也是一部功力深厚、结论公允、有重要学术创新的著作。

通读该书，我认为它有如下特点：

一是史料丰富，持论有据。史料是史学研究的基础。一部优秀的史学著作，需要作者有扎实的史料搜集、鉴别、利用功底，以保证史实构建和呈现的真实性、所下结论的可靠性。张进博士不畏艰难，打破砂锅问到底，搜集、鉴别了大量太谷学派弟子的著作，基本摸清了太谷学派弟子人数、太谷学派文献底数。注意新史料的挖掘，尤其是电子文献、新出版史料（如人物日记）等。

二是视角独到、方法得当。民间文献是深藏于民间社会的信息载体，在乡村百姓的日常生活中逐渐生成，对所谓"重回历史现场"、再现民众生活史至关重要。对民间文献的搜集和研究，虽是目前学界的一个热点，但视角集中在族谱家谱、墓志碑刻、法律文书、说唱宝卷等，而对一个基层民间学派文献进行系统搜集研究，该书起到了开先河的作用。在研究方法上，该书以唯物史观为指导，以历史文献学研究方法为主导，有机地运用了社会学、宗教学、传播学以及发生学等学科的一些理论和方法，多维度、多层次、有针对性地深入剖析太谷学派文献。

三是结构缜密、观点新颖。张进是一个体大思精的人。该书在宏观架构的设计上，纵向描述太谷学派文献编撰、整理、刊行和传播的历史进程，勾勒学派文献思想衍变和组织发展脉络；横向论述学派各重要代表人物的生平历史、传道经历、学术贡献等，阐释其学术谱系和思想内涵；在微观辨析考据上，作者对学派文献辨别真伪、比较版本、订正讹误、辑佚遗文、考述著年、提要内容、总结价值等，都殚精竭虑，呕心沥血。该书也提出许多有价值的新观点。如，通过对太谷学派文献的系统研究，作者提出，从文献视角，可以揭示学派"传承的基本路径，就是从民间儒学组织一度向民间宗教方向蜕变，再转为民间学术组织的发展历程，其学术性在蜕变的过程中则不断得到增强和凸显"，"太谷学派在肇始阶段，虽然具有一定的民间宗教色彩，但是李光炘、黄葆年、蒋文田则有意消除其宗教性而不断强化其学术性，特别是经过王瀣、钟泰、叶玉麟等人的努力，太谷学派的学术性逐渐增强，学术发展亦日益走向精专，《王伯沆〈点评四书五经〉》、钟泰的《中国哲学史》《庄子发微》《荀注集解》即是明证，叶玉麟的白话译解古籍亦具有极高的学术价值，这些著述使得太谷学派的学术属性实至名归"。这种观点，令人耳目一新。

张进读书多，涉猎广，经常无私地给师友、同仁提供他看到的史料。他知道我从事秘密社会史研究，曾多次在微信、邮箱上给我发来天地会、哥老会和青帮史料。我编我的导师祁龙威先生文集的时候，他发来一条《钟泰著作集·钟泰日录》上的记载：1949 年 4 月 17 日，"午后，（徐）振流偕祁龙威来顾。祁，金松岑门人也。出所作《松岑传》相示"。祁先生在 1949 年前曾经写过《松岑传》，这是我以前不知道的。用这条史料，结合祁先生 1947 年为其师金松岑辑校《天放楼文言遗集》并撰写《序言》，我确定了祁先生的学术研究活动起步于建国以前。另外，这次我读张进《太谷学派文献研究》，才知道"归群弟子"钟泰和金松岑相交甚厚，也才明白祁先生为什么去拜见钟泰并请他斧正《松岑传》。我曾撰写过《淮军名将李长乐》一文，所用史料主要是刘孚京所写的两篇李长乐传记文。我心中一直有一个疑问，江西南丰的刘孚京，为什么会给淮军将领李长乐写传记？也是这次读《太谷学派文献研究》，知道了刘孚京及其多位家人原来是"归群弟子"，与"龙川弟子"毛庆蕃等人、学者陈三立多有交谊，如此，他为"龙川弟子"李长乐写传记就不奇怪了。这也是我读《太谷学派文献研究》的收获。

当然，该书也不是十全十美。作者对太谷学派的弟子人数、文献总数虽做了艰苦细致的"摸底"工作，但毕竟只是摸底，还谈不上完备和穷尽。对一些文献文本的深度解读，还有待加强。等等。这些，需要作者作进一步的努力。是为序。

吴善中

2024 年 11 月 16 日

# 目　录

绪　论 ……………………………………………………………… 1

第一章　太谷学派文献的生成与传播 …………………………… 24

　　第一节　太谷学派文献的生成历程 ………………………… 24

　　第二节　太谷学派文献的传播进程 ………………………… 45

第二章　太谷学派文献概述 ……………………………………… 65

　　第一节　太谷学派文献的总体状况 ………………………… 65

　　第二节　太谷学派文献的主要特点 ………………………… 84

第三章　周太谷及太谷弟子著述 ………………………………… 102

　　第一节　周太谷的生平与传学 ……………………………… 102

　　第二节　周太谷的著述 ……………………………………… 105

　　第三节　太谷弟子及其著述 ………………………………… 118

第四章　张积中及黄崖弟子著述 ………………………………… 142

　　第一节　张积中的生平与传学 ……………………………… 142

　　第二节　张积中的著述 ……………………………………… 149

　　第三节　黄崖弟子及其著述 ………………………………… 173

第五章 李光炘及龙川弟子著述 ·················· 194

　　第一节 李光炘的生平与传学 ·················· 194

　　第二节 李光炘的著述 ·················· 198

　　第三节 李光炘的龙川弟子 ·················· 217

第六章 黄葆年及归群弟子著述 ·················· 270

　　第一节 黄葆年的生平与传学 ·················· 270

　　第二节 黄葆年的著述 ·················· 275

　　第三节 归群弟子及其著述 ·················· 331

第七章 太谷学派文献的成就与局限 ·················· 439

　　第一节 太谷学派文献的成就 ·················· 439

　　第二节 太谷学派文献的局限 ·················· 453

参考文献 ·················· 460

后　记 ·················· 477

# 绪　论

## 一、选题的原由及研究意义

清代嘉庆、道光年间，太谷学派肇兴于江淮，拓展至齐鲁，流衍到京津、陕甘、闽赣及东北、新疆等地，流布几近大半个中国。太谷学派谱系清晰、流衍四方，其创始人为周毂（号太谷）。太谷学派作为区域性学术组织的典型代表，作为"清代学术之旁流支节"[①]，被称为"中国最后一个民间传统儒家学派"[②]。

太谷学派属于民间儒学流派，且具一些宗教神秘色彩，尤其是黄崖教案后传学活动更为形迹幽隐、神秘不显，外界更是难以一窥全豹。晚清民国年间，时人先后以"大成教""在理教""在礼教""黄崖教""崆峒教""空同教""太谷教""泰州教""大学教"等名称之。太谷学派初无其名，周太谷及其门弟子均以"圣功弟子"自称。民国戊午年（1918年），马其昶撰写《学部左丞乔君墓表》一文，首次提出"太谷学派"之名[③]。1927年，卢冀野先生在《东方杂志》上发表《太谷学派之沿革及其思想》[④]一文，产生很大的社会反响，"太谷学派"遂定名，此后为学术界一直沿

---

① 卢冀野：《太谷学派之沿革及其思想——清学旁搜记》，《东方杂志》第二十四卷第十四号（1927），第71页。

② 陈辽：《太谷学派：我国传统儒家的最后一个学派》，《益阳师专学报》1990年第4期，第5页。

③ 1918年，马其昶为太谷学派归群弟子乔树枏撰写墓表，其云："先是道咸间，石埭周先生星垣讲性命之学，推以致用，石琴与同邑李光炘晴峰皆从之游。晴峰再传泰州黄葆年锡朋，所谓'太谷学派'者也。"（马其昶：《学部左丞乔君墓表 戊午》，《抱润轩文集》文十六页四，民国十二年版，载《清代诗文集汇编》编纂委员会编《清代诗文集汇编》第781册，上海古籍出版社，2010，第338页。）此文的写作时间明显早于卢冀野的《太谷学派之沿革及其思想——清学旁搜记》，故马其昶实为提出"太谷学派"的第一人。

④ 卢冀野：《太谷学派之沿革及其思想——清学旁搜记》，《东方杂志》第二十四卷第十四号（1927），第71页。

用至今。①

太谷学派作为"徘徊于学派与教派之间的活化石"②，是考察近代中国民间学派和民间宗教相互影响及其流变的极其重要和珍贵的典型"样本"。20世纪70年代以后，太谷学派得到国际学术界的极大关注。一些国外学者和国际组织对太谷学派表现出极大兴趣。③1977年10月，日本学者樽本照雄创办《清末小说研究》（从第8期起改为《清末小说》），1986年又创办《清末小说通讯》，专门从事清末小说研究，其中对刘鹗及《老残游记》多有涉及，同时收集相当数量的刘鹗在日本活动的史料。④1985年，联合国派人来调查走访太谷学派，由于未能找到门径，结果空手而返。⑤1993年，著名汉学家、德国慕尼黑大学的屈汉斯教授在福建师范大学刘蕙孙、方宝川等人陪同下，在江苏泰州、扬州和仪征等地专门考察太谷学派活动的历史遗迹。此外，"美国书画网"网站上设有"福建刘蕙孙教授学术文化馆"，通过其子栏目"太谷学派"，展示李光炘、黄葆年、蒋文田、谢逢源、朱玉川、江峨、刘鹗、诸乃方、赵永年、杨士晟、李泰阶、江泰初、达锡纯等一批太谷学人的书画作品。⑥这些作品不仅具有很高的史料价值，而且彰显太谷学派研究的国际意义，无形之中推动国人开展相关学术研究。

进入新时代，我国学术研究的基本氛围和基础条件日趋成熟和完善，为太谷学派研究尤其是太谷学派文献研究提供了良好的历史机遇。本书对太谷学派文献进行的全面系统的研究，在学术界尚属首次，对认识太谷学派的学术风貌乃至中国近现代学术史的发展流变都大有裨益。本书的理论意义、学术价值和现实意义主要表现为三个方面：

其一，对太谷学派文献进行全景式扫描，力图从历史与社会的高度研讨太谷学派文献的产生与发展，从中国学术史的角度分析太谷学派的学术特点，从时空两个维度上探讨太谷学派文献的分布，进而总结太谷学派的发展规律和学术地位。从学术流衍上分析，太谷学派既传承、发展着宋、明以来的理学思想，又与晚清民国时期的学术文化直接联接、互动，具有

① 刘蕙孙：《〈太谷学派遗书〉序》，《南京理工大学学报》（哲学社会科学版）1998年第5期，第28页。
② 周新国：《徘徊于学派与教派之间的活化石——太谷学派发展轨迹探讨》，《扬州大学学报》（人文社会科学版）2010年第3期，第1页。
③ 朱季康、刘弘遠编著《张积中年谱》，南京大学出版社，2009，第253页。
④ ［日］樽本照雄：《清末小说研究集稿》，陈薇译，齐鲁书社，2006。
⑤ 徐允明：《太谷学派遗书访问记》，《江苏社联通讯》1988年Z2期，第28页。
⑥ 参见 http://www.uscalligraphyart.com/forumdisplay.php?fid=250&page=1。

明显的学术赓续关系。太谷学派的发展、衍变的历史轨迹，不仅具有复杂性、多变性，而且具有阶段性、独特性，很难使用单一色调或线性方式去简单描绘、粗疏勾勒其历史面貌。因此，太谷学派文献研究不仅有助于梳理和厘清太谷学派的学术传承、思想演变和架构流衍的历史脉络，而且通过对太谷学派的"辨章学术，考镜源流"，探讨和确定其在中国学术史、思想史和文化史上的地位和作用，可弥补以往太谷学派研究中的一些疏漏和缺憾。

其二，以区域性历史文献的微观研究为抓手，切入中国历史文献的研究。太谷学派文献研究，以地域性的历史文献为研究对象，由此入门，以求管窥中国历史文献的堂奥，辨识中国历史文献的内蕴。太谷学派作为近代民间儒学的重要分支，为丰富和发展中国学术史提供了一个独特的研究视角和生动案例，正如王学钧所言："这个学派至少含有一项特殊的意义和价值，我以为，那就是在中西冲突与融汇中比较明显地表现出中国文化传统的活力，特别是在民间的活力。而这一点，可以说是我们现在研究中国近代历史文化一个应当引起重视的课题。"① 从整体把握和准确理解中国学术史的视角出发，研究区域性的文化学派和学术人物是非常必要的，对太谷学派人物及其文献进行实事求是地分析、评价，无疑具有极高的学术价值。

其三，在太谷学派文献总体研究中开展个案研究，通过巨细结合、层层深入，探求太谷学派文献中的个人特色和共性特征以及太谷学派文献的独特魅力和特殊意蕴。在长期的流传过程中，太谷学派遗书虽然大量散佚，但是留下为数不少的文献资料，这些材料成为研究中国近代学术史、思想史和文化史的珍贵史料。从目前发现和整理出来的太谷学派文献来看，其体量颇大，思想内容丰富，其中不少论著可视为学术研究的佳作，其代表人物从周太谷到张积中、李光炘，由黄葆年、蒋文田及谢逢源、刘鹗，经李泰阶、黄仲素至王伯沆、钟泰、刘大绅等，都留下颇具价值的著述。太谷学派文献大多属于孤本，本身就具有重要的文献价值和学术意义，这样一笔宏富的学术遗产，对于中国近代史研究具有重要的参考价值，理应在文献整理和深入研究的基础上，加以批判性地传承。在建设江苏"文化强省"的进程中，研究江苏地方文化史上重要流派之一的太谷学派，不仅是传承和发展地方文化的现实需要，而且是增强地方文化软实力的重要环节，因此本书具有重要的理论意义和现实价值。

---

① 王学钧：《太谷学派研究的基础工程——读〈太谷学派遗书〉》，《南京理工大学学报》（哲学社会科学版）1998 年第 4 期，第 28—29 页。

总之，太谷学派文献研究不仅有助于我们认识传统儒学在近代民间社会的发展、传播和演变以及民间儒学宗教化的演变及其趋势，传统儒学在"三教合一"思潮中的地位和作用等问题，而且能为新时代传统儒学的现代传承和发展提供有益的历史借鉴和学术参考。

## 二、国内外研究综述

### （一）"盲人说象"阶段（1926 年之前）

太谷学派作为传统儒学"民间的暗流"，其讲学传道的方式、方法和路径与传统儒学有着一定差别。太谷学派采取"述而不作""心口相传"的方式，这更凸显其神秘感，加之其思想学说宗儒并兼释道，杂糅学术并附会有各种传闻神异，再加上其活动方式独特、组织结构隐秘，常使人有神龙见首不见尾之感。

黄崖教案的直接冲击，使得太谷学派一度转入地下，太谷学人更是韬潜避祸，使其文献不征而更加隐秘不显。普通的太谷学派弟子基本看不到完整书卷，幸运者只能偶尔从山长口中获得少量的传学语录。正如刘蕙孙所云："（太谷学派）诸先生遗书，亦自同治五年'黄崖教案'以后，矜深秘藏，不以示人。门弟子本以避祸外人，遂文饰附会为种种不经之谈。"①

由于太谷学派严格限制其文献传播的方式和范围，导致学派及其文献不为世人所知，正如卢冀野的深度剖析："何'太谷派'之不闻于世也？其理由有二：力在修行，不尚华表，一也。口心递受，不著文辞，二也。"②太谷学派文献多在内部流传，对外鲜有传布，甚至使人产生太谷学派基本没有文献传世的错觉。1905 年，张南陔为李光炘《龙川诗抄》作题跋时③，痛感太谷学派少有文献存世而唏嘘不已，"惜乎周星垣《太谷经》不可得见，李晴峰学说亦未流布，仅传龙川诗一卷，而《军兴记》与《庄谐选录》记张石琴学说，则率皆耳食未足据"④。

---

① 刘蕙孙：《〈儒宗心法〉跋》，收入刘德隆、朱禧、刘德平编《刘鹗及〈老残游记〉资料》，四川人民出版社，1985，第 564 页。
② 卢冀野：《太谷学派之沿革及其思想——清学旁搜记》，《东方杂志》第二十四卷第十四号（1927），第 74 页。
③ 跋言末有"光绪乙巳春，南陔识于宣武城南半截胡同寓斋。"张南陔：《〈龙川先生诗抄〉跋》，载《佚丛甲集·龙川先生诗抄》，页三十九，收入殷梦霞、王冠选编《古籍佚书拾存》（第八册），北京图书馆出版社，2003，第 365 页。1915 年，此文收入黄人（摩西）所编《大狱记》中，张南陔改用笔名仟因子。王文濡：《说库·大狱记》，广陵书社，2008，第 1938 页。
④ 张南陔：《〈龙川先生诗抄〉跋》，载《佚丛甲集·龙川先生诗抄》，页三十九，收入殷梦霞、王冠《古籍佚书拾存》（第八册），北京图书馆出版社，2003，第 366 页。

太谷学派长期矜秘不外传，其文献支离零散、难窥全貌，因此引发社会人士的肆意揣测，各种神奇怪诞说法不胫而走，以至于出现歪曲事实、以讹传讹的情况。一些文人墨客更将其视为民间宗教，抑或邪教之流，因此太谷学派作为"清学有一支流焉，不为世所称道；间有耳其名者，则厚诬之"①。刘蕙孙对此作过很好的解释："（周太谷）先生遗书都十二册，弟子数传至万人，以触于世主，书不刊行。世不白，至诬为符水、容成之术，号之为大成教、大学教，甚至为骷髅白骨教。遗书厚滋家藏有一部，他以苏州张丈令䫉所收最多，颇有意刊以行世而不得，致潜德不彰，慨夫！"②

受到时代和条件的制约，民间一般习惯将政府立场作为自己的看法，既然官方将黄崖山事件定性为"教案"，太谷学派即被民间当作"邪教"，百姓亦将张积中视为"邪教教主"。同治十三年（1874年），《山东军兴纪略》③由管晏、张曜等人编撰而成，其中第二十一卷为《黄崖教匪》，显然作者将张积中及太谷学派北宗视为"邪教"或"叛匪"。此书对黄崖事件的记述，虽然以上谕、奏稿等官方公牍为主要依据，但是其中不乏诬蔑之词和不实捏造。④此书可以视作官方对黄崖事件的态度。光绪五年（1879年），戴莲芬《鹂砭轩质言》中《黄崖教匪》⑤一文基本抄自《山东军兴记略》，自然承袭官方立场，将张积中归为"教匪"。

这一时期，学术界对太谷学派基本是"无文献可征"，因此真正学术意义上的太谷学派研究并不存在。时人对此并不讳言，戴莲芬在编辑《鹂砭轩质言》时曾坦言，此为"消遣"之作，"每当客馆孤灯，伏枕不寐，则取夫半生阅历，与夫良友之清谈、野人之传述，凡可以新耳目者，一一皆随笔纪之，以当挥麈清谈之助。本为消遣，无取润色以为工"⑥。徐珂在《〈清稗类钞〉序》中明确表示，书中太谷学派的内容"皆掇拾以成"⑦。令人啼笑皆非的则是天台野叟，《大清见闻录》本属稗史，其却大言不惭地

① 卢冀野：《太谷学派之沿革及其思想——清学旁搜记》，《东方杂志》第二十四卷第十四号（1927），第73页。

② 刘厚滋：《易学象数别论初衍》，《中德学志》第5卷第1—2期（1943），第167—168页。

③ 《山东军兴记略》有两个版本，第一种是署名为"径北草堂编"（管晏）的同治十三年（1874年）济南书局刻本，第二种为署名张曜的"光绪己卯年（1879年）"申报馆聚珍版印本。

④ 张曜：《山东军兴记略》卷二十一《黄崖教匪》，载中国史学会主编《中国近代史资料丛刊·捻军》（第4册），上海人民出版社，1957，第409—414页。

⑤ 戴莲芬：《鹂砭轩质言》，上海大达图书供应社，民国二十四年（1935年），第10—12页。

⑥ 戴莲芬：《〈鹂砭轩质言〉序》，《鹂砭轩质言》，上海大达图书供应社，民国二十四年（1935），第1页。

⑦ 徐珂：《〈清稗类钞〉序》，《清稗类钞》（第1册），页一，商务印书馆，1916。

宣称:"本编所载,注重征实。凡隐怪荒唐之说及偏激虚妄之词,无关信史,概不辑录。"① 对于这一状况,身为太谷学派后学的刘蕙孙亦无可奈何地表示:"一切关于太谷学派之奇闻异说,皆系黄崖案后,外人受官书及学派末流行动影响附会而成。"②

### (二)研究起步阶段（1926—1949 年）

20 世纪 20 年代以后,一些学者因接触到太谷学派的部分文献,或是与太谷学派门人直接互动,对太谷学派的了解程度和认识水平有所加深,太谷学派研究的学术性随之增强。

1926 年,章士钊的《孤桐杂记》③ 对太谷学派作有记述,却非学术研究,仍停留在道听途说的阶段。章士钊虽为近代著名报人,但其对太谷学派既没有开展实地调查,又没有可靠的文献作为依据,其著述的可信度并不高,故刘蕙孙批评"章氏完全得诸传闻"④。1926 年,卢冀野的《泰州学派源流述略》⑤、《再论泰州学派》⑥ 和黄葆年遗著《周子〈通书〉释》⑦ 等先后刊发,其中前两篇为太谷学派文献研究的重要学术论文,尤其条分缕析了太谷学派发展衍变的历史渊源,"泰州学派(指太谷学派)之名原系假设,近人多目之为宗教,故不得不述其崖略"⑧。黄氏遗著是太谷学派重要文献首次公开发表,带有"破冰"意味。上述论著的刊发标志着太谷学派文献研究大幕的正式开启,因此 1926 年成为太谷学派文献研究中具有里程碑意义的年份。

1927 年,卢冀野又先后撰写《太谷学派之沿革及其思想》⑨、《论太谷学派与宗教 答章行严》⑩ 等文章,通过研读太谷学派文献进行学术研究,改变了过去对太谷学派进行简单政治判断的做法,使其成为太谷学派研究学术史上的重要人物。卢氏之文虽然发表于 1927 年,但其在撰写过程中,

① 天台野叟:《大清见闻录·艺苑志异》(下卷),中州古籍出版社,2000,"编撰例言"第 1 页。
② 刘厚滋:《张石琴与太谷学派》,《辅仁学志》第九卷第一期(1940 年 6 月)。
③ 章士钊:《孤桐杂记》,《国闻周报》1926 年第三卷第三十五期,第 26—27 页。
④ 刘蕙孙:《太谷学派的遗书》,《福建师范学院学报》(哲学社会科学版)1957 年第 2 期,第 1 页。
⑤ 卢冀野:《泰州学派源流述略》,《东南论衡》第一卷第七期(1926)。
⑥ 卢冀野:《再论泰州学派》,《东南论衡》第一卷第二十四期(1926)。
⑦ 黄葆年遗稿:《周子〈通书〉释》,《国学专刊》第一卷第二期(1926 年 5 月)。
⑧ 卢冀野:《再论泰州学派》,《东南论衡》第一卷第二十四期(1926),第 16 页。
⑨ 卢冀野:《太谷学派之沿革及其思想——清学旁搜记》,《东方杂志》第二十四卷第十四号(1927)。
⑩ 卢冀野:《论太谷学派与宗教 答章行严》,《国闻周报》第四卷第十八期(1927 年 5 月)。

于 1926 年曾先后得到钟泰、王伯沆等太谷学人的指教,"秋八月,复与钟山师遇。适王师伯沅(沆),归自吴门,于予文皆有所论列。蓄意改作,迄无间也"①。《周子〈通书〉释》和《太谷学派之沿革及其思想》的先后发表,反映当时太谷学派有向社会公开其历史和文献的意图。

1933 年,金天翮发表《周太谷传》②一文,对太谷学派的学术渊源、历史传承、学术内涵和学术特点作了学理上的深入探究。

上述论著对太谷学派发展演变的情况进行了或详或略的历史考察,认为太谷学派依然属于传统儒学流派,否定其为民间宗教组织的看法。其中以金松岑先生的论断最具代表性。他在阅读周太谷、李光炘、黄葆年等太谷学人的文献之后,对唐大圆等人的观点提出质疑:"葆年为太谷再传弟子,或以其籍泰州,而遂疑其人为王心斋之流亚。然吾观太谷为文与夫葆年《书〈曾子固宜黄县学记〉后》,孔、孟而降,必称宋五子,未尝一语赞姚江也。而忏因子序龙川诗,又以太谷尊良知,尚实行,雅近陆、王……吾固疑太谷之教,有权有实,口耳相传,既未得其真,即拘阂文字间,而不识其临终枕膝,隐然具有教外之别传,又岂得为知言之徒哉?"故其认定太谷学派属于儒家易学的支流,"及观张、李二子临河赠别之诗,抑何惬惬儒者之言哉!太谷之道在《易》,其旁通术数,类皆《易》之支流余裔"③。这是金氏精研《周氏遗书》后得出的结论,具有很高的学术价值。金氏的结论建立在对太谷学派文献解读的基础之上,不仅更为可信,而且得到熟悉太谷学派情况的罗振玉家族的认可。罗继祖在《续修四库全书总目提要》中作题解时明确表示:"《安徽通志》,太谷之道在《易》,其旁通术数,类皆《易》之支流一说,最为知言。"④

一些学者还通过对黄崖事件的辩析,否认太谷学派的宗教性或邪教性,强调其儒学性质。1936 年,谢兴尧在《道咸时代北方的黄崖教》一文中认为,太谷学派虽然形式上表现为宗教,但实则以儒学理论为基础,"黄崖教会,形式虽为宗教,理论则仍儒学,教首张积中尤其端方正直,道德甚高"。谢氏高度评价张积中的"革命"思想,甚至将张氏与洪秀全视同一律、相提并论:"新民氏曰:道咸同三朝,民族思想,久屈思伸,有职

① 卢冀野:《太谷学派之沿革及其思想——清学旁搜记》,《东方杂志》第二十四卷第十四号(1927),第 71 页。
② 金天翮:《周太谷传》,《国学论衡》1933 年第 21 卷第 2 期。
③ 金天翮:《周太谷传》,《皖志列传稿》卷六,页二十一,苏州利苏书社排印本,民国二十五年(1936 年)。
④ 中国科学院图书馆整理:《续修四库全书总目提要(稿本)》(第 34 册),齐鲁书社,1996,第 791 页。

之士，借宗教之力以作革命运动者，南有洪秀全，北有张积中，一则席卷东南，建号称王；一则未成而败，以身殉教，抑有幸有不幸与！观其从者之众，信者之笃，远近之民称为'圣人'；虽敌人亦赞为'读书之士，善良之人'，积中亦人杰矣哉！"谢兴尧的评价颇多溢美，归根结底其还是没有真正接触太谷学派文献，正如其在文末所言："本篇重要参考书《道咸同三朝东华录》《山东通志》《肥城县志》《山东军兴记略》《明清两代轶闻》。"① 可见，谢氏研究缺乏太谷学派文献史料的支撑，其观点值得商榷。

20 世纪 40 年代以前，真正学术意义上的太谷学派研究尚未起步，即使前述具有代表性的章士钊与卢冀野之文，刘蕙孙均加以批评："惟章文只记传闻，卢文虽于钟泰山一氏所微有所获，亦简略不称其目。太谷学派内容及张氏思想迄今未得大白。"② 1940 年，刘蕙孙利用家藏的太谷学派资料以及清宫御档，先后撰写了《同治五年黄崖教案质疑》③《同治五年黄崖教案质疑补》④《张石琴与太谷学派》⑤ 等学术论文，其中《张石琴与太谷学派》一文对太谷学派的发展脉络、组织衍变、思想体系和基本特征做了较为全面、详细的分析和阐释，尤其是大量引用了太谷学派遗书，不仅使其论述更为真实可信，而且在一定意义上对学术界作了太谷学派文献的普及介绍工作，此文成为太谷学派研究的重要标杆。

由于绝大多数学者"仍苦于文献无征"⑥，真正学术意义上的太谷学派学术研究还处于无米之炊的尴尬境遇。太谷学派文献长期隐而不现，世人对于太谷学派只能雾里看花，乃至于凭空臆断、乱扣帽子。这一时期的论著大多夹杂着作者思想上的主观判断、穿凿附会的色彩，反映出学术界对太谷学派的认知水平还比较肤浅。徐谦芳直接否认"李门"属于秘密教派，而视之为学术组织，其在《扬州风土记略》中将"李门之学"列入"学术"一章，但其观点并没有史料支撑⑦。1944 年，《东方杂志》发表蒋逸雪的《〈老残游记〉考订》⑧ 一文，《文史杂志》还刊载蒋氏的《〈老残游记〉一集

① 谢兴尧：《道咸时代北方的黄崖教》，《逸经》1936 年第 3 期，第 10 页。
② 刘厚滋：《张石琴与太谷学派》，《辅仁学志》第九卷第一期（1940 年 6 月）。
③ 刘厚滋：《同治五年黄崖教匪案质疑》，北平研究院《史学集刊》第 2 期（1936 年 1 月）。
④ 刘厚滋：《同治五年黄崖教匪案质疑补》，北平研究院《史学集刊》第 3 期（1937 年 4 月）。
⑤ 刘厚滋：《张石琴与太谷学派》，《辅仁学志》第九卷第一期（1940 年 6 月）。
⑥ 刘蕙孙：《太谷学派的遗书》，《福建师范学院学报》（哲学社会科学版）1957 年第 2 期，第 17 页。
⑦ 徐谦芳：《扬州风土记略》，江苏古籍出版社，2002，第 42 页。
⑧ 蒋逸雪：《〈老残游记〉考订》，《东方杂志》第四十卷第一号（1944），第 68 页。

考证（附刘鹗年略）》①和刘大钧的《关于蒋逸雪先生所作"刘鹗年略"（通信）》，对张积中、李光炘和黄崖事件多有涉及，刘大钧对蒋氏观点公开质疑，并提出一些商榷意见。蒋逸雪虽然从王献唐处获得一些太谷学派资料，刘大钧观点也有家藏资料为支撑，但是现在看来，二人所述相关信息并非完全源自太谷学派文献，其中颇多传言和臆断成分。

　　总体而言，当时太谷学派的学术研究更多地受到宗教意识的影响而未能深入，正如有学者的总结："专家学者对太谷学派也极为重视，但苦于资料匮乏，传闻众多，无法得出较为准确、清晰的认识，范文澜、马裕藻、沈兼士、柳诒徵、马一浮、熊十力等知名学者均对太谷学派进行不同程度的研究，但认识未在整体上完全与宗教脱节。"②造成这一状况的重要原因，就是研究者多未能接触到太谷学派的第一手资料。正如刘蕙孙教授的客观分析，"原因是都没有看到大量的（太谷学派）著作的关系"③。

　　历经近代中国社会的风云变幻，太谷学派文献虽然大量散佚，但是依然有相当数量的学派遗书得以留存，不过经眼绝非易事。例如，刘蕙孙在撰写《张石琴与太谷学派》一文时，就因战乱而未能一览张积中的遗书，"惟阜阳张丈令贻德广藏有黄崖先生诗文集写本，其中当不少有关材料。前恳录副，得其允诺，会军兴不果践"④。即便钟泰、刘大绅等太谷学人亦难以窥得太谷学派遗书的全貌，钟泰当时藏有黄葆年的《通书》《天籁集》，刘大绅得见《周氏遗书》等太谷学派文献甚晚。正如刘大绅之子刘蕙孙所言："其实遗书是有的，并且相当完全，不过外间人未见。不但外间没有见过，连我家世代与学派有关，也直到 1940 年才第一次见到学派最主要的经典《周氏遗书》。其后虽续有所得，仍不完全。"⑤

---

① 蒋逸雪：《〈老残游记〉一集考证（附刘鹗年略）》，《文史杂志》1944 年第 4 卷第 1、2 期合刊，第 55—74 页。

② 牛康：《太谷学派与归群草堂——学派的传承和教育试探》，《华东工学院学报》（哲学社会科学版）1992 年第 5 期，第 20 页。

③ 刘蕙孙：《评〈周太谷评传〉》，《华东工学院学报》（哲学社会科学版）1992 年第 6 期，第 26 页。

④ 刘厚滋：《张石琴与太谷学派》，《辅仁学志》第九卷第一期（1940 年 6 月）。

⑤ 刘蕙孙：《太谷学派的遗书》，《福建师范学院学报》（哲学社会科学版）1957 年第 2 期，第 1 页。关于郑安香将《周氏遗书》带到京津的时间，刘蕙孙就有两种说法，他在《〈太谷学派遗书〉序》中说："我的继祖母郑氏老太太，本来是草堂女生的学长，一九三六年到天津我家就养。她把铁云先生珍藏的一部《周氏遗书》也带到天津"。他在《太谷学派的遗书》则说："直到 1932—1933 年间，家住在天津时，先继祖母郑氏从苏州来津，说到先祖父铁云公，有一部圣经，存在她苏州寓中，先父要求拿来天津，先继祖母归后遂托人带来，即'周氏遗书'。"

### （三）逐步发展阶段（1949—1966 年）

随着太谷学派学术研究的逐步开展，必须解决的就是史料问题，太谷学派文献整理工作因此逐渐展开。1957 年，刘蕙孙通过系统整理家传的太谷学派文献，发表《太谷学派的遗书》[①]一文，首次全面公开当时存世的 100 种太谷学派遗书的篇目，叙述太谷学派遗书的来龙去脉和收藏情况，使学术界对太谷学派文献有了初步了解，为太谷学派研究奠定可靠的史料基础。此文可视为太谷学派文献整理研究的肇始之作。

随着中国史学会对近代史料的系统整理，太谷学派的相关文献得以公开。1957 年，中国史学会济南分会编辑出版《山东近代史资料》（第一分册），其中《黄崖山案部分》第一次集中公布黄崖山事件的相关文献，其中《阎敬铭围剿黄崖山奏折》《黄崖山案史料二种》《张积中文稿十篇》等史料为首次披露，尤其是阎敬铭奏折成为研究张积中与黄崖教案以及太谷学派的必读史料[②]。此外，中国史学会主编的《捻军》在第四册中收录张曜等编的《山东军兴纪略·黄崖教匪》，亦是学术界研究黄崖山事件及太谷学派的重要资料[③]。

### （四）十年停滞阶段（1966—1976 年）

1966 年，"文革"开始，太谷学派文献成为"破四旧"运动的重要目标，太谷学派研究进入全面"冷冻"时期。其间，刘蕙孙将其收藏的三本刘鹗日记，邮寄至南京博物馆，希冀得到保存，可惜它从此下落不明，至今未见踪迹。

值得庆幸的就是，一些太谷学派文献竟然在历史狂潮中避免了被销毁的噩运，得以幸存。例如，刘鹗之子刘厚泽家藏太谷学派资料在"抄家"中被"扫荡"一空，但从其家中抄没的刘鹗《芬陀利室存稿》等文献资料，幸由著名学者顾廷龙负责处理，因此得到单独整理和妥善保管。刘鹗私藏的《周氏遗书》抄本则由刘厚端家人捐献给浙江图书馆收存，刘厚泽将其保管的《周氏遗书》抄本捐给南京博物馆，泰州图书馆则抢救性地保存了数十种太谷学派遗书抄本。这些资料为日后太谷学派的研究提供了最基本的文献。

---

① 刘蕙孙：《太谷学派的遗书》，《福建师范学院学报》（哲学社会科学版）1957 年第 2 期。又见《文汇报》1962 年 10 月 11 日。
② 中国史学会济南分会编《山东近代史资料》（第一分册），山东人民出版社，1957。
③ 中国史学会主编《中国近代史资料丛刊·捻军》（第 4 册），上海人民出版社，1957。

## （五）渐入正轨阶段（1976—1989 年）

改革开放之后，随着思想上的拨乱反正，太谷学派研究开始步入正轨并渐趋深入，相关资料辑录、研究论著不断涌现。20 世纪 80 年代，随着学术界对刘鹗及《老残游记》的研究出现高潮，刘氏诗文、日记、书信等文献资料得以大量涌现。1985 年，刘德隆等编撰的《刘鹗与〈老残游记〉资料》①，不仅在"黄崖案史料选"中抄录了《山东近代史资料》（第一分册）的相关史料，而且收录了《儒宗心法》《蒋子明示蒋念皋书》《毛庆蕃致蒋子明书》等太谷学派文献资料，成为当时研究张积中及黄崖事件最详尽的史料集。此外，刘蕙孙辑录的《铁云诗存》②、《铁云诗标注》和《铁云先生年谱长编》③，以及蒋逸雪的《刘鹗年谱》④，刘德隆等的《刘鹗小传》⑤，陈辽的《刘鹗与〈老残游记〉》⑥，刘蕙孙编辑的《徭沤集》⑦等著述先后问世，为研究刘鹗及太谷学派提供了更多的史料支撑。

随着对刘鹗及太谷学派学术研究的日趋深入，太谷学派遗书得到学术界的高度重视。李仰华的《太谷学派及其代表人物》⑧和徐允明的《太谷学派遗书访问记》⑨分别提供了太谷学派遗书收录方面的相关信息。张纯的《〈太谷遗墨〉上的刘鹗跋文》⑩和刘德隆的《也谈"太谷遗墨"和刘鹗的题识》⑪刊发在日本的《清末小说研究》上，分别对太谷学派遗墨上的刘鹗跋文和题诗作了详细介绍。

大体而言，20 世纪 80 年代，对太谷学派遗书的研究基本停留在对相关文献的宣传介绍阶段，鲜有具有深度的学术研究成果。方宝川曾对1989 年以前的太谷学派研究进行全面的学术总结，认为："一切有关太谷

---

① 刘德隆、朱禧、刘德平编《刘鹗与〈老残游记〉资料》，四川人民出版社，1985。
② 刘蕙孙：《铁云诗存》，齐鲁书社，1980。
③ 刘蕙孙：《铁云先生年谱长编》，齐鲁书社，1982。
④ 蒋逸雪：《刘鹗年谱》，齐鲁书社，1980。
⑤ 刘德隆等编《刘鹗小传》，天津人民出版社，1987。
⑥ 陈辽：《刘鹗与〈老残游记〉》，中州古籍出版社，1989。
⑦ 刘蕙孙编《徭沤集》，1983 年油印本。全书分为五卷，收录了刘大绅《春晖轩心痕残稿》、刘蕙孙《鸿桷楼诗词剩稿上》《鸿桷楼诗词剩稿下》，以及程家芬、刘厚泽、刘厚祜等人的诗词。
⑧ 李仰华：《太谷学派及其代表人物》，中国人民政治协商会议江苏省仪征县委员会文史资料研究委员会编《仪征文史资料》第 1 期，1984 年印行，第 130—141 页。
⑨ 徐允明：《太谷学派遗书访问记》，《江苏社会科学》1988 年 Z2 期。
⑩ 张纯：《〈太谷遗墨〉上的刘鹗跋文》，《清末小说研究》（日本）第 3 号，1986 年 10 月1 日。
⑪ 刘德隆：《也谈"太谷遗墨"和刘鹗的题识》，《清末小说研究》（日本）第 7 号，1987 年10 月 1 日。

学派的谬妄异说，均是由于不了解太谷学派的内部情况，没有研读其遗书所致，只要与太谷学派有所接触，或直接研读其遗书，势必会认清太谷学派的庐山真面目。"①

**（六）日益深入阶段（1990 年至今）**

进入 20 世纪 90 年代，随着一批学者对太谷学派资料的陆续发现和整理，太谷学派文献研究逐步深入，这主要表现在以下四个方面：

第一，对太谷学派遗书收藏的基本信息不断进行补充和完善，使得学术界大体掌握太谷学派文献的整体面貌。

陈辽的《我所读过的太谷学派遗书》②对其目力所及太谷学派遗书中的"泰州本"与"刘家本"分别介绍，着重说明"泰州本"的基本情况。陈辽的《所见太谷学派遗书》③对现存太谷学派遗书作了比较系统的描述。马西沙、韩秉方在《中国民间宗教史》的第二十二章《太谷学派与黄崖教》④中罗列了 88 种 301 卷太谷学派遗书的书目。方宝川在《所见太谷学派遗书订补》一文中对陈辽所述太谷学派遗书进行了订正，并补充了一些文献书目⑤。刘蕙孙的《〈太谷学派的遗书〉补编》对其 40 年前的旧文进行增补，对太谷学派遗书"以往未见者，增补提要"⑥。孙荣的《新发现的太谷学派经典著作——李光炘批注本〈四书集注〉》⑦介绍了李光炘对南宋朱熹所著《四书集注》的批注，认为此书是太谷学派的经典性著作，是研究太谷学派学术思想的第一手资料。张纯对柳诒徵编撰《新泰州学案》的前因后果和其主要内容加以说明⑧。日本学者樽本照雄介绍了井上红梅对刘鹗及太谷学派的研究情况⑨。此外，网络上还有樽本照雄编写的一份《太谷学派关系文献》，该文对自 1879 年戴连芬所著《黄崖教匪》至 1998 年在中国、日本两国所发表、刊行的太谷学派文献及其研究论著进行了学术史的

---

① 方宝川：《太谷学派研究的历史与现状》，《哲学动态》1989 年 10 期。

② 陈辽：《我所读过的太谷学派遗书》，中国人民政治协商会议江苏省泰州市委员会文史资料研究委员会《泰州文史资料》（第 5 辑），1991 年印行，第 1—26 页。

③ 陈辽：《所见太谷学派遗书》，《文献》1992 年第 1 期。

④ 马西沙、韩秉方：《中国民间宗教史》，上海人民出版社，1992，第 1326—1327 页。

⑤ 方宝川：《所见太谷学派遗书订补》，《文献》1995 年第 2 期。

⑥ 刘蕙孙：《〈太谷学派的遗书〉补编》，《南京理工大学学报》（哲学社会科学版）1996 年第 2、3 期合刊。

⑦ 孙荣：《新发现的太谷学派经典著作——李光炘批注本〈四书集注〉》，《社科信息》1992 年第 1 期。

⑧ 张纯：《关于〈新泰州学案〉》，《清末小说研究》（日本）第 13 号，1990 年 12 月 1 日。

⑨ 樽本照雄：《井上红梅·大成教·刘铁云》，《清末小说研究》（日本）第 17 号，1990 年4 月 1 日。

回顾，虽然今天看来此文较为肤浅，但在当时已属系统性的文献总结①。

进入 21 世纪，刘鹗后人较为系统地整理、出版了刘鹗及其家人的各类文献资料。2001 年，刘德威编辑的《徐沤集——刘成忠、刘鹗及其后人诗存》②由香港天马图书有限公司出版，全书为五卷，将其高祖、曾祖、祖父和父亲的诗词全部收入，分别是刘成忠《因斋诗存》（二卷），刘鹗《铁云诗存》（四卷并补遗一卷）、刘大绅《春晖轩心痕残稿》、刘蕙孙《鸿桷楼诗词》（含《鸿桷楼诗词剩稿》《鸿桷楼待删诗词》和《鸿桷楼诗词补遗》）以及刘厚泽、刘厚祜、刘厚禄和程家芬（刘蕙孙之妻）的部分诗词，共计收词 450 题，约 1200 首。2007 年，刘德隆牵头整理的《刘鹗集》③出版，该书列入国家清史纂修工程，第一次将当时能够发现和利用的刘鹗文献编纂成册，是汇集刘鹗著述的一部专集。2014 年，刘蕙孙的儿女为了纪念其父 105 周年诞辰，编印名为《翰墨清芬——刘鹗、刘大绅、刘蕙孙三世手迹辑存》的纪念册，收录刘鹗祖孙三代的书法、印谱、诗词文章，具有极高的文献价值。④2016 年，刘鹗后人印行《徐沤集——刘成忠、刘鹗、刘大绅、刘蕙孙四世诗存》，与前二版《徐沤集》相比，新版增加一些新发现的诗词，按照诗词系年顺序排列，并作有注解、说明。⑤2018 年，《抱残守缺斋日记：壬寅日记 乙巳日记 戊申日记》将刘鹗现存日记完整影印出版，由刘德隆进行校释和整理，给读者呈现一个兼具研究价值与赏读价值的刘鹗日记版本⑥。2019 年，刘德隆、刘瑀编著的《刘鹗年谱长编》较为系统地记录了刘鹗在各个时期的生平历史活动，包括其家庭生活、求学经历、社会政治经济活动、学术思想发展和友朋交谊等，是一部翔实的刘鹗资料汇编⑦。2021 年，由钟泰之孙钟斌等编辑点校的《钟泰著作集》是对太谷学人钟泰著述进行的首次全面系统的整理出版，全书共 9 册，其中《诗词讲义》《春秋通义》《理学纲领》《钟泰诗文集》《钟泰日录》等均

① 参见 http://ishare.iask.sina.com.cn/f/308RcQaxD3d.html。
② 刘德威编《徐沤集——刘成忠、刘鹗及其后人诗存》，香港天马图书有限公司，2001。此书同时还有衢州新华印务 2001 年的印行本。
③ 刘德隆整理《刘鹗集》（上下集），吉林文史出版社，2007。
④ 本书委员会《翰墨清芬——刘鹗、刘大绅、刘蕙孙三世手迹辑存》，壹号书社，2014。
⑤ 刘德焕、刘德康编《徐沤集——刘成忠、刘鹗、刘大绅、刘蕙孙四世诗存》，2016 年印行。参见刘德隆、刘瑀：《诗是吾家事，人传世上情〈徐沤集——刘成忠刘鹗刘大绅刘蕙孙四世诗存〉述议》，载刘强《原诗》（第 3 辑：中西古今的互文与借镜），岳麓书社，2020，第 114—138 页。
⑥ 刘鹗著、刘德隆编《抱残守缺斋日记：壬寅日记 乙巳日记 戊申日记》，中西书局，2018。
⑦ 刘德隆、刘瑀编著《刘鹗年谱长编》，上海交通大学出版社，2019。

据钟泰手稿整理，首度面世，具有极其重要的学术价值①。学术界长期认为已经失传的《春秋正言断词三传参》(第一卷)由王继如整理，首度面世②。

　　近年来，随着一批大型历史文献丛书的出版，许多难得一见的太谷学派文献得以揭开其神秘面纱。2011年后，中国社会科学院近代史研究所对所藏《阎敬铭档》进行整理和点校工作，其中涉及张积中及黄崖教案的有《抚东奏稿》(八)之三《黄崖山》③和《阎敬铭档》二十九(续)第六十一卷阎敬铭奏稿④。2021年《阎敬铭友朋书札》得以整理出版⑤，这意味着黄崖教案的相关档案正式公之于世。此外，《清代诗文集汇编》和《清代诗文集珍本丛刊》两部巨著的出版，将太谷学派学人的一些诗词推向学界。其中，《清代诗文集汇编》中有汪全泰的《铁盂居士诗稿》(第505册)、吴慕渠的《味陶轩集》(第681册)和刘孚京的《南丰刘先生文集》(第778册)⑥，《清代诗文集珍本丛刊》收录潘小江的《两间草堂诗抄》稿本(第305和306册)、汪全泰的《铁盂居士诗稿》石印本(第487册)和姚文馥的《兰言室文存》的抄本(第508和509册)⑦。《清代笔记珍本丛刊》(第一辑)则收录姚文馥的《兰言室杂记残编》⑧。《扬州文库》的第59册收录了谢逢源的《龙川夫子年谱》、第79册收录黄锡麒辑的《蔗根集》，其中有汪全德的《竹素诗钞》和潘小江的《潘小江先生诗抄》⑨。《泰州文献》收录了一些太谷学派文献，如龙川弟子高尔庚的《井眉居诗抄》(第2辑第56册)⑩、柳诒徵的《新泰州学案》(第2辑第20册)⑪。此外，《扬州大学图书馆古籍珍本丛刊》收入《群玉山房诗抄》(第89册)⑫，这一抄本所收诗的数量和排序，与其他版本皆有所不同。2015年，上海朵云轩拍卖有限公司编辑、印行了《钟泰友朋信札》⑬，这批信札总计330余通，时

①　钟泰：《钟泰著作集》，上海古籍出版社，2021。
②　钟泰遗著、王继如整理：《春秋正言断词三传参》(卷第一)，虞万里主编《经学文献研究集刊》(第二十七辑)，上海书店出版社，2022。
③　阎敬铭著，中国社会科学院近代史研究所、《近代史资料》编译室点校：《抚东奏稿》，中国社会科学出版社，2019。
④　虞和平主编《近代史所藏清代名人稿本抄本》(第1辑第30册)，大象出版社，2011。
⑤　冯雷、王洪军整理：《阎敬铭友朋书札》(上、下)，凤凰出版社，2021。
⑥　《清代诗文集汇编》编纂委员会编《清代诗文集汇编》，上海古籍出版社，2010。
⑦　陈红彦、谢冬荣、萨仁高娃主编《清代诗文集珍本丛刊》，国家图书馆出版社，2017。
⑧　姚文馥：《兰言室杂记残编》，收入国家图书馆编《清代笔记珍本丛刊》(第一辑第69册)，国家图书馆出版社，2021。
⑨　卢桂平：《扬州文库》，广陵书社，2015。
⑩　《泰州文献》编纂委员会编《泰州文献》，凤凰出版社，2014。
⑪　《泰州文献》编纂委员会编《泰州文献》，凤凰出版社，2015。
⑫　王永平主编《扬州大学图书馆古籍珍本丛刊》(第89册)，学苑出版社，2015。
⑬　朵云轩编《钟泰友朋信札》，朵云轩，2015。

间跨越 20 世纪 20 年代初至 80 年代末，通信人包括李宗仁、陈铭枢、江朝宗、马一浮、王瀣、熊十力、柳诒徵、吕思勉、钱基博、夏承焘等 100 余位近代社会名流、学术大家等，具有很高的史料价值。

第二，对太谷学派文献做了较为深入的梳理和解读，使学术界基本了解太谷学派代表人物的主要著述及其思想内涵。

在这方面作出突出成绩的是方宝川教授，他通过多年的搜集、考订工作，先后发表《张积中及其著述考略》①、《李光炘及其著述》②、《黄葆年及其著述》③、《汪全泰及其著述》④、《蒋文田及其著述》⑤、《朱渊与〈养蒙堂遗集〉》⑥、《刘大绅及其著述》⑦ 等论文，对张积中、李光炘、黄葆年、汪全泰、蒋文田、朱玉川、刘大绅等太谷学派各传学人的著作及其内容做了较为系统和详细的论述。同时，他还对《归群宝籍目录》《归群词丛》等进行深入考察⑧，其《鲜为人知的太谷学派遗书〈归群词丛〉》一文，主要介绍和评价了以李光炘为首的太谷学派南宗人物的词作，明确李光炘词作《龙川草堂诗余》的主要内容和特色。⑨《"归群弟子"及其著述考略》一文，主要根据太谷学派遗书和学派后裔回忆等史料，对乔树楠、程恩培、杨士晟、李泰阶、黄仲素、张德广、刘孚京、刘大绅、钟泰、王伯沆等 15 名归群弟子的主要事迹、著述作了重点述考，最大限度地再现太谷学派，尤其是苏州归群草堂讲学阶段的活动状况⑩。韦力在《王謇题记海粟楼钞本〈归群词丛〉二十卷》一文中介绍了民国二十五年苏州海粟楼钞本《归群词丛》

---

① 方宝川：《张积中及其著述考略》，《南京理工大学学报》（哲学社会科学版）1996 年第 5 期。又见方宝川：《张积中及其著述》，《太谷学派遗书》（第一辑第二册），江苏广陵古籍刻印社，1997。

② 方宝川：《李光炘及其著述》，《太谷学派遗书》（第一辑第三册），江苏广陵古籍刻印社，1997。

③ 方宝川：《黄葆年及其著述》，《南京理工大学学报》（哲学社会科学版）1997 年第 1 期。又见方宝川主编《太谷学派遗书》（第一辑第四册），江苏广陵古籍刻印社，1997。

④ 方宝川：《汪全泰及其著述》，《太谷学派遗书》（第二辑第二册），江苏广陵古籍刻印社，1998。又见《南京理工大学学报》（哲学社会科学版）1998 年第 1 期。

⑤ 方宝川：《蒋文田及其著述》，《太谷学派遗书》（第二辑第四册），江苏广陵古籍刻印社，1998。又见《南京理工大学学报》（哲学社会科学版）1998 年第 3 期。

⑥ 方宝川：《朱渊与〈养蒙堂遗集〉》，《太谷学派遗书》（第一辑第五册），江苏广陵古籍刻印社，1997。

⑦ 方宝川：《刘大绅及其著述》，《太谷学派遗书》（第二辑第七册），江苏广陵古籍刻印社，1998。

⑧ 方宝川：《〈归群宝籍目录〉及其他》，《太谷学派遗书》（第一辑第五册），江苏广陵古籍刻印社，1997。

⑨ 方宝川：《鲜为人知的太谷学派遗书〈归群词丛〉》，《文献》1989 年第 4 期。

⑩ 方宝川、徐杰：《"归群弟子"及其著述考略》，《福建师范大学学报》（哲学社会科学版）2015 年第 3 期。

的基本情况，并与福建师范大学图书馆所藏"寒斋钞本"作了比对。"海粟楼钞本"由张德广辑，二十卷，一函一册，并由苏州著名藏书家王謇题记①。与"寒斋钞本"相比，其作者、卷数和顺序皆有所不同，其中作者仅为 19 人，并未收录翟文镕的《翟伯衡诗余》等。刘建臻的《汪全泰学术探析》全面分析汪全泰的学术成就，并对《铁盂居士诗抄》的版本问题进行了深入辨析②。

学术界还对张积中、李光炘、李素心、黄葆年、刘鹗、蒋文田、张德广、诸乃方等太谷学人的相关著述，从不同的视角进行了诠释和解读。朱季康、刘弘逵编著的《张积中年谱》以太谷学派遗书等文献资料为依据，增加了一些未公开发表的清宫档案和口述史料，是一部填补学术研究空白的著作，为张积中及太谷学派研究添加了一个重要砝码③。张进的《李光炘与太谷学派南宗研究》对李光炘的主要著述作了详细介绍，尤其是对《龙川先生诗抄》的版本问题进行了较为深入的探究④。周新国等著《太谷学派史稿》对周太谷至刘大绅等太谷学派四传重要人物的主要著述进行了首次系统梳理，有助于理解和把握太谷学派学术传承的历史脉络。朱季康的《近代华东民间秘密互助团体太谷学派的生存与信仰研究》对太谷学派及张积中的宇宙观、三教观、性命身心观、政治社会观等作了较为细致的分析和诠释⑤。《太谷学派遗书选编》选取《太谷学派遗书》中有关周太谷、张积中、李光炘、黄葆年、蒋文田、谢逢源和汪全泰等重要传人的主要文献加以点校、解读，它成为学术界了解和研究太谷学派基本脉络和主要思想的重要参考⑥。韩荣钧的《黄葆年与太谷学派研究》探讨黄葆年对太谷学派宗教思想的改造，对黄氏的理学、经学、政治、文学和教育思想分别进行了探讨，指出其滞后于时代的保守一面，适当肯定其对中国传统文化的坚守⑦。

张再林、李雪的《晚清张积中及其〈浅碧山房词选〉论略》一文认为，张积中编选《浅碧山房词选》受到晚清特定历史文化环境及选词风气盛行的影响，而张积中的词学观更加重视和强调词的"兴观群怨"的社会功能

---

① 韦力：《王謇题记海粟楼钞本〈归群词丛〉二十卷》，《芷兰斋书跋四集》，国家图书馆出版社，2015，第 119—130 页。
② 刘建臻：《汪全泰学术探析》，《扬州大学学报》（人文社会科学版）2009 年第 6 期。
③ 朱季康、刘弘逵编著《张积中年谱》，南京大学出版社，2009。
④ 张进：《李光炘与太谷学派南宗研究》，社会科学文献出版社，2012。
⑤ 朱季康：《近代华东民间秘密互助团体太谷学派的生存与信仰研究》，人民出版社，2014。
⑥ 朱季康点校《太谷学派遗书选编》，社会科学文献出版社，2016。
⑦ 韩荣钧：《黄葆年与太谷学派研究》，社会科学文献出版社，2017。

和音乐文学属性①。刘德隆、刘弘逵对张积中、李素心隐居仪征小王屋山居时期的诗进行了较为深入的研究,其《李素心〈素心女史诗馀〉论略》一文,探讨了李素心《素心女史诗馀》的创作时间、内容和背景问题②。他们在《张积中、李光炘早年的诗歌唱和——论小王屋山居诗及〈素心女史诗馀〉》一文中,认为张积中在小王屋山隐居生活期间与李光炘的唱和诗作以及李素心《素心女史诗馀》,展现了其不同的个性特征,有助于了解他们当时的心态和思想特点③。

陈辽通过对黄葆年《书〈古诗存〉后》的深入剖析,认为此书是黄氏以诗写成的一部完整的中国诗史,可谓前无古人之作④。王伟凯、李培志对黄葆年的《帝君祭文》进行读解,认为《帝君祭文》作为黄氏"祭文"的代表作,充分反映了其哲学、社会思想,对研究归群草堂时期的太谷学派有着不可忽视的作用⑤。刘德隆的《刘铁云著作十二种试说》介绍了刘鹗撰写的12部著作的版本、内容和写作时间,有助于我们了解刘鹗的学术思想及其社会活动⑥。伏涛对《铁云诗存》进行了较为深入的分析,其《〈铁云诗存〉谫论》一文认为,刘鹗之诗分为忧民诗、记游诗、太谷诗和风情诗,不仅具有很高的艺术成就,而且颇具史料价值⑦。朱松龄对刘鹗批注的《庄子》进行探析,认为刘氏基本认同《庄子》的修养观点,他表达了对劳苦大众的同情,同时对统治者有所期望,反映了太谷学派对老庄之学的崇敬⑧。

瞿冕良的《太谷学派遗书苏州版——记张德广辑抄三种丛书本》对黄门弟子张德广在苏州归群草堂耗费十年之功,编辑、整理《归群词丛》《归群宝籍目录》《归群宝籍续编目录》等三种太谷学派著述的情况作了详

① 张再林、李雪:《晚清张积中及其〈浅碧山房词选〉论略》,《广西师范学院学报》(哲学社会科学版),2015 年第 4 期。

② 刘德隆、刘弘逵:《李素心〈素心女史诗馀〉论略》,《南京理工大学学报》(哲学社会科学版)2006 年第 3 期。

③ 刘德隆、刘弘逵:《张积中、李光炘早年的诗歌唱和——论小王屋山居诗及〈素心女史诗馀〉》,《南京理工大学学报》(哲学社会科学版)2007 年第 3 期。

④ 陈辽:《一部用诗写成的中国诗史——评黄葆年手抄本〈书古诗存后〉》,《苏州大学学报》(哲学社会科学版)1990 年第 4 期。

⑤ 王伟凯、李培志:《太谷学派传人黄葆年之〈帝君祭文〉读解》,《湖南科技学院学报》2009 年第 3 期。

⑥ 刘德隆:《刘铁云著作十二种试说》,收入刘琦、杨萍主编《中国近代文学研究——中国近代文学国际学术研讨会暨第十三届年会论文集》,吉林人民出版社,2006,第 293—301 页。

⑦ 伏涛:《〈铁云诗存〉谫论》,《唐山学院学报》2009 年第 5 期。

⑧ 朱松龄:《刘鹗批注〈庄子〉浅析》,《南京理工大学学报》(哲学社会科学版)2003 年第 5 期。

细介绍①。尤海燕对国家图书馆现藏太谷学派重要人物姚文馥四种稿抄本之间的关系进行了探讨,分别确定了姚氏文稿中的初稿至四稿②。姚氏文稿原为明伦收藏,后由其子姚锡光加以修改,具有很高的文献价值。

王伯沆、钟泰等太谷学派四传弟子的文献研究逐渐为学术界所关注。张煜的《王伯沆先生其人其诗》对王氏诗作及其诗友唱和进行了概述③。程章灿在《君子原无死 传经实可伤——从〈四书集注〉批点看王伯沆之经学》一文中认为王氏手批的《四书集注》凝聚了其对传统经典著述的真知灼见,既反映其学术与时代思潮和家国沧桑之间的互动关系,又展现出经典诠释生生不息的学术魅力,对晚清民国学术史尤其是经学史研究具有极其重要的意义④。

钟泰的著作逐渐得到学术界的高度关注,其《庄子发微》成为学者重点探讨的对象。蔡文锦的《论钟泰先生的〈庄子发微〉》认为此书具有"以儒解庄""以群经注庄"和"精于校诂、善于考辨"等三大特色,成为庄子学研究中的杰作⑤。郭晓丽的博士论文《钟泰研究》在全面考察和梳理钟泰人生经历和学术成就的过程中,对钟氏《庄子发微》《中国哲学史》等主要著述进行了仔细分析⑥。杨恒宇的《钟泰〈庄子发微〉研究》⑦、牟晓丽的《钟泰〈庄子发微〉研究》⑧、杨栎群的《从〈庄子发微〉探析钟泰的儒家思想》⑨、明靖的《钟泰〈荀注订补〉校勘与训诂研究》⑩等硕士学位论文,通过对钟泰的学术、文化和历史背景的分析,归纳和总结《庄子发微》的编写特色,深入剖析其疏解《庄子》的特色。周鹏的《略论钟泰庄子学思想的儒学化转向》⑪、何善蒙与卢涵的《钟泰"〈庄子〉取象于易"

① 瞿冕良:《太谷学派遗书苏州版——记张德广辑抄三种丛书本》,《苏州大学学报》(哲学社会科学版)1993 年第 4 期。

② 尤海燕:《试论国图藏姚文馥四种抄稿本的关系》,《文津学志》编委会编《文津学志》(第 11 辑),国家图书馆出版社,2018,第 267—271 页。

③ 张煜:《王伯沆先生其人其诗》,收入查清华、詹丹主编《江南都市与中国文学》,上海三联书店,2017,第 506—509 页。

④ 程章灿:《君子原无死 传经实可伤——从〈四书集注〉批点看王伯沆之经学》,收入程章灿主编《古典文献研究》(第 16 辑),凤凰出版社,2013。

⑤ 蔡文锦:《论钟泰先生的〈庄子发微〉》,《扬州大学学报》(哲学社会科学版)2004 年第 2 期。

⑥ 郭晓丽:《钟泰研究》,武汉大学博士学位论文,2009。

⑦ 杨恒宇:《钟泰〈庄子发微〉研究》,河南大学硕士学位论文,2013。

⑧ 牟晓丽:《钟泰〈庄子发微〉研究》,东北师范大学硕士学位论文,2014。

⑨ 杨栎群:《从〈庄子发微〉探析钟泰的儒家思想》,内蒙古大学硕士学位论文,2017。

⑩ 明靖:《钟泰〈荀注订补〉校勘与训诂研究》,西华师范大学硕士学位论文,2022。

⑪ 周鹏:《略论钟泰庄子学思想的儒学化转向》,《孔子研究》2017 年第 3 期。

说浅探——以〈逍遥游〉篇疏解为中心》① 则分别探讨了钟泰庄子学思想的
基本内涵。邓盼对钟泰所著《国学概论》作了简明扼要的提要②。学者们还
对《中国哲学史》的学术意义和特点进行了剖析。郭晓丽通过对钟泰《中
国哲学史》与胡适《中国哲学史大纲》的比较,认为钟著的学术特点就是
探索中国本位的叙事方式③。田文军探讨了《中国哲学史》在现代中国哲学
史学科建设中的历史地位④。杜品认为钟氏著作体现了其对近代西方新概
念、新工具的滥用的时代隐忧,是基于保守主义立场的批评与反思⑤。学术
界对钟泰的《国学概论》《国学书目举要》等论著开始作有初步研究。彭
浪介绍了《国学概论》的基本内容,认为此书是民国时期大学国学教材的
一部佳作⑥。黄秀涛认为《国学书目举要》反映了钟泰独特的"国学"理
念⑦。此外,江莺华对黄寿彭及其《远香书屋诗文钞》作了初步的梳理和
介绍。⑧

　　第三,对太谷学派遗书的作者、内容等进行了比较深入的考证,解决
了太谷学派文献研究中的一些疑难问题。

　　由于太谷学派文献具有一定的隐秘性,特别是一些细节问题需要加以
严格的学术考订,否则无法揭开太谷学派的历史真相,难以对太谷学派文
献进行真正解读。一些学者作了相关文献的考证工作,以小见大,有助于
太谷学派研究的深入开展。例如,孙庆飞的《周太谷手迹》⑨、《〈周太谷手
迹和题跋〉探索》⑩ 和刘德隆的《〈周太谷手迹〉和刘鹗题识简析》⑪ 等文,
对现存周太谷一幅手迹的主要内容及刘鹗所作题识进行了辨析,有助于了
解太谷学派的社会交游情况。

---

① 何善蒙、卢涵:《钟泰"〈庄子〉取象于易"说浅探——以〈逍遥游〉篇疏解为中心》,
　《周易研究》2019 年第 2 期。
② 邓盼:《国学论著提要四种》,《湖南科技学院学报》(哲学社会科学版)2014 年第 3 期。
③ 郭晓丽:《早期中国哲学史写作方法论析——以钟泰〈中国哲学史〉为例》,《深圳大学
　学报》(人文社会科学版)2007 年第 1 期。
④ 田文军:《钟泰与现代中国哲学史学科建设》,《孔学堂》2015 年第 4 期。
⑤ 杜品:《旧史中的新关怀——钟泰〈中国哲学史〉中的时代隐忧》,《重庆文理学院学报》
　(社会科学版)2018 第 3 期。
⑥ 彭浪:《钟泰〈国学概论〉述略》,《湖南科技学院学报》2019 年第 12 期。
⑦ 黄秀涛:《民国学者钟泰〈国学书目举要〉考述》,《湖南科技学院学报》2019 年第 7 期。
⑧ 江莺华:《黄寿彭和他的〈远香书屋诗文钞〉》,《细读》2020 年第 2 期。
⑨ 孙庆飞:《周太谷手迹》,《南京理工大学学报》(哲学社会科学版)1993 年第 4 期。
⑩ 孙庆飞:《〈周太谷手迹和题跋〉探索》,《南京理工大学学报》(哲学社会科学版)1993
　年第 4 期。
⑪ 刘德隆:《〈周太谷手迹〉和刘鹗题识简析》,《南京理工大学学报》(哲学社会科学版)
　1995 年第 5 期。

方宝川考订了《归群词丛》的编成时间、抄本由来和外传原因，并对《归群词丛》所录太谷学派词作的作者及其他著述、抄本概况进行了详细述考①。王学钧利用太谷学派遗书对相关史实进行了考辨，他深入分析了刘鹗的《述怀》，对其与李光炘、黄葆年的关系及太谷学派之间的微妙关系做了很好的诠释②。

第四，对太谷学派遗书的版本问题进行了较为细致的校勘，有助于厘清太谷学派文献传布的历史脉络。

太谷学派文献的数量虽不是特别丰富，但是版本问题则直接反映着太谷学派的思想发展和组织衍变，因此得到学者们的高度关注。学术界对周太谷的《周氏遗书》即《太谷经》的版本开展了较为深入的探讨，如孙庆飞发现仪征市图书馆所藏版本为龙川草堂钞本，原为李光炘四弟李光燮之孙李起庄（子严）所藏，可惜现存只有第二、三、五、六、九册，遗失了另外五册③。王明发《新发现的两部太谷学派遗书》对南京博物院收藏的刘厚泽所赠《周氏遗书》与南京古籍书店所藏刘慎诒抄本《太谷经》进行对比研究，探讨二书的来源和原始面貌，比较各本之间的异同，对于太谷学派及其学术思想研究、了解太谷学派的历史传承都有重要的参考价值④。方宝川的《周太谷及其〈周氏遗书〉》⑤一文，对周太谷的《周氏遗书》"南、北本"进行仔细考证，认为刘蕙孙所藏之本即"刘本"，与"泰州本"同属"南本"系统。

方宝川在《关于泰州本〈希平夫子语录〉的作者问题》中认为泰州图书馆《新泰州学案》中《希平夫子语录》一文为张积中《白石山房语录》下卷，而非黄葆年所撰⑥。此外，方宝川的《谢逢源稿本〈龙川弟子记〉》对李光炘及其门下龙川弟子作了考证，认为《龙川弟子记》系太谷学派南宗创始人李龙川为教导弟子而口述的语录体著作，由其弟子谢逢源于清同治二年（1863年）遵师命"载笔记言"编成⑦。

① 方宝川：《〈归群词丛〉抄本考略》，《文史》（第四十八辑），中华书局，1999，第277—286页。
② 王学钧：《刘鹗〈述怀〉释论：刘鹗与太谷学派之关系片论》，《南京理工大学学报》（哲学社会科学版）1997年第2期。
③ 孙庆飞：《周太谷著〈圣经〉书初探》，《南京理工大学学报》（哲学社会科学版）1995年第5期。
④ 王明发：《新发现的两部太谷学派遗书》，《中国典籍与文化》2002年第1期。
⑤ 方宝川：《周太谷及其〈周氏遗书〉》，《文献》1991年第3期。
⑥ 方宝川：《关于泰州本〈希平夫子语录〉的作者问题》，《江苏图书馆学报》1990年第6期。
⑦ 方宝川：《谢逢源稿本〈龙川弟子记〉》，《文献》2003年第1期。

综上所述，学术界在太谷学派文献研究领域虽然取得一些成绩，但不足之处也是显而易见的，主要表现为三个方面：

其一，太谷学派文献研究尚需开展系统性总结。近年来，太谷学派论著日渐丰富，论及太谷学派的人物、活动、思想和学术等诸多方面，但在太谷学派文献研究领域，研究成果数量相对不多，研究质量有待提高，尤其是目前学术界还没有一本关于太谷学派文献研究的专著，故需要对太谷学派文献进行全面系统的梳理。

其二，太谷学派文献研究尚需进行全方位拓展。目前，太谷学派文献研究主要涉及对周太谷、张积中、李光炘、黄葆年、刘鹗等重要人物著述的普及性介绍，不仅研究聚焦过于集中，而且质量有待提高，需要对文本、版本等进行深层次的研读和诠释。

其三，太谷学派文献研究尚需进行深层次探究。总体而言，太谷学派文献研究以个案研究为主，虽然对具体问题的探究相对较为细致，但是研究视域存在一定的局限性，研究的深度、广度均有所欠缺，需要对太谷学派的组织特性、学术思想、社会地位和历史影响等问题作出进一步的探究。

### 三、本书的主要研究方法

本书的研究对象主要为太谷学派文献。太谷学派是民间儒学的重要代表，其思想体系复杂，杂糅儒释道三家，其文本隐晦深奥，不易被理解和辨析。太谷学派文献文字书写潦草，多有涂改，文字的辨识、判断存在着一定难度。笔者试图通过吸收、消化学术界已有的研究成果，开展纵贯式的个案研究以及横剖式对比研究，以期实现一定的学术创新和突破。

本书的研究方法主要有：

第一，历史考据法。通过太谷学派文献的文本解读，力图由表及里、由浅入深，发现太谷学派文献蕴含的深层含义，揭示其"明喻"与"隐喻"两套话语体系，探析太谷学派文献的基本内涵和主要特点，对太谷学派文献的学术价值作出正确认识和科学定位。

第二，文献解读法。笔者通过搜集、鉴别和整理太谷学派文献，对相关文献加以辨析和考订，严谨科学地整理和解读各种文献，尽可能避免在资料上出现疏误。通过指出相关文献记载存在的舛讹之处，辨别太谷学派文献的编撰者、编修时间、版本先后顺序、内容真伪与是否以及文献之间异同等问题，以期解决太谷学派文献中的原始型和衍生型问题，最大程度还原和再现太谷学派文献编写、修订、刊行和流传的历史进程。

第三，比较研究法。通过对太谷学派文献进行纵向和横向的对比研究，以求准确、动态地揭示太谷学派学者在不同历史阶段的学术特色及其作出的学术贡献。

### 四、本书的创新及不足

#### （一）创新之处

本书的主要创新之处有三：

其一，本书系统梳理以太谷学派稿抄本为主的太谷学派文献，摸清太谷学派历史文献的底数，勾勒出太谷学派文献编撰、整理、刊行和传播的历史进程，据此条分缕析太谷学派文献思想衍变和组织发展的历史脉络。

其二，本书以太谷学派的学术传承顺序为经，以周太谷、张积中、李光炘、黄葆年、蒋文田、刘鹗等太谷学派的重要代表人物的历史活动轨迹为纬，分门别类地整理和研究太谷学派的传世文献，探求其心路历程、思想衍变、传学活动和学术贡献等，阐释太谷学派的学术体系和思想内涵。

其三，本书对太谷学派文献进行了全面系统的探析，开展辨别真伪、比较版本、校订讹误、钩稽辑佚、考其著年、概述内容和探讨价值等方面的分析和探讨，进而概括和总结太谷学派在中国近现代学术思想演进历程中的学术地位和社会影响。

#### （二）不足之处

在本书的研究过程中，笔者虽经多方努力，尽可能地网罗了太谷学派文献资料，但是受各方面条件的制约，笔者所见太谷学派文献还谈不上完备。例如，孔夫子旧书网等网站上有一些太谷学派稿抄本出售，其中汪兰甫的《汪兰甫先生诗集》等文献均为珍贵的"孤本"，其价值毋庸赘言。2014 年，苏州的文育山房曾向笔者提供了一份《扬州地方文献珍本书目》，共收有 12 种太谷学派稿抄本①，其中李泰阶的《李泰阶手札》《黄门弟子诗札》等文献是极其难得的"珍本"。不过，这些卖家均把太谷学派文献视为古董，要价之高，远远超出笔者的经济承受能力，多次询价之后只能忍痛作罢，留下一些遗憾。

本书主要对太谷学派文献的著者、版本、编撰时间、主要内容等问题进行了学术探索，相对而言还缺乏对文本、版本的深层次的解读，尤其是

---

① 《扬州地方文献珍本书目》包括太谷学派文献 12 种，具体为张积中的《白石山房诗抄》2 册、谢逢源的《李龙川先生年谱》2 册、黄葆年的《归群草堂诗文集》3 册、《〈周子通书〉批注》2 册、黄寿彭的《远香书屋诗文集》8 册、李泰阶的《双桐书屋诗抄》1 册、《双桐书屋文钞》4 册、《李泰阶手札》20 通，以及归群弟子所记《学记》1 册、《记言》3 册、《归群草堂菊花分韵诗》1 册和《黄门弟子诗札》1 卷。

通过剖析文字背后、版本衍变，探求其蕴含的思想动机、社会背景等问题。目前，本书主要对太谷学派文献进行个案研究，虽然有助于加深对具体文献的认识，但是在探析太谷学派文献的整体架构和体系方面还存在着一些不足之处，尤其是系统、全面的对比研究还有待深入。此外，太谷学派文献存在着字迹潦草、涂抹钩乙、模糊不清等问题，给笔者的辨识工作带来诸多不便，在句读方面可能存在着一些误读、错断等问题。

　　总之，由于个人在学识和能力方面的局限，使得本书的研究还存在着一些缺憾，希望得到方家的批评指正，以期在今后的进一步研究中加以改进和完善。

# 第一章　太谷学派文献的生成与传播

## 第一节　太谷学派文献的生成历程

自清代道光朝伊始，太谷学派文献开始生成。晚清民国年间，太谷学派文献得以大量发展和传播。其间，太谷学派文献虽因风云变化而多有散佚，但经历学术界先后八次重要的整理、编辑工作，亦有相当数量的文献存世。

### 一、第一次整理（1821—1832 年）

周太谷晚年移居扬州海岛巷，开始在淮扬地区广收门徒、传授其学。周太谷生前撰写有《十三经或问》，在其归天后由门弟子加以汇辑、校定，改名为《周氏遗书》。《周氏遗书》又称《太谷经》，正如张相文所言："太谷之道，悉传于张李，两高弟所记太谷遗言，谓之《太谷经》。"① 《周氏遗书》是太谷学派的经典著作，主要记载周太谷解答门弟子对"九经""四子"中有关"内圣"修行方面疑问的回答。周太谷取义《周易·蒙卦》中"蒙以养正，圣功也"，称其门人为"圣功弟子"。周太谷认为，个人自蒙童时代就应当培养纯正的品质，这是发展成为"圣人"的必由之路。个人只有通过"正道"自觉加以培育，方能与"天地合德"，与"日月共明"，而"正道"就是所谓的太谷"圣功"。

太谷学派特别重视周太谷成书的时间，甚至将之视为周氏学术使命的肇始，张积中在"或问张子之《〈传易〉序》也曰：'太谷生道光之际。'太谷生于乾隆，曷为言道光之际？……太谷生道光之际，言成于道光而太

---

① 张相文：《太谷教》，《南园丛稿》卷九《沌谷笔谈》卷一，页五十二，载沈云龙主编《近代中国史料丛刊》（第一辑第 300 册），文海出版社（台北），1968，第 902 页。

谷与四圣并生也"①。据张积中《〈十三经或问〉告成祭文》一文所言,周太谷的著书时间"始于辛巳,终在壬辰"②,即道光元年（1821年）至道光十二年（1832年）。这一说法得到赵烈文《能静居日记》的佐证。光绪六年（1880年）四月,赵烈文在日记中记述与龙川弟子刘玉山的对话,其中就涉及《周氏遗书》的撰写时间,"周乃自著《易经》若干卷,道光二年书成,故上天垂象,十年四月初二日月合璧,五星联珠,盖其瑞应也。语恢诡至此,与谭三日,可当阅《齐谐》一部"③。据此记载,周太谷首先完成《十三经或问》中"易"学部分的写作,撰写时间前后持续约一年,故刘玉山说周氏《易经》的成书时间为道光二年（1822年）。这在现存的《周氏遗书》中得到反映,因为卷一和卷二即为《易传》内容。

周太谷临终前,曾对门弟子留下遗言:"文章在笥,予之传其在是矣!"④周氏辞世后,汪全泰随即辞官赴安徽池州,对周氏遗著进行了第一次系统整理。《龙川夫子年谱》对此有载:"初,太谷葬事毕,大竹往池州检点藏书败箧,得遗稿百余纸。阅之,乃遗经也。残缺失次,因汇而辑之。"⑤这说明周太谷到扬州传学时,对门弟子采取"口耳相传"和"述而不作"的方法,因此当时在淮扬地区没有相关文献的流传。汪全泰此举为太谷学派文献编辑之始,居功甚伟。

汪全泰辞官南下为其师周太谷编撰残稿,此举不仅体现出太谷学派"亲师取友"的精神追求,而且得到同门挚友潘小江（宗艺）的充分肯定。潘氏赋诗高度赞誉汪氏对其师及太谷学派的不二衷心和重要贡献:"君不见,扬州两竹天下无,著述不让眉山苏。大竹落拓奇丈夫,中年折节师大儒。一官左掖困不除,乞归更校匡山书。"⑥后来,汪全泰将自己初步整理的周氏遗作转交给张积中和李光炘,并由张氏带到山东黄崖,由其继续整理工作。1866年,张积中在汪氏辑校工作的基础之上,最终完成周太谷《十三经或问》的编撰任务,同时将陈少华、韩子俞、汪全泰等太谷学派

---

① 黄葆年:《黄氏遗书》,载方宝川主编《太谷学派遗书》（第一辑第四册）,江苏广陵古籍刻印社,1997,第37页。

② 张积中:《〈十三经或问〉告成祭文》,《白石山房遗集续编》,载方宝川主编《太谷学派遗书》（第一辑第二册）,江苏广陵古籍刻印社,1997,第5页。

③ 赵烈文撰、廖承良标点整理:《能静居日记》（四）,岳麓书社,2013,第1964页。

④ 张积中:《张氏遗书》,载方宝川主编《太谷学派遗书》（第一辑第二册）,江苏广陵古籍刻印社,1997,第74页。

⑤ 谢逢源:《龙川夫子年谱》,载方宝川主编《太谷学派遗书》（第一辑第三册）,江苏广陵古籍刻印社,1997,第49页。

⑥ 潘宗艺:《两间草堂诗抄》卷八,收入陈红彦、谢冬荣、萨仁高娃主编《清代诗文集珍本丛刊》（第306册）,国家图书馆出版社,2017,第20页。

早期弟子的相关论述附录其中,统称为《周氏遗书》。

## 二、第二次整理(1860—1866年)

周太谷晚年将张积中和李光炘收入门下,二人执贽时间未久即被其亲定为"大弟子"①,他分别赋予二人缵绪道统的重任:"初,太谷既传道,乃申告之曰:'汝等将来各有专责。子炘将来当传道于南,子中当还道于北。'"②周太谷去世后,张积中、李光炘承担起太谷圣功传承的重任,张积中对门下弟子曾坦承其传学的初衷:"予惜夫道之湮而惧崆峒之或芜也,于是极身命之理,尊格致之功。"③

咸丰六年(1856年)八月,太平军第二次攻占仪征,坐落于仪征捸山之上浅碧山房毁于战火,"丙辰,贼陷真州。山房火,图书灾"④。不过,张氏所藏周氏遗作得以幸存。此后,张积中被迫举家北上齐鲁,成为践履周太谷"还道于北"遗志的开始,正如其自言:"丙辰,迁于东,至于灵岩,遵成命也。昔太谷诲予曰:'还道山东,大启崆峒,上延孔脉。亶其时乎?'夫人之于天也,东南西北,惟命之从。今者东来,天也,非人也。天其或者右吾道乎?予惜夫德之薄而从学者希。予何知哉?勉勉循循,惟日从事于学焉而已。"⑤

张积中北上的同时,将周太谷的绝大多数著述带往山东,李光炘仅留存周氏三种著作,"后张先生奉经往山左,存于南方者,惟《易》《史》《论语》三种"⑥。张积中在山东传道的同时,对《周氏遗书》进行了一次较为系统的整理、编辑工作。这一方面是由于《周氏遗书》编撰的时间较为仓促,内容多有缺漏,需要加以进一步地校订;另一方面,周太谷生前曾对张积中留有整理其著述的遗命,《张氏遗书》对此有载:"子(指周

---

① 谢逢源:《龙川夫子年谱》,载方宝川主编《太谷学派遗书》(第一辑第三册),江苏广陵古籍刻印社,1997,第17—18页。

② 谢逢源:《龙川夫子年谱》,载方宝川主编《太谷学派遗书》(第一辑第三册),江苏广陵古籍刻印社,1997,第46—47页。

③ 张积中:《示慕渠南园》,《张氏遗书》,载方宝川主编《太谷学派遗书》(第一辑第二册),江苏广陵古籍刻印社,1997,第342页。

④ 张积中:《三角桃花研铭》,《白石山房文抄》,载方宝川主编《太谷学派遗书》(第二辑第一册),江苏广陵古籍刻印社,1998,第145页。

⑤ 张积中:《张氏遗书》,载方宝川主编《太谷学派遗书》(第一辑第二册),江苏广陵古籍刻印社,1997,第30页。

⑥ 谢逢源:《龙川夫子年谱》,载方宝川主编《太谷学派遗书》(第一辑第三册),江苏广陵古籍刻印社,1997,第49页。

太谷）谓子中曰：'十三经之任，寄诸尔矣。凡诰戒而申之者七。'"①张积
中不辱使命，经过前后近四十多年的艰辛努力，"恪遵遗训，昼夜校订"，
在同治丙寅年（1866年）终于大功告成。张氏对完成此项重任喜不自
胜，特意作《〈十三经或问〉告成祭文》以告慰其师周太谷："《十三经或
问》……始于辛巳，终在壬辰，为《十三篇》，授之小子，不敏载诸楶几
四十年。……今兹丙寅，玄泉出。知道显，乃检《或问》，恪遵遗训，昼
夜校订，以迄于成功。"②

李光炘虽然珍藏有周太谷的三种遗作，但其一直遵循"口传心授"的
做法，甚至不轻易向其门徒传阅相关文本，其曾云："记吾言有三弊，性
与天道，可得而闻也。夫子之文章，不可得而闻也。"③随着龙川弟子数量
的逐渐增多，"口口相传"的方法已经无法适应其讲学传道的实际需要，
李光炘与门下弟子开始系统整理周氏遗作，允许少数门徒传抄文本以供
内部传说之用。咸丰十年（1860年），由李光炘口述，经谢逢源笔录，对
《太谷经》加以系统整理，"十年庚申……春二月朔，传经。……师于是年
二月朔，命逢源敬录藏之"④。此为《周氏遗书》之"南本"，张积中带往山
东黄崖并亲自校定的《周氏遗书》则被称为"北本"。故金松岑先生曾言：
"毂遗言为弟子所记者，号《太谷经》。《太谷经》有黄崖、龙川两定本，
其徒矜重之，不轻襮于外。"⑤经过汪全泰、张积中和李光炘等太谷学人前
赴后继地整理、编辑，周太谷生前讲学的主要内容得以保留存，"昔者陈、
韩称太谷之言，今皆见于遗书"⑥。

咸丰十一年（1861年）冬，李光炘特地委命谢逢源前往江都、高邮、
泰州等地，专门为其延揽弟子。同治元年（1862年）五月，李光炘筹划
在江都创办私人讲堂，同治二年（1863年）四月，龙川草堂正式落成。
1863年，为了满足龙川弟子研习太谷"圣功"的需求，李光炘又让谢逢

① 张积中：《张氏遗书》，载方宝川主编《太谷学派遗书》（第一辑第二册），江苏广陵古籍
刻印社，1997，第76页。
② 张积中：《白石山房遗集续编》，载方宝川主编《太谷学派遗书》（第一辑第二册），江苏
广陵古籍刻印社，1997，第5—6页。
③ 谢逢源：《龙川夫子年谱》，载方宝川主编《太谷学派遗书》（第一辑第三册），江苏广陵
古籍刻印社，1997，第94—95页。
④ 谢逢源：《龙川夫子年谱》，载方宝川主编《太谷学派遗书》（第一辑第三册），江苏广陵
古籍刻印社，1997，第49页。
⑤ 金天翮：《周太谷传》，《皖志列传稿》卷六，页十七，苏州利苏书社排印本，民国二十
五年（1936）。
⑥ 黄葆年：《黄氏遗书》，载方宝川主编《太谷学派遗书》（第一辑第四册），江苏广陵古籍
刻印社，1997，第28页。

源、黄葆年、刘子音等弟子记录其在龙川草堂的讲学内容，命名为《龙川弟子记》，"是年命逢源载笔记《记言》，曰《龙川弟子记》，后存（黄）隰朋处"①。黄葆年在《黄氏遗书》中多有李光炘命其记言以传后学的记载，如"龙川讲学以来数十年，由博反约，夜以继日，不啻宝藏之兴于山，而货财殖于海也。每义当至精，辞当至达，必顾年而属之曰：'女（汝）为我留赠后人'"②。后来，黄葆年对李光炘之孙李泰阶坦言，自己所授之学皆来自其祖父："予虽愚，不肖逮事女（汝）祖之日久，女（汝）祖之言，予犹能记之，故予之所记皆女（汝）祖之言也。"③

黄崖教案之后，李光炘更加严格控制太谷学派文本的流传范围，外界人士根本无从接触，"其讲学业，限于门内坐徒，不取公开态度。讲授又专恃口而不以笔"④。李光炘的这一做法，虽然主观上试图通过内控，不留口舌给外人，但是故作隐密和神秘，反而成为外界诟病或诋毁太谷学派的重要原因。当然，李光炘不立文字的传学方式，一方面是太谷学派学术传承的惯常做法，另一方面则是直接受到黄崖教案的政治牵涉而颇多忌惮，唯恐稍有不慎，祸从天降。事实上，李光炘并不认可"笔录记言"的传学方式，虽然他让谢逢源记述其讲学内容，但明确表示，笔录口述存在着三大弊端："汝记吾言有三弊，不可不知也。闻记不清，贻误后人，一弊也。恃有录本，不求自得，二弊也。出以示人，智者疑而愚者谤，三弊也，可不慎诸。"⑤

李光炘为了方便传学授道，虽然让龙川弟子笔录部分太谷学派文献，但是一直坚持"口耳相传""述而不作"的传统，即太谷学派的相关语录、论学可以教门弟子传诵修习，但是文本则秘不示人，正如其所言："夫子之言，性与天道，可得而闻；夫子文章，不可得而闻也。"⑥李光炘的一些文本材料得以流传于世，不过这与其"传学于南"的内容相比，仅为冰

① 谢逢源：《龙川夫子年谱》，载方宝川主编《太谷学派遗书》（第一辑第三册），江苏广陵古籍刻印社，1997，第58页。
② 黄葆年：《黄氏遗书》，载方宝川主编《太谷学派遗书》（第一辑第四册），江苏广陵古籍刻印社，1997，第29页。
③ 黄葆年：《黄氏遗书》，载方宝川主编《太谷学派遗书》（第一辑第四册），江苏广陵古籍刻印社，1997，第31页。
④ 卢冀野：《太谷学派之沿革及其思想——清学旁搜记》，《东方杂志》第二十四卷第十四号（1927），第73页。
⑤ 李光炘：《龙川弟子记》，载方宝川主编《太谷学派遗书》（第一辑第三册），江苏广陵古籍刻印社，1997，第308—309页。
⑥ 谢逢源：《龙川夫子年谱》，载方宝川主编《太谷学派遗书》（第一辑第三册），江苏广陵古籍刻印社，1997，第94—95页。

山一角，正如黄葆年回忆所言："昔者陈、韩称太谷之言，今皆见于遗书。平山之言详矣，而见之于书不及千万之一，盖谨益加谨也。然发前古所未发，释千古所未释，开物成务，皆生民罕见之言，终有不可得而隐者。"①李光炘对朱熹的《四书集注》作有批注，浸淫其数十年的心血，但一直私密珍藏，甚至连许多龙川弟子对此亦闻所未闻，正如其堂弟李士莹所言："先兄晴峰公伏案四十年，精详研讨，凡有所得，录注书眉。既非沽名，更不问世，秘于笥中，偶示门弟。"②故此书未见于张德广所编《归群宝籍》和《归群宝籍续编》之中。

李光炘的讲学内容，主要包括《李氏遗书》《龙川弟子记》《群玉山房追随录》等，虽然文本得以传世，但流传范围受到严格控制，只在少数重要弟子中传布。作为李光炘衣钵传人的黄葆年，苦于其师讲学传道文献保存之难，曾大发感叹："呜呼！作者难，述者难，传者亦难。昔者年闻夫子之诵经也，至味出于音声，洋洋乎其盈耳。当是时也，可以不言而喻焉。退而求之于书不可得矣。昔者年闻夫子之说经也，无隐不见，无微不显，至精至神至变，而夫妇之愚不肖可以与知而与能。当斯时也，可以通天下之书焉，退而求之于书不可得矣。呜呼！斯音斯意之不传于世也，久矣。呜呼！斯音斯意之不闻于耳也，久矣。"③

通过谢逢源、黄葆年、刘子音等龙川弟子的笔录，周太谷、李光炘等人的传学文献得以留存，不仅较为完整地保存了太谷学派的学术精华和思想体系，而且有利于太谷学派广泛收授门徒并开展讲学传道活动，"至黄崖变后，始大开讲舍。故就学派系统言，承太谷位者石琴，续太谷绪者龙川"④。

### 三、第三次整理（1866—1905 年）

1866 年，黄崖教案爆发，张积中率全家自焚赴死，门下黄崖弟子多数罹难，正如阎敬铭的奏报："该匪张积中及其子张绍陵，均自焚诛。其余匪党及勾结枭匪千余人，均经悉数歼除，无一漏网。"⑤太谷学派北宗只

---

① 黄葆年：《黄氏遗书》，载方宝川主编《太谷学派遗书》（第一辑第四册），江苏广陵古籍刻印社，1997，第 28 页。
② 李光炘：《李光炘批注〈四书集注〉》，泰州图书馆藏本。
③ 黄葆年：《黄氏遗书》，载方宝川主编《太谷学派遗书》（第一辑第四册），江苏广陵古籍刻印社，1997，第 59—60 页。
④ 刘厚滋：《张石琴与太谷学派》，《辅仁学志》第九卷第一期（1940 年 6 月），第 7 页。
⑤ 《阎敬铭围剿黄崖山奏折》，中国第一历史档案馆藏《军机处录副奏折》（微缩胶卷），编号：03-166-18-645。

有吴慕渠、朱玉川、虞从哲、虞淑美、赵成、赵明岐等少数幸存者，张积中的著述及其整理的《周氏遗书》多被付之一炬。

事后，阎敬铭在济南城内张积中开设的商铺中搜获张氏及太谷学派的部分文献并上缴朝廷。阎氏在奏折中附录了太谷学派著述的目录，具体篇目包括：《知所先后说》、《天行地势之象》、《睟然见于面盎于背故得说》、《举一隅不以三隅反说》、《中隐十而见五说》、《在天成象说》、《内外卦说》、《六位说》、《三道注》、《咸恒》、《既济未济》、《遁甲说》、《三奇说》、《六仪说》、《九星说》、《八门说》、《十二辰说》①、《或问〈周南〉〈召南〉》、《周南》、《召南》、《〈或问诗〉小序》②、《充实之谓诚，虚明之谓敬，诚者心之息，敬者息之心》、《〈言象传〉内注》、《存神》、《身命说》、《学而时习之注》、《道义之门》、《三复白圭篇注》、《〈知天命篇〉注》、《〈九畴方圆方彝伦图〉说》、《释知白守黑之义》、《经解》、《问性》、《义比注》、《〈读武王十七铭〉说》、《枉直论》、《修辞说》③、《太谷疾，门弟子请曰："夫子之病，革矣，何如？"子曰："□矣。夫麟不游于野亦已矣。□□夫子之事，炘与中敢肆言手哉？"》、《子炘、子中侍，夫子语以目诚之学》、《欲恶说》、《德河图为德之义》、《子监问虚静为寂之义》、《子建问于》、《仁义说》、《耳诚目诚注》、《问知至》、《夜气说》、《〈太玄篇〉释义》、《曰性善，孔氏之心传也》、《问知》、《循序说》、《天义说》、《释坐忠之义》、《〈关伊子〉序》。④当时阎敬铭是否将太谷学派文献上缴清廷未见史载，不过现今故宫博物院无法查询此批文献则是事实。

接触太谷学派文献之后，阎敬铭认为其内容荒谬妄诞，"又据委员查封该逆省城钞铺，拾得该逆书册，悖谬乖妄，更为怪诞"⑤。黄崖弟子吴载勋之孙吴吝白亦承认太谷学派著述不易为外人理解和认可，他回忆说："张先生著'十三经或问'，煌煌大著，厚尺许，惜门外汉多不解，因词句奥衍，书中所称'夫子'或'子曰'，皆系指周太谷而言。又有'三十六虚声'，曾收没，送清军机处，认为不通。又'说文六书略'，'老、庄、关、

① 《阎敬铭围剿黄崖山奏折》，中国第一历史档案馆藏《军机处录副奏折》(微缩胶卷)，编号：03-166-8911-61。
② 《阎敬铭围剿黄崖山奏折》，中国第一历史档案馆藏《军机处录副奏折》(微缩胶卷)，编号：03-166-8911-62。
③ 《阎敬铭围剿黄崖山奏折》，中国第一历史档案馆藏《军机处录副奏折》(微缩胶卷)，编号：03-166-8911-63。
④ 《阎敬铭围剿黄崖山奏折》，中国第一历史档案馆藏《军机处录副奏折》(微缩胶卷)，编号：03-166-8911-64。
⑤ 《阎敬铭围剿黄崖山奏折》，中国第一历史档案馆藏《军机处录副奏折》(微缩胶卷)，编号：03-166-8911-58。

列四子批本'，门人奉为圭臬，外人不解其文。"①

　　黄崖事件之前，张积中的部分著作已在太谷学派北宗弟子中有抄本留存。黄崖事件中的幸存者虽然有限，却使张积中文献得以流传。朱玉川、虞思农、虞丛哲等北宗子遗都存有《张氏遗书》《白石山房文抄》《白石山房诗抄》等著述的抄本，李光炘亦私藏有张氏部分著述，正如龙川弟子谢逢源所言："（张积中）讲学山左者仰之如泰山北斗。门徒之众，盖极一时之盛，学者称为黄崖夫子。著述宏富，丙寅后，散佚各处，有遗书十余卷，藏师家。"② 现存泰州图书馆的《希平夫子语录》并非黄葆年所作，实为张积中《白石山房语录》下卷。此书末尾附录辑校者萧齐先生所作题识："此本外尚有虞本一种。经参校，核其异者附识之。"③ 所谓"虞本"就是虞思农、虞从哲的家藏本，二人皆为张积中弟子，虞从哲还是黄崖事件的少数幸存者之一。由于虞从哲幸免于难，使得虞家收藏的《白石山房语录》抄本得以流传。吴疥白"曾见博山人某，抄集张积中先生'白石遗稿'，上有所序语，失其名"④。

　　根据《归群宝籍》和《归群宝籍续集》目录，张积中的著述有19种，多为其门下弟子及其后裔抄录或编辑而来，正如吴疥白所言："至于'指南针'，未见其书。又'梦梦斋词航'二本，极佳，无刻本。此外，诗文集亦未刊。此外所注佛道各经，惜署别名，不知是张作，抑门人作也。"⑤ 如张积中之婿王仲杰抄录《关尹子》，其表弟吴慕渠之子吴少渠编辑《白石山人文稿》等。张积中的其他著述皆由门下弟子抄录汇编，吴疥白对此回忆说：

　　　　张积中的著述很多，都是他的弟子们所抄写的，王仲杰也抄写了一些，有一本抄写的是关尹子。当时张积中曾批过四种书，老、庄、关、列。还有一种"说文六书略"，但不是讲说文的书，也是讲道的。

①　吴疥白：《黄崖案的回忆》，载中国史学会济南分会编《山东近代史资料》（第一分册），山东人民出版社，1957，第166页。按吴氏此文作于1956年1月，因受当时政治环境的影响，其对太谷学派人物和事迹多有隐瞒，尤其是涉及吴慕渠家族时多有讳言。

②　谢逢源：《龙川夫子年谱》，载方宝川主编《太谷学派遗书》（第一辑第三册），江苏广陵古籍刻印社，1997，第16页。

③　方宝川：《关于泰州本〈希平夫子语录〉的作者问题》，《江苏图书馆学报》1990年第6期。

④　吴疥白：《黄崖案的回忆》，载中国史学会济南分会编《山东近代史资料》（第一分册），山东人民出版社，1957，第167页。

⑤　吴疥白：《黄崖案的回忆》，载中国史学会济南分会编《山东近代史资料》（第一分册），山东人民出版社，1957，第167页。

我从前也抄过一些，又曾到王仲杰后人家中去访问过张积中的遗稿，人家都很不知此书，王仲杰死后，家中没有人，这些稿子也都毁了。我所存的一部分，在前清时不敢印，到民国时想印，又因不在手下，搁下去了。稿子里有些不是张积中所作的，好像是从旁处抄集；也有是他自己所作的，象行、生、坐、卧等诗。白石山人文稿是他所作的，是我三伯父义培（号集生）所抄。①

随着黄崖教案负面影响的逐步消退，李光炘及太谷学派南宗的传学活动逐渐恢复常态并走上正轨。自光绪九年（1883 年）开始，步入晚年的李光炘有意让龙川弟子系统整理其诗文著作，这在《龙川夫子年谱》中有明确记录："九年癸未……九月，回泰州修订《六经》。……十月，师命建安删书，存二十七篇。命锡朋删诗，存八十一篇。"②《龙川弟子记》有类似记载，不过其中的篇目数量略有区别，"归来删诗得八十一篇，删书得廿八篇，《内经》百字，《道德经》五百字"③。1884 年，李光炘让陈士毅、黄葆年各自抄写《龙川弟子记》一部，分别送达芦台李长乐、遵化毛庆蕃之手，"命陈士毅奉经诣芦台，黄葆年奉经诣遵化"，"师命各写经一部，以仲杰与锡朋契，汉春与建安契，故命陈黄分致之"④。

李光炘的主要著述为《龙川弟子记》和《观海山房追随录》，均为其门下弟子对其传学内容的记录。根据《太谷学派遗书》记载，李光炘的"六经"即为《龙川弟子记》，共有 27 篇，诗稿则为 81 篇。目前，存世的李光炘诗抄至少有 6 个版本，分别题名以《龙川先生诗抄》或《群玉山房诗抄》。对照泰州图书馆所藏《群玉山房诗抄》，如果将其中的《和张石琴山居八咏诗》视为一篇，加上所附录的《水仙花附》，则总数正好为 81 篇⑤，而其他版本的篇数或多或少，不尽相符。例如，扬州大学图书馆所藏

① 吴啬白：《黄崖案的回忆》，载中国史学会济南分会编《山东近代史资料》（第一分册），山东人民出版社，1957，第 164 页。

② 谢逢源：《龙川夫子年谱》，载方宝川主编《太谷学派遗书》（第一辑第三册），江苏广陵古籍刻印社，1997，第 78 页。

③ 谢逢源：《龙川弟子记》，载方宝川主编《太谷学派遗书》（第一辑第三册），江苏广陵古籍刻印社，1997，第 76 页。

④ 谢逢源：《龙川夫子年谱》，载方宝川主编《太谷学派遗书》（第一辑第三册），江苏广陵古籍刻印社，1997，第 81 页。

⑤ 参见李光炘：《群玉山房诗抄》，载方宝川主编《太谷学派遗书》（第二辑第二册），江苏广陵古籍刻印社，1998，第 1—10 页。

《群玉山房诗抄》则为 124 篇。① 另外，泰州图书馆藏有《群玉山房诗抄续集》，收录李氏诗作 73 篇。或许多出的诗作均为李光炘编辑诗集时未加收录，而龙川弟子不愿其师诗作失传而加以抄录的结果。由于个人在抄录过程中会产生一些误差，因此《龙川先生诗抄》《群玉山房诗抄》各版本的篇数、文字和排列顺序都不尽相同，存在一定差别。光绪十四年（1888年），龙川弟子王仲杰、黄葆年为了纪念李光炘，刊行《龙川先生诗抄》，正如二人在《跋》中所言："先生之诗，著作之绪余也。刻以代钞，与吾同学共讽诵焉。其有闻风而兴起者乎？呜呼！其犹未远也已。"② 这个版本因此亦被称为龙川祠堂木刻本。③

与此同时，谢逢源开始为李光炘编撰年谱，即《龙川夫子年谱》，经过四年努力，至光绪十五年（1889 年）初稿编成，李光炘由此成为周太谷入室弟子中唯一有年谱行世的人。《龙川夫子年谱》记述了李光炘一生的主要经历。由于《龙川夫子年谱》的记载颇有诸多志怪传奇的色彩，黄葆年对此深感不满而亲自加以修订，将其中的神话怪诞部分基本删除，编成《李平山先生年谱》。此版本可谓"祛魅化"的产物。

太谷学派南北合宗后，为了推动学派内的学术交流和文献保存，光绪三十年（1904 年），黄葆年、蒋文田从朱玉川等黄崖弟子手中借得张积中遗著，并亲自加以抄录、校对，正如朱玉川对虞季升所言："且函丈遗文，今年自秋至冬，锡翁、子翁业已敬谨校对。"④

光绪三十一年（1905 年），刘鹗决定出资刊印周太谷、张积中和李光炘等太谷学派山长的墨宝。为此刘氏专门向黄崖弟子虞季升求助，这在其二月二十二日（3 月 27 日）的《抱残守缺斋·乙巳日记》中有载："请太谷夫子书法付石印，并由虞君积（季）升处请得七夫子墨宝拟同印也。"⑤ 这批墨宝被刘氏家族尊称为"崆峒遗墨"。刘鹗此次刊行的册数比较有限，其流传范围局限于太谷学派内部的重要人物，社会反响并不显著。

由于黄崖事件的负面影响，李光炘的一些著述并没有以文本形式保留，而由其弟子口耳相传。直到辛亥革命之后，太谷学派弟子才将相关遗书笔录下来。例如，李光炘的《思不孝篇》并不见于其遗书之中，而是经黄葆

---

① 李光炘：《群玉山房诗抄》，收入王永平主编《扬州大学图书馆藏古籍珍本丛刊》（第 89 册），学苑出版社，2015，第 299—432 页。
② 王启俊、黄葆年：《〈龙川诗抄〉跋》，载李光炘《龙川先生诗抄》，光绪十四年刻本。
③ 扬州图书馆藏本注明时间为"光绪十有四年，岁在戊子七月"。
④ 朱玉川：《致虞季升书》，《养蒙堂遗集》，载方宝川主编《太谷学派遗书》（第一辑第五册），江苏广陵古籍刻印社，1997，第 88 页。
⑤ 刘德隆整理：《刘鹗集》（上集），吉林文史出版社，2007，第 719 页。

年的回忆收入《黄氏遗书》之中。<sup>①</sup>太谷学派涉及祭祀方面的一些内容，因黄崖事件前后颇多谣言，不仅李光炘有意回避，而且门下龙川弟子谨慎从事，没有将其载入李氏著述之中，而是牢记在心、口耳相传。民国元年（1912年），黄葆年在《问俎豆》一文中，清晰地交代了其中的前因后果。

> 斯文也，夫子诵之，年默记之，久矣。他日请书于策，夫子曰："缓之。"几一年矣，复请之。夫子改之曰《问俎豆》，不对。他日又问，又不对。固请，及是而止。年由是不敢继请，亦不敢登诸夫子之遗书。然默识于心，不敢忘亦不能忘也，今四十余载矣。追维昔者，乃敬登诸《记言》之篇，盖非独记夫子之文，亦以见夫子之重祭也。如此并以见年之匪德也。壬子初秋黄葆年谨记。<sup>②</sup>

通过此文，我们可以看出李光炘对行俎豆礼仪之小心谨慎，因其多次强调："夫子闻诸太谷夫子曰：'匪德者，毋妄祭也。'"<sup>③</sup>黄葆年虽然多次请求"请书于策"，但是并没有得到李氏首肯，最终"年由是不敢继请，亦不敢登诸夫子之遗书"。四十多年之后，终因清王朝的垮台，黄葆年在民国元年才将此文收入自己的《记言》之中。

### 四、第四次整理（1924—1934年）

自周太谷伊始，太谷学派一直延续着"述而不作"的传统，虽然这一做法原为太谷学人进行所谓"圣功"修行的一贯追求，后因受政治氛围和社会环境影响而采取的一种"自保"方式。进入民国之后，太谷学派私传自修的传学方式无法适应社会发展的实际需要，尤其是随着学派内部重量级人物的先后作古，太谷学派很难吸引更多的门徒。为了实现学派的传承和发展，需要让更多的社会人士了解太谷学派的学术思想。这其中的核心问题，就是太谷学派的文献，只有实现太谷学派文献的流传，才能推动太谷学派学术的传播。

一批具有卓识的太谷学派弟子对此有着清醒认识，他们各自尝试编撰学派文献。钱希范曾将其在归群草堂的听讲记言编辑成《闻余录》一书，

---

① 黄葆年：《黄氏遗书》，载方宝川主编《太谷学派遗书》（第一辑第四册），江苏广陵古籍刻印社，1997，第40页。

② 黄葆年：《黄氏遗书》，载方宝川主编《太谷学派遗书》（第一辑第四册），江苏广陵古籍刻印社，1997，第45—46页。

③ 黄葆年：《黄氏遗书》，载方宝川主编《太谷学派遗书》（第一辑第四册），江苏广陵古籍刻印社，1997，第535页。

正如黄仲素所言："《闻余录》吾友子范先生追随于归群草堂之所记也。子范先生向道至笃，当其侍坐之余，每谓人曰：'此中真意不可以言语传。'盖其所向往者深矣。今观其所记如此之多，而当时曰不可以言语传，若不相符合，此非亲炙之久久者不能忘也。呜乎！钟鼓之音，芝兰之臭，千载不一闻，岂小子等学舌所能其仿佛哉，然而希矣！"[①]但终因势单力薄而未果。张德广对此感叹不已："囊者葛子仲修、钱子希范、解子琳伯见五、韩子子养、蔡子雨人敬秉斯旨，各有录藏，未及汇编，赍志以殁。"[②]

黄葆年去世后，钟泰便萌生抄录太谷学派遗书的想法，并得到同门好友王伯沆的支持，他在致钟氏的信函中高度赞许："吾棣亟欲钞录遗著，诚卓见也。"王伯沆之所以支持钟泰的想法，因其虽受到黄葆年的器重，但苦于手中没有相关文献，无法推动太谷学派的学术传播和研究。王伯沆为此特意联系同门刘丙孙商讨此事，"钞书事已与丙孙商妥，但先钞何种，望酌覆，以便下次与仲素接洽"[③]。由于担心自己在学派内部不受待见，王氏未敢直接向黄仲素、赵云楼等归群草堂的主事人提及，"抄录遗著一节，本拟与丙孙商洽，因诸人方鄙弃我，事机必不顺利，恐一旦弄僵，将来反难设法，故未开口，以俟徐图。以鄙意测之，丙孙必乐于从命。若云楼已向我言，钟山虽好，未能死心向学，心颇恨之。此自是云楼爱老棣甚深处，然亦禅家所谓'粥饭汉语'也。据此则托其抄录，适以增其恚耳"[④]。不过此事最终无疾而终。

20世纪30年代，归群弟子张德广认识到这一现实问题的重要性和紧迫性，开始全力编撰《归群宝籍》和《归群宝籍续编》。为了悼念其师黄葆年以及保存、传承太谷学派文献，"以垂后世之学者，可得以遍观尽识"，张德广开始在归群草堂收集、整理太谷学派遗书，"先圣先贤遗著，尚惧有所厥佚。敬冀同门诸子拾遗补厥，再事续辑，以餍学者之望，是又小子所以祈祷以求之者也"[⑤]。除亲自手抄笔录外，张德广还个人出资聘请家境贫寒的同门进行抄写、校对工作，"就住在苏州，以搜集学派遗书为事。用统一的纸张和统一的格式，聘请同学中贫寒子弟抄写，前后十余年，经

① 黄仲素：《〈闻余录〉序》，《远香书屋文稿》，苏州图书馆藏抄本（无页码）。
② 张德广：《〈归群宝籍目录〉弁言》，《归群宝籍目录》，载方宝川主编《太谷学派遗书》（第一辑第五册），江苏广陵古籍刻印社，1997，第47页。
③ 《王瀣致钟泰信札》，载朵云轩编《钟泰友朋信札》，朵云轩，2015，第15—16页。
④ 《王瀣致钟泰信札》，载朵云轩编《钟泰友朋信札》，朵云轩，2015，第40—41页。
⑤ 张德广：《〈归群宝籍目录〉弁言》，《归群宝籍目录》，第47—52页，载方宝川主编《太谷学派遗书》（第一辑第五册），江苏广陵古籍刻印社，1997。

常有二三十人在家抄，钱不够，就卖田来充工料费"①。

经过黄门数十位弟子历时十年的艰苦努力，《归群宝籍》最终于 1932 年冬编成。1933 年，张氏又编写《归群宝籍》副本一部。这次编撰、整理工作是张德广在几乎倾家荡产的情况下完成的，可谓毁家为学，因此其被称为"张三疯子"。《〈归群宝籍目录〉弁言》对此次编撰的前因后果、艰难曲折作了详细记述，我们从中发现，张德广编辑太谷学派遗书的一个主要原因，就是其入室黄门十多年之后，因苦于无文献可读而无法实现对太谷学派学术的领悟，"庚戌（1910 年）秋，省丁氏姑母于吴下，荷中表孝宽、子韦昆季引谒希平夫子于退谷，蒙垂示'大学知止有定'一章，盖深悯小子之沈沦，俾知自返然，小子懵愚不悟也。甲寅孟冬，移家吴门。乙卯（1915 年）正月六日，敬奉母氏朱太夫人慈命皈依我师门。我夫子饮食之教诲之所以引掖诱导者万端，而小子障深累重，十年之间，中风狂走，仍不悟也"②。张德广对此是心急如焚，因此其于 1924 年开始私下背诵黄葆年的讲学内容，此后虽被黄氏发现，但也嘉其好学，特准许其诵读，"甲子夏，乃窃取师文五十篇诵之。尝侍坐，有所请益，师谕曰：'汝勿旁骛，宜读我文。'小子肃立以方，手录校读对畴，知未皇竣业"③。

毋庸置疑，张德广在《归群宝籍目录》中辑录了太谷学派的大量著述，正如其所言："敬辑录我太谷太祖夫子、龙川太夫子、黄厓太夫子、希平夫子、龙溪夫子暨从游诸先哲遗著都六十集、二百四十三卷。"④ 不过，仍有一批重要的太谷学派文献因故未能收入，如"夏子静山为小子商请储子南窗、鲁子绍元代录我师遗著《古诗存》十八卷，久未能竟。……惟吴少渠丈所藏之黄厓太夫子评注《法华经》及黄厓（应为龙川）太夫子子少平、兰甫两先生所称述之《金恢斋先生诗词集》搜求罔获，深抱缺如之憾而期诸将来"⑤。

由于有如此瑕疵，张德广深感"黾勉九年，事未获竣，伏念先圣先贤遗著未经辑订者尚众，抱残守缺久或湮没，则上悖我夫子遗训而重滋罪戾

---

① 刘蕙孙：《太谷学派的遗书》，《福建师范学院学报》（哲学社会科学版）1957 年第 2 期，第 2 页。
② 张德广：《〈归群宝籍目录〉弁言》，《归群宝籍目录》，载方宝川主编《太谷学派遗书》（第一辑第五册），江苏广陵古籍刻印社，1997，第 4 页。
③ 张德广：《〈归群宝籍目录〉弁言》，《归群宝籍目录》，载方宝川主编《太谷学派遗书》（第一辑第五册），江苏广陵古籍刻印社，1997，第 5 页。
④ 张德广：《〈归群宝籍目录〉弁言》，《归群宝籍目录》，载方宝川主编《太谷学派遗书》（第一辑第五册），江苏广陵古籍刻印社，1997，第 3 页。
⑤ 张德广：《〈归群宝籍目录〉弁言》，《归群宝籍目录》，载方宝川主编《太谷学派遗书》（第一辑第五册），江苏广陵古籍刻印社，1997，第 7 页。

于无穷矧"①。张德广随后进行第二次编辑工作，于 1934 年冬编成《归群宝籍续编》，"自壬申（1932 年）春月迄甲戌（1934 年）秋暮，历时二载至希平夫子上升之十年始克竣事，复得三十集，都六十四卷"②。张德广为此次工作倾注全部心血，尤其是经济上可谓竭其所能，几乎是倾家荡产，就连其老母、兄弟和妻妾都倾力相助，"凡正、续编所费征辑、录校、楮墨、厨函、线装等用，都银币三千元。我母氏太夫人助四百，德纯弟助一百，室人方如复脱簪饰助二百，姬人姚二复助五十，其阙者小子任之"③。

　　这次对太谷学派遗书的征集工作，可谓汇聚太谷学人的全力，不仅在地域上涉及天南地北，而且涵盖太谷学派四代传人及其后裔。"于是黄子子受、仲素、幼朋、刘子舜怡、赋芝、怀孙、丁子孝宽、李子继群，遂共襄搜辑，而曹子振清、鲁南、章子承之、姚子厚伯则为求诸姜堰，陈子寿南、杨子永言、焕之、王子寿徵则为求诸海陵，丁子月江、朱子慎余则为求诸海安，薛子敬思则为求诸口岸，沈子约卿、王子峻卿、朱子文卿则为求诸溱潼，胡子幼梅则为求诸江右，汪子仲方则为求诸北平，而南之学者钱子绍群、韩子淑元、葛子仲修、马子伯元、徐子镜南、姚子以从、陆子希鲁，北之学者朱子长林、王子子衡、张子子和、伯琼复各尽出其先世所遗，与夫毕生所辑诸稿，悉以相援，群力所被，事遂日集，仍虑诚敬未至而搜辑之。"④

　　《归群宝籍》和《归群宝籍续编》共收录太谷学派遗书 90 种，共 307 卷。这是太谷学派传播史上第一次全面系统的资料汇编工作，得到刘蕙孙的高度赞誉："太谷学派的遗书，自黄崖劫后，大都均散在门弟子个人手中。……这些书多数又集中在所居苏州十全街'归群草堂'讲舍中。从我所见到的《龙川弟子记》是龙川弟子谢平原氏的手记稿本一点来看，大概都是些未经整理的原稿，有系统的整理，自张令贻氏编录《归群宝籍》和《归群宝籍续篇》始。"不过，张德广墨守师规，所编之书深藏书阁而不肯外传，"张氏为人，本来也是一位拘谨的老先生，所钞的书，也矜秘深藏，

① 张德广：《〈归群宝籍目录〉弁言》，《归群宝籍目录》，载方宝川主编《太谷学派遗书》（第一辑第五册），江苏广陵古籍刻印社，1997，第 47—48 页。
② 张德广：《〈归群宝籍目录〉弁言》，《归群宝籍目录》，载方宝川主编《太谷学派遗书》（第一辑第五册），江苏广陵古籍刻印社，1997，第 47—52 页。
③ 张德广：《〈归群宝籍目录〉弁言》，《归群宝籍目录》，载方宝川主编《太谷学派遗书》（第一辑第五册），江苏广陵古籍刻印社，1997，第 52 页。
④ 张德广：《〈归群宝籍目录〉弁言》，《归群宝籍目录》，载方宝川主编《太谷学派遗书》（第一辑第五册），江苏广陵古籍刻印社，1997，第 48—50 页。

从不示人"①。此后，张德广又编著《归群词丛》《〈养蒙堂遗集〉校后识》等太谷学派遗书资料。张氏对太谷学派的最大贡献就是保存大量的学派文献，为传承学术、嘉惠后学奉献了自己的毕生心血。

张德广编辑太谷学派文献，立足于收藏而非流通，故在当时并未产生很大影响。20世纪80年代之后，太谷学派的学术研究能够逐渐开展并推向深入，张德广所编遗书功不可没，正如刘蕙孙对其作出贡献的充分肯定，"今日社会上知道太谷学派有遗书，而且有这许多遗书可供研究，完全是张的功绩"②。

## 五、第五次整理（1946—1947年）

由于太谷学派文献多系手工抄写，费时费工、效率低下，根本无法满足门人阅读求学的实际需要，刘大绅决定自己编辑刊印一些学派遗书。1933年，刘大绅与其表兄、归群弟子潘孝侯（葆真）在天津共同出资刊印《龙川先生诗抄》。刘氏曾撰文记述其刊印经过："表兄髫年游侣，亦归群门弟子，且同谒先生与吴中者。风窗晴夜，篝灯话学堂旧事者屡，议刊学堂遗书者亦屡。癸酉春，遂醵金始印《龙川诗抄》《李氏遗书》，经夏而成。"③

此书为线装白宣纸铅字排印本，附录《〈龙川先生诗抄〉补抄》和《李氏遗书》。其中，《李氏遗书》根据爱莲堂写本，共收录李光炘语录28条。此外，还附录李光炘《素隐述》一文，以及张积中与汪全泰之间的互赠诗，其中张氏赠诗三首，汪氏赠诗一首。

刘大绅刊行此书的本意是为了太谷学派弟子更好地研习学术，进而推动太谷学派文献的进一步出版发行，正如其在《后记》中所言："《龙川先生诗抄》本先师黄归群、蒋龙溪两先生钞授及门诸子，以资讽诵者也，归群草堂曾锓板印行。……后来同学，或多未见用。谨抄印以为景仰之资。其有闻风兴起，或宝藏太谷暨陈（少华）、韩（子俞）、汪（全泰）、张（积中）、李（光炘）五先生与夫黄崖、龙川及门诸先进诗文著述者，倘能录

① 刘蕙孙：《太谷学派的遗书》，《福建师范学院学报》（哲学社会科学版）1957年第2期，第3页。

② 刘蕙孙：《清嘉（庆）道（光）咸（丰）间民间思想的暗流——周太谷与太谷学派》，《华东工学院学报》（哲学社会科学版），1992年第4期，第10页。

③ 刘大绅：《〈龙川诗抄〉后记》，载李光炘《龙川先生诗抄》，天津铅印本，民国二十二年（1933年）。

寄，馨香祝之矣！"①

此事却在太谷学派内部掀起一场轩然大波，以黄仲素为首的苏州归群弟子联名写信严厉指责刘、潘刊印遗书为泄漏天机之行为，强烈要求二人立即将《李氏遗书》拆下焚毁，并用纸灰包好，沉入长江，《龙川先生诗抄》必须缴归龙川祠堂保管，不得私自流传。刘大绅回信据理力争，他认为当初学派遗书秘不示外人是因受黄崖教案牵连，现在早已时过境迁，不必再有顾虑，况且黄崖冤案已呈请昭雪。刘氏特别强调太谷学派本为儒家学派，其遗书就如同程朱语录，从尊重师门、光大学派的角度出发，应当让遗书广为流传。刘氏此说合情合理，从而说服了许多太谷学派传人，使其态度发生很大转变，此事因此逐渐平息。"张令贻氏也是列名人之一"，原本持保守态度，但其深感刘氏言之有理，态度发生逆转，主动上门联系，不仅表示赞同和支持刘氏刊印之举，而且赠送《归群宝籍》目录一份。

1947 年为刘大绅六十寿诞之年，其子女原计划"请宴戚友为竟日之欢"，后因刘大绅感到太谷学派"诸夫子之言，闷而不传久矣，自问事业文章不足以寿世居，恒思辑节遗书，待五百年之名世，亦古人述而不作义也"②。刘大绅提出用子女贺寿的礼金，出资编辑、刊印《儒宗心法》，此倡议得到其子女的一致响应。《儒宗心法》印成后，由刘家分赠给亲眷好友以及太谷同门。不过，此书印数仅有二三百册③，存世更少，社会影响因此较为有限。

## 六、第六次整理（1949—1956 年）

中华人民共和国成立后，原存苏州归群草堂的太谷学派遗书，改由黄仲素之子黄花农、黄少怀，以及黄幼朋夫人等人保管，分别存放于泰州和苏州。1951 年，"归草堂房东卖房，这些书就由仲素先生长子，我的表兄黄花农（玉琪）搬去他家。其时仲素先生还在江北"④。曾目睹黄氏藏书的泰州人士汪秉性亦回忆说："其时正值'五□年春荒'，少怀先生家生活异

①　刘大绅：《〈龙川诗抄〉后记》，载李光炘《龙川先生诗抄》，天津铅印本，民国二十二年（1933 年）。
②　刘蕙孙：《〈儒宗心法〉跋》，载刘德隆、朱禧、刘德平编《刘鹗及〈老残游记〉资料》，四川人民出版社，1985，第 567 页。
③　刘蕙孙先生对《儒宗心法》刊印的数量，其前后说法不一。一说，《儒宗心法》"印本数百册"。见刘蕙孙：《太谷学派的遗书》，《福建师范学院学报》（哲学社会科学版）1957年第 2 期，第 2 页。另一说，"其中除《儒宗心法》自己排印了二百部外，其余均未刊"。见刘蕙孙：《铁云先生年谱长编》，齐鲁书社，1982，第 21 页。
④　刘蕙孙：《太谷学派的遗书》，《福建师范学院学报》（哲学社会科学版）1957年第 2 期，第 3 页。

常清苦，经常吃稀糁粥、麸皮饼。但却藏有不少装订精致的线装书，有的是手写得极为工整的蝇头小楷，并有朱笔夹批。"①据钟泰日记载，这批遗书编有书目，即《归群草堂书目》②。1952 年，随着黄仲素的去世，太谷学派的状况更是雪上加霜，黄氏家族无法秘藏太谷学派文献，黄幼朋夫人、黄少怀及归群弟子程彬儒等人都向钟泰出售遗书抄本以维持生计。

在太谷学派遗书存在散佚危机的同时，著名史学家柳诒徵亦有意保存和整理学派文献。柳氏早年就曾通过其好友王伯沆、钟泰、吴眉孙等归群弟子"习闻泰州学派李晴峰、黄隰朋诸先生遗事"③，认为太谷学派为"不可谓非累朝学案之殿"④，其文献资料非常珍贵，遂有意编撰"泰州学案资料"。事实上，柳氏有志于此已有多年，据王瀣之女王绵回忆，民国年间至中华人民共和国建立初期，柳诒徵、钟泰与吴庠等人有感于太谷学派史料缺乏，世人对其多有误会之处，三人准备合力编著一部反映太谷学派及黄崖事件的学案著述，并已着手撰写。不过，此事因故搁置。⑤

中华人民共和国成立后，柳诒徵定居沪上，在钟泰、吴庠等太谷学人的帮助下，搜集了一批太谷学派文献。其孙柳曾符回忆说："1950 年上海镇江同乡有乡人饮茶之会，每周一次，多在南京西路红榴村茶馆及锦江饭店翠竹厅，先祖与吴眉孙先生每会必到，钟山先生亦时至，至则常谈黄门旧事，先祖并从眉孙先生假读黄门四子书过录其句。"钟泰给予柳氏以鼎力支持，"欲修学案共谁论"⑥的诗句，说明其曾积极参与《新泰州学案》的编撰工作。黄葆年《书曾子固宜黄县学记后》一文就是由钟泰提供给柳氏的。柳氏明确记载："甲午（1954 年）春，钟钟山君以此文示我，遂录之。"作为国学大师的柳诒徵以此文为据，肯定黄葆年及太谷学派的学术正统性，"以见黄先生之主张粹然一出于正，无非常异义可怪之说也"⑦。不过，受到当时国内政治环境的影响，钟泰并没有向柳氏提供自己从黄葆年

① 汪秉性：《黄门家风目睹记》，收入泰州市政协文史资料研究委员会、泰州市地方志编撰委员会办公室编《泰州文史资料》（第一辑），1983 年，第 130 页。
② 1954 年 1 月 5 日，钟泰在日记中载："午后丙公（刘丙孙）来，带来《归群草堂书目》。"钟泰：《钟泰日录》（上），《钟泰著作集》（第 7 册），上海古籍出版社，2021，第 434 页。
③ 柳曾符：《柳翼谋先生〈泰州学案资料〉纂写始末》，《南京理工大学学报》（哲学社会科学版）1997 年第 3 期，第 34 页。
④ 柳诒徵：《新泰州学案》，收入《泰州文献》编纂委员会编《泰州文献》（第 2 辑第 20 册），凤凰出版社，2014，第 557 页。
⑤ 王明发：《王伯沆先生二三事》，《人物》2003 年第 1 期，第 133 页。
⑥ 柳曾符：《柳翼谋先生〈泰州学案资料〉纂写始末》，《南京理工大学学报》（哲学社会科学版）1997 年第 3 期，第 35 页。
⑦ 柳诒徵：《新泰州学案》，收入《泰州文献》编纂委员会编《泰州文献》（第 2 辑第 20 册），凤凰出版社，2014，第 561 页。

后人处购买的太谷学派文献。①

柳诒徵委托其学生景昌极走访太谷学派资料。在景氏的费心搜罗下，柳氏终于得见一批太谷学派资料，"先祖辑资料时得见一部分。其书用黄绫包，字句或与通行本不同，如《论语·学而》第一句'学而时习之'，黄门传本即作'学天时习之'，所选《左传》则尊齐桓而薄晋文，如此类是"②。

经过数年努力，柳诒徵编成一部太谷学派文献集，取名《新泰州学案》。《新泰州学案》以汇编黄葆年的生平、思想和学说为主，同时收录了周太谷、张积中和李光炘等人部分著述以及晚清民国时期太谷学派的一些论述。其内容既有一些太谷学派遗书内容，又有各种涉及太谷学派的资料③，可谓尽柳诒徵目力所及。这也从一方面说明当时太谷学派资料依然难以获得。

柳氏编辑《新泰州学案》的主要目的，一方面是保存太谷学派文献，另一方面则是为了便于后世学者"考镜源流"，正如其所言："近人辑《清儒学案》，自顺治迄光宣，师儒孔备，独遗泰州黄氏，宇内传述者往往隐秘失真。顾自清季以来，考据、训诂、科旨派别炽盛，文词坛坫尤伙。远西教学，阑入中夏，主奴涌滑，黄氏当斯时笃守儒先以授学者，原情性而淑身心，暗然独延一脉，著录弟子，无虑悦释罔间，不可谓非累朝学案之殿也。爰举其讲贯要指，辑《泰州学案资料》，以俟后世考镜。泰州之先河，太谷、石琴、晴峰别为篇。"④

此书收录的太谷学派资料，数量虽然不算太多，许多材料亦非原始资料，却是一次重要的太谷学派文献整理工作，柳氏此举因此得到学术界的高度赞誉，有学者甚至认为"这是太谷学派文献的第一次集结"⑤。其实，《新泰州学案》收录一些极有价值的史料，如黄葆年所作《〈通书〉跋》一文未见于《濂溪一滴》等太谷学派其他资料中，尤显珍贵。可惜的是，此书当时因故未能够公开出版，只有少量抄本流传，就连泰州图书馆藏本也是 1957 年由景昌极先生抄赠的。事实上，《新泰州学案》长期被束之高阁，

① 张进：《柳诒徵与太谷学派》，载周新国主编《淮扬文化研究》（第五辑），社会科学文献出版社，2023，第 26 页。
② 柳曾符：《王伯沆与黄锡朋》，《文教资料》1982 年第 3、4 期合刊，第 126 页。
③ 柳诒徵：《新泰州学案》，收入《泰州文献》编纂委员会编《泰州文献》（第 2 辑第 20 册），凤凰出版社，2014，第 593 页。
④ 柳诒徵：《新泰州学案》，收入《泰州文献》编纂委员会编《泰州文献》（第 2 辑第 20 册），凤凰出版社，2014，第 557 页。
⑤ 王学钧：《太谷学派研究的基础工程——读〈太谷学派遗书〉》，《南京理工大学学报》（哲学社会科学版）1998 年第 4 期，第 28 页。

没有能够方便学者开展学术研讨之用。柳氏本人因年老体衰而无力研究，这批资料辗转到了刘蕙孙手中，"还有一批黄崖教案史料，同样来之不易。柳诒徵搜集了这批资料，后因年事已高，无力研究，交给上海的历史学者吴广洋，吴后因同样的原因交给了刘蕙孙。这批资料的学术价值姑不论，它的经历也够写一篇小说了"①。

20 世纪 50 年代，中央人民政府对民间组织进行了系统整顿，特别对反动会道门和邪教组织进行了彻底清理，太谷学派也被列入清查对象。1953 年，上海公安部门曾特意向钟泰咨询太谷学派的情况，钟泰为此专门撰写《太谷学派概略》②。1956 年，公安部门再度向钟泰询问黄仲素和刘丙孙父子的情况。③作为刘鹗后人，刘蕙孙教授因此写了自证材料。太谷学派虽然不属于此类组织，但是其地位依然非常尴尬。正如圆庐所记："泰州解放初登记户口时，有黄门中人向当局说明从师受业情形，后据有关负责人相告，上级业已查明，黄门为一封建学派，既非宗教，更与道会门无涉。"④

为了明哲保身，太谷学派传人更加注意控制遗书资料的流传，尤其严格限制对外传播。1951 年夏天，因为苏州一詹姓门人将《太谷遗书》的手抄本外传，李光炘之孙李兴甫等人就逼迫其交出全部藏书，雇船在苏州河面上焚毁。⑤直到 1957 年，太谷学派遗书仍在黄花农手中秘藏不显。此后，由于国内政治环境出现重大变化，太谷学派文献整理和学术研究工作也难以为继。

## 七、第七次整理（1985—1986 年）

中华人民共和国成立后，刘蕙孙听说有一些太谷学派遗书交归苏州图书馆，立即写信向范文澜先生汇报此事，建议将全部遗书收归国有，并组织人员开展专门研究。不过，范老回信，国家百废待兴，对此有心无力。等到 20 世纪 80 年代，江苏社会科学院的徐允明再去找寻这批太谷学派遗书时，大多已经不存，正如其所言："苏州的那批书下落不明。我在图书

① 徐允明：《太谷学派遗书访问记》，《江苏社联通讯》1988 年 Z2 期，第 29 页。
② 钟泰：《钟泰日录》（上），上海古籍出版社，2021，第 410 页。
③ 钟泰：《钟泰日录》（下），上海古籍出版社，2021，第 510、511 页。
④ 圆庐：《李黄学派二题》，收入泰州市政协文史资料研究委员会、泰州市地方志编撰委员会办公室编《泰州文史资料》（第三辑），1987，第 99 页。
⑤ 孙庆飞：《太谷墓与太谷学派活动》，《南京理工大学学报》（哲学社会科学版）1993 年第 4 期。

馆里只看到一部《龙川年谱》。"①

　　"文革"时期，社会盛行"破四旧"，太谷学派遗书从其门人手中大量散落出来。由于泰州文化局、泰州图书馆和泰州新华书店等单位的努力，泰州地区民间流散的太谷学派遗书竟然得以幸免于难，周太谷、张积中、李光炘、黄葆年、蒋文田等太谷学人的 53 种著述就被泰州图书馆保存下来，摆脱了被销毁的噩运。1962 年，泰州古旧书店在陈家桥南小街一位黄门弟子的后裔家中收得太谷学派遗书 31 种，转售给泰州图书馆，使泰州图书馆所拥有太谷学派遗书的藏量大大增加。1983 年，泰州退还"文革"抄家书籍，王乐天女士将认领的刘鹗手批《道德经》捐赠给泰州市图书馆。此后，泰州新华书店古旧书部的萧齐又寻访到《周氏遗书》（《太谷经》）一种，同时还收集到李龙川《论书一则》《论书法》和《论诗文》三篇文章，肖老先生将其汇编为一辑，题名为《龙川遗著》。肖氏将这两种书都抄送给图书馆，因此，泰州图书馆所藏太谷学派遗书达到了 39 种。②

　　党的十一届三中全会之后，中国的学术研究迎来了春天，太谷学派研究开始复苏，尤其是太谷学派遗书的文献整理工作得以正常开展，这也为太谷学派的学术研究提供了基本的史料基础。为使太谷学派遗书能够流传，为学界提供基本的研究资料，1985 年，泰州图书馆与泰州新华书店合作，共同发掘、整理民间和馆藏太谷学派文献资料。此事由萧齐牵头负责，将相关文献整理汇编为《新泰州学案资料》（《太谷学派遗书》），共 3 辑 26 种 53 册（第四辑未能完成）。《新泰州学案资料》以内部发售的方式，先后出售 20 余部，中国国家图书馆、上海图书馆、南京图书馆等单位都有收藏。

　　《新泰州学案资料》"以蓝格半叶十行毛边纸按原书款式精钞数部行世"，学术界称之为"泰州本"。"泰州本"包括周太谷、张积中、李光炘、黄葆年、蒋文田等学派重要人物的著述，为学者提供了太谷学派研究的第一手文献资料，对厘清太谷学派的思想体系及其历史发展脉络有着极大的学术价值。这次编辑工作在太谷学派遗书整理的历史进程中具有里程碑意义，它较为系统地整理了太谷学派遗书中的"泰州本"。方宝川教授称这些资料"是自太谷学派创立以来第一次最有系统，也是最多的一次向学术界公布了太谷学派的遗书资料"。这些文献资料的刊行为从事太谷学派研究的学者提供了当时最为齐全、翔实的史料，"它为促进太谷学派研究的

---

① 徐允明：《太谷学派遗书访问记》，《江苏社联通讯》1988 年 Z2 期，第 29 页。
② 张秋收、诸祖仁：《泰州图书馆收集、入藏太谷学派遗书情况简介》，《南京理工大学学报》（哲学社会科学版），1996 年第 1 期，第 35 页。

进一步开展产生了重大影响"①。

太谷学派的"泰州本"公布后,"刘家本"却未能趁热打铁,将太谷学派文献研究推向高潮。当时,太谷学派后裔在是否公开学派文献的问题上产生很大分歧,作为学者的刘蕙孙主张将太谷学派文献正式公开,但却遭到其他人士的竭力反对而作罢。② 由于绝大多数太谷学派后裔持较为谨慎的态度,并不愿意将其私藏的相关文献向社会公布,这导致太谷学派及其文献研究未能更进一步。

### 八、第八次整理(1994—2001 年)

20 世纪 80 年代末,福建师范大学的方宝川教授曾陪同刘蕙孙以及德国汉学家屈汉斯博士一起到江苏的苏州、扬州、仪征、泰州等地考察太谷学派遗迹并查阅有关遗书资料,得到了当地政府以及许多热心人士的帮助。1992 年 4 月中旬,首届太谷学派研讨会在泰州、扬州和仪征举行,会上成立了太谷学派研究会筹备组,并探讨了太谷学派遗书的整理出版事宜。1994 年,方宝川正式提出了编辑出版《太谷学派遗书》的计划,很快得到时为江苏广陵古籍刻印社主任王明发的大力支持,并聘请刘蕙孙、盛成和严薇青三位德高望重学问渊深的老前辈作为顾问。此后,在国家古籍整理出版规划项目的资助下,尤其是刘蕙孙将其所藏"刘家本"倾囊而出、鼎力相助,方宝川得以将"刘家本"和"泰州本"汇编为《太谷学派遗书》,共 3 辑 17 册,由江苏广陵古籍刻印社分别于 1997、1998 和 2001 年影印出版。

此套丛书虽然未能收录全部太谷学派遗书,但是基本囊括太谷学派的主要文献,成为太谷学派研究最重要的史料,具有极其重要的学术价值。学术界给予其高度评价,王学钧认为"这不但是太谷学派研究的一项基础工程,同时也填补了中国近代民间文化和学术史文献整理的一项空白"③。詹石窗教授赞誉"这是一项浩大的工程,它不仅填补了太谷学派研究史上文献无征的空白,而且体现了编撰者和出版社的远见卓识"④。

---

① 方宝川:《关于泰州本〈希平天子语录〉的作者问题——与泰州图书馆商榷》,《江苏图书馆学报》1990 年第 6 期,第 52 页。

② 张文江记述:《潘雨廷先生谈话录》,复旦大学出版社,2012,第 185 页。

③ 王学钧:《太谷学派研究的基础工程——读〈太谷学派遗书〉》,《南京理工大学学报》(哲学社会科学版)1998 年第 4 期,第 28 页。

④ 詹石窗:《〈太谷学派遗书〉评介》,《福建师范大学学报》(哲学社会科学版)1998 年第 2 期,第 128 页。

## 第二节　太谷学派文献的传播进程

### 一、"鲜有所闻"阶段（1856[①]—1911 年）

太谷学派发迹于清朝嘉庆年间，定名则是在 20 世纪 20 年代后期，因此晚清及民国初期对其的记述并没有冠之以太谷学派之名。黄崖事件之前，时人虽然对太谷学派还缺乏深入的了解，但并没有将其与邪教、异端联系起来。晚清时期，太谷学派的传播一直较为隐秘，其文献几乎没有外传，虽然其社会知名度不高，但也得到一些社会上层人物的关注。有学者认为："清道光咸丰年间，周星垣及其弟子传道江表，私相授受，虽在东南学子中产生一定影响，但门外人辄以诡秘迂怪目之，传布范围相当狭小，几乎不为世人所知。"[②]

进入 19 世纪末期，太谷学派的"污名化"程度似乎进一步加深，社会人士尤其是部分维新派人物对其评论渐以负面居多。这一方面与太谷学派在北方扩大其传学活动有关，另一方面则是与晚清维新派的政治主张密切相关，因为其倡导改良、反对革命，而在一定意义上，太谷学派具有所谓的"革命"色彩，因此他们将太谷学派视为一种"反面"力量。

由于牵涉政治因素，太谷学派内外对张积中及黄崖事件多缄口不言，其事实和真相逐渐尘封于历史之中，张积中"毕生事迹，以黄崖教匪案故，官私著述，皆秘不详，或非诬即罔，因无可考"[③]。晚清时期，黄崖教案的政治污名还比较浓厚，即使作为太谷学人后裔的姚锡光和吴德潇也不敢公开为张积中和黄崖事件鸣冤抱屈，只能私下谈论太谷学派。光绪二十二年五月二十一日（1896 年 7 月 1 日），二人曾经"同证龙川师承"，由于他们对太谷学派学术传承情况比较熟悉，故充分肯定李光炘及学派的儒学性，"今凡游龙川门下及师事蒋子明之再传弟子，如毛实君、刘伯浩、袁淡生诸君子，皆海内人望；亦可见龙川学术之正"[④]。这一时期，太谷学派一度得到社会的高度关注，其中的重要原因就是刘鹗《老残游记》的问世。《老残游记》虽是一部小说，并没有披露太谷学派文献，但是再现了

---

① 最早对太谷学派的记载始于 1856 年的郭嵩焘日记。参见张进：《李光炘与太谷学派南宗研究》，社会科学文献出版社，2012，第 7 页。

② 马西沙、韩秉方：《中国民间宗教史》，上海人民出版社，1992，第 1338 页。

③ 刘厚滋：《张石琴与太谷学派》，《辅仁学志》第九卷第一期（1940 年 6 月）。

④ 姚锡光等：《姚锡光江鄂日记》（外二种），中华书局，2010，第 125—126 页。

太谷学派的基本史实和理论观点。刘氏的艺术加工，使得社会人士对太谷学派产生诸多误解，正如胡涤所言："黄先用（生）则言理而不言教，与刘氏既同门，又通婚姻，尝言刘笔锋犀利，不宜于处乱世，力戒刘游记勿出版，刘不能听也。又尝谓门人曰，游记中所引师说，不过一二，且不尽实，若吾之生平，果如记中之所谓黄龙子者，几成一江湖术士矣，然尔来竟有因此从吾者，可谓攻乎异端矣。"[1]

与此同时，太谷学派加大在京师文人群体中的活动，试图进一步扩大声势。例如，刘鹗曾主动与晚清维新派、报界名流汪康年交游，以期传播太谷学派学说。汪氏对太谷学派则不以为然，甚至颇多攻讦之辞。光绪三十二年四月初三日（1906 年 4 月 26 日），徐兆玮在其日记中记述：

> 夜，汪穰卿来，言刘铁云（刘鹗）所习之教派颇怪，其祖师李姓，秘传二世出相，三世出帝，相指徐荫轩。予记得扬州人张积中以结寨黄崖聚徒讲学，为官军所诛。穰卿《庄谐选录》亦记之，即是此一派。又言铁云所著《老残游记》乃阐明其教派之书，铁云言《论语》"十世可知"一章下即接"闭房记"，后以其谶纬秘藏之而附着论断之语："非其鬼而祭之"指以吕易嬴，"见义不为"指项羽，"孔子谓季氏"指刘季，"三家者以雍彻"指三国。其怪诞不经如此。[2]

汪康年对太谷学派的评价虽然有所偏颇，但是可以证明其对太谷学派学说已经有了初步了解，因其讲述内容，与李光炘《观海山房追随录》的记载基本一致。[3] 这说明刘鹗可能曾对汪康年推介过太谷学派遗书的一些内容，只不过并不为汪氏所理解和接受。

汪康年随后还专门致函其族兄汪大燮，向其探寻有关太谷学派的更多信息。光绪三十二年六月二十五日（1906 年 8 月 14 日），汪大燮在回信中，对太谷学派的所谓"革命性"多有指摘，其中不乏不实之词[4]。据汪大

---

① 东台胡涤撰次：《老残游记考证》之六《黄龙子之历史及其学术之渊源》，《中华月报》1935 年第 3 卷第 12 期，第 57 页。

② 徐兆玮著，李向东、包岐峰、苏醒等标点：《徐兆玮日记》（第 1 册），黄山书社，2013，第 630 页。

③ "子张问：'十世可知也？'孔子晓以殷因之礼，虽百世可知也。继周者，惟秦、惟楚、惟汉。非其龟而祭之，秦也。见义不为，楚也。刘季以分羹之辞而舞八佾，是可忍也，孰不可忍也。三家者皆争雍而得天下。孔子书之，不特不许秦楚，抑亦不许刘季，故曰：'奚取于三家之堂。'"李光炘：《观海山房追随录》，载方宝川主编《太谷学派遗书》（第一辑第三册），江苏广陵古籍刻印社，1997，第 84 页。

④ 上海图书馆编《汪康年师友书札》（一），上海古籍出版社，1986，第 861—862 页。

燮所言，李光炘的"诗集刊行如谶语"，这基本属于信口雌黄，显然其并没有读过李氏的《龙川先生诗抄》，而是捕风捉影，不足为凭。这些记载大多虚实参半、真假莫辨，其共同之处就是，相关记述者在没有真正接触到太谷学派文献的情况下，就较为草率地做出了个人判断，因此众说纷纭，莫衷一是。

当时，有少数人因缘巧合得以接触到部分太谷学派文献，张南巡就是其中之一。光绪乙巳年（1905年），张南巡所作《〈龙川先生诗抄〉跋》，可能是最早对太谷学派文献进行介绍的文章。此文不仅对黄崖事件及太谷学派作有较为详细的记载，而且与《山东军兴纪略》和《鹂砭轩质言》的记述大相径庭。这其中的重要原因，就是作者看到了太谷学派的部分文献，更加容易还原和揭示历史真相。张南巡与李光炘的私淑弟子汪时琛交游密切，因而得见周太谷、李光炘、黄葆年等人的著述，"（周太谷）不事著作，遗言为弟子所记，号《太谷经》。晴峰著书亦不多，其学再传于泰州黄隰朋葆年。黄为泗水县十年，被荐入都，遂弃官归。今尚在苏州授徒，记述稍多，然皆一本晴峰。近年所作《染丝歧路说》《游学说》等篇，尤于新理多所会通。余从旌德汪竹溪主政时琛案头见之，竹溪以私淑晴峰者也。……独竹溪君与余同官秋曹，过从最密，犹津津乐道之，故余窃闻绪论，并得读其授受学说。一日，竹溪以龙川诗抄见示，余假归手录一通，遂记其崖略如此，以俟世之谈学案者，有所考焉。呜呼！我国讲学之风，绝响久矣"①！某种意义上，汪时琛向张氏泄露太谷学派文献，体现了太谷学派试图扩大传学范围的意图，正如张氏于1907年的回忆："龙川诗一帙，余于乙巳年官刑曹时，录自竹溪汪氏。既为著述概略，而未能详也。当时余所见《太谷经》及晴峰以下授受学说，竹溪曾约余就其斋取次钞之，卒卒未果。"②1907年，张南巡准备自行刊刻《佚丛甲集》，由于徐兆玮为其常熟同乡，时又同在京城为官，因此特请徐氏为丛书作跋。徐兆玮在阅读《龙川先生诗抄》之后，原本所持对太谷学派的疑惧态度发生根本变化，不仅修改自己在日记中对太谷学派"怪诞不经"的无端指责，认为这是"寂照冥思流为诡诞，心宗之流弊，又岂阳明、心斋倡导学说时所及料哉"，而且希望此书的刊行能够在社会上产生更大效用，"南巡向示余龙川诗抄，今云将付之梓，以慰其亡友竹溪之心，用贡所知，为搜幽耆奇

---

① 张南巡：《〈龙川先生诗抄〉跋》，《佚丛甲集·龙川先生诗抄》，页三十八，载殷梦霞、王冠选编《古籍佚书拾存》（第八册），北京图书馆出版社，2003，第363—364页。

② 张南巡：《〈龙川先生诗抄〉跋》，《佚丛甲集·龙川先生诗抄》，页四十，载殷梦霞、王冠选编《古籍佚书拾存》（第八册），北京图书馆出版社，2003，第368页。

者助，也冀南械之有以贶我也"①。

这一时期，太谷学派的学术渊源在社会上已经多有争议。例如，徐兆玮、黄人与张南械为至交，但二人对太谷学派学术源流所持观点则与张氏相去甚远，"徐剑心前辈自都门归，有为述其见闻所得，皆足以补余说之未尽，且谓其学盖出自王心斋，而吾友黄摩西则谓出于程云庄"。张南械明确反对二人之观点，认为："然余思囊所窥遗书，虽不尽记忆，亦未见有如云庄所著三篇十八目之诞谬。剑心所闻《孔子闭房记》一说，或亦为人附会缘饰而非其真。要之冥搜顿悟，或与心斋为近，而劬学笃行、富于自治力，则余可以信竹溪者信之。"②出现这样的争论，归根结底还是缺少对太谷学派文献的研读，当然这也是太谷学派对其文献严格管控的结果。1909 年，毛庆蕃编成《古文学余》，虽有少量刻本，但不公开流通，仅限少数同门传阅③，从而引发社会质疑之声，正如卢冀野所云："即《古文学余》一书，该派毛庆蕃所选评（闻实出自黄锡朋，托毛之名），仅分给其同门，不出售之书坊。于是派外之人起符录罡咒之疑，而派中之愚者复故隐约其词，又何怪有传闻之误耶？"④

## 二、"泄漏天机"阶段（1912—1925 年）

辛亥革命后，随着清政府的土崩瓦解和民国的肇兴，太谷学派的政治生态环境得到根本改善，时人对黄崖事件的态度发生了微妙的变化。太谷学派与清政府之间的矛盾对立，在民国年间逐渐被认为是因其具有反清的革命性。太谷学派利用当时良好的政治氛围，公开呼吁为张积中及黄崖教案"翻案"。李光炘的侄孙李巢仙在《申报》上发表《张石琴》一文，不仅为张积中鸣冤叫屈，而且将其思想与孙中山的"反清"的政治主张联系起来，彻底否认清政府对太谷学派"邪教"的定性，"先生暨门弟子数百人皆遭害，而阎反以先生为妖教诬闻。曩见孙逸仙所著《天讨》载有此事，极诋满清待吾族之苛……前未推翻满政府时，无敢言者。今不表明，则先生遭害之冤，固久不白，而满史中以正学为妖教，遗误后世，事尤关于重

① 剑心（徐兆玮）：《〈龙川先生诗抄〉跋》，《佚丛甲集·龙川先生诗抄》，页四十，载殷梦霞、王冠选编《古籍佚书拾存》（第八册），北京图书馆出版社，2003，第 367 页。
② 张南械：《〈龙川先生诗抄〉跋》，《佚丛甲集·龙川先生诗抄》，页四十一，载殷梦霞、王冠选编《古籍佚书拾存》（第八册），北京图书馆出版社，2003，第 369 页。
③ 1962 年 6 月，钟泰从陆希鲁手中购得其所藏《古文学余》。钟泰：《钟泰日录》（下），《钟泰著作集》（第 8 册），上海古籍出版社，2021，第 702—703 页。
④ 卢冀野：《论太谷学派与宗教 答章行严》，《国闻周报》第四卷第十八期（1927 年 5 月）。

大，是不可不为之传"①。

1914 年，《雅言杂志》发表张靖所著《澄碧楼善知识记》一文，较为系统地介绍了张积中、李光炘的著述，"张积中氏，亲受学于太谷。黄崖蒙难，海内皆知有张先生。或谓其著作全为有力者搜去，既而毁之，未尽确也。往者闻友人藏有先生之书，九拜求观，得窥其略。盖别有建立，胸有是非出人者，恐未能读其书"②。"龙川先生之遗著，亦与张氏之书，同时得读。藏书者不欲轻以示人，郑重请求，始获一览。书皆用川莲纸楷写，与张著共五六巨册。大道已归于无上，姓名不闻于人间，太谷有之矣，故其弟子张、李诸先生之著述亦不轻流播于世。今菰庐之中有传其学者，日见其多，而绝不闻广张声气，即此已足为叔世风矣。"③

1915 年，淮系将领刘瑞芬之孙刘慎诒从其塾师陈文铎手中获得周太谷《太谷经》，细读其文本后，对周氏学术作出了比较平允的结论：

> 然非笃信其学则不轻与人言焉，故海内鲜知其实蕴，甚而附会其说，有似于谶纬神秘之学焉。今观其书，大都朴实说理，源本孔孟，虽有微言奥义，人未能解，而何尝有一言立异以矜张其门户乎？三十年来，交游中亦多知周太谷之学而以未见其书为憾。④

不过，当时出版界对太谷学派的记述则因缺少文献支撑，多有谬误之处。1916 年，徐珂编辑出版《清稗类钞》，其中《大成教》《黄崖诬反案》二文均涉及太谷学派。徐氏在《黄崖诬反案》中认为，张积中在黄崖事件中多有冤屈，"筑寨购守具，为久居计，无异志也。徒以依附者众，又诡秘相习，不知敛戢，至使当道疑为山贼，同于灵运而遘罹浩劫，遂为官吏邀功者所利用耳。吁！可慨也"⑤。《大成教》一文则对周太谷《太谷经》的内容多有记述，"论者谓太谷之学，尊良知，尚实行，于宋之陆象山、明之王阳明为近，又旁通佛老诸说。不事著述，其遗言为弟子所记，号《太谷经》，惟于《周易》多所删改涂抹。近世言人种学者，谓人之始祖为猿，

① 真州李巢仙稿：《张石琴》，《申报》1912 年 10 月 20 日，第 9 版。
② 张靖：《澄碧堂善知识记：〈张氏遗著〉》，《雅言杂志》1914 年第 8 期，《丛谈》第 2 页。
③ 张靖：《澄碧堂善知识记：〈龙川遗著〉》，《雅言杂志》1914 年第 8 期，《丛谈》第 3—4 页。
④ 刘慎诒：《序》，载周太谷《太谷经》（礼册），第 1—2 页。参见 https://www.artfoxlive.com/product/1570643.html。又见王明发：《新发现的两部太谷学派遗书》，《中国典籍与文化》2002 年第 1 期，第 70—71 页。
⑤ 徐珂：《黄崖诬反案》，《清稗类钞》（第 9 册），商务印书馆，1916，第 194 页。

太谷则谓人祖为豕，盖引《易》象彖字皆从豕，家字亦从豕以为之证。又谓《论语》'子曰'二字亦含有意义，子为了一，曰为包一也"①。此文貌似作者曾经接触过太谷学派文献，实则讹误颇多，尤其是关于"豕"和"子曰"的说法尤为夸张，并不见于太谷学派文献所载，应属小道消息。

从太谷学派文献流传的历史进程中，我们大致可以得出一个基本印象，凡是对太谷学派及其遗书有较多了解，或是具有深厚传统学术功底的学者，一般都认为太谷学派虽有一些怪异之处，但总体上并没有惊世骇俗之说，基本上还是属于传统儒学范畴的，或者说更将其视为阳明学术、泰州学派一脉。例如，1915年，著名学者震钧（后改名唐晏，字元素）在与其弟子倪澄瀛的通信中就认为，太谷学派虽有一些怪诞之处，但没有什么过人之处。不过，依据震钧所言，貌似其曾接触黄葆年的一些著述。

> 今日信又问及周太谷、李晴峰二人。此二人为泰州教，出于乾嘉间（阳明弟子有王心斋，泰州人，疑即出于此）。其教亦儒亦道，亦佛亦巫。现有苏州黄某为之主。其传教也，秘不示人；且有书，亦外人不得见，闭门而抄之（所注《四书》极怪诞，将孔子变为一前知之人矣）。颇有前知之术，而不甚验（《老残游记》即其教人所作，所谓"黄龙子"，即其人也）。总之，索隐行怪而已。我曾见其门下人，亦无甚过人之论也。②

清末民初，李详作有《李龙川先生》③、《李晴峰之仆》二文④，忏因子（张南袚）著有《〈龙川先生诗抄〉跋》，陈三立的《散原精舍文集》则收录了《清故护理陕甘总督甘肃布政使毛公墓志铭》⑤，叶玉麟撰写了《清故护理陕甘总督甘肃布政使毛公行状》⑥等有关太谷学派论著，对太谷学派文献多有介绍。由于这些作者与太谷学派中人有着或多或少的交往，比较熟悉太谷学派的人物、事迹及其思想，不仅叙述较为真实和可信，而且评论更为中肯。例如，忏因子与李光炘的私淑弟子汪旌德同在清廷刑部供职，私交颇深，"同官秋曹，过从甚密，犹津津乐道之，故余窃闻绪论，并得

① 徐珂：《大成教》，《清稗类钞》（第15册），商务印书馆，1916，第60—61页。
② 震钧：《海上嘉月楼勘学遗笺》，转引自彭长卿《震钧、李范之论泰州教》，《明清小说研究》1995年第3期。
③ 李详：《晬语·李龙川先生》，《国粹学报》第7卷第5期（1911年），第130页。
④ 李详：《药裹慵谈》，江苏古籍出版社，2000，第36、94页。
⑤ 陈三立：《散原精舍文集》，辽宁教育出版社，1998，第232—234页。
⑥ 卞孝萱、唐文权编《辛亥人物碑传集》，团结出版社，1991，第659—660页。

读周、李、黄三先生授受学说"①;李详则与龙川弟子高星仲、归群弟子袁淡生交谊匪浅②;陈三立与龙川弟子毛庆蕃是世交挚友,与刘孚京也交谊深厚,并一度有执赟李光炘的想法;叶玉麟本为毛庆蕃继室叶氏之内侄,后入赟黄葆年门下,成为归群弟子③。

随着太谷学派门人与外界的互动交流的日益频繁与不断深入,太谷学派遗书渐有散入民间的趋势。当时,如果能够与归群弟子开展深度交流,并有机会阅读学派文献之人,均充分肯定了太谷学派的儒学性质。例如,张靖在阅读张积中和李光炘的遗著后,深受触动,大发感慨,《张氏著述》《张氏遗文》使其"惊喜百倍,茅塞之衷,受其启发不少"④,尤其《禅定说》一文更是让其赞叹不已。他还充分肯定李光炘的学术地位,认为:"其立说如牟尼之珠,辉映日光,山河国土,人物草木,无不俱足,实近世之大儒。人称周氏之学,铸儒释道而为一,巍然特起,别立一宗,今读其弟子之书,信然。"⑤

黄葆年并非顽冥不化之人,其秘藏文献的态度开始有所松动,允许黄门弟子内部可以传抄学派遗书。归群弟子汪仲方曾对刘蕙孙表示,黄葆年在世时允许门弟子抄录太谷学派文献,"先生(黄葆年)当时也并非不给人看遗书,门弟子要求读的书还是时常指定让人抄。他自己就已抄存《张氏遗书》《观海山房追随录》《〈十三经或问〉序》和《濂溪一滴》等几种"⑥。后来,汪仲方将其抄录的《周氏遗书》和《龙川诗抄》等太谷学派遗书,借给刘大绅、刘蕙孙父子转抄,这些文献成为刘氏父子研究太谷学派的基本资料。多年之后,刘蕙孙还对其表达了谢意:"(汪仲方)晚年在北京与我父过从很多,许多太谷学派的秘籍,特别是张积中著作,多是从他处得来的。我们对太谷学派有今天的理解,很大部分有赖于汪中(仲)

---

① 张南裓:《〈龙川先生诗抄〉跋》,《佚丛甲集·龙川先生诗抄》,页三十八,载殷梦霞、王冠选编《古籍佚书拾存》(第八册),北京图书馆出版社,2003,第364页。

② "先生之学,世名为泰州教,人多不知其详。余友高星仲、袁淡生,皆余门弟子,每为余言之,故余能举其大略云。"李详:《眙语:李龙川先生》,《国粹学报》第7卷第5期(1911),第130页。

③ "余与(吴)眉孙同学于泰州黄先生……黄先生以诗教曰:'夙兴夜寐,无忝所生。'眉孙其庶几乎。"叶玉麟:《惜往日斋记》,《青鹤》第二卷第十六期(1934),《文苔》第3页。

④ 张靖:《澄碧堂善知识记 记六:再记〈张氏遗著〉》,《雅言杂志》1914年第11期,《丛谈》第1页。

⑤ 张靖:《澄碧堂善知识记:〈龙川遗著〉》,《雅言杂志》1914年第8期,《丛谈》第5页。

⑥ 刘蕙孙:《〈太谷学派遗书〉序》,《南京理工大学学报》(哲学社会科学版)1998年第5期,第29页。

方先生手中的书籍。"①

民国初年，已有部分太谷学派著述在民间传抄，但黄葆年还是严禁太谷学派文献向外流传。这一做法似乎与时代发展有些脱节，让太谷学派与主流社会更加疏离，反而给人以攻击之话柄。卢冀野作为旁观者对此洞若观火，他对太谷学派这一做法进行了一定的辩解：黄葆年"其讲学也，限于门内生徒，不取公开态度。讲授又恃专口而不以笔，即《古文学余》一书，该派毛庆蕃所选评（闻实出自黄锡朋，托毛之名）仅分给其同门，不出售之书坊。于是派外之人，起符箓罡咒之疑，而派中之愚者复故隐约其词，又何怪有传闻之误耶？意其所讲者，不外就先哲所言，加以发挥；倘目为索隐行怪者流，吾人既为门外汉，何敢转以厚诬"②！

太谷学派文献的抄录者多为黄门弟子或与太谷学派关系深厚之人，他们对学派文献的保存、流传持谨慎态度，因此这些抄本的流传范围并不广。正如时人所记：

　　廿年前（1916 年），余在蜀中，有友人喜性命之学，因邀余至一旧家看藏书。书主人尽出所藏，任客纵览，有钞册十数本，据称乃积中诸人之著作，中多占验河洛诸术，苦难卒读。曾记有《说南》一篇，约千百言，大意谓"君子之德，莫盛于南。庄子，而后乃今培风，而后乃今图南。孔子，南方之强也，君子居之。"又曰："人而不为《周南》《召南》，其由正墙面而立也与，大舜南风之歌，文武南国之化。孔子谓子游曰：'吾道南'。程子谓龟山亦曰：'吾道南，盖南乃圣道之极则，南之为义大矣哉'云云。"此外又有《读论语法》一册，其说大约分某章至某章为一段，如"子张问十世"一章。"孔子答以虽百世可知也"下接各章，皆十世百世之事，例如"非其鬼而祭之，即秦之祭于陈实也。见义不为，即项羽与义帝也。季氏八佾是可忍就不可忍，乃刘季分杯羹也。三家者以雍彻，三家即是秦楚汉，雍即陕西也"云云。篇中诡诞之论，大都如此。③

此文作者虽然已经难以考证，所述太谷学派著作的来源渠道无从判断，

① 刘蕙孙：《清嘉（庆）道（光）咸（丰）间民间思想的暗流——周太谷与太谷学派》，《华东工学院学报》（哲学社会科学版）1992 年第 4 期，第 10 页。
② 卢冀野：《论太谷学派与宗教 答章行严》，《国闻周报》第四卷第十八期（1927 年 5 月）。
③ 杉：《青蓊小记（一）——记阎朝邑处理张积中事件》，《秦风周报》1935 年第 1 卷第 9 期，第 25—26 页。

但是文中关于《周南》《召南》以及《读论语法》的记载，确实与李光炘《龙川弟子记》《观海山房追随录》中的内容高度吻合。该文至少可以说明，民国初年已有部分太谷学派遗书流传到坊间。三年之后，刘慎诒还从书商手中购得一部太谷学派遗书，进一步证明民国时期书肆中确有太谷学派文献的售卖。"贵池刘逊甫，于民国戊午（1918 年），以二百金购其教中所注《四书》一部，类多西汉纬说，莫能明其究竟。"①

民国辛酉年（1921 年），陈庆年为龙川弟子赵明湖的《客窗随笔》作序，其在文中叙述了赵氏的学术师承，并充分肯定了李光炘及太谷学派的学术性。

> 往者石埭周太谷设教扬州，李晴峰自仪征往师之，传其道于南方。明湖游晴峰之门，捧手授业，一言一论皆餍饫之此书，所谓先师李龙川夫子者也。吾观其所记诸说皆指事类情，杂而不越，义炳而宽，务博其趣，有味乎其言之以龙川之余绪，犹令人味之而弥旨也。何况明湖当时亲闻其道奥者哉！②

上述事例似乎亦可以说明，太谷学派文献的流传已经开始超出学派自身所能控制的范围，逐步流入民间。这似乎可以说明，太谷学派在民国时期的生存环境已经大为好转，其在门徒收授、学术传播方面已经不再刻意封闭和隐藏，存在公开传学的意图和动力，于是民间就有机会接触到更多的太谷学派文献。例如，1921 年，泰州的缪文彬（笔名贼菌）写文章介绍李光炘学术思想时说："李龙川先生，是一个沟通三教的人，他讲那佛经上阿弥陀佛最讲得好，他说阿是我，弥是你，陀是他。阿弥陀佛的意思，是我你他总是佛，照这样子讲佛经，虽然用'我''你''他'的名字，已经没有'我''你''他'的界限了。"③这几乎就是将李光炘《龙川弟子记》原文，以白话文的形式进行表述，显然缪氏曾经阅读过太谷学派文献。

---

① 张卓群、宋佳睿编《甲寅通信集》，福建教育出版社，2016，第 752 页。
② 陈庆年：《〈客窗随笔〉序》，《横山乡人文稿》卷二，页五十六至五十七，载林庆彰主编《民国文献丛刊》（第 1 辑第 48 册），文听阁图书有限公司（台北），2008，第 255 页。
③ 贼菌：《思潮："我""你""他"论》，《小说新报》1921 年第 7 卷第 2 期，第 6 页。"阿，我也；弥，你也；陀，他也；阿弥陀佛者，度尽众生之谓者。阿，卷阿也，老祖所属。弥，须弥也，佛祖所居；陀，普陀也，道祖所居。阿弥陀佛者，三教一家之谓。阿，身也；弥，命也；陀，心也，佛性也。阿，我也；弥，人也；陀，众生也；佛，寿者也。水无人相，火无我相，地无众生相，风无寿者相，皆阿弥陀佛之谓。"李光炘：《龙川弟子记》，载方宝川主编《太谷学派遗书》（第一辑第三册），江苏广陵古迹刻印社，1997，第 26—27 页。

这一时期有关太谷学派的记述，总体上还是挂一漏万、讹误颇多的。例如，1912年底，《时报》发表了叔庄所著《周泰谷之轶事》，虽然此文交代了其信息来源，但其内容多有人为编造的痕迹，"周泰谷，山东异人也，尝聚徒数百人结庐设教，人皆争师之。其后得张石鲸一贯之道。山阴李雨白、吴在淇两学生师吴同里金五先生，先生于晚年往山东师于石鲸子，故闻泰谷子轶事"①。此文被列入《滑稽余谈》专栏，显然报刊的编撰者将太谷学派视为奇闻逸事之流，其内容的荒诞不经似乎顺理成章。由于这些作者并没有直接与太谷学派门人进行深入的互动交流，没有可信的文献资料作为支撑，因此此类著述多为作者的随意发挥，颇多主观臆断之处，整体学术价值较为有限，正如刘蕙孙先生所言："一切关于太谷学派之奇闻异说，皆系黄崖案后，外人受官书及学派末流行动影响附会而成。"②

如果说时人对太谷学派的认知尚属略知皮毛或一知半解，对太谷学派文献则更是雾里看花，即便与太谷学派有着千丝万缕关系的人物亦是如此。例如，与毛庆蕃关系紧密的陈三立和叶玉麟，他们在为毛庆蕃作行状时，均认为《古文学余》为十卷。叶氏言："（毛庆蕃）著《江苏学务公牍》六卷《古文学余》十卷《奏议》六卷。"③陈氏则言："（毛）公得年七十有九，著《江苏学务公牍》一卷、奏议六卷、书牍六卷《古文学余》十卷，待刊。"④陈、叶二人之言貌似凿凿，实则谬以千里。事实上，《古文学余》由毛庆蕃于1908年11月刊印，且全书实为三十四卷。⑤他们或许是听说其书有十册，而误写成十卷。这似乎说明，二人并没有真正见过《古文学余》，故有此误。

## 三、"文本流传"阶段（1926—1949年）

20世纪20年代，黄葆年、李泰阶等太谷学派山长先后亡故，太谷学派内部一度出现群龙无首的情况，使其一时无暇顾及学派文献的外泄和流散。此时，太谷学派内部出现了与时俱进、寻求变革的主张。例如，归群弟子刘赋芝回到江西南昌，倡导并参与创办南州国学专修院，以现代学校

① 叔庄：《周泰谷之轶事》，《时报》1912年12月14日，第11版。
② 刘厚滋：《张石琴与太谷学派》，《辅仁学志》第九卷第一期（1940年6月）。
③ 卞孝萱、唐文权：《辛亥人物碑传集》，团结出版社，1991，第659—660页。
④ 陈三立：《清故护理陕甘总督甘肃布政使毛公墓志铭》，《散原精舍文集》，辽宁教育出版社，1998，第233页。
⑤ 此书扉页上有"光绪戊申冬十月印"字样。毛庆蕃：《古文学余》，光绪戊申刻本，载毛静主编《剑邑文库》（第20册），百花洲文艺出版社，2015。

的形式取代传统书院。① 即便如此，太谷学派文献的流传范围依然有限，甚至黄氏弟子难得一窥。归群弟子翁铜士曾致函黄仲素索看《太谷经》，黄氏则回信表示："虔心诚求，敢不遵命，惟必须寿彭回苏扫除净室，亲为焚香，恭陈礼节。然后正心诚意，敬谨正书，历一岁之久而后可成，似未可率意从事也。"② 可见，太谷学派的烦琐礼仪限制了其文献的流传。

普通人士既无法结交太谷学派门徒，又难以获得太谷学派文献，因此无法对太谷学派作出客观和详尽的描述。梅逸才对此曾作过细致的剖析，"故宣传之势力，亦逐不能远及。苏州人能道之者，以学舍所在也。泰州人能道之者，以信徒者众也。江苏境内，或犹闻知。至于他省，则虽学界中人，鲜有论及者矣"③。梅氏的论断可谓精辟，这在当时邓之诚、张相文和丁治明等知名学者的论著中可得到充分的验证。

1926 年，张相文开始撰写《沌谷笔谈》之《太谷教》，因其只见到李光炘的《龙川先生诗抄》，而未能一窥张积中的著述，因此其坦言："石琴著作，无可考见。今所传惟赠李晴峰四言诗数章，吉光片羽，弥足珍矣。"④ 经过考镜辩流后，我们可以发现，张氏只是阅读了《民立报》《大狱记》所载部分《龙川先生诗抄》，并且复述了编者王钟麒的原话而已。这与张相文并非太谷门人，且与学派中人没有交谊有关，因此他无法接触到更多的太谷学派文献。

一些与太谷学人颇有私交的人物开始得以接触到部分太谷学派的学术著述，甚至将之较为完整地公开发表在期刊上，使民众对太谷学派的学术思想有了比较清晰的了解。最早刊载太谷学派著述的是《国学专刊》。1926 年 5 月，《国学专刊》第一卷第二期刊载了署名为"黄葆年遗稿"的《周子〈通书〉释》。此文实为黄葆年所著《濂溪一滴》的一部分，黄氏全书共 39 节，而《国学专刊》只登载了其中的前 15 节。《国学专刊》之所以能够刊布此文，与其主撰陈衍密切相关，因其与陈伯严交往深厚，而陈氏与李光炘、黄葆年、刘鹗等太谷学派重要人物有着非同一般的关系，因此有机会接触到太谷学派文献。此文一出，在当时的学界产生极大的反响，对太谷学派正名起到了积极作用，正如卢冀野的读后感："然黄氏《周

---

① "刘君实先提倡，初任训育，义醇词邕，继主教务，择精审当，机朴作人，一莱想向。缅君学术，世得作述。"李凝：《文艺：祭故教务主任刘赋芝文》，南州国学专修院《南州国学专修院校刊》，南州国学专修院，1937，第 36—37 页。

② 黄仲素：《复翁铜士书》，《远香书屋文稿》卷一，页三十八，苏州图书馆藏抄本。

③ 梅逸才：《泰州"学派"之商榷》，《东南论衡》1926 年第一卷第十七期，第 16 页。

④ 张相文：《太谷教》，《南园丛稿》卷九《沌谷笔谈》卷一，页五十二，载沈云龙主编《近代中国史料丛刊》（第一辑第 300 册），文海出版社（台北），1968，第 904 页。

子〈通书〉释》，个人得而见之也，其为宗教家言抑理学家语，无待辨正，而自明焉。"①

1927年，《归纳学报》第一卷又发表了周太谷的《太谷易经》，即《太谷经》(《周氏遗书》)的一部分，此文的提供者为伍剑禅，而其则得自其师陈管侯。陈管侯本为江苏泰县人，不仅与黄葆年为同乡，而且是黄氏的私淑弟子，与太谷学派门人交游甚密，有缘得以抄录《太谷经》。

> 先师陈管侯先生，泰县人，尝闻黄（葆年）先生讲学，亦窃慕之。其畏友李复初君，笃行君子也，早入黄门，称高足，尝劝先师往游。一日，已买舟矣。忽大风突起，三日不得解缆，遂止，然亦心仪私淑焉。黄门讲学，重口授笔录，规例极严，限于生徒，不取公开态度，故外人得其书颇难，而世也鲜知之者。兹篇《太谷经》一卷，为先师嘱人所抄录者，师又手自楷书二卷，存同学毕无方君处，毕君固深于易者也。今师殁已逾年矣，遗槎尚寄萧寺，遗书犹未印行，而予又以人事牵累，海外远游，不及料理。每展遗篇，心为怅然，而不知涕之自陨也。写校斯篇竟，因感而记之。②

由于陈管侯与黄葆年及其归群弟子交谊匪浅，对太谷学派的学术渊源颇为熟悉，再加上有《太谷经》作为参考资料，因此伍剑禅的记述多属事实，基本反映太谷学派发展的历史原貌。③伍氏将周氏原文易名为《太谷易经》刊载，一方面可能是为消除社会上的一些误解，另一方面从所刊内容而言，的确是周太谷论《易》之学。可惜的是，《归纳学报》仅出一期后即告夭折，《太谷易经》未能载完。同期的《归纳学报》还登载了伍剑禅提供的《龙川诗抄》，这是伍氏1926年暑假期间从友人处借得石印本《龙川先生诗抄》抄录而来④。

1927年，金天翮撰成《周太谷传》⑤一文，后收入《皖志列传》，特别是此文末附录的《太谷经》是由归群弟子钟泰直接提供，故金氏全文抄录，未做一字之修改。其在致钟氏书信中明确表示：

---

① 卢冀野：《论太谷学派与宗教 答章行严》，《国闻周报》第四卷第十八期（1927年5月）。

② 石埭周太谷：《太谷易经》（未完），第1—6页，《归纳学报》1927年第1卷。

③ 石埭周太谷：《太谷易经》（未完），第1—2页，《归纳学报》1927年第1卷。

④ 仪征李晴峰：《龙川诗抄》（未完），第1页，《归纳学报》1927年第1卷。

⑤ 金天翮：《周太谷传》，《国学论衡》1933年第21卷第2期。

太谷先生事迹不多，则将两文全入之。《进学篇》连注照原式写，如班史、太史公、杨子云传例，下再插陈、韩二序，补叙陈、韩事，下再附张积中、龙川先生、黄先生，后乃及皖籍两弟子，作为附传。公意如何？其间可斟酌者，脉络关凑处之文字，非公为再四传弟子不能着笔。赞则弟自为之，唯公文弟仍须酌润以归一律，而所引太谷文字不之动。至此，传之来源当守扬之水卒毕之义，勿虑也。[①]

事实上，金天翮能够写成此文，更是钟泰鼎力支持的结果。正如其在致函钟氏时坦言：

大谷遗文仍乞见寄，撰传时或尚有资料可采，撰后即挂号奉还。《龙川诗集》有忏因子跋（跋内称歙吴慕渠亦师龙川，吴君何名，今尚存否？乞示），忏因子不知何人？乞告。弟见龙川诗只廿五首，囊尝有一册，似较多，已失去，公有之并借为叩。黄先生有《染丝歧路说》《游学说》，能并示尤感。手领训安。翮顿首。人日。[②]

为了确定《周太谷传》的编写方法和主要内容，金氏曾多次致函钟泰，不仅向其垂询相关史实，而且与其讨教太谷学派思想学说的定位问题。事实上，《周太谷传》一文实际上由钟山撰写底稿，再经金天翮润色加工而已，金氏在致钟泰信函中明确表示："太谷先生传大半遵公意改正，余采自龙川诗序者，暂保留之，待公暑假中面商。《进学解》中有疑字及龙川诗中刊本有误字，录后请构正。前抄送公之稿，既先后不接，请寄还再校之。"金氏在信末还特意向钟泰请教了太谷学派文献中的一些文字问题："《进学解》第七'长门之赋'应否作'长仰'？'旨穷理尽性之学以为迂'，'旨'字想不连上读，应否改作'指'？就'指'字亦不安。《龙川答石琴诗》'穷予志之不衰'，'穷'字误，应改何字？请假原著校之。"[③]

金天翮除了得到钟泰的奥援，其本人与太谷学派还有一些渊源。据刘蕙孙透露："金和太谷的弟子李光炘是亲戚，又长期住在苏州，和'归群草堂'的人有间接的往来，零零碎碎搞到一些材料，并不完整。"[④]由于金

---

① 《金松岑致钟泰信札》，朵云轩编《钟泰友朋信札》，朵云轩，2015，第53页。
② 《金松岑致钟泰信札》，朵云轩编《钟泰友朋信札》，朵云轩，2015，第55页。
③ 《金松岑致钟泰信札》，朵云轩编《钟泰友朋信札》，朵云轩，2015，第54页。
④ 刘蕙孙：《评〈周太谷评传〉》，《华东工学院学报》（哲学社会科学版）1992年第6期，第26页。

天翮掌握了较多的太谷学派资料，被公认为"知此派学术甚审"。1927 年初，章士钊因"迩为《泰州学案》事，颇涉笔讼"，故其特意请好友专门致函金氏，咨询太谷学派的相关事宜。得到金氏的回复后①，章氏喜不自禁："钊托友人黄君娄生走函叩之，得复如右来，虽寥寥数语，固是由松岑口中道来，弥复可珍。"②

1930 年 7 月，北方桐城派大师贺涛之子贺葆真拜访著名学者柯劭忞时，曾向其咨询黄崖事件和张积中之学术等问题。柯氏以为黄崖教案无疑属于冤案，张氏学术中虽有一些异端因素，但并无多少奇特之处。根据柯氏的谈话，貌似其曾经浏览过太谷学派的相关文献。

> 十九日访柯先生……余询以黄崖案，曰："此为冤案固矣，且避难黄崖者多省中候补之眷属，安有轨外行动？但张不出乃致死之由，且方事之殷，张氏一人亦不能操纵其人也。其时阎文介为巡抚，而按察使则文诚丁公，主剿之事，二人所为。至张之学说，则含有异端，故传授甚秘密，不与他学派相同，不惟乔茂轩、毛实君从其教，荣华卿亦与焉。荣有张积中等所著《固（周）易》，亦无奇也。"③

20 世纪 30 年代后，深入介绍太谷学派文献及学派相关情况的文章陆续刊发，这些作者多与太谷学派有着一定关联。1933 年，卢冀野又在《省立河南大学周刊》第二十四期上发表了《学术：黄仲素语录》一文，将黄葆年次子黄仲素讲学的部分内容公之于众。卢氏表示此文得自于自己的友人，其友显然是太谷学派门人。

> 十年之前，前尝有《太谷学记》之作。丁卯客宣州，友人为言黄先生子仲素论学语。录如（若）干则，裨论世君子，窥其溯原焉。④

卢冀野之所以能够连续撰文，披露太谷学派的内幕，显然是其与太谷学派有着千丝万缕的联系，正如其坦言："姨丈袁公筱孙，征访（太谷学派）其事既久，举此告我。"卢氏还受到李详的影响，对太谷学派则更为折服："往岁，兴化李审言师讲学东南，亦盛称泰州之学，赞其宏博，于

---

① 张卓群、宋佳睿编《甲寅通信集》，福建教育出版社，2016，第 744 页。
② 张卓群、宋佳睿编《甲寅通信集》，福建教育出版社，2016，第 743 页。
③ 贺葆真著、徐雁平整理：《贺葆真日记》，凤凰出版社，2014，第 553 页。
④ 冀野：《学术：黄仲素语录》，《省立河南大学周刊》1933 年第 24 期，第 2 页。

是予益信服之。"卢冀野对太谷学派的记述依然较为简略，相关资料则直接来自太谷学派内部，真实性和可信性相对较高。卢氏曾将《泰州学派源流述略》一文特意就正于其师钟泰，"师言泰州之学诚博矣，至符箓罡咒之说，恐系传闻失真"①。

一些与太谷学派相熟的人士亦有意主动破解相关的历史之谜。江苏东台人胡涤撰写了《老残游记考证》，不仅很大程度上澄清了刘鹗与太谷学派的关系，而且其对太谷学派历史发展脉络及其文献的描述更近于历史事实。

> 太谷殁，龙川历访佛寺道院及海内藏书家，博观纵览，久之乃彻悟太谷口授之大旨，反复有心得。尝谓黄先生曰："始吾奉师训，谓吾分应传其道，受教浅，疑不及质，而师遽舍我，十载勤苦，稍宽其蕴，以吾视子，劳逸悬殊，子其勉之。"其夫人亦曾诏之曰："汝师受太谷夫子付托之重，承先启后，引为己任，读书往往下泪，及门中得子，如刘先生之得荆州，不足以喻其喜也。"故龙川诗有"可能他日为吾舌，不愧天生黄隰朋"之句。黄先生曰："每待师坐，日晡读书，我已默书三五后，师尚不翻次页，盖其心已与书化也。"又云："师手不释卷，每午饭时，家人不敢请，必使其幼孙牵衣者再，乃若梦之初醒，僧之出定，其专可知也。"龙川讲儒学，主四子书，而参以佛乘道藏，疏通证明，以"转识成智、心息相依"八言，包系佛道二家之要，作经解，历数古今儒者之说异同得失，又发中庸四十大义，惜为口授，未曾记出也。……黄先生既承龙川之学，以儒为经，纬以佛老，说者谓宋儒释四子大义，周、李、黄六先生释四子微言，初不欲之官，龙川诏之曰："此分所应尔，凡我在，亦非汝讲学时也。"遂往山左，所至有纯良神明之称。……著有《黄氏遗书》八卷，《经义存疑》一卷，《诗书礼记读本》《古文存》若干卷，《四书文存》《古诗存》若干卷，《天籁集》若干卷，皆藏于家。……龙川门下，又有陈建安、蒋子明。蒋著有《龙溪草堂诗文集》，讲学于今泰县之姜堰，为众所推，拟为李门之关，亚于黄之比颜，黄先生南归，曾与蒋同设教于吴门。②

胡氏能够勾勒太谷学派发展衍变的历史面貌并概述黄葆年著述的基本情况，完全归结于其与归群弟子崔钟之、王士英和翁铜士等人的长期交

① 卢冀野：《泰州学派源流述略》，《东南论衡》1926年第一卷第七期，第15—16页。
② 东台胡涤撰次：《老残游记考证》之六《黄龙子之历史及其学术之渊源》，《中华月报》1935年第3卷第12期，第56—57页。

游，故其掌握太谷学派的诸多内情，正如其所言："余十余岁时，即闻同邑崔君钟之、王君士英，皆为苏州黄先生门下，盛传其学术广大，且有先见之明。……民国十八年在铁道部识湘潭翁铜士先生廉，则黄先生为其受业师，遂得详征黄先生之生平，与其学术授受之渊源，实为有清一代学术史上不可或缺之一页，而刘氏记中（指刘鹗《老残游记》）之所称述转失其真也。……右皆翁先生所述，先生今年且七十矣，顷亦侨居吴县指肃城桥，时时与其同门讲明师说也。"①

1933—1934 年，罗继祖经其姑父刘大绅介绍，为《续修四库全书总目提要》撰稿②，对周太谷的《周氏遗书》、李光炘的《李氏遗书》、张积中的《黄崖集》、李光炘的《龙川弟子集》《龙川诗抄》和蒋文田的《龙溪集》作有题解③，对相关版本多有详细记述④。罗氏为罗振玉的嫡孙，而罗振玉不仅与刘鹗为同乡好友，而且还是儿女亲家，罗氏之女罗孝则嫁与刘鹗之子刘大绅为妻，罗继祖极有可能通过刘氏家族接触并阅读过相关太谷学派文献。故《龙川弟子集》的题解⑤基本符合史实，观点也比较公允。罗氏所引《题谢平原〈隐居图〉》即《题谢平原〈尺鸥馆读书图〉》，分别收入黄葆年的《归群草堂诗集》和刘鹗的《铁云诗存》之中，似乎过录自原文。罗氏将太谷学派列入清代学派之一，并将其视为学术之"异军"，这一观点无疑具有相对见地。

抗日战争和解放战争期间，归群草堂所藏太谷学派遗书抄本因战乱而大量散失，时人获取太谷学派文献的难度不降反升。1937 年，黄鲁珍偶然得见李光炘诗集而欣喜若狂，"狂喜之下，回环诵读，益征此黄崖惨案之主角非凡，而用志有可见者"⑥。少数社会人士通过太谷学派门徒亦能了

---

① 东台胡涤撰次：《老残游记考证》之六《黄龙子之历史及其学术之渊源》，《中华月报》1935 年第 3 卷第 12 期，第 55—57 页。

② 罗继祖曾回忆说："大约在酉、戌（1933—1934 年）两年间，刘季英姑丈在北京与日本人续修《四库全书提要》机构负责人打交道，介绍我任《提要》撰稿人，我勉应之而未敢禀知祖父。……计我共写了八九十篇，每篇得酬十元，今惟存七十篇，题为《后书钞阁读书记》，刊入上海《中华文史论丛》中。"罗继祖：《涉世琐记》，《长春文史资料》编辑部编《罗继祖教授八秩华诞纪念论文集》（《长春文史资料》1993 年第 1 辑，总第 41 辑），1993，第 197 页。

③ 《题要著作表》，载中国科学院图书馆整理《续修四库全书总目提要（稿本）》（第 1 册），齐鲁书社，1996，第 3 页。

④ 《黄崖集》和《龙溪集》均为"传抄稿本"，《龙川弟子集》为"传抄本"，而《龙川诗抄》则为"归群草堂刊本"和"丹徒刘氏活字本"。见中国科学院图书馆整理《续修四库全书总目提要（稿本）》（第 34 册），齐鲁书社，1996，第 586—588、791—792、799 页。

⑤ 中国科学院图书馆整理《续修四库全书总目提要（稿本）》（第 34 册），齐鲁书社，1996，第 587 页。

⑥ 黄鲁珍：《焚桃源考溯》，《逸经》1937 年第 21 期，第 48 页。

解到学派的一些真实情况，正如署名龙泉的作者所言："《太谷经》为太谷教主师周太谷最有价值之著作，其教徒视为圣经贤传，秘之箧衍，不轻示人，门人相互传抄，世无刊本。泉在淮扬，思欲一观而未得。昨据友人黄门教徒张君谈及，此经共有十余册，每页仅录数行，余俱空白，留为后人注解地位。经文体例，一如《论语》，多与门人问答之辞，浅显易解，且有与易理相通，补易理之不足之处。"①一些学者因此对太谷学派文献倍加珍惜。例如张汝舟从钟泰处借得黄葆年著《周子〈通书〉批注》，因遭遇战祸无法及时奉还，为此张氏于 1949 年 1 月致函钟泰深表歉意："黄太夫子批《通书》，渡妥为珍藏，一俟平靖，即当邮奉。"此后，"泰州夫子批点《通书》，吴君坚索付邮"②，经钟氏同意，张汝舟将此书邮寄给吴伯熊代为保管。

1947 年底至 1948 年初，《中央日报》"泱泱"栏目（时任主编卢冀野）先后刊发了啸平的《谈黄崖教》、任蒨的《刘铁云与太谷教 黄崖案中之张积中》《太谷教中之李晴峰》和质庐的《由黄崖教案谈太谷学派》等一组介绍太谷学派的文章。这些文章的写作，或是以部分太谷学派文献为支撑，或是对太谷学派学术研究史比较熟悉，因此评述更为接近历史事实。例如，任蒨明确表示："蒋逸雪先生，本琅琊王献唐先生所述，及参考故籍，成《〈老残游记〉一集考证（附刘鹗年略）》一卷，时辛巳小暑。"③质庐似乎曾浏览过部分太谷学派遗书，正如其文中所言："张氏（指张积中）著有语录、诗文集，《张氏遗书》、楞严、法华诸经释义诸书，未刊，归群草堂藏有写本。"④任蒨则曾获得李光炘的一些墨迹，得以一窥李氏及太谷学派，"顷偶捡得李氏早年影印墨迹原稿本四册。原书四册（疑不全），题年最早为咸丰二年，余悉同治中作。字体行草居多，而察其取径，其机茂处，间钟、梁遗意。……今所叙录者，特以李氏书籍，不易得读"。任氏浏览李光炘著述后，高度赞誉李氏的书法和诗词，"《赞〈赤壁赋〉》纯为草隶，非杜撰者，愚知李氏不独为一代学人，抑为近代书宗也。……其诗新境，亦不囿于八比试帖，若世称同光题者，尚不足供执驺尔。李氏诗格清倩，甚有功力"⑤。

当时，太谷学派文献还是深藏固柜，流传范围依然非常狭小，基本

① 龙泉：《太谷经》，《海报》1942 年 8 月 29 日，第 2 版。
② 《张汝舟致钟泰信札》，朵云轩编《钟泰友朋信札》，朵云轩，2015，第 257—259 页。
③ 任蒨：《刘铁云与太谷教黄崖案中之张积中》，《中央日报》（南京版）1947 年 1 月 27 日，第 7 版。
④ 质庐：《由黄崖教案谈太谷学派》，《中央日报》（南京版）1947 年 2 月 2 日，第 8 版。
⑤ 任蒨：《太谷教中之李晴峰》，《中央日报》（南京版）1948 年 11 月 27 日，第 6 版。

局限于学派内部，甚至连普通门弟子都难得一见，更无从去探窥其堂奥。正如刘蕙孙先生所言："我所见过的学派遗书，最早仅《龙川诗抄》一种。但一直听说有一部《圣经》（住在苏州的学派门人这么说），是什么样，并未见过。先父虽是归群弟子，因少遭家难，贸食四方，很少在苏州，也未读过此书。"[①] 至于学派外人士则更是道听途说而已，"江左人士，或有所闻，第未知其真相耳"[②]。黄葆年去世后，黄氏后人多因循守旧，不愿对外公开归群草堂所藏太谷学派文献，即便包括刘鹗的嫡系后人刘大绅、刘蕙孙父子在内的太谷学派后学亦无缘得见。刘蕙孙曾回忆说："其后，张令贻氏死，这批书由张家全部交给黄家，就是缴还学派保存，存于我姑丈黄仲素先生手中。"[③] 1935 年，刘大绅、刘蕙孙父子得到张德广抄赠的《归群宝籍》目录之后，"我们才知道太谷学派还有这么多遗书"[④]。此后，刘鹗继室郑安香夫人就养刘大绅家时，将刘鹗珍藏的一部《周氏遗书》带到京津，刘氏父子方得以初见太谷学派的主要著作，阅读之后他们才发现许多传言并不正确，"我们觉得学派思想与平时传闻是完全不同的"[⑤]。此后，刘大绅还从同门汪仲方手中借抄了《张氏遗书》《黄氏诗经读本》《濂溪一滴》《观海山房追随录》和《潘小江先生诗集》等五种太谷学派文献。刘蕙孙还在北京厂甸书肆中购得福山王懿荣石印本的《汪氏家集》，其中收有汪全泰的《铁盂居士诗稿》。[⑥] 刘蕙孙千方百计抄录各种太谷学派文献，前后达 40 多种。抗战时期，黄仲素返回泰州时，带走部分归群草堂保藏的太谷学派遗书，即张德广辑抄本的第 1 至 25 种，合计 26 种，剩下的部分遗书则由黄幼朋负责保管。刘蕙孙先生对许多太谷学派文献只是有所耳闻而未能亲见，正如其所言："我在小时候，只见过一本《龙川诗抄》，稍大点又听说《周氏遗书》共抄了十二部，分给黄、蒋、杨、刘等门人，但我们

---

① 刘蕙孙：《太谷学派的遗书》，《福建师范学院学报》（哲学社会科学版）1957 年第 2 期，第 9 页。

② 卢冀野：《太谷学派之沿革及其思想——清学旁搜记》，《东方杂志》第二十四卷第十四号（1927 年），第 73 页。

③ 刘蕙孙：《太谷学派的遗书》，《福建师范学院学报》（哲学社会科学版）1957 年第 2 期，第 3 页。

④ 刘蕙孙：《评〈周太谷评传〉》，《华东工学院学报》（哲学社会科学版）1992 年第 6 期，第 27 页。

⑤ 刘蕙孙：《〈太谷学派遗书〉序》，《南京理工大学学报》（哲学社会科学版）1998 年第 5 期，第 29 页。

⑥ 刘蕙孙：《太谷学派的遗书》，《福建师范学院学报》（哲学社会科学版）1957 年第 2 期，第 9 页。

从未见过，也未听说过还有其它的遗书。"①1947 年，刘大绅依据上述文献编印了《儒宗心法》。钟泰所见太谷学派文献亦不多，直到 1948 年才从同门吴眉孙、马子彝处分别借得黄葆年批注的《诗经》和《归群宝籍目录》②。

### 四、"再度沉寂"阶段（1949—1966 年）

中华人民共和国成立后，刘大绅归养苏州，得机向归群草堂借阅一批太谷学派遗书，基本实现对太谷学派主要文献的浏览，"至 1950 年由北方回到江南，先父季英公又陆续从黄归群先生家人借抄借读了若干种，学派主要书籍，才算大致看过"③。所借之书虽然很快即被黄家索回，但是刘大绅争分夺秒地抄录了部分太谷学派遗书。刘大绅借得《张氏内注七篇》《白石山房语录》《白石山房诗文集》《〈楞严经〉释义》《〈关尹子〉释义》《〈参同契〉直指释义》《所见录》《随所得录》《龙川弟子记》等遗书 10 种，一面仔细阅读，一面请人抄录，这成为刘氏家藏本的重要来源。④ 即便如此，20 世纪 50 年代中期之前，刘氏父子未能通览太谷学派遗书，刘蕙孙不无遗憾地表示："只是黄葆年、蒋文田先生的著作一点也没有见过。"⑤ 直到 1956 年夏，刘蕙孙才在杭州李平孙弟子姚斐处见到《黄氏礼记读本》，不过因为时间仓促而未能细看。⑥

当时，太谷学派自身生存和学术研究的政治生态环境并不乐观。1949年 10 月至 1953 年底，中央人民政府在全国范围内开展了全面取缔会道门的工作。由于太谷学派的民间结社性质，乃至于德国学者汉斯·库奈误认为其成为政府打击的对象，"1949 年之后太谷学派被贴上反动会道门的标

① 刘蕙孙：《〈太谷学派遗书〉序》，《南京理工大学学报》（哲学社会科学版）1998 年第 5 期，第 29 页。
② "由眉翁借来批本《诗经》及马子彝借来《归群宝籍目录》。"钟泰：《钟泰日录》（上），《钟泰著作集》（第 7 册），上海古籍出版社，2021，第 273 页。
③ 刘蕙孙：《太谷学派的遗书》，《福建师范学院学报》（哲学社会科学版）1957 年第 2 期，第 1 页。关于郑安香将《周氏遗书》带到京津的时间，刘蕙孙的记述中有几种说法，他在《〈太谷学派遗书〉序》中说："我的继祖母郑氏老太太，本来是草堂女生的学长，一九三六年到天津我家就养。她把铁云先生珍藏的一部《周氏遗书》也带到天津"。他在《太谷学派的遗书》则说："直到 1932—1933 年间，家住在天津时，先继祖母郑氏从苏州来津，说到先祖父铁云公，有一部圣经，存在她苏州寓中，先父要求拿来天津，先继祖母归后遂托人带来，即'周氏遗书'。"
④ 刘蕙孙：《太谷学派的遗书》，《福建师范学院学报》（哲学社会科学版）1957 年第 2 期，第 10 页。
⑤ 刘蕙孙：《评〈周太谷评传〉》，《华东工学院学报》（哲学社会科学版）1992 年第 6 期，第 27 页。
⑥ 刘蕙孙：《太谷学派的遗书》，《福建师范学院学报》（哲学社会科学版）1957 年第 2 期，第 10 页。

签，这导致了学术研究对它进一步的忽视的标签，这导致了学术研究对它进一步的忽视"①。太谷学派虽然并不属于"反动"的会道门组织，但是钟泰、刘蕙孙等人还是被公安等部门要求撰写了相关说明材料，太谷学派研究由此陷入比较尴尬的境遇。1954 年，钟泰为了刘丙孙、黄佩秋等太谷学人能够在上海古籍诠释馆谋职，曾将黄葆年所著《〈诗经〉读本》《周子通书批本》交与时任所长周孝怀一览②，不过最终未能遂愿。

此后，国内政治气候风云变幻，太谷学派所处的社会氛围更趋严峻，其组织属性受到公安部门的重点关注。为了避免受到政治冲击，1956 年 1 月，吴斋白撰写了《黄崖案的回忆》一文，以年少为由将其父吴荫培与太谷学派的关系撇得一干二净，"我父亲号少渠，念书考过通州小考，未取，年纪才十六岁……因为他怕召见问出以前这些事情来，就混了一辈子京官不干了。讲究作文章写字和宋儒学问，他没有赶上泰州（太谷）学派"。吴氏还着力为太谷学派营造反清的"革命色彩"，以期为其祖吴慕蕖以及太谷学派辩白，"当时的事，从各方面比证起来，仿佛是有革命性的。我父亲说：'张积中当时不晓的怎样推算，他曾说过清朝快要完了。'……他的宗旨虽然不大明白，大概是借着传道来革命的"③。吴氏此说虽属子虚乌有、游辞巧饰，但打"革命"旗号则是在当时社会环境中寻求自保的一种明智选择。

1959 年，山东大学关德栋教授、复旦大学教授赵景深建议，刘蕙孙将其所存《老残游记二编》未曾印行的第七回至第九回、《〈老残游记〉外编》残稿十七页及其所辑《铁云先生年谱长编》等资料公开发表，以方便学术研究之用，因此刘蕙孙、刘厚泽等刘鹗后人开始着手汇编《刘鹗及〈老残游记〉资料》。刘家原计划将书稿交由上海中华书局出版，将所有材料汇集到时在沪上工作的刘厚泽处。不料，随着"文革"动乱发生，书稿尚未付梓，刘厚泽惨遭迫害，相关资料基本散失。④ 至此，太谷学派的文献整理和研究进程遭遇"冷却"，进入"全面沉寂"阶段。

---

① 费南山：《汉斯·库奈：〈太谷学派的教义和发展：儒学正统衰落时代的政治异端学派〉》，收入刘东主编《中国学术》（第十六辑），商务印书馆，2003，第 282 页。

② 1954 年 6 月 3 日，"上午看孝老，送《〈诗经〉读本》与《周子通书批本》与其阅看也"。1954 年 6 月 30 日，"看周孝老，取回老夫子所批注《通书》及《〈诗经〉读本》"。见钟泰：《钟泰日录》（上），《钟泰著作集》（第 7 册），上海古籍出版社，2021，第 450、453 页。

③ 吴斋白：《黄崖案的回忆》，收入中国史学会济南分会编《山东近代史资料》（第一分册），山东人民出版社，1957，第 163 页。

④ 刘蕙孙：《序》，载刘德隆、朱禧、刘德平编《刘鹗及〈老残游记〉资料》，四川人民出版社，1985，第 1 页。

# 第二章　太谷学派文献概述

## 第一节　太谷学派文献的总体状况

清朝嘉庆、道光朝以后，太谷学派的学术传承至少历经了完整的五代，太谷学派文献在百年衍变的历史进程中得以大量生成并广泛流传。中华人民共和国成立后，太谷学派虽然还有余脉活动至今，但因各种原因，从四传弟子开始只是对私藏的学派文献进行一些宣讲、诵读以及交流、探讨，未能继续推进学派的学术发展，亦未有研究著作问世，故太谷学派文献到三传弟子就戛然而止。太谷学派文献生成并存世的情况究竟如何？目前，学术界尚未有明确的答案，这成为学术研究的一大难题。

民国时期，归群弟子张德广的《归群宝籍目录》和《归群宝籍目录续编》可以视为对太谷学派文献所作的第一次汇总。据张氏所言，其收录的太谷学派文献总数为90种、307卷。但是，张德广编辑的太谷学派文献目录尚多缺漏，例如吴载勋、刘鹗等太谷学人的著述并未被收录。1957年，刘蕙孙的《太谷学派的遗书》一文，在张德广辑录工作的基础上，增补"刘家本"及其所见太谷学派遗书名录。据刘蕙孙披露，太谷学派文献总数达到了100种。不过，刘蕙孙增补的书目名单依然不够完整，吴嘉善、王漋、钟泰、叶玉麟、吴庠等太谷学派骨干弟子的著述因故未被收录，至于"丹徒姚子""新安吴氏"等太谷学派弟子，由于当时无法确认其身份，他们的著述自然未能列入。

笔者经过多方搜集并加以考证，认为太谷学派文献著作的总数达352种，目前存世的有200多种（参见表2-1）。通过初步统计，笔者发现，除了太谷学派创立者周太谷留有著述2种（2个版本）之外，太谷学派一传至三传弟子的著作各为59种、133种和158种，分别占总数的16.7%、37.8%和44.9%，可见太谷学派文献的种类随着其传播范围的不断扩大而持续上升。根据文献内容分类，其中学术研究类 222 种，诗文及其研究类 79 种，算学类 10 种，金石、甲骨文类 11 种，医学类 6 种，方志、家谱、年谱类 5 种，图书目录类 5 种，书札类 4 种，河工类 3 种，日记类 3 种，琴谱类 2 种，小说类 2 种，反映出太谷学派文献以学术研究和诗词文集为主。从作者数量看，一传至三传弟子分别为 6 人、22 人和 25 人①，其中还有女性作者 2 人，著作 2 种，这说明太谷学人对学术研究的关注度不断提升，学术研究的参与度持续扩大。太谷学派的学术性总体上呈现出不断增强的趋势，尤其在黄崖事件后得到进一步强化，使之成为近代中国区域性民间儒学流派的重要代表。

需要说明的是，刘鹗、程恩培、王瀓、钟泰、叶玉麟、吴庠等太谷学人在晚清民国时期的报纸、期刊上曾发表一定数量的诗文稿，由于本书以太谷学人的著作为主要研究目标，故未将相关单篇的诗词、文稿列入。当然，囿于条件限制，笔者所见还不可避免地存在着一些缺漏，敬请方家批评指正，希望在今后的研究中得到进一步补充和完善。此外，一些太谷学人的著作，内容主要涉及甲骨、金石、医学、图书目录学等，因与太谷学派学术思想关联性不大，故本书只列其书目，并未开展研究。

### 表 2-1 太谷学派文献书目简表

| 序号 | 文献名称 | 卷数<br>（篇数） | 著述者<br>（编校者） | 收藏<br>情况 | 备注 |
|---|---|---|---|---|---|
| 1 | 《周氏遗书》<br>（《太谷经》北本） | 十卷 | 周太谷著<br>张积中辑 | 已佚 | |
| 2 | 《周氏遗书》<br>（《太谷经》南本） | 十卷<br>十册 | 周太谷著<br>李光炘辑 | 浙图、南图、泰图、刘家本 | 浙图为刘鹗原抄本，南图不分卷 |
| 3 | 《张氏遗书》 | 三卷<br>三册 | 张积中著 | 泰图、刘家本 | 抄本 |
| 4 | 《张氏内注》（七篇） | 一卷<br>一册 | 张积中著 | 泰图、刘家本 | 抄本，现存五篇 |
| 5 | 《白石山房语录》 | 二卷<br>二册 | 张积中著 | 泰图、刘家本 | 抄本 |
| 6 | 《白石山房文抄》 | 四卷<br>四册 | 张积中著 | 泰图、刘家本 | 抄本 |
| 7 | 《白石山房诗集》 | 四卷 | 张积中著 | 泰图、刘家本 | 抄本 |

---

① 太谷学派三传归群弟子的著述中有一些佚名或者集体辑录，统计时未将其作者人数计入。

续表

| 序号 | 文献名称 | 卷数（篇数） | 著述者（编校者） | 收藏情况 | 备注 |
|---|---|---|---|---|---|
| 8 | 《白石山房丛钞》 | 一卷一册 | 张积中著 | 泰图、刘家本 | 抄本 |
| 9 | 《白石山房杂钞》① | 三卷 | 张积中著 | 苏图 | 抄本 |
| 10 | 《白石山房杂篇》 | 二卷 | 张积中著 | 苏图 | 抄本 |
| 11 | 《白石山房诗余》 | 一卷 | 张积中著 | 福建师范大学图书馆、苏图 | 《归群词丛》本 |
| 12 | 《白石山房遗稿》 | 一卷 | 张积中著 | 山东省委党校图书馆 | 抄本 |
| 13 | 《白石山房文稿》② | | 张积中著 | 已佚 | |
| 14 | 《尚书释义》 | 六卷 | 张积中著 | 已佚 | |
| 15 | 《春秋释义》 | 一卷 | 张积中著 | 已佚 | |
| 16 | 《四书释义》 | 十九卷 | 张积中著 | 已佚 | |
| 17 | 《〈楞严经〉释义》 | 十卷 | 张积中著 | 刘家本 | 批校本 |
| 18 | 《老子释义》 | 二卷 | 张积中著 | 已佚 | |
| 19 | 《庄子释义》 | 四卷 | 张积中著 | 已佚 | |
| 20 | 《关尹子释义》 | 一卷 | 张积中著 | 已佚 | |
| 21 | 《〈参同契〉直指释义》 | 三卷 | 张积中著 | 刘家本 | 抄本 |
| 22 | 《所见集》 | 一卷一册 | 张积中著 | 泰图、刘家本 | 抄本 |
| 23 | 《随所得录》 | 一卷一册 | 张积中著 | 泰图、刘家本 | 抄本 |
| 24 | 《浅碧山房词选》 | 二卷 | 张积中著 | 苏图 | 抄本 |
| 25 | 《璇玑洞书屋玄同集》 | 一卷 | 张积中著 | 泰图、刘家本 | 抄本 |

① 苏州图书馆藏有张积中所著《白石山房四种》，包括《白石山房诗抄》三卷、《白石山房诗余》一卷、《白石山房杂钞》三卷和《白石山房杂篇》二卷。其中，《白石山房杂钞》一卷，其内容收录周太谷对张积中、李光炘讲学语录 16 条以及张积中的《论语三十六虚声注》《六书说文略序》《六书说文略目录》《十二辰说》和《律吕考正》。《白石山房杂篇》其实就是《白石山房文抄》，《白石山房杂录》分为三卷，其中第一、二卷与《白石山房文抄》的一、二卷内容基本一致，只是少数篇目排列顺序不同。第三卷对应《白石山房文抄》的三、四卷，但是篇目有所减少。

② 据吴齐白言："白石山人文稿是他（指张积中）所作的，是我三伯父义培（号集生）所抄。"其所言似乎非虚，不过此书具体为张积中的哪种著述则存疑，因为张积中虽然自号"白石山人"，但是其著作多以"白石山房"命名，而且张氏现存著述中并无此书。吴齐白：《黄崖案的回忆》，中国史学会济南分会编《山东近代史资料》（第一分册），山东人民出版社，1957，第 164 页。

| 序号 | 文献名称 | 卷数（篇数） | 著述者（编校者） | 收藏情况 | 备注 |
|---|---|---|---|---|---|
| 26 | 《黄崖太夫子遗著》 | 一卷 | 张积中著 张德广辑 | 已佚 | |
| 27 | 《〈法华经〉评注》 | | 张积中著 | 已佚 | 抄本 |
| 28 | 《黄崖集》 | 一卷 | 张积中著 | 已佚 | |
| 29 | 《李氏遗书》 | 一卷 一册 | 李光炘著 | 泰图、刘家本 | 抄本 |
| 30 | 《群玉山房诗抄》 | 一卷 一册 | 李光炘著 | 泰图、刘家本 | 抄本 |
| 31 | 《〈群玉山房诗抄〉续集》 | 一卷 一册 | 李光炘著 | 泰图、刘家本 | 抄本 |
| 32 | 《龙川草堂诗余》 | 一册 | 李光炘著 | 福建师范大学图书馆 | 抄本 |
| 33 | 《龙川先生诗抄》 | 一卷 一册 | 李光炘著 | 南图、扬图 | 光绪十四年刻本、1933 年铅印本 |
| 34 | 《龙川先生诗文补钞》 | 一卷 一册 | 李光炘著 | 南图、扬图 | 光绪十四年刻本、1933 年铅印本 |
| 35 | 《龙川遗著》 | 一册 | 李光炘著 肖齐辑 | 泰图 | 抄本 |
| 36 | 《龙川弟子记》 | 一卷 一册 | 李光炘著 谢平原记 | 刘家本 | 稿本 |
| 37 | 《观海山房追随录》（《龙川草堂语录》） | 一卷 一册 | 李光炘著 谢平原记 | 泰图、苏图 | 抄本 |
| 38 | 《李龙川批注〈四书五经〉》 | 六册 | 李光炘著 | 泰图 | 批校本 |
| 39 | 《雨窗杂录》 | 一册 | 李光炘著 | 泰图 | 石印本 |
| 40 | 《龙川太夫子遗著》 | 一卷 一册 | 李光炘著 张德广辑 | 泰图 | 抄本 |
| 41 | 《语录敬存》（黄崖龙川语录七种） | 一卷 | 张德广辑 | 已佚 | |
| 42 | 《汪大竹先生诗集》 | 八卷 | 汪全泰著 | 已佚 | |
| 43 | 《汪小竹遗集》（《汪小竹先生遗集》） | 一卷 | 汪全德著 | 已佚 | |
| 44 | 《铁盂居士诗抄》 | 六卷 | 汪全泰著 | 扬图 | 抄本 |
| 45 | 《铁盂居士诗稿》 | 五卷 | 汪全泰著 | 国图、南图、扬图 | 抄本 |
| 46 | 《铁盂居士存稿》 | 二卷 | 汪全泰著 | 国图、南图 | 收入《友声集》 |

| 序号 | 文献名称 | 卷数（篇数） | 著述者（编校者） | 收藏情况 | 备注 |
|---|---|---|---|---|---|
| 47 | 《铁盂居士诗余》 | 一卷 | 汪全泰著 | 福建师范大学图书馆 | 《归群词丛》本 |
| 48 | 《潜虚翼》 | 一卷 | 汪全泰著 | 泰图 | 抄本 |
| 49 | 《义山文集》 | 六卷 | 汪全泰辑 | 南图 | 嘉庆二十二年淮阴程氏柳衣园刻本 |
| 50 | 《竹素诗钞》 | 一卷 | 汪全德著 | | 收入《蔗根集》 |
| 51 | 《竹如意斋诗选》 | 四卷 | 汪全德著 | 已佚 | |
| 52 | 《崇睦山房词》 | 一卷 | 汪全德著 | | 《归群词丛》本、《随园丛书》本 |
| 53 | 《汪小竹先生遗集》 | 一卷 | 汪全德著 张德广辑 | 已佚 | |
| 54 | 《两间草堂诗抄》 | 二卷 | 潘小江著 | 国图、上图 | 稿本 |
| 55 | 《小江诗抄》 | 不分卷 | 潘小江著 | 天津图书馆 | 抄本 |
| 56 | 《潘小江诗抄》 | 一卷 | 潘小江著 | | 收入《蔗根集》 |
| 57 | 《潘小江先生诗集》 | 一卷 | 潘小江著 | 苏图 | 抄本 |
| 58 | 《汪兰甫先生诗集》（《汪兰甫诗集》） | 一卷 | 汪兰甫著 | 孔夫子旧书网卖家 | 抄本 |
| 59 | 《南园集》 | 二卷 | 李南园著 | 国图、南图、扬图、苏图 | 同治年间刻本 |
| 60 | 《味陶轩集》（《梦梦斋诗集》） | 三卷 | 吴慕渠著 | 国图 | 宣统二年刻本 |
| 61 | 《梦梦斋词航》 | 二册 | 吴慕渠著 | 已佚 | |
| 62 | 《黄檗山人诗集》 | 二卷 | 李少平著 | 中科院图书馆、南图、扬图 | 光绪十年刻本、光绪十四年刻本 |
| 63 | 《龙川草堂文集》 | 一卷 | 龙川弟子著 | 已佚 | |
| 64 | 《龙川草堂诗集》 | 二卷 | 龙川弟子著 | 已佚 | |
| 65 | 《黄氏遗书》（《记言》） | 八卷 | 黄葆年著 | 泰图 | 抄本 |
| 66 | 《〈诗经〉读本》 | 四卷四册 | 黄葆年著 | 泰图 | 抄本 |
| 67 | 《〈书经〉读本》 | 二卷 | 黄葆年著 | 泰图 | 抄本 |
| 68 | 《〈礼记〉读本》 | 十二卷十二册 | 黄葆年著 | 泰图、苏图 | 抄本，苏图为一册 |

续表

| 序号 | 文献名称 | 卷数（篇数） | 著述者（编校者） | 收藏情况 | 备注 |
|---|---|---|---|---|---|
| 69 | 《古文存》 | 五卷 | 黄葆年著 | 泰图 | 抄本 |
| 70 | 《古文续存》 | 三卷 | 黄葆年著 | 泰图 | 抄本 |
| 71 | 《唐宋文存》 | 四卷 | 黄葆年著 | 泰图 | 抄本 |
| 72 | 《唐宋文续存》 | 一卷一册 | 黄葆年著 | 泰图 | 抄本 |
| 73 | 《唐宋文读本》 | 五卷四册 | 黄葆年著 | 泰图 | 抄本 |
| 74 | 《经义存疑》 | 一卷一册 | 黄葆年著 | 泰图 | 抄本 |
| 75 | 《书〈古源诗〉后》 | 一卷一册 | 黄葆年著 | 泰图 | 抄本 |
| 76 | 《大小谢诗钞》 | 一卷一册 | 黄葆年评 | 泰图 | 抄本 |
| 77 | 《归群文课》 | 六卷六册 | 黄葆年等 | 泰图 | 抄本 |
| 78 | 《〈古诗源〉评注》 | 两册十四卷 | 黄葆年著 | 泰图 | 抄本 |
| 79 | 《四书文存》 | 十六卷 | 黄葆年著 | 已佚 | |
| 80 | 《〈古诗源〉评选》 | 七册十四卷 | 黄葆年批注 | 泰图 | 现存卷一至卷十三 |
| 81 | 《古诗存》 | 十八卷 | 黄葆年著 | 泰图、苏图 | 苏图现存卷一至卷十六 |
| 82 | 《书〈古诗存〉后》 | 一卷 | 黄葆年著 | 泰图 | 抄本 |
| 83 | 《天籁集》 | 四卷四册 | 黄葆年著 | 泰图、苏图、扬大图书馆 | 抄本 |
| 84 | 《天籁续集》 | 四卷 | 黄葆年著 | 泰图 | 抄本 |
| 85 | 《天籁遗音》 | 二卷二册 | 黄葆年著 | 泰图 | 抄本 |
| 86 | 《九家试帖诗录》 | 二卷 | 黄葆年著 | 已佚 | |
| 87 | 《八韵诗存》 | 二卷二册 | 黄葆年著 | 泰图 | 抄本 |
| 88 | 《濂溪一滴》（《周子〈通书〉批注》） | 一卷一册 | 黄葆年著 | 泰图 | 抄本 |
| 89 | 《归群草堂函稿》 | 二卷 | 黄葆年著 | 已佚 | |

| 序号 | 文献名称 | 卷数（篇数） | 著述者（编校者） | 收藏情况 | 备注 |
|---|---|---|---|---|---|
| 90 | 《〈归群草堂函稿〉续篇》 | 二卷 | 黄葆年著张德广辑 | 已佚 | |
| 91 | 《归群草堂四书文》 | 一卷 | 黄葆年著 | 泰图 | 抄本 |
| 92 | 《〈归群草堂四书文〉续篇》 | 一卷 | 黄葆年著张德广辑 | 已佚 | |
| 93 | 《归群草堂文集》 | 二卷二册 | 黄葆年著 | 泰图 | 抄本 |
| 94 | 《归群草堂诗集》 | 二卷二册 | 黄葆年著 | 泰图 | 抄本 |
| 95 | 《归群草堂语录》 | 二卷二册 | 黄葆年言归群弟子记 | 泰图 | 抄本 |
| 96 | 《归群草堂课艺》 | 十四卷 | 黄葆年著 | 已佚 | |
| 97 | 《〈归群草堂课艺〉续编》 | 一卷 | 黄葆年著 | 已佚 | |
| 98 | 《归群草堂课艺拾遗》 | 一卷 | 黄葆年著 | 已佚 | |
| 99 | 《归群草堂菊花分咏诗》（《归群草堂分题菊花诗》） | 一卷一册 | 黄葆年等撰 | 泰图、苏图 | 抄本 |
| 100 | 《（光绪）朝城县志略》 | 一卷 | 黄葆年撰修 | 国图 | 光绪十七年稿本 |
| 101 | 《龙溪草堂文集》（《龙溪夫子文集》） | 一卷一册 | 蒋文田著 | 泰图 | 抄本 |
| 102 | 《〈龙溪草堂文集〉续编》（《〈龙溪夫子文集〉续编》） | 一卷一册 | 蒋文田著张德广辑 | 泰图 | 抄本 |
| 103 | 《龙溪草堂诗集》（《龙溪夫子诗集》） | 一卷一册 | 蒋文田著 | 泰图 | 抄本 |
| 104 | 《〈龙溪草堂诗集〉续编》（《〈龙溪夫子诗集〉续编》） | 一卷一册 | 蒋文田著张德广辑 | 泰图 | 抄本 |
| 105 | 《龙川夫子年谱》 | 一卷一册 | 谢逢源著 | 泰图 | 抄本 |
| 106 | 《俎豆记》 | 一卷一册 | 谢逢源著 | 已佚 | |
| 107 | 《谢东山先生诗集》（《谢逢源诗集》） | 八卷 | 谢逢源著 | 已佚 | |
| 108 | 《拳石山人余稿》 | 一卷 | 谢逢源著 | 苏图 | 抄本 |

| 序号 | 文献名称 | 卷数（篇数） | 著述者（编校者） | 收藏情况 | 备注 |
|---|---|---|---|---|---|
| 109 | 《东山草堂诗集》 | | 谢逢源著 | 已佚 | |
| 110 | 《尺鸥馆诗词集》 | | 谢逢源著 | 已佚 | |
| 111 | 《白香词谱笺》 | | 谢逢源著 | 已佚 | |
| 112 | 《篷波词》 | 二卷 | 谢逢源著 | 福建师范大学图书馆 | 《归群词丛》本 |
| 113 | 《谢平原先生遗集》 | 一卷 | 谢逢源著 张德广辑 | 已佚 | |
| 114 | 《谢逢源等致吴敬宣书》 | 一卷 | 谢逢源等 | 苏图 | 抄本 |
| 115 | 《算学初集十七种》（《白芙堂算学初集》） | 二册 | 吴嘉善著 | 国图、上图 | 同治元年白芙堂刻本 |
| 116 | 《粟布演草》 | 三卷 | 李善兰、吴嘉善等著 | 国图、上图 | 同治十三年刻本 |
| 117 | 《白芙堂算书二十一种》 | 二十二卷四册 | 吴嘉善著 | 国图、上图 | 同治十一年白芙堂刻本 |
| 118 | 《割圆八线缀术》 | 三卷 | 徐有壬著 吴嘉善续 | 国图、上图 | 同治十二年荷池精舍刻本 |
| 119 | 《天元释例》 | 八卷 | 吴嘉善著 | 国图、上图 | 长沙丁取忠刻本 |
| 120 | 《勾股术附造整勾股表简法》 | 一册 | 吴嘉善著 | 国图、上图 | 收入《古今算学丛书》（第三辑） |
| 121 | 《平三角边角互求术》 | 一册 | 吴嘉善著 | 国图、上图 | 收入《古今算学丛书》（第三辑） |
| 122 | 《翻译小补》 | 一册 | 吴嘉善著 | 国图、上图 | 商务印书馆光绪三十三年版 |
| 123 | 《金悛斋先生诗词集》 | | 金悛斋著 | 已佚 | |
| 124 | 《养蒙堂遗集》 | 四卷四册 | 朱玉川著 张德广辑 | 泰图 | 抄本 |
| 125 | 《客窗随笔》 | 四卷 | 赵明湖著 | 已佚 | |
| 126 | 《赵明湖先生遗文》 | 一卷 | 赵明湖著 张德广辑 | 已佚 | |
| 127 | 《赵明湖先生遗诗》（《明湖居士诗钞》） | 三卷 | 赵明湖著 张德广辑 | 已佚 | |
| 128 | 《赵明湖先生海天词稿》（《天海词稿》） | 一卷 | 赵明湖著 张德广辑 | 福建师范大学图书馆 | 抄本 |
| 129 | 《琐历日记》 | | 刘渭清著 | 刘家本 | 抄本 |

续表

| 序号 | 文献名称 | 卷数（篇数） | 著述者（编校者） | 收藏情况 | 备注 |
|---|---|---|---|---|---|
| 130 | 《毗耶居士梦痕录》 | | 刘渭清著 | 刘家本 | 抄本 |
| 131 | 《刘鹗手批〈道德经〉》 | 二册 | 刘鹗著 | 泰图 | 批校本 |
| 132 | 《刘鹗批注〈庄子〉》 | 残本 | 刘鹗著 | 刘家本 | 批注本 |
| 133 | 《三省黄河全图》（《豫直鲁三省黄河图》） | 五册 | 刘鹗著 | 国图、上图 | 上海鸿文书局光绪二十二年石印本 |
| 134 | 《治河七说》（《治河五说》和《治河续二说》） | 二卷 | 刘鹗著 | 国图、上图 | 光绪年间刘鹗自刻本 |
| 135 | 《历代黄河变迁图考》 | 四卷四册 | 刘鹗著 | 国图、上图 | 袖海山房光绪癸巳年石印本 |
| 136 | 《弧角三术》（抄本） | 二卷三册 | 刘鹗著 | 上图 | 光绪年间刻本为二卷一册 |
| 137 | 《勾股天元草》 | 二卷 | 刘鹗著 | | 光绪年间刻本 |
| 138 | 《铁云藏龟》 | 不分卷六册 | 刘鹗著 | 抱残守缺斋石印本 | 光绪二十九年刘鹗自印本 |
| 139 | 《铁云藏陶》 | 四册 | 刘鹗著 | 抱残守缺斋石印本 | 刘鹗自印本 |
| 140 | 《铁云藏货》 | 三册 | 刘鹗著 | 国图、上图 | 中华书局 1986 年影印本 |
| 141 | 《铁云藏印初集》 | 十册 | 刘鹗著 | 国图、上图 | 光绪三十年有正书局石印本 |
| 142 | 《铁云藏印续编》 | 不分卷八册 | 刘鹗著 | 国图、上图 | 光绪抱残守缺斋钤印本 |
| 143 | 《铁云藏封泥》 | 一卷 | 刘鹗著 | 国图、上图 | 光绪甲辰抱残守缺斋石印本 |
| 144 | 《铁云藏龟之余》 | 一册 | 刘鹗著罗振玉辑 | 国图、上图 | 香港书店 1972 年版 |
| 145 | 《汉石刻考》 | 一卷 | 刘鹗著 | 国图、上图 | 稿本，收入四库未收书辑刊 |
| 146 | 《金石考录》 | 十三册 | 刘鹗著 | 藏家收藏 | 稿本 |
| 147 | 《铁云遗印谱》（《百二瓦登斋遗印》《抱残守缺斋遗印》） | | 刘鹗著 | 国图、上图 | 刘厚泽手拓本 |
| 148 | 《要药分剂补正》 | 十卷 | 刘鹗著 | 中国中医科学院图书馆 | 抄本，收入《中华本草》 |
| 149 | 《温病条辨歌括》 | 三卷 | 刘鹗著 | 中国中医科学院图书馆 | 抄本 |

续表

| 序号 | 文献名称 | 卷数（篇数） | 著述者（编校者） | 收藏情况 | 备注 |
|---|---|---|---|---|---|
| 150 | 《十一弦馆琴谱》 | 四册 | 刘鹗辑 | 国图、上图 | 光绪三十年刘鹗自刻本 |
| 151 | 《抱残守缺斋手抄琴谱》 | | 刘鹗著 | 刘家本 | 残稿 |
| 152 | 《老残游记》① | | 刘鹗著 | | 光绪三十三年天津《日日新闻》社连载 |
| 153 | 《〈老残游记〉外编》 | | 刘鹗著 | | 残稿 |
| 154 | 《铁云诗存》（包括《芬陀利石存稿》《东游草》） | 四卷 | 刘鹗著刘蕙孙整理 | 刘家本 | 抄本 |
| 155 | 《抱残守缺斋日记》 | 四卷六本 | 刘鹗著 | 刘家本 | 稿本 |
| 156 | 《人寿安和集》（又名《灵台伤感录》《人命安和集》） | 五卷 | 刘鹗著 | 新疆军区图书馆 | 抄本 |
| 157 | 《兰言室文存》 | 二卷 | 姚文馥著 | 国图 | 稿本 |
| 158 | 《兰言室杂记残编》 | 一卷 | 姚文馥著 | 国图 | 抄本 |
| 159 | 《元懿遗集》 | 四卷 | 姚文馥著 | 国图 | 抄本 |
| 160 | 《朱方先民事略残编》 | 残稿二卷 | 姚文馥著 | 国图 | 抄本 |
| 161 | 《姜堰集》 | 一卷 | 姚文馥著 | 已佚 | |
| 162 | 《素心女史诗余》 | 一卷 | 李素心著张德广辑 | | 《归群词丛》本 |
| 163 | 《虞季升诗余》 | 一卷 | 虞从哲著张德广辑 | | 《归群词丛》本 |
| 164 | 《永春书屋稿》 | 一卷 | 张春崖著 | 已佚 | |
| 165 | 《纯甫印存》 | | 吴德培著 | 已佚 | |
| 166 | 《新安吴氏诗文存》 | 一卷 | 吴荫培②著 | 国图 | 宣统元年刻本 |

---

① 《老残游记》版本众多，有"初集十三回连载本""二集九回本""初集二十回本""二集六回本""二集四回本""二集三卷本"等，本书只列最原始的版本。见《〈老残游记〉版本概说》，载刘德隆《刘鹗散论》，云南人民出版社，1998，第49—67页。

② 吴颖芝亦名吴荫培，但并非吴慕渠之子。吴荫培（1851—1931），字树百，号颖芝，江苏吴县（今苏州）人，自号平江遗民。著有《岳云盦文稿》《岳云盦诗存》《岳云盦丛稿》《岳云盦游记》等。吴少渠作有《咏颖芝编修同族又同名赋此以志》，其自注云："乡学即误作余。癸酉，余捷北闱，会试榜发时，吴燮臣侍郎树梅在闱中，喜以为余殿试一甲三名进士，悉以为余。后颖芝授编修，曾来拜访，在余斋头见所藏丰溪谱，彼乃汉代回公后也。朱芷青太守隽瀛题余《学征》诗，亦言及同名事。"吴荫培：《紫云山房诗词稿》，页十五，国家图书馆藏抄本。

| 序号 | 文献名称 | 卷数（篇数） | 著述者（编校者） | 收藏情况 | 备注 |
|---|---|---|---|---|---|
| 167 | 《吴氏言行录》 | 二卷 | 吴荫培著 | 国图 | 宣统二年刻本 |
| 168 | 《文略》 | 六卷六册 | 吴荫培著 | 北京师范大学图书馆 | 光绪三十一年铅印本 |
| 169 | 《学略》 | 一卷 | 吴荫培（艮思氏）辑 | 国图 | 光绪年间铅印本 |
| 170 | 《经钞》 | 一册 | 吴荫培（艮思氏）撰 | 国图 | 光绪二十七年铅印本 |
| 171 | 《史钞》 | 一册 | 吴荫培（艮思氏）辑 | 国图 | 光绪宣统年间铅印本 |
| 172 | 《学征》（原名《学略》） | 一卷 | 吴荫培辑 | 蜀抱轩家本 | 光绪宣统年间铅印本 |
| 173 | 《文征》 | 五卷四册 | 吴荫培（艮思氏）著 | 国图 | 光绪年间刻本 |
| 174 | 《辞征》 | 一卷 | 吴荫培（艮思氏）著 | 国图 | 民国元年铅印本 |
| 175 | 《文章轨范集评》 | | 吴荫培著 | 已佚 | |
| 176 | 《蜀抱轩文钞》 | | 吴荫培著 | | 宣统三年刻本 |
| 177 | 《蜀抱轩文杂钞》 | 三卷 | 吴荫培著 | 国图、上图 | 宣统三年刻本 |
| 178 | 《蜀抱轩集外文》 | | 吴荫培著 | 安徽省图书馆 | 宣统三年刻本 |
| 179 | 《蜀抱轩札记》 | | 吴荫培著 | | 宣统三年刻本 |
| 180 | 《吴氏艺文志略》 | 一卷 | 吴荫培著 | 国图 | 宣统三年刻本 |
| 181 | 《新安吴氏诗文存》 | 一卷 | 吴荫培著 | 国图 | 宣统三年刻本 |
| 182 | 《新安吴氏艺文志略》 | 一册 | 吴荫培著 | 国图 | 宣统三年刻本 |
| 183 | 《紫云山房稿》（《紫云山房诗词稿》） | 一卷 | 吴荫培著 | 国图、山东省委党校图书馆 | 稿本、抄本 |
| 184 | 《易象图说》 | 不详 | 吴荫培著 | | |
| 185 | 《人典》 | 不详 | 吴荫培著 | | |
| 186 | 《吴氏家志》 | 不详 | 吴荫培著 | | |
| 187 | 《吴氏支谱》 | 不详 | 吴荫培著 | | |
| 188 | 《吴氏先茔志简补》 | 不详 | 吴荫培著 | | |
| 189 | 《史记引经征》 | 不详 | 吴荫培著 | | |
| 190 | 《叔庐文稿》 | 不详 | 吴义培著 | | |
| 191 | 《叔庐诗稿》 | 不详 | 吴义培著 | | |

| 序号 | 文献名称 | 卷数（篇数） | 著述者（编校者） | 收藏情况 | 备注 |
|---|---|---|---|---|---|
| 192 | 《点评地理》 | 不详 | 吴义培著 | | |
| 193 | 《地理辩证疏平本》 | 不详 | 吴义培著 | | |
| 194 | 《逍遥室词存》 | 一卷 | 吴念培著 | | |
| 195 | 《惜花吟馆诗草》 | 不详 | 虞淑美著 | 已佚 | |
| 196 | 《向往集》① | 一卷 | 张德广辑 | 已佚 | |
| 197 | 《真州李氏家集》② | 一卷 | 张德广辑 | 已佚 | |
| 198 | 《井眉居诗余》 | 一卷 | 高尔庚著 张德广辑 | 福建师范大学图书馆 | 《归群词丛》本 |
| 199 | 《高辛仲先生诗集》 | 一卷 | 高尔庚著 | 已佚 | |
| 200 | 《井眉居诗抄》 | 一卷 一册 | 高尔庚著 | 泰图、扬图 | 民国十二年铅印本 |
| 201 | 《井眉居诗续抄》 | 一卷 一册 | 高尔庚著 | 泰图、扬图 | 民国十二年铅印本 |
| 202 | 《丰城毛先生遗集》 | 三卷 | 毛庆蕃著 张德广辑 | 已佚 | |
| 203 | 《唐宋文读本》 | 五册 | 毛庆蕃著 | 苏图 | 抄本 |
| 204 | 《古文学余》 | 三十四卷 | 毛庆蕃著 | 南图 | 光绪三十四年刻本 |
| 205 | 《东瀛观兵记事》 | 一卷 | 程恩培著 | 上图 | 光绪二十七年铅印本 |
| 206 | 《日本变法次第类考三集》 | 十二册 | 程恩培辑 程尧章译 | 浙图 | 光绪二十八年政学译社铅印本 |
| 207 | 《遄庐杂记》 | 一卷 一册 | 程恩培撰 | | 吴县王氏抱蜀庐抄本 |
| 208 | 《澄碧堂遗诗》 | 一卷 | 宗士材著 李少平点校 | 已佚 | |
| 209 | 《金刚经提要》 | 一卷 | 卢松亭著 | 已佚 | |
| 210 | 《点红轩词草》 | 一卷 | 刘挹芬著 张德广辑 | 福建师范大学图书馆 | 《归群词丛》本 |
| 211 | 《代数一隅》 | | 刘挹芬著 | 已佚 | |
| 212 | 《医济存古》 | | 刘挹芬著 | 已佚 | |

---

① 《向往集》包括汪全泰、汪全德、张寄琴、潘小红和赵梦山等人遗著。
② 《真州李氏家集》包括李海山、李少平、李季平、李芷生和李念功等人遗著。

续表

| 序号 | 文献名称 | 卷数（篇数） | 著述者（编校者） | 收藏情况 | 备注 |
|---|---|---|---|---|---|
| 213 | 《医径悟新》 | | 刘挹芬著 | 已佚 | |
| 214 | 《素学二十篇》 | | 刘挹芬著 | 已佚 | |
| 215 | 《赵鸣岐诗余》 | 一卷 | 赵宽著、张德广辑 | 福建师范大学图书馆 | 《归群词丛》本 |
| 216 | 《双桐书屋文集》 | 二卷 | 李泰阶著 | 已佚 | |
| 217 | 《双桐书屋诗集》 | 一卷 | 李泰阶著 | 刘家本、苏图 | 抄本 |
| 218 | 《双桐书屋诗余》 | 一卷 | 李泰阶著张德广辑 | 福建师范大学图书馆 | 《归群词丛》本 |
| 219 | 《双桐书屋文录》 | 二卷 | 李泰阶著 | 苏州图书馆 | 抄本 |
| 220 | 《榆阴书屋诗文稿》 | 一册 | 洪澧著 | 泰州博物馆 | 稿本 |
| 221 | 《榆阴书屋笔记》 | 一册 | 洪澧著 | 泰州博物馆 | 稿本 |
| 222 | 《洪挹侯日记》 | 十五册 | 洪澧著 | 泰州博物馆 | 稿本 |
| 223 | 《章荫之日记》 | 八册 | 章荫之著 | 已佚 | |
| 224 | 《龙川弟子遗著》 | 四卷 | 张德广辑 | 已佚 | |
| 225 | 《黄仲素先生遗著》 | 若干卷 | 黄寿彭著 | 已佚 | 抄本 |
| 226 | 《远香书屋诗抄》 | 二卷 | 黄寿彭著 | 苏图 | 抄本 |
| 227 | 《远香书屋文稿》 | 一卷 | 黄寿彭著 | 苏图 | 抄本 |
| 228 | 《远香书屋诗余》 | 一卷 | 黄寿彭著 | 苏图 | 抄本 |
| 229 | 《远香书屋偈》 | | 黄寿彭著 | 苏图 | 抄本 |
| 230 | 《远香书屋道情》 | | 黄寿彭著 | 苏图 | 抄本 |
| 231 | 《求放心斋诗抄》（文集四卷、补遗一卷） | 五卷 | 刘孚京著 | 南图、苏图 | 抄本 |
| 232 | 《求放心斋遗稿》 | 不分卷三册 | 刘孚京著 | 南图 | 抄本 |
| 233 | 《绣岩诗存》 | 不分卷 | 刘孚京著 | 中国科学院图书馆 | 抄本 |
| 234 | 《南丰刘先生文集》（文集四卷、补遗一卷） | 五卷 | 刘孚京著 | 国图、上图 | 上海聚珍仿宋印书局民国八年刻本 |
| 235 | 《求放心斋诗余》 | 一卷 | 刘孚京著张德广辑 | 国图、上图 | 《归群词丛》本 |
| 236 | 《刘赋芝先生著述》 | 若干卷 | 刘赋芝著 | 已佚 | |
| 237 | 《黄崖弟子遗著》（凡男女弟子二十四人） | 三卷 | 张德广辑 | 已佚 | |

| 序号 | 文献名称 | 卷数（篇数） | 著述者（编校者） | 收藏情况 | 备注 |
|---|---|---|---|---|---|
| 238 | 《归群宝籍目录》 | 一卷一册 | 张德广辑 | 泰图、苏图 | 抄本 |
| 239 | 《归群宝籍目录续编》 | 一卷一册 | 张德广辑 | 泰图、苏图 | 抄本 |
| 240 | 《归群弟子遗著》（包括五十二人） | 四卷 | 张德广辑 | 已佚 | |
| 241 | 《他山集》① | 不分卷 | 张德广辑 | 已佚 | |
| 242 | 《列传敬存》 | | 张德广辑 | 已佚 | |
| 243 | 《归群词丛》 | 四卷四册 | 张德广辑 | 福建师范大学图书馆 | |
| 244 | 《味闲居士诗余》 | 一卷 | 刘超著张德广辑 | 福建师范大学图书馆 | 《归群词丛》本 |
| 245 | 《止止居士诗余》 | 一卷 | 刘怀著张德广辑 | 福建师范大学图书馆 | 《归群词丛》本 |
| 246 | 《翟伯衡诗余》 | 一卷 | 翟文镕著张德广辑 | 福建师范大学图书馆 | 《归群词丛》本 |
| 247 | 《袁景宁集》 | 一卷 | 袁衍著 | 泰图、南图 | 民国十五年海陵丛刻本 |
| 248 | 《飘篷集》 | | 袁衍著 | 已佚 | |
| 249 | 《鲫斋文诗集》 | | 王锡衡著 | 已佚 | |
| 250 | 《壮游草》 | | 王锡衡著 | 已佚 | |
| 251 | 《吴门吟》 | | 王锡衡著 | 已佚 | |
| 252 | 《汴梁吟》 | | 王锡衡著 | 已佚 | |
| 253 | 《河桥集》 | | 王锡衡著 | 已佚 | |
| 254 | 《槐荫吟稿》 | | 王锡衡著 | 已佚 | |
| 255 | 《书衣杂识》 | 一卷 | 邓邦述编 | 苏图 | 宣统三年铅印本 |
| 256 | 《群碧楼书目初编》（附《书衣杂识》） | 九卷 | 邓邦述编 | 国图 | 宣统三年铅印本 |
| 257 | 《群碧楼丛刊》 | | 邓邦述辑 | 国图、上图 | 民国十年至十一年江宁邓氏刊本 |
| 258 | 《群碧楼自著书》 | | 邓邦述辑 | 国图、上图 | 民国十九年刻本 |
| 259 | 《群碧楼诗抄》 | 四卷 | 邓邦述编 | 上图、南图 | 民国十九年刻本 |

---

① 《他山集》是张德广为《归群宝籍目录》《归群宝籍目录续集》"相助搜集校缮诸人之作选集，以志感者"。

| 序号 | 文献名称 | 卷数（篇数） | 著述者（编校者） | 收藏情况 | 备注 |
|---|---|---|---|---|---|
| 260 | 《沤梦词》 | 四卷 | 邓邦述编 | 上图、南图 | 民国十九年刻本 |
| 261 | 《缀玉吟》 | 一卷 | 邓邦述编 | 上图、南图 | 民国十九年刻本 |
| 262 | 《邓氏所藏善本书目》 | 一册 | 邓邦述辑 | 南图 | 抄本 |
| 262 | 《群碧楼善本书录》 | 六卷 | 邓邦述编 | 苏图 | 民国十七年邓氏家刻本 |
| 263 | 《双沤居藏书目录初编》 | | 邓邦述编 | 国图、上图 | 收入《中国历代书目题跋丛书》（第4辑） |
| 264 | 《寒瘦山房鬻存善本书目》 | | 邓邦述编 | 苏图 | 民国十七年邓氏家刻本 |
| 265 | 《邓尚书年谱残稿》 | | 邓邦述编 | 上图 | 邓氏群碧楼民国年间版 |
| 266 | 《汲古阁景钞南宋六十家集》 | 九十六卷、补遗十三卷 | 邓邦述辑 | 国图、上图 | 古书流通处民国十一年至十二年影印本 |
| 267 | 《六一消夏词和作》 | 十八卷 | 邓邦述辑 | 苏图 | 民国十八年版 |
| 268 | 《邓氏家集四种》 | | 邓邦述辑 | | 民国二十一年邓氏刻本 |
| 269 | 《灵觌轩文钞》 | 不分卷 | 叶玉麟著 | | 民国二十二年铅印本 |
| 270 | 《灵觌轩诗文钞》 | 不分卷 | 叶玉麟著 | | 叶氏后人油印本 |
| 271 | 《评注〈经史百家杂钞〉》 | 一册 | 叶玉麟著 | | 上海广益书局民国二十二年版 |
| 272 | 《白话译解〈孙子兵法〉》 | 一册 | 叶玉麟著 | | 上海广益书局民国二十二年版 |
| 273 | 《〈书经〉（选注）》 | 一册 | 叶玉麟著 | | 商务印书馆民国二十三年版 |
| 274 | 《三苏文》（选注） | 一册 | 叶玉麟著 | | 商务印书馆民国二十三年版 |
| 275 | 《幼学故事琼林读本》 | 一册 | 叶玉麟著 | | 上海广益书局民国二十三年版 |
| 276 | 《批注史记》 | 一册 | 叶玉麟著 | | 大达图书供应社民国二十四年版 |
| 277 | 《圈点评注袁文合笺》 | 一册 | 叶玉麟著 | | 大达图书供应社民国二十四年版 |

续表

| 序号 | 文献名称 | 卷数（篇数） | 著述者（编校者） | 收藏情况 | 备注 |
|---|---|---|---|---|---|
| 278 | 《详注〈白香词谱〉》 | 一册 | 叶玉麟著 | | 上海广益书局民国二十五年版 |
| 279 | 《白话译解〈庄子〉》 | 一册 | 叶玉麟著 | | 上海广益书局民国二十五年版 |
| 280 | 《详注历代闺秀文选》 | 一册 | 叶玉麟著 | | 大达图书供应社民国二十五年版 |
| 281 | 《白话译解〈战国策〉》 | 一册 | 叶玉麟著 | | 大达图书供应社民国二十五年版 |
| 282 | 《白话译解〈韩非子〉》 | 一册 | 叶玉麟著 | | 上海广益书局民国二十五年版 |
| 283 | 《白话译解〈国语〉》 | 一册 | 叶玉麟著 | | 上海广益书局民国二十五年版 |
| 284 | 《清代四星使书牍》 | 一册 | 叶玉麟编 | | 上海广益书局民国二十五年版 |
| 285 | 《白话译解〈墨子〉》 | 一册 | 叶玉麟著 | | 上海广益书局民国二十六年版 |
| 286 | 《白话〈荀子〉读本》 | 一册 | 叶玉麟著 | | 上海广益书局民国三十六年版 |
| 287 | 《白话译解〈老子道德经〉》 | 一册 | 叶玉麟著 | | 上海广益书局民国三十六年版 |
| 288 | 《再增幼学琼林》 | 一册 | 叶玉麟重撰 | | 上海广益书局民国三十七年版 |
| 289 | 《寒芋阁词》（《吴眉孙词集》） | 一卷 | 吴庠著 | | 1957年油印本 |
| 290 | 《遗山乐府编年小笺》 | 一册 | 吴庠著 | | 中华书局香港分局1982年版 |
| 291 | 《冬饮庐文稿》 | 一册 | 王瀣著 | | 收入《南京文献》第二十一辑 |
| 292 | 《冬饮庐诗稿》 | 一册 | 王瀣著 | | 收入《南京文献》第二十一辑 |
| 293 | 《冬饮庐词稿》 | 一册 | 王瀣著 | | 收入《南京文献》第二十一辑 |
| 294 | 《冬饮庐藏书题记》 | 一册 | 王瀣著 | | 收入《南京文献》第二十一辑 |
| 295 | 《王冬饮先生遗稿》 | 一册 | 王瀣著 | | 民国三十六年版 |
| 296 | 《冬饮庐读书记》 | 一册 | 王瀣著 | | 收入台版《王冬饮先生遗稿》 |

| 序号 | 文献名称 | 卷数（篇数） | 著述者（编校者） | 收藏情况 | 备注 |
|---|---|---|---|---|---|
| 297 | 《冬饮庐遗诗》 | 一册 | 王瀣著 | | 江苏省立国学图书馆 1948 年版 |
| 298 | 《评点〈云起轩词〉》 | 一册 | 王瀣著 | | 广陵书社影印本 |
| 299 | 《王伯沆批点〈杜甫诗〉》 | | 王瀣著 | | 广陵书社影印本 |
| 300 | 《王伯沆批点〈淮南子〉》 | | 王瀣著 | | 广陵书社影印本 |
| 301 | 《王伯沆批注〈荀子〉》 | | 王瀣著 | | 广陵书社影印本 |
| 302 | 《王伯沆批点〈四书集注〉》 | | 王瀣著 | | 广陵书社影印本 |
| 303 | 《王伯沆批校〈红楼梦〉》 | | 王瀣著 | | 广陵书社影印本 |
| 304 | 《冬饮庐遗诗》 | | 王瀣著 | | 广陵书社影印本 |
| 305 | 《前清四家词选》 | | 王瀣著 | | 广陵书社影印本 |
| 306 | 《后四家词选》 | | 王瀣著 | | 广陵书社影印本 |
| 307 | 《读〈四书〉私记》 | | 王瀣著 | 已佚 | |
| 308 | 《经略台湾事纂》 | | 王瀣著 | 已佚 | |
| 309 | 《离骚九歌辑评》 | | 王瀣著 | 已佚 | |
| 310 | 《双烟室诗词文集》 | | 王瀣著 | 已佚 | |
| 311 | 《冬饮丛书》 | | 王瀣辑录 | | 广陵书社影印本 |
| 312 | 《国学书目举要》 | | 钟泰编 | | 江苏法政大学 1925 年版 |
| 313 | 《中国哲学史》 | | 钟泰著 | | 商务印书馆 1929 年版 |
| 314 | 《荀注订补》 | | 钟泰著 | | 商务印书馆 1936 年版 |
| 315 | 《国学概论》 | | 钟泰著 | | 中华书局 1936 年版 |
| 316 | 《庄子发微》 | | 钟泰著 | | 1963 年石印本 |
| 317 | 《荀子词例举要》 | | 钟泰著 | | 台北成文出版社 1977 年版 |
| 318 | 《春秋正言断词三传参》 | | 钟泰著 | | 中华书局即将出版 |
| 319 | 《顾诗笺注校订》 | | 钟泰著 | | 《国师季刊》1940 年第 6 期 |
| 320 | 《讱斋论语诗》（《论语诗百首》） | | 钟泰著 | 吉林省社科院图书馆 | 吴林伯抄本 |
| 321 | 《春秋三传正辞》 | | 钟泰著 | | 抄本 |

续表

| 序号 | 文献名称 | 卷数（篇数） | 著述者（编校者） | 收藏情况 | 备注 |
|---|---|---|---|---|---|
| 322 | 《〈荀注订补〉补》 | | 钟泰著、蒋理鸿整理 | | 未刊 |
| 323 | 《春秋通义》 | | 钟泰著 | 稿本 | 收入《钟泰著作集》 |
| 324 | 《理学纲领》 | | 钟泰著 | 稿本 | 收入《钟泰著作集》 |
| 325 | 《诗词讲义》 | | 钟泰著 | 稿本 | 收入《钟泰著作集》 |
| 326 | 《钟泰日录》 | | 钟泰著 | 稿本 | 收入《钟泰著作集》 |
| 327 | 《钟泰诗文集》 | | 钟泰著 | 稿本 | 收入《钟泰著作集》 |
| 328 | 《老子〈章义〉批注》 | | 钟泰著 | 稿本 | 收入《钟泰著作集》 |
| 329 | 《〈诗经〉批注》 | | 钟泰著 | 稿本 | 收入《钟泰著作集》 |
| 330 | 《废字废义表》 | | 钟泰著 | 稿本 | 收入《钟泰著作集》 |
| 331 | 《所堂字问》 | 十九册 | 丁瑗著 | 江苏大学文学院藏 | 稿本 |
| 332 | 《闻余录》 | | 钱子范记 | 已佚 | |
| 333 | 《贞观学易》 | 四卷 | 刘大绅著 | 刘家本 | 抄本 |
| 334 | 《易象童观》 | 二卷 | 刘大绅著 | 刘家本 | 抄本 |
| 335 | 《谈易》（《乳华仙馆谈易》） | 二卷 | 刘大绅著 | 刘家本 | 抄本 |
| 336 | 《姑妄言之》（《周易曲成》） | 二卷 | 刘大绅著 | 刘家本 | 抄本 |
| 337 | 《论象》（《盲人论象》） | 一卷 | 刘大绅著 | 刘家本 | 抄本 |
| 338 | 《双心书屋闲谈》（《闲谈》） | 一卷 | 刘大绅著 | 刘家本 | 抄本 |
| 339 | 《四目研几》 | 一卷 | 刘大绅著 | 刘家本 | 抄本 |
| 340 | 《春晖轩心痕剩稿》（《春晖轩心痕残稿》） | 一卷 | 刘大绅著 | 刘家本 | 抄本 |
| 341 | 《学易私说》 | 一卷 | 刘大绅著 | 刘家本 | 刊本 |
| 342 | 《反求室杂稿》[①] | | 刘大绅著 | 刘家本 | 抄本 |
| 343 | 《反求室诗稿》 | 一卷 | 刘大绅著 | 刘家本 | 抄本 |

---

[①] 学术界对《反求室杂稿》的主要内容尚未弄清，目前仅知，《反求室杂稿》之一为《学易私说》，之二为《贞观戏草》，之四为《此中人语》。参见朱松龄：《刘季英与太谷学派》，《钟山风雨》2012 年第 4 期，第 45 页；收入方宝川主编《太谷学派遗书》（第三辑第一册），江苏广陵古籍刻印社，2001，第 81 页。

续表

| 序号 | 文献名称 | 卷数<br>（篇数） | 著述者<br>（编校者） | 收藏<br>情况 | 备注 |
|---|---|---|---|---|---|
| 344 | 《儒宗心法》 | 一册<br>四卷 | 刘大绅等<br>编 | | 1947 年铅印本 |
| 345 | 《崆峒遗墨》① | 二册 | 刘厚泽辑 | 刘家本 | |
| 346 | 《杂录》② | 一卷 | 佚名 | 泰图 | 抄本 |
| 347 | 《杂录》③ | 一卷 | 佚名 | 泰图 | 抄本 |
| 348 | 《归群草堂杂文》④ | 一卷<br>一册 | 王宗炎汇、<br>王海康清<br>缮 | 泰图 | 抄本 |
| 349 | 《记言》（摘抄）⑤ | 一卷<br>一册 | 归群弟子<br>摘抄 | 泰图 | 抄本 |
| 350 | 《痛心句》⑥ | 二卷<br>二册 | 归群弟子<br>抄录 | 泰图 | 抄本 |
| 351 | 《友石心房集》 | 一卷 | 吴葆森著 | 国图 | 抄本 |
| 352 | 《钟泰友朋信札》 | 一册 | 朵云轩编 | 朵云轩藏 | 朵云轩 2015 年印行 |

资料来源：张德广《归群宝籍目录》《归群宝籍目录续编》，吴荫培《新安吴氏艺文志略》，吴吉祜《丰南志》，刘蕙孙《太谷学派的遗书》，张秋收、诸祖仁《泰州图书馆收藏、入藏太谷学派遗书情况简介》，方宝川《鲜为人知的太谷学派遗书〈归群

---

① 《崆峒遗墨》为太谷学人通信手书之辑存。20 世纪 60 年代初，刘厚泽将其所搜集太谷学派学人的手书信件粘贴成册，题签为"崆峒遗墨"。《崆峒遗墨》分为两册，其一为蒋文田与其诸子以及袁淡生、刘昧青之间的通信 18 通。其二则为黄葆年、李泰阶、黄寿彤、毛庆蕃、杨士晟等太谷学人之间的书信。

② 此抄本作者不详，应为归群弟子。主要内容有李光炘的《龙川草堂书左右壁十则》《书程子四箴前》《书程子四箴后》《诗稿书后》《足不跻跋》《题吴慕渠〈听泉图诗序〉》《为王仲杰书海上移情跋后》《书〈古诗十九首后〉与李汉春》《为李汉春书〈图南后跋〉》《论书一则》、黄葆年的《癸亥十月二十日序辛仲先生诗抄》等文，黄葆年、蒋文田、李平孙等人的咏菊花诗、咏甲子花朝诗，归群弟子刘班侯的《罢盐城任答邦人父老》《送友人之江西》、吴眉孙《甲寅四月晦留别苏州同学》等诗作，蒋文田、赵明湖、李汉春等人的挽联或寿联。除《论书一则》《癸亥十月二十日序辛仲先生诗抄》分别收入《群玉山房诗抄》《归群草堂文集》，其余内容均未载于太谷学派文献。

③ 此书是《黄氏遗言》的摘抄本，主要包括《□□问惩忿窒欲》《□□问于□□曰：易曰山下有泽，损君子以惩忿窒欲，何谓也》《□□问：子曰一朝之忿，孟子曰一朝之患言，何以若是，其几也》等篇目。

④ 此书封面有"炎谨署"，封底有"宗炎录稿，命侄海康清缮"，分别有"王宗炎"的钤印。此书内容多见于《黄氏遗书》。

⑤ 此书亦是黄葆年《黄氏遗言》的摘抄本，主要包括《退谷序并铭》等篇目。

⑥ 此书名为《痛心句》，实为周太谷《周氏遗书》的第四卷和第八卷，内容与《周氏遗书》基本一致，只是少数篇目略有差别。如《周氏遗书》中为《痛心句下》，此书则多出"并跋"二字。

词丛〉》等，以及国家图书馆、上海图书馆、南京图书馆、苏州图书馆、扬州图书馆、泰州图书馆和扬州大学图书馆等。（注：表格中的国家图书馆、上海图书馆、浙江图书馆、南京图书馆、苏州图书馆、扬州图书馆、泰州图书馆、扬州大学图书馆，分别使用简称国图、上图、浙图、南图、苏图、扬图、泰图、扬大图书馆。）

## 第二节　太谷学派文献的主要特点

太谷学派传承长达二百多年，经过前后五代传人的共同努力，太谷学派文献得以大量生成和传播，在学术内容、著者身份、文献形式和传承方式等方面自成体系并独具特色。

### 一、学术内涵立足传统儒学

鸦片战争之前，中国的学术文化体系相对比较单一，即以"十三经"为代表的传统儒学为根本，正如龚书铎所言："鸦片战争以前的文化比较单一，变化也不大。封建文化的中心是儒学，从两汉到明清，不论汉学、宋学、古文经学、今文经学、程朱理学、陆王心学，都未逾越儒学的范围。宋明理学的解经，乾嘉考据的注经，都没有离开儒家经典。"① 太谷学派的学术体系亦不可能超越这一范畴，即以传统儒学为宗。太谷学派贯通儒家群经，承续宋明理学，以易学为核心，内隐强诚之学，兼融释道二宗，形成自成一派的民间儒学诠释体系。太谷学派文献的研究范畴主要为"十三经"，尤其是对《周易》《尚书》《春秋》《大学》《论语》《孟子》《中庸》等传统儒家经典多有注释、解读，并在经世致用思想的指引下对所谓"实学"② 多加关注。

其一，儒学经典诠释。

周太谷的学术体系，虽然内含民间儒学暗流"强诚"之学，但是更以传统儒学为宗，实际上是以周敦颐为首的宋明儒学为核心，正如其在《进学解》中所说："学者果能循朱、张、程、程、周、孟、思、曾之绪，而后寻孔、颜之乐，复与几存义之德，庶不负斯进学之解云。"③ 张积中、李

---

① 龚书铎：《中国近代文化概论》，北京师范大学出版社，2010，第12页。

② 所谓"实学"即"实体达用之学"或"经世之学"，并非空谈虚论，而是一种实实在在的学问，并具有实体性、实践性的特征。参见冯天瑜、黄长义《晚清经世实学》，上海社会科学出版社，2002，第3页。

③ 周太谷：《周氏遗书》，载方宝川主编《太谷学派遗书》（第一辑第一册），江苏广陵古籍刻印社，1997，第237页。

光炘承袭太谷"圣功"的同时，对宋明理学则多有指摘，张积中认为孔孟儒学已经失传，宋明理学并非传统儒学的真传，"孔孟之学，不得传者，二千余年。周程振之，爝然息矣。今之为理学者，迂儒耳！豪杰之士，邈矣无闻"①。李光炘认为太谷"圣功"是对孔孟儒学的阐发和传播，宋明理学不过是小学，无法与太谷"圣功"相提并论，"人欲见性，非大学不可。大学，圣功也。小学，理学也。我非求异于诸儒，实欲发先圣之心传，不得已也"②。黄葆年承袭李光炘批判宋儒"存天理灭人欲"的做法，但坚守宋儒的心性修养功夫，尤其是推崇周敦颐的学术，专门撰写《濂溪一滴》，对《太极图说》和《周子通书》作有深入阐释。钟泰秉承并进一步阐发太谷学派南宗的学术主张，"今言孔孟之学，譬犹都会纷华盛丽，学者果能不疑而徐进，自可至矣。要之，学者之治理学，是欲由宋儒之阶以入孔孟之室，抑由信乎宋儒而信孔孟，此信之正道也"③。

张积中、李光炘虽然对宋明理学禁锢人性的思想观点多有批评，并且在日常行为中多有僭越，尤其是李光炘在泰州传学时更多表现出一些反理学的特征，但这不过是他们贬低程朱理学而拔高太谷"圣功"的刻意之举。正如张积中所云："身心性命，人之所以为人也。前圣人之教人也，立其命，尽其性，修其身，养其心，齐家治国，皆由心而发也，而皆本于修身。充之而尽性，凝之而立命，教至备也。降自秦汉，以功利为务，人心炽矣。人心炽，天理亡。于棼棼泯泯之中，而求合乎三代之经者，概不多见。……三代而下，圣人之心法荡然，而治世之迹犹存也。……致知者，知其知也。自知其知，即自明其德也。中庸曰率性，孟子曰知性，子曰吾无隐乎尔。斯意也，汉儒鲜知之。程朱之学，本于正心诚意，而略于致知。逮乎王阳明，而致良知之说，始畅于天下。而当时儒者，复以攻佛之见而转攻阳明。嘻！昧亦甚矣。"④显然，张积中认为宋明理学已经偏离传统儒学的本源，太谷"圣功"则是对儒学正宗的穷本极源。黄葆年将周太谷视为"圣人之学"传播中承前启后的中枢，"太谷承先圣，启后圣，斯道之绝而复续，终而复始也，而后世莫之知"⑤。黄葆年虽然尊崇宋明理学，

① 张积中：《与秦云樵书》，《白石山房文抄》，载方宝川主编《太谷学派遗书》（第二辑第一册），江苏广陵古籍刻印社，1998，第110页。
② 李光炘：《观海山房追随录》，载方宝川主编《太谷学派遗书》（第一辑第三册），江苏广陵古籍刻印社，1997，第4页。
③ 钟泰：《理学纲领》，《钟泰著作集》（第5册），上海古籍出版社，2021，第383页。
④ 张积中：《〈松园讲学图〉序》，《白石山房文抄》，载方宝川主编《太谷学派遗书》（第二辑第一册），江苏广陵古籍刻印社，1998，第192—193页。
⑤ 黄葆年：《黄氏遗书》，载方宝川主编《太谷学派遗书》（第一辑第四册），江苏广陵古籍刻印社，1997，第34—35页。

但"不取汉学之琐屑,排斥宋儒之荒诞"①,归群弟子也承袭这一学术路径,王灝甚至主张将宋明儒学的优点集于一身,"说理宏阔似明道,造次刚介似伊川,微显阐幽似晦庵,圆融透彻似阳明"②。钟泰认为,在传统儒学的阐释和修行方面,程朱之学与阳明之学貌似相反,其实殊途同归,正如其解答任铭善对《大学》经义的疑问:"尝有疑乎《大学》朱子之义而就吾师钟钟山先生质焉。先生曰:'《大学》无缺文,亦无错简,然则程朱非而阳明是邪?又不然。程朱欲明主敬穷理之旨,不得已而更之;阳明欲成良知之说,亦不得已而反之,其迹不同,皆以明道而已。'"③德国学者屈汉斯据此总结出太谷学派的学术属性,"周太谷和他的门生自认为是儒学真正继承人,是一种秘不可宣的、口授心传学派的继承人,是发'孔孟未发之言'"④。

张积中作有《〈尚书〉批注》《〈四书〉批注》《〈春秋左传〉批注》等,他在诠释儒家经典时,采取今文学派的注经路径,以笺注的方式,用章句、训诂与义理相结合的方法对相关著述进行学术思想的阐释和探讨。客观而言,如果不是张积中在黄崖传学被打上民间宗教或者"邪教"的烙印,虽然其学术水准、学术地位也无法与当时的一流学术大师相比肩,但其无疑是一个著作甚丰、造诣颇深的民间儒学学者。黄崖事件后,山东地方士绅对张积中融汇佛道诠释儒学的学术路径多有不满并大加指摘,"积中寝馈于道藏、释典诸书,乃取以附会六经及诸子语录"⑤,但张积中具备深厚的儒学功底则是毋庸置疑的。

由于受到黄崖事件的牵涉,李光炘更加潜心研究四书五经,通过批注朱熹的《四书集注》,充分显现其民间儒者的形象。龙川弟子黄葆年、蒋文田承袭李光炘的衣钵,表现出更加鲜明的儒学特征。太谷学派南宗的学术核心依然是宋明理学,这在龙川弟子黄葆年身上表现得尤为显著。黄葆年先后作有《〈诗经〉读本》《〈书经〉读本》《〈礼记〉读本》《古文存》《古文续存》《唐宋文存》《唐宋文续存》《唐宋文读本》《经义存疑》《四书文存》《归群草堂四书文》《归群草堂文集》《归群草堂四书文续编》《归群

① 卢冀野:《太谷学派之沿革及其思想——清学旁搜记》,《东方杂志》第二十四卷第十四号(1927),第 74 页。

② 钱塑新:《冬饮先生行述》,《附录》,页三十三,南京市通志馆文献委员会编《南京文献》(第 21 号),南京市通志馆文献委员会,1948。

③ 任铭善:《无受室文存》,浙江大学出版社,2005,第 3 页。

④ [德]屈汉斯:《对黄崖教案的思想》,《南京理工大学学报》(社会科学版)1995 年第 1期,第 31 页。

⑤ 凌绂曾修、邵承照纂:《(光绪)肥城县志》卷一,方域志,页二十五,载江苏古籍出版社编《中国地方志集成·山东府县志辑》(第 65 册),江苏古籍出版社,1991,第 28 页。

草堂课艺》和《归群草堂课艺续编》等著作，其对传统儒学经典解读所取得的成就在太谷学派中最为系统亦最为突出。

王伯沆、钟泰、叶玉麟等归群弟子沿袭黄葆年的学术观点，对宋明理学多有传承。归群弟子沿袭黄葆年的治学路径，继续对传统儒学加以注解、诠释。王伯沆作有《读〈四书〉私记》《王伯沆批点〈四书集注〉》、钟泰著有《春秋正言断词三传参》《春秋三传正辞》《〈荀注订补〉补》《春秋通义》《理学纲领》，钟泰还撰写《㓚斋论语诗》对传统儒学多有评述①。叶玉麟致力于国学经典著作的白话译解，以期传承传统文化，作有《书经选注》《白话译解国语》等，其对儒学经典的白话文解读，无论是在太谷学派内部，还是在近代中国学术界、出版界都首屈一指。

太谷学派对传统儒学的解读体现出淡化群界界限和兼容释道的特色，并对传统儒学的研究领域作了进一步拓展，并不再局限于传统的十三经范畴。周太谷的学术体系中既包含着对以周敦颐为首的宋明儒学的领悟，又有从陈少华、韩子愈处获取的佛道之学，即所谓"上承四圣，旁通二氏"②。周太谷的学术核心以儒为宗，同时重视《道德经》等为代表的诸子群经的研读，正如张积中在《〈道德经〉序》中所言："昔（周太谷）夫子尝谓予曰：'《道德经》之为文也，简而粹，伪者杂之，盍正之。'"③

张积中、李光炘秉承周太谷的这一做法，继续拓展传统儒学研究领域，对老子、庄子之学多有探究。张积中的《张氏遗书》中有《〈道德经〉序》《读〈参同契〉》《读〈圆觉经〉》《禅定说》，《白石山房诗抄》中有《读〈楞伽经〉题后》《论佛法书〈楞严经〉后》等。李光炘不仅批注"《道德经》五百字"④，《龙川弟子记》《观海山房追随录》对《金刚经》《楞严经》《参同契》《悟真篇》等佛道经典多有反映，其中《龙川弟子记》中还有《二氏》《佛》《道》等篇目。李光炘甚至直接将佛学经卷与儒家经典一一对应，正如其言："佛经中之《楞严经》如《圣经》之《论语》，《金刚经》如《中庸》，《心经》如《大学》，《坛经》如《孟子》，《莲花经》如《春秋》，《华

---

① 例如，钟泰对"为政"的评论："惟思无邪可论诗，那于郑卫错生疑；不闻孺子沧浪咏，清浊由人自取之。""不知知总一心知，本色还他勿自欺；解得丁宁诲由句，致知诚意不烦辞。"隗茔：《嘈嘈切切错杂谈：隗茔古今文化谈》，汕头大学出版社，2011，第292—293页。

② 谢逢源：《龙川夫子年谱》，载方宝川主编《太谷学派遗书》（第一辑第三册），江苏广陵古籍刻印社，1997，第8页。

③ 张积中：《〈道德经〉序》，《张氏遗书》，载方宝川主编《太谷学派遗书》（第一辑第二册），江苏广陵古籍刻印社，1997，第141页。

④ 谢逢源：《龙川弟子记》，载方宝川主编《太谷学派遗书》（第一辑第三册），江苏广陵古籍刻印社，1997，第76页。

严经》为诸经之王，其《周易》之谓乎？"①

如果从现存文献的角度分析，张积中在太谷学人中阐释佛道最勤，著述也最多，先后作有《〈楞严经〉释义》《〈老子〉批注》《〈庄子〉批注》《〈关尹子〉释义》《〈参同契〉批注》等，反映其对老庄之学和佛教典藏的个人喜好，这在太谷学派中则是独树一帜的。正如刘蕙孙所论："张石琴更有法华、楞严及老庄释义诸著，亦可知其大概矣。大抵仍全导源于宋以来性理之学，出入濂溪、阳明两家，建极河图易象，亦颇援引佛家不立方法之大乘法门，及清静无为之老庄学说"②。可见，张积中的学术核心依然是宋明理学，不过采取了援引佛道释儒的方法。

龙川弟子承袭这一学术趋向，黄葆年认为"窃比老彭"就是周太谷发前圣未发之言，"抑儒者囿于所见不知圣人，不知圣人之窃比老彭与。知窃比老彭之心，然后智足以知圣人信而好古也。知窃比老彭之学，然后希贤希圣希天皆行其所无事述而不作也"③。黄葆年、蒋文田讲学时对佛经及老庄之学多有涉及。根据归群弟子陆少复的记载，黄葆年传学时对《金刚经》《心经》等多有阐释④。李范之对归群草堂内部传学的描述也证明这一状况，"黄味爽即起，弟子皆起，讲学数时，退而自修。其弟子皆崇奉黄，谓有前知之术。所持精语，曰转识成智，曰心息相依，略混释氏、道家之说"⑤。刘鹗先后作有《刘鹗手批〈道德经〉》《刘鹗批注〈庄子〉》，对老庄学术多有点评，这在龙川弟子中最为突出。

进入民国时期，王瀣、钟泰和叶玉麟等人进一步拓展传统儒学的研究领域和传播方式，他们对当时学术界相对忽略的《庄子》《荀子》等著作多有精研，尤其是钟泰"毕生致力于国学经典研究及教学工作，尤深于老庄之学。学问独树一帜，桃李誉满天下"⑥。王瀣、钟泰、叶玉麟等在立足传统儒学的同时，主张淡化儒学与诸子百家之间的界限，甚至突破传统群经的概念和范畴，将《荀子》《老子》《淮南子》等视为儒经。王伯沆作有《王伯沆批点〈淮南子〉》《王伯沆批注〈荀子〉》，钟泰著有《国学书目举要》《荀注订补》《庄子发微》《〈荀子〉词例举要》《〈老子章义〉批注》，

---

① 谢逢源：《龙川弟子记》，载方宝川主编《太谷学派遗书》（第一辑第三册），江苏广陵古籍刻印社，1997，第196页。

② 刘厚滋：《张石琴与太谷学派》，《辅仁学志》第九卷第一期（1940年6月）。

③ 黄葆年：《黄氏遗书》，载方宝川主编《太谷学派遗书》（第一辑第四册），江苏广陵古籍刻印社，1997，第227—228页。

④ 陆少复谨述：《归群草堂语录》卷二，页三，苏州图书馆藏抄本。

⑤ 郑孝胥著、劳祖德整理：《郑孝胥日记》（第3册），中华书局，1993，第1633页。

⑥ 隗芾：《嘈嘈切切错杂谈——隗芾古今文化谈》，汕头大学出版社，2011，第290页。

尤为重要的是，钟氏的《中国哲学史》《国学概论》已经突破传统学术的范畴，成为现代学术意义上的经典著作。叶玉麟在加入太谷学派之后，对《老子》的态度就发生显著变化，"向读《老子》，意为道家与六经异，儒所不取。……其立论多与孔氏相合，而尤近《周易》"①。叶玉麟还顺应当时社会思潮的剧烈变化，采用白话文翻译的方式诠释传统经典，先后撰写《荀子新释》《白话句解老子道德经》《白话译解庄子》《白话译解韩非子》《白话译解墨子》《白话译解战国策》《白话译解孙子兵法》等，试图以浅显易懂的现代语言文字，实现对传统学术的阐发和传承，正如其在《译解荀子》中所言："圣贤经籍，辞旨精微，遭秦烫爆，残缺化脱，学者循诵暴难，由是章句笔注义疏之学兴焉。先哲宏词奥旨，类此阐明，亦后儒参稽考证之功也。"②

总之，李光炘、黄葆年、蒋文田、王伯沆、钟泰等人的学术思想中，虽然具有融合儒释道三家的特色，但是他们并没有诠释佛道经典的专门论著。

其二，易理阐发。

易学既是太谷学派的学术核心，又是其学术特质。太谷学派的开山之作就是周太谷的《周氏遗书》，其核心内容就是对易学理论的演绎，正如金松岑先生所论："太谷之道在《易》，其旁通术数，类皆《易》之支流余系。"③太谷学派各传弟子对易学都是孜孜以求、孤心苦诣的，正如有论者所言："太谷学人大多对易学有浓厚的兴趣，不管是其创始人周太谷，还是后面的各代弟子，都把治易作为自己学术活动和人身修炼的大事，对易学研究，可谓是精益求精，力求深入，达至化境。"④

张积中、李光炘在承袭太谷"圣功"的基础上，对易学作有进一步的阐发。张积中的《张氏遗书》《张氏内注》《白石山房文集》《白石山房丛钞》《白石山房语录》《所见录》《随所得录》等著述对《周易》多有注解，其中《三道说》《天心说》《卦序说》《何道之门》《归藏说》《絜矩》等多篇文章都着力于易学的诠释和阐发。李光炘承袭周氏学术体系之后，也苦心钻研易学，在《李氏遗书》《龙川弟子记》《观海山房追随录》等著述中对易学多有诠释："敷演扩充《周易》中的神秘内容，把八卦与种种阴阳

① 叶玉麟：《〈老子道德经〉序》，《白话译解老子道德经》，大达图书供应社，1935，页二。
② 叶玉麟：《序》，《译解荀子》，广益书局，1937，第 64 页。
③ 金天翮：《周太谷传》，《皖志列传稿》卷六，页十二，苏州利苏书社排印本，1936。
④ 江峰：《太谷学派生命哲学研究》，东方出版社，2007，第 53 页。

奇术结合起来,形成太谷学派独特面貌。"①李光炘易学之精深,让熊龙沙、吴嘉宾、吴嘉善等人折服,吴嘉善因此拜其为师,成为龙川弟子。②

龙川弟子对太谷学派易学多有传承和发展,除了黄葆年在《黄氏遗书》《归群草堂语录》等著作中对易学有所诠释,龙川弟子中并不缺乏精于《周易》的研究者,其中尤以吴嘉善、刘鹗的易学造诣最为精深。由于易卦推演与算学一直存在着密切关系,故他们对易学的深入精研集中体现在算学研究领域。吴嘉善作有《算学初集十七种》(《白芙堂算学初集》)、《白芙堂算书二十一种》、《粟布演草》、《割圆八线缀术》、《天元释例》、《勾股术附造整勾股表简法》、《平三角边角互求术》,刘鹗则有《弧角三术》《勾股天元草》等著述。刘大绅的易学造诣在归群弟子最为突出,作有《贞观学易》《易象童观》《谈易》《论象》《四目研几》《此中人语》《闲谈》《姑妄言之》等一系列著作,可谓集太谷学派易学大成于一身。

其三,诗词音律评论。

太谷学派将音律文字作为其学术阐述的路径,正如钟泰总结所云:"读书必先识字。欲识字,不可不通形声。欲通形声,不可不治《说文》"③,故太谷学派文献对音律文字多有诠释。太谷学人多精于音律学,其中周太谷"最邃音律"④,《周氏遗书》卷一中就有《书原》一文⑤。张积中的《张氏遗书》有《六书说文略》《十二辰说》《论语三十六虚声注》,是对六书、文字的解释,《张氏遗书》下卷《律吕考证》为解释《周易》五声七律和十二律的论述。李光炘在《龙川弟子记》《观海山房追随录》中有《文学》《字说》《论书》等篇,对文字音律多有评述,甚至其在草堂讲学时带有明显的音韵特色,正如黄葆年所言:"昔者年闻夫子之诵经也,至味出于音声洋洋乎,其盈耳。当是时也,可以不言而喻焉,退而求之于书不可得矣。"⑥太谷学派后学对文字音律亦有研究,如吴荫培作有《辞征》《文征》等、钟泰撰写有《废字废义表》等。

太谷学派文献从个人的诗词文集逐渐发展为对传统诗词学的研究专著。张积中的《张氏遗书》中有《论诗》等篇目,《浅碧山房词选》更是

① 马西沙、韩秉方:《中国民间宗教史》,上海人民出版社,1992,第1338页。
② 参见张进:《李光炘与太谷学派南宗研究》,社会科学文献出版社,2012,第104—105页。
③ 钟钟山编《国学书目举要》,江苏法政大学,1925,第1页。
④ 石埭周太谷:《太谷易经》(未完),第1页,《归纳学报》1927年第1卷。
⑤ 周太谷:《周氏遗书》,载方宝川主编《太谷学派遗书》(第一辑第一册),江苏广陵古籍刻印社,1997,第4—5页。
⑥ 黄葆年:《黄氏遗书》,载方宝川主编《太谷学派遗书》(第一辑第四册),江苏广陵古籍刻印社,1997,第59页。

体现了其对诗词音律的精研。李光炘在《龙川弟子记》《观海山房追随录》中对音韵文字多有涉及，尤其是《群玉山房诗抄》《群玉山房诗续》还附录有《论诗文》《文学》等文论，对文字音韵多有诠释。龙川弟子对诗学多有阐发，例如谢逢源在《拳石山人余稿》中有《与友人论诗词书画四首》①，刘鹗的《老残游记》第十二回中对古体诗、新体诗作有精当的点评②。黄葆年对诗词学更是多有评述和阐释，先后作有《〈古诗源〉评选》《古诗存》《〈古诗存〉书后》《天籁集》《天籁续集》《天籁遗音》《大小谢诗钞》《九家试帖诗录》《八韵诗存》等。

　　归群弟子对音韵学亦多有研究，著作颇多。其中，《归群文课》仅对《诗经》的阐发文论就有 15 篇。吴庠著有《寒芋阁集》《遗山乐府编年小笺》，邓邦述编辑《群碧楼诗抄》《沤梦词》《缀玉吟》《六一消夏词和作》，王伯沆撰写《评点〈云起轩词〉》《王伯沆批点〈杜甫诗〉》《〈离骚〉〈九歌〉辑评》《前清四家词选》《后四家词选》《双烟室诗词文集》，钟泰编撰《顾诗笺注校订》《诗词讲义》《〈诗经〉批注》《切斋论语诗》(《论语诗百首》)③等。在归群弟子中，吴庠在诗词学研究方面着力颇多，是最为精通音韵的专家，曾在《同声月刊》上刊文④，与著名词学专家夏承焘就"四声"进行过深入的理论探讨，并据此专门分析当时词坛的三大弊端，其观点得到学术界的高度认可⑤。

　　其四，"实学"研究。

　　太谷学派以"教养天下"为主要宗旨，以期兼济天下，故文献中多有

---

① 其一："弱龄事吟咏，喜从丈人后。丈人进后生，呼我为小友。东途复西抹，老大不知鬼。强持诗语戒，我佛笑开口。平生万里游，得诗一千首。君子耻近名，奚足珍敝帚。我诗不必传，传亦我何有？"其二："江阴何先生廉昉，谓我词胜诗。音似姜白石，玉田尤近之。我词无师承，音自开而知。词家重法律，莫解声律依。声律出天籁，法律由人为。九宫律最严，颇欲探其微。推算及妙忽，十说而十歧。执法以求声，毋乃大雅嗤。姑以耳代目，辨取妃胡豨。"其三："南唐论书法，坏自颜鲁公。拔帜复立帜，厥惟松雪翁。更法开支派，守法传宗风。我无二公才，下笔影在庸。人老学不道，吾遂其终穷。"其四："画趣自天，画法无所祖。长枒华新莠，再拜下南羽。丹青存夜气，犹气在何评。对影写水绩，一夜梨春雨。"谢逢源：《与友人论诗词书画四首》，《拳石山人余稿》，页二十七至二十八，苏州图书馆藏抄本。
② 刘鹗：《老残游记》，人民文学出版社，1957，第 78 页。
③ 钟泰对"八佾"的评论："兴诗立礼有常规，诗礼同源几辈知。因礼及诗诗及礼，赐商真可与言诗。"隗芾：《嘈嘈切切错杂谈：隗芾古今文化谈》，汕头大学出版社，2011，第 293 页。
④ 吴庠：《覆夏瞿禅书》，《同声月刊》1941 年第 1 卷第 3 号，第 156 页。
⑤ "吴眉孙分析得十分透彻，可谓入木三分。在他看来，这些词作缺少性情，又乏词章，甚至语言不通、逻辑混乱，哪怕四声再严，也算不得好词。"黄霖主编《民国旧体文论与文学研究》，江苏凤凰有限公司，2017，第 209 页。

经世致用的著作，即所谓"实学"，主要表现在治河、甲骨、金石、医药、文字、图书目录和小说等，这集中表现在龙川弟子刘鹗、吴嘉善，归群弟子邓邦述、王瀣、钟泰等人身上。

刘鹗、程恩培、钟泰、刘大绅等人的著述体现出对近代中国时代隐忧的思考，他们分别从军事、法律、文学、教育等方面，试图对近代中国的社会变迁作出能动的回应，以期解决一些社会现实问题。例如，张积中、王伯沆批注《红楼梦》，吴嘉善编撰《翻译小补》，刘鹗撰写《老残游记》《〈老残游记〉外编》，程恩培编写《东瀛观兵纪事》《日本变法次第类考》，刘挹芬撰述《代数一隅》《医济存古》《医径悟新》《素学二十篇》。此外，刘大绅、钟泰还曾编写过农学、植物学等学科的教科书。

太谷学派在图书目录学方面致力颇多。邓邦述在图书收藏和目录编撰中取得的成绩最为突出，先后作有《书衣杂识》《群碧楼书目初编》《群碧楼丛刊》《群碧楼自著书》《邓氏所藏善本书目》《群碧楼善本书录》《双沤居藏书目录初编》《寒瘦山房鬻存善本书目》等。王瀣对图书目录学亦多有探究，将其钞批、校评之书编辑为《冬饮丛书》，包括各类经史子集著作195种。

刘鹗的学术体系在太谷学派中最为全面系统，其在河工方面著有《三省黄河全图》《治河七说》《历代黄河变迁图考》，金石学方面作有《铁云藏龟》《铁云藏陶》《铁云藏货》《铁云藏印初集》《铁云藏印续编》《铁云藏封泥》《铁云藏龟之余》《汉石刻考》《金石考录》《铁云遗印谱》，医药学写有《要药分剂补正》《温病条辨歌括》《人寿安和集》，琴谱有《十一弦馆琴谱》《抱残守缺斋手抄琴谱》，小说则撰有《老残游记》《〈老残游记〉外编》等。

总而言之，太谷学派以儒为宗、兼融佛道，以《周易》《论语》等经典作为其学术诠释和阐发的核心，通过对宋明理学的扬弃，主张调和汉宋之学，从而博采众长、自成一家。太谷学派虽然标新立异，并具有一定的神秘性和宗教性，但其学术内涵并没有背离传统儒学的范畴，成为儒学民间化、世俗化和通俗化在近代中国的一个典型代表和重要个案。

## 二、著者身份彰显学人色彩

太谷学派作为区域性的民间儒学学派，其各传山长、核心成员多为具有一定功名的社会中上层知识分子，门徒则以社会中下层民众为主。从周太谷伊始，到三传归群弟子刘大绅等人，太谷学派文献著者基本属于传统知识分子，这也构成太谷学派文献作者群的主体，体现出显明的传统学人色彩。其中，汪全德、黄葆年、毛庆蕃、吴嘉善、吴荫培、邓邦述是进士及第，汪全泰、汪兰甫是举人，张积中、李光炘、李光荣、谢逢源、蒋文田、高尔庚、赵明湖、刘揖芬、王伯沆、叶玉麟为秀才，刘鹗、钟泰、吴庠、刘大绅等虽未取得功名，但因饱受传统学术的浸润而成为博学鸿儒。此外，李泰阶、黄寿彭等在家学渊源的影响下，亦具备比较深厚的传统儒学功底。

在太谷学派的传承历史中，其文献作者呈现出以下几个鲜明的特点：

其一，通过对太谷学派文献作者在太谷学派内部的地位进行分析，民国以前以山长为主、核心弟子为辅，民国年间则转变为以骨干弟子为主、山长为辅。

周太谷作为太谷学派的创立者，著有《周氏遗书》。其门弟子中具有一定功名的汪全泰、汪全德、潘小江、汪兰甫等传统士人均有个人诗词文集。张积中在山东黄崖山寨传学时，曾一度大量聚集传统文人，理应作有不少著述，但因黄崖兵祸而基本散失。太谷学派北宗因其道统几乎断绝，幸存弟子中留存著述的数量不多，只是集中在吴载勋家族[①]、李少平和朱玉川等少数人物，不过吴氏家族的著述多作于黄崖事件之后。李光炘特别重视向社会上层的渗透，故其龙川弟子作有相当数量的著述，包括吴嘉善、刘鹗、谢逢源、毛庆蕃、赵明湖、姚文馥、高尔庚、刘揖芬、程恩培、诸乃方、宗士材、卢松亭、洪澧等，其中以吴嘉善、刘鹗的著述最多，学术水准最为突出。黄葆年、蒋文田苏州传学后，因近代中国社会发生重大转型，归群弟子的个人素质、学术能力、社会地位在整体上较龙川弟子有所下降，故留有著述的弟子数量有所减少，只是集中于王伯沆、钟泰、叶玉麟、邓邦述、王锡衡、刘大绅等少数弟子。黄葆年故世后，李泰阶、黄寿彭虽然身为太谷学派山长，但其在学识能力、学术地位、社会影响方面明显不及以王伯沆、钟泰、叶玉麟等为代表的骨干弟子，他们著述的数量和质量更为有限。

其二，通过对文献的形式和内容加以分析，民国之前太谷学派各传山长的文献以讲学笔录、学术研究著作为主并辅以个人的诗文集，骨干弟子仅有少数诗文集传世；民国之后，太谷学派山长仅有少量诗词集存世，骨干弟子则多有学术研究著述以及个人诗词集流传。

根据现存太谷学派文献分析，《周氏遗书》《张氏遗书》《龙川弟子记》《观海山房追随录》《黄氏遗书》《归群草堂语录》分别反映了周太谷、张

---

① 包括吴载勋及其子吴荫培、吴义培、吴念培，儿媳虞淑美等（吴义培之妻）。

积中、李光炘、黄葆年和蒋文田等人的授学传道的内容。周太谷虽未有诗词集存世，但有少量诗词收录在《周氏遗书》之中。张积中、李光炘作为太谷学派一传山长，不仅留存有学术著述，而且有诗词集存世。张积中作有《张氏内注》《白石山房文集》《白石山房丛钞》《所见录》《随所得录》等10多种学术论著，并有《白石山房诗抄》《白石山房诗余》《浅碧山房词选》等诗词集。李光炘的学术著作主要有《李氏遗书》《李龙川批注〈四书集注〉》，其诗词集则是《龙川先生诗抄》《龙川先生诗余》《龙川草堂诗集》。周太谷的弟子留存有不少诗词集，如汪全泰的《铁盂居士诗抄》《铁盂居士诗余》、汪全德的《竹素诗钞》《崇睦山房词》《竹如意斋诗选》、潘小江的《两间草堂诗抄》《潘小江诗抄》、李光荣的《南园集》、汪兰甫的《汪兰甫先生诗抄》等，不过因他们并非周太谷的衣钵传人，故未能有学术著作，尤其是讲学专著问世。

受到黄崖教案的直接影响，太谷学派北宗弟子有著述存世的数量不多，只有吴载勋、李少平、金悛斋、朱玉川等少数弟子。其中，朱玉川因创办学堂传学，故《养蒙堂遗集》收录其讲学内容和个人诗词。其他北宗弟子仅有诗词集留存，如吴载勋的《味陶轩集》（《梦梦斋诗集》）、《梦梦斋词航》，李汉章的《黄檗山人诗集》，金监的《金悛斋先生诗词集》等。太谷学派北宗中女性诗歌具有相当特色，涌现出李澹春、李素心、张静娟、虞淑美等多位女诗人及相当数量的诗词作品，并有诗词集问世，如李素心的《素心女史诗余》、虞淑美的《惜花吟馆诗草》。

黄葆年、蒋文田承袭李光炘的衣钵，故有大量著述留存。由于黄葆年成为太谷学派南北合宗后的最高领袖，故其著述涵盖学术研究和诗词研究两个方面，不仅著有《归群草堂诗集》，而且有《〈书经〉读本》《〈礼记〉读本》《古文存》《古文续存》《唐宋文存》《唐宋文续存》《唐宋文读本》《经义存疑》《四书文存》等10多种学术著作，还有《〈诗经〉读本》《〈古诗源〉评选》《古诗存》《〈古诗存〉书后》《天籁集》《天籁续集》《天籁遗音》《大小谢诗钞》《九家试帖诗录》《八韵诗存》等10多种诗词研究专著。蒋文田因辅助黄葆年讲学，虽然未因有专门的讲学专著，但其传学内容在《归群草堂语录》中多有体现，个人诗词则在《龙溪先生文集》《龙溪先生诗集》中得以大量留存。

龙川弟子吸收了较多的传统知识分子，故作有相当数量的著述，其中以诗词集为主。如谢逢源的《谢东山先生诗集》《拳石山人余稿》《东山草堂诗集》《尺鸥馆诗词集》《白香词谱笺》《篷波词》，赵永年的《赵明湖先生海天词稿》，刘鹗的《铁云诗存》，高尔庚的《井眉居诗抄》《井眉居诗余》，刘挹芬的《点红轩词草》，宗士材的《澄碧堂遗诗》，吴庠的《寒芋阁词》(《吴眉孙词集》)、《遗山乐府编年小笺》，刘大绅的《春晖轩心痕剩稿》等。

归群弟子的著述相对较少，主要为李泰阶、黄寿彭、刘孚京、吴荫培、袁衔、王瀣、钟泰、叶玉麟等少数弟子所作，以个人诗词集为主。其中，刘孚京有《求放心斋诗抄》《绣岩诗存》、吴荫培有《新安吴氏诗文存》《紫云山房稿》(《紫云山房诗词稿》)、袁衔有《袁景宁集》、王瀣有《冬饮庐遗诗》《双烟室诗词文集》、钟泰有《钟泰诗文集》、叶玉麟有《灵觊轩文钞》《灵觊轩诗文钞》等，此外还有归群弟子集体所作《归群草堂菊花分咏诗》等。

归群弟子的著述直接反映太谷学派文献在民国年间发生了重大变化，身为山长的李泰阶、黄寿彭虽然分别作有《双桐书屋诗集》《双桐书屋诗余》《远香书屋诗抄》《远香书屋诗集》，但是没有学术专著问世。王瀣、钟泰、叶玉麟等骨干弟子作有大量著述，分别在学术研究和学术普及方面作出重要成绩，在当时的学术界和出版界产生很大反响。这说明以王、钟、叶为代表的归群弟子在学术研究和传播方面取得相当的话语权，呈现出碾压李泰阶、黄寿彭等太谷学派山长的状况。这一方面反映掌控太谷学派传学权力的少数家族因其子弟个人素质和学识能力的不断式微，无法继续通过戚缘姻亲为纽带实现学派的学术传承和发展；另一方面又说明太谷学派长期固守的学术体系已经难以适应近代中国社会巨变的现实需求，需要在学术体系和内涵方面做出相应的创新和一定的突破。

由于受到太谷学派学术传承权力的限制，民国之前的太谷学派文献的作者基本以各传山长为主，以骨干弟子为辅。进入民国，太谷学派文献作者群体发生重大变化，以骨干弟子为主而以山长为辅。民国时期，太谷学派文献更多与近代高等教育和民间学术普及相关，尤其是钟泰、叶玉麟一改太谷学派过去手抄秘藏的做法，反而公开出版发行其著述，使其流通性和普及性明显增强，在很大程度上淡化了太谷学派文献的神秘性和宗教性。太谷学派文献也随之从具有私塾性质的手抄经卷读本，转变成为能够在公共空间广泛流通的大学教材。

必须指出，太谷学派留存的文献，有相当部分并非是对太谷学派学术的诠释，而是个人的兴趣喜好和学术旨趣所致，尤其是刘鹗在小说、甲骨文、琴谱、算学、天文学、图书目录学等方面的著作便是明证。

### 三、传承方式坚守民间路径

太谷学派作为民间儒学流派，传学者主要为社会中下层知识分子，除黄葆年进士及第，周太谷、张积中、李光炘、李泰阶和黄寿彭均为社会中下层知识分子。太谷学派各传弟子中虽然有部分骨干弟子属于社会上流，但是人数有限、比例很低，因此太谷学派的受学者更多以社会中下层民众为主。自周太谷传学时，太谷学派门徒就是"官商市侩、僧尼道俗骆绎于门"①，这一状况一直延续到归群草堂时期，正如马一浮对黄葆年归群草堂讲学状况的描述："海陵黄锡朋先生善为教，弟子逾千人，自商贾、农圃、武夫、负贩、僮仆之属，无不与其进。其术多方，不必皆识字。受其教者，辄有以自异于前，乡党称孝悌焉。"②这说明太谷学派的传学者和受学者均来自草根社会，这也决定了太谷学派采取民间传播的基本路径。

太谷学派的民间传播主要表现为"传承"和"扩布"两种功能。所谓"传承"是指太谷学派在以扬州府为中心的淮扬地区数代相传承袭，表现出极强的地域聚集性和学术稳定性。从周太谷淮扬传学，到李光炘龙川讲学、海陵传道，乃至于蒋文田、黄葆年一度在泰州传学，太谷学派在淮扬地区传播的时间长达近百年。对作者籍贯加以考察，太谷学派文献的作者多为江苏籍，尤其是淮扬地区的人士，一传弟子张积中、李光炘、汪全泰、汪全德、潘小江、汪兰甫等均为仪征人，二传弟子中黄葆年、蒋文田、高尔庚、宗士材、卢松亭是泰州人，谢逢源为溧阳人，赵明湖为仪征人，姚文馥、刘鹗、刘渭清、刘挹芬为镇江人，三传弟子中的王伯沆、钟泰、邓邦述为南京人，吴庠、丁瑷、丁琪是镇江人，王宗炎、洪澧、王锡衡是泰州人，张德广为徐州人。目前，现存太谷学派文献多收藏在泰州、扬州和南京等地的图书馆，亦从一个侧面为之证明。

所谓"扩布"是指太谷学派的传播区域从较为狭隘的地方性逐渐扩展为相对广泛的全域性。太谷学派兴起于淮扬地区，逐渐拓展至齐鲁、京津、江浙，乃至于东北、西北地区等更多区域，太谷学派的传播几乎遍及大半个中国。周太谷扬城传学之后，张积中"还道于北"，在黄崖经营十余年，影响遍及齐鲁大地。黄崖事件后，黄葆年遵从李光炘遗命，为了承祧太谷学派北宗，利用自己在山东为官的公开身份，大力推动太谷学派的南北合宗。此后黄葆年在苏州归群草堂讲学，前后花费近20年致力于太谷"圣

① 谢逢源：《龙川夫子年谱》，载方宝川主编《太谷学派遗书》（第一辑第三册），江苏广陵古籍刻印社，1997，第13页。
② 马一浮：《马一浮全集》（第1册下语录），浙江古籍出版社，2013，第693页。

功"的传播，传学范围直接涵盖苏鲁沪浙等地区，传播几乎遍及大半个中国，使太谷学派成为颇具影响的民间儒学流派。

太谷学派文献"传承"和"扩布"的历程，亦能够明确反映其具有民间儒学传播的基本特点：

其一，口传笔录。

太谷学派文献反映了太谷学派的传学者与受学者之间采取的是面对面的讲学传播方式，两者之间使用口头问答的形式进行直接的学术交流。《周氏遗书》《白石山房语录》《龙川弟子记》《黄氏遗书》《归群草堂语录》等太谷学派文献，反映周太谷、张积中、李光炘、黄葆年在讲学时均通过口耳相传，在师生之间开展个别性或群体性的答疑解惑。龙川弟子、归群弟子在相关文献中，对周太谷、张积中、李光炘等一传、二传山长的讲学语录多有记载。

无论是民间讲堂，还是高等学府，传道授业解惑均需要教材。民间授学采取口耳相传的方式，教材形式多为手抄笔录，传抄本成为太谷学派文献最主要的载体。黄崖山寨的文学房、龙川草堂、归群草堂都抄录有大量的太谷学派文献，其中仅归群弟子就先后传抄有《黄氏遗书》《归群草堂四书文》《归群草堂文集》《归群草堂四书文续编》《归群草堂语录》《归群草堂课艺》《归群草堂课艺续编》等著述。在张德广的组织发动下，归群弟子还抄录了一大批太谷学派遗书，据此编辑《归群宝籍目录》《归群宝籍续集目录》。

晚清时期，太谷学派正式刊印的讲学文献品种和数量极少，仅有毛庆蕃的《古文学余》一种。民国时期，太谷学派文献的刊布依然不多，还是以口传笔录为主。王伯沆、钟泰等人在高等学府公开讲学，暗中传播太谷学派学术思想。王伯沆依然坚持太谷学派"述而不作"之风，生前没有专著面世，钟泰则打破传统做法，将其授课讲义或研究心得公开出版，尤其是《国学书目举要》《中国哲学史》《国学概论》《荀注订补》在近代中国的学术界流传甚广。刘大绅虽未投身近代教育，但曾在商务印书馆担任过教材编辑，故其致力于太谷学派文献的刊行，个人出资刊印《龙川先生诗抄》《儒宗心法》。

其二，现场互动。

太谷学派文献还反映其民间传播活动与一定的学术生活情景有着直接联系，即营造出所谓"人在情境中"的传学氛围，传学者与受学者置身在特定的社会情景中，进行直接的学术互动，传学者通过示范、表演等方式实现学术传播，并坚定受学者的修道信心。《龙川夫子年谱》对周太谷的讲学过程有明确记载:"太谷择于观音寺将传道……忽陈列灯帛彝品,如将祀然。中设一座,命张先生敷座于上,立而语之。他日,命师(李光炘)席地坐,屈伸其足,已乃高座而授心法焉。"①谢逢源对李光炘在龙川草堂传学的具体情形也有详细描述:"草堂告成,来学者日益众,乃于四月之朔,夜子之半,奉瓜祭礼祀先圣。……师祝曰:'愿圣人之灵,略假声色,以坚学人信心。'于是神帔之上烟云蔼然,现种种相,学者敬服。"②

黄葆年、蒋文田在归群草堂讲学时,依然坚持师生互动方式,山长授学传道,门徒相互探讨,正如太谷学派后裔金文子所言:"讲学情况,是每旬一五开讲。在大厅上方设置两把椅子,厅堂中整齐的放满方凳;椅子是先生坐的:黄先生坐左边,蒋先生坐右边;学生则坐在凳子上。讲学之时,蒋先生先到,与学生闲谈,解答学生的问题,有时也谈些家务琐事。学生到齐,黄先生出来讲学。这时,大厅肃静无声,学生毕恭毕敬端坐敬听;蒋先生也偶然插话补充。讲课结束,大家自行组合讨论,谈心得体会和不解之处,做了记录,待下次讲学再行解说。"③

太谷学派各传山长通过扶乩、祭祀等仪式活动,表演和演示太谷"圣功"修行的路径和方法。根据太谷学派文献的记载,太谷学派主要祭祀儒释道的往圣仙尊。例如,周太谷的祭祀对象主要为佛诞、冥司、列圣和道祖,张积中在山东黄崖和博山的祭祀活动则集中于羲皇、孔子和列圣,李光炘在龙川草堂还祭祀周武王和周太谷,黄葆年在归群草堂则祭祀"道祖""文昌帝君""关圣大帝"等所谓公共神灵,这不仅反映传统儒学"祭神如神在"的理论,而且说明太谷学派的祭祀活动属于民间儒学世俗化的范畴。这在《白石山房语录》《白石山房遗集续编》《龙川夫子年谱》《黄氏遗书》《归群草堂语录》中多有记载。总之,太谷学派"将儒家仪式宗教化,故神其事,以启人遵信,他们坚持秘而不传的口诀,常只是理学思想中至为平常的东西,他们隆重举行的仪式,不外是俎豆礼,或祭祀先圣之礼"④。

周太谷在扬州传学时是"内行俎豆,外行八善"⑤。张积中在黄崖山寨,

---

① 谢逢源:《龙川夫子年谱》,载方宝川主编《太谷学派遗书》(第一辑第三册),江苏广陵古籍刻印社,1997,第20页。
② 谢逢源:《龙川夫子年谱》,载方宝川主编《太谷学派遗书》(第一辑第三册),江苏广陵古籍刻印社,1997,第56页。
③ 金文子:《我所知道的太谷学派》,《南京理工大学学报》(社会科学版)2005年5期,第87页。
④ 王汎森:《中国近代思想与学术的系谱》,河北教育出版社,2001,第70页。
⑤ 谢逢源:《龙川夫子年谱》,载方宝川主编《太谷学派遗书》(第一辑第三册),江苏广陵古籍刻印社,1997,第13页。

不仅建立文学房作为初级受学者的传学场所，而且每月定期在祭祀堂为核心弟子讲学①。李光炘在龙川草堂讲学时，"以四月朔日开祭，复于佛诞日命子若、逢源等踵行。放飞释潜，施药施棺，掩骼埋胔。惜字惜谷，岁以为常。秋七月，朔望、晦、冥赈，行文冥司，延请僧众，陈设法食，冥镪地灯，普济十方无祀诸魂，岁以为常。……俎豆告成。行羹蔬礼，因以时祀列圣"②。根据刘鹗自述，其在学术上的领悟完全得益于李光炘的传授和指点，故其对其师的耳提面命、谆谆教导牢记于心，正如其坦言："《参同契》《悟真篇》，传道之书也。不遇明师指授，犹废书也。"③

其三，守正创新。

太谷学派文献说明太谷学派学术在民间传播的过程中表现出传承性和变异性，即太谷学派各传山长既有着学术的连续性，又存在着一定的学术差异。这是因为自一传张积中、李光炘开始，太谷学派南北二宗已经根据自己的知识结构和特殊经验，经过各自的想象、演绎和诠释，对太谷"圣功"进行传播。黄崖弟子和龙川弟子在张积中、李光炘各自传学过程中，又按照自己的理解和意愿，选择性地进行再次诠释，结果导致太谷学派学术在传承中出现一定的变异性。

张积中、李光炘阐释和传播太谷"圣功"时，并不拘泥于《周氏遗书》的字面表述，还有对其本质内涵的追求。张积中认为读书的关键在于领悟"圣人"的精神实质，"读书须识得圣人气象。书者，圣人之糟粕也。气象者，圣人之精神也"④。李光炘则强调，阅读不能局限于文字层面，而是掌握书本所揭示的自然规律，"文武之道未坠于地，在人不在书也。书是圣人所作，圣人非书所作。有人而后有书，今舍人以求书，失所本矣"⑤。

周太谷的"圣功"以周敦颐为首的宋学作为其学术系统的核心内涵，由于张积中、李光炘入室受学仅三月，尚未领悟周太谷的学术思想，二人通过援引佛道实现对太谷"圣功"的参悟。这决定了太谷学派南北二宗的学术体系以儒学为宗兼及释道的主要特色，故其对朱熹、王阳明为代表的宋明理学多有指摘，更为倡导儒释道之间的融会贯通。不过，李光炘

---

① 周新国等：《太谷学派史稿》，社会科学文献出版社，2014，第 90 页。
② 谢逢源：《龙川夫子年谱》，载方宝川主编《太谷学派遗书》（第一辑第三册），江苏广陵古籍刻印社，1997，第 60 页。
③ 刘鹗：《〈十一弦馆琴谱〉序》，载刘德隆、朱禧、刘德平编《刘鹗及〈老残游记〉资料》，四川人民出版社，1985，第 102 页。
④ 张积中：《张氏遗书》，载方宝川主编《太谷学派遗书》（第一辑第二册），江苏广陵古籍刻印社，1997，第 248 页。
⑤ 李光炘：《龙川弟子记》，载方宝川主编《太谷学派遗书》（第一辑第三册），江苏广陵古籍刻印社，1997，第 150 页。

对周太谷的"强诚之学"多有肯定:"夫强诚之学,内可翼圣,外可翼王。然而夫子不以语某者,其流弊多也。前知祸福,则安命者鲜矣,必明则愚,柔者见侮矣。厌故喜新,则简易之理废矣。门户之见存,则竞法者众矣。欲试其佐命定乱之才,则天下从此多事矣。轻与匪人,祸及天下后世者远矣。故曰圣人之末学也。"① 李光炘在认同"强诚之学"巨大功效的同时,却也担心其存在一定的流弊,故其将之视为"圣人之末学",特别强调不可"轻与匪人"。李光炘对周太谷、张积中传学中多有术数、灵异等"索隐行怪"的做法持有不同意见,专门作有《索隐述》阐述其中的缘由,"仁者之见,百姓以为隐也;知者之见,百姓以为隐也。圣人述天地自然之道,百姓亦皆以为隐也。圣人实无隐乎尔也。圣人无隐乎尔,而百姓终以为隐者"②。显然,李光炘从理论源头上认为,所谓"索隐行怪"是普通民众对圣人之学的一种误解。李光炘传学时虽然依然表现出一定的神秘性和宗教性,但是不可否认太谷学派南宗更多地表现出学术性,并向学术化组织转变,从而使太谷学派回归到符合社会规范的民间讲学路径。

黄葆年、蒋文田虽然延续太谷学派一传对"存天理、灭人欲"的否定和批评,但在个人修行中承袭宋明理学的基本修身功夫。黄葆年传承李光炘之学,将其作为归群草堂的讲授课本,"本先师之遗训,节以为家塾读本"③。黄葆年在归群草堂的讲学内容,主要是对周太谷、李光炘学术观点的传承和发展。黄葆年还试图淡化太谷学派的神秘性,特别是对《龙川弟子记》《龙川夫子年谱》的修订,删除了其中涉及的怪力乱神、鬼怪宗教等不实内容。归群草堂讲学并未涉及宗教教义、民间法术等内容,宗教神秘色彩并不外显,更多体现出民间儒学组织的学术性。王瀣、钟泰不仅倡导并践行宋明理学的修行路径,而且主张调和汉宋之间的学术壁垒。

宋代之后,传统儒学尤其是理学成为中国社会的正统学说。太谷学派虽然属于民间儒学,但是属于传统儒学的分支或异流,如果得不到官方尤其社会上流的许可,就难以生存和发展。太谷学派主观上未必有与正统儒学分庭抗礼的想法,但随着其门徒数量的持续增加、传播范围的不断拓展、学术地位的逐步上升以及社会影响的日益扩大,事实上形成与正统儒学争夺学术话语权的矛盾与冲突,自然招致社会上层的仇视和不满,结果引发

---

① 谢逢源:《龙川夫子年谱》,载方宝川主编《太谷学派遗书》(第一辑第三册),江苏广陵古籍刻印社,1997,第21—22页。

② 李光炘:《李氏遗书》,载方宝川主编《太谷学派遗书》(第一辑第三册),江苏广陵古籍刻印社,1997,第11—12页。

③ 黄葆年:《〈礼记读本〉序》,《〈礼记〉读本》,载方宝川主编《太谷学派遗书》(第二辑第三册),江苏广陵古籍刻印社,1998,第2页。

黄崖教案，太谷学派亦被官方视为"邪教异端"。黄崖事件后，李光炘采取韬光养晦和积极向上层社会拓展的做法，逐渐使得太谷学派得到正统社会的宽容和默许，其中的重要的原因就是，太谷学派开始淡化其宗教性，进一步加强学术性，更多地表现出传统儒学的学术内涵和组织形式。李光炘在海陵传学采取私塾模式，甚至向社会公众公开展示讲学过程，这表现出鲜明的儒学特征，《李龙川批注〈四书五经〉》《濂溪一滴》《〈诗经〉读本》《〈礼记〉读本》《天籁集》等太谷学派文献更能说明这一问题。黄葆年在归群草堂公开传学，甚至允许外人旁听，民间儒学的性质更加彰显，故王伯沆对黄氏传学给予高度赞誉："其学无范围，无门户，刚健中正，博大精深，讲学大师，无出其右"①。

　　总体而言，太谷学派文献揭示太谷学派传承的基本路径，就是从民间儒学组织一度向民间宗教方向蜕变，再转为民间学术组织的发展历程，其学术性在蜕变的过程中则不断得到增强和凸显。太谷学派在肇始阶段，虽然具有一定的民间宗教色彩，但是李光炘、黄葆年、蒋文田则有意消除其宗教性而不断强化其学术性，特别是经过王瀣、钟泰、叶玉麟等人的努力，太谷学派的学术性逐渐增强，学术发展亦日益走向精专。《王伯沆〈点评四书五经〉》、钟泰的《中国哲学史》《庄子发微》《荀注集解》即是明证，叶玉麟的白话译解古籍亦具有极高的学术价值。这些著述使得太谷学派的学术属性实至名归。

<hr>

① 卢冀野：《太谷学派之沿革及其思想——清学旁搜记》，《东方杂志》第二十四卷第十四号（1927），第74页。

# 第三章 周太谷及太谷弟子著述

## 第一节 周太谷的生平与传学

### 一、周太谷的生平及悟道

周太谷（1772—1832[①]），名毂[②]，字星垣，号太谷[③]，又号崆峒子（空同子），安徽池州人，太谷学派的创始人。据说，周太谷为庠生，曾任职翰林院，正如龙川弟子谢逢源在《龙川夫子年谱》中所言："太谷夫子，系出濂溪，字星垣，里居阀阅，多不可考。相传为池州府属庠生，或以其膂力过人，疑为武庠生，又官翰林院孔目。"[④]

周太谷"少好神仙，喜游历"，并没有走传统读书人"学而优则仕"的道路。周氏早年并不喜欢"读万卷书"，而是更喜欢"行万里路"，虽然其行为并不符合读书求仕之常规路径，但却得到其母的鼎力支持，"鲞孤，母太人尽以家财付之，恣其所之，待腊月方归。每遇试，灯节后，太夫人必为之治装，促使出门去。拜别时，请何向？太夫人曰：'男儿志在四方，岂有定所？'于是足迹遍天下"[⑤]。

---

① 笔者考证，周太谷生于 1772 年，卒于 1832 年，享年 60 岁。参见：《周太谷生年及〈周氏遗书〉编撰、版本问题探微》，载周新国主编《淮扬文化研究》（第 2 辑），社会科学文献出版社，2019，第 82—87 页。

② 此外还有周太谷名为周乾毂一说，见安徽"石台论坛"网站上的《考证周太谷的出生地》的帖子，http://www.shitairen.com/forum.php?mod=viewthread&tid=164507&highlight=%D6%DC%CC%AB%B9%C8。

③ "师称太谷者，仁者乐山也，言仁而知在其中矣。"张积中：《张氏遗著三种》，载方宝川主编《太谷学派遗书》（第一辑第二册），江苏广陵古籍刻印社，1997，第 3 页。

④ 谢逢源：《龙川夫子年谱》，载方宝川主编《太谷学派遗书》（第一辑第三册），江苏广陵古籍刻印社，1997，第 11 页。

⑤ 谢逢源：《龙川夫子年谱》，载方宝川主编《太谷学派遗书》（第一辑第三册），江苏广陵古籍刻印社，1997，第 11 页。

由于史料匮乏，周太谷的学术来源现在已经无法辨清，刘蕙孙先生曾言，太谷学派"创始于石埭周太谷，太谷受自何人，无可考"①。不过，我们能够从太谷学派文献中理出周太谷自学悟道的大致历程。周太谷早年求学时，先后拜从福州韩子俞、洪州陈少华为师，兼习佛道之学，"太谷得陈氏韩氏之学，而圣功以全"②。随着周太谷游学日广，其见闻逐渐增长，尤其是受到北宋大儒周敦颐学术思想的启发，逐渐改变其浪迹江湖、轻狂无知的状况："嗟夫！追悔幼时嗜为金陈之艺、班马之文、青莲之诗、长门之赋，旨穷理尽性之学以为迂。""艺文诗赋，班马各极其工而皆非载道之文，则穷理尽性之旨，其道大矣，何迂之有？"③

为了实现其学的融会贯通，周太谷开始仿效周敦颐的做法，多次匡庐问道以求自悟。嘉庆戊午（1798 年），周氏最终豁然开朗、悟道自通，"复检仲尼己立立人、己达达人、能近取譬语，熟观沈思，豁有所得。忆孟、思、曾、颜之学，其义一也"④。在此基础上，周太谷创立了所谓"圣功"之学，"谷之为学，大抵贯穴孔孟，旁通老释，而自辟门户，时时纬以理教"⑤。由于太谷"圣功"博大精深，使韩子俞、陈少华折服，而反拜周太谷为师。

周太谷从起初不事学术，到最终转变为一个儒者并传道授学、开宗立派，其心路历程可谓曲折坎坷，正如其在年近半百时的自我回顾："予未三十，而恶穷居；未四十，始知不好学也；今也未五十，其心始无恶焉。"⑥

## 二、周太谷的传学

周太谷的传学历程，大致可以分为两个阶段。第一阶段，传说周太谷通过十年的传学活动，成为坐拥大批信徒的所谓"圣人"。不过，这一说法缺乏太谷学派文献的相关记载，更多的则是后世流传的各种奇闻逸事而

---

① 刘厚滋：《张石琴与太谷学派》，《辅仁学志》第九卷第一期（1940 年 6 月）。
② 谢逢源：《龙川夫子年谱》，载方宝川主编《太谷学派遗书》（第一辑第三册），江苏广陵古籍刻印社，1997，第 9 页。
③ 周太谷：《周氏遗书》，载方宝川主编《太谷学派遗书》（第一辑第一册），江苏广陵古籍刻印社，1997，第 231—232 页。
④ 周太谷：《周氏遗书》，载方宝川主编《太谷学派遗书》（第一辑第一册），江苏广陵古籍刻印社，1997，第 234 页。
⑤ 金天翮：《周太谷传》，《皖志列传稿》卷六，页十二，苏州利苏书社排印本，1936。
⑥ 周太谷：《周氏遗书》，载方宝川主编《太谷学派遗书》（第一辑第一册），江苏广陵古籍刻印社，1997，第 485 页。

已。① 这些传闻多是 20 世纪的产物，距离周太谷传学已达百年，显然并非耳闻目睹，不过是穿凿附会而已。周太谷传学中的各种传闻，看似荒唐不羁，但各种"异常"行为和"显赫"声名，使其"组织"规模不断壮大，竟然发展到引起地方官员高度警觉和严重不安的程度，最终时任两江总督百龄下令将其拘捕，"其于太谷师弟，罗织甚矣"②。拘捕周太谷的原因至今仍为谜团，结果却令官方啼笑皆非，周氏竟然得到外力的帮助而逃出牢狱。周太谷逃出樊篱之后，一度踪迹全消、杳无声息。据说其隐居于深山老林或者岳阳湖深处，有其诗为证，"江上三山人易识，不知蹊径似梯天"，"岳阳湖西暮春景，卧柳阴中斜系艇"③。直到嘉庆二十一年（1816 年）百龄去世后，周太谷才重出江湖，并于道光初年（1821 年）之后来到扬州讲学传道。这是周太谷传学的第二阶段，既是周太谷步入垂暮时期，又是太谷学派组织化发展的重要阶段。因为周太谷在扬州传学时，确立了由张积中、李光炘分别承担太谷学派"南北二宗"的格局。

周太谷初到扬州时，传学过程并不顺利，几乎无人响应，"晚年遨游邗上，无识之者。清晨入茶社，高谈阔论，人多不能领略，或以周大话目之"④。因此，他通过各种手段和方式，不断扩大其社会影响，为其展传学活动营造良好氛围，"昔太谷在扬州，内行俎豆，外行八善"⑤。周太谷传道不拘泥于形式，迎合普通民众的心理和需求，名声不胫而走，一时之间其居所也是门庭若市，"官、商、市侩、僧尼、道俗络绎于门，太谷乃一一见之"⑥。至此，周太谷正式开启淮扬传学的序幕，其讲舍设在海岛巷，室名为"继濂堂"⑦，显然有承续周敦颐学术的寓意。

其实，周太谷传学并非依仗所谓"术数""神功"等江湖伎俩，更多地则依靠其学术、诗词等方面的才华使人折服，其中就包括汪全泰、汪全

① "太谷尝在庐山设教，有人容貌衣履甚怪，来从受道，既而其人骤然不见，索之池畔，得贽帖。乃曰：'此龙王来受教也。'人共灵之，从之者遂众。"马叙伦：《大成教魁》，《石屋续渖》，上海建文书店，1949，第 6—7 页。

② 金天翮：《周太谷传》，《皖志列传稿》卷六，页十二，苏州利苏书社排印本，1936。

③ 周太谷：《平湖泛舟》，《周氏遗书》，载方宝川主编《太谷学派遗书》（第一辑第一册），江苏广陵古籍刻印社，1997，第 626—627 页。

④ 谢逢源：《龙川夫子年谱》，载方宝川主编《太谷学派遗书》（第一辑第三册），江苏广陵古籍刻印社，1997，第 12 页。

⑤ 谢逢源：《龙川夫子年谱》，载方宝川主编《太谷学派遗书》（第一辑第三册），江苏广陵古籍刻印社，1997，第 60 页。

⑥ 谢逢源：《龙川夫子年谱》，载方宝川主编《太谷学派遗书》（第一辑第三册），江苏广陵古籍刻印社，1997，第 13 页。

⑦ 蒋文田：《龙溪先生文抄》，载方宝川主编《太谷学派遗书》（第二辑第四册），江苏广陵古籍刻印社，1998，第 13 页。

德、潘小江、许鹤汀等诸多文人雅士。汪中时为扬州文坛之翘楚，更是扬州学派的杰出代表，堪称一代宗师①。《龙川夫子年谱》中有关周太谷指纰汪中的记载，其真实性虽然值得进一步考证，但是至少可以说明周氏具有一流的博学强记的功夫，因此得到士子们的尊敬。

周太谷授学扬城时，已是垂暮老人，虽然其门下汪全泰、汪全德等一批杰出门徒，但因种种原因尚未找到令其满意的负薪传铎之人。张积中、李光炘入室最晚，且其入室的过程极为艰难曲折，据说是经过一场漫长的学术辩论之后，二人才最终服膺周太谷，"辩难三昼夜，皆闻所未闻，因共受业于门焉"②。不过，二人执贽后不久，即被周太谷亲定为"大弟子"，并得到其秘传心法，"子炘、子中侍，夫子语以'目诚之学'，曰：'尔矢之毋画'"③。二人入室后不久，周太谷即将"不显传之密"加以传授，意味着正式将学派的木铎加以托付，"师〔李光炘〕初受学崆峒，太谷谓之曰：'木铎付汝，凡我生平未发之言，此后听汝说之，不择时，不择地，不择人，有问必告，毋隐也'"④。

综观周太谷的一生，可谓经历了一个超凡入圣、不断神化的过程，当然这也是民间儒学传播中自我造势、自带光环的惯常做法。即使周太谷去世百年之后，太谷学派再传弟子对其依然是顶礼膜拜、恭敬有加，必须尊称其为"我公"，民国时期，太谷学派山长黄仲素就曾指摘归群弟子翁铜士，"来书称太谷夫子而抬不头我公，未免疏忽矣"⑤。

## 第二节　周太谷的著述

周太谷作为太谷学派的创始人，能够开宗立派，理应有相当著述。据张积中言周太谷曾"作周氏《思亲篇》以教孝，作《外篇》以教弟，作《内篇》以教后之学圣人者"⑥。《周氏遗书》卷十有《读内外篇说》，其云：

---

① 梁启超：《中国三百年学术史》，复旦大学出版社，1985，第115页。
② 谢逢源：《龙川夫子年谱》，载方宝川主编《太谷学派遗书》（第一辑第三册），江苏广陵古籍刻印社，1997，第14页。
③ 张积中：《白石山房文抄》，载方宝川主编《太谷学派遗书》（第二辑第一册），江苏广陵古籍刻印社，1998，第301页。
④ 谢逢源：《龙川夫子年谱》，载方宝川主编《太谷学派遗书》（第一辑第三册），江苏广陵古籍刻印社，1997，第93页。
⑤ 黄仲素：《复翁铜士书》，《远香书屋文稿》卷一，页三十八，苏州图书馆藏抄本。
⑥ 张积中：《示及门诸子》，《白石山房文抄》，载方宝川主编《太谷学派遗书》（第二辑第一册），江苏广陵古籍刻印社，1998，第212页。

"周氏《思亲篇》，初学宜读，读之久或可知孝。《外篇》三十有六，知孝时宜读，读之久或可知弟。《内篇》七十有二，知孝弟时宜读，读之久或可知圣人。"① 可见，张积中所言不虚。由于种种原因，上述著述均未能存世，目前周太谷著作仅有《周氏遗书》留存。

《周氏遗书》亦称《太谷经》，原名为《十三经著述》，经汪全泰、张积中、李光炘等人修订而命名为《周氏遗书》。《周氏遗书》本为"太谷辑经旨而著注"②，是周太谷对以九经四子为代表的传统儒学经典进行注解的学术著述。由于《周氏遗书》主要阐述九经四子的微言大义，因此又被称为《十三经或问》，正如周太谷在《〈太谷十三经或问〉序》中所言："谷也愚，敢窃九经四子之意为《或问》十三篇。"③

## 一、《周氏遗书》的版本流传

据现存太谷学派文献分析，周太谷起初只是完成其中"易学"部分的写作，整部著作的编撰任务在其有生之年似乎没有完成。周太谷去世后，汪全泰、张积中、李光炘分别对《周氏遗书》进行编辑整理。1866 年，黄崖教案爆发，张积中带往北方的《周氏遗书》似乎被付之一炬，因为在阎敬铭事后缴获的张积中著述名录中，并没有发现《周氏遗书》的痕迹。即使事后，经黄崖弟子多方辑录，《周氏遗书》"北本"依然残缺不全。抗日战争时期，北京琉璃厂曾出现一部《周氏遗书》抄本，据书商言此系从太谷学派弟子杨蔚霞（字士晟）的侄儿杨毓瓒家流出。刘大绅闻讯后，请谢雁臣（鸿兵）出资 1000 元收购此书④，刘、谢等人起初怀疑"杨家本"属于"北本"，但与刘家本进行比对后，发现两抄本的内容、卷数、尺寸、装帧、行款等均相同，只是笔迹略有不同，而"杨家本"的纸色略显陈旧，且文中有朱笔圈点。由于当时社会长期动荡，"杨家本"亦不知所终，至今未能发现。据此，我们可以认为《周氏遗书》"北本"已经不复存在，现存《周氏遗书》均属于"南本"系统。

据相关材料，《周氏遗书》主要有五种版本，即"刘家本""泰州

---

① 周太谷：《周氏遗书》，载方宝川主编《太谷学派遗书》（第一辑第一册），江苏广陵古籍刻印社，1997，第 602 页。

② 周太谷：《周氏遗书》，载方宝川主编《太谷学派遗书》（第一辑第一册），江苏广陵古籍刻印社，1997，第 138 页。

③ 周太谷：《周氏遗书》，载方宝川主编《太谷学派遗书》（第一辑第一册），江苏广陵古籍刻印社，1997，第 124—127 页。

④ 刘蕙孙：《太谷学派的遗书》，《福建师范学院学报》（哲学社会科学版）1957 年第 2 期，第 10 页。另一说此书由归群弟子华纯庵收藏。金文子：《我所知道的太谷学派》，《南京理工大学学报》（哲学社会科学版）2005 年第 5 期，第 85 页。

本""刘慎诒抄本""李家本"和"周氏家刻本"。

## （一）刘家本（浙江图书馆藏本）

"刘家本"是刘鹗藏本，属于"南本"系统。李光炘晚年曾命人专门抄录了十二部《周氏遗书》，分赠给黄葆年、蒋文田、谢逢源等重要门弟子收藏，刘鹗亦是其中之一。苏州图书馆藏有《观海山房追随录》抄本一册，书末附录对《周氏遗书》内容的校订，据校者自言，其通过"徐本"和"江本"对"原本"进行校对。[①]可见，校者应为太谷学派中人，且见过多个《周氏遗书》版本，据此推断"徐本""江本"应是龙川弟子藏本，均为李光炘命人抄录的十二部之一。

李光炘去世后，刘鹗秉承其师"将来天下，二巳传道"的遗训，以"教养天下"为使命，将此书或是随身携带，或是珍藏家中，几乎是形影不离。1908年，刘鹗被清政府流放新疆，次年病逝于迪化（今乌鲁木齐），此书则由其继室郑安香收藏，存放于苏州老宅。1932年，刘鹗四子刘大绅接郑氏前往北京、天津居住，得知郑氏存有此书而请求一阅。1940年，郑氏返回江苏，托人将此书带到天津，交由刘大绅保存。中华人民共和国成立后，刘大绅退休南下，先后迁居苏州、杭州。1954年，刘大绅病逝于杭州，因其子女多在外地，且因政治运动多自顾不暇，其保管的刘鹗藏本就由长女刘初容（厚端）、女婿朱右民收藏。此书存放于立式楠木箱中，箱上有11个抽屉，每本一屉。刘厚端对此书尤为爱惜，不允许子女们轻易触碰，正如其子朱松龄先生回忆："当时我们弟兄年幼无知，常拉动抽屉玩耍，家母告诫说：'这里面装的是圣经，不可以玩的。'还说：'如遇灾难时家中什么东西都可以不要，一定要带走圣经……'云云。"1966年，"文革"开始后，朱家担心此书可能毁于红卫兵的"破四旧"运动，由四子朱栢龄将此书送到浙江图书馆收藏，后由浙图编入"善本目录"之中。装书的楠木箱子则因目标过大，没敢送到浙江图书馆，后由朱家自行拆毁。

刘鹗藏本为"爱莲堂写本"，即《续修四库全书总目提要》中所言"周

---

① 各版本主要存在文字上的一些差别。例如，《周氏遗书》卷一《图源》中"尧曰：'允执（厥）其中'，盖取诸此"。抄录者认为"执"为"厥"字。《九畴》中"九畴之数，叙也大于此"，"也"作"莫"。《□□问两端》末尾多出58字，即"取诸身也。离为目，目畜山泽之精华而为明。坎为耳，耳吸风雷之气而为聪，精气而为神。神也者，妙众理而为仁者也。止之不动，感而遂通万几之故"。《修己说》中"内不欺亲……下不剥下而上不罔上"，徐本为"作内事观七亲，而外事其长……上下下而下不罔上"。此外，各版本收录篇目亦不相同，例如《易序》《成性存存说》《□□问性》等文，"徐本无此篇"。李光炘：《观海山房追随录》，苏州图书馆藏抄本。

氏爱莲堂写本",据方宝川先生言,"这是笔者所知的现存最早的一部龙川弟子原抄本"。此抄本为黄绫封面的盈尺巨帙著作,宽 19.7 厘米,高 36.7 厘米,封面粘有白纸黑框签条,内用楷书题写"周氏遗书",内页用爱莲堂 6 行 20 字的毛边纸抄写,内芯宽 13.4 厘米,高 21.4 厘米。[①] 其中,十册为《周氏遗书》,一册为李光炘的《李氏遗书》。《李氏遗书》亦用黄色宣纸作封面,直排线装,内用 32 开 10 行的爱莲堂毛边宣纸,毛笔小楷书写。谢逢源在《龙川夫子年谱》中对此有明确说明,其言:"师有遗书一卷,附《十三经或问》后。"[②] 这也证明,"刘家本"属于"南本"系统。刘蕙孙曾言:"(刘鹗)先生遗著都十二册……厚滋家藏有一部"[③],显然有误。由于"刘家本"属于家藏,刘先生似乎不应犯错,极有可能为笔误。

《续修四库全书总目提要》"子部儒家类"对刘鹗藏本作有详细提要:

> 《周氏遗书》十卷,周氏爱莲堂写本。清周毂撰。毂字星垣,号太谷,又号崆峒子,学者称太谷先生。……《周氏遗书》门弟子张积中、李光炘诸人辑其遗著所成,计《易》《系》二卷,内分《图原》《书原》《九畴》《易图说》《易图说传》《易序》《卦序》篇七篇,上、下《经系辞》及《说卦》《说周易》《说卦传第十章》《伏羲八卦图说》《乾坤图说》《乾坤天地辨》《卦次先天八卦图说》《后天八卦图说》等八篇,与门弟子跋尾都为二册。……语录八卷,则多所为论学文章,与门弟子论道札记,出入群经子史,无不精邃明达。[④]

此文作者虽然署名为罗继祖,但实际可能为其祖父罗振玉。罗振玉与刘鹗既是至交好友,又是儿女亲家,似乎有机会接触到刘鹗所藏《周氏遗书》,因此其介绍基本符合事实,评述也比较客观公允。

20 世纪 50 年代,刘鹗藏本在刘氏亲眷中多有传抄,因此形成"刘家本"系统。据刘蕙孙先生回忆,当时"刘家本"共抄写五部,除其自藏一部之外,其余四部分藏于刘厚泽、刘厚祜、朱右民、程胤之和叶甫阁等五

---

① 朱松龄:《刘鹗家藏〈周氏遗书〉辗转始末》,《清末小说通讯》(日本) 2004 年 7 月(总 74 期)。

② 谢逢源:《龙川夫子年谱》,载方宝川主编《太谷学派遗书》(第一辑第三册),江苏广陵古籍刻印社,1997,第 94—95 页。

③ 刘厚滋:《易学象数别论初衍》,《中德学志》第 5 卷第 1—2 期(1943 年),第 167—168 页。

④ 中国科学院图书馆整理:《续修四库全书总目提要(稿本)》(第 34 册),齐鲁书社,1996,第 791 页。

人之手。在这五人中，前三人分别为刘大绅的儿子、女儿、女婿，"程是蕙孙的妻弟，是太谷学派骨干程绍周的孙子。叶是厚泽的同窗好友兼经商的合伙人。这就是手抄的五部《周氏遗书》中会有程和叶的原因"①。其中，刘蕙孙藏本"模仿版式爱莲堂手抄本为最完善清晰"②，虽然此抄本在"文革"期间被查抄，但侥幸得以保存下来，党的十一届三中全会之后，因落实政策而归还给本人收藏，后影印收入《太谷学派遗书》。刘厚泽抄本于1961年由其捐给南京博物馆，此抄本函套上的签条署名为《周氏太谷遗书》，总共为11册。当时，刘大绅的女婿朱右民从其岳丈研习太谷学术，曾借阅此书并亲自抄录一部。1969年，朱右民去世后，抄本传于其子朱松龄收藏。"文革"时期，朱松龄虽倍感危机，但不忍心将书毁于一旦，铤而走险加以密藏，因此一直存留至今。据其所言，此抄本"是据祖本手抄，分册相同，唯页面较小"③。

可见，"刘家本"的母本为"刘鹗藏本"，不仅传抄者最多，而且流传范围亦最为广泛。收入《太谷学派遗书》的《周氏遗书》属于"刘家本"系统，不过并非是浙江图书馆所藏的"刘鹗藏本"，而是刘蕙孙的抄本。

### （二）泰州本（泰州图书馆藏本）

"泰州本"是归群弟子萧恭私藏的《周氏遗书》抄本。此书在"文革"期间被抄没，1984年，国家落实政策，此书归还给其子萧齐时仅剩9册且有部分缺失。1986年，萧齐借得泰州王乐天女士所藏抄本加以抄补，补齐为10卷。其规格为高28.7厘米，宽15.8厘米。

不论是萧氏藏本，还是王氏藏本，均是从"黄门"过录而来，因其来源相同，内容总体一致。这一曲折过程，详细地记录在攀云叟（萧齐）所作跋识中：

> 《周氏遗书》(《太谷经》)为龙川本，系先君子仲肃公所手录（先君子讳然，字自如，在苏州拜门时由黄太夫子亲为改名恭，并赐号仲肃）。书共十卷十册，于大动乱中被抄没。甲子（1984年）春发还时，仅查得九册，阙失卷六，一又卷五中被撕去三页，有待征补。……次年（1986年）夏初，得同里王乐天女史之助。借得前阙之本足成之。④

① 朱松龄：《刘季英与太谷学派》，《钟山风雨》2012年第4期，第44—45页。
② 金文子：《我所知道的太谷学派》，《南京理工大学学报》（哲学社会科学版）2005年第5期，第85页。
③ 见2018年11月20日，朱松龄先生发给笔者的电子邮件。
④ 周太谷：《周氏遗书》，泰州图书馆藏本。

"泰州本"虽然与"刘家本"同属于"南本"系统，但因"泰州本"只是配补本，而"刘家本"为家传的完整本，因此《太谷学派遗书》就以"刘家本"为底本加以影印。

这两个版本的主要内容基本一致，只在部分篇目的排列顺序以及少数文字上略有出入。其主要差别有：

其一，部分文字有缺漏。例如，"刘家本"卷四中有："也愚，敢窃四子九经之意为或问十三篇，是予也，非予也，以俟夫后之君子。"① 对照各种版本之后，可以发现，"刘家本"漏抄了一个"谷"字，原文当作"谷也愚"，或"某也愚"。② 再如，"刘家本"在"观"卦中云"先王以省方观民设教"③。"泰州本"在"先王"后还有"误君子"三字。

其二，部分题名有佚失。例如，"泰州本"卷一中的"契原""易传上经部分"，卷二中的"易传下经部分""周太谷弟子跋"等篇目，"刘家本"虽然有正文内容，但是没有相关题名。④"刘家本"卷三中有一段文字为："洪州陈氏曰：我太谷生羲文数千载之后，发言释义，皆生民罕见之言。言《易》则曰：乾一，阳气也；坤一，阴气也。屯，二气交于下也。蒙，二气凝于上也。需讼者，运寒暑也。师比者，建畿国而分井邑也。斯言也，可谓发羲文未发之言。"⑤"泰州本"与"刘家本"的内容完全相同，且有《十三经或问》序"的篇名。

其三，"刘家本"与"泰州本"之间最大的差别，就是"泰州本"收录有周太谷弟子汪全泰所作《潜虚翼》一文，而"刘家本"未载此文。王学钧先生在分析两个版本之间的差异时曾言："今存这两种钞本的来源，都清晰可信，不成问题，但编排次序略有不同，而最不同者，是泰州图书馆藏钞本卷十录有《潜虚翼》一篇而为刘氏藏本所无。"⑥ 出现这一差别的原因，"泰州本"可能并非黄葆年的原藏本，而是归群弟子的辑录本，太谷学派门人在辑录、转抄的过程中，将汪氏一文误为周太谷所作而加以

① 周太谷：《周氏遗书》，载方宝川主编《太谷学派遗书》（第一辑第一册），江苏广陵古籍刻印社，1997，第127页。
② 金天翮认为当作"某也愚"。金天翮：《周太谷传》，《国学论衡》1933年第21卷第2期，第2页。
③ 周太谷：《周氏遗书》，载方宝川主编《太谷学派遗书》（第一辑第一册），江苏广陵古籍刻印社，1997，第111页。
④ 周太谷：《周氏遗书》，泰州图书馆藏本。
⑤ 周太谷：《周氏遗书》，载方宝川主编《太谷学派遗书》（第一辑第一册），江苏广陵古籍刻印社，1997，第40页。
⑥ 王学钧：《太谷学派研究的基础工程——读〈太谷学派遗书〉》，《南京理工大学学报》（哲学社会科学版）1998年第4期，第29页。

收录。

**（三）刘慎诒抄本（南京古旧书店藏本）**

1995 年秋，南京古旧书店古籍部（砚耕斋）发现了周太谷《太谷经》精抄本，全书分为礼、乐、射、御、书、数六册，首页有贵池刘慎诒所作之序。此书精抄在单栏红格九行稿纸上，半页九行，每行 20 字，共标有页码 338 页。此抄本的规格为长 26.6 厘米，宽 16.1 厘米，版框规格长 21 厘米，宽 13 厘米，四眼线装，蓝绫包角。原书无签条，书名直接题写在灰黄色的书面纸上。全书系毛笔楷书抄写，字迹工整、装帧朴素，品相较好，破残较少。此抄本的发现，为研究太谷学派的学术内涵及其流传，提供了一份极其珍贵的史料。①

"刘慎诒抄本"原为龙川弟子陈文铎所有，而陈氏则是刘世珩、刘慎诒叔侄的授业恩师。1915 年，陈氏病故后，此书为刘慎诒所得。此藏本的扉页有刘氏所作序言，对此书的来龙去脉，作了非常清晰的勾勒：

> 泰州陈木天先生，有道士也。昔年馆于予家，课文之暇，时为予谈周太谷先生之学。曾出示其所藏《太谷经》十余册，义理玄深，未能尽解，因写藏之。去岁陈木（天）先丈遽归道山，益无从质询大义矣。偶阅时人所行《雅言》，载有"澄碧堂善知识记"，为张靖著，记言《太谷经》海内写藏者只数人，所记篇目大抵与予所藏者同，而予书复有序、说、杂记十余篇，为彼记中所无，益可宝贵矣。……然非笃信其学则不轻与人言焉，故海内鲜知其实蕴，甚而附会其说，有似于谶纬神秘之学焉。今观其书，大都朴实说理，源本孔孟，虽有微言奥义，人未能解，而何尝有一言立异以矜张其门户乎？三十年来，交游中亦多知周太谷之学而以未见其书为憾。

陈文铎为李光炘弟子，其《太谷经》藏本理应为 11 册。不过，刘慎诒请人重抄时，以礼、乐、射、御、书、数为序加以重新排列，故分为 6 册。该抄本虽非刘慎诒本人亲自抄写，但其作了文字校对。刘慎诒受到其师陈文铎的直接影响，对《太谷经》评价甚高，认为太谷学派并非邪教异端，"大都朴实说理，源本孔孟，虽有微言奥义，人未能解，而何尝有一言立异以矜张其门户乎"？此外，刘氏与周太谷皆为安徽石埭人，因此他

---

① 刘亦实：《清代秘籍〈太谷经〉在南京发现》，《南京日报》2013 年 5 月 30 日，第 B06 版。

还有传播乡贤文化而刊行《太谷经》的打算，正如其在题记中所言："太谷既为予乡先达，则刊行是书，予之责也。且使人人知太谷为孔孟之学，非如人言之怪僻其行。今值不讳之世，昌明吾道，此其时乎？"① 不过，刘氏最终未能遂其愿，无法使世人得以分享《太谷经》。

陈文铎与刘鹗师出同门，二者所藏《太谷经》来源一致，因此刘慎诒抄本与"刘家本"在篇目、内容上基本相同。刘慎诒抄本有部分内容为他本所无，如在第一册（礼册）中，首页即多出 10 行 88 字，即"西北六、西七、西南二，此三纵格十五也。东北八、北一、西北六、东三、中五、西七、东南四、南九、西南二，此三横格十五也。其图也东三三之则南，南九三之则西，西二十有七三之则还东"②。在第二册（乐册）中，则多出了"□□问易"等 142 个字。③

据王明发先生云："相对于刘厚泽捐献本，刘慎诒抄本体现了太谷著作早期的传播面貌。特别是反映了太谷学派被清政府定为'叛逆'后，《周氏遗书》南本的传抄情况。……而刘慎治和刘厚泽抄本均未分卷，刘蕙孙抄本则分为 10 卷，是刘先生抄写时所区分，还是刘先生的先辈已将遗书分为 10 卷，笔者不敢断言。"④ 这一论断值得商榷，因为陈文铎在李光炘去世之年方才及门，得到《周氏遗书》的可能性似乎不大，其藏本可能并非李光炘命人抄录的 12 部《周氏遗书》之一，而是其自抄本。此外，王明发还将作者张靖误作张清。

张靖之文对《周氏遗书》的主要内容作了比较详细地述评，其云：

周氏之学，世有传者，闻诸长老云："先生之著述不传，仅有门弟子所编述之《太谷经》存于世，然此书已不易见，海内写藏者只数人。"自是每遇通儒，皆以此书为请。后与南中一友偶谈及此。友曰："是有缘焉。子诚有心，吾为子先容可也。"余于是以友人之介得读《太谷经》。全书有图原十三节、书原三节、易图说、易图说传二节、卦序各卦皆系以说、说卦说八节、周易说卦传第十章一节、伏羲八卦图说六节、卦次八节、先天八卦图说九节、后天八卦图说九节、道原

---

① 刘慎诒：《序》，载周太谷《太谷经》（礼册），第 1—2 页。参见 https://www.artfoxlive.com/product/1570643.html. 又见王明发：《新发现的两部太谷学派遗书》，《中国典籍与文化》2002 年第 1 期，第 70—71 页。
② 周太谷：《太谷经》（礼册），第 1—2 页。参见 https://www.artfoxlive.com/product/1570643.html.
③ 王明发：《新发现的两部太谷学派遗书》，《中国典籍与文化》2002 年第 1 期，第 72 页。
④ 王明发：《新发现的两部太谷学派遗书》，《中国典籍与文化》2002 年第 1 期，第 73 页。

五节，太谷十三经或问下有洪州陈氏注、口授春秋内传、贫富说、食寝说、升车说、三戒说、车中说、色斯说、消息说、动静说、无极说、挈矩说、太玄篇凡七节。此三字原书所注，以上旁注皆余当时记出者。或问等篇，每篇下间有门弟子按语。全书十余册，字迹严整，无一脱误。世所传太谷经，余当时得见者，谨记如上，与传先生之学、藏先生之书者共相印证焉。[①]

根据张靖所列目录，通过与"刘家本"和"泰州本"对比，我们可以发现，其所读《太谷经》似乎没有分卷，内容并不齐整且有所缺漏，因为张氏目录中没有记载其他版本中的"第十节"。事实上，此节包括《修己说》《先德行而后学文说》《鄙事故艺说》《辞守道称门弟子说》《读内外篇说》和周太谷的诗作五首等，不仅内容丰富，而且意义重大，尤其是附录周鼎的"强诚说"，极有可能就是太谷学派学术的源头。张氏没有提及"强诚之学"，可能是其所读版本中并没有包含相关内容。

### （四）李家本（仪征图书馆藏本）

1993 年，孙庆飞在仪征图书馆无意之中发现《周氏遗书》一种，其书名为《圣经》，即《太谷经》。全书应为十册，但目前仅存五册，分别为第二、三、五、六和九册，而第一、四、七、八和十册已经散佚。此书每册为 120 页，长为 33.4 厘米，宽 22.8 厘米，厚 0.7 厘米，纸张为竹质宣纸。全书小楷手书抄写，字体工整，接近于馆阁体，字宽为 1 厘米，高为 0.6—0.8 厘米。每册的扉页上均钤有"心定神安"和"子严"印，"心定神安"为白文印，为 2 厘米，宽 1.3 厘米。"子严"印阳文为椭圆形，长 2.2 厘米，宽 1.1 厘米。"子严"为此书的原收藏者，即李起庄（1886—1968），字子严，为李光炘侄孙，其父李星南是李光炘四弟李光燮之子。此抄本因此被称为"李家本"。

据李起庄之孙李德文介绍，"李家本"确为家藏之物，"文革"中因"破四旧"被人抄家搜走，其后则不知踪迹。据说，仪征李氏家族共有三套《周氏遗书》，均由李光炘请人抄录，其中一套传给李光炘的从孙李兴甫，另外两套则分别后存放于其三弟李光荣、四弟李光燮家人手中，"李家本"均秘不示人。

"李家本"与其他抄本相比较，内容大致相同，仅有少数文字或有无

① 张靖：《澄碧堂善知识记 记五：〈太谷经〉》，《雅言杂志》1914 年第 11 期，《丛谈》第 1 页。

标题等方面的差别，且主要集中于第三册。如"洪州陈氏注共七篇"没有"题下注共七篇，但原文谨收六篇，如上齐识"的字样，显然"李家本"为龙川弟子的原抄本，因此没有"泰州本"中萧齐所作题识。再如，第五册中"货不悖而聚者尚不能久"篇中"大清和坤为大学士，二十年敛金千万"一句，其他版本中没有"大"字。此外，"李家本"与其他抄本比对后，"除分句排列有不同之处，文字均一样"①。

**（五）家刻本**

《周氏遗书》尚存有"家刻本"一卷，《续修四库全书总目提要》中称，此版本又名《太谷经》。

> 《太谷经》一卷，家刻本，清周毂撰。……毂遗言为弟子所记者，号《太谷经》，有黄崖、龙川两定本。其徒矜重之，不轻曝于外。②

据《续修四库全书总目提要》载，"家刻本"又名《太谷集》，"《太谷集》一卷，家刻本，清周毂撰"③。此条目的作者为近代中国著名收藏家徐世章（徐世昌之弟）④，但实际上此文源自金天翮为《皖志列传》所作之"赞"。⑤

《太谷集》并不为学术界熟知，《安徽艺文考儒家五》曾著录此书名⑥，太谷学派后裔盛成亦提及此书，其云："太谷讳谷，字星垣，……初师福州韩子俞仰瑜，南昌陈少华一泉。一泉释氏徒，仰瑜宗老氏；其后太谷独自入山求道，道成而韩陈二氏，更弃所学，北面奉太谷为师，并序《太谷集》，其文尚存云。"⑦此后，鲜有人提及此书。这似乎可以说明，《周氏遗书》"家刻本"已经不再存世。

---

① 孙庆飞：《周太谷著〈圣经〉书初探》，《南京理工大学学报》（社会科学版）1995年第5期，第24—25页。
② 中国科学院图书馆整理：《续修四库全书总目提要（稿本）》（第16册），齐鲁书社，1996，第401页。
③ 中国科学院图书馆整理：《续修四库全书总目提要（稿本）》（第16册），齐鲁书社，1996，第305页。
④ 《提要撰者表》，中国科学院图书馆整理：《续修四库全书总目提要（稿本）》（第1册），齐鲁书社，1996，第2页。
⑤ 金天翮：《周太谷传》，《皖志列传稿》卷六，页二十一，苏州利苏书社排印本，1936。
⑥ 蒋元卿：《皖人书录》，黄山书社，1989，第858页。
⑦ 盛成：《法译〈老残游记〉序言》，《盛成文集》，北京语言文化大学出版社，1997，第366页。

### 二、《周氏遗书》的编排特色

《周氏遗书》原作者虽为周太谷，但是经过汪全泰、张积中和李光炘等人的整理，这在其内容编排上有明显体现。

其一，《周氏遗书》的内容编排明显存在着张积中编辑加工的印记。周太谷原著属于残稿，时间先后和逻辑顺序混乱不清，张积中立足个人对周氏学术系统的理解而加以重新整合，个人元素在书中也得到充分体现。例如，卷二收有三篇《〈易传〉序》，分别是张积中、陈一泉和韩仰瑜为周太谷《易传》所作序言，三篇序文虽然编排在一起，但以张序为首且有序文题目，陈、韩二文则没有标题，如果读者不加细察，容易将三篇文章误作一篇。这样的排列显然是有意为之的。事实上，从时间上加以考订，张氏之序成文时间最迟，极有可能是其在山东黄崖为周太谷编辑、修订《十三经或问》时所添加。因为陈、韩二人在文末均注有明确的写作时间，分别为"道光辛卯三月甲子日"和"道光辛卯四月甲申日"，而张积中此时尚未及门。[①] 因此，张积中不可能与陈、韩二人同期作序，其文应为事后增列。

其二，《周氏遗书》留有周太谷早年传学的历史痕迹，大致描述太谷学派早期活动的基本面貌。《周氏遗书》收录周太谷与陈少华、韩子俞论学问答多篇，其中周氏与陈少华之间的问答有五篇，即《少华注"无极而太极"》《少华注"艮其背"》《少华注"耳诚"》《少华曰：吾观〈□□问放心〉一节》和《少华问"天道"》。韩子俞向周氏的提问为三篇，即《子俞问道》《子俞问仁》和《子俞问于少华曰：夫子何言也》。这些或问应该属于《太谷经》中的早期记录，全部收录在《周氏遗书》卷九之中。

其三，《周氏遗书》更多地反映周太谷晚年扬州传学的情况。《十三经或问》主要是周氏与其扬州弟子之间的求学问道的教学互动，其中包括汪全泰、张积中、李光炘、余子因、郑子见、郑子元、浣月等人。如卷三中有《子中问性》《子见、子炘、子中侍》等篇目，卷六中有《语子因》《子因问：崇善，所行诸善，孰善为先》，卷八中则有《子谓子元曰》《浣月问

---

① 据载，张积中是于道光辛卯年底（1832 年初），与李光炘同时入贽周太谷门下，张积中对此回忆云："辛卯冬，予游夫子之门"。张积中：《示及门诸子》，《白石山房文抄》，载方宝川主编《太谷学派遗书》（第二辑第一册），江苏广陵古籍刻印社，1998，第 215—216 页。《龙川夫子年谱》亦载，道光十一年辛卯，"师［李光炘］为张先生招去，岁暮未返，举家惊疑。父丹崖公寻至扬州，始知其事。因谒太谷，一见钦服，遂并执弟子礼。岁底，因率师偕归"。谢逢源：《龙川夫子年谱》，载方宝川主编《太谷学派遗书》（第一辑第三册），江苏广陵古籍刻印社，1997，第 14 页。

乂画之义》等语录。汪全泰的问学只有三篇，且散见于《周氏遗书》之中，其中卷三有《子纯问性》、卷四有《子纯问〈问学〉》，而《子纯问政》则收录于卷九。汪全泰问学内容没有单独列出，这或许是由于汪氏执贽时间相对于陈、韩二人较晚，抑或是张积中有意为之隐匿的缘故，故张积中在修订时只是按照汪氏问学的先后顺序加以排列，因此散见于《周氏遗书》之中。从这些"或问"大致可以看出，周太谷与弟子们的问学主要涉及"道""仁""性""学""政"等传统儒学的基本命题和核心问题。

其四，《周氏遗书》夹杂着李光炘参与编撰的一些元素。例如，卷二《后天八卦图说》附录一篇注解，其首句为"真州李氏曰"[1]，显然出自李光炘。卷二《伏羲八卦图说》文末附有题跋云："此篇乃太谷传道绝笔之文"[2]。根据现有史料记载，周太谷临终前的最后岁月，一直由李光炘陪伴在侧，因此能够知晓周氏"绝笔之文"的只有李光炘，故此跋言应当出自李光炘之口。这说明《龙川夫子年谱》对李光炘编辑"南本"的记载是可信的。

其五，《周氏遗书》载有周太谷之子周少谷的一些论述。其中，卷七和卷八有周太谷对周少谷的教导语录三条，而卷五《子纯问〈问学〉》[3]、卷十《朝闻道章解》[4]则有周少谷所发相关议论。

### 三、《周氏遗书》的主要内容

《太谷经》原为周太谷对《周易》《论语》等传统儒学经典所作的注解，是其多年研读儒学的阐发，"予之不幸也去圣人远，幸也河之图、洛之书、《易》之二辞，《论语》之二十，日尝观之，夜尝玩之，十或一知"[5]。现存《周氏遗书》以太谷弟子记述周太谷传学授课内容的笔录，漏听误记在所难免，可能与周氏原义存在一定差别，但是从中我们依然可见周太谷的学术思想渊源及其对传统儒说的传承和发展。

传统儒学以易学为核心，太谷学派亦是如此。《周氏遗书》被太谷学

---

① 周太谷：《周氏遗书》，载方宝川主编《太谷学派遗书》（第一辑第一册），江苏广陵古籍刻印社，1997，第105页。
② 周太谷：《周氏遗书》，载方宝川主编《太谷学派遗书》（第一辑第一册），江苏广陵古籍刻印社，1997，第79页。
③ 周太谷：《周氏遗书》，载方宝川主编《太谷学派遗书》（第一辑第一册），江苏广陵古籍刻印社，1997，第239页。
④ 周太谷：《周氏遗书》，载方宝川主编《太谷学派遗书》（第一辑第一册），江苏广陵古籍刻印社，1997，第623页。
⑤ 周太谷：《周氏遗书》，载方宝川主编《太谷学派遗书》（第一辑第一册），江苏广陵古籍刻印社，1997，第586页。

派奉为"圣经"，其书总共为十卷，其前两卷则为《易经》，篇幅约占全书的五分之一。刘蕙孙曾言："（周太谷）所著《周氏遗书》前四卷皆论《易》象图书，极多精义，亦谓洛书即九畴，乃禹改河图所成云。"①此言貌似不够确切，并非是"前四卷"，应为"前两卷"。

根据现存篇目，《周氏遗书》的卷一和卷二是周太谷对易学的阐发，其主要特点就是重视以象治易。周太谷采取"以儒解易"的方式，系统诠释了六十四卦，大体奠定其以《易》为宗的学术体系。黄葆年对此明确指出："太谷以象观辞，以辞观象，合四圣而一之，而《易》始成焉。《易》成而太谷之道成，太谷之道成而四圣之道俱成。"②

太谷学派直接将周太谷与包羲、尧、文王、周公和孔子等先贤先圣等量齐观，既然视其为"圣人"，其学也是所谓"圣功"。太谷学派弟子强调在周太谷的阐发下"易始成"，这显然是一种刻意拔高周太谷学术成就和地位的做法，却肯定了太谷学派以易为宗、传承传统儒学的学术路径。刘大绅对太谷学派独特的学术传承作有详细说明，其言："吾宗所传，卦数而外，兼有《梅实》《九畴》两图。《梅实》出自复卦，《九畴》则八卦增中也。"③由此可见，太谷学派所传"易学"的与众不同之处，就是还有《梅实》《九畴》两图参照。基于此，《续修四库全书总目提要》认为《周氏遗书》"盖毕生精力所萃，入之深而知之切，自多羲文精义，昔人所未发者。'图原，河之出。图也，始于滴'一语，尤发千古未发之秘"④。

卷三至卷九主要是周太谷与门弟子之间就九经四子思想内涵进行的学术问答，还包括周氏对以《论语》为代表的传统儒学所作的一些阐发，从中可以看出其对传统儒学的理解和发挥，反映了周太谷所具有的儒学底蕴和其儒者形象。

周太谷在《〈太谷十三经或问〉序》一文中回答其学术渊源的问题："太谷之学传曰包羲。包羲以象传，故画卦。尧以言传，曰允执厥中。知言者，唯舜、唯禹、唯汤。知象者，唯文王。文王序卦序，周公系卦辞，孔子作象辞。孔子亦以言传，曰己欲立而立人，己欲达而达人。"⑤

① 刘厚滋：《易学象数别论初衍》，《中德学志》第 5 卷第 1—2 期（1943 年），第 167 页。
② 黄葆年：《黄氏遗书》，载方宝川主编《太谷学派遗书》（第一辑第四册），江苏广陵古籍刻印社，1997，第 39 页。
③ 刘大绅：《此中人语》，载方宝川主编《太谷学派遗书》（第三辑第五册），江苏广陵古籍刻印社，2001，第 90—91 页。
④ 中国科学院图书馆整理：《续修四库全书总目提要（稿本）》（第 34 册），齐鲁书社，1996，第 791 页。
⑤ 周太谷：《周氏遗书》，载方宝川主编《太谷学派遗书》（第一辑第一册），江苏广陵古籍刻印社，1997，第 124 页。

卷十的内容比较庞杂，既有其对传统儒学的一些学术阐发，也有个人的诗作，更有能够揭示太谷学派民间儒学独特面貌的一些内容，如涉及学派祭祀活动的《于穆》，尤其是所谓"圣人之末学"的"强诚之学"。

"强诚之学"为明代周鼎所创立，极有可能是周太谷早年游学时得自于江湖"异人"之传授。

> 夫强诚之学，始于神农，继之黄帝。圣人名之为困学，释氏曰目诚，道家曰神光。春秋唯端木氏最精，其次商瞿、公冶、澹台、南容；列国黄石、鬼谷，及汉良、勃获以佐命；唐之青乌授郭、李以定乱；宋之济颠前知生死；国初铁观前知祸福。斯虽圣人之末学，亦可以佐命，亦可以定乱，亦可前知生死，亦可前知祸福。功岂鲜哉！后之君子，勿轻语匪人。永乐辛卯春，秋浦周鼎识。①

据说，太谷学派学术中最为隐秘的部分就是"强诚之学"，即"困学"，太谷学派内只能传给山长，否则即便是山长的至亲也无法与闻。

《周氏遗书》作为太谷学派的初始之作，对研究太谷学派的基本思想内涵及其发展演变，无疑具有最基本、最原始的史料价值，同时"它也对研究中国近代思想史的发展，具有很高的学术参考价值"②。

## 第三节　太谷弟子及其著述

### 一、周太谷的主要弟子

周太谷曾被官府拘捕，后因受到黄崖教案的负面影响，不仅其事迹多隐而不传，而且其传学的总体规模和社会影响更是难以作仔细考量。陈辽先生认为："周太谷的门徒，知名者达数十人。他的全部门人则有数千人。"③ 由于太谷学派属于民间儒学流派，其"草根"性质较为突出，门徒多来自社会中下层，他们的政治地位、经济能力、社会声望等比较有限，因此周太谷的知名弟子可能不多。

---

① 周太谷：《周氏遗书》，载方宝川主编《太谷学派遗书》（第一辑第一册），江苏广陵古籍刻印社，1997，第605—606页。
② 方宝川：《周太谷及其〈周氏遗书〉》，《文献》1991年第3期。
③ 陈辽：《周太谷评传》，南京出版社，1992，第21—22页。

据说，周太谷的入室弟子近百人，有姓名可稽考者有 20 余人，《龙川夫子年谱》对此有明确记述："[周太谷] 及门姓氏，多不可考。陈、韩、张、李而外，知名者惟婺源汪大竹、小竹；甘泉余子因、寿子含、郑子元、子见、梁子九、又子先、子能；仪征李丹崖、海山、和卿、张寄琴、潘小江、赵孟山；丹徒许鹤汀；江西黄列山；四川廖听桥、浣月、贾母、守寂；宝山人诸先生。"[①] 这是太谷学派内部的记载，相对比较可信。

据史料记载，周太谷弟子约有 30 余人，现列表如下。（见表 3-1）

### 表 3-1　周太谷弟子简表

| 序号 | 姓名 | 字、号、别称 | 籍贯 | 备注 |
|---|---|---|---|---|
| 1 | 张积中 | 字石琴，道号子中，号两溪、白石山人、黄崖夫子、黄崖太夫子，人称张七先生 | 江苏仪征 | 周门之"大弟子"，太谷学派北宗创立者 |
| 2 | 李光炘 | 字晴峰，道号子炘，号平山、群玉山人、甘草山人、龙川夫子、龙川老人、平山夫子，人称龙川太夫子 | 江苏仪征 | 廪贡生，修职郎，候选儒学训导。周门之"大弟子"，太谷学派南宗创立者 |
| 3 | 陈少华 | 字一泉 | 江西南昌 | 本为周太谷师，后转赞为周太谷弟子 |
| 4 | 韩子俞 | 字仰瑜 | 福建福州 | 本为周太谷师，后转赞为周太谷弟子 |
| 5 | 汪全泰 | 字春序，道号子纯，号竹海、铁盂居士、大竹 | 江苏仪征 | 原籍安徽婺源，汪剑潭长子，嘉庆举人，历任内阁中书、刑部员外郎、台州府知府、东河总局工，周太谷"北坛之首" |
| 6 | 汪全德 | 字竹素，号修甫、小竹 | 江苏仪征 | 原籍安徽婺源，汪剑潭次子，全泰之弟，嘉庆举人，联捷成进士，历任工部主事、江西吉南赣宁道、署江西布政使 |
| 7 | 许鹤汀 | 字会昌 | 江苏丹徒 | 孝廉，汪全泰、汪全德业师 |
| 8 | 潘宗艺 | 字小江 | 江苏仪征 | 邑诸生，汪全泰、汪全德的中表兄弟 |

① 谢逢源：《龙川夫子年谱》，载方宝川主编《太谷学派遗书》（第一辑第三册），江苏广陵古籍刻印社，1997，第 26—27 页。

续表

| 序号 | 姓名 | 字、号、别称 | 籍贯 | 备注 |
|---|---|---|---|---|
| 9 | 张积功 | 字寄琴 | 江苏仪征 | 张积中之兄，举人，历任长清、即墨、高苑、莘县、夏津、汶上、历城知县，临清知州，后战死临清 |
| 10 | 吴 梅 | 字雪江 | 江苏仪征 | 见《郭嵩焘日记》《餐芍花馆日记》 |
| 11 | 赵梦山 | 又名孟山，字寄庵、既安 | 江苏仪征 | 李光炘表兄 |
| 12 | 汪兰甫 | 字南金 | 江苏甘泉 | 明经，原籍安徽歙县，先为周太谷弟子，后执贽张积中。曾任山东东阿知县，后入山东巡抚李吉人、张亮基幕府 |
| 13 | 周 杰 | 字少谷 | 安徽石埭 | 周太谷之子 |
| 14 | 李佳干 | 字丹崖 | 江苏仪征 | 邑庠生，李光炘之父，曾与张集馨本生父张式封合资在仪征开设公正米行 |
| 15 | 李光熊 | 字海山，号海山中人 | 江苏仪征 | 廪贡生，李光炘伯兄、张集馨之七妹夫 |
| 16 | 李光荣 | 字南园 | 江苏扬州 | 监生、李光炘四弟 |
| 17 | 李和卿 | 又名云卿 | 江苏仪征 | 李光炘族兄，李（王）素心义父 |
| 18 | 余 某 | 字子因 | 江苏甘泉 | |
| 19 | 寿 某 | 字子含 | 江苏甘泉 | |
| 20 | 郑 某 | 字子元 | 江苏甘泉 | |
| 21 | 寿 氏 | | 不详 | 子含、子元母，世业淮鹾，乐善不倦 |
| 22 | 郑 某 | 字子见 | 江苏甘泉 | 子能之弟 |
| 23 | 梁 某 | 字子九 | 江苏甘泉 | |
| 24 | 郑 某 | 字子能 | 江苏甘泉 | 子见之兄 |
| 25 | 梁 某 | 字子先 | 江苏甘泉 | |

续表

| 序号 | 姓名 | 字、号、别称 | 籍贯 | 备注 |
|---|---|---|---|---|
| 26 | 黄 某 | 字列山 | 江西 | |
| 27 | 廖 钧 | 字听桥 | 四川凌水 | 江苏盐道 |
| 28 | 浣 月 | | 四川 | 女弟子 |
| 29 | 贾 母 | | 江苏邗上 | 李光炘弟子王树滋之母 |
| 30 | 守 寂 | | 四川涂山 | 苗裔，栖于扬郡蕃釐观 |
| 31 | 诸 某 | 号神虎 | 上海宝山 | 张积中有《赠宝山人作》 |
| 32 | 张 喜 | | 不详 | 张积功的仆从。见《龙川夫子年谱》《兰言室文存》 |
| 33 | | 字子伯 | 不详 | 见《周氏遗书》 |
| 34 | | 字子列① | 不详 | 见《周氏遗书》 |

资料来源：周太谷《周氏遗书》；张积中《白石山房文抄》《白石山房诗抄》《张氏遗书》；李光炘《龙川弟子记》《观海山房追随录》；谢逢源《龙川夫子年谱》；周新国《太谷学派史稿》等。

## 二、太谷弟子的主要著述

周太谷弟子中有著述存世的主要有张积中、李光炘、汪全泰、汪全德、潘小江和汪兰甫等，张、李二人的著述后有专章叙述，此处不再赘言。

### （一）汪全泰及其著述

#### 1. 汪全泰的生平

汪全泰（1782—1846②），字春序，又字子纯，号竹海，号铁盂居士，

① 《子纯问〈问学〉》："又曰：予与子因、子伯、子列论性，期月而不达，直质诸太谷。"其中，子列是否为黄列山待考。参见周太谷：《周氏遗书》，载方宝川主编《太谷学派遗书》（第一辑第一册），江苏广陵古籍刻印社，1997，第240页。

② 据方宝川先生考证，汪全泰卒于道光丙午年，即1846年。方宝川：《汪全泰及其著述》，《南京理工大学学报》（哲学社会科学版）1999年第1期，第33页。不过，刘建臻教授认为，汪氏应卒于1846年之后。参见刘建臻：《汪全泰生卒年考》，载周新国主编《淮扬文化研究》（第二辑），社会科学文献出版社，2019，第76—80页。笔者同意刘教授的观点，但汪氏卒年具体何时，待考。

祖籍浙江婺州①（今浙江金华），江苏仪征人②。汪全泰为仪征名宿汪端光的长子，生母为其父继室曹氏。

汪全泰在其父汪端光的教育引导下，自幼勤学苦读，博览群书，"少年时才气发皇，随官粤西，既长以后，复北走九变，南历三闽，足迹所履，几半中国"③。嘉庆九年（1804年），汪全泰与其弟汪全德在顺天乡试中同榜中举，其为第四十三名举人，后官东河候补同知，《（道光）重修仪征县志》对此有载："汪全泰字竹海，端光长子，少年续学，博览群书。嘉庆甲子与弟全德同中顺天举人，一时播为佳话，报捐内阁中书。"④道光六年（1826年），其父汪端光病重，汪全泰回乡亲自料理，"亲老告养，父疾，全泰衣不解带，割股祝天"。汪氏为父丁忧三年后，回京任职，受到刑部尚书祁墳（字竹轩）的赏识，出任台州知府，"服阕后，加捐员外，分刑部江西司主稿，祁大司寇最重之。乙亥擢取，以繁缺知府用，选授浙江台州，引见回本衙门"⑤。1842年，汪氏在河南开封参与黄河治理，因劳累过度而一病不起，"壬寅拨效东河，时值中牟大工兴举。巡抚鄂容安、河督钟祥派司总局，大工合龙，保加升衔，因劳成疾不起"⑥。

汪全泰并不醉心于官场，更多体现出书生本色⑦，"全泰性慷慨，乡党

① "子纯出婺州汪氏。"周太谷：《周氏遗书》，载方宝川主编《太谷学派遗书》（第一辑第一册），江苏广陵古籍刻印社，1997，第535页。

② 据嘉庆甲子科《顺天乡试同年齿录》记载："汪全泰，字春序，号竹海，行大。乾隆壬寅七月初一日未时生。江苏扬州府仪征县监生，民籍。"汪全泰的外孙女婿王锡藩亦言："先生讳全泰，字竹海，派传越国，籍著真州，称世家于斗宿以南，冠名阀于大江之左。"王锡藩：《〈铁盂居士诗抄〉序》，《清代诗文集汇编》编纂委员会编《清代诗文集汇编》（第505册），上海古籍出版社，2010版，第665页。

③ 中国科学院图书馆整理：《续修四库全书总目提要（稿本）》（第34册），齐鲁书社，1996，第507页。

④ 王检心修，刘文淇、张安保纂：《（道光）重修仪征县志》卷三十一，页十八至十九，载江苏古籍出版社编《中国地方志集成·江苏府县志辑》（第45册），江苏古籍出版社，1991，第493页。

⑤ 王检心修，刘文淇、张安保纂：《（道光）重修仪征县志》卷三十一，页十八至十九，载江苏古籍出版社编《中国地方志集成·江苏府县志辑》（第45册），江苏古籍出版社，1991，第493页。

⑥ 王检心修，刘文淇、张安保纂：《（道光）重修仪征县志》卷三十一，页十八至十九，载江苏古籍出版社编《中国地方志集成·江苏府县志辑》（第45册），江苏古籍出版社，1991，第493页。

⑦ "处世但留双鬓雪，应官惟少一囊钱。荒凉书屋三千卷，落拓诸曹二十年。邹衍谈天穷鬼怪，大章区地作山川。近来畸士经过少，日向樗阴祖腹眠。"汪全泰：《处世》，《铁盂斋诗钞》卷三，页十一，收入《清代诗文集汇编》编纂委员会编《清代诗文集汇编》（第505册），上海古籍出版社，2010，第715页。

间推食、解衣毫无吝啬，惜囊橐不留一钱"①。汪氏为官多年，个人旨趣却在访仙问道之上，平日谈论的是阴阳五行之术，交往也是"畸士"。汪氏诗作能够反映其志向，其诗云："官如异乡客，身是在家僧。欲注楞严义，尘劳净未能。"②毋庸讳言，汪氏将其研习太谷"圣功"，自譬为在家修行的僧人，不过因尘世困扰而无法实现其目标。

道光六年（1826 年），汪全泰因为其父汪端光丁忧而暂居扬州。当时，周太谷正在扬城传学，其种种"异名"也引发汪氏强烈的好奇心，《龙川夫子年谱》对此有载：

> 婺源汪大竹，故积学士也，时寄居甘泉，在南门真一坛。忽乩仙云："今有至人在此，宜至心求访。"大竹复请得一像，题曰："星垣布于周天"。一日，过遇通泗桥，遇一老人，须眉惟肖，因踪至海岛巷。叩问姓氏，系与乩符，知为非常人，遂长跽求道，延住乩坛，于是乩仙不来。知为非常人，遂长跽求道，延住乩坛，而与业师许鹤汀同执贽焉。③

汪全泰与其业师许鹤汀共同拜师，显然并非一时冲动，这与"全泰清静好道术"④而喜好求仙问道、扶乩占卜存在密切关系。由于汪全泰"博雅淹通，精于著述，少好彭老"⑤，而太谷学派的核心思想就是"窃比老彭"，正如李光炘对周太谷传学的总结："师教人以致知格物为本，当取二氏譬喻，以'转识成智'为致知，以'心息相依'为格物，亦'窃比老彭'之意。"⑥由此可见，汪全泰的学术旨趣与太谷学派之间有着许多共同和共通之处，使其容易理解并接受太谷"圣功"，最终成为周门弟子。1829 年，汪全泰服丁忧满三年之后，回到京师出任刑部员外郎，《续修四库全书总

---

① 王检心修，刘文淇、张安保纂：《（道光）重修仪征县志》卷三十一，页十八至十九，载江苏古籍出版社编《中国地方志集成·江苏府县志辑》（第 45 册），江苏古籍出版社，1991，第 493 页。
② 汪全泰：《闲居》，《铁盉斋诗钞》卷五，页十二，载《清代诗文集汇编》编纂委员会编《清代诗文集汇编》（第 505 册），上海古籍出版社，2010，第 758 页。
③ 谢逢源：《龙川夫子年谱》，载方宝川主编《太谷学派遗书》（第一辑第一册），江苏广陵古籍刻印社，1997，第 13 页。
④ 陈三立：《散原精舍文集》，辽宁教育出版社，1998，第 47 页。
⑤ 谢逢源：《龙川夫子年谱》，载方宝川主编《太谷学派遗书》（第一辑第一册），江苏广陵古籍刻印社，1997，第 16 页。
⑥ 谢逢源：《龙川夫子年谱》，载方宝川主编《太谷学派遗书》（第一辑第一册），江苏广陵古籍刻印社，1997，第 59 页。

目提要》对此有载："会逢石埭周太谷先生讲学于苏皖之间，一见大为倾服，遂与同里张石琴、李晴峰师事之，一洗从来璀璨绚烂之习，归于冲粹平淡。"①

周太谷离世后，汪全泰随即辞官南下，"咸丰、同治间官直隶同知，有惠政，后自投劾去"②。汪氏此举貌似唐突，实则是为了整理《周氏遗书》。汪全泰的著述中，虽然没有多少与太谷学派关联的直接证据，但是其表弟、挚友潘小江的诗作《两竹行》，则对汪氏拜师周太谷并修订《周氏遗书》的事迹有所描述，可为佐证。其诗如下：

> 君不见，扬州两竹天下无，著述不让眉山孙。大竹落拓奇丈夫，中年折节师大儒。一官左掖困不除，乞归更校匡山书。③

汪全泰现存诗作有 600 多首，但是其中鲜有反映太谷学派的作品，显然汪氏有着难言之隐而必须加以回避。一般人多认为，这是汪全泰对张积中和黄崖事件的有意回避，但是黄崖教案发生于 1866 年，汪氏已经去世多年，更不可能未卜先知，显然这不是其需要避讳的理由。因此，汪全泰需要回避的最大因素就是其师周太谷曾经是官府缉捕的要犯，而且太谷学派具有非正统的民间儒学性质。这也正是汪全泰有苦难言之处，陈三立对其这一心理状态曾有很好的揣摩："或曰全泰所与游师友有圣人之才，旁通九流候纬、仙异之变，盖不可得而原云。"④

### 2. 汪全泰的著述

关于汪全泰著述的种类，相关记载并不一致。据《（嘉庆）扬州府志》所载，汪全泰仅有著作一种，"《潜虚翼》一卷，汪全泰撰"⑤。《（道光）重修仪征县志》则记其有著述三种，"所著诗集十六卷，词四卷，骈文一

---

① 中国科学院图书馆整理：《续修四库全书总目提要（稿本）》（第 34 册），齐鲁书社，1996，第 507 页。

② 陈三立：《〈畸人传〉四首》，《散原精舍文集》，辽宁教育出版社，1988，第 46 页。

③ 潘宗艺：《两间草堂诗抄》，收入陈红彦、谢冬荣、萨仁高娃主编《清代诗文集珍本丛刊》（第 306 册），国家图书馆出版社，2017，第 20 页。

④ 陈三立：《〈畸人传〉四首》，《散原精舍文集》，辽宁教育出版社，1988，第 46 页。

⑤ 阿克当阿修，姚文田、江藩等纂：《（嘉庆）扬州府志》卷六十二，艺文一，页十一，载江苏古籍出版社编《中国地方志集成·江苏府县志辑》（第 42 册），江苏古籍出版社，1991，第 396 页。

卷"①。《(同治)续纂扬州府志》采纳了《(道光)重修仪征县志》的说法，亦言汪氏著述为三种，"著有诗集十六卷，词四卷，骈文一卷"②。《中国丛书综录》也仅记其有著作一种，即《铁盂居士存稿》二卷，此书收入王相的《友声集》中，为咸丰八年信芳阁刊本。③《江苏艺文志·扬州卷》对汪全泰的著述作了进一步的搜罗，增加为七种：著有《潜虚冀》一卷、《汪顾两先生诗稿》二卷（江宁顾槐三抄本）、《铁盂居士存稿》二卷（《友声集》本）、《铁盂居士诗稿》三卷（底稿本）、《汪大竹先生集外诗钞》不分卷、《铁盂居士诗余》一卷以及辑校李商隐的《义山文集》六卷（嘉庆二十二年淮阴程氏柳衣园刻本）。④

柯愈春先生在《清人诗文集总目提要》对汪全泰的著作作有总结⑤，但其似乎未能将汪全泰著作搜罗殆尽，还有一些缺漏。据《续修四库全书总目提要》言，汪氏还有《铁盂居士杂稿》一种，"所著有《铁盂居士杂稿》，其孙婿黄县王季樵侍郎锡蕃为刻入《汪氏家集》中"⑥。当然，柯先生也未将《义山文集》收入。需要说明的是，《义山文集》虽然署名为汪全泰辑校，但实际上是由汪剑潭父子三人共同完成的，正如程昌宁在嘉庆二十二年（1817年）序言中所言："《李义山文集》十二卷，扬州汪剑潭太守校理《全唐文》锓事时所录存本也。余因借钞付梓。适哲嗣竹海中翰、竹素水部奉母讳家居，相与考订校雠，阅月蒇事。"⑦《义山文集》除了"淮阴程氏柳衣园刻本"，还有清嘉庆二十二年扬州王有耀斋刻本。⑧

《太谷学派遗书》对太谷学派的著作进行系统整理，但是汪全泰著述仅收录有《潜虚冀》《铁盂居士存稿》和《铁盂居士诗余》等三种。方宝川在《汪全泰及其著述》一文中进行补充，认为《铁盂居士诗抄》八卷、《汪大竹先生遗著》一卷和《响往集》一卷（汪大竹、汪小竹、张寄琴、

① 王检心修，刘文淇、张安保纂：《(道光)重修仪征县志》卷三十一，页十八至十九，载江苏古籍出版社编《中国地方志集成·江苏府县志辑》（第45册），江苏古籍出版社，1991，第493页。
② 方濬颐等修、晏端书等纂：《(同治)续纂扬州府志》卷九，人物，页二十七至二十八，载江苏古籍出版社编《中国地方志集成·江苏府县志辑》（第42册），江苏古籍出版社，1991，第755页。
③ 上海图书馆编《中国丛书综录》（第一册），上海古籍出版社，1982，第860页。
④ 南京师范大学古文献整理研究所编《江苏艺文志扬州卷》，江苏人民出版社，1995，第514—515页。
⑤ 柯愈春：《清人诗文集总目提要》（下册），北京古籍出版社，2001，第1065页。
⑥ 中国科学院图书馆整理：《续修四库全书总目提要（稿本）》（第34册），齐鲁书社，1996，第507页。
⑦ 程昌宁：《〈义山文集〉序》页二，淮阴程氏柳衣园刻本，嘉庆二十二年（1817年）。
⑧ 此书为六卷三册，现藏国家图书馆和苏州大学图书馆。

潘小江、赵梦山诸先生遗著）均已佚。① 事实上，《铁盉居士诗抄》并没有佚失，《铁盉居士诗稿》至少有四种版本。此外，汪全泰辑校之书，除了《义山文集》，还有《三国志》。

汪全泰遗存著作主要为《铁盉居士存稿》和《铁盉居士诗稿》，版本留存较多。据孔宥涵言，其曾于咸丰丙辰年（1856 年）为汪全泰校订过诗集，其有《校大竹遗诗于湖东田舍作》一首为证。② 不过，孔氏没有说明"大竹遗诗"的整理者、卷数等具体信息，因此校刊的究竟是哪一版本并不清楚。

光绪二十年（1894 年）③之前，《铁盉居士诗》曾有抄本一卷在社会上流传，金武祥在《粟香五笔》中对此有载："近见钞本仪征汪大竹部郎全泰（乾隆甲子，兄弟同榜举人）《铁盉居士诗》一卷，盖录自鸳湖王惜庵所辑《友声集》。"④

现据笔者所见，对汪全泰主要著述分别介绍如下：

（1）《铁盉居士诗抄》

扬州市图书馆藏有《铁盉居士诗抄》，为抄本，绿丝栏，楷书，每页 12 行，每行 13 字，为六卷五册。《铁盉居士诗抄》收录之诗，与《铁盉居士诗稿》基本相同，但主要有两点不同之处：第一，《铁盉居士诗抄》是以体裁排序的，其中第一册为五古排律，第二册为五律、五绝，第三册、第四册为七律，第五册为七绝。

第二，部分诗作的内容有所改动。例如卷二《偕云心诣龙树庵遇海帆太仆昆弟》，在"幽兴惬所适"之后，增加了"偶语三四人，逍遥映苔壁"。"流光照苔壁"一句中的"苔壁"改为"栖息"。⑤

必须注意的是，扬州市图书馆所藏《铁盉居士诗抄》只有六卷，并非八卷，究竟是为前人将"六"误作为"八"，还是另有其他不同版本，有

---

① 方宝川：《汪全泰及其著述》，《南京理工大学学报》（哲学社会科学版）1998 年第 1 期，第 34 页。

② 孔继鑅：《校大竹遗诗于湖东田舍作》，《心向往斋集》诗十三，页十三至十四，载台北市新文丰出版公司编《丛书集成续编》（文学类第 160 册），新文丰出版公司（台北），1988，第 182—183 页。

③ 刘孚京曾为《粟香五笔》作序，其言："先生之《五笔》既成，属序于予。"落款的时间为"光绪二十年甲午十一月，南丰刘孚京"。刘孚京：《〈粟香五笔〉序》，载金武祥《粟香五笔》，收入《续修四库全书》编纂委员会编《续修四库全书》（第 1184 册），上海古籍出版社，1996，第 148 页。

④ 金武祥：《粟香五笔》卷八，页二十，载《续修四库全书》编纂委员会编《续修四库全书》（第 1184 册），上海古籍出版社，1996，第 296 页。

⑤ 刘建臻：《汪全泰学术探析》，《扬州大学学报》（人文社会科学版）2009 年第 6 期，第 83 页。

待史料的进一步挖掘。

（2）《铁盉居士诗稿》

《铁盉居士诗稿》版本就多，目前可见至少有五种版本：

第一种为三卷本。据《贩书偶记续编》："清仪征汪全泰撰，底稿本。首有光绪五年己卯仁和冯崧生、王懿荣二序，次王守训题词。"[①]

第二种为五卷四册，上海飞鸿阁光绪二十一年石印本，国家图书馆、华中师范大学图书馆等均有藏本。目前，此本已收入《清代诗文集汇编》第505册，另外CADAL也收录此版本。虽然此书的书名页及书签题为《铁盉斋诗钞》，但是书内则印为《铁盉居士诗稿》。此书首页有曹用霖的钤印，其云："光绪乙未夏，暂用霖署检"。正文之前收录汪全泰之外孙女婿、福建学使王锡蕃光绪二十年的《序》和洪良品光绪十九年的《序》，王懿荣光绪乙卯的《记》、冯崧生光绪五年的《序》、王守训光绪辛巳的《题》。此外，还有会稽陈祖宝的后记、慧成咸丰甲辰的《题奉》、周仪玮道光癸卯的《记》。[②]对照《贩书偶记续编》，此版正式刊印时似乎是将定稿的"三卷本"改为"五卷本"。此本共收汪诗684首。不过，《续修四库全书总目提要》则将《铁盉居士诗稿》记为《铁盉居士存稿》："《铁盉居士存稿》五卷，王氏石印本。……仪征汪全泰撰。全泰字竹海，端光长子，天资高迈，文采丰赡，为时推重。……所著有诗集十六卷，词四卷，骈文一卷。今存诗五卷。"[③]

第三种为五卷七册，刊本，国家图书馆藏本。此书为《汪氏家集》中的一种，与梁兰漪《畹香楼诗稿》二卷、汪滋树《据梧吟馆诗存》二卷、汪佩珩《桐花吟馆诗》一卷合订，光绪二十一年石印本。此书现已分别收入《清代诗文集珍本丛刊》第487册[④]和《清代家集丛刊》第70册[⑤]。

第四种为不分卷，抄本，二册，南京图书馆藏。

第五种为五卷三册，抄本，重庆图书馆藏。

（3）《铁盉居士存稿》

《铁盉居士存稿》上下二卷，收入王相编辑《友声集》中，咸丰十年

① 孙殿起：《贩书偶记续编》，上海古籍出版社，1980，第284页。
② 汪全泰：《铁盉斋诗钞》，载《清代诗文集汇编》编纂委员会编《清代诗文集汇编》（第505册），上海古籍出版社，2010，第665—670页。
③ 中国科学院图书馆整理：《续修四库全书总目提要（稿本）》（第27册），齐鲁书社，1996，第343页。
④ 陈红彦、谢冬荣、萨仁高娃主编《清代诗文集珍本丛刊》（第487册），国家图书馆出版社，2017。
⑤ 徐雁平、张剑主编《清代家集丛刊》（第70册），国家图书馆出版社，2015。

刻本，南京图书馆藏，现收入《续修四库全书》第 1627 册。此书卷首题写"鸳湖王相惜庵辑"，卷末有王袋之的识，其文如下：

> 大竹太守，剑潭先生哲嗣，也以名进士，官比部会，一出守闽中，卒于东河。孔君宥涵称其诗："奇秀天成，光气夺人神魄。"嘉道之间，殆罕其匹。太守旧与慈雨吏部至交，编入《友声》，亦珠联璧合云。①

（4）《铁盂居士诗抄》（归群草堂藏本）

《铁盂居士诗抄》列为归群宝籍的第二十二种，此书八卷、八册，由陈德修敬录，并经毛豫毓校。②

（5）《铁盂居士诗余》

《铁盂居士诗余》一卷，《归群词丛》丛书本。《铁盂居士诗余》共 42 首，未见于《归群宝籍目录》著录，内容以游玩、酒宴赠答，抒情感慨主。

（6）《汪大竹先生遗著》

《汪大竹先生遗著》一卷，列为归群宝籍续编的第七种，此书与《汪小竹先生遗著》合订为一册，由张德广、吴庠、刘怀、汪渠敬辑，并经鲁宗周校。③可惜，此书早佚。

（7）《潜虚翼》

《潜虚翼》，一卷，为汪全泰所作单篇之文。据《（嘉庆）扬州府志》载："《潜虚翼》，一卷，汪全泰撰。"④《潜虚》为北宋司马光"乃拟《太玄》而作"，而《太玄》又依《易》而作，前后耗费其 30 年时间所撰之巨作，《四库全书总目提要》也认为此书为司马光易学的代表作。汪全泰以"翼"为书名，"明确昭示后人该书就是对《潜虚》的解释"⑤。陈三立先生也赞同此作是继《潜虚》而作，不过将作者误为谢生而非汪全泰，"尝于其里谢

---

① 汪全泰：《铁盂居士存稿》，载《续修四库全书》编纂委员会编《续修四库全书》（第 1627 册），上海古籍出版社，1996，第 159 页。

② 张德广：《归群宝籍目录》，《归群宝籍目录》，载方宝川主编《太谷学派遗书》（第一辑第五册），江苏广陵古籍刻印社，1997，第 20—21 页。

③ 张德广：《归群宝籍目录》，《归群宝籍目录》，载方宝川主编《太谷学派遗书》（第一辑第五册），江苏广陵古籍刻印社，1997，第 57 页。

④ 阿克当阿修、姚文田、江藩等纂：《（嘉庆）扬州府志》卷六十二，艺文一，页十一，载江苏古籍出版社编《中国地方志集成·江苏府县志辑》（第 42 册），江苏古籍出版社，1991，第 396 页。

⑤ 刘建臻：《汪全泰学术探析》，《扬州大学学报》（人文社会科学版）2009 年第 6 期，第 83 页。

生得《潜虚翼》一篇,继司马光而作也"①。此文完成的时间应该在 1832 年
之前,因为谢逢源在《龙川夫子年谱》中记有周太谷对此文的评价:"著
有《潜虚翼》一卷,太谷谓篇中'一言保身,一字殒命'八字为知言。"②
《潜虚翼》以《潜虚》为本进行易理阐发,不仅集中体现了汪全泰的易学
思想,而且是反映太谷学派早期思想源流的一部重要著述。

### (二)汪全德及其著述

#### 1. 汪全德的生平

汪全德(1773—1829),字修甫,号竹素,江苏仪征人,汪端光次子,
人称其兄弟为大竹、小竹。据嘉庆甲子科《顺天乡试同年齿录》载:"汪
全德,字修甫,号竹素,行二,乾隆甲辰十二月二十五酉时生。江苏扬州
府仪征县副贡生,钦取内廷宗学教习。"嘉庆九年(1804 年)顺天乡试,
汪全德与其兄汪全泰同时中举,其为第 121 名。次年,又高中进士,名列
二甲第十六名,授翰林院庶吉士。

由于汪全德"性廉洁,无嗜好",其声名亦为嘉庆帝所知,在其外放
任江西吉赣南宁道时,谕旨亦云:"素来知尔操守好,出去更要好"。汪氏
到任后,虽然辖地"接闽、广,寥廓刁悍,素称难治",但其加强团防、
缉捕鞠道,使得"叠解省惩治,地方清肃"。③道光元年(1821 年),汪氏
署江西布政使,因审理徐富国积案时,"全德片言折服,一朝案定,咸称
神明"④。道光九年(1829 年),汪全德病死任上。

汪全德入室周门及其与太谷学派的关系,在太谷学派遗书中鲜有提及,
谢逢源在《龙川夫子年谱》中仅有一句:"大竹弟小竹名全德,又字竹素,
亦太谷弟子。"⑤潘小江与汪全德为至交好友,其所作《两竹行》一诗,对
汪氏一生也有概述:

> 小竹四十专城居,雅步盘辟公府趋。归来杜门无所如,秋灯读礼

① 陈三立:《〈畸人传〉四首》,《散原精舍文集》,辽宁教育出版社,1988,第 46 页。
② 谢逢源:《龙川夫子年谱》,载方宝川主编《太谷学派遗书》(第一辑第一册),江苏广陵
　古籍刻印社,1997,第 16 页。
③ 王检心修,刘文淇、张安保纂:《(道光)重修仪征县志》卷三十一,页十八至十九,载
　江苏古籍出版社编《中国地方志集成·江苏府县志辑》(第 45 册),江苏古籍出版社,
　1991,第 493 页。
④ 王检心修,刘文淇、张安保纂:《(道光)重修仪征县志》卷三十一,页十八至十九,载
　江苏古籍出版社编《中国地方志集成·江苏府县志辑》(第 45 册),江苏古籍出版社,
　1991,第 493 页。
⑤ 谢逢源:《龙川夫子年谱》,载方宝川主编《太谷学派遗书》(第一辑第三册),江苏广陵
　古籍刻印社,1997,第 16—17 页。

神遽遽。嗟哉二难辙轼徙，文章名世犹其余。一钱不名良可吁。①

汪全德身无余钱，与其"平日孝友敦笃，人无闲言，周急济贫，不可胜计"②有着密切关系，方宝川据此认为，汪氏体现了太谷学派"悲天悯人"的传统。③

### 2.汪全德的著述

据《(道光) 重修仪征县志》《(同治) 续纂扬州府志》载，汪全德"著有骈体文四卷，《竹如意斋诗选》四卷，《诗余》一卷，《条议》四卷"④。据张德广载，汪氏还有《汪小竹先生遗著》一卷，与《汪大竹先生遗著》合订为一册，列为归群宝籍续编的第八种⑤，可惜现已不存。汪全德许多著述已经散佚，现存仅有《竹素诗钞》和《崇睦山房词》两种。

（1）《竹素诗钞》

《竹素诗钞》为一卷，收入《蔗根集》，有道光间刻本，南京图书馆藏本。《蔗根集》有两本刊本，第一种是道光十五年（1835 年）刊本，为扬州清美堂刻本。此刻本由汪端光与黄锡麟共同编辑，总卷数为十七卷，其中《竹素诗钞》一卷收在第五卷。⑥第二种为道光十六年（1836 年）刊本，署名为黄锡麟选辑。⑦

《竹素诗钞》共收录汪全德诗作 58 首，反映其生前为官、交游的情况。例如，其与阮元、焦循等扬州学派代表人物多有唱和，作有《阮伯元中丞招游西湖登第一楼赋诗志胜即以留别》《焦理堂孝廉循元日登吴山第一峰图》等诗作。此书还反映其与汪全泰之间的兄弟情深，有《雨霁戏月有怀竹海》《得竹海书，知于仲冬随侍百色苗疆任所，其地去桂林二千余里，山川险恶，烟瘴特盛，裁书作答，附以长句》等诗。

---

① 潘宗艺：《两间草堂诗抄》，收入陈红彦、谢冬荣、萨仁高娃主编《清代诗文集珍本丛刊》（第 306 册），国家图书馆出版社，2017，第 20 页。

② 王检心修，刘文淇、张安保纂：《(道光) 重修仪征县志》卷三十一，页十八至十九，载江苏古籍出版社编《中国地方志集成·江苏府县志辑》（第 45 册），江苏古籍出版社，1991，第 493 页。

③ 方宝川：《〈归群词丛〉抄本考略》，《文史》（第四十八辑），中华书局，1999，第 279 页。

④ 方濬颐等修、晏端书等纂：《(同治) 续纂扬州府志》卷九，人物，页二十七至二十八，载江苏古籍出版社编《中国地方志集成·江苏府县志辑》（第 42 册），江苏古籍出版社，1991，第 755—756 页。

⑤ 张德广：《归群宝籍目录》，载方宝川主编《太谷学派遗书》（第一辑第五册），江苏广陵古籍刻印社，1997，第 57 页。

⑥ 汪端光、黄锡麟辑：《蔗根集》，扬州清美堂，道光十五年刻本。

⑦ 黄锡麟选辑：《蔗根集》，道光十六年刻本。

（2）《崇睦山房词》

《崇睦山房词》版本虽然较多，但均为一卷。第一种为《归群词丛》本，卷端题为"古歙汪全德竹素"。第二种为汪世泰在《七家词钞》中所收录，此种《崇睦山房词》的卷端则题为"江都汪全德小竹"。《七家词钞》现存有三个版本：其一为嘉庆至同治年间的"随园三十种"刻本，其二为光绪十八年（1892年）上海图书集成印书局印的"随园三十六种"铅印本[1]，其三为"随园三十八种"[2]刻本，此版以光绪十八年（1892年）勤裕堂排印本最为常见。[3]第三种为光绪二十一年（1895年）刻本。第四种为孙麟趾在《国朝七家词选》中收录。[4]上述四种《崇睦山房词》的内容及编排顺序完全相同。

晚清民国年间，《崇睦山房词》编入"随园丛书"得以多次重印，先后有多种版本问市。其中，分别有"光绪癸巳冬月仓山旧主校印"（1893年）、"光绪二十六年版"（1900年）、"随园三十六种中华民国二年上海中华图书馆版"（1913年）、"民国十九年国学书局坊"（1930年）等多个版本。需要强调的是，除了"归群草堂"本，其他版本的卷端均题为"江都汪全德小竹"。

"随园丛书"后来改名为"随园丛书三十九种"，即《随园全集》。《随园全集》的版本繁杂，就不赘言。仅举一例，如《足本随园全集》有新文化书社民国二十四年（1935年）铅印本，《崇睦山房词》列入其中第28册。此外，民国年间还刊印了《崇睦山房词选》，此版本由上海中华图书馆在民国十年（1921年）印行。

《崇睦山房词》"是编凡五十阕"[5]，内容多为汪全德师友之间游宴、赠答的抒情之作。其书充分体现了汪氏内敛的性格特征，正如张德瀛的评价，"如深闺少妇，畏见姑嫜"[6]。《续修四库全书总目提要》亦认为"其词疏脱潇洒，气机环流，惜其多致力于外表，而不能沉思于内里也。然其工力不

---

[1]　此版本《崇睦山房词》已经收入《丛书集成三编》，载台北市新文丰出版公司编《丛书集成三编》（文学类第64册），新文丰出版公司（台北），1997，第1—6页。

[2]　"随园三十八种"有多个刻本，如光绪十五年（1889年）刻本、光绪十八年（1892年）上海图书集成局刊本、鸿文书局宣统二年（1910年）刻本等。

[3]　此书内封题名后页镌有"勤裕堂交著易堂印"字样。

[4]　孙麟趾选：《国朝七家词选》，光绪二十四年（1898年）刻本。

[5]　中国科学院图书馆整理：《续修四库全书总目提要（稿本）》（第16册），齐鲁书社，1996，第417页。

[6]　张德瀛：《词征》卷六，载唐圭璋《词话丛编》，中华书局，2005，第4184页。

可非也"①。

### （三）潘小江及其著述

#### 1. 潘小江的生平

潘宗艺字小江，仪征人，廪生②，与汪全泰、汪全泰为表兄弟。潘小江自幼丧父，时人对其不幸多有哀叹，其好友汤成彦曾感慨云："仪征潘君小江，古之伤心士也。少厄孤童，夙抱玮志，捧范乔之祖砚，启晏子之楹书，三都颂艨自辰，一经戴于痒序，精研鼎说，广集师资。"③

潘氏年少聪颖，才学过人，九岁即能赋诗，其才华使得诸多前辈也自愧不如，正如其挚友张石樵（安保）之诗所赞曰：

> 作诗有别才，此语不我欺。我友潘安仁，九龄工吟诗。思如春空运，袅袅随风吹。吟坛老辈多，不敢为其师。④

不过，潘小江因长期困顿于科场而抑郁不已，正如李光炘所言："知小江不得志，戚戚然现于颜色。"⑤潘氏屡试未售，加之老母双目失明，妻儿体弱多病，其家境更是雪上加霜，处于极度贫寒之中：

> 母老目更盲，妻病儿更殇。生计日萧条，亲朋多散人。思逃阳九厄，不畏蜀道难。契家入成都，秋风吹笔干。⑥

潘小江为了维系全家生计，不得不远走他乡，长年以游幕谋生。潘氏自 1831 年起，曾赴成都为幕宾长达十年之久，故汪全泰之子汪滋树诗云：

① 中国科学院图书馆整理：《续修四库全书总目提要（稿本）》（第 16 册），齐鲁书社，1996，第 417 页。

② 李应萃在其朱卷履历中言："（业师）小江潘老夫子讳江，江苏仪征县廪生，著有《两间草堂诗集》行市。"见顾廷龙主编《清代硃卷集成》（第 19 册），成文出版社有限公司（台北），1992，第 388 页。

③ 汤成彦：《〈潘小江诗存〉序》，《听云仟馆诗集》卷一，页十，载《清代诗文集汇编》编纂委员会编《清代诗文集汇编》（第 640 册），上海古籍出版社，2010，第 68 页。

④ 张石樵：《潘小江秀才宗艺》，《味真阁集》卷上，页六十六，载《清代诗文集汇编》编纂委员会编《清代诗文集汇编》（第 589 册），上海古籍出版社，2010，第 352 页。

⑤ 李光炘：《〈群玉山房诗抄〉续集》，载方宝川主编《太谷学派遗书》（第一辑第一册），江苏广陵古籍刻印社，1997，第 161 页。

⑥ 张石樵：《晚翠轩集》卷下，页四十三，载张丙炎《石樵先生遗集》，光绪十年刻本。

"潘丈负豪气，十载游成都。"①

潘小江因折服周太谷的文采而执贽其门下，《龙川夫子年谱》对此有详细描述：

> 小江，名宗艺，邑诸生，与大竹、小竹为中表兄弟。文采风流，才华绝世。初见太谷，自吟湖上诗有"绿烟生画舫，红影下朱楼"之句。太谷乃易"绿"为"茶"，易"红"为"人"。小江伏地再拜，遂执弟子礼。②

长年在外谋食的潘小江与太谷同人的互动交游相对较少，但与李光炘过从甚密，颇有私交。1832年，周太谷去世后不久，李光炘为了"悟道"，曾向潘小江请教太谷"圣功"，"太谷既殁，师以小江及门在先叩其所学"。不过，潘氏因悲伤过度而一言未发，"涕泪悲悔，终不能道一字"③，导致李光炘一无所获。

### 2. 潘小江的著述

潘小江的著述主要有《两间草堂诗抄》和《潘小江诗抄》。据《(同治)续纂扬州府志》载："《两间草堂诗抄》，潘宗艺撰。"④《两间草堂诗抄》成书不晚于道光十一年（1831年），因为张安保的序言即作于此年。《潘小江诗抄》文末附有其妻程小萍的诗集《琴雨轩诗》，"夫人小萍诗附集尾"⑤。

由于《潘小江诗抄》未能真正刊行，故其在坊间有多种名称，如《潘小江诗存》《潘小江诗集》等。《潘小江诗抄》的成书时间应该在道光二十四年（1844年）⑥，因为此年姚莹在成都与潘小江得以会面，姚莹作有《成

---

① 汪滋树此诗作于道光辛丑年（1841年），故推断潘氏客幕成都始于1831年。汪滋树：《潘小江宗艺丈自蜀至都，述机道所遇甚奇，诗以纪之》，《梧吟馆诗集》卷一，页七至页八，上海飞鸿阁书林石印本，光绪二十一年（1895年）。
② 谢逢源：《龙川夫子年谱》，载方宝川主编《太谷学派遗书》（第一辑第一册），江苏广陵古籍刻印社，1997，第29页。
③ 谢逢源：《龙川夫子年谱》，载方宝川主编《太谷学派遗书》（第一辑第一册），江苏广陵古籍刻印社，1997，第29—30页。
④ 方濬颐等修、晏端书等纂：《(同治)续纂扬州府志》卷二十二，艺文上，页二十三，载江苏古籍出版社编《中国地方志集成·江苏府县志辑》（第42册），江苏古籍出版社，1991，第964页。
⑤ 汤成彦：《潘小江诗存》序》，《听云仟馆诗集》卷一，页十三，载《清代诗文集汇编》编纂委员会编《清代诗文集汇编》（第640册），上海古籍出版社，2010，第69页。
⑥ 施立业：《姚莹年谱》，黄山书社，2004，第318页。

都逢潘小江题其诗集》。①

《潘小江诗抄》亦称为《潘小江诗存》，因为潘小江仙逝后，其好友张瑞之准备为其刊行诗集，并请表兄汤成彦作序，汤氏则撰写了《〈潘小江诗存〉序》，这在《听云仟馆诗集》中有载：

> 一编遗稿检安仁，元晏才孱索叙频。入律琴心同澹荡（君欲刊亡友潘小江遗集并其淑丽《琴雨轩诗》，索叙于予），当筵酒胆半轮囷。②

据汤氏所言，此书由其表弟、潘氏好友张瑞之及潘之门人李稼门等辑校而成，"张瑞之，君之素交也，与君门下李孝廉稼门将校君诗，付诸削氏王孙遗集"③。

《潘小江诗抄》亦有一名为《潘小江贰尹遗集》，此见翟树镐④的《吉羊镫室诗集》，其作有《春宵听雨，读〈潘小江贰尹遗集〉，适偕曼叔、元仲、仲桓小饮，醉书四绝，柬令嗣綱斋少尉锦》一诗。⑤

《潘小江诗抄》还被称为《潘小江诗集》，因谢质卿作有《〈潘小江诗集〉序》。⑥

据相关资料，现存《潘小江诗抄》主要有四个版本：

（1）《两间草堂诗抄》

《两江草堂诗抄》遗存有部分稿本，分藏于国家图书馆和上海图书馆。其中，"国图"藏本为卷六至卷九以及卷十一。卷六之前，收有仪征阮亨于道光十二年（1832年）所作《两间草堂记略》以及张安保分别于道光十一年（1831年）和1832年所作《序》和《题诗》。"上图"藏本则为不分卷，有四册。卷首有王寿天、穆其琛、秦日寅等人所作跋语，皆称著

---

① "歌旧唱总多愁，白发相逢又早秋。等是滔滔一江水，蜀中呜咽甚扬州。"姚莹：《成都逢潘小江题其诗集》，《后湘续集》卷三，页七，载《清代诗文集汇编》编纂委员会编《清代诗文集汇编》（第 549 册），上海古籍出版社，2010，第 683 页。

② 汤成彦：《乙卯冬暮晤张瑞之表弟于荣梨官廨，今岁初春仲夏两过于嘉行将别去赋此奉贻》，《听云仟馆诗集》卷一，页十一，载《清代诗文集汇编》编纂委员会编《清代诗文集汇编》（第 640 册），上海古籍出版社，2010，第 88 页。

③ 汤成彦：《〈潘小江诗存〉序》，《听云仟馆诗集》卷一，页十三，载《清代诗文集汇编》编纂委员会编《清代诗文集汇编》（第 640 册），上海古籍出版社，2010，第 69 页。

④ 翟树镐，字经挐，上海嘉定人，监生，翟中溶之子，钱大昕外孙，曾署汉丰县通判，著有《吉羊镫室诗集》。

⑤ 翟树镐：《求伸集》，页八至九，载《清代诗文集汇编》编纂委员会编《清代诗文集汇编》（第 686 册），上海古籍出版社，2010，第 659 页。

⑥ 谢质卿：《骈体正宗稿·潘小江诗集序》，载曹淳亮、林锐选编《张荫桓诗文珍本集刊》（第 3 册），上海古籍出版社，2013，第 183—184 页。

者为"潘小江先生",不过上图检索系统则将作者误作为潘炜。另据潘氏弟子李应萃在其咸丰乙卯科（1855 年）朱卷履历中言，其师潘小江"著有《两间草堂诗集》行市"①。次年，李氏在其咸丰丙辰科（1856 年）朱卷履历中又重复此语。② 此为李氏一家之言，但在其朱卷中两次出现，所言应当有据。不过，李氏所言版本未见他人记载，现亦未见相关藏本，据此推测李氏所言《两间草堂诗集》可能即是《两间草堂诗抄》。

（2）《潘小江诗抄》（刻本）

《潘小江诗抄》一卷，由黄锡麟编入《蔗根集》之中。《蔗根集》有两本刊本，一是道光十五年（1835 年）刊本，为扬州清美堂刻本。此刻由汪端光与黄锡麟共同编辑，总卷数为十七卷，其中《潘宗艺诗》一卷收在第十卷。③

《蔗根集》另有道光十六年（1836 年）刊本，由甘泉黄锡麟选辑，总卷数为四卷。其中，《潘小江诗抄》一部一卷，收在第三卷。④

（3）《潘小江先生诗抄》（归群草堂藏本）

《潘小江先生诗抄》列为归群宝籍的第二十四种，此书一卷、一册，由张德广增辑，并经胡日昀录、鲁宗周校。⑤ 苏州图书馆现藏有《潘小江先生诗抄》一册精抄本，抄者不详。此版本为每页六行，每行十三个字，收录《出门行》《中夜》《旅馆》《柳州》《薄雾过江竹岩别墅题壁》等诗62 首。通过比对，此版本实为《蔗根集》版《潘小江诗抄》，两个版本的内容、顺序基本相同，只是卷末收有《失题》一首。

（4）《小江诗钞》（天津图书馆抄本）

《小江诗钞》抄本一册，不分卷，每页九行二十一字，无边栏，现存天津图书馆。

现存潘小江诗抄中，涉及太谷学派的内容极其有限，但是其中《两竹行》一诗记录了汪全泰、汪全德入室周太谷以及汪全泰编辑《太谷经》的情况，具有极其重要的史料价值，有助于我们了解太谷学派早期的传播历程。

---

① 顾延龙主编《清代硃卷集成》（第 19 册），成文出版社有限公司（台北），1992，第388 页。

② 顾延龙主编《清代硃卷集成》（第 320 册），成文出版社有限公司（台北），1992，第37 页。

③ 汪端光、黄锡麟辑：《蔗根集》，扬州清美堂道光十五年刻本。

④ 黄锡麟选辑：《蔗根集》，道光十六年刻本。

⑤ 张德广：《归群宝籍目录》，《归群宝籍目录》，载方宝川主编《太谷学派遗书》（第一辑第五册），江苏广陵古籍刻印社，1997，第 21—22 页。

### （四）汪兰甫及其著述

#### 1. 汪兰甫的生平

汪兰甫（1808[①]—1865[②]），名南金，原籍安徽歙县[③]，后入籍江苏甘泉（今江苏扬州）[④]。汪兰甫与汪剑端同族，是汪大竹、汪小竹的族侄辈[⑤]。汪兰甫虽自幼聪明好学，但科考之路并不顺利，未能实现"学而优则仕"的人生目标。道光乙未年（1835年），应顺天乡试，与其弟汪承元同榜中式为举人[⑥]。此后，汪兰甫未能在科场上更进一步，只得转作幕宾，以待时机。张积中对其这一经历亦有描述："兰甫童而能诗，聪颖多识，早掇科第，交游名士公卿不得意，遍走齐梁燕赵吴越荆楚，览名山大川以助其豪历，险阻艰难以益其智，尽交当世贤豪以辅其仁。"[⑦]

道光二十三年（1843年），汪兰甫署山东博兴县令[⑧]，道光二十六年（1846年），汪氏捐官为候补知县[⑨]，随后获得"大挑"的机会，出任山东

---

① 张积中于道光二十七年丁未（1847年）作有《汪兰甫四十初度，时维正月即席有伎》一诗，故推算汪兰甫的生年当为1808年。张积中：《白石山房诗抄》，载方宝川主编《太谷学派遗书》（第二辑第一册），江苏广陵古籍刻印社，1998，第100页。

② 同治三年十二月十二日（1865年1月9日），阎敬铭在《旧案交代亏缺各员请旨革职查抄监追折》中尚未言汪兰甫故世。张积中为《汪兰甫先生诗集》作有题跋，而张氏殂谢于1866年。崇芳在《〈寿山堂易说〉跋》亦云："同治丙寅（1866年），寓济南钓突泉道院中，见楼下皮板片甚多，问主者，乃前任东阿县知县汪君南金寄存吕子《易说》之板。……原板藏虞山玉松，兵燹后有无不可知，而续刊之汪君已谢世。"见崇芳：《〈寿山堂易说〉跋》，载无极吕子《寿山堂易说》，咸丰年间刻本。故笔者推断汪兰甫的卒年应为1865年。

③ 张祖佑原辑、林绍年鉴订：《张惠肃公（制军）年谱》卷四，页三十三，载沈云龙主编《近代中国史料丛刊》（正编第631册），文海出版社（台北），1966，第531页。

④ 石国柱等修、许承尧纂：《（民国）歙县志》卷七，选举，页三十四，民国二十六铅印本。

⑤ 咸丰丙辰（1856）年，汪兰甫为汪昉《梦衲盦诗偶存》题辞时，有"诗人余事付丹青，吾师（赵值夫师）不作吾宗（大竹族叔）杳"的诗句。汪兰甫："题辞"，载汪昉撰《梦衲盦诗偶存》，页十五，收入江晓敏主编《南开大学图书馆藏稀见清人别集丛刊》（第31册），广西师范大学出版社，2010，第142页。

⑥ 方濬颐等修、晏端书等纂：《（同治）续纂扬州府志》卷七，选举，页六，载江苏古籍出版社编《中国地方志集成·江苏府县志辑》（第42册），江苏古籍出版社，1991，第755页。

⑦ 张积中：《〈汪兰甫诗〉序》，《白石山房文抄》，载方宝川主编《太谷学派遗书》（第二辑第一册），江苏广陵古籍刻印社，1998，第220—221页。又见汪兰甫：《汪兰甫先生诗集》，http://www.kongfz.cn/6845791/。

⑧ "汪南金，江苏甘泉县举人，二十三年任。"张其丙修、张元钧纂：《（民国）重修博兴县志》卷八，秩官表，铅印本，1936，第412页。

⑨ 道光二十五年十一月"二十九日，早阴，午后晴。……汪南金来缇访，府署晚饭。……汪以捐输来山东候补，自备资斧缇捕"。许瀚著、崔巍整理：《许瀚日记》，河北教育出版社，2001，第245页。

东阿知县<sup>①</sup>，任职期间，出现巨额亏空，"因缉捕认真，不惜经费，以致赔累"，最终因此罢官。1853 年，赋闲的汪兰甫被时任山东巡抚李吉人看中，"前任东阿知县汪南金办事勇敢，谙悉军旅事宜"<sup>②</sup>，奏请朝廷许可，招其赴兖州帮办。

汪兰甫似乎时运欠佳，就在其准备辅佐李吉人大展身手时，李氏却在咸丰三年（1853 年）病逝于任上。不过，汪兰甫被继任山东巡抚张亮基收入麾下，因其"宦游山东久，凡山东之山川形胜、民情淳杂、政治利弊，无不洞彻于胸中"，深得张氏器重<sup>③</sup>。可惜，好景不长，1854 年 3 月，张亮基被胜保弹劾"取巧冒功"而罢官，汪兰甫只得悻悻返回扬州。

刘蕙孙曾说："汪兰甫与李、张关系密切，但似乎不是太谷弟子，但石琴、龙川弟子中也没有他们的名字。"<sup>④</sup>这一说法似乎并不正确，汪兰甫其实也是太谷学派中人，其先入周太谷之门，后成为张积中的弟子。这在汪氏诗作中有明确反映，其在《六月晦日夜纪梦作》中言："余向有蘪芜寻梦五图，曾倩石琴师、文卿同年题咏，至搦管欲题则凄然难下。"<sup>⑤</sup>咸丰元年（1851）初春，汪兰甫由山东罢官后回到扬州，张积中、李光炘与其在扬州慧因寺相聚，张积中作有《喜汪兰甫归即赠并序》，汪氏则回赠《庚戌腊旋里，慧因寺席上口占呈张石琴师、李晴峰丈》<sup>⑥</sup>，可见汪氏已经转赞张积中，故对张、李用了尊称。

### 2. 汪兰甫的著述

汪兰甫的著述仅有《汪兰甫诗集》<sup>⑦</sup>存世，即张德广《归群宝籍目录》中的《汪兰甫先生诗集》。《汪兰甫先生诗集》列为归群宝籍的第五十一种，此书一卷、一册，由李少平修订，陈德修敬录，鲁宗周敬校。<sup>⑧</sup>

① "知县加一级，汪南金，江苏甘泉人，举人，二十六年六月补。"（道光二十八年冬）《缙绅全书》卷四，页三十二，京都荣禄堂刊本，第 529 页。
② 李惠：《奏请饬令李麟遇前来东省差遣并札调汪南金来充查看仍饬照数完缴挪亏银两事》，中国第一历史档案馆藏《军机处录副奏折》（微缩胶卷），编号：03-4093-202。
③ 张积中：《〈汪兰甫诗〉序》，《白石山房文抄》，载方宝川主编《太谷学派遗书》（第二辑第一册），江苏广陵古籍刻印社，1998，第 221 页。
④ 刘蕙孙：《清嘉（庆）道（光）咸（丰）间民间思想的暗流——周太谷与太谷学派》，《刘蕙孙论学文集》，福建教育出版社，2000，第 210 页。
⑤ 汪兰甫：《六月晦日夜纪梦作》，《汪兰甫先生诗集》。见 http：//www.kongfz.cn/6845791/。
⑥ 汪兰甫：《庚戌腊旋里，慧因寺席上口占呈张石琴师、李晴峰丈》，《汪兰甫先生诗集》。见 http://www.kongfz.cn/6845791/。
⑦ 张祖佑原辑、林绍年鉴订：《张惠肃公（制军）年谱》卷四，页三十三，载沈云龙主编《近代中国史料丛刊》（正编）第 631 册，文海出版社（台北），1966。
⑧ 张德广：《归群宝籍目录》，《归群宝籍目录》，载方宝川主编《太谷学派遗书》（第一辑第五册），江苏广陵古籍刻印社，1997，第 38—39 页。

孔夫子旧书网曾公开拍卖《汪兰甫先生诗集》一种，笔者亦联系过卖主，因对方索价过高，难以承受而作罢。根据孔夫子旧书网提供的部分书影，我们可以发现此书系抄本，一册，不分卷，未标明页码。全书为半页六行二十字，有红色边栏，正文为 39 页，合计 78 面。此书正文首页有一个红色钤印，文为"君思我兮不得闲"。[①]

《汪兰甫先生诗集》正文前收录张积中所作《题》，张氏在回顾与汪兰甫的数十年的交游时而不胜感慨："垂髫旧事，中宵泪满襟，每到奈何，三弄笛辙，于无事一挥琴，故侯乞食终军，老天未闻，鸡感最深。白石山人张中题。"[②]

汪兰甫与李少平为至交挚友，生前恳请李氏为其修订诗集，李氏对此有记：

> 于是手一编以示章曰："此予数十年中之所作也。在昔盛年不自实惜，随手散落皆如烟云。兹之所存什一，千百子其为我定之。"章未及应，先生复曰："昔敬礼有言文之美恶，吾自得之后世，谁知定吾文者，子何疑焉？"[③]

李少平兑现对好友的承诺，不仅对汪氏诗集作了仔细修订，而且选择其中部分诗句进行点评。试举例如下：

> 《寒食》：细雨凄寒食，烟郊客子情。十千分白打，百五逼清明。冷节花无迅，浓春草不生。应怜故乡景，挑菜绿杨城。

李氏点评为："读之情动。少平。"[④]

> 《书松》：拂娟光凌乱，双松致伟奇。惟应韦偃画，博得少陵诗。雷雨动空壁，虬龙蟠远枝。丹青新障子，漫说李尊师。

李氏点评为："字字坚苍。少平。"[⑤]

---

① 汪兰甫：《汪兰甫先生诗集》，见 http://www.kongfz.cn/6845791/。
② 汪兰甫：《汪兰甫先生诗集》，见 http://www.kongfz.cn/6845791/。
③ 汪兰甫：《汪兰甫先生诗集》，见 http://www.kongfz.cn/6845791/。
④ 汪兰甫：《寒食》，《汪兰甫先生诗集》，见 http://www.kongfz.cn/6845791/。
⑤ 汪兰甫：《书松》，《汪兰甫先生诗集》，见 http://www.kongfz.cn/6845791/。

### （五）李光荣及其著述

#### 1. 李光荣的生平

李光荣（1816[①]—1858），字南园，监生，江苏仪征人，李光炘三弟，《龙川夫子年谱》载："叔光荣字南园，监生。"[②] 因其无子嗣，由李光炘次子李道生承嗣其后，"道生字少峰，后改名汉文，嗣南园"[③]。李光荣从小即受到其家学影响而收益良多，正如张积中所言："南园为海山中人、群玉山人之弟，得家学为多。"[④]

李光荣本为周太谷弟子，周氏去世后，转而执贽张积中。[⑤] 1853 年，扬州、仪征等地成为清政府与太平天国厮杀的主战场之一，李光荣被迫先后移居山东淄博、泰安以及江苏镇江等地避难，"经秋白骨半为磷，几死惊魂过一春。兄弟四方难握手，妻孥数口幸存身"[⑥] 的诗句，正是李氏家族饱受战乱影响的真实记录。由于长期的颠沛流离，李光荣不幸染上肺病，吴载勋除了嘘寒问暖，特意叮嘱其不要费心劳神去作诗，"乙卯仲春，予忽得咯血症。慕渠书来问病之外，兼以少做诗"。由于贫病交加使其生活难以维系，"家徒困顿嗟何极"。[⑦]

1856 年，在吴载勋的盛情邀请下，李光荣前往山东吴氏官署居住，期间衣食无忧，诗酒唱和，病情有所好转，"南园有肺病，病辄伏枕喘嗽，病少已，亦复觞咏自豪"。1858 年春，李光荣折返南方。由于仪征家园被毁，李光荣只能寄居镇江僻远之处，半年之后因旧病复发而过世，吴载勋对此追忆："丙辰，予权篆淄川时，则南天盗警烽火满郊，因作书招之，南园遂挈眷来，继至泰安，前后仅一载。病剧复甚复归，归而避地于京江之深僻处，忧患余生，贫病交迫，不半载遂殁。"[⑧]

---

① 李光炘曾说："弟少予八岁"，《龙川夫子年谱》载："嘉庆十三年戊辰（1808 年）二月朔，师（李光炘）生于仪邑干草山庄旧宅"，故李光荣的生年为 1816 年。

② 谢逢源：《龙川夫子年谱》，载方宝川主编《太谷学派遗书》（第一辑第三册），江苏广陵古籍刻印社，1997，第 1 页。

③ 谢逢源：《龙川夫子年谱》，载方宝川主编《太谷学派遗书》（第一辑第三册），江苏广陵古籍刻印社，1997，第 31 页。

④ 张积中：《〈南园诗集〉后序》，《白石山房文抄》，载方宝川主编《太谷学派遗书》（第二辑第一册），江苏广陵古籍刻印社，1998，第 225—226 页。

⑤ 李光荣：《自泰安至肥城谒石琴师于黄崖，山径幽邃，与中得五七言二章》，《南园集》卷下，页十二，同治元年刻本。

⑥ 李光荣：《晴峰三兄作〈癸丑记事诗〉属和》，《南园集》卷下，页八，同治元年刻本。

⑦ 李光荣：《乙卯仲春，予忽得咯血之症，慕渠来书，于问病之外兼戒以少作诗。噫，良友深情，其爱我者至矣。追维畴昔，感慨系之，因复寄四律》，《南园集》卷下，页九，同治元年刻本。

⑧ 吴载勋：《序》，载李光荣《南园集》卷上，同治元年刻本。

### 2. 李光荣的著述

李光荣现存著作是其诗集《南园集》，同治年间刻本<sup>①</sup>，分为上下两卷，分别收录诗作 137 首和 42 首，合计为 179 首。正文前题有"真州李光荣著"字样。全书为竹质宣纸刻印，半页十行二十一字，花口题目，双线单黑色尾，有行线。全书左右双栏，偶有注文双行，栏上有注文四行。《南园集》中有李光熊、李光炘兄弟所作《弁言》两则，张积中、吴慕渠所撰《序文》两篇，以及李少平所写后跋文一则。此书在诗文的栏上及诗后，张积中、李光炘和李光熊分别以"石云""晴云"和"海记"作有批注和评语。据笔者所知，国家图书馆、南京图书馆、扬州图书馆和苏州图书馆均有藏本。

由于李光荣与吴载勋私交深厚，故其在临终前，将诗稿寄给吴载勋，希望吴氏能够为其修订、刊印，"弥留时缄此篇远寄太守"<sup>②</sup>。为了实现李光荣之遗愿，吴载勋决定为其编辑、刊行《南园集》，吴氏在其序中明确表示："独念我两人论交二十年，前后相聚不及八载，而故人之风流于焉顿尽。呜呼！友朋聚散之感能不悲哉！遗诗二编，悉心参校，删其繁存其精，计二百六十余首，命之曰《南园集》云耳。"<sup>③</sup> 由于李少平当时也在吴氏府中，也参与其中的具体工作，"章时客太守处，得与参校之事，因取遗编反复次第之"<sup>④</sup>。吴载勋在刊行之前，还曾请张积中作了一些删定，张氏也作有《〈南园诗〉序》《〈南园诗集〉后序》。<sup>⑤</sup>

《南园集》刊刻于黄崖事件之前，太谷学派对其学术思想和传学活动无须刻意隐瞒或回避，因此此书具有重要的史料价值。此书对太谷学人及其相关活动多有记述，如《和白石山人〈山居八咏〉》《西山八咏并序》《和白石山人〈玉儿词〉》《晴峰三兄作〈癸丑记事诗〉属和》《赠东阿令汪兰甫》《东阿道中忆歌者阎青云因寄兰甫》等，不仅与张积中、李光炘、汪兰甫等太谷学派人的诗作互为表里、相互印证，而且反映太谷学派早期传播中的诸多细节问题，涉及张积中、李光炘早年求学悟道的经历，张积中"还道于北"的历史背景、社会环境等等。例如，《晴峰三兄作〈癸丑记事诗〉属和》不仅证明李光炘《癸丑记事诗》对扬州、仪征等地交战情

---

① 其书著录虽为"清咸丰十一年刻本"，但是李少平在跋文末言："同治元年，岁次壬戌夏四月望日，侄汉章跋"。据此可以判断，此书应为同治年间刻本。不过，具体时间待考。

② 李汉章：《跋》，载李光荣《南园集》卷上，同治元年刻本。

③ 吴载勋：《序》，载李光荣《南园集》卷上，同治元年刻本。

④ 李汉章：《跋》，载李光荣《南园集》卷上，同治元年刻本。

⑤ "欲为刊行，属予删定，书数语付梓。"张积中：《序》，载李光荣《南园集》卷上，同治元年刻本。

形的记述并非虚言，而且反映了淮扬民众在战火中直接受到巨大伤害，李光炘家族也被迫抛家弃舍、远走他乡。

　　　　长蛇封豕肆狼贪，变色人皆作虎谈。岂谓贼氛逾汉水，犹传上将住湘潭。羽书飞白军心乱，烟草埋红战血酣。恰是杏花春雨日，教人消受此江南。

　　　　经秋白骨半为磷，几死惊魂过一春。兄弟四方难握手，妻孥数口幸存身。北征不敢吟诸将，南硕何由答至尊。仅有长缨无处请，江千我老且垂纶。①

　　这些诗句说明，李氏家族虽然饱受战火纷扰，却能幸运偷生。不过，李氏兄弟四处避乱，虽得以苟全性命，但彼此之间无法聚首。

---

① 李光荣：《晴峰三兄作〈癸丑记事诗〉属和》，《南园集》卷下，页七至八，同治元年刻本。

# 第四章　张积中及黄崖弟子著述

## 第一节　张积中的生平与传学

### 一、张积中的生平

张积中，字石琴，号两溪，又号白石山人，道号子中，太谷学派后学又称其为"王屋山人"①，江苏仪征人。生于嘉庆十年（1805 年），卒于同治五年（1866 年）十月。张积中出生于仪征一个较为富裕的家庭，少年时就喜好读书，但其性格豪放，尤其喜好访仙求道，"少时颇读书，为诸生，有声庠序，既而以贡就教职"②。张积中虽然自幼立志攻读以博取功名仕途，结果却是"屡试不售"③。

科场的挫败则使其兴趣发生了重大转移，从谋取功名利禄开始转为追求"教养天下"。此时恰逢周太谷来到扬州传道，道光十一年（1831 年），张积中携李光炘共同拜见周太谷，经过三天三夜的辩难，二人最终为周氏学术所折服，成为其门弟子。张积中入室后不久即得到周太谷的秘传之学，正如周氏所言："女（汝）事吾甫三日，予以周公孔子之道尽告诸尔矣。"④随后，张积中又与李光炘同被周太谷定为大弟子。不过，周太谷很快便撒手人寰。由于受学时间太短，"未及三月，为时短浅"，二人均无法领悟太

---

① 高尔庚：《希平于泗滨为第二花朝蝴蝶会，续前庚子王屋山人佳话也。会中十有八人，人人各有诗文记盛，并命南中未与会者相率继作，不拘体，不限韵，称心而言，亦各言尔志之意，予得截句六章》，《井眉居诗抄》，页二十九，民国十二年铅印本。

② 凌绂曾修、邵承照纂：《光绪肥城县志》卷一，页二十五，载江苏古籍出版社编《中国地方志集成·山东府县志辑》（第 65 册），江苏古籍出版社，1991，第 28 页。

③ 张曜：《山东军兴记略》卷二十一《黄崖教匪》，载中国史学会《中国近代史资料丛刊·捻军》（四），上海人民出版社，1957，第 409 页。

④ 张积中：《白石山房文抄》，载方宝川主编《太谷学派遗书》（第二辑第一册），江苏广陵古籍刻印社，1998，第 307 页。

谷学派之精髓。肩负重任的张积中倍感压力，唯恐辜负师命，"早将生死付寒灰，恐负师恩我自危"①。因此，张、李两人仿效周氏悟道的做法，先后多次匡庐问道。

1832—1848 年，是张积中的"悟道"时期。这一时期，为了尽快实现自悟，张积中除了多次登临庐山，其中道光十四年（1834 年）和道光十五年（1835 年），"两度匡庐，观云得悟"②。此外，张积中还先后五次赴山东访学，先后三次到杭州问道，"积中所与游，亦皆当世达官贵人。积中通词章，诵说理学，结亡命，习击术"③。期间，张积中遍游名山大川，寻找得道高人和江湖"异士"，交流学术，切磋学问。道光二十八年（1848年），张积中实现对周太谷学术的豁然贯通，其曾有诗感叹："而我已云暮，山川今不同。"④

### 二、张积中的传学

1848—1856 年，是张积中传道的"准备"时期。张积中虽然有"还道于北"的雄心壮志，但由于时机和条件的不成熟，只能长期隐居仪征小王屋山的浅碧山房，密切关注时局，积极谋求与官场的交往，以期为其传道创造便利。自道光三十年（1850 年）后，张积中长期定居扬州，因为扬城作为清政府盐运、漕运和运河运输的交会处，不仅经济发达、交通便利，而且文化繁盛、人文荟萃，特别有利于个人社会声誉的确立和传播，"比壮，博览群书，兼精内典，里人皆信重之，从游者甚众，一时名称翕然"⑤。

咸丰三年（1853 年），太平天国席卷东南，震动扬城，清王朝的统治处于风雨飘摇之中。政治上的动荡似乎也给张积中以大展宏图的机会。时为钦差大臣的周天爵向朝廷大力举荐张积中，但因周氏随后病死军营，两江总督陆建瀛也在金陵被杀，此事最终无疾而终，张积中的名声却不胫而走。"咸丰初，楚北陆公建瀛总督两江，招延四方名俊相与讲论学术、考订半古籍，三与焉。三才既宏博，口辨又极捷给，幕中客无有出其右居者，

---

① 张积中：《将往九华江上寄李晴峰》，《白石山房诗抄》，载方宝川主编《太谷学派遗书》（第二辑第一册），江苏广陵古籍刻印社，1998，第 62 页。

② 谢逢源：《龙川夫子年谱》，载方宝川主编《太谷学派遗书》（第一辑第三册），江苏广陵古籍刻印社，1997，第 42 页。

③ 薛福保：《书黄崖山寨事》，载沈粹芬、黄人等辑《国朝文汇》丁集卷二，页二十九，上海国学扶轮社，宣统二年（1910 年）。

④ 张积中：《甲午乙未两度匡山今忽忽三年矣抚望追昔能无怃然》，《白石山房诗抄》，载方宝川主编《太谷学派遗书》（第二辑第一册），江苏广陵古籍刻印社，1998，第 11 页。

⑤ 黄清宪：《黄崖教匪记略》，《半弓居文集》，上海社会科学院出版社，2015，第 176 页。

陆公敬礼之，为之延誉公卿间，因是张三先生之名满天下及粤匪自楚北东窜，警报日至陆公督师西上，幕中客皆散，三亦归邗上。"①

随后，钦差大臣、刑部侍郎雷以诚在江都、仪征一带与太平军对垒，因其军务活动繁重，且其耳闻张积中之才名，拟请张氏入其军幕辅佐。雷氏对张积中可谓求贤若渴，其诗作《张石琴有事姑苏，久未返棹来幕，长句奉怀》充分反映其焦灼等待的心理状态：

> 张子磊落驰高石，袁江一见如有情。相携共入广陵道，风月光霁冰壶清。从兹幕府有奇客，抵掌倾谈善决策。大义炯然日星朗，淡怀不受利名役。卧榻赖无心腹忧，借箸仍复烦纤筹。方冀谢安来折展，恐似巢父重掉头。掉头不住竟远适，及瓜犹阻回车迹。行云野鹤烽烟里，缥缈苍寒隔秋水。②

雷以诚唯恐张积中不能从命，特意请其好友孔宥涵代为邀请。孔氏也不断催促张氏早做答复，这在其《寄石琴武林》一诗中有所反映：

> 之子西泠去，非樵非钓徒。能教同梦在，何恨一书无。圣世容高论，忧端属腐儒。看天万行泪，不是哭穷途。③

此诗反映孔氏极力规劝张积中放弃"腐儒"的"入世"想法，并有意游说其及早"出山"为清政府效力。

碍于情面，张积中曾短暂入雷以诚军幕，据说其曾为雷氏创设厘金制度出谋划策。张积中很快借故离去，据时人汪宝树言，其中的缘由就是雷以诚杀钱江一事，"值长发之变，南京失守，钱与张积中、雷鹤皋同办团防，结为兄弟，时有人荐张于朝，召见来京。钱与雷有隙，雷谋杀之……后张自京回，见雷，既得其详，遂辞去之山东，避难此山"④。张积中是否因钱江之死而辞别已经很难考证，但是至少说明张氏感觉自己出仕的时机不佳，在雷幕难有作为。此后，雷以诚仍多次致函相邀，张积中经过深思

---

① 黄清宪：《黄崖教匪记略》，《半弓居文集》，上海社会科学院出版社，2015，第176页。
② 雷以诚：《雨香书屋诗抄》，卷下，页四十二，载《清代诗文集汇编》编纂委员会编《清代诗文集汇编》（第589册），上海古籍出版社，2010，第729页。
③ 孔继鑅：《寄石琴武林》，《心向往斋集》诗八，页二十五，载台北市新文丰出版公司编《丛书集成续编》（文学类第160册），新文丰出版公司（台北），1988，第119页。
④ 汪宝树：《汪宝树无题诗四首》，载中国史学会济南分会编《山东近代史资料》（第一分册），山东人民出版社，1957，第137页。

熟虑，最终还是婉言谢绝其相邀，特意作诗向其表达谢意以及个人志向：

> 不是张良敢借筹，亦非张翰顿思秋。推心太切忧难报，决策无功
> 我自羞。岂为富春将尚在，往适逢陶里逐留。悬疣枝指浑无用，徒使
> 将军念不息。①

由于生不逢时，此后张积中不断在官场与隐居之间游移，正如其诗云：
"我爱辞官懒作家，浪迹踪迹半天涯。"②

咸丰四年（1854 年），太平军攻克临清，张积中之兄张积功全家罹难，
张积中遭受重大精神打击。咸丰六年（1856 年），太平军第二次攻占扬州，
张积中举家"避而出"③，但浅碧山房毁于战乱，张积中被迫率全家北上避
祸。张积中"还道于北"是遵循周太谷之遗命，正如其所言："丙辰，迁
于东至于灵严，遵成命也。昔太谷诲予曰还道山东，大启崆峒，上延孔脉。
亶其时乎？夫人之于天也，东南西北，惟命之从。今者东来，天也，非人
也。天其或者右吾道乎？予惜夫德之薄而从学者希。予何知哉？勉勉循循，
惟日从事于学焉而已。"④

1857—1866 年是张积中的"还道"时期。张积中此前曾经先后五次
游历山东，张积功、汪兰甫、吴载勋、秦云樵等太谷学人也在齐鲁为官多
年，为其也积累了相当的人脉资源，吴氏甚至还直接为其摇旗呐喊，"推
崇积中不容口"⑤。即便如此，张积中的"还道"进程并不顺利，正如其所
言："仆到山东，传食而食，以朋友推解之情，不至冻馁。性嵇康之懒，
复贪希夷之睡。不能听鼓，只合看山。……黄崖乱山杂杳，木石与居。兹
迁青州博山，白石磷磷，山水涓涓不绝，差有可观。然此邦人语，不可为
住西湖者道也。赁屋数椽，与二三同志讲学其中。"⑥张积中虽是苦心经营，

① 张积中：《寄和雷司寇鹤皋军门》，《白石山房诗抄》，载方宝川主编《太谷学派遗书》（第
二辑第一册），江苏广陵古籍刻印社，1998，第 170 页。

② 张积中：《偕博兄于铜山之麓结屋数椽，得移居诗，索和即赠》，《白石山房诗抄》，载方
宝川主编《太谷学派遗书》（第二辑第一册），江苏广陵古籍刻印社，1998，第 183 页。

③ 张积中：《期云馆诗花屏序》，《白石山房文抄》，载方宝川主编《太谷学派遗书》（第二
辑第一册），江苏广陵古籍刻印社，1998，第 161—162 页。

④ 张积中：《张氏遗书》，载方宝川主编《太谷学派遗书》（第一辑第二册），江苏广陵古籍
刻印社，1997，第 30 页。

⑤ 张曜：《山东军兴记略》卷二十一《黄崖教匪》，载中国史学会主编《中国近代史资料丛
刊·捻军》（第 4 册），上海人民出版社，1957，第 410 页。

⑥ 张积中：《寄杨蕉隐书》，《白石山房文抄》，载方宝川主编《太谷学派遗书》（第二辑第
一册），江苏广陵古籍刻印社，1998，第 201 页。

但应者则是寥寥，正如其自言："仆山泽颓唐，不知外事。久谢冠盖，多亲鱼鸟。时于荒山中与二三从游研先圣之学。"①

张积中思路开阔、善于理财，在很短时间内就打开局面，先后在济南、黄崖等地创办"泰来""泰亨""泰祥""泰运通"等多处商号，许多黄崖弟子"为张逆取银皆扮官长，东至烟台，南至汴梁，北至武定，并为张逆约潍人作生意甚多，其铺有七八十处，皆以泰字为字号，运河带暨各州县皆有"②。张积中的商业贸易几乎遍及齐鲁大地，据《光绪肥城县志》载：黄崖山寨"自肥城孝里铺，济南会城内外，东阿之滑口，利津之铁门关，海丰之埕子口，安邱、潍县诸处，皆列肆贸易"③。张积中从事商业经营的主要目的是为其传学创造条件，这也符合太谷学派"教养天下"的根本宗旨和基本路径，正如张氏对门弟子对其心迹的袒露："予以学导诸子，而纳诸子于利，岂予之心，然而由此而从者、门人可以得万钟之养。"④

由于有了一定的财富积余，方便张积中开展各种社会慈善活动，"舍俎豆八善外，别无袭取之方"⑤，黄崖山寨由此声名远播，进而吸引更多的民众，尤其是许多江浙富裕家族迁入山寨避祸，黄崖山寨的规模得以继续扩大，一时间"门下无所不有，达官贵人至于贩夫、走卒、男女老幼无不收录"⑥。张积中的声名随之得以远播，尤其是引发黄崖周边地区读书人的争相入赘，"肥城、长清名读书者争执弟子礼，诵四子书、《近思录》等，云受积中性命之说，其语秘，世莫得闻。其书则言易称后以财成天地之道，何以聚人曰财，此群圣微发之秘旨，非世儒所能晓。人人喜自以得师"⑦。

太谷学派作为民间草根儒学流派，具有一定的非正统和非主流的性质，虽然这让张积中带上各种神奇的光环，但是也容易招致非议。随着张积中和黄崖山寨声誉日盛，由于树大招风，关于张积中及其黄崖传学的负面舆论也时有出现，例如地方绅士陈介祺致函阎敬铭表示：

---

① 张积中：《寄孔海庵并示栗堂》，《张氏遗书》，载方宝川主编《太谷学派遗书》（第一辑第二册），江苏广陵古籍刻印社，1997，第 373 页。

② 《方琦致阎敬铭》，载冯雷、王洪军整理《阎敬铭友朋书札》（上），凤凰出版社，2021，第 77 页。

③ 凌绂曾修、邵承照纂：《光绪肥城县志》卷一，页二十六，载江苏古籍出版社编《中国地方志集成·山东府县志辑》（第 65 册），江苏古籍出版社，1991，第 29 页。

④ 张积中：《示四记诸子并示兴亨》，《张氏遗书》，载方宝川主编《太谷学派遗书》（第一辑第二册），江苏广陵古籍刻印社，1997，第 298—299 页。

⑤ 张积中：《白石山房语录》，载方宝川主编《太谷学派遗书》（第一辑第二册），江苏广陵古籍刻印社，1997，第 115 页。

⑥ 马叙伦：《大成教魁》，《石屋续渖》，上海建文书店，1949，第 6 页。

⑦ 薛福保：《书黄崖山寨事》，载沈粹芬、黄人等辑《国朝文汇》丁集卷二，页二十九，上海国学扶轮社，宣统二年（1910 年）版。

长清黄崖山有扬州张姓传教之事，前数年闻省中历山顶宫令本昂对门公馆某姓即习此教，书讲与常不同，常买蒲团用小车发往，一次即数百个，又有人见一赵姓（亦系官场，与其同教）信云："近日在彼比登天还乐。"心即疑之。①

张积中定期在黄崖山寨举行祭祀活动，"言教首每月拜山数次，即系设一石拜之，拜毕有光高丈许，拜毕又祭山神，即出云，祭毕云即散"②。这虽属于传统儒学的祭祀活动，但因知者甚少且言之不详，张积中及黄崖传学亦被谣传为"邪教""会匪"，且愈传愈烈③。这些传言多为不实之词，但是众口铄金，就连陪同汪宝树等人游玩黄崖山寨的虞逊、朱良甫之弟等黄崖弟子对此也是无可奈何，"所谈皆诗文，且屡言外人多有疑为数术者"④。清政府官员虽多将黄崖山寨视为邪教，但也有人承认这是张积中采取的一种"自保"方式，正如龚易图所言："黄崖为省赴东平要隘，贼首张积中官裔也，习邪教聚民于黄崖，为保守计。"⑤

同治四年（1865年）十月，因张积中牵涉到王小花案件，山东巡抚阎敬铭、山东布政使丁宝桢分别对张积中及黄崖山寨进行详细调查，发现并无"不法"之处。当时，赵国华受丁宝桢委派前往密查，并没有发现黄崖山寨有"异状"⑥。事后，阎敬铭亦承认1865年的调查，证明张积中时无异常举动。阎敬铭认为张积中"学问优长，多以性理教人"，也从侧面说明太谷学派学术并非"邪教异端"。⑦

"树欲静而风不止"，次年冀宗华案件的爆发，再度将张积中推向风口浪尖，这也给觊觎黄崖山寨财富的人士提供了一个极佳的借口。正如时任山东巡抚阎敬铭对张积中的指责：

① 《陈介祺致阎敬铭》，载冯雷、王洪军整理《阎敬铭友朋书札》（上），凤凰出版社，2021，第14页。
② 《方琦致阎敬铭》，载冯雷、王洪军整理《阎敬铭友朋书札》（上），凤凰出版社，2021，第76页。
③ 《黄崖记事略》，载中国史学会济南分会编《山东近代史资料》（第一分册），山东人民出版社，1957，第170页。
④ 汪宝树：《汪宝树黄崖游记》，载中国史学会济南分会编《山东近代史资料》（第一分册），山东人民出版社，1957，第134页。
⑤ 龚易图：《霭仁府君自订年谱》，页十六，载北京图书馆编《北京图书馆藏珍本年谱丛刊》（第173册），北京图书馆出版社，1999，第32页。
⑥ 赵国华：《自订年谱》，《青草堂补集》卷七，页十五，载《清代诗文集汇编》编纂委员会编《清代诗文集汇编》（第738册），上海古籍出版社，2010，第791页。
⑦ 《阎敬铭围剿黄崖山奏折》，中国第一历史档案馆藏《军机处录副奏折》（微缩胶卷），编号：03-166-18-645。

该张积中素中才名，倾动流传，且能伪托诗书，高谈性命，故□缙钟代为延誉，愚氓受其欺蒙，实则包藏祸心，暗布邪说。又闻其家本无产业，其在东者不过十年而能跨州连郡连乡，伪列市理，均皆挟术诳骗以为收集亡命之资。凡从其教者往往倾产荡家，挟资往赴入山。操持伪术，后习伪教，而能惑人如速之深。①

时人对张积中短时间内就在山东经商致富则颇多非议，例如山东地方绅士王钟霖就批评张积中过于虚伪，为了谋财甚至不顾及骨肉亲情，认为其在乱世中"独善其身"的做法，是一种见利忘义的行为假"学道"：

前合家殉临清之难者张寄琴刺史之七弟石琴，好讲道书，得乃兄赀财颇多，素装深沉架子，似有大经济识时务者，而利欲薰灼，予不知其学道何为也？前在省之南山小村避难，年来择地，以肥城最吉，携室居彼，去年筹及贼必到肥城，万不可居，遂又择吉地，移至淄川，同移者多扬州人。去秋贼至泰安，波及肥城，尚未似今年之甚，而伊早离开，人皆以其神明莫及。不知肥城等处虽在山隅，而介在东昌、泰安之间，南逆北来，业将究、曹各处烧抢，无多村落，能不渐及肥城等处耶？如今无处不乱，如云有命，到处皆可难避，石琴向来独善其身，乃兄一家遭劫，彼早获多赀远去，事后尚借乃兄之事张罗一切，无非为利，骨肉如此，学道何为？②

张积中在最短时间内积累了大量财富，平日除了讲学传道、指点弟子，更多的则是过着寄情山水、逍遥自在的生活，也将黄崖山营造成一副世外同源的景象，正如刘蕙孙先生的评述："（张积中）逐欲以庶人之身，自民间从事教养，潜移默化，平几分怨气，养几许生机。志虽未竟，黄崖盛日，固俨然五陵源也。"③这与山东当时匪患盛行、战祸连绵、人心躁动的背景似乎有些格格不入，或许这也成为黄崖教案发生的一个重要因素。同治五年（1866 年），阎敬铭出兵包围黄崖，张积中却拒绝出山辩解，最终双方兵戎相见。最终张积中及其弟子绝大多数死难，太谷学派北宗因此一

---

① 《阎敬铭围剿黄崖山奏折》，中国第一历史档案馆藏《军机处录副奏折》（微缩胶卷），编号：03-166-8911-58。

② 王钟霖著，周生杰、周恬羽整理：《王钟霖日记》（外一种），凤凰出版社，2017，第 222 页。

③ 刘厚滋：《张石琴与太谷学派》，《辅仁学志》第九卷第一期（1940 年 6 月）。

蹶不振。

## 第二节　张积中的著述

张积中生前，部分著述已由其弟子加以传抄。黄崖事件后，在太谷学派后人的努力搜寻和抢救之下，张积中的一批文献得以留存，例如王仲杰、吴义培、吴杏白等人都曾抄录张氏著述，正如吴杏白回忆所云："张积中的著述很多，都是他的弟子们所抄写的，王仲杰也抄写了一些，有一本抄写的是关尹子。……我从前也抄过一些……稿子里有些不是张积中所作的，好像是从旁处抄集；也有是他自己所作的，像行、生、坐、卧等诗。《白石山人文稿》是他所作的，是我三伯父义培（号集生）所抄。"①1957 年 5 月，中国史学会济南分会委派尹承源调查黄崖事件，他通过走访访谈，了解到张积中的学说"是根据'周易'和'中庸'，曾注解过'五经四书'"②。可见，张积中生前曾作有相当数量的著述，不过前因其浅碧山房毁于太平军战火，后因其在黄崖事件中自焚而亡，许多著述已经灰飞烟灭。

20 世纪 30 年代，张德广千方百计搜得张积中著作 18 种，加之吴载勋私藏的《〈法华经〉评注》，"黄崖丙辰之变，业籍荡然。广搜辑十年，并此仅得太夫子遗著十八集，均敬录汇存于《归群宝籍》正、续篇之内。惟内有《〈法华经〉评注》藏吴慕渠丈家"③。因此，张德广在《归群宝籍目录》和《归群宝籍续集目录》中罗列张积中的著述共有 19 种，即《张氏遗书》、《张氏内注》、《白石山房文集》、《白石山房丛钞》、《白石山房诗抄》、《白石山房诗余》、《白石山房语录》、《所见录》、《随所得录》、《〈尚书〉批注》、《〈四书〉批注》、《〈楞严经〉释义》、《〈老子〉批注》、《〈庄子〉批注》④、《〈关尹子〉释义》、《〈参同契〉批注》、《浅碧山房词选》、《黄崖太夫子遗著》、《〈春秋左传〉批注》（残本）和《璇玑洞书屋玄同集》。

张德广所列目录亦不完整，仍有一些缺漏，例如《黄崖集》就未见

① 吴杏白：《黄崖案的回忆》，载中国史学会济南分会编《山东近代史资料》（第一分册），山东人民出版社，1957，第 164 页。
② 尹承源：《黄崖山访问记》，载中国史学会济南分会编《山东近代史资料》（第一分册），山东人民出版社，1957，第 195 页。
③ 张德广：《〈参同契直指释义〉跋》，载方宝川主编《太谷学派遗书》（第三辑第一册），江苏广陵古籍刻印社，2001，第 69 页。
④ 钟泰曾见过张积中的《〈庄子〉批注》，据其 1965 年 11 月 3 日日记载："王孝鱼寄来抄录《庄子批语》，盖石琴先生之笔，谓出于老夫子，盖误也。"钟泰：《钟泰日录》（下），《钟泰著作集》（第 8 册），上海古籍出版社，2021，第 797 页。

收录。据《续修四库全书总目提要》记载，张积中尚有《黄崖集》一种，"《黄崖集》一卷，传钞稿本，清张积中撰。……是帙则黄崖难后同门学者子弟各以先人所收积中往还辞，哀集而成，以其居黄崖，因称黄崖先生，即以名集。篇什虽有限，然颇足见积中胸襟、学力也"[1]。据此分析，《黄崖集》似乎就是张德广在《归群宝籍》中提及的《黄崖太夫子遗著》。不过，二书皆未存世，无法进行比对，笔者在此仅作大胆揣测而已。

经笔者多方搜罗，张积中的著述似乎为 26 种，即《张氏遗书》《张氏内注》《白石山房语录》《白石山房文抄》《白石山房诗集》《白石山房丛钞》《白石山房杂钞》《白石山房杂篇》《白石山房诗余》《白石山房遗稿》《白石山房文稿》《尚书释义》《春秋释义》《四书释义》《〈楞严经〉释义》《老子释义》《庄子释义》《关尹子释义》《〈参同契〉直指释义》《所见集》《随所得录》《浅碧山房词选》《璇玑洞书屋玄同集》《黄崖太夫子遗著》《〈法华经〉评注》和《黄崖集》。（参见太谷学派文献书目简表）

由于时事变化，张积中著述多有散佚，在存世的太谷学派文献中，其著述数量依然最多，马西沙先生据此称赞："在周太谷诸弟子当中，贤能者不少，但以张积中阐发师说最力，著述最勤，为后世留下的著作也最多，是研究太谷学派、黄崖教最重要的资料。"[2]张积中现存著述均为未刊抄本，主要分为"刘家本"和"泰州本"两个系统。方宝川先生在《张积中及其著述考略》一文中说，其"经眼现存"张积中著述共有 12 种[3]。方先生此文亦有遗漏之处，并未包括苏州图书馆所藏《浅碧山房词选》。综上所述，张积中的现存著述实为 13 种。

## 一、《张氏遗书》

《张氏遗书》是张积中阐发太谷学派"圣功"思想及其修行方法的著述。此书是张积中罹难黄崖之后，由其门弟子编辑而成。

《张氏遗书》现存有"刘家本"和"泰州本"。其中，"刘家本"为上下两卷，半页 10 行，每行 20 字，由刘蕙孙先生于 1937 年用缩印的爱莲堂稿纸抄录而成。"泰州本"不分卷，现存三册，这与张德广《归群宝籍

① 中国科学院图书馆整理：《续修四库全书总目提要（稿本）》（第 34 册），齐鲁书社，1996，第 586 页。

② 马西沙、韩秉方：《中国民间宗教史》，上海人民出版社，1992，第 1318 页。

③ 包括《张氏遗书》《张氏内注》《随所得录》《所见录》《白石山房遗集续编》《白石山房文抄》《白石山房诗抄》《白石山房诗余》《白石山房丛钞》《白石山房语录》《〈楞严经〉释义》和《〈参同契〉批注》（《〈参同直指〉节释》）。方宝川：《张积中及其著述考略》，《南京理工大学学报》（哲学社会科学版）1996 年第 5 期，第 33 页。

目录》的记载相同。"泰州本"现存三册中，其中两册对应着"刘家本"上卷，另外一册则为下卷。"刘家本"虽为两卷，但是所录篇目较"泰州本"三册为多，出现这一情况的原因，可能与两种版本的来源有关。"刘家本"是刘蕙孙从归群弟子汪仲方处借阅抄录而来的，正如其言："而我从旌德汪氏抄来的本子，则是上下两卷"[①]，"泰州本"泰州图书馆的萧齐先生是从民间征集而来的，似乎并不完整。

此外，泰州图书馆藏有《张氏遗书》抄本两种，其中第一种为王曜明藏本，因有散佚，目前仅存三册[②]。第二种则为归群弟子陈寿南私藏《记言》一册，内容实为《张氏遗书》。[③]

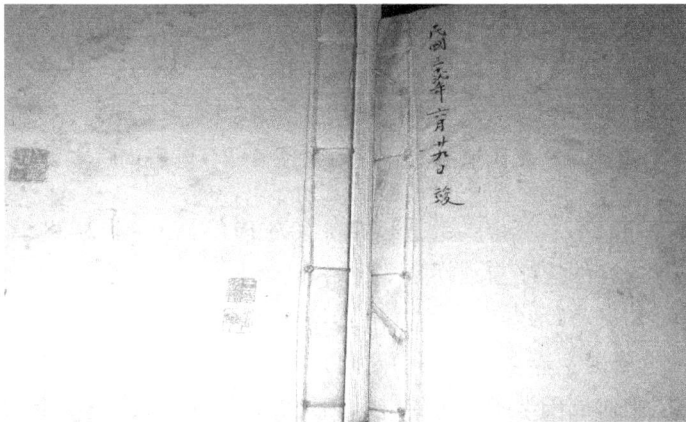

图 4-1 王曜明藏本《张氏遗书》

---

① 刘蕙孙：《太谷学派的遗书》，《福建师范学院学报》（哲学社会科学版）1957 年第 2 期，第 9 页。

② 泰州图书馆馆藏目录中载《张氏遗书》为残本一册，其实有误。因为馆藏有《黄氏记言》一册实为《张氏记言》，另有《张氏记言》二册，此三册不仅笔迹出自一人，而且纸张、版式等完全一致，故其实为一种书。此书有"曜明"的钤印，封底写有"民国三十二年六月二十九日竣"，说明此书藏者为王曜明，完成抄录的时间为 1943 年。此书现存三册，对照内容，其中一册包括《论语三十六虚声注》等，一册为《周南》《召南》《妙明颂》《七返说》等，还有一册为《六妙门诀》《读圆觉经》《行》《住》《坐》《卧》诗等，部分内容虽然见于《白石山房文抄》，但与《张氏遗书》上、下卷更为一致。据此断定，此三册实为张积中的《张氏遗书》。不过，此书有部分散佚，内容较"刘家本"为少，其中张积中的友朋信札大多未被收录，故推测似乎另有一册散佚。萧齐对此书作有批校。

③ 此书有"陈寿南"的钤印，即归群弟子陈冕甫。陈氏藏本现存一册，主要包括《大道赋》等。

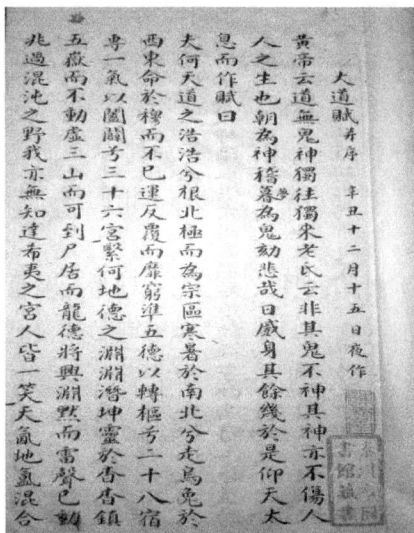

图 4-2　泰州本《张氏遗书》　　图 4-3　陈寿南藏本《张氏遗书》

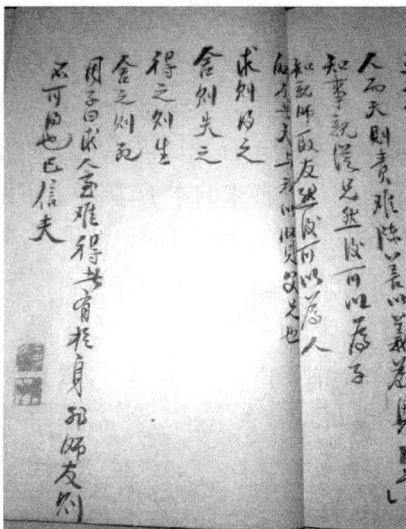

依据"刘家本",《张氏遗书》的卷上为 191 篇,卷下为 88 篇。"泰州本"中部分内容的排序与"刘家本"略有区别,如《圣贤之言近如地,远如天,其难知夫》《示春崖》等篇在二书中的顺序并不相同。

《张氏遗书》上卷多为张积中对周太谷《十三经或问》的阐发、引申,反映了张积中对周氏学术思想的继承和发展。例如,张积中对周太谷"性命"之说的阐释。

> 或问于□□曰:"天命之谓性,奚谓也?"曰:"命,先觉也。其凝也,命也;其通也,性也。太谷曰:'性之本,曰命。命之自然曰天。'盖旨此也。"①

周太谷的性命观与传统儒学的解释基本一致,认为人性是上天自然赋予的结果,人的本源自天命。张积中的性命观则有所突破,认为性与命存在一定区分,是先知先觉者通过凝命而通性的过程实现的。

《张氏遗书》下卷包括张积中的教学语录、哲理诗以及与友朋、弟子的论学信函。张积中通过与门弟子的问答,对传统儒学多有发挥。例如,其对"诚意"的解释。

---

① 张积中:《张氏遗书》,载方宝川主编《太谷学派遗书》(第一辑第二册),江苏广陵古籍刻印社,1997,第 13—14 页。

问诚意。曰："意，心之音也。物感起而成音，音凝于心而意生焉。意也者，气之所成也。夫气也者，物极而妄，妄复而诚。"曰："奚以复也？"曰："言近乎听则言复其初也，视近乎动则动复其初也。"又问。曰："子曰：'先诚乎意。'"言观其通也。曾子曰：'必诚其意。'言止其所也。止其所又曰毋自欺也。①

《礼记·大学》言："欲正其心者，先诚其意。""所谓诚其意者，毋自欺也。"张积中所言"诚意"，并非传统儒学所主张的"君子坦荡荡"之意，而是将其作为太谷学派的修身方法进行诠释，因此与一般意义上理解的"诚意"有所差别。其实，张氏论断，与宋明理学并无根本差异，不过是演绎方式不同而已。

张积中的哲理诗，反映对太谷学派"圣功"修行的路径、方法以及最高境界的追求，具有圆融儒释道的特点。例如，《不息》在谈个人修养的境界时，明显糅合儒释道三家的相关概念。全诗如下：

> 至诚无息通天地，实相圆融遍古今。逝者如斯川上水，一轮明月到天心。②

在诗中，张积中将"至诚无息通天地"与"实相圆融遍古今"作了类比，使门弟子能够简单明两者之间的意境可以相通。"逝者如斯川上水"借用《论语》中"子在川上曰：'逝者如斯夫，不舍昼夜'"的名句，说明个人必须持之以恒地修行，方能进入"一轮明月到天心"的最高修行境界。黄崖弟子多为普通民众，虽然未必真正理解"至诚""无息""实相""圆融"等抽象而复杂的概念，但是张氏通过采用"能近取譬"的方法，使其能够比较形象具体地理解太谷学派"圣功"修身养性的基本意蕴。由此可见，张积中的哲理诗多涉及太谷学派"圣功"的修习路径和方法，其中既蕴含着传统儒家修身养性思想的基本主张，又兼容着道佛修炼的基本功法，具有鲜明的杂糅儒释道三家的特色。

除了哲理诗，卷下更多的则是张积中与其亲朋好友、及门弟子之间的论学信函。张积中在《与秦云樵书》指出其在养气时主要弊端就是未能实

① 张积中：《张氏遗书》，载方宝川主编《太谷学派遗书》（第一辑第二册），江苏广陵古籍刻印社，1997，第11—12页。
② 张积中：《张氏遗书》，载方宝川主编《太谷学派遗书》（第一辑第二册），江苏广陵古籍刻印社，1997，第206页。

现"求放心"，"足下于气之消长，卓有所明而未能养其气者，其答不在气而在于心"。解决这一问题的具体路径就是坚守信念，即做到传统儒学的"明明德"，"大学曰在明明德，斯明德之谓也。德本明也，知也。知而不蔽其知，是知乎。知也，明明德之谓也。自知其知而心之放也，鲜矣。足下于此，若能得一转机，气必得其所养。事物纷扰必不厌其烦，必能于至烦之中常得一至简之境"①。张氏在《复徐梦卿》中进一步阐明，实现"明明德"在于"致知"，"致知者，非知乎外也，要知乎知耳。知乎外犹是放心，知乎知则为率性。知字顿得开，致字才用得透。知字即明德也，致字即明明德也"②。

《张氏遗书》是张积中对周太谷学术思想传承的集中体现，既体现会通儒释道的鲜明特色，又在授学传道时突出"能近取譬"的阐释方法，便于门徒理解和接受，故方宝川认为"全书议论精妙，剥笋抽丝，深入浅出，循循善诱，是研究张氏思想的最重要文献之一"③。

## 二、《张氏内注》

《张氏内注》，抄本，一卷，分为"刘家本"和"泰州本"，但内容基本相同。需要指出的是，"泰州本"是将《张氏内注》《随所得录》和《所见集》合编为一本，重新题名为《张氏遗著三种》，刘家本则是将以上三种著述独立成册。因此，"泰州本"并非单独成书，而是《张氏遗著三种》之一。

《张氏遗书》为一卷，卷首虽然题有七篇，但是实存仅为五篇，即《〈学之节自注〉内注》《〈敦仁篇〉内注》《〈近取说〉内注》《〈远取说〉内注》和《〈夫仁者节解〉内注》④。萧齐在所作题识中，虽然在名录中将此五篇分别标为第一篇至第五篇，但是在正文中，从《〈近取说〉内注》《〈远取说〉内注》和《〈夫仁者节解〉内注》则依次标注为第五篇至第七篇。由于正文的笔迹与萧齐不同，这说明原抄者已经知道《张氏内注》早已佚失其中的第三篇和第四篇。

① 张积中：《张氏遗书》，载方宝川主编《太谷学派遗书》（第一辑第二册），江苏广陵古籍刻印社，1997，第 309—310 页。

② 张积中：《张氏遗书》，载方宝川主编《太谷学派遗书》（第一辑第二册），江苏广陵古籍刻印社，1997，第 330 页。

③ 方宝川：《张积中及其著述考略》，《南京理工大学学报》（哲学社会科学版）1996 年第 5 期，第 33 页。

④ 黄葆年对归群弟子陆少复言："……还有《内注》七篇未教汝。"可见在黄氏生前，《内注》七篇是完整的。见黄葆年著，陆少复谨述：《归群草堂语录》卷二，页二，苏州图书馆藏抄本。

《张氏内注》是张积中对《周氏遗书》部分章节的诠释和阐发，主要涉及性与天道及身心修养的原理。例如，张积中在《〈学之节自注〉内注》中，在继承周太谷"深黑"和"大赤"二气理论的基础上，提出"大赤"与"大黑"，即"气"与"精"。

周太谷在《伏羲八卦图说》中云：

> 乾，南上也，为君为父；其为气也，曲则旋，直则升，其色也赤。坤，北下也，为阴为母；其为气也，静则凝，动则流，其色也深且黑。离，东左也，配日，耦象象丽于大赤之中。坎，西右也，配月，奇象形浮于深黑之上。震，东北，一奇伏于二耦之下，譬雷。出为云，为雨，为化育。巽，西南，一耦下于二奇之下，奇散为风，耦散为雨。[1]

张积中在《〈学之节自注〉内注》则言：

> 大赤，气也，乾之纲而象北辰者也。大黑，精也，坤之纲而象南辰者也。大赤屈而大暑，则万物杀于西南。大黑伸而大寒，则万物杀于东北。斯二者，隐而不见，微而不显者也。[2]

张积中在保留"大赤"的情况下，以"深黑"代替"大黑"，说明其受到理学"精气论"的影响，与周太谷的"气论"略有不同。

张积中在《〈夫仁者节解〉内注》中强调所谓"三极之道"："夫仁者，天地人之义也。夫之义，天知之极于乾者也，莫也。者之义，人知之极于坤者也，适也。仁者，人也。乾一坤一，合而命之曰人。知知之极于人者也，义之与比，三极之道也。"[3]这反映张积中在继承周太谷"道""义""仁"思想的基础上，提出"礼""仁""乐"为"三极之道"。

### 三、《所见集》

《所见集》又称《所见录》，抄本，分为"刘家本"和"泰州本"。"刘家本"为一卷，单独成册，"泰州本"则是《张氏遗著三种》之一。

---

[1] 周太谷：《周氏遗书》，载方宝川主编《太谷学派遗书》（第一辑第一册），江苏广陵古籍刻印社，1997，第79页。

[2] 张积中：《张氏遗著三种》，载方宝川主编《太谷学派遗书》（第一辑第二册），江苏广陵古籍刻印社，1997，第5页。

[3] 张积中：《张氏遗著三种》，载方宝川主编《太谷学派遗书》（第一辑第二册），江苏广陵古籍刻印社，1997，第17页。

《所见集》主要是张积中读书笔记的摘抄，约 200 条左右，主要是其与门弟子讨论对一些问题的思考，见解颇为独到。张积中在书中对邵雍、张载、二程、朱熹等宋儒的学术观点多有阐发或评价。例如，其认为邵雍诗立足现实、流露真情，二程之诗灵活多变、注重体切，朱熹的诗则是气理结合、突出人伦，"邵子诗'敢于世上明开眼，肯向人间浪皱眉'。程子诗'恍惚阴阳初变化，氤氲天地乍回旋，中间些子好光景，安得功夫入语言'。朱子诗'人心妙不可测，出入乘气机'"①。张积中的评论未必正确，尤其是其用邵雍之诗概括二程诗风，但其对宋儒诗风的观点可谓发前人未发之言。

张积中对宋儒的求学问道、自我修行的方法亦深表赞同，其言："朱子云：痛理会一番，如血战相似，然后涵养将去"②，充分肯定朱熹以"道问学"而达"尊德性"的修习路径。其认可张载的"瞻视有节"，以平视为当的观点，故同意"张子曰：视有上下，视高则气高，视下则心柔"。其言："程子曰：朋友讲习以相观，而喜功夫多"③，就是强调"朋友讲习，更莫如相观而善工夫多"，即主张朋友相交，不必讲求辩论，在于相互观察学习、彼此熏陶影响，实现共同进步。可见，张积中大量阅读宋儒著述，虽然其未必赞同宋儒们的理学主张，但是受到理学影响则是显而易见的。

《所见录》为张积中弟子所记，故未能将其所言与朱熹等儒家经典加以严格区分，使人难以分辨。这一点为钟泰所指责，其在 1949 年 4 月 17 日的日记中言："阅从马子彝假来之《所见录》，盖白石山房门弟子所记，多朱子语。中有一节云：'人欲也是天理里做出来，虽是人欲，人欲中自有天理。人生都是天理，人欲却是后来没巴鼻生的。'此记得是朱子语，而未标明，则不免混淆矣。"④

"刘家本"和"泰州本"的内容基本相同，只是"刘家本"在有些文句旁边作有圈点，有的是单圈，有的是双圈，似乎表明为重点内容。如"风乎舞雩泳而归"，在"乎"和"而"两虚字旁联圈。"郑伯克段于鄢，鄢下邑也"在"下邑也"三字旁加联圈。朱子云"谈浮图者，仰首注视而

① 张积中：《张氏遗著三种》，载方宝川主编《太谷学派遗书》（第一辑第二册），江苏广陵古籍刻印社，1997，第 22 页。
② 张积中：《张氏遗著三种》，载方宝川主编《太谷学派遗书》（第一辑第二册），江苏广陵古籍刻印社，1997，第 22 页。
③ 张积中：《张氏遗著三种》，载方宝川主编《太谷学派遗书》（第一辑第二册），江苏广陵古籍刻印社，1997，第 35 页。
④ 钟泰：《钟泰日录》（上），《钟泰著作集》（第 7 册），上海古籍出版社，2021，第 290 页。

高谈,不若俯视历阶而渐进"①一句则在"俯视历阶而渐进"旁加圈。张积中为何要在这些虚字旁加圈,其真实目的和含义现在已经无法知晓,方宝川认为"估计与其修身的体验有关"②。

## 四、《随所得录》

《随所得录》,抄本,一卷,亦分为"刘家本"和"泰州本","泰州本"是《张氏遗著三种》之一。苏州图书馆藏《观海山房追随录》中抄有部分《随所得录》,其内容与"刘家本"和"泰州本"一致。③

《随所得录》分为两个部分,前半部分是张积中读书讲学时的一些心得体会,后半部分主要是其对儒学经典名句的摘抄,主要包括《大学》以及程颢、程颐、张载、朱熹等宋儒的语录,着重阐释宋儒对"明明德""正心诚意""格物致知""穷理尽性"等传统儒学命题的论述。

其一,阐释阅读和理解《大学》等传统儒学经典的方法。张积中认为《大学》的撰写特色就是先总说后分述,"《大学》总说了,又逐段更说。许多道理。圣贤怕有些子照管不到,节节觉察,将去到这里有恁的病,到那里有恁的病"④。因此,其提出《大学》的阅读方法,"看《大学》须是将大段分作小段,字字句句不可容易放过,常时暗诵默思,反复研究。未上口时须教上口,未通透时须教通透,更要纯熟直待不思索时"⑤。其中《新安吴氏曰极尽天理,绝无人欲为至善之律令》⑥、《玉溪卢氏曰言明德与新民则大学之体用犹二言》⑦等篇,则反映张积中为门弟子学习和理解《大学》答疑解惑。

其二,诠释个人修身养性的基本方法。张积中认为养命修身的方法就

① 张积中:《张氏遗著三种》,载方宝川主编《太谷学派遗书》(第一辑第二册),江苏广陵古籍刻印社,1997,第21页。
② 方宝川:《张积中及其著述考略》,《南京理工大学学报》(哲学社会科学版)1996年第5期,第37页。
③ 李光炘:《观海山房追随录》,苏州图书馆藏。
④ 张积中:《张氏遗著三种》,载方宝川主编《太谷学派遗书》(第一辑第二册),江苏广陵古籍刻印社,1997,第60页。
⑤ 张积中:《张氏遗著三种》,载方宝川主编《太谷学派遗书》(第一辑第二册),江苏广陵古籍刻印社,1997,第58页。
⑥ 张积中:《张氏遗书三种》,载方宝川主编《太谷学派遗书》(第一辑第二册),江苏广陵古籍刻印社,1997,第64页。
⑦ 张积中:《张氏遗书三种》,载方宝川主编《太谷学派遗书》(第一辑第二册),江苏广陵古籍刻印社,1997,第70页。

是"穷理极可以至命，尽性极可以修身"①。张氏提出"阴暗修德，阳明修道"②，只有诚心正意、格物致知，方能"穷理""尽性"，"致知是无毫厘之不尽，如一事知得三分，这三分知得底是真实，那七分不知者是虚伪为善，须十分知善之可好。若知得九分而一分未尽，只此一分未尽便是鹘突苟且之根，少闲说便为恶也，不妨便是意不诚，所以贵致知，穷到极处谓之致"③。

其三，说明儒释道之间的对应关系。张积中通过取譬的方法，融儒释道为一体，使其互文见义。例如，张积中言："言心性则宗佛，言坎离则宗道，圣功之义，无出于此，言性不言气则不仁。"④张氏是将"圣功""心性""卦相"与儒释道分别对应，进而解释性、气与仁之间的关系。再如，"供三世诸佛，不如供一无心道人"⑤。"顺则生人，圣功也。逆则成佛，佛氏之学也。"⑥张积中通过对儒释道中的相关概念进行简单类比，使人触类旁通，便于理解和接受。

## 五、《白石山房语录》

《白石山房语录》是黄崖弟子对张积中讲学的记述，即《归群宝籍目录》的《白石山人语录》。《白石山房语录》，抄本，二卷，分为"刘家本"和"泰州本"。"泰州本"虽然标为一卷，但据方宝川考证，"泰州本"《希平夫子语录》一卷应为《白石山房语录》下卷⑦。泰州图书馆还藏有另外两种抄本，一种是归群弟子王曜明所藏《白石山房语录》两卷两册⑧，另一种为许惟一抄录的《张七夫子弟子记言》两卷一册⑨，其内容、排序与"刘

---

① 张积中：《张氏遗著三种》，载方宝川主编《太谷学派遗书》（第一辑第二册），江苏广陵古籍刻印社，1997，第 52 页。
② 张积中：《张氏遗著三种》，载方宝川主编《太谷学派遗书》（第一辑第二册），江苏广陵古籍刻印社，1997，第 52 页。
③ 张积中：《张氏遗著三种》，载方宝川主编《太谷学派遗书》（第一辑第二册），江苏广陵古籍刻印社，1997，第 69 页。
④ 张积中：《张氏遗著三种》，载方宝川主编《太谷学派遗书》（第一辑第二册），江苏广陵古籍刻印社，1997，第 50 页。
⑤ 张积中：《张氏遗著三种》，载方宝川主编《太谷学派遗书》（第一辑第二册），江苏广陵古籍刻印社，1997，第 49 页。
⑥ 张积中：《张氏遗著三种》，载方宝川主编《太谷学派遗书》（第一辑第二册），江苏广陵古籍刻印社，1997，第 50 页。
⑦ 泰州图书馆题名为《黄氏记言》。
⑧ 此抄本卷首有王曜明的钤印，封底写有"民国三十二年六月二十九日竣"，说明此书完成抄录于 1943 年。
⑨ 此书卷首云"己丑初冬，海陵后学许惟一敬录"，并有钤印"许庐"和"许惟一印"两种。可见，此为归群弟子许惟一在 1949 年的抄本。

家本"基本一致，均起自"俎豆所以凝其命，八善所以诚其身"，终至"曰言斯动而已矣"。

其一，阐发自我修行和治学的方法。张积中作有《身心性命情皆体也》《学何为而有觉也》《学者须常存此心》《学者不可只管守前所见》《格物致知须是大进一番方始有益》《须是一棒一条痕》《涵养中自有穷理工夫》《致知在乎所养》《格物致知紧要在求其放心》《知有未至》《学习须是只管在心》等。如张积中曾言："学者能从针缝上打一斛斗，电光内落一注脚，则变化由心矣。噫！难则终身，易则顷刻。"① 张积中认为学者心生变化就是能够从小处着手、以小见大，此事因人而异，难者终生不会，易者顷刻即行。

其二，说明周太谷悟道的方法以及修习太谷"圣功"的路径。如《自丧其德，焉能为学》《人为学总要苦求》《学道切不可有争心》《为学非一生一仞所能了》《学道要保其信心》《学道要随其自然之天》《知字须提得空要》《妄言妄动皆足以丧其真气》《人之思是不通的，学诗则通》《性也有命焉》《学道之人》《学道须要发大愿》《人之犯天谴》《人之为学》《无情者无德》等篇。"夫子是寅时用功，乃行夏之时，纯之又纯。我是一日内十二时，意所到皆可为。我有三日不长进，必自责必是自己有错，天不喜欢，知道自己错处必有大悟。"②"夫子在庐山用功，十念不解带。夫子每交人四更时起来用功。"③ 张积中以自己和周太谷的刻苦修行，说明太谷"圣功"的修习只有自我悟道、以勤为径，别无他法。

其三，援引佛道阐释太谷"圣功"。如"佛教之归宿在顶，故曰佛顶相。道教之归宿在腹，故曰为腹不为目。圣教之归宿在背，故曰盍于背"④。"圣人谈理即佛氏之言六根也。"⑤"佛氏在性上用功，道家在气上用功，圣功在情上用功，故曰人情以为田。夫子曰王道本乎人情，圣功亦本乎人

① 张积中：《白石山房语录》，载方宝川主编《太谷学派遗书》（第一辑第二册），江苏广陵古籍刻印社，1997，第29页。
② 张积中：《白石山房语录》，载方宝川主编《太谷学派遗书》（第一辑第二册），江苏广陵古籍刻印社，1997，第46页。
③ 张积中：《白石山房语录》，载方宝川主编《太谷学派遗书》（第一辑第二册），江苏广陵古籍刻印社，1997，第51页。
④ 张积中：《白石山房语录》，载方宝川主编《太谷学派遗书》（第一辑第二册），江苏广陵古籍刻印社，1997，第19页。
⑤ 张积中：《白石山房语录》，载方宝川主编《太谷学派遗书》（第一辑第二册），江苏广陵古籍刻印社，1997，第29页。

情。"① "道教之修身，至矣尽矣。佛法之至命，至矣尽矣。圣功兼之，则妙不可言。"② 可见，张积中在阐释太谷学术时，对儒释道三家主张随地设喻、通俗类比，使人容易理解和接受。

"泰州本"并非完全抄自张积中著述，其中一些内容似乎经过后人的整理加工，例如此书末尾连续出现三个"太夫子"之称，"诗词歌赋，太夫子谓之虫音鸟语，亦曰鬼籁。""金陈之艺，班马之文，青莲之诗，长门之赋，乃太夫子所定小学。""太夫子今日开的是文运，非道运也"③。"太夫子"是太谷学派内部周太谷再传弟子对其的尊称，显然这意味着上述记述并非张氏语录。方宝川曾考订，"刘家本"和"泰州本"均源自"虞本"，据此推测，《白石山人语录》极有可能经虞思农、虞从哲的整理加工。

《白石山房语录》是黄崖弟子对张积中山东讲学内容的记录，不过《白石山房语录》可能未经张氏本人审订，上下卷中有部分内容重复。此书内容丰富，涉及面广，成为研究张积中思想的重要文献之一。

## 六、《白石山房遗集续编》

《白石山房遗集续编》系记录张积中零散文字的汇编，抄本，一卷，现存"泰州本"。《白石山房遗集续编》的主要内容为《博山开祭，迓子路夫子监坛文》、《祭文》、《十三经或问告成祭文》、《阙题》、《与李少平书》（四篇）、《第一花朝会后序庚子》、《春风引》、《阙题》、《辛苦将归舟中赋此，时甲寅十月》、《代汪兰甫题峄阳王节妇传后》、《晓春即日》、《题丁南羽白描罗汉图，赠徐子信六十寿》、《戊申正月病几殆得句》、《克己》、《红丝石太极砚铭》、《联句》。此书还附录黄崖太师母即张积中夫人李淡春遗著《庚子第一花朝会》《黄崖圣迹》以及张寄琴遗诗《咏月赠七弟》。其中，《黄崖圣迹》记载了张积中所营造的黄崖山寨的基本构成，史料价值较高。

《博山开祭文》《祭文》《十三经或问告成祭文》等文，说明张积中在山东博山首开祭祀后，太谷学派经常进行祭祀活动。从祭文中可以看出，太谷学派的祭祀对象主要是伏羲、孔子和周太谷，即所谓祭祖、祭孔和祭师。"祀我列圣，笾豆斯陈。礼以青圭，乐尚龙门"说明张积中祭祀时特别讲求礼器乐仪，"凡诸后学，同兹降鉴"彰显太谷学派对祭祀活动的重

---

① 张积中：《白石山房语录》，载方宝川主编《太谷学派遗书》（第一辑第二册），江苏广陵古籍刻印社，1997，第86页。

② 张积中：《白石山房语录》，载方宝川主编《太谷学派遗书》（第一辑第二册），江苏广陵古籍刻印社，1997，第121页。

③ 黄葆年：《希平夫子语录》（泰州本），第33页，泰州图书馆藏。

视程度。"厥后祀事永兹"反映张积中在山东讲学传道时，已经着手考虑并实现祭祀活动的经常化和制度化。"瞻彼岱宗，挹此黄流，为天地根。为天地根，道义之门"反映出张积中对"还道于北"所负的强烈责任感和使命感，及其对张载"为天地立心，为生民请命，为往圣继绝学，为万世开太平"理想境界的传承和发展。

## 七、《白石山房文抄》

《白石山房文抄》是张积中的文集，抄本，四卷。《白石山房文抄》又被称为《白石山房文集》，据《张惠肃公（制军）年谱》载，"《白石山房文集》，公曾孙德广藏未刊本"①。这一点在《钟泰日记》中得以证明，钟氏自藏的《白石山房文集》亦为四册。②《白石山房文抄》现存有"泰州本"和"苏图本"。

泰州图书馆还有归群弟子陈介南私藏《白石山房文抄》抄本两册，不过内容并不完整，似有部分散佚。此外，山东省委党校图书馆藏有《白石山房遗稿》抄本一卷，其内容似乎多抄录自《白石山房文抄》。③

《白石山房文抄》的时间跨度基本涵盖了张积中的整个人生历程，其中卷一为张积中"还道于北"之前的著述，卷二为其"黄崖传学"阶段的著作，卷三为张氏辑录的周太谷早年传学的内容，卷四则是张氏与其亲朋好友、门弟子之间的信函，故钟泰又称之此卷为"《白石山房与人书》"④。《白石山房文抄》卷一32篇、卷二24篇、卷三40篇、卷四32篇，共收录张积中论述128篇。

"苏图本"题名为《白石山房杂钞》，为《白石山房四种》的第五册至第八册，内容与"泰州本"大体相同。"刘家本"虽无《白石山房文抄》，但是此书的许多内容已见于"刘家本"《张氏遗书》。例如，"泰州本"中卷一的《上三明和尚书》及卷二《论性》《论诗》《大道赋并序》等内容，

---

① 张祖佑原辑、林绍年鉴订：《张惠肃公（制军）年谱》首卷采辑书目，页二，载沈云龙主编《近代中国史料丛刊》（正编第631册），文海出版社（台北），1966，第36页。

② 1954年2月20日，"午后丙公来，并带来《白石山房文集》、老夫子诗文及函稿"。钟泰：《钟泰日录》（上），《钟泰著作集》（第7册），上海古籍出版社，2021，第440页。1964年7月16日，"早伯宣来，留午饭去，借去《白石山房集》四册"。钟泰：《钟泰日录》（下），《钟泰著作集》（第8册），上海古籍出版社，2021，第763页。

③ 此书收录《小王屋山居自述》《题素心山居八韵词后》《汶上憩园记》《松园讲学图序》《示及门诸子》《示诸子》《寄杨蕉隐书》《与秦云樵书》《吴慕渠五十寿赠言》《徐州屯田说》等篇目，均见于《白石山房文抄》，说明此书是后人对《白石山房文抄》的摘抄本。

④ 1973年7月4日，"并读《白石山房与人书》，心甚适"。钟泰：《钟泰日录》（下），《钟泰著作集》（第8册），上海古籍出版社，2021，第982页。

则为"刘家本"《张氏遗书》所收录。"泰州本"卷三中的《禅定说》及阙题文 38 篇以及卷四张积中的 32 通书信，均收入"刘家本"《张氏遗书》之中。因此，"泰州本"《白石山房文抄》与"刘家本"《张氏遗书》互为表里，能够相互参证。

"苏图本"与"泰州本"相比较，可以发现两者的基本内容虽然相同，但是存在一些差别。主要表现为：

其一，两个版本的一些篇目的名称、排序有所不同。例如，"苏图本"卷一《〈南园诗〉序》、卷二《示东阳对联》、卷三《夫妙中之窍》顺序提前，卷四《复虞思农》（三篇）、《示硕卿》的排序则推后。"泰州本"卷三中的《连接手书观其议论之》《足下可谓处忧患之时矣》两封信函，均以《阙题》为名收入"苏图本"卷四之中。

其二，"泰州本"的一些篇目在"苏图本"中没有收录。例如，"苏图本"卷一就缺失《上三明和尚》《示慈溪》二文，《戊申除日，书于双溪之浅碧山房》一首虽有正文，但是诗题缺漏。卷三的《夫妙中之窍》《赤屈何以杀物于西》《忿懥好乐忧患恐惧诂》《圆通之真在耳尘》《阴符经所谓杀机者，回光也》《夫仁曰魂曰离曰鼎曰空》等篇则是保存内容而缺失篇名。

其三，"苏图本"正文中的批注数量较多，且与"泰州本"有明显不同。例如，卷一《海岚禅师过访未遇，以书寄之》中"老衲狮吼法，随足至空山"[1]一句，"苏图本"有批注："'狮吼'一本'吼'作'呼'"。卷二《〈松园讲学图〉序》中的"佛、老者，天之逸民也"[2]一句，"苏图本"批注为："佛老者，明乎修身立命尽性之义，而遗弃乎心之用也。"卷三中的《色受想行识五阴也》[3]的批注则为："一本作'识灭而后行灭，行灭而后想灭，想灭而后受灭，受灭而后色灭。'"

其四，"苏图本"中部分篇目为其独有。例如，卷三中《众妙之门》《明月复明月，一日千圆缺》《三教由来是一家》《顶相颂》《大道赋并序》《论性》《知止吟注》（两篇）等文均为《张氏遗书》下卷所载，但未见于

---

[1] 张积中：《海岚禅师过访未遇，以书寄之》，《白石山房文抄》，载方宝川主编《太谷学派遗书》（第二辑第一册），江苏广陵古籍刻印社，1998，第 81 页。

[2] 张积中：《〈松园讲学图〉序》，《白石山房文抄》，载方宝川主编《太谷学派遗书》（第二辑第一册），江苏广陵古籍刻印社，1998，第 191 页。

[3] 张积中：《色受想行识五阴也》，《白石山房文抄》，载方宝川主编《太谷学派遗书》（第二辑第一册），江苏广陵古籍刻印社，1998，第 365 页。

"泰州本",尤其是《目视耳听知能之发于自然者,后天之太极也》[①]一文未见于张积中的其他著述,具有极高的史料价值。

《白石山房文抄》的内容主要有:

第一,张积中与门弟子探讨太谷"圣功"的修习方法。张积中在《示门弟子书》对太谷"圣功"开宗明义,明确要求修身希贤"戏言戏动,纵也。妄言妄动,荒也。不明于心而宣之于口,惑也。自味其天而饰之于口,诈也。耳目无所加,手足无所措,野也。不束其官骸,悄慢其肢体,乱也。夫所谓学者,学其言行者也,非学乎聪明者也。庸行睡而后明,庸言信而后聪,庸行谨而精藏,庸言信而气聚"[②]。张积中强调"圣功"修习时可以参看佛老,"通道之初,以面门开朗为第一义。吾门之学当与二氏参看,阙党之居即心目所在也"[③]。

第二,记载周太谷早年传道授学的部分内容。例如,周太谷教导张积中要重视钱财,"子谓子中曰:'末世重财而轻义,天恶之。贪生于欲,欲成于胃浊。女轻财,吾语女。《易》曰:'后以财成,天地之道。子曰'毋,以兴尔邻里党乎',皆是意"[④]。太谷学派以"教养天下"为己任,需要强大的物质基础,故高度重视财富,张积中因此在黄崖通过经商致富以辅助传学。周太谷还教导张积中要学子孟子,不学颜子,"子谓子中曰:大隐朝事,小隐山林。女志之师孟子,而勿师颜子也。师颜子,道则废矣。尔而废道,其如尔罪何"[⑤]。显然,周太谷强调为社会作"事功"的积极入世态度,反对个人归隐的消极出世方式。

第三,揭示张积中提出的一些政治主张。其在《与秦云樵书》提出"范虽小,亦可以治,道治之也",施政者要从人性出发,因民而异,相机治理,"人之性,一也。天之风,地之气壤,各不同而其习亦异。就其异者治之,因民而已。……食其时,百骸理;顺其机,万化安,是有机焉。

---

① 全文为:"目视耳听知能之发于自然者,后天之太极也。告子曰:生之谓性,爱亲敬长亦知能之发于自然者,先天之太极也。孟子曰良知能达,先天之气,乃有仁义达后天之气,只有知能。告子之言近德,非言明觉之误,其先天之误会也,故孟子辩之数千年来,皆谓告子为非。若循佛法穷论性体,又要转以告子为是,而孟子仁义之言转觉迂远,多置之不论。盖性善之说,人罕知之,故诸儒之说鲜通,而性之不明于天下,盖亦久矣。"

② 张积中:《示门弟子书》,《白石山房文抄》,载方宝川主编《太谷学派遗书》(第二辑第一册),江苏广陵古籍刻印社,1998,第211页。

③ 张积中:《与子功书(庚子二月二十九日)》,《白石山房文抄》,载方宝川主编《太谷学派遗书》(第二辑第一册),江苏广陵古籍刻印社,1998,第471页。

④ 张积中:《朱老人传》,《白石山房文抄》,载方宝川主编《太谷学派遗书》(第二辑第一册),江苏广陵古籍刻印社,1998,第295页。

⑤ 张积中:《朱老人传》,《白石山房文抄》,载方宝川主编《太谷学派遗书》(第二辑第一册),江苏广陵古籍刻印社,1998,第303页。

善相之，可耳"。治理方法就是采取"化民"之策，而"化民"的根本在于"劝士"，"威民，末也。化民，本也。士，民之秀也。劝士，本之本也"①。"化民"其实太谷学派"教民养民"主张的具体体现，显然张积中希冀通过社会教化，实现天下大治。当然，张积中的潜台词就是只有修习太谷"圣功"的贤者才能领导并实施"化民"。

### 八、《白石山房丛钞》

《白石山房丛钞》为张积中专题论著的汇集，抄本，一卷，现存"泰州本"。《白石山房丛钞》主要收录《六书说文略》《论语三十六虚声注》《十二辰说》和《律吕考证》四篇，"刘家本"虽无此书，但四篇内容均见于"刘家本"《张氏遗书》。

《六书说文略》亦称《十三经六书说文略》，是张积中以"易"释字的一篇文论。张积中将文字与河图、洛书直接关联，认为古人造字的灵感源自"易"。"今文肇于秦，秦以前皆古文也。太谷曰岂始于秦哉？系辞曰后世圣人定之以书、契。契，篆之始也。书，今文之始也。……洛书，今文也，太谷出之。……予述洛书之义，敢窃今文之易简者释之，实意虚声多所未尽或有补于初学云尔。"②张积中的解释多有附会之处，未必符合学理，但是反映其依据太谷学派"易"学观点对一些概念的独特认识。例如，张积中对天、地二字的解释：

> 天从二（读耦），耦也者，地也。天依乎地，故从二从丿（读辟）。辟之而升于春也。从囗（读翕），翕之而入于秋也。
> 地从土，积土而成也。也者，中之流行也。升中于天地之道也。③

虚词在古文中有着特定的重要作用，《论语三十六虚声注》是张积中选择《论语》中常见的 36 个虚词进行诠释，正如其对"而""亦"的注解：

> 而，血一阳而上也。血阳上行，而黄中通理曰而。

① 张积中：《与秦云樵书》，《白石山房文抄》，载方宝川主编《太谷学派遗书》（第二辑第一册），江苏广陵古籍刻印社，1998，第105—107页。
② 张积中：《〈六书说文略〉序》，《张氏遗书》，载方宝川主编《太谷学派遗书》（第一辑第二册），江苏广陵古籍刻印社，1997，第155—156页。
③ 张积中：《十三经六书说文略》，《张氏遗书》，载方宝川主编《太谷学派遗书》（第一辑第二册），江苏广陵古籍刻印社，1997，第157页。

亦，吸也。象，艮☶。亦读赤。象赤吸赤气而丶（读之）之曰
亦。①

　　《六书说文略》《论语三十六虚声注》既是张积中对周太谷易学思想的
进一步阐发，更是太谷学派传承传统儒学不显传之学的集中体现，凸显太
谷学派的民间儒学色彩，正如刘大绅所云："更有说文一百一十八字，虚
声三十六字，均为不读《易》者而设，说文由离始，虚声由坎始，虽不言
《易》，仍未出于《易》也。"②1914 年，张靖在《雅言杂志》上介绍此文时
认为，《六书说文略》堪比王引之的《经传释词》，但其说过于深奥，并非
常人所能理解和把握的，"其说实可与王氏《经传释词》等大著，并有发
明，而树义又有不同。若夫一知半解之流，初骇其异，既而引以为鸤鸠奔
粗之诮者，所谓下士闻道大笑之，自以为解者实未解也"③。
　　刘氏此言对张积中著述的缘由和目的作了很好的诠释。张积中用易学
思想去解词释义，虽然未必准确合理，导致学派之外人士根本无法理解，
但是对太谷学派弟子掌握和研习太谷"圣功"则不可或缺。故刘蕙孙认为
《六书说文略》和《论语三十六虚声注》的"内容实际与声韵文字并不相
干，大概是关于学派所谓'诚功'的修养步骤"④。
　　《十二辰说》是张积中用"易"释字的方法，解说夏历中十二月的月
硕时间。在其看来十二时辰皆从"中"演化而来，即奇耦相合生八卦，八
卦互动而生四时，"十二辰皆中之变形也。中者，土也。土无位，故寄王
于四时之中。丨（读直），直其内也，奇也。中之口（读方），方其外也，
耦也。耦与奇合，刚柔相合摩，八卦相荡而四时行焉"⑤。
　　《律吕考证》是张积中对六律六吕的解释，"凡音之起，由人心生也。
声由乎口。音，阴也。声，阳也。声音之本也，由阴阳而五行，则宫商角
徵羽分焉。宫生于喉，商生于舌，角生于颚，徵生于齿，羽生于唇。发声
而后，奇发声谓之声，其落韵谓之音，倡谓之律，和谓之吕。故阳有六律，
阴有六吕。雌以和雄，雄以和雌，上如抗，下如坠，互相应也。六律者，

---

① 张积中：《论语三十六虚声注》，《张氏遗书》，载方宝川主编《太谷学派遗书》（第一辑
第二册），江苏广陵古籍刻印社，1997，第 145 页。
② 刘大绅：《此中人语》，载方宝川主编《太谷学派遗书》（第三辑第五册），江苏广陵古籍
刻印社，2001，第 90—91 页。
③ 张靖：《澄碧堂善知识记〈张氏遗著〉》，《雅言杂志》1914 年第 8 期，《丛谈》第 3 页。
④ 刘蕙孙：《太谷学派的遗书》，《福建师范学院学报》（哲学社会科学版）1957 年第 2 期，
第 11 页。
⑤ 张积中：《十二辰说》，《张氏遗书》，载方宝川主编《太谷学派遗书》（第一辑第二册），
江苏广陵古籍刻印社，1997，第 232 页。

黄种、大簇、姑洗、蕤宾、夷则、无射。六吕者，大吕、夹钟、仲吕、林钟、南吕、应钟也"①。张氏采取的还是易学阐释的路径，"《河图》数十减一而为九畴象礼，《洛书》数五增一而为六书象乐，故礼以减而后进，乐以盈而后反"②。这似乎已经不是音乐音律问题，而是在探究天地阴阳、五行八卦的运行规律。

总之，《白石山房丛钞》中的四篇文字，看似张积中在探讨所谓文字、律历问题，其实是在阐发太谷学派的"不显传"之秘，故文中颇多令人费解之处。

## 九、《白石山房诗抄》

《白石山房诗抄》是张积中的诗集，抄本，三卷。据《张惠肃公（制军）年谱》言，张德广还藏有一种未刊本，"《白石山房诗抄》，公曾孙德广藏未刊本"③。可惜，张德广所言版本的部分内容只散见于《张惠肃公（制军）年谱》之中，至今学术界未能一窥其全貌。20 世纪 50 年代，钟泰曾从黄葆年之孙黄少怀处购得《白石山房诗文集》，此书应是《白石山房诗集》与《白石山房文集》的合集，不过现在已经下落不明。

《白石山房诗抄》收录的张积中的诗多为其入赘周太谷之后的作品，以交游、赠答、叙怀之作为主，从中可考知一些太谷学派的人物及其社会活动。《白石山房诗抄》现存有"刘家本"和"苏图本"。"刘家本"收录张积中诗作的数量比"苏图本"略多，所录诗作内容基本相同，顺序略有差异，"苏图本"则附录有《白石山房诗余》一卷。此外，泰州图书馆收藏归群弟子陈介南（冕甫）自藏的《白石山房诗抄》抄本一册，此抄本的内容并不完整，只是收录《白石山房诗抄》前两卷的部分诗作，不过卷末的《乙巳赠答诗》则是其他版本所无。

依据"刘家本"，《白石山房诗抄》卷一 80 首、卷二 86 首、卷三 85 首，共收录张积中诗作 251 首。通过对比，"苏图本"与"刘家本"之间略有差别，主要表现为：

其一，"苏图本"收录少量"刘家本"未见之诗。"苏图本"卷一收有《都中与竹海论学投以诗》三首，即《龙川先生诗抄》附录的《赠汪大竹

① 张积中：《律吕考证》，《张氏遗书》，载方宝川主编《太谷学派遗书》（第一辑第二册），江苏广陵古籍刻印社，1997，第 271 页。

② 张积中：《律吕考证》，《张氏遗书》，载方宝川主编《太谷学派遗书》（第一辑第二册），江苏广陵古籍刻印社，1997，第 279 页。

③ 张祖佑原辑、林绍年鉴订：《张惠肃公（制军）年谱》首卷采辑书目，页二，载沈云龙主编《近代中国史料丛刊》（正编第 631 册），文海出版社（台北），1966，第 36 页。

先生三首》，此为"刘家本"所无，其文字与《龙川先生诗抄》本亦略有差别，集中反映在第一首诗中："烟霞四面庐山树，日日看山心不去。山头泉雨向空飞，绿莎一碧留春住。"具体而言，"庵"作"庐"，"花"为"山"，"红雨满"改"泉雨向"，"绿蓑"为"绿莎"。"苏图本"卷一《团扇牡丹》一诗亦为"刘家本"所未载，全诗如下："旧是春风一品花，玉阶金砌碧根牙。自从李白清平后，分乞人间处士家。"

其二，"苏图本"中部分诗名与"刘家本"略有不同。如"刘家本"卷一的《与金风与一作咏》，"苏图本"为《与金风》，卷二《重游历下亭有感》为《重游历下亭》，《谱心崖松下弹琴作》是为《谱心崖松弹琴作》，卷三《王屋山毁于兵，徙之山东，赁黄崖去，灵岩（伤）感而赋此》改为《王屋山毁于兵，徙之山东，赁居黄崖，去灵岩伊迩，感而赋此》，《过新城忆王渔阳》亦为《过新城忆王渔洋》。

其三，"苏图本"中部分诗文内容作有文字校注。例如，卷一中《秋夜》"'空有笙歌待我听'，一作'不可听'"。《初夏浅碧山房新咏》中"'曲栏深院尽栽花'，'院'一作'处'。'不是爱花兼好酒'，'好酒'一作'爱酒'。'半垂帘幕香深浅'，'幕'一作'影'"。卷二《西湖曲》"'柔橹一声开'，'开'一作'阅'。'春生望远时'，'生'一作'风'"。卷三《枇杷》"'遂见红尽'，'遂'字疑为'随'字"。①

## 十、《白石山房诗余》

《白石山房诗余》为张积中的词作，抄本，一卷，现存有"刘家本""归群词丛本"和"苏图本"，各版本诗词的排列顺序一致，内容上存有一些细微差别。如"归群词丛本"的抄录者已经发现不同版本的《白石山房诗余》中的文字存在一些区分，如《画堂春·春游》"雨余烟里"一句，抄者同时标注"'里'一作'霭'"②。

《白石山房诗余》收录《画堂春·春游》《卜算子》《采桑子》《临江仙》《清平乐·夏景》《采桑子·秋海棠》《相见欢》《谒金门》《捣练子》《南乡子》《菩萨蛮》《南歌子》《长相思·初春》《柳梢青》《清平乐》《望湘人》《高阳台》《玉蝴蝶》等18首词。其中，《卜算子》《南歌子》《望湘人》等3首还被林葆恒的《词综补遗》收录。③

① 张积中：《白石山房诗抄》，苏州图书馆藏本。
② 张积中：《白石山房诗余》，载张德广辑录《归群词丛》，收入方宝川主编《太谷学派遗书》（第二辑第七册），江苏广陵古籍刻印社，1998，第19页。
③ 林葆恒辑，张璋整理：《词综补遗》（第2册），上海古籍出版社，2005，第1563—1564页。

《白石山房诗余》以张积中的交游、赠答、叙怀之作为主，体现其文学修养与诗词风格，由于词作中对相关时间、地点和人物等细节语焉不详，只能感知其思想情绪，无法了解和分析其具体的社会交游情况。张积中结发之妻李澹春去世后，终身未娶，其在《白石山房诗余》中对亡妻李澹春多有怀念，既追思往昔生活之美好，又感叹知音之难觅：

> 《采桑子·秋海棠》：断肠诗句从头诉，细雨阶前。可有人怜，一院西风不卷帘。　　旧愁新恨知多少，翠冉红娟。都在眉尖，寸寸酸心未敢言。①

秋海棠又名断肠花，张积中把亡妻比作秋海棠，以花拟人，借花抒情，一方面描绘李澹春的柔美惊艳、娇媚不俗，一方面表达自己思想亡妻时柔肠寸断般的痛楚。

由于《白石山房诗余》不以记事而以抒情为主，且意境、用词等比较隐晦，故直接反映张积中及太谷学派活动的内容不多。

## 十一、《浅碧山房词选》

《浅碧山房词选》，是张积中选编的一部唐宋元明时期词选，二卷，现存苏州图书馆藏"精钞本"，署名为"浅碧山房辑"。张积中选编此书的主要目的就是"兴观群怨"，正如其在《题〈浅碧山房词选〉后》中所言："斯选也，念乐之穷，悲风之降，恣诚淫邪遁之气，极离穷蔽陷之言。辞之不修，于今为烈，故于将坠之辞三致意焉。庶乎为兴观群怨之一助云尔。"张积中强调"温柔敦厚"的诗教观，希望通过发挥文学的社会教化功能，进行社会道德的改良和引导，"乐者，所以宣欲而达情也。情不可极，故礼以文之；欲不可纵，故礼以节之。发诸声歌，而涵泳优游，以归于平中。序曰'发于情，止乎礼义'，盖是之谓也"②。

张积中在此书中首先阐释词选及词的概念，"词选亦名词航"，随后梳理词的发展历史，"词者，乐府之遣也。青莲工乐府，而结体适得乎是，遂名曰词。晚唐偶为之，李唐后主善之，而词学遂兴"③。

---

① 张积中：《白石山房诗余》，载张德广辑录《归群词丛》，收入方宝川主编《太谷学派遗书》（第二辑第七册），江苏广陵古籍刻印社，1998，第 22 页。
② 张积中：《题〈浅碧山房词选〉后 词选亦名词航》，《白石山房文抄》，载方宝川主编《太谷学派遗书》（第二辑第一册），江苏广陵古籍刻印社，1998，第 471 页。
③ 张积中：《题〈浅碧山房词选〉后 词选亦名词航》，《白石山房文抄》，载方宝川主编《太谷学派遗书》（第二辑第一册），江苏广陵古籍刻印社，1998，第 471 页。

《浅碧山房词选》分为上下两卷，上卷起自李白的《菩萨蛮·闺情》，截至林逋的《点绛唇》，入选作者 27 人，词作数量为 153 首。下卷则将陈克的《赤城词》列为首，以景翩翩的《忆秦娥》结尾，选择作者 46 人，选词数共 133 首。其中，选词位居前列的词人为张炎、李煜和秦观，分别入选词作 25 首、22 首和 22 首。[①]

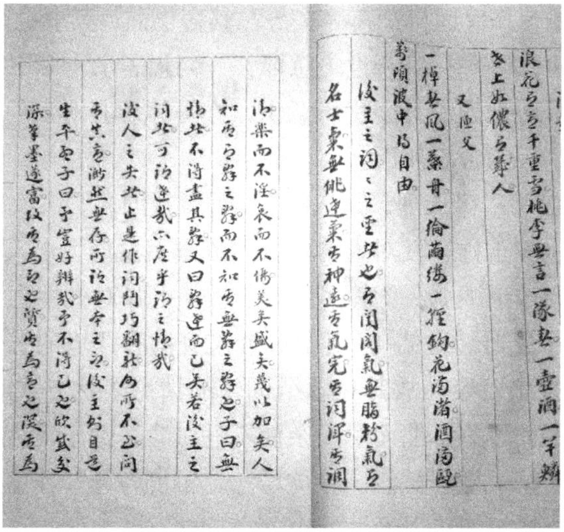

图 4-4　苏图本《浅碧山房词选》

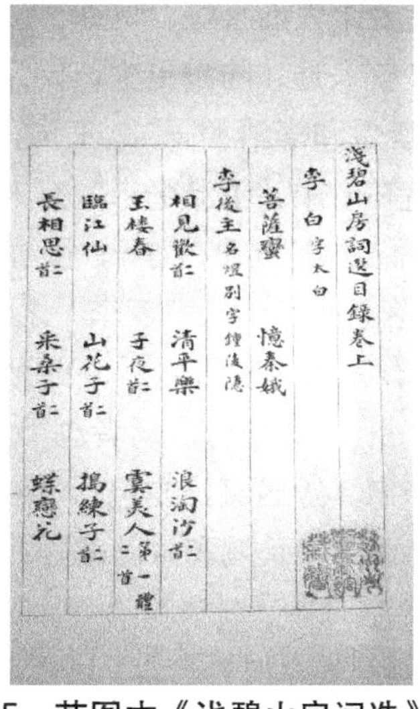

淺碧山房詞選目錄卷上
李　白 字太白
菩薩蠻　憶秦娥
李後主 名煜別字鍾隱
相見歡二首　清平樂　浪淘沙二首
玉樓春　子夜二首　虞美人第一體二首
臨江仙　山花子二首　搗練子二首
長相思二首　采桑子二首　蝶戀花

图 4-5　苏图本《浅碧山房词选》目录

① 李雪在其硕士论文中说上卷入选词人 27 家，词作 154 首，下卷入选词人 47 家，词作 131 首。其统计有误。参见李雪：《清代张积中的文学创作与词选研究》，第 35 页，广西师范大学硕士论文，2015。

《浅碧山房词选》以亡国之君南唐后主李煜和亡国之臣南宋张炎的诗作为多，"李后主亡国之君，其音哀而伤，阁词之先；张玉田亡国之臣，其音婉而怨，殿词之后"①。张积中的这一做法无疑具有深刻寓意，即直接警示后人勿忘亡国之痛、不做亡国之民，正如其在《〈浅碧山房词选〉序》中所云："五七言作，降而词，新声转卑，于谣益近。节其长短，德也；和其高下，天也，其旨远与？其辞文与？其言也曲，其事也杂，叹而后入，恤乎若有所失也。鸣乎！其衰世之意耶？"②这说明，张积中虽身处乱世、命运多舛，但具有强烈的社会忧患意识，亦可体现其对太谷学派"立言立功立德"基本宗旨的苦心孤诣。

宋明理学强调"存天理，灭人欲"，而秦观词多写男女爱情和身世感伤，并以婉约凄美著称，其对人情的自然流露引发广大士人的共鸣。太谷学派强调传统儒学"真诚""率性"的本意，主张对人性真情的自由发挥和追求。张积中反对"迂儒"，出于对个人身世和环境的感怀，而对秦氏词作创作风格推崇备至，故其在总结词作的情感表达方式时亦言："乐府之旨婉而风，怨而不怒，曲而尽，杂而不俚。含一致于无穷，可以见性情之端焉。降至于词，妖淫愁怨，导欲增悲，不能自止，非盛德所尚已。然含意无穷，可以适情，可以通性。"③

张积中在确定词人词作数量时，并不考虑作者的知名度或词作水准，而是遵循自己的编选宗旨及个人的喜好。例如，朱敦儒和陆游均为宋代著名词家，但是朱氏仅有2首入选，陆游更少，仅为1首。张积中最为推崇"词家三李"，即李白、李煜和李清照，"漱玉词，整而能疏，清而不为，出口天然，更无雕凿，恰在个中，不滥毫末。有宋一代，词作如林，而求如漱玉者，概不多见。后人称'词家三李'，阳春、六一，皆当退席。惟与青莲、锺隐颉颃上下，落笔便好"④。"三李"之下，张积中偏爱姜夔、张炎二人，"白石之后，而有玉田。玉田之后，更无其人。词中真才，良不易得，三李而外，厥在姜、张，其他皆次焉者也"⑤。张积中对女词人亦非常重视，除了李清照、朱淑真等名家，亦包括萧淑兰、郑文妻孙氏、陆游妾、沈宜修、叶纨纨、叶小鸾、黄鸿和景翩翩等并不为人熟知的作者。

---

① 浅碧山房辑：《浅碧山房词选》，无页码，苏州图书馆藏抄本。
② 张积中：《〈浅碧山房词选〉序》，《白石山房文抄》，载方宝川主编《太谷学派遗书》（第二辑第一册），江苏广陵古籍刻印社，1998，第77—78页。
③ 张积中：《题〈浅碧山房词选〉后 词选亦名词航》，《白石山房文抄》，载方宝川主编《太谷学派遗书》（第二辑第一册），江苏广陵古籍刻印社，1998，第471页。
④ 浅碧山房辑：《浅碧山房词选》，无页码，苏州图书馆藏抄本。
⑤ 浅碧山房辑：《浅碧山房词选》，无页码，苏州图书馆藏抄本。

张积中对所选词人多有评价，他认为李白的《菩萨蛮·闺情》《忆秦娥·秋思》二首代表其词作的最高水准，"青莲为词中之祖，止此二作调高意远，前无古人，后无来者"[1]。他对李煜的喜爱溢于言表，"后主之词，词之灵者也，有闺阁气，无脂粉气，有名士气，无佻达气。其神远，其气完，其词浑，其调清。乐而不淫，哀而不伤，美矣盛矣，蔑以加矣。人知其有辞之辞，而不知其无辞之辞也"[2]。

总之，《浅碧山房词选》是一部质量较高的词学普及选本，反映张积中对词的艺术和审美的独到见解。[3]

### 十二、《〈参悟直指〉节释》

《〈参悟直指〉节释》，又名《〈参同契〉直指释义》，传抄本，三卷，"刘家本"，现收入《太谷学派遗书》第三辑第一册[4]。《〈参悟直指〉节释》是张积中对嘉庆年间刘一明所编著《参同直指》中所收录的魏伯阳《参同契》、徐景休《参同契笺注》和淳于叔通《参同契三相类》三篇注文的节释，卷首标注为"白石山人节释"。[5]

此书末尾附录有1936年张德广所作跋文一篇，叙述其发现此书的来龙去脉：

> 甲戌（1934年）春暮，（德）广于退谷楼上检得山左先德手抄之刘一明《参悟直指》一册。适斋中存有此书刊本，校读一过，敬谂为黄崖太夫子将《参同契》《笺注》《三相类》各原文及刘一明原注加以删节评订之本也。惟书名《参悟直指》，刘序亦云《悟真篇》并为注释。兹篇则仅存《参同直指》，岂《悟真直指》阙佚耶？抑未经我太夫子节释耶？……今此篇孤本，竟于无意得之，实可谓至幸也已。爰恭录一通，以垂后世。[6]

---

① 浅碧山房辑：《浅碧山房词选》，无页码，苏州图书馆藏抄本。
② 浅碧山房辑：《浅碧山房词选》，无页码，苏州图书馆藏抄本。
③ 张再林：《略论张积中和他的〈浅碧山房词选〉》，载宋小克、徐拥军主编《中国词学国际学术研讨会论文集2014》（下），暨南大学，2014，第991—1003页。
④ "由于原抄本字迹模糊，间有少量衍脱讹误，不宜直接影印，故重新整理标点排印。"张积中：《〈参同契〉直指释义》，载方宝川主编《太谷学派遗书》（第三辑第一册），江苏广陵古籍刻印社，2001，第69页。
⑤ 张积中：《〈参同契〉直指释义》，载方宝川主编《太谷学派遗书》（第三辑第一册），江苏广陵古籍刻印社，2001，第29页。
⑥ 张德广：《〈参同契〉直指释义跋》，载方宝川主编《太谷学派遗书》（第三辑第一册），江苏广陵古籍刻印社，2001，第69页。

此书的格式为：顶格为刘一明原文，低一格则为张积中释文，文中多有张氏圈点。试举例如下：

卷一《参同契》上篇（述以御政）

刘一明原文：

> 乾刚坤柔，配合相包。阳禀阴受，雄雌相须。须以造化，精气乃舒。坎离冠首，光映垂敷。玄冥难测，不可画图。圣人揆度，参序元基。四者混沌，径入虚无。六十卦周，张布为舆。龙马就驾，明君御时。和则随从，路平不邪。邪道险阻，倾危国家。

张积中节释：

> 大道无声无臭，非色非空，有何可言？然无声无臭中藏阴阳，非色非空里而含造化。果若无言阴阳消息，何以知造化？ 机密何以晓？ ①

在节释中，张积中通过连续的反问，说明天地之"大道"，即自然运行的规律并非无法掌握和感知，事实上存在着特殊的蕴意，也就是所谓"无声无臭中藏阴阳，非色非空里而含造化"。显然，张积中节释此书的目的，在于破除道家的设象，点明其修养的功候。

泰州图书馆中藏有《〈参同契〉批注》一书，分为七卷四册，据方宝川先生考证，此书并非张积中所撰，实为清康熙年间朱元育的《〈参同契〉阐幽》。此书卷首有归群弟子"陈执信"的钤印，似乎说明朱氏此书亦是太谷学人理解周易思想的重要的参考资料。

此外，张德广在《归群宝籍目录》中曾说张积中尚有"黄崖太夫子批圈《〈参同契〉批注》七卷"，不过因此书已经佚失，无法判断。《〈参同契〉批注》是否为朱氏之书，抑或为"刘家本"中的《〈参悟直指〉节释》，至今存疑。

## 十三、《〈楞严经〉释义》

《〈楞严经〉释义》，是张积中对《楞严经》的批校本，十卷，现存为"刘家本"。此书由张积中亲自批点，每卷皆于经文旁加圈，分为单、联圈。

---

① 张积中：《〈参同契〉直指释义》，载方宝川主编《太谷学派遗书》（第三辑第一册），江苏广陵古籍刻印社，2001，第29页。

张积中以眉批的形式诠释并阐发《楞严经》，据方宝川言：此书"主要是据性理而谈，简明扼要，涵义甚深"①。

张氏的释义具有鲜明的援儒入佛、儒释结合的特色，充分反映其试图对传统儒学加以改造，以迎合和满足普通民众对儒学的需求。

## 第三节　黄崖弟子及其著述

### 一、张积中的主要弟子

黄崖事件后，太谷学派北宗道统基本结束，正如方宝川先生所言："总而言之，张积中所创立的北宗，经黄崖之难，虽尚有孑遗，但道统几绝。以后太谷学派的发展，为了避祸，曾一度转入地下，逐渐披上了一层神秘的帷幕。尤其是继续遗留在黄崖山附近的部分弟子，渐渐失去了讲学的宗旨，演变成了一种带有宗教色彩的民间团体。"②

张积中的黄崖弟子究竟有多少？1866 年，殉难于黄崖教案和幸免于难的又分别又有多少？这是史学界长期高度关注，但因史料匮乏而未能圆满解决的问题。

张德广的《归群宝籍目录》中收录了《黄崖从葬诸先生墓志铭》一书，可惜此书至今未能发现，可能已经散佚，因此无从掌握黄崖死难的张积中弟子的具体数目。不过，太谷学派文献中还是留下了许多蛛丝马迹，对于我们了解黄崖弟子数量有一定作用。例如，刘蕙孙教授曾从张积中的各种著述中，辑录出 70 个与张氏有着密切交往的人名，但这其中既有其黄崖弟子，也有其亲朋挚友，不过"其他从居黄殉难的二千余人，多佚其姓名"③。吴奁白也说："先伯义培诗集中，有'与朋辈登大峰山'等诗，当即系在黄崖所作，大峰山即在肥城县境。内中人名，有胡东华、虞季通、李仁浦、吴子鹤、赵明庵、周习之、张唯村、薛奉三、王兼山、李积庭、虞叔渊、季升、刘荆山、阮季和诸人。又有'雨后与刘荆山、曜东、季通、

---

① 方宝川：《张积中及其著述考略》，《南京理工大学学报》（哲学社会科学版）1996 年第 5 期，第 38 页。又见方宝川：《张积中及其著述》，《太谷学派遗书》（第一辑第二册），江苏广陵古籍刻印社，1997，第 16 页。

② 方宝川：《张积中及其著述考略》，《南京理工大学学报》（哲学社会科学版）1996 年第 5 期，第 33 页。

③ 刘蕙孙：《清嘉（庆）道（光）咸（丰）间民间思想的暗流——周太谷与太谷学派》，《华东工学院学报》（哲社版）1992 年第 4 期，第 8 页。

仁咸眺'一首，曜东即刘曜东，肥城人，系石琴弟子，黄崖死难者，事见肥城县志。荆山、曜东系昆弟。虞氏兄弟随后均赴肥城。其余诸人，是否其中尚有居住黄崖同时蒙难者，则难悉考，存之以待考查。"① 方宝川先生在其师已有研究的基础上，"再结合其他文献资料补充考证，已能确定为张氏门弟子的有四十七人：刘耀东（一作曜东）、张唯村、韩美堂、张光远、吴慕渠（名载勋）、张春崖、王启俊（字仲杰）、赵鸣岐（名宽）、赵伯言、刘荆山、朱渊（字玉川）、朱濂（字莲峰）、朱瀛、朱良峰、朱良甫、李素心（一作王素心）、张静娟（号蓉裳）、张石华、张珠华、张玉华、王显甫、李少平（汉章）、周习之（名经）、虞思农、虞伯允、虞叔渊（逊）、虞叔彦、虞叔申、虞季升（字从哲）、虞季通、赵明庵、吴友琴、子建、薛云璬、柳升、王南宿、子渊、子澜、子功、赵伟堂（建）、赵新堂（东阳）、孔海庵、粟堂、祝三、硕卿、慈溪、汪子顾……当然，上述人名之中，或名或字，尚难悉考，亦不免有一人误为二人者。兹暂列于此，以待识者补正"②。方先生所列名单可能存在着一些错误或缺漏，比如祝三为赵永年的字，金子监原名金监，字悛斋。

此外，还有相当数量的黄崖弟子散见于太谷学派文献之中，需要我们仔细甄别。至于不载于太谷学派文献中的黄崖弟子数量可能更多，据时任武安府知府张鼎辅禀告阎敬铭的"通匪"名单，仅"家眷全在黄崖山"或"投入黄崖山"的就有高玉身、王立江、牛贞、马芳辰、王以清、纪凤父子等人③，这些人理应为张积中的弟子。

笔者据学术界已有的相关研究成果，通过搜罗相关文献材料，初步整理出张积中黄崖弟子简表（见表4-1）。

---

① 吴盍白：《黄崖案的回忆》，载中国史学会济南分会编《山东近代史资料》（第一分册），山东人民出版社，1957，第167页。

② 方宝川：《张积中及其著述考略》，《南京理工大学学报》（哲学社会科学版）1996年第5期，第33页。

③ "赵栋，山西人，系海阳沾泰运兴盐店总商，并在利津开设泰运通行店。赵宽，系赵栋之弟，与赵栋同时逃走。"《张鼎辅陈阎敬铭武属通匪人员名单》，载冯雷、王洪军整理《阎敬铭友朋书札》（下），凤凰出版社，2021，第484页。

表 4-1 张积中黄崖弟子简表

| 姓名 | 字、号、别称 | 籍贯 | 备注 |
|---|---|---|---|
| 汪兰甫 | 字南金 | 江苏甘泉 | 原籍安徽歙县,先为周太谷弟子,后执贽张积中。曾任山东东阿知县,后入山东巡抚张亮基幕府 |
| 李光荣 | 字南园 | 江苏仪征 | 监生,李光炘之弟 |
| 吴载勋 | 字苣卿,号慕渠、子渠氏 | 北京大兴 | 监生、原籍安徽歙县,历任文登、武城、淄川、泰安、历城知县、署理济南知府。张积中的中表兄弟,先为张积中弟子,后执贽李光炘 |
| 秦和雍 | 字云樵 | 河南光州 | 举人,曾任范县知县,张积中的儿女亲家,张绍陵之岳父 |
| 周 纯 | 字文卿 | 安徽石埭 | 周少谷长子,周太谷之孙,张静娟之夫,道光甲辰(1844 年)去世 [①] |
| 张静娟 | 号蓉裳 | 江苏仪征 | 张积中侄女,李光炘外甥女,周太谷孙周纯之妻 |
| 周 经 | 字习之 | 安徽石埭 | 周少谷次子,周太谷之孙,山东候补县丞 |
| 张绍陵 | 少陵,字道生、稻生 | 江苏仪征 | 张积中之子,山东候补道 |
| 李素心 | 一作王素心 | 江苏仪征 | 一作江都人,李光炘侄女,张积中外甥女,吴友琴之妻,黄崖事件中死难 |
| 吴友琴 | | 江苏仪征 | 李素心之夫,黄崖事件中死难。见《白石山房文抄》《小王屋山居自述》 |
| 张石华 | | 江苏仪征 | 张积中侄女。见《白石山房文抄》《小王屋山居自述》 |
| 张珠华 | | 江苏仪征 | 张积功之女。见《白石山房文抄》《小王屋山居自述》 |
| 张玉华 | | 江苏仪征 | 张积中侄女。见《白石山房文抄》《小王屋山居自述》 |
| 赵永年 | 字祝三,号明湖,号咏严 | 江苏仪征 | 邑庠生,李光炘表兄赵梦山之子,太谷学派学人称其为赵六先生 |
| 王启英 | 字孟华 | 山东蓬莱 | 金陵太守王伯阳之子 |

---

① 吴慕渠勋作有《吊周文卿》。见吴载勋:《味陶轩集》,页五,载《清代诗文集汇编》编纂委员会编《清代诗文集汇编》(第 681 册),上海古籍出版社,2010,第 522 页。

| 姓名 | 字、号、别称 | 籍贯 | 备注 |
|---|---|---|---|
| 王启俊 | 字仲杰 | 山东蓬莱 | 监生，金陵太守王伯阳之子。王启英之弟、张积中女婿，以军功至官任县令。先为张积中弟子，后执贽李光炘 |
| 秦孟博 | | 不详 | 见《白石山房文抄》《黄蘗山人诗集》 |
| 柳 升 | 字灵源，又称柳八 | 江苏仪征 | 见《白石山房文抄》《南园集》 |
| 刘耀东 | 又名曜东 | 山东肥城 | 生员，张积中在山东授受的第一个弟子，后在黄崖事件中死难 |
| 刘荆山 | | 山东肥城 | 刘曜东之堂弟 |
| 赵 建 | 字伟堂、位堂 | 山东肥城 | 黄崖事件中死难 |
| 赵东阳 | 字新堂 | 山东肥城 | 黄崖事件中死难 |
| 赵 栋 | | 陕西上洛 | 赵宽之兄，盐商，黄崖事件后逃生 |
| 赵 宽 | 字鸣岐 | 陕西上洛 | 先为张积中弟子，后执贽李光炘 |
| 赵 成 | 字伯言 | 山东肥城 | 一说山东长清人，先为张积中弟子，后执贽李光炘 |
| 张唯村 | | 山东肥城 | 黄崖事件中死难 |
| 张光远 | | 山东长清 | 廪生，黄崖事件中死难 |
| 韩美堂 | 又名芙堂 | 山东肥城 | 黄崖事件中被俘 |
| 朱 渊 | 名志濬，字玉川 | 山东长清 | 朱濂之弟，先为张积中弟子，后执贽李光炘 |
| 朱 濂 | 字莲峰 | 山东长清 | 朱渊堂弟，行四，先为张积中弟子，后执贽李光炘 |
| 朱瀛峰 | | 山东长清 | 朱渊堂兄弟 |
| 朱 瀛 | | 山东长清 | 朱渊堂兄弟 |
| 朱良甫 | | 山东长清 | 诸生，朱渊堂长兄，黄崖事件中死难。见《白石山房遗集续编》 |
| 朱良峰 | | 山东长清 | 诸生，朱渊堂兄弟 |

| 姓名 | 字、号、别称 | 籍贯 | 备注 |
|---|---|---|---|
| 李元生 | 又名少平，字汉章 | 江苏仪征 | 监生，李光炘长子，娶周少谷女，周太谷孙女 |
| 李芷生 | | 江苏仪征 | 李光炘侄。见《黄檗山人诗集》 |
| 李念功 | | 江苏仪征 | 李光炘侄。见《黄檗山人诗集》《归群宝籍目录》《归群草堂诗集》 |
| 虞有诚 | 字思农 | 浙江绍兴 | 原籍河南祥符，先后任恩县县令、署山东滋阳县令、任平度县令。虞氏兄弟中之长兄，因病早逝 |
| 虞作恭 | 字伯允 | 浙江绍兴 | 先为张积中弟子，后执贽李光炘 |
| 虞逊 | 字叔渊 | 浙江绍兴 | 虞氏兄弟中排行老三，黄崖事件中死难 |
| 虞叔彦 | 又名叔言 | 浙江绍兴 | 黄崖事件中死难 |
| 虞作哲 | 字季升，又寄生，号康斋 | 浙江绍兴 | 又称虞五叔，先为张积中弟子，后执贽李光炘 |
| 虞叔申 | | 浙江绍兴 | 黄崖事件中死难 |
| 虞季通 | | 浙江绍兴 | 黄崖事件中死难 |
| 虞淑美 | 又名叔美 | 浙江绍兴 | 吴载勋三子吴义培之妻 |
| 吴义培 | 字集生 | 安徽歙县 | 吴载勋三子，国学生，候选盐大使，历任福上、汶上、历城、堂邑知县，善画。见《龙溪先生诗抄》《黄檗山人诗集》 |
| 吴德培 | 字莼甫，新安吴氏 | 安徽歙县 | 吴载勋长子，国学生，典史，山西候补藩 |
| 吴念培 | 字霭庭 | 安徽歙县 | 吴载勋次子，国学生，议叙理问衔 |
| 吴荫培 | 字少渠 | 安徽歙县 | 监生，吴载勋五子，同治举人，历官刑部员外郎、资政三品衔分省道员、内务部郎中，民国后政事堂存记、农商部顾问等 |
| 张奎 | 字春崖 | 山东历城 | 一说为江苏仪征，传为张积中族侄 |
| 赵敏庵 | 又名明庵 | 不详 | 见《白石山房诗抄》《张氏遗书》 |
| 徐顺昌 | 字子信 | 顺天宛平 | 先后任山东汶上、益都等地知县 |

| 姓名 | 字、号、别称 | 籍贯 | 备注 |
|---|---|---|---|
| 徐孟卿 | 又名梦卿，字志导 | 安徽歙县 | 徐宝善长子，汪全泰女婿，汪滋树姐夫。道光甲辰科举人，先后任保定知府、贵西兵备道。见《白石山房诗抄》《张氏遗书》 |
| 金 监 | 字子监、悛斋 | 浙江会稽 | 与徐子信友善，作有《金悛斋先生诗词集》 |
| 杨振藩 | 字蕉隐，号蕉隐山人 | 江苏阳湖 | 原名振，又名晋藩，初名振甲，明经，曾任参军，能诗善画，著有《空色同参》《蕉林著易编》《潇湘别馆诗文稿》《碧霞仙馆词》等 |
| 黄 桂 | 字月芬 | 江苏仪征 | |
| 杨葆真 | | 江苏仪征 | 李少平表弟，先为张积中弟子，后执贽李光炘。见《黄檗山人诗集》 |
| 薛云璈 | | 不详 | 见《张氏遗书》 |
| 薛敬五 | | 不详 | 见《张氏遗书》《白石山房文抄》 |
| 许式尧 | | 山东 | 见《黄氏遗书》 |
| 叶少仙 | | 山东长清 | 见《归群草堂诗集》《蒙养堂遗集》 |
| 子 阳 | | 不详 | 见《张氏遗书》 |
| 子 建 | | 不详 | 见《张氏遗书》 |
| 子 渊 | | 不详 | 见《张氏遗书》 |
| 子 澜 | | 不详 | 见《张氏遗书》 |
| 王南宿 | 或名宿南 | 不详 | 见《白石山房文抄》《张氏遗书》 |
| 子 功 | | 不详 | 见《白石山房文抄》 |
| 硕 卿 | | 不详 | 见《白石山房文抄》 |
| 尧 臣 | | 山东 | 见《白石山房文抄》 |
| 慈 溪 | | 不详 | 见《白石山房文抄》 |
| 孔广稷 | 字海庵，号改庵 | 江苏高邮 | 孔宥涵长子，从戎，候选知府 |
| 孔广牧 | 字力堂、粟堂 | 江苏高邮 | 孔宥涵次子，荫监生，候选县丞，著有《孔子生年卒年月考》一卷、《礼记天算释》一卷 |
| 王昰甫 | | 山东 | 见《蒙养堂遗集》 |
| 李晋修 | | 不详 | 见《蒙养堂遗集》 |
| 吴子鹤 | | 江苏仪征 | 李少平外甥，应为吴友琴之子 |

续表

| 姓名 | 字、号、别称 | 籍贯 | 备注 |
|---|---|---|---|
| 汪子顾 | | 不详 | 见《白石山房诗抄》 |
| 万二 | | 山东 | 见《白石山房遗集续编》 |
| 绩廷 | | 不详 | 见《白石山房遗集续编》 |
| 雉来 | | 不详 | 见《张氏遗书》 |
| 介石 | | 不详 | 见《小王屋山居自述》 |
| 茗园 | | 不详 | 见《小王屋山居自述》 |
| 密斋 | | 山东肥城 | 见《小王屋山居自述》 |
| 月斋 | | 不详 | 见《小王屋山居自述》 |
| 永言 | | 不详 | 见《小王屋山居自述》《期云馆诗画屏序》 |
| 瘦红 | | 江苏仪征 | 见《小王屋山居自述》《期云馆诗画屏序》 |
| 蕊春 | | 江苏仪征 | 见《小王屋山居自述》《期云馆诗画屏序》 |
| 翘仙 | | 江苏仪征 | 见《小王屋山居自述》《期云馆诗画屏序》 |
| 秋蘅 | | 江苏仪征 | 见《期云馆诗画屏序》 |
| 少云 | | 不详 | 见《期云馆诗画屏序》 |
| 西华 | | 不详 | 见《期云馆诗画屏序》 |
| 灵隐 | | 不详 | 见《期云馆诗画屏序》 |
| 藕卿 | | 不详 | 见《期云馆诗画屏序》 |
| 胡东华 | | 不详 | 见《黄崖案的回忆》 |
| 李仁浦 | | 不详 | 见《黄崖案的回忆》 |
| 薛奉三 | | 不详 | 见《黄崖案的回忆》 |
| 王兼山 | | 不详 | 见《黄崖案的回忆》 |
| 李积庭 | | 不详 | 见《黄崖案的回忆》 |
| 阮季和 | | 不详 | 见《黄崖案的回忆》 |

资料来源：张积中《白石山房文抄》《白石山房诗抄》《张氏遗书》《小王屋山居自述》《期云馆诗画屏序》；黄葆年《黄氏遗书》；蒋文田《龙溪先生文集》《龙溪先生诗抄》；朱玉川《蒙养堂遗集》；刘蕙孙《清嘉（庆）道（光）咸（丰）间民间思想的暗流——周太谷与太谷学派》等。

## 二、黄崖弟子的主要著述

张积中的弟子绝大多数罹难于黄崖事件，有著述存世的只有吴载勋、李少平和朱玉川等少数门人，现分别介绍如下。

### （一）吴载勋及其著述

#### 1. 吴载勋的生平

吴载勋（1814[①]—1893），字苰卿，又字宪嘉，号陶斋[②]、慕渠，原籍安徽歙县[③]。道光七年（1827年），吴载勋因父母双亡，跟随其舅父耿绶之赴京邸读书。此后，吴载勋寓居顺天府大兴县，取得监生身份，"系顺天府大兴县人，冠籍安徽歙县"[④]。由于科场不第，吴载勋随后奔赴山东投靠表兄张积功，为其处理各种杂务，"寄琴服官山左廿余年，公私巨细，惟慕渠是赖"[⑤]。吴义培、吴荫培在《吴载勋哀启》中对其父的早年经历亦云："先严幼失怙恃，道光七年丁亥，从舅氏耿绶之先生学京师，次年之中州，旋来山左，依中表张公积功。"[⑥]

咸丰元年（1851年），吴载勋捐纳为候补知县，次年即被选用为山东文登知县，"知县加一级吴载勋，二年十一月选"[⑦]。《吴载勋履历》对此有载："（吴载勋）由候选知县，原选甘肃礼县知县，亲老题明，改选近省。

---

① 咸丰二年，《吴载勋履历》中载其"年三十九岁"，由此推算吴氏应生于1814年。见《吴载勋履历》，载秦国经主编《中国第一历史档案馆藏清代官员履历档案全编》第25册，华东师范大学出版社，1997，第626页。同治四年（1865年），吏部所呈《吴载勋履历单》中亦言："吴载勋现年五十二岁"，据此推算吴氏生年为1814年。见《呈捐复山东候补知府吴载勋履历单》，中国第一历史档案馆藏《宫中朱批奏折》，微缩胶卷编号：04-01-13-0305-049）

② 吴荫培言吴载勋"字宪嘉，号陶斋"。吴荫培：《〈蜀抱轩文杂钞〉序》，《蜀抱轩文杂钞》，宣统三年铅印本，载林庆彰主编《晚清四部丛刊》（第6编第120册），文听阁图书有限公司（台北），2010，第10页。

③ 《味陶轩集》则题为"丰溪吴载勋慕渠著"，今属安徽旌德县。见吴载勋：《味陶轩集》，页一，载《清代诗文集汇编》编纂委员会编《清代诗文集汇编》第681册，上海古籍出版社，2010，第520页。不过，《（民国）歙县志》对吴载勋的籍贯的记载有二：其一为"西溪南人"，见石国柱等修、许承尧纂：《民国歙县志》卷五，选举志仕宦，页十三，民国二十六铅印本。其二为"丰南人"，见石国柱等修、许承尧纂：《民国歙县志》卷六，人物志宦迹，页八十四，民国二十六铅印本。

④ 《吴载勋履历》，中国史学会济南分会《山东近代史资料》（第一分册），山东人民出版社，1957，第145页。

⑤ 张积中：《吴慕渠五十寿赠言》，《白石山房文抄》，载方宝川主编《太谷学派遗书》（第二辑第一册），江苏广陵古籍刻印社，1998，第229页。

⑥ 吴义培、吴荫培：《吴载勋哀启》，载中国史学会济南分会编《山东近代史资料》（第一分册），山东人民出版社，1957，第144页。

⑦ 《缙绅全书（咸丰四年春）》，北京荣禄堂刊本，第556页。

今岁擘山东登州府文登县知县。"① 随后，吴氏又"任留省防堵"②。此后，吴载勋因其办事干练、颇有政声而得以晋级升迁。咸丰四年（1854年），（文登县）"知县加一级"③。此后，吴氏历任代理武城、淄川等县知县，调补泰安、历城等县知县，其子吴荫培朱卷履历中对此有载："父，载勋，国学生，同知衔，山东文登县知县，调补泰安、历城县知县，历署武城、济宁直隶州知州，署济南知府。赏戴花翎，前山东候补知府，诰授朝议大夫。"④

吴载勋为官颇多政绩，尤其在历城县任上政声颇隆，得以升迁。当时，山东境内捻军兴盛，"历城县知县吴载勋精明干练，有胆有识，且与团绅民均相浃洽"⑤，确保境内平安。吴氏亦因防卫得力，深得时任山东巡抚文煜的赏识而擢升为济南知府，"以山东济南守城出力，赏知府吴载勋花翎"⑥。1862年9月，淄川爆发刘德培起义，吴载勋奉命前往弹压，但因"贻误战机"，致使淄川久攻不下而罢官，"城久不复，遂落职"⑦。同治四年（1865年），因吴氏再度捐输"兵谷"而复官，"嗣遵例捐，复知府原官。四年十二月初十日，经吏部带领引见，奉旨著准其捐复知府原官，照例用"⑧。

1865年，张积中因卷入王小花案件受到山东巡抚阎敬铭的调查，吴载勋在阎氏面前则为张氏多有美言，使其逃过一劫，"未几，张公之弟居黄崖，被口语，先严力保其无他"⑨。次年，黄崖事件爆发，吴载勋虽然从中竭力斡旋调解，但是事态严重且难以控制，吴氏也无力转圜且难逃罪责，最终被清廷革职流放，"吴载勋与逆首张积中戚属，向与同居黄崖山

---

① 《吴载勋履历》，载秦国经主编《中国第一历史档案馆藏清代官员履历档案全编》（第25册），华东师范大学出版社，1997，第626页。

② 方汝翼、贾瑚修，周悦让、慕荣干纂：《（增修）登州府志》卷三十三，文秩九，页六，光绪七年刻本。

③ （咸丰四年春）《缙绅全书》，北京荣禄堂刊本，第556页。

④ 顾延龙主编《清代硃卷集成》（第111册），成文出版社有限公司（台北），1992，第134页。

⑤ 文煜：《奏为委令吴载勋署理济南府知府并鼓垣代理潍县知县事》，中国第一历史档案馆藏《军机处录副奏折》（微缩胶卷），编号：03-4160-052。

⑥ （清）宝鋆、沈桂芬等纂修：《穆宗毅皇帝实录》卷一，载《清实录》（第45册），中华书局，1986，第83页。

⑦ 《吴载勋履历》，载中国史学会济南分会编《山东近代史资料》（第一分册），山东人民出版社，1957，第145页。

⑧ 《呈捐复山东候补知府吴载勋履历单》，中国第一历史档案馆藏《宫中朱批奏折》（微缩胶卷），编号：04-01-13-0305-049。

⑨ 《吴载勋履历》，载中国史学会济南分会编《山东近代史资料》（第一分册），山东人民出版社，1957，第145页。

内，虽无通匪实据，惟事前既不举发，又与委员前往查拿之时，以张积中业已他往，诳言相告，实属有意庇护，仅予发往军台，不足蔽辜，吴载勋着即革职，永不叙用，并发往黑龙江充当苦差"①。吴载勋在流放期间，因捐助梅针箭和马匹得到清政府的宽宥，允许其为边疆事务出力。②1869年，吴载勋因协助黑龙江将军德英、副都统克蒙额等人勘察东北疆界而功绩显著，再度被清政府赦免。③吴慕渠南下后，应时已调任西安将军的克蒙额之邀前往相助。④1872年，吴载勋东归，回到江苏。⑤光绪元年（1875年），吴载勋定居高邮车逻镇，其子吴义培有诗云："息影漫然临襞社，移家暂尔住车逻。"⑥除了参与太谷学派的活动，吴载勋并不主动与外界交往，几乎为人所遗忘，"光绪乙亥，携仲子（吴念培）及长孙葆生之江苏，途寓高邮州，时年逾六十矣。布衣蔬食，文翰自娱，岁时伏腊，徒步诣戚友家道旧故，人不知曾入宦途也"⑦。光绪十九年（1893年），吴载勋在高邮谢世，后归葬山东济南。

吴载勋早年即喜好仙道，追求隐逸生活，因而对太谷学派"圣功"产生倾慕之心，曾明确表示："予髫年读隐逸诸传，心窃慕之，尝有遗世之志。"⑧此后，吴氏虽进入宦海，但并留意升迁而长期醉心于学术，正如其表外甥女李素心所言："慕渠表母舅大人潜心孔孟，旁及二氏，虽现宰官身，而三教之书，无时不读，三教之与，无所不窥，殆所谓仕而优则学者也。"⑨吴载勋仰慕太谷"圣功"已久，但起初只是张积中的私淑弟子，并

---

① 《阎敬铭围剿黄崖山奏折》，中国第一历史档案馆藏《军机处录副奏折》（微缩胶卷），编号：03-166-8911-56。

② 万福麟修、张伯英等纂：《黑龙江志稿》卷三十一，武备兵事，页七十七，民国二十二年（1933年）铅印本。

③ 《吴载勋履历》，载中国史学会济南分会编《山东近代史资料》（第一分册），山东人民出版社，1957，第145页。

④ 李少平诗云："吴自黑龙戌所奉赦回京，旋赴西安将军之招，因赠之云尔"，"闻说将军能好客，感恩定比十郎多"。见李汉章：《寄吴慕渠西安》，《黄檗山人诗集》卷下，页二十四，光绪十四年刻本。

⑤ "前山东候补知府吴载勋直隶来。"《苏省抚辕事宜》，《申报》同治十一年十月十五日（1872年11月15日）第5版。

⑥ 吴义培：《庚辰二月悲三兄霭庭先生之逝》，载吴有祥、吴军航编著《明清西溪南诗词选》，安徽师范大学出版社，2019，第255页。

⑦ 《吴载勋履历》，载中国史学会济南分会编《山东近代史资料》（第一分册），山东人民出版社，1957，第144—145页。

⑧ 吴载勋：《题听泉图并序》，《味陶轩集》，页九，载《清代诗文集汇编》编纂委员会编《清代诗文集汇编》（第681册），上海古籍出版社，2010，第524页。

⑨ 《黄崖山案史料二种》之一《松门坐月图》，载中国史学会济南分会编《山东近代史资料》（第一分册），山东人民出版社，1957，第141页。

未正式及门，张积中在《吴慕渠五十寿赠言》中曾明确强调："慕渠为予姨弟，幼孤，先太夫人抚之如自己出，故予兄弟视慕渠如胞兄（弟）。……予少奉崆峒，得濂洛关闽之学。慕渠，予之小弱弟也，心向之，私淑于予。"①1856 年，张积中在山东黄崖开宗传学，吴氏得以正式执贽其门下，成为黄崖弟子。正如张静娟所言："慕渠四叔，宿契儒宗，早通禅学，已证当头之月，遂开不二之门。"②1857 年，吴慕渠曾作有《题听泉图并序》，详细描述了其入门前后的人生经历：

> 不堪往事忆崆峒，沦落人间西复东。手把念珠心已碎，春风惆怅海天空。
>
> 总是人间未了缘，洗心松下悟真诠。山光拥翠飞泉急，弹指声中路八千。
>
> 一卷金刚一味禅，人天消息竟芒然。记从伽叶传心印，逝水光阴廿四年。
>
> 收拾琴书归去来，万山深处锦屏开。自家听得源头活，坐对松荫冷绿苔。③

其中"记从伽叶传心印，逝水光阴廿四年"一句说明，吴慕渠私淑张积中的时间应在 1833 年，故其自认接受太谷"圣功"已达 24 年。

黄崖事件后，太谷学派北宗道统难以维系，吴载勋于光绪五年（1879 年）转贽李光炘为师，又成为龙川弟子。④

**2. 吴载勋的著述**

吴慕渠现存著述主要有《味陶轩集》《梦梦斋词航》和《吴慕渠诗余》，但不知何故，这些著述并没有收录在张德广的《归群宝籍目录》之中。

（1）《味陶轩集》

《味陶轩集》原名《梦梦斋诗集》，据吴斋白在《丰南志》所作按语：

① 张积中：《吴慕渠五十寿赠言》，《白石山房文抄》，载方宝川主编《太谷学派遗书》（第二辑第一册），江苏广陵古籍刻印社，1998，第 229 页。
② 《黄崖山案史料二种》之一《松门坐月图》，载中国史学会济南分会编《山东近代史资料》（第一分册），山东人民出版社，1957，第 141 页。
③ 吴载勋：《题听泉图并序》，《味陶轩集》页九，载《清代诗文集汇编》编纂委员会编《清代诗文集汇编》（第 681 册），上海古籍出版社，2010，第 524 页。
④ 谢逢源：《龙川夫子年谱》，载方宝川主编《太谷学派遗书》（第一辑第三册），江苏广陵古籍刻印社，1997，第 74 页。

"此书已刊,原名《梦梦斋诗集》,后改今名。琳记。"①《味陶轩集》现有宣统二年(1910 年)刻本,已收入《清代诗文集汇编》第 681 册。此书由其子吴荫培校刊,经其孙吴保珏、吴保琳、吴保森、吴保城和吴保璋校对。全书共收录吴氏诗 84 首、词 28 首和文 1 篇,文即《〈南园诗集〉叙》。不过,其子吴荫培在《新安吴氏艺文志略》则云:"《味陶轩集》,吴载勋著,诗八十四首、词二十三首、文一首。"②两者之间略有不同,主要是吴氏之词相差了 5 首。

《味陶轩集》记载了吴载勋与太谷学人之间的交游以及太谷学派活动的情况。例如,《哭张寄琴三兄咸丰甲寅三月》,不仅深情悼念张积功,而且披露了张氏死难临清前后的许多细节:

清源警报起蛮烟,画角声催寒撤天。誓守孤城酬圣主,捐躯挥泪读遗篇。(闻城将破,犹读《杀身成仁篇》。)

警传雉堞摧残日,犹冀危城可暂安。(南门为贼攻破,外城尚能拥兵固守。)岂意连宵烽火急,空将血泪伴春寒。

廿载相依共苦辛,曾经蓂灯话前因。伤君未遂旧山志,辜负睢阳百练身。(大兵相持十余日,不能解围,以致城陷,寄琴兄全家殉难。)③

根据诗作所言,张积功在临清城破时还在读《杀身成仁篇》,充分显示了太谷学派的所谓"立功"思想。

此外,吴氏的《消寒第三集时有海陵之役,惜未得与,归读诸君佳制,得截句一章以志欣羡》《消寒第六集夏路门兄以诗速客,因得七截一章》《消寒第七集应铭卿约以诗赠之》和《消寒第八集□□招饮得七律一章》等诗④,以及《浣溪沙·消寒第一集柳亭招饮并出大作属和勉应一阕》《绮罗香·消寒第三集题宾谷自画梅花九九消寒图》《菩萨蛮·消寒第四集》《南楼令·消寒第五集吴麟书招饮得此阕赠之》和《捣练子·寒消第九集》

---

① 吴吉祜:《丰南志》,载江苏古籍出版社编《中国地方志集成·乡镇志专辑》(第 17 册),江苏古籍出版社,1992,第 338 页。

② 吴荫培:《新安吴氏艺文志略》,清宣统三年(1911 年)刻本,第 5—6 页。

③ 吴载勋:《哭张寄琴三兄咸丰甲寅三月》,《味陶轩集》,页七,载《清代诗文集汇编》编纂委员会编《清代诗文集汇编》(第 681 册),上海古籍出版社,2010,第 523 页。

④ 吴载勋:《味陶轩集》,页十七至十八,载《清代诗文集汇编》编纂委员会编《清代诗文集汇编》(第 681 册),上海古籍出版社,2010,第 527—528 页。

等词①，反映吴氏多次赴泰州参加太谷同门的雅集活动。

（2）《梦梦斋词航》

据《新安吴氏艺文志略》云："《梦梦斋词航》，吴载勋，三十四世，慕渠辑。"②此书为吴氏早年编辑的宋代词人选集，曾由张积中加以筛选、编订，张氏在《吴慕渠五十寿赠言》一文中称其"好小词，得南北宋意。予为选《词航》"③。可见，在吴慕渠五十岁以前，此书已经编成。不过，此书因故一直未能刊行，黄崖弟子虞季升曾藏有抄本。1911年，吴齐白（保琳）在苏州拜见虞氏时，获赠此书抄本，"琳案，此书无存。但琳于宣统三年在苏州晋谒虞季叔五舅从哲醋库巷，康斋以钞本《梦梦斋词航》见贻，公张石琴先生选钞先祖选本也"④。后来，此书可惜毁于战火，"《梦梦斋词航》抄本二册……无刻本，惜携至太原，兵燹遗失"⑤。

（3）《吴慕渠诗余》

《归群词丛》中还载有《吴慕渠诗余》一种，不过此书仅辑录吴氏词作《南楼令题李香君小像》一首。⑥其实，《味陶轩集》中亦有此词，全文如下：

> 眉妩暗生愁，秦淮烟水流，送斜阳，下了帘钩。看到荼蘼春又去，谁与我、共登楼。 香冷玉搔头，西风两鬓秋，掩重门，清梦如鸥。眼底桃花襟上泪，知此恨、几时休。

对比两个版本，词句内容完全一样。不过，在《味陶轩集》中，此词名为《南楼令题香君小像 道光乙巳》，同时词末还有李少平的题注云："淑玉遗音。"⑦

① 吴载勋：《味陶轩集》，页二十三至二十四，载《清代诗文集汇编》编纂委员会编《清代诗文集汇编》（第681册），上海古籍出版社，2010，第531—532页。
② 吴荫培：《新安吴氏艺文志略》，清宣统三年（1911年）刻本，第5—6页。
③ 张积中：《吴慕渠五十寿赠言》，《白石山房文抄》，载方宝川主编《太谷学派遗书》（第二辑第一册），江苏广陵古籍刻印社，1998，第231页。
④ 吴吉祐：《丰南志》，载江苏古籍出版社编《中国地方志集成·乡镇志专辑》（第17册），江苏古籍出版社，1992，第338—339页。
⑤ 吴齐白：《黄崖案的回忆》，载中国史学会济南分会编《山东近代史资料》（第一分册），山东人民出版社，1957，第165页。
⑥ 张德广录录：《归群词丛》，载方宝川主编《太谷学派遗书》（第二辑第七册），江苏广陵古籍刻印社，1998，第119页。
⑦ 吴载勋：《菩萨蛮送赵既安之真州》，《味陶轩集》页二十八，载《清代诗文集汇编》编纂委员会编《清代诗文集汇编》（第681册），上海古籍出版社，2010，第529页。

### （二）李汉章及其著述

#### 1. 李汉章的生平

李汉章（1830—1884），原名元生，字少平，李光炘之长子，"（咸丰）十年庚寅……长子元生生。元生字少平，后改名汉章"①。李汉章曾号甘草山人，后改为黄檗山人，"初尝请别署于晴峰，晴峰字之曰'甘草山人'，俄窃易'甘草'为'黄檗'"②，故其著述名为《黄檗山人诗集》，亦称为《黄檗山人集》。

李汉章自幼聪颖，后来也是才华横溢、过人一筹，因此曾被李光炘寄予厚望，"汉章字少平，仪征人，李龙川晴峰子。……生时颇望汉章能传其学，而汉章生本歧嶷，长复卓荦，多奇节，才华高远豪迈，非异常可比，为文章下笔如春蚕食叶，顷刻数十纸"③。李汉章自幼擅长交游，不仅与太谷同人吴载勋、汪兰甫等人交游密切，而且与"江湖异人"朱子楼交谊浅厚。

同治十三年（1874年），为了实现太谷学派向社会上层的渗透，争取将淮军将领李长乐纳入太谷学派门下，李汉章秉承李光炘的意志，再度抛家弃室、背井离乡，远赴湖北襄阳出任李氏之幕僚。"长乐时统军荆襄，大惧不学无术，无以承上而下率其所属用，是求良师友之意日迫且专，而乃得吾亡友真州少平李君者。"④李汉章入幕之后，极力辅佐李长乐处理军中事务，事无巨细均精心谋划，使得军营诸事井然有序，得到充分肯定："少平肃静儒素，于书无所不窥，言经史大义娓娓，终日不倦，至于驭兵、和民、善后、救荒诸政率皆考究，情势参酌古今，一一可见之施行，而其归要本于儒术。予意师儒之遗绪其在于斯矣，而究其渊源所自，乃出于其尊人平山先生，而少平自以为细流土壤不훤也。予倾风向慕，以职守不得往。"⑤在李汉章潜移默化的影响下，李长乐最终服膺太谷学派，主动入赘龙川门下。⑥

① 谢逢源：《龙川夫子年谱》，载方宝川主编《太谷学派遗书》（第一辑第三册），江苏广陵古籍刻印社，1997，第6页。
② 中国科学院图书馆整理：《续修四库全书总目提要（稿本）》（第34册），齐鲁书社，1996，第508页。
③ 中国科学院图书馆整理：《续修四库全书总目提要（稿本）》（第34册），齐鲁书社，1996，第508页。
④ 黄葆年：《归群草堂文集》，载方宝川主编《太谷学派遗书》（第二辑第二册），江苏广陵古籍刻印社，1998，第56页。
⑤ 黄葆年：《归群草堂文集》，载方宝川主编《太谷学派遗书》（第二辑第二册），江苏广陵古籍刻印社，1998，第57页。
⑥ 张进：《李光炘与太谷学派南宗研究》，社会科学文献出版社，2012，第194—197页。

李汉章曾经"独居邴上十余年"①，于1884年去世，因其博学多才且对学派多有裨益，赢得太谷同人的尊重，黄葆年明确表示："长兄少平独行多艺，予所尊也。"②《续修四库全书总目提要》也评论道："中年而后归，卧家山，起居真州祠堂中，遂日益憔悴而殁，于是人多惜之。其人盖豪杰之士，未归平淡者也。"③

### 2. 李汉章的著述

李汉章的著作为《黄檗山人诗集》，又名《黄檗山人集》，上下二卷，现存有两个版本。第一种是李长乐刻本，二卷本，又分为光绪十年刻本和光绪十四年刻本。其中，光绪十年刻本藏于中国科学院图书馆，天津社会科学院图书馆、南京大学图书馆、南京图书馆和扬州图书馆则分别收藏有光绪十四年刻本。④扬州图书馆藏本还有藏者的眉批，眉批分为墨批和朱批两种，正如批注者云："小墨圈，此卷送来时已加，今以朱圈别之。"⑤

图4-6 《黄檗山人诗集》　　　图4-7 《龙川先生诗抄》

---

① 谢逢源：《龙川夫子年谱》，载方宝川主编《太谷学派遗书》（第一辑第三册），江苏广陵古籍刻印社，1997，第84页。
② 黄葆年：《黄氏遗书》，载方宝川主编《太谷学派遗书》（第一辑第四册），江苏广陵古籍刻印社，1997，第48页。
③ 中国科学院图书馆整理：《续修四库全书总目提要（稿本）》（第34册），齐鲁书社，1996，第508页。
④ 中国古籍总目编纂委员会编《中国古籍总目·集部》（5），中华书局、上海古籍出版社，2012，第2395页。
⑤ 李汉章：《黄檗山人诗集》卷上，页一，光绪十四年刻本。

《黄檗山人诗集》由龙川弟子王启俊、黄葆年校对后刊行，经费由李长乐提供。由于李汉章曾入李长乐军幕多年，彼此交谊深厚，故李长乐出资为其刊行诗集，正如黄葆年在为李长乐代作的序言中所云："少平既死，其友黄君锡朋乃以其生平所为诗一卷示，予受而读之，则少平子性情面目历历如在。呜呼！见其诗如见少平矣，乃为梓而行之以志。吾师友遇合与夫离别生死之感，至其诗于古人为如何则黄君能言之，予不赞一辞也。"①《黄檗山人诗集》与《龙川夫子诗抄》同一年刊行，不仅时间同为"光绪十有四年，岁在戊子七月"，而且刻本版式、形体等均相同。

第二种是归群草堂钞本，不分卷，只在《归群宝籍目录》中载，目前已佚失。《续修四库全书总目提要》中对此书作有提要介绍：

> 《黄檗山人集》，归群草堂写本，清李汉章撰。……晴峰门人因辑其诗文辞若干首，为《黄檗山人集》。所为诗不主一家，而高华纵横，不可方物，尤长于北曲，亦建拔与一般填曲家不类。观其"好功名须立马吴山峰顶，好姻缘须飞凤秦楼人影"语，即可见风格矣，而终不为世用。惜夫！②

《黄檗山人诗集》反映李汉章与其家人以及太谷同门之间的深厚情谊。1857 年，李汉章北上山东作有《将之山左留别芷庵弟》，明确表达了其不忍同胞兄弟分离的难舍之情，情感真挚，催人泪下。

> 乱离三五载，兄弟最情深。忽作北平别，同伤千里心。此时一分手，何日复开襟？唯见临歧叶，纷纷辞故林。③

李汉章多年的军幕生活在其诗作中亦有反映，如在《军门除夕》中吟诵：

> 雕戈岁晚静无哗，高枕襄阳十万家。共说将军新令篇，应怜战士

---

① 黄葆年代李汉春作：《〈黄檗山人诗集〉序》，《归群草堂文集》，载方宝川主编《太谷学派遗书》（第二辑第二册），江苏广陵古籍刻印社，1998，第 59 页。《黄檗山人诗集》收有此文，文字略有出入，但明确此文的时间为"甲申秋仲，世愚弟李长乐拜序"，即 1884 年。见李汉章：《黄檗山人诗集》序言，页一至二，光绪十四年刻本。

② 中国科学院图书馆整理：《续修四库全书总目提要（稿本）》（第 34 册），齐鲁书社，1996，第 508 页。

③ 李汉章：《将之山左留别芷庵弟》，《黄檗山人诗集》卷下，页一，光绪十四年刻本。

久天涯。寒消鼓角声犹壮，春入屠苏兴正赊。堪笑书生无健骨，也扶
长剑看梅花。①

李汉章以"博学多文，以理学自是"②，诗才胜过常人许多，并先后对
李光荣的《南园集》、吴载勋的《味陶轩集》、宗士材的《澄碧堂遗诗》等
太谷同人的著述作有点校和评注。李汉章对汉唐古诗多有研究和点评，其
赞誉李白诗为"文章千万篇，逸气良足嘉。飘如出山云，泛若横河槎"③，
评价杜甫诗为"性分文章古所师，杜陵一卷恰当之"④。李氏观点被黄葆年
的《〈古诗源〉批注》大量引用，如对《艳歌行乐府歌辞》的评注为"李
云此等其情拗笔，惟汉人擅场，后人莫说做不出，直是想不到"⑤，《燕歌
行》的眉批为"李云以抗爽之笔写缠绵之情，令人百读不厌"⑥。

### （三）朱玉川及其著述

#### 1. 朱玉川的生平

朱渊（1832⑦—1911⑧），又名志濬，字玉川，山东长清人，《长清

---

① 李汉章：《军门除夕》，《黄檗山人诗集》卷下，页二十八，光绪十四年刻本。
② 谢逢源：《龙川夫子年谱》，载方宝川主编《太谷学派遗书》（第一辑第三册），江苏广陵
　　古籍刻印社，1997，第 84 页。
③ 李汉章：《题太白集》，《黄檗山人诗集》卷上，页十九，光绪十四年刻本。
④ 李汉章：《读杜少陵集》，《黄檗山人诗集》卷上，页二十二，光绪十四年刻本。
⑤ 黄葆年：《〈古诗源〉批注》，焕文堂藏版，卷二，泰州图书馆藏抄本。
⑥ 黄葆年：《〈古诗源〉批注》，焕文堂藏版，卷五，泰州图书馆藏抄本。
⑦ 陈辽考证朱玉川生年为 1834 年。见陈辽：《"出土"学者和诗人朱玉川》，《山东社会科
　　学》1989 年第 4 期，第 44 页。此说似乎有误，因为朱玉川在《上黄蒋两先生书》自言：
　　"客岁八月初十日接奉七月二十五日复示，……闲尝清夜自思，不但七十五岁前未尝一
　　日真实回向，即自去年得奉至教后，仍未尝一日真实回向也。"见朱玉川：《上蒋蒋两先
　　生书》，《养蒙堂遗集》，载方宝川主编《太谷学派遗书》第一辑第二册，江苏广陵古籍
　　刻印社，1997，第 75 页。此信应当作于蒋文田在世时，考蒋氏卒于 1909 年，而信中
　　"客岁"一词，说明此信迟写于 1908 年。朱氏在信中又自云："不但七十五岁前……
　　即自去年得奉至教后"，仔细分析，其当时似应为 76 岁，由此推算朱玉川似应出生于
　　1832 年。
⑧ 朱玉川的年纪有两种说法，第一种是张德广言朱玉川"卒年七十有八"。见张德广：《校
　　后识》，载朱玉川《养蒙堂遗集》，收入方宝川主编《太谷学派遗书》第一辑第二册，江
　　苏广陵古籍刻印社，1997，第 282 页。第二种则是《长清县志》记载朱玉川"卒年七十
　　九岁"。见李起元等修、王连儒等纂：《长清县志》卷十三，人物志三懿行，页三，民国
　　二十四年（1935）铅印本。朱玉川在《自徽》中自言已经 78 岁，"人生七十古来稀，吾
　　今已七十有八矣，何幸之甚也，所谓一则以喜。然人生百年终有死，吾今已七十有八
　　矣，何危之甚也，所谓一则以惧。"见朱玉川：《自徽》，《养蒙堂遗集》，载方宝川主编
　　《太谷学派遗书》第一辑第二册，江苏广陵古籍刻印社，1997，第 29 页。由于这是朱氏
　　生前之作，故其极有可能活至 79 岁，据此推算朱玉川卒于 1911 年。

县志》有载:"朱志濬,字玉川,顺保前辛庄人。"① 朱玉川为朱泽普的次子②,其兄为朱瀛。

1857 年,张积中黄崖讲学时,朱渊与其兄朱瀛同拜张氏为师。1866年,黄崖事件中,朱玉川因张积中委派在外而幸免于难,但其长兄朱瀛则死难黄崖。据时任武定府知府张鼎辅的禀告,朱渊与朱尚电等六人"系泰运兴公店商伙,于二十七八等日先后逃走"③。黄崖事件后,朱玉川冒着极大的风险,收集太谷学派门人遗骸,处理入殓等善后事宜,"独椎心泣血,奋造黄崖之巅,尽敛被难遗骸,分别男女,瘗于山上,树碣志之"④。

黄崖教案后,太谷学派北宗式微,无力承续道统,黄崖弟子"恍如失乳婴,未解自调养。又如失群雁,孤鸣在宿莽"⑤。在北宗弟子孱弱无力的情况下,南北合宗应当是最佳的路径选择,也可将黄崖弟子的地域优势最大化。因此,朱玉川、朱莲峰、叶少仙等黄崖弟子也积极响应李光炘"南北合宗"的倡议。

黄葆年为官山东后,其官署成为太谷学派南、北二宗弟子活动的重要基地,朱玉川不顾年老体老,时常前去游学,其尊道进取精神尤其令人感动。就连颇为自负的高尔庚对其也钦佩不已,赋诗赞誉其不辞辛劳为太谷学派南北合宗作出的贡献:

> 久钦厚德深饥渴,福山相逢信靡他。七十老翁犹孺子,千秋事业付山阿。西归周道同心在,天版朱霞仰首多。此别能无离索感,年年嘉会记经过。⑥

随着黄葆年解组南归,朱玉川携弟朱莲峰随之南下游学姑苏,先后参加癸卯(1903 年)和甲辰(1904 年)的归群草堂重阳会,此举得到蒋文

---

① 李起元等修、王连儒等纂:《长清县志》卷十三,人物志三懿行,页三,民国二十四年(1935)铅印本。

② 谢逢源有一副对联曰:"明月松间照,春风柳上归。"并题有"玉川二哥大人教正"。见 http://book.kongfz.com/17074/551160823/。

③ 《张鼎辅陈阎敬铭武属通匪人员名单》,载冯雷、王洪军整理《阎敬铭友朋书札》(下),凤凰出版社,2021,第 484 页。

④ 张德广:《校后识》,载朱玉川《养蒙堂遗集》,收入方宝川主编《太谷学派遗书》(第一辑第二册),江苏广陵古籍刻印社,1997,第 281 页。

⑤ 黄葆年:《述怀赠仲杰》,《归群草堂诗集》,载方宝川主编《太谷学派遗书》(第二辑第二册),江苏广陵古籍刻印社,1998,第 84 页。

⑥ 高尔庚:《福山署中喜见朱玉川渊,临别书扇以赠》,《井眉居诗抄》,页二十六,民国十二年铅印本。

田的赞许，"两君子以乐道好善之心，寻温故知新之乐，嘤其鸣矣"①。黄葆年在苏州收徒传学后，朱玉川认为归群草堂是黄崖弟子修习的最佳去处，"移家到吴，最为妥善，归群草堂固今之桃源也"②，先后让弟子毛葆卿、吴敬轩、李祖峰、许信之、葛荛先、张述明、张寿三、朱兴海等人"重游吴门"③。朱氏让其门弟子执贽黄葆年门下，破除了太谷学派内部的边界，壮大了归群弟子的队伍，有效地推动太谷学派的南北合宗。

晚年的朱玉川在弟子张述明的支持下，与其弟朱莲峰、侄儿朱效川在山东肥城开设养蒙堂④，"养蒙堂即在峦峪述明家中"⑤，对"黄崖难裔子弟"授学传道，"每遇叩请，莫不详阐至理，反复指导，皆悦服而去。一时南北学者翕然宗之。盖继黄崖太夫子之后，授学北方者惟先生"⑥。朱玉川的"养蒙堂"产生了很大的影响，"盖继黄崖太夫子之后，授学北方者惟先生。而至今山左学风绵炽，长清、肥城间尤人文蔚起，皆沐先生化泽之所致也"⑦。《长清县志》对朱氏亦有传赞曰："读书不寻章摘句，以穷理达用为务。虽以文章取士，然教人从无字处读书，从有用处着力，又令学者于月夕花晨寻孔颜乐处。常与江苏进士黄葆年、山东候补道刘鹗为至友，二公号称儒吏者，不知其人，观其友，即此益信玉川之德行矣。"⑧

### 2. 朱玉川的著述

朱玉川的著述为《养蒙堂遗集》，原本由其弟子张述明侄孙张伯琼私藏。1933 年，张伯琼南下苏州，交由张德广进行编辑整理，"（张）述明侄孙伯琼藏先生遗诗若干首。癸酉冬，赍来吴下，归群小子张德广敬厘为

① 蒋文田：《覆朱玉川书》，《龙溪先生文抄》，载方宝川主编《太谷学派遗书》（第二辑第四册），江苏广陵古籍刻印社，1998，第 33—34 页。
② 朱玉川：《复吴敬轩书》，《养蒙堂遗集》，载方宝川主编《太谷学派遗书》（第一辑第二册），江苏广陵古籍刻印社，1997，第 201—202 页。
③ 朱玉川：《复李祖峰书》，《养蒙堂遗集》，载方宝川主编《太谷学派遗书》（第一辑第五册），江苏广陵古籍刻印社，1997，第 99 页。
④ 李泰阶言："效川兄来泗，述尊意……效川兄明年设帐尊斋，朝夕谈心，定多乐趣。其能相与，以有成乎，弟将翘首以望。见李泰阶：《致张述明书》，《双桐书屋文录》卷上，页五十三，抄本。可见，养蒙堂的开办应在黄葆年任职泗水期间。1898—1900 年，黄葆年、蒋文田等推动太谷学派南北同人祭祀张积中，故养蒙堂的开办应在 1900 年。
⑤ 张德广：《校后识》，载朱玉川《养蒙堂遗集》，收入方宝川主编《太谷学派遗书》（第一辑第二册），江苏广陵古籍刻印社，1997，第 282 页。
⑥ 张德广：《校后识》，载朱玉川《养蒙堂遗集》，收入方宝川主编《太谷学派遗书》（第一辑第二册），江苏广陵古籍刻印社，1997，第 281—282 页。
⑦ 张德广：《校后识》，载朱玉川《养蒙堂遗集》，收入方宝川主编《太谷学派遗书》（第一辑第二册），江苏广陵古籍刻印社，1997，第 282 页。
⑧ 李起元等修、王连儒等纂：《长清县志》卷十三，人物志三懿行，页三，民国二十四年（1935）铅印本。

四卷而藏之，缮校竣"①。

《养蒙堂遗集》现存为"泰州本"，包括正文四卷《诗余》以及张德广所作《朱玉川传》一文。其中，《诗余》只有2首，即《清平乐怀赵君伯言》《前调再寄伯言》两首。

《养蒙堂遗集》在张德广辑校之前，曾由黄葆年、毛庆蕃分别通读，毛庆蕃在《游山说》末题写"弟蕃拜读"②。黄葆年还对朱氏著述多有点评和眉批③。

《养蒙堂遗集》卷一为朱玉川所作文论十七篇，主要是其与太谷同仁及门弟子之间进行学术交流的内容，其中多有其对太谷"圣功"的诠释和阐发。卷二收录书信三十通，主要是其与黄葆年、蒋文田、毛庆蕃、乔树枏等太谷学派重要人物，以及门徒柴翙凌、李祖峰等人之间的信函，涉及太谷学派的内部活动及其太谷同人之间的交往。卷三收录书信三十一通，主要是其与弟子陈亦峰、许信之、吴敬轩、葛先苪、张述明、张寿三、李瑞符和朱舆海之间的通信，多为其对门弟子修习太谷"圣功"时所遇困惑的指点迷津。卷四收录其诗七十七首，其中既有对太谷学人及学派活动的记述，又有与亲友、同门之间的抒怀之作，还有一些是朱氏的即景抒情之作。

其一，反映养蒙堂聚徒教学的情况，尤其对太谷"圣功"多有阐释和发挥。

《学说》《阙题文三十一首》等文似为朱玉川授学传道的内容，涉及太谷学派对性情身命、良知良能、格物致知、心息相依、修身养性、亲师取友等主要命题的理解。太谷学派一直重视对《大学》的阐发，朱玉川则将"明明德""亲民"分别归结为"致知之学""格物之学"，"明明德者，致知之学也；亲民者，格物之学也。圣人教人，只此二事而已"④。其视格物致知之学为圣人"唯二"之事，"故大学之始功曰致知在格物，其极功曰物格而后知至。致知在格物者，以命度身，所谓以真制假也；物格而后知至者，身来归命，所谓借假成真也。圣人教人，只此二事；圣人之能事，

---

① 张德广：《校后识》，载朱玉川《养蒙堂遗集》，收入方宝川主编《太谷学派遗书》（第一辑第二册），江苏广陵古籍刻印社，1997，第282页。

② 朱玉川：《游山说》，《养蒙堂遗集》，载方宝川主编《太谷学派遗书》（第一辑第二册），江苏广陵古籍刻印社，1997，第10页。

③ 朱玉川：《学说》，《养蒙堂遗集》，载方宝川主编《太谷学派遗书》（第一辑第二册），江苏广陵古籍刻印社，1997，第3、6、8页。

④ 朱玉川：《学说》，《养蒙堂遗集》，载方宝川主编《太谷学派遗书》（第一辑第二册），江苏广陵古籍刻印社，1997，第5页。

亦只此二事"①。

朱玉川在《阙题文》之十五对"心息相依"的阐释为："心息本相依也，心不倚息，神外驰也，倚于息则庶乎弗放其心焉。息不倚心，气下陷也，倚于心则庶乎弗昏其德焉。"②可见，朱氏认为心息相依就能够实现心不外驰、神不外溢，即做到"求放心""求诸气"从而避免"昏德"。故其总结为"学问之道不过求诸心、求诸气二者而已。求诸心，致知也，穷理也。知之为知之则穷理，可以穷到穷处，所谓日新又新也，不废一毫之昏，放大光明。求诸气，格物也，尽性也，不知为不知则尽性，可以尽到尽处，所谓撒手又撒手也，不起一毫之念，重重归真"③。

其二，劝勉门弟子转入归群草堂，并对太谷学派南北二宗之间的学术差异作有辩解。

归群草堂建立后，朱玉川直接推动其门弟子毛葆卿、吴敬轩、李祖峰等人南下转向黄葆年、蒋文田请业问学。吴敬轩发现以黄葆年为首的太谷学派南宗弟子研习"心息相依、转识成智"的修习路径，与太谷学派北宗有所不同，故一度"疑黄师讲学乃修性之学，非修命之功"。朱玉川对此提出严厉批评，认为："此其智不足知圣也。智足以知圣颇不易到，况新入门者乎？"为了打消吴敬轩的疑虑和误解，朱氏特意向其解释黄氏之学为"性命双修"，"'只修性，不修命'等语总是教人性命双修之意。大学曰致知在格物，而后知斯言尽之矣，何也？致知，性学也。格物，命功也。程子曰言性不言气，不备；言气不言性，不明。黄先生曰心息相依，细玩其语，双修之义亦可以思过半矣"④。朱氏指出："佛教重致知，是教人从修性入门也，而至于成佛，则命亦无不修矣；道教重格物，是教人从修命下手也，而至于作祖，则性亦无不修矣。往圣则兼之，故黄师之谈学，性命双修者也，观教人以心息相依可见矣！"⑤显然，朱氏认为，黄葆年继承了周太谷、张积中和李光炘等"往圣"兼融佛门"致知"和道家"格物"的做法，通过践行儒家的"格物致知"，真正实现"性命双修"。

① 朱玉川：《上毛葆卿书》，《养蒙堂遗集》，载方宝川主编《太谷学派遗书》（第一辑第五册），江苏广陵古籍刻印社，1997，第99—100页。

② 朱玉川：《阙题文三十一首》之十五，《养蒙堂遗集》，载方宝川主编《太谷学派遗书》（第一辑第二册），江苏广陵古籍刻印社，1997，第47页。

③ 朱玉川：《与张述明书》，《养蒙堂遗集》，载方宝川主编《太谷学派遗书》（第一辑第五册），江苏广陵古籍刻印社，1997，第205页。

④ 朱玉川：《复吴敬轩书》，《养蒙堂遗集》，载方宝川主编《太谷学派遗书》（第一辑第二册），江苏广陵古籍刻印社，1997，第197页。

⑤ 朱玉川：《复吴敬轩书》，《养蒙堂遗集》，载方宝川主编《太谷学派遗书》（第一辑第二册），江苏广陵古籍刻印社，1997，第188页。

# 第五章　李光炘及龙川弟子著述

## 第一节　李光炘的生平与传学

### 一、李光炘的生平

李光炘（1808—1885），又名李炘，字晴峰，号平山，江苏仪征人。李光炘道号子炘，又号群玉山人，甘草山人，晚号龙川老人，后人尊其为龙川先生。太谷学派北宗弟子尊称其为龙川三夫子，太谷学派三传的归群弟子则尊称其为龙川太夫子。

李光炘出生于仪征的一个比较富庶的家庭，"故富家翁也"①，十五岁进入仪征县庠学，"晴峰少工词章，有异才"②。道光八年（1828年），成为廪贡生，按例授"修职郎，候选儒学训导"③。李光炘早年全力谋求仕途，亦是一心只读圣贤书。道光十一年（1831年），李光炘的人生发生重大转折。此年冬，其"偕同邑张先生从安徽池州周夫子游，寓扬郡旧城海岛巷"④，成为周太谷弟子。李光炘入贽后，受到周氏的器重，不仅获得"大弟子"的身份，而且被赋予"传道于南"的重任，"初太谷既传道，乃申告之曰：'汝等将来各有专责，子炘将来当传道于南，子中当还道于北'"⑤。

---

① 谢逢源：《龙川夫子年谱》，载方宝川主编《太谷学派遗书》（第一辑第三册），江苏广陵古籍刻印社，1997，第33页。

② 中国科学院图书馆整理：《续修四库全书总目提要（稿本）》（第34册），齐鲁书社，1996，第508页。

③ 谢逢源：《龙川夫子年谱》，载方宝川主编《太谷学派遗书》（第一辑第三册），江苏广陵古籍刻印社，1997，第1页。

④ 谢逢源：《龙川夫子年谱》，载方宝川主编《太谷学派遗书》（第一辑第三册），江苏广陵古籍刻印社，1997，第6页。

⑤ 谢逢源：《龙川夫子年谱》，载方宝川主编《太谷学派遗书》（第一辑第三册），江苏广陵古籍刻印社，1997，第46—47页。

李光炘入贽百日之后，周太谷即病亡，因此李氏当时并未领悟周氏学术之精奥。此后的十余年，李光炘则是游遍名山大川，曾经四次匡庐"问道"，并有三次杭州西湖之旅以及一次"北上"之行。其间，李光炘先后与钱秋岘、孔宥函、汪兰甫、张安保、吴嘉宾等文人雅士游学，并结交了三明和尚、二虎王、狗皮张等江湖"异人"。

除了频繁游学、问道，道光二十二年（1842 年）至咸丰三年（1853年）是李光炘的"山居"时期①，李光炘还效仿汉代著名隐士严子陵和尚子平②，隐居于扬州西山，刻苦求学，以求"自悟"。③通过长期而艰辛的努力，1848 年，李光炘终于实现了对太谷"圣功"的融会贯通，正如《续修四库全书总目提要》中所云：李光炘"腐心于身心性命之学，不数年，尽得心传"④。这不仅使李光炘成为太谷学派一传的重要代表，也为其"传道于南"、开宗立派奠定了学术思想之基础。

咸丰三年（1853 年），太平天国定都天京后，扬州、仪征地区遭受太平天国战火的影响，经济、社会等遭受重创，"自粤氛难作，桑梓龙荒，昔之水榭风亭，今则鞠为茂草"⑤。李氏家族因此也四散避难，生活也难以维系。由于战火连绵，李光炘的"山居"生活被彻底打乱，李光炘不得不长期避乱于江都邵伯湖附近，经济状况更是每况愈下，生活一度非常拮据，"避乱乡居，资用甚绌"⑥。咸丰九年（1859 年），当谢逢源及门时，发现李光炘已是家徒四壁，"逢源初谒师于丁家伙，茅屋苟完而已，室贴一联云：'心传十六字，家法五千言。'四壁萧然，有寒素风。亲炙既久，与闻轶事，乃知师故富家翁也"⑦。

---

① 扬州西山有十三集之说，以陈家集（今仪征市陈集镇）为中心。"西山地幅极广，接壤天长、仪征、六合诸境，约二百余里。在甘泉县境内着集十三，设巡司辖之。而陈家集为适中之地，公廨在焉，故推为首。"林溥：《扬州西山小志》，广陵书社，2005，第1 页。

② 李光炘作有《咏史》："汉代多隐者，吾爱严与尚。平平两君子，无得亦无丧。"李光炘：《群玉山房诗抄》，载方宝川主编《太谷学派遗书》（第二辑第二册），江苏广陵古籍刻印社，1998，第 59 页。

③ 李光炘：《〈群玉山房诗抄〉续集》，载方宝川主编《太谷学派遗书》（第二辑第二册），江苏广陵古籍刻印社，1998，第 155—156 页。

④ 谢逢源：《龙川夫子年谱》，载方宝川主编《太谷学派遗书》（第一辑第三册），江苏广陵古籍刻印社，1997，第 1 页。

⑤ 李汉章：《〈西山八咏〉注》，载李光荣《南园集》卷上，页九，同治元年刻本。

⑥ 谢逢源：《龙川夫子年谱》，载方宝川主编《太谷学派遗书》（第一辑第三册），江苏广陵古籍刻印社，1997，第 45 页。

⑦ 谢逢源：《龙川夫子年谱》，载方宝川主编《太谷学派遗书》（第一辑第三册），江苏广陵古籍刻印社，1997，第 33 页。

### 二、李光炘的传学

张积中北上齐鲁之后，李光炘则长期避乱于江都的艾菱湖，或许是其认为传学授课的时机尚未成熟，缺乏收徒的主动性和积极性，其门下弟子也屈指可数，正如刘厚滋所论："李龙川氏初设讲席于大江南北，从游弟子，亦只数人。"[①] 不过，李光炘定居龙川后，感觉"传道于南"的时机已近成熟，因此加快了授学传道的步伐。

咸丰九年（1859年），李光炘开始大规模收徒，谢逢源、谢希鲁兄弟得以率先入门。咸丰十一年（1861年），李光炘特命其弟子谢逢源先后前往龙川、邵伯、高邮、海陵等地，广泛宣传，扩大声势，拉开了广收门徒的序幕。管本厚、顾吉人、江岷、顾牧、周璧、颜秀、刘燕成、李德生、丁如愚、陈士毅、蒋文田、曹嘉福、王锦章、吴大全、吴嵩庆、拱铨、黄葆年、王锦明、刘玉山等人也先后及门。

同治元年（1862年）五月，李光炘开始在江都宜陵筹划创建龙川草堂，同治二年（1863年）四月，龙川草堂正式落成。龙川草堂的创设，意味着李光炘"传学于南"的正式启动，"龙川草堂的建成与开学，标志了学派南宗的正式形成"[②]。

龙川草堂的存续时间并不长，前后不过三年时光，就因黄崖事件的爆发而中道而止。同治五年（1866年），张积中全家及门下弟子数百人罹难黄崖，太谷学派北宗也背负上"莫逆"罪名。由于张积中黄崖传学的门徒众多、影响甚大，使得清政府不能不严加整治，"今者张逆勾结官府庠校之多、四五府之广（奸民奔赴），使逆党仍混迹于宦途，匪徒仍潜踪于里党，恐朝廷之纪纲不立，而善良之衽席难安，似不可不再清理之也"[③]。清政府试图彻底铲除太谷学派，采取一网打尽的政策，阎敬铭"仍一面密饬各属，密查在逃余党，以绝根株。倘该地方官仍前聋聩，惟有呈准参办，期安闾阎，以行宸衷。至此外无逃匿，更当严饬各属，随时密查，以期消祸未萌，余恶务尽"[④]。

黄崖事件后，迫于形势，李光炘中止讲学，遣散弟子，龙川草堂也出租给他人为学塾。当时，龙川草堂讲学不仅无疾而终，而且李光炘及其

---

① 刘厚滋：《张石琴与太谷学派》，《辅仁学志》第九卷第一期（1940年6月）。

② 方宝川：《谢逢源稿本〈龙川弟子记〉》，《文献》2003年第1期，第197页。

③ 《陈介祺致阎敬铭》，载冯雷、王洪军整理《阎敬铭友朋书札》（上），凤凰出版社，2021，第16页。

④ 《阎敬铭围剿黄崖山奏折》，中国第一历史档案馆藏《军机处录副奏折》（微缩胶卷），编号：03-166-8911-57。

龙川弟子被迫四处离散。李氏狼狈不堪的凄惨境遇，正如谢逢源所描述：
"时风鹤之警，处处有之。于是一迁于储家渡，再迁于天滋河。夏，刘玉
山至海陵，请迁如皋。时师已往浙江，从之者惟季平、拱铨二人。玉山乃
奉师母迁如皋冒家桥，行李匆匆，席不暇暖，栖遑之状，概可想见。"①

　　李光炘在泰州的主要活动，并不局限于传道授学，更多的则是开展各
种形式的社会交游。李光炘定居泰州后，几乎每年的春夏秋三季都出游②，
北上京畿，东至淞沪，这使得太谷学派南宗的社会影响逐渐扩大，也为其
进一步扩大社会交游创造了良好条件。

　　随着李光炘讲学影响的日渐扩大，龙川弟子的数量也与日俱增，"乃
开讲舍于大江南北，承太谷道统，海内之士，执经问字者几万人，聪明特
达之世（士）亦数千人焉"③。马一浮亦曾听说："闻李、黄之为教，弟子依
之以居者甚众。……当时淮军下级军官隶其门者亦不乏人云。"④

　　经过李光炘多年"传学于南"的艰苦努力，虽然其逐渐步入垂暮之年，
但太谷学派南宗的骨干力量基本形成，"从游者多海内振奇士，南州毛庆
蕃、长白荣庆、海陵黄葆年、泰州蒋文田、丹徒刘鹗，其尤者也"⑤。太谷
学派南宗初步确立了由门下四大弟子共同主事的格局，即由黄葆年（字锡
朋）、蒋文田（字子明）、陈士毅（字建安）和谢逢源（字石溪）各司其责，
协同运作，"师在海陵尝曰：'吾门有建安，则子弟日亲；有锡朋，则讲学
益明。'又曰：'子明好学，可为教授也；石溪通变，可使四方也'"⑥。因此，
李光炘在泰州传学，也为太谷学派渡过难关，日后得以复兴，奠定了人员
和组织方面的基础。

---

①　谢逢源：《龙川夫子年谱》，载方宝川主编《太谷学派遗书》（第一辑第三册），江苏广陵
　　古籍刻印社，1997，第 63 页。
②　王学钧：《"二巳传道"考辨——刘鹗与太谷学派关系论考之一》，《明清小说研究》1990
　　年第 3 期，第 316 页。
③　中国科学院图书馆整理：《续修四库全书总目提要（稿本）》（第 34 册），齐鲁书社，
　　1996，第 508 页。
④　马一浮：《马一浮全集》（第 1 册下语录），浙江古籍出版社，2013，第 694 页。
⑤　中国科学院图书馆整理：《续修四库全书总目提要（稿本）》（第 34 册），齐鲁书社，
　　1996，第 792 页。
⑥　谢逢源：《龙川夫子年谱》，载方宝川主编《太谷学派遗书》（第一辑第三册），江苏广陵
　　古籍刻印社，1997，第 96 页。

## 第二节　李光炘的著述

李光炘传学时，长期严守太谷学派"述而不作"的传统，不事著述，正如张南皽所言："晴峰著书亦不多。"① 黄崖事件后，由于担心政治牵涉，李光炘将其著作大多销毁，"晴峰当黄崖事发后，虽相率韬晦，幸逭于祸。闻沈文肃督两江时，亦尝欲名捕之，晴峰乃自毁其书，故诗抄外，几无所存"②。因此，李光炘著述留存不多。

根据张德广的《归群宝籍目录》和《归群宝籍目录续编》记载，李光炘的著作主要包括《李氏遗书》《龙川先生文集》《龙川先生诗集》《龙川弟子记》《观海山房追随录》《龙川太夫子遗著》等 6 种。其中，《龙川先生诗集》分为《龙川先生诗抄》《龙川先生诗文补抄》，又名《群玉山房诗抄》《〈群玉山房诗抄〉续集》。《观海山房追随录》又名《龙川草堂语录》。《龙川先生文集》由归群弟子顾咸珍摘录、鲁宗周校对，列为《归群宝籍》的第六种，现已佚失。《归群词丛》中还收有《龙川草堂诗余》一卷，此为李光炘的词作。此外，泰州图书馆还藏有《李龙川手批〈四书集注〉》《雨窗杂录》以及萧齐辑录的《龙川遗著》，但此三书并不见于张氏目录，故李光炘著作总共为 10 种，现存 9 种。

### 一、《李氏遗书》

《李氏遗书》，一卷，抄本，"刘家本"，又称为爱莲堂写本，因其抄写在爱莲堂毛边纸上，其装潢版式与《周氏遗书》相同。1933 年，刘大绅、潘孝侯出版《龙川先生诗抄》时将其作为附录部分加以刊行，此版中还附录李光炘的《素隐述》一文。

《李氏遗书》主要记述了李光炘与龙川弟子之间的问答记录，《续修四库全书总目提要》对此书作有提要，并作有详细评述：

> 《李氏遗书》一卷，周氏爱莲堂本，清李光炘撰。……学者称龙川先生，著有《素隐述》《龙川诗集》《龙川文集》等书，除诗集外，皆未刊行。《李氏遗书》为其讲学语录，共不过百则，迫门弟子辑其

---

① 张南皽：《〈龙川先生诗抄〉跋》，《佚丛甲集·龙川先生诗抄》，页三十八，载殷梦霞、王冠选编《古籍佚书拾存》（第八册），北京图书馆出版社，2003，第 363 页。

② 张南皽：《〈龙川先生诗抄〉跋》，《佚丛甲集·龙川先生诗抄》，页四十至四十一，载殷梦霞、王冠选编《古籍佚书拾存》（第八册），北京图书馆出版社，2003，第 368—369 页。

遗言所成，而大都深仁明达，卓然大儒之言。①

李光炘诠释了太谷学派与传统儒学之间的根本差别。例如，《孟子·离娄上》言："自暴者，不可与有言也；自弃者，不可与有为也。言非礼义，谓之自暴也；吾身不能居仁由义，谓之自弃也。"李光炘通过对"道"之辨析，总结了汉学、宋儒及太谷学派之间差异：

> □□问："自成。"曰："孔子自道而已矣，尧舜自得之者也。若汤，善自反之者也。素隐行怪，将自欺乎？半途而废，将自弃乎？其甚也，将归于自暴而已矣！勇于自暴而不回者，跖之徒也。予忍言哉，予忍闻哉！"②

这表面上是对"学道"之人之"言非礼义"和"吾身不能居仁由义"行为的批评，实质上是对汉学、宋儒弊端进行深刻的批判，从而昭示太谷学派对"道"追求的决心和毅力，因为李光炘认为"素隐行怪是汉学，君子遵道而行；半途而废是宋学，君子依乎中庸；遁世不见，知而不悔是空同之学"③。李光炘通过反对自欺、自弃和自暴，宣扬和强化了知而不悔、勇于悔改的学派宗旨，强调如果个人敢于自暴却不思悔改，简直就是盗跖之徒，太谷学派也不屑与之言说。

李光炘对四书五经等传统儒学经典多有阐发，反映着太谷学派所具有的民间儒学特色。李光炘通过"予人美食予己恶食"与"予己美食予人恶食"的比较，强调人之本性应该是尽人及己，由己推人，从而诠释了《孟子·尽心上》中"尽其心者，知其性也。知其性，则知天矣。存其心，养其性，所以事天也。夭寿不二，修身以俟之，所以立命也"的真正内涵。李光炘在回答弟子的提问时，表达了自己的观点：

> 或问："尽己推己之说。"曰："一，食也。以美食食人，己虽恶食，而未尝不饱者。于食之义已尽于食之道，己推也。反是而思，以恶食食人，己虽美食，庸能饱乎？斯，意也，岂待教哉，亦岂待学

① 中国科学院图书馆整理：《续修四库全书总目提要（稿本）》（第34册），齐鲁书社，1996，第792页。

② 李光炘：《李氏遗书》，载方宝川主编《太谷学派遗书》（第一辑第三册），江苏广陵古籍刻印社，1997，第3页。

③ 李光炘：《龙川弟子记》，载方宝川主编《太谷学派遗书》（第一辑第三册），江苏广陵古籍刻印社，1997，第12页。

哉！人性然，予性亦然。"他日又请益。曰："资于事母以事父而爱始推矣，资于事父以事君而敬始。尽矣，明乎此者，可以事人，亦可以事天也。"①

李光炘认为中国传统礼仪是先王教化民众的一种重要方法和规则，正如其言：

> 或问于□□曰：《礼》云，仲春今会，男女奔者不禁，果有诸？曰：有之。曰：何为其然也？□□喟然叹曰：呜呼！先王之为教也，礼乐而已矣。乐胜则流，必有礼以节之。节之故禁之；禁之而后民知畏天，知天畏而后民志定，民志定，天秩从矣。礼胜则离，必有乐以宣之。宣之则不禁也；不禁而后民乃乐天。乐天而后民气和，天使顺矣。斯义也！周公、孔子皆用之，故曰一张一弛文武之道也。②

李光炘认为礼乐之间是一种相互联系、相互制衡、相互依存的关系，只有礼乐的相互协调一致，才能实现"乐天而后民气和"。正因为周公和孔子懂得礼乐之间的互动规律，故主张治理天下时兼用礼乐制度，即施行"一张一弛，文武之道"。基于此，《续修四库全书总目提要》亦赞同《李氏遗书》的说法，认为"其说突过姚姬传，奔者速行也，无纳、采纳、吉纳征而嫁娶则速也之曲解，奚啻百倍。噫！人之不相及也，如是夫"③。

《李氏遗书》中李光炘对传统儒学的诠释和阐发，既反映出太谷学派对传统儒学的传承与发展，又体现了传统儒学在近代中国的世俗化、民间化和通俗化。

## 二、《龙川弟子记》

《龙川弟子记》，不分卷，稿本，"刘家本"。此稿本为红格稿纸，字体为行草，全书线装四册，每半页 8 行，行字不等。《龙川弟子记》是李光炘自 1860 年龙川讲学时，让门弟子谢逢源笔录其口述，汇编而成的教学讲演集，后经黄葆年校订。谢逢源在《龙川夫子年谱》中曾说："九年

① 李光炘：《李氏遗书》，载方宝川主编《太谷学派遗书》（第一辑第三册），江苏广陵古籍刻印社，1997，第 4 页。
② 李光炘：《李氏遗书》，载方宝川主编《太谷学派遗书》（第一辑第三册），江苏广陵古籍刻印社，1997，第 8 页。
③ 中国科学院图书馆整理：《续修四库全书总目提要（稿本）》（第 34 册），齐鲁书社，1996，第 792 页。

癸未（1883 年）……十月，师命建安删书，存二十七篇。"①《龙川弟子记》的记载与之大致相同，"删书得廿八篇"②，故李光炘命陈建安删定之书即是《龙川弟子记》。

《龙川弟子记》分为《内篇》和《外篇》两部分，总计为 27 篇，其中《内篇》包括《图书》（附《九畴》）、《易》、《书》、《春秋》、《礼记》、《大学》、《中庸》、《论语》、《孟子》、《佛》、《道》、《天地》、《人物》和《政事》，总数为 14 篇。《外篇》则有《图书》（附《九畴》）、《五经》、《四子》、《二氏》、《天地》、《人物》、《神鬼》、《政事》、《文学》、《字说》以及《补遗》3 篇，共计为 13 篇。《龙川弟子记》的许多内容都见于《观海山房追随录》，只不过在文字上略有差异，"似是谢平氏将龙川平日语录，分类整理后的记录。有些地方与观海山房追随录重复，其他内容也大致与观海山房相类。而所特别的是'政事'一目"③。

《龙川弟子记》体现了李光炘对传统儒学所谓神秘内涵的特殊诠释，这与周太谷、张积中的做法如出一辙。例如，李光炘强调对传统儒学经典的解读不能局限于字面，否则无法掌握其中隐含的先圣秘传之学，"《六经》者，《诗》《书》《礼》《易》《春秋》也，《乐记》也。神仙传乐不得火，圣人传礼不传乐，惟子思承家学之源，《中庸》一书悉发先圣未发之秘旨，即《六经》中之《乐记》也"④。据此，李光炘进一步阐述自己及太谷学派诠释儒学经典路径的原因："人欲见性，非《大学》不可。《大学》，圣功也；《小学》，理学也。师曰：'我非求异于诸儒，实欲发先圣之心传不得已也。学人只知遏欲去私，在心上讲求，虽百倍其功，不能见性也。'"⑤王汎森先生也认为太谷学派对传统儒学有着独特的诠释方式，"也很怀疑太谷学派在解释五经四书时，发展了一套相当复杂而自成系统的技巧"⑥。

《龙川弟子记》反映了李光炘在传统儒学的传承方面是反宋明理学的，

①　谢逢源：《龙川夫子年谱》，载方宝川主编《太谷学派遗书》（第一辑第三册），江苏广陵古籍刻印社，1997，第 78 页。

②　谢逢源：《龙川弟子记》，载方宝川主编《太谷学派遗书》（第一辑第三册），江苏广陵古籍刻印社，1997，第 76 页。

③　刘蕙孙：《太谷学派的遗书》，《福建师范学院学报》（哲学社会科学版）1957 年第 2 期，第 13 页。

④　李光炘：《龙川弟子记》，载方宝川主编《太谷学派遗书》（第一辑第三册），江苏广陵古籍刻印社，1997，第 130—131 页。

⑤　李光炘：《龙川弟子记》，载方宝川主编《太谷学派遗书》（第一辑第三册），江苏广陵古籍刻印社，1997，第 118 页。

⑥　王汎森：《中国近代思想与学术的系谱》，河北教育出版社，2001，第 62 页。

具有鲜明的个性解放色彩。例如，李氏曾言："《论语》二十篇无理字。"①
其还曾专门强调，太谷学派与汉学、宋学之间存在着根本区别，"素隐行
怪是汉学，君子遵道而行；半途而废是宋学，君子依乎《中庸》；遁世不
见，知而不悔是空同（崆峒）之学"②。这说明李光炘及太谷学派南宗是明
确反对宋代理学的，尤其在情欲方面，李光炘更是直接指摘宋儒的"存
天理，灭人欲"的片面性，并不讳言个人的本能欲望："非情不通，非欲
不结，生于情而成于欲也。孟子曰：'可欲之谓善。'"③李光炘主张个人不
能一味压制、扼杀自己的性情，"有性，即有情。识得情字，方能止于至
善"④。他提出"我欲仁，斯仁至矣。仁是假，欲是真"⑤，肯定"人欲"的
合理性，认为无须在道德层面上面矫揉造作、扼杀本性，因此他要求龙川
弟子追求自然、回归人性。

### 三、《观海山房追随录》

《观海山房追随录》为李光炘传学的讲演语录集，由龙川弟子刘子音
（子英）笔录其传学口述，后经黄葆年加以校订。据《归群宝籍目录》记
载，《观海山房追随录》附录有《〈龙川弟子记〉后》，系"希平夫子谨订，
刘子音先生敬述"⑥，显然《观海山房追随录》是黄葆年对《龙川弟子记》
加以删定汇编而成的。不过，《龙川弟子记》和《〈龙川弟子记〉后》并非
是同一本书，因为张德广在《归群宝籍目录》中将其分列为第 52 种和第
53 种。

《观海山房追随录》，一卷，抄本，现存"泰州本"和"苏图本"。"苏
图本"卷首题名为"观海山房追随录前集"，但综观全书，未见"后集"。
"苏图本"合计 63 张，共计 125 面。此书还有附录二种：第一种为张积中

---

① 李光炘：《龙川弟子记》，载方宝川主编《太谷学派遗书》（第一辑第三册），江苏广陵古
籍刻印社，1997，第 150 页。
② 李光炘：《龙川弟子记》，载方宝川主编《太谷学派遗书》（第一辑第三册），江苏广陵古
籍刻印社，1997，第 12 页。
③ 李光炘：《龙川弟子记》，载方宝川主编《太谷学派遗书》（第一辑第三册），江苏广陵古
籍刻印社，1997，第 56 页。
④ 李光炘：《观海山房追随录》，载方宝川主编《太谷学派遗书》（第一辑第三册），江苏广
陵古籍刻印社，1997，第 109 页。
⑤ 李光炘：《龙川弟子记》，载方宝川主编《太谷学派遗书》（第一辑第三册），江苏广陵古
籍刻印社，1997，第 138 页。
⑥ 张德广：《归群宝籍目录》，载方宝川主编《太谷学派遗书》（第一辑第五册），江苏广陵
古籍刻印社，1997，第 40 页。

的《随所得录》<sup>①</sup>，为 9 张（18 面）；第二种是对《周氏遗书》的校注<sup>②</sup>，为 12 张（23 面）。

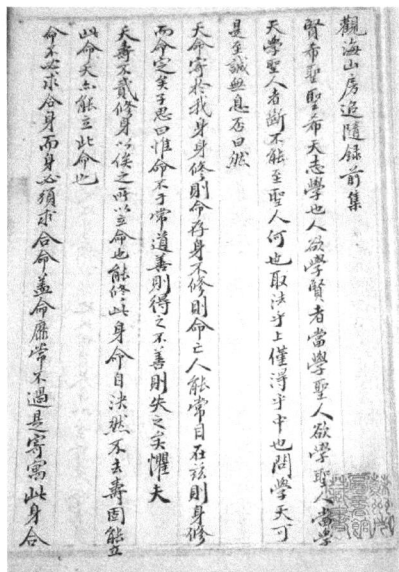

图 5-1　苏图本《观海山房随录》1　　　图 5-2　苏图本《观海山房随录》2

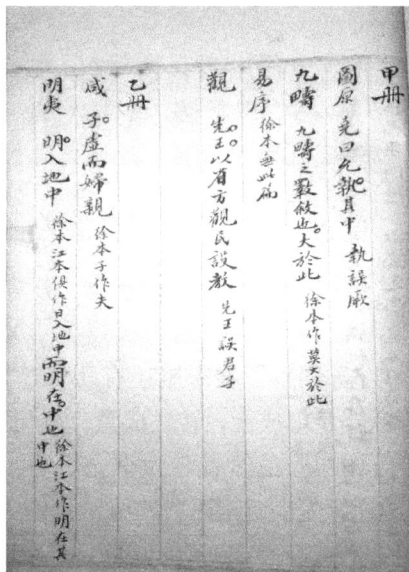

"苏图本"始于"贤希圣，圣希天，志学也"<sup>③</sup>，终于"见闻广，命乃大，见所未见，问所未闻，便是加命"<sup>④</sup>。可见，此书实际是《观海山房追随录》和《龙川弟子记》的合抄本，内容多见两书之中，但也有一些内容不为二书所载。例如，"泰州本"载：

> 白紫清谓以身为铅，以心为汞，以空为水，以慧为火。既无卦爻，又无斤两，惟以心得之，上士之丹也。师教人以息为铅，以心为汞，以相依为既济，始也；勿忘勿助，终也。若存若亡，上士之丹备矣。<sup>⑤</sup>

① 附录虽然题名为《随所得录》，收录有《供三世诸佛，不如供一无心道人》《信心常在则上达，人心常住则下降》《不神之神是先天神》《涵养之说正如一池清水浸明珠》等篇目，但是《论性》《欲生于面，而蔽其觉，面之气不通也》《凡人所处之境，穷通顺逆皆天之教也》等篇则录自《张氏遗书》下卷。

② 抄录者所校《周氏遗书》分别十册，从甲乙到壬癸的顺序进行排列。校订主要集中在"甲册"的《图原》《九畴》《易序》《观》和"乙册"的《咸》等篇目。

③ 见李光炘：《观海山房追随录》，载方宝川主编《太谷学派遗书》（第一辑第三册），江苏广陵古籍刻印社，1997，第 1 页。

④ 李光炘：《龙川弟子记》，载方宝川主编《太谷学派遗书》（第一辑第三册），江苏广陵古籍刻印社，1997，第 56 页。

⑤ 李光炘：《观海山房追随录》，载方宝川主编《太谷学派遗书》（第一辑第三册），江苏广陵古籍刻印社，1997，第 5—6 页。

"苏图本"中在文末还有一句，"教子音以眼为鼎炉，以色声为药物，以视听为火候"①。再如，"泰州本"载：

> 秀问："何谓六识？"师曰："合四象、两仪而言之也。眼、耳、鼻、舌，四象也。身意，两仪也。言眼耳鼻舌则身意在其中，所谓不离三身而得四智，是所谓自性具三身，发明成四智也。三身圆满报身，身也清净。法身，意也，亿万化身语也。经云：守口摄意身，莫放如是，行者得住世修持三业也。三业尤重语业，是所谓成所作智也。《易》曰：乱智所由生也，则言语以为阶，可不慎乎？"②

"苏图本"在末尾还有几句，"天门常静，法慧常动，佛则无动无静，学人当特门成天，转法成慧，合天慧而成佛眼，得此谓之正法眼藏"③。"苏图本"虽然署名为李光炘著、刘子音记和黄葆年校，但是其中还有"谢逢源先生所记语"四节，具体为《人生不出老病四苦四境》《身有心是灵，心有身是宝》《佛说日月灯明》和《胃窍开，能鼓舞一切人心。胆气动，能扩充一切道心》。

网络上曾出售过所谓《观海山房追随录》"稿本"（笔者称之为"网络稿本"）一册，此书尺寸为 25 厘米 × 18 厘米，全书只有 24 页，显然只是部分摘抄，而非全本。此版本署名为"海陵黄葆年著"，对照笔迹，与正文明显不同，显然并非一人手笔，可能为收藏者后来所添加。

与"泰州本"对比，"网络稿本"除了部分文字略有差异，内容大体与"泰州本"一致。④ 例如，"网络稿本"首页云：

> 天命寄于我身，身修则命存，身不修则命亡。人能常目在兹，则身修而命定矣。曾子曰："惟命不于常。"道善则得之，不善则失之矣。惧夫！

"泰州本"则为：

---

① 李光炘：《观海山房追随录前集》，苏州图书馆藏抄本。

② 李光炘：《观海山房追随录》，载方宝川主编《太谷学派遗书》（第一辑第三册），江苏广陵古籍刻印社，1997，第 107 页。

③ 李光炘：《观海山房追随录前集》，苏州图书馆藏抄本。

④ 参见 http://book.kongfz.com/22084/197192892/。

> 天命寄于我身，身修则命存，身不修则命亡。人能常自在兹，则身修而命定矣。子思曰："惟命不于常。"道善则得之，不善则失之矣。惧夫！ ①

可见，两书的内容基本相同，只存在"曾子"与"子思"的微小区别。

此版本与"泰州版"的最大不同之处，就是有录有许多"复"，如"友复""独复""少复""朱谪复""石占复"② 等。由于归群弟子中多取名"复"，故"友复"为蔡友复，"独复"为钱独复，"朱谪复"为朱谪仙，"少复"为陆少复。

由此可以判断，此部分内容似为归群草堂讲学时师生之间问答互动的记录，也是归群弟子对太谷"圣功"的理解和阐发。试举例如下：

> 佛言："转识成智。"何者为识？何者为智？何以能转？何以能成？
>
> 朱谪复：自以为是，是谓识。自知其非，是谓智。知其过，是谓转能。改其过，是为成。转识者，万相皆空。成智者，万物具备。
>
> 佛言："转识成智。"何者为识？何者为智？何以能转？何以能成？
>
> 石占复：何者为识？自是也。何者为智？知非也。何以能转？此视厌听也。何以能成？有始有终也。③

《观海山房追随录》还阐发了李光炘在《龙川弟子记》中所宣扬的"人情说"。李光炘云："天理不违乎人情，人情乖即天理灭也。"他认为人情可以统率天理，不必如释道那样斩断情缘、违背人伦，"凡夫溺情欲，紊三纲。二氏断情欲，绝三纲。圣人不断情欲，而不为情欲所牵连，不绝三纲而不为三纲所累，此其所以异乎凡夫、二氏也。"④ 这一说法看似无违乎

---

① 李光炘：《观海山房追随录》，载方宝川主编《太谷学派遗书》（第一辑第三册），江苏广陵古籍刻印社，1997，第 1 页。
② "何谓心依息？言中有意。何谓息依心？意中有眼。何谓心息相依？得之者常似醉意，所到者皆可为。独复。何谓心依息？一念不起是心依息。何谓息依心？一意不散是息依心。何谓心息相依？念不怕起，意不怕散，是心息相依。少复。"参见 http://book.kongfz.com/22084/197192892/。
③ 参见 http://book.kongfz.com/22084/197192892/。
④ 李光炘：《观海山房追随录》，载方宝川主编《太谷学派遗书》（第一辑第三册），江苏广陵古籍刻印社，1997，第 45 页。

中庸之道，实则为个性解放开了先路，正如其言："今夫见纷华而悦，闻道德而亦悦者人情也；见纷华而悦，闻道德而不悦者亦人情也；闻道德而悦，见纷华而不悦者非人情也。"① 可见，李光炘将矛头直指假道学的虚伪，其追求品质生活的人性真情得到淋漓尽致的展现。

《观海山房追随录》可以视为《龙川弟子记》的节略本，除了存在少数文字上的差异，所有内容基本见于《龙川弟子记》，"内容亦与《白石山房语录》相仿，而信手拈来，方便设譬之处甚多，殊不可据为典要"②。相对而言，《龙川弟子记》似乎更多地在讲述图书、天、鬼神、释、道等方面的内容，而黄葆年在《观海山房追随录》中基本删除其师讲学中的神秘色彩，消除了原著中的"怪力乱神"倾向，尤其是对涉及炼丹、谶纬、神怪玄秘等相关内容处加以删减。因此，一定意义上讲，黄葆年所做删订、整理工作，通过减少奇谈怪论，更加强化其学术性，本质上就是他试图淡化太谷学派中存在的宗教性、神秘性的非理性因素，尽可能使太谷学派彰显传统儒学流派的性质。

### 四、《龙川先生诗抄》

《龙川先生诗抄》为李光炘的诗集，是李光炘遗著中版本最多、流行最广的著作，也是现存太谷学派文献中版本最多的一种。此书由《龙川先生诗抄》和《龙川先生诗文补抄》两部分组成，共收录李光炘诗作150余首。1868年，李光炘在《诗稿书后》中自言："小诗稿二章不足重重先子手泽也。门下王氏章请而藏之，以为高山景行之慕，予不能辞，遂书数语以归之。"③ 可见《龙川先生诗抄》又称为《龙川先生诗稿》，至迟在1868年已经成书，其时亦分为"二章"。不过，李光炘生前并不主张将其诗抄刊行问世，明确表示："诗词小道，陶写性情而已，毋付梓。吾不欲与当世人才争颉顽也。"④

《龙川先生诗抄》与《龙川夫子年谱》相互印证、互为补充，尤其是李氏早年的一些诗作，能够有效弥补《龙川夫子年谱》记述的缺漏，很大程度上可以还原和再现李光炘及太谷学派早期传播的基本状况，因此史料

---

① 李光炘：《观海山房追随录》，载方宝川主编《太谷学派遗书》（第一辑第三册），江苏广陵古籍刻印社，1997，第49页。

② 刘蕙孙：《太谷学派的遗书》，《福建师范学院学报》（哲学社会科学版）1957年第2期，第12页。

③ 李光炘：《诗稿书后》，载佚名《杂录》页五，泰州图书馆藏抄本。

④ 谢逢源：《龙川夫子年谱》，载方宝川主编《太谷学派遗书》（第一辑第三册），江苏广陵古籍刻印社，1997，第97页。

价值极高，正如龙川弟子所言："先生之诗，著作之绪余也。"①

《龙川先生诗抄》现存至少有六种版本，方宝川先生早年曾说："据考，《龙川先生诗集》传世有'归群草堂抄本''清光绪、宣统间扬州龙川祠堂木刻本''南械氏排印本'和'1933年刘大绅、潘孝侯在天津合资刊行的重印本'等四种。前三种，笔者未曾获见。"②事实上，近年来，《龙川先生诗抄》还有新的抄本发现，其中有扬州大学图书馆所藏"黄门抄本"以及网上拍卖的"群玉山房诗集"抄本。此外，南京图书馆、复旦大学图书馆、南开大学图书馆均藏有《龙川先生诗抄》抄本，其中南京图书馆抄本为二卷，复旦大学图书馆藏本则不分卷，而南开大学图书馆为一卷一册，其版式为九行二十一字。③

### 1. 清光绪、宣统间扬州龙川祠堂木刻本

清光绪、宣统间扬州龙川祠堂木刻本，二卷，刻本，国家图书馆、兰州大学图书馆、扬州图书馆和中山图书馆均有收藏。此书是由龙川弟子王启俊、黄葆年联合校刊的《龙川先生诗抄》的木刻版本，具体刊行时间为光绪十四年（1888年）④。从时间上看，此版本符合清朝光绪与宣统年间的时间限定，即所谓"清光绪、宣统间扬州龙川祠堂木刻本"。

### 2. 归群草堂抄本

归群草堂抄本，二卷，抄本，存有"泰州本"，现已经收入《太谷学派遗书》第二辑。"泰州本"两册，分为《群玉山房诗抄》和《群玉山房诗续》，与泰州图书馆所藏《龙川诗抄》抄本的内容基本相同。

罗继祖对《龙川先生诗抄》作有题解，经其眼的有"归群草堂刊本"和"丹徒刘氏活字本"两个版本。罗氏交代了《龙川先生诗抄》的形成过程，并对李光炘诗词作出极高的评价，罗氏之言如下：

> 《龙川诗抄》一卷，归群草堂刊本，丹徒刘氏活字本，清李光炘撰。光炘字晴峰，一字平山，扬州仪征人，石埭周太谷星垣高足弟子，事详子部儒家类《李氏遗书》提要中。少与中表兄弟张石琴积中，共负才名，出言动惊老宿，尤擅词华。事太谷后，始由博返约，专心性命，而偶一为诗，率有天际真人想，说者谓其诗有天半鹭笙飘然霞举

---

① 李光炘：《龙川先生诗抄》，第27页，扬州图书馆藏本。
② 方宝川：《太谷学派研究的历史与现状》，《哲学动态》1989年10期。
③ https://gj.library.sh.cn/evidenceBased/instance#uri=http://data.library.sh.cn/gj/resource/instance/tcqstm388k5n0dsn.（中文古籍联合目录及循证平台）
④ 扬州图书馆藏本注明的时间为"光绪十有四年，岁在戊子七月"。

之慨，或如月下清梵冷冷独绝云。盖朋次旷然，性情吞吐，有不期其然而然者。所作亦不拘一体，不守家法，而自然高妙。[①]

### 3. 南荻氏排印本

南荻氏排印本，一卷，刻本，刊行于清光绪三十三年（1907年）。此书为常熟虞山张南荻所编《佚丛甲集》之乙种，此书现藏国家图书馆等处，为"11行26字白口四周单边黄纸本"，现已收入殷梦霞、王冠选编的《古籍佚书拾存》第八册。

此版本的诗作与王启俊、黄葆年校刊本（清光绪、宣统间扬州龙川祠堂木刻本）的先后顺序虽然有所差别，但是内容基本一致。不过，此版本末尾附录有王启俊、黄葆年的跋言，为其他版本所无，其跋言曰："先生之诗，著作之绪余也。刻以代钞，与吾同学共讽诵焉，其有闻风而兴起者乎？呜呼！其犹未远也已。"[②]可见，"南荻氏排印本"是经太谷学派门人加以严格审核而重新刊印的版本。

此版本书末还附录张南荻的"识"和"再记"各一篇，并有"剑心"（徐兆玮）所作"跋言"，这些均为其他版本所不载。

### 4. 黄门抄本

黄门抄本，抄本，一卷，现藏扬州大学敬文图书馆古籍部。此版无书名，卷首为"群玉山房诗抄"，因书末有"道光，李晴峰，仪征，黄门中教"[③]字样，故笔者命名之。此版本用绿格纸抄写，版心有"泰县青云阁监制"字样。

① 中国科学院图书馆整理：《续修四库全书总目提要（稿本）》（第34册），齐鲁书社，1996，第799—800页。
② 王启俊、黄葆年：《〈龙川先生诗抄〉跋》，载张南荻编《佚丛甲集·龙川先生诗抄》，页三十七，收入殷梦霞、王冠选编《古籍佚书拾存》（第八册），北京图书馆出版社，2003，第362页。
③ 王永平主编《扬州大学图书馆古籍珍本丛刊》（第89版），学苑出版社，2015，第432页。

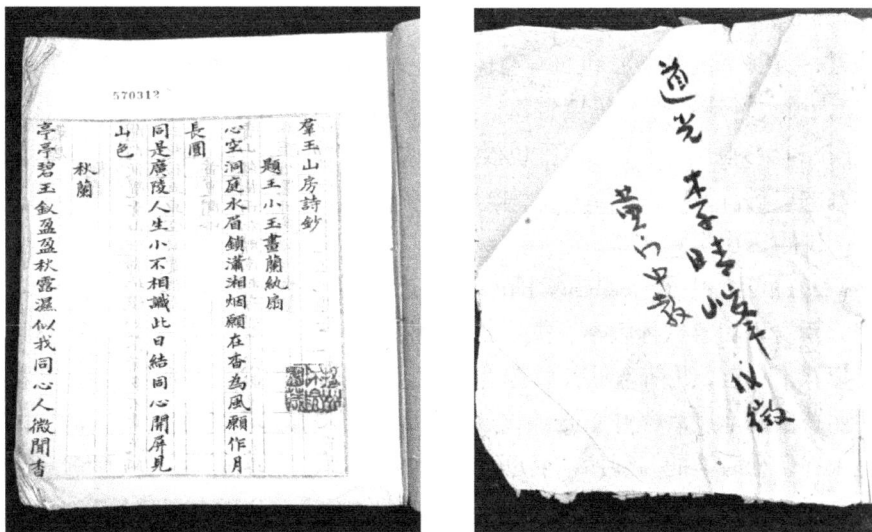

**图 5-3 扬州大学敬文图书馆藏"黄门抄本"**

此版所收录李光炘诗作的数量以及排列顺利，与其他版本都有明显差异，诗的内容大体相同，略有文字出入。例如，此版有《庚子花朝，寄琴与诸仙为蝴蝶之会，惟予与素心不与焉。会中诸人各赋诗以纪盛，予因感而赋此，得绝句七章并跋》①一首，明显"寄琴"为"石琴"之误，"并跋"两字亦为他本所无。再如《甲寅初春感怀时避乱艾菱湖》②，他本则为《甲寅初春感怀时避乱寓居艾菱湖》。

此版本还作有校订工作。例如，《为赵寄庵题李香君拈花，图系杨龙友作》中"绝似蘅芜秋梦破，披帷重李夫人人"，改为"披帷重见李夫人"③。再如，《湖上闻吟三十六首》中"寂寂秋风苏小墓，乱烟和雨下西泠"一句，"和雨"改为"残月"④。

### 5.1933 年刘大绅、潘孝侯在天津合资刊行的重印本

"1933 年刘大绅、潘孝侯在天津合资刊行的重印本"即罗继祖所说"丹徒刘氏活字本"，是目前流传最为广泛的一种《龙川先生诗抄》。此版本为铅字竖排印刷，是半页十一行，一行三十二字，全书由《龙川先生

① 李光炘：《群玉山房诗抄》，载王永平主编《扬州大学图书馆藏古籍珍本丛刊》（第 89 册），学苑出版社，2015，第 301—302 页。
② 李光炘：《群玉山房诗抄》，载王永平主编《扬州大学图书馆藏古籍珍本丛刊》（第 89 册），学苑出版社，2015，第 366 页。
③ 李光炘：《群玉山房诗抄》，载王永平主编《扬州大学图书馆藏古籍珍本丛刊》（第 89 册），学苑出版社，2015，第 328 页。
④ 李光炘：《群玉山房诗抄》，载王永平主编《扬州大学图书馆藏古籍珍本丛刊》（第 89 册），学苑出版社，2015，第 338 页。

诗抄》和《〈龙川先生诗文〉补抄》两个部分组成，并有两个附录。其中，附录一为《李氏遗书》和《素隐述》二文，附录二为《张石琴诗三首》和《汪大竹失题诗一首》等四首诗。这四首诗均为遗诗，不仅为其他版本的《龙川先生诗抄》所无，而且也没有载入张氏和汪氏的著述之中，故具有很高的史料价值[①]。

### 6. 群玉山房诗集本

2013 年，中国嘉德拍卖国际有限公司网上拍卖的《群玉山房诗集》则为新发现的第六种版本，据说"该稿本为作者门徒黄葆年手稿，存李氏诗作八十一首，此前未见公私有著录，更未见刊行于世，系孤本"[②]。笔者对照黄氏的笔迹后，并不赞同这一观点，认为此版本并非黄氏稿本，它也是太谷学派后学的一种抄本而已，至于抄者何人，现在已经无从判断。

此外，泰州图书馆藏有归群弟子王曜明所藏《龙川夫子诗抄》一种，对照内容其实为《群玉山房诗抄》和《群玉山房诗续》，因为《龙川夫子诗抄》均以《东夷操》和《西夷操》为首，而《群玉山房诗抄》并没有此二首。王氏藏本未载此两诗，且以《观荷》诗为首，这与其他版本的《群玉山房诗抄》相同[③]。

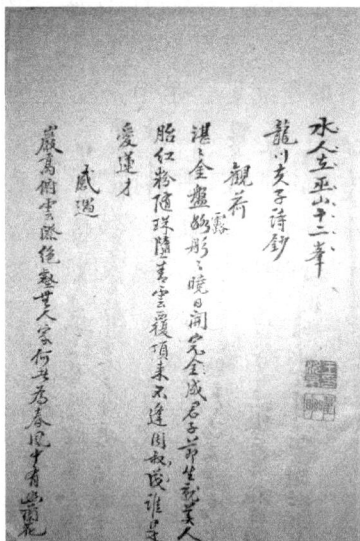

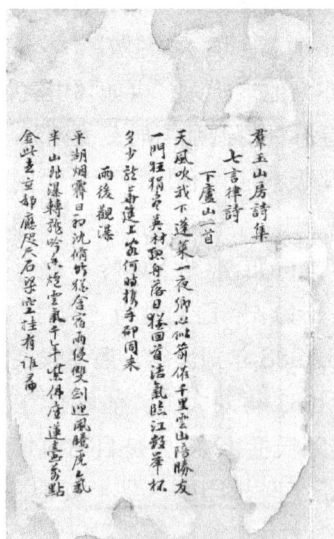

图 5-4　王曜明抄本　　　　图 5-5　群玉山房诗集本

---

① 李光炘：《龙川先生诗抄》，"附录二"，天津铅印本，民国二十二年（1933）。

② 彭令：《太谷学派宗主李光炘诗集手稿考订——黄葆年手定孤本〈群玉山房诗集〉鉴定记》，《天中学刊》2014 年第 1 期。

③ 此书卷首盖有"王如亭印"和"曜明"两种印文。此书是否为王曜明本人抄写尚难确定，故云其藏。此书卷首和卷末分别写有"水人在巫山十二峰"，不知何意，待考。

李光炘诗集虽有多个版本，但内容最为完整的则是"归群草堂抄本"和"清光绪、宣统间扬州龙川祠堂木刻本"，其他版本也基本源自这两个版本。陈辽先生曾说："《归群宝籍目录》中载有《龙川先生诗集二卷》，而无《群玉山房诗抄》和《群玉山房诗续》。《群玉山房诗抄》和《群玉山房诗续》是否即《龙川先生诗集》二卷，待考。"①不过，笔者经过比对，发现《龙川先生诗抄》中除了多出《东夷操》和《西夷操》两首之外，其他内容均见于《群玉山房诗抄》和《群玉山房诗续》，只是篇次的先后排序有所差异，文字略微有些出入。因此，我们大致可以认定《群玉山房诗抄》和《群玉山房诗续》应该分别对应《龙川先生诗抄》《〈龙川先生诗文〉补抄》，也就是说《群玉山房诗抄》和《群玉山房诗续》即是二卷本的《龙川先生诗集》。

需要指出的是《群玉山房诗抄》末尾附录的《论诗文》《论书法》二篇以及《群玉山房诗续》末尾附录的《论书》一篇，均没有收录入其他任何版本的《龙川先生诗抄》之中。另外，"1933年刘大绅、潘孝侯在天津合资刊行的重印本"所附录的《李氏遗书》《素隐述》《张石琴诗三首》和《汪大竹失题诗一首》，既不见于《群玉山房诗抄》和《群玉山房诗续》，又没有收入其他版本《龙川先生诗抄》。

对照各版本的《龙川先生诗抄》，我们大体得出的结论就是，各版本的排序差别最大，数量也略有不同，虽然诗名也有所区分，但是文字方面的差异并不突出。

民国学者对《龙川先生诗抄》给予了较高评价，张相文曾云："晴峰著书亦不多见，所传有《龙川先生诗》二卷，其言蕴藉温丽，多近玉溪，不类讲学家言。"②这一评价恰如其分地分析了李光炘的诗词特点是由情而发、情真意切，正如龙川弟子谢逢源所云："昔者闻诸龙川曰：'有理法气机而词亡，无理法气机而词妙。无理法气机则所余者，情而已。'"③当然，一些论者并不苟同，张尔田就认为李光炘的诗多为平淡之作："阅李龙川诗。龙川，周太谷弟子。太谷二大弟子张石琴被难，无书。龙川诗亦好事者传钞，读之平平无他奇，大约世人以其秘密结社，故神之耳。人惟愚，

①　陈辽：《所见太谷学派遗书》，《文献》1992年第1期。
②　张相文：《太谷教》，《南园丛稿》卷九《沌谷笔谈》卷一，页五十二，载沈云龙主编《近代中国史料丛刊》（第一辑第300册），文海出版社（台北），1968，第905—906页。
③　张德广辑：《归群词丛》，载方宝川主编《太谷学派遗书》（第二辑第七册），江苏广陵古籍刻印社，1998，第135页。

乃惟怪之欲闻可叹！"①

### 五、《龙川草堂诗余》

《龙川草堂诗余》，抄本，一卷，现藏福建师范大学图书馆。此书为李光炘词作，列为《归群词丛》的第一卷，方宝川云："《龙川草堂诗余》凡六首，未见于《归群宝籍目录》及李光炘的其他文集。观其词风，与诗风相近，以抒情述怀为主。"②由于《花游述怀》为一组词作，《龙川草堂诗余》的篇目实际为23首，具体为《满庭芳》《绮罗香》《浪淘沙》《前调》《菩萨蛮》《花游述怀》（《正宫端正好》《滚绣球》《叨叨令》《脱布衫》《小梁州》《后》《上小楼》《后》《满庭芳》《快活三》《朝天子》《四边静》《般涉耍孩儿》《五煞》《四煞》《三煞》《二煞》《一煞》《尾声》)。

《龙川草堂诗余》或许多为李光炘在黄崖事件之后的词作，掺杂较多的忧郁色彩和愤懑情结。例如，《浪淘沙》反映出李光炘对自己红颜知己早逝的勉强愁绪和深情缅怀，当然亦不排除是其对张积中的寄情抒怀。

> 风雨妒花开，愁绪盈怀。落红庭院独徘徊。侬是红颜伊薄命，早取安排。金粉竟尘埃，黄土青苔。生离死别一般哀。留得罗巾千点，写尽情怀。③

陈辽据此认为《龙川草堂诗余》的内容过于隐晦，"有社会内容的词作绝少"④，因此其史料价值相对不高。

### 六、《李龙川批注〈四书集注〉》

《李龙川批注〈四书集注〉》，批校本，六册，"泰州本"。《李龙川批注〈四书集注〉》是李光炘对传统儒学经典《孟子》七篇的亲笔朱批，其批注的《四书集注》为清合志堂刻本，共二十一卷。此书首卷端、眉批前皆有"真州后学李光炘注"题款，并有"李光炘印""晴峰"二个钤印。

① 张尔田：《屠守斋日记》，收入曹辛华、钟振振主编《民国诗词学文献珍本整理与研究第11辑：张尔田词学整理与研究》，河南文艺出版社，2016，第209页。
② 方宝川：《归群诗丛研究》，《太谷学派遗书》（第二辑第七册），江苏广陵古籍刻印社，1998，第3页。
③ 李光炘：《龙川草堂诗余》，载方宝川主编《太谷学派遗书》（第二辑第七册），江苏广陵古籍刻印社，1998，第8页。
④ 陈辽：《所见太谷学派遗书》，《文献》1992年第1期。

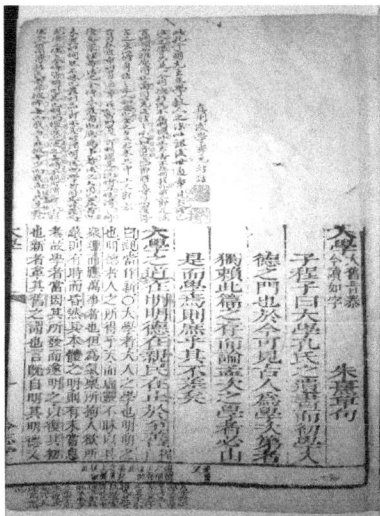

图 5-6　泰州图书馆藏
《李龙川批注〈四书集注〉》

图 5-7　泰州图书馆藏
《李龙川批注〈四书集注〉》封面

此书封面有李光炘之弟李士莹的"李士莹印""仲玉"钤印，书末有李士莹所作跋尾，其跋言交代了此书的来龙去脉以及收藏情况：

> 先兄晴峰公伏案四十年，精详研讨，凡有所得，录注书眉。既非沽名，更不问世，秘于箧中，偶示门弟。自先兄归道山后，斯书传留仲玉，放为代藏，亦有年矣。每予读书得之时，取而玩索。觉先兄之学宏论确，迥非管蠡所可窥，决为必传之作也。慕志数语，以示永慕之忱耳！真州仲玉李士莹识。[1]

可见，此书为李光炘花费四十年对《四书》所作的亲笔批校，充分反映李氏的儒学功底及其学术思想。

李氏所作批注为蝇头小楷，其中多为李氏对孔孟之道的个人感悟和亲身体验，不乏精辟之言和独到见解。整体看来，李光炘所作眉批数量最多，亦最为系统，其他批注则相较为零星和散乱。

《李龙川批注〈四书集注〉》的格式为，在原著正文中作有朱笔圈点，正文上方作有墨笔眉批。试举例如下：

正文：

---

[1]　李士莹：《李光炘批注〈四书集注〉跋》，载《李光炘批注〈四书集注〉》，泰州图书馆藏本。

大学之道在明明德，在亲民，在止于至善。

朱熹批注：

程子曰："亲，当作新。"○大学者，大人之学也。明，明之也。明德者，人之所得乎天，而虚灵不昧，以具众理而应万事者也。但为气禀所拘，人欲所蔽，则有时而昏；然其本体之明，则有未尝息者。故学者当因其所发而遂明之，以复其初也。新者，革其旧之谓也，言既自明其明德，又当推以及人，使之亦有以去其旧染之污也。

李光炘眉批：

此孔子明先王立学教人之法，以诏后世，通章见大人修己。治人之学只是一个明德，新民不在明德外，止至善不在明新外。前三节是总言纲领，而推原得止之由。因以先后结之，示人知序也。后四节详言条目而覆说所言之意，以修身结之，示人知要也。要之，古之至末只申上三节意。

首句在通章则冒通章，在一节则冒一节。明德是心统情与性，谓之明德。具众理者，德之全体未从者也；应万事者，德之大用已从者也。未从则炯然不昧，已从则品节不差，所谓明德也。学者因其所发而充广之，使之全体皆明。因其已明而继续之，使之无时不明，乃谓之明明德。明字不嵩（端），以知见言。明德又人所同得，新民者非彼本无，而我与之非彼本少而我，盖之（经画风处）只是教化。①

首先，李光炘分析《大学》的基本内涵，就是"大学之道在明明德，在亲民，在止于至善"为"立学教人之法"。其次，从逻辑结构上，李光炘指出《大学》的前三节是总结个人必须修身的原因，明确"明德""亲民"和"止于至善"的先后顺序，而《大学》的后四节则详细阐释修身的关键所在。不过，其不无惋惜地感叹，古人对后四节多有忽略，"古之至末只申上三节意"。最后，在篇章布局上，李光炘认为"大学之道在明明德，在亲民，在止于至善"作为首句，对整个一章或一节起着统领作用。

李光炘在正文下方亦有部分批注，即对正文开展音韵、文字和训诂工

---

① 李光炘：《李龙川批注〈四书集注〉》，《大学》，页一至页二，泰州图书馆藏本。

作，体现其小学功夫。试举例如下：

> 批注：大学对小学言，"道"字是修为之。
>
> 方三"在"字承"道"字，求指其可拟可循也惟灵，故能具中理惟灵，故能历万事。
>
> 三"当"字，见非人意欲如此，乃天理宜如此也。①

李光炘认为"大学"是相较"小学"而言的，"道"意即"修为"。"大学之道在明明德，在亲民，在止于至善"中的三个"在"字，是承接"大学之道"中的"道"字，是指天地万物所遵循的基本规律。"程子曰：'亲，当作新。'……故学者当因其所发而遂明之……又当推以及人"中的三个"当"字，并非人欲，而是天理。

《中庸》首节为："天命之谓性，率性之谓道，修道之谓教。道也者，不可须臾离也，可离非道也。是故君子戒慎乎其所不睹，恐惧乎其所不闻。莫见乎隐，莫显乎微，故君子慎其独也。喜怒哀乐之未发，谓之中；发而皆中节，谓之和。中也者，天下之大本也；和也者，天下之达道也。致中和，天地位焉，万物育焉。"

朱熹批注：命，犹令也。性，即理也。天以阴阳五行化生万物，气以成形，而理亦赋焉，犹命令也。于是人物之生，因各得其所赋之理，以为健顺五常之德，所谓性也。率，循也。道，犹路也。人物各循其性之自然，则其日用事物之间，莫不各有当行之路，是则所谓道也。修，品节之也。性道虽同，而气禀或异，故不能无过不及之差，圣人因人物之所当行者而品节之，以为法于天下，则谓之教，若礼、乐、刑、政之属是也。盖人之所以为人，道之所以为道，圣人之所以为教，原其所自，无一不本于天而备于我。学者知之，则其于学知所用力而自不能已矣。故子思于此首发明之，读者所宜深体而默识也。

李光炘对此作有全面深入的诠释，其云：

> 通章以通字为主，以不可离三字作骨。分三段看，可离非道以上是原道，而决其不可离。戒慎以下是详言君子体道之功。喜怒哀乐以下，人欲是从天命率性源头推，言君子体道之极致也。首节著性、道、教之名义，欲人知其出于天而切于人也。当时异端之说乱争，将性、

---

① 李光炘：《李龙川批注〈四书集注〉》，《大学》，页一，泰州图书馆藏本。

道、教名义都错认了，子思方推本其义而明之。天命之性，是言其本，然见外铄者非性。率性谓道，是言其自然，见强为者非道。修道谓教，是言其当然，见过不及乎道者非教。然三句又只重在道上，性为道所自出，教为道所由成，故下而只就说道。天命之性，纯以理言，不兼气质，乃自人之禀受于天者，指出粹然至善之理。言之率性，就人私意，物欲之未明处，指其自然从见，各有修理者。言之修道，要跟气质求。气禀有清浊厚薄之异，故私欲或生而有过不及。品节之使，过者俯而就，不及者仰而及，所谓之教。

道也者，三字提起看，下句只是上句意，及言以决之耳。戒慎二句是从动时说到静，时言无时而不存养也。戒慎不是着力，戒慎只是第二，提醒此心不放逐了，此中有勿忘勿助之妙。不睹闻不是闭目合眼时，只是万理俱未萌芽，即下文喜怒哀乐未发处。戒慎是统体做功夫，所以存养于未发之时。慎独是又于其中紧切加功夫，所以省察于将发之时。不睹闻即未睹闻，以身所历之时言，非谓道本无形声。①

李光炘首先从篇章结构上进行分析，认为此节可以分为三个部分，即"天命之谓性，率性之谓道，修道之谓教。道也者，不可须臾离也，可离非道也"是"原道"，"是故君子戒慎乎其所不睹，恐惧乎其所不闻。莫见乎隐，莫显乎微，故君子慎其独也"为"君子体道之功"，"喜怒哀乐之未发，谓之中；发而皆中节，谓之和。中也者，天下之大本也；和也者，天下之达道也。致中和，天地位焉，万物育焉"是"君子体道之极致"。

其次，李光炘认为此节从"性、道、教"三个层面论述了"人知"，但是由于当时异端邪说盛行，不仅错认了性、道和教的名义，而且"又只重在道上"，因此需要"粹然至善之理"，即"率性谓道，是言其自然，见强为者非道"，也就是顺其自然、顺乎本性，不违背本心而勉为其难。

最后，李光炘指出"君子体道之功"的最高境界就是"有勿忘勿助之妙"，体现于"喜怒哀乐未发处"，这需要养成"戒慎""慎独"功夫，即能够在"未发之时""将发之时"做到存养、省察。

总之，《李龙川批注〈四书集注〉》充分显示了李光炘的儒者身份和儒学水准，亦是太谷学派作为清代民间儒学重要分支的一个重要学术证据。

① 李光炘：《李龙川批注〈四书集注〉》，《中庸》，页一，泰州图书馆藏本。

## 第三节 李光炘的龙川弟子

### 一、李光炘的主要弟子

由于缺乏相关历史文献的记载，有名姓可考的龙川弟子数量并不算太多，更多的龙川弟子已经湮灭于历史尘埃之中，龙川弟子的数量可能已经成为历史之谜。不过，笔者则更倾向于相信没有留下任何历史印迹的龙川弟子似乎更多，其总数有可能远远超过有姓名可资查考的龙川弟子。正如刘蕙孙先生所说，龙川弟子中的具名者虽然不算太多，"但不知名的门弟子还很多。因为学派吸收门人，不限贫贱、贵贱、老幼、男女，故其中很大一部分是封建士大夫所不注意的劳动人民。……李光炘及黄、蒋讲学时，据闻自大江南北至鲁豫关陇，门下也有一两万人，不过没有组织形式，又散而不聚，无从确考"[①]。笔者试将有名姓的龙川弟子列表如下（见表5-1）。

### 表5-1 李光炘龙川弟子简表

| 姓名 | 字号 | 籍贯 | 备注 |
|---|---|---|---|
| 王启英 | 字孟华 | 山东蓬莱 | 金陵太守王伯阳之子，王启俊兄 |
| 王启俊 | 字仲杰 | 山东蓬莱 | 监生，王伯阳子，张积中婿，以军功任元氏县令，后任南宫、宛平知县、遵化知州 |
| 祝桢 | 字汉臣 | 江苏山阳 | 廪生 |
| 谢逢源 | 字平原，号石溪，号拳石山人 | 江苏溧阳 | 廪贡生，候选训导 |
| 谢希鲁 | 字东候 | 江苏溧阳 | 谢逢源之弟 |
| 管本厚 | 字吟松 | 江苏甘泉 | 江都仙女镇玉皇阁住持 |
| 郑来章 | | 江苏仪征 | 女弟子，郭仲叔之妻 |
| 顾吉人 | 字裕禧 | 江苏江都 | |

① 刘蕙孙：《太谷学派政治思想谈略》，《刘蕙孙论学文集》，福建教育出版社，2000，第185页。

续表

| 姓名 | 字号 | 籍贯 | 备注 |
|------|------|------|------|
| 江 岷 | 字子若，号蒲生 | 江苏江都 | |
| 顾 牧 | 字子占 | 江苏江都 | 顾吉人之侄 |
| 周 璧 | 字蓝田 | 江苏江都 | |
| 颜 秀 | 字实甫，又称颜检斋 | 江苏甘泉 | 茂才 |
| 刘燕成 | 字子英、子音 | 江苏甘泉 | |
| 李德生 | | 江苏江都 | |
| 丁如愚 | 字鲁生 | 江苏泰州 | |
| 陈士毅 | 字建安，又字健庵 | 江苏泰州 | 光绪己卯科举人 |
| 蒋文田 | 字子明，号龙溪夫子 | 江苏泰州 | 茂才 |
| 曹嘉福 | 字覆成 | 江苏泰州 | |
| 王锦章 | 字玉相，又名雨湘 | 江苏泰州 | |
| 吴大全 | 字育才 | 江苏甘泉 | |
| 吴嵩庆 | 字仰齐 | 江苏仪征 | 廪生，即"仪征吴子"，见《黄氏遗书·记言》 |
| 拱 铨 | 字友文 | 江苏泰州 | 拱铨父任来官县城守千戎 |
| 黄葆年 | 字隰朋、锡朋，号希平夫子、黄三夫子 | 江苏泰州 | |
| 王锦明 | 字昼堂 | 江苏泰州 | 王玉相从弟 |
| 刘玉山 | 字广兴 | 山东寿张 | 拳师，原为李光炘挚友 |
| 康籍仁 | | 江苏如皋 | |
| 熊景韶 | | 江苏如皋 | |

续表

| 姓名 | 字号 | 籍贯 | 备注 |
|---|---|---|---|
| 吴尧臣 | | 江苏如皋 | |
| 刘万福 | | 江苏泰州 | 道士 |
| 包德庵 | | 江苏泰州 | 曾供养李光炘三年 |
| 王岫生 | 字锦云 | 江苏泰州 | 王锦明从弟 |
| 王丽生 | 字锦春 | 江苏泰州 | 王锦明从弟 |
| 顾宝甫 | | 江苏申江 | |
| 唐人鉴 | 字又苏、厚夫 | 浙江钱塘 | 孝廉，咸丰九年举人 |
| 杨倬堂 | 又名卓堂 | 江苏宿迁 | 即"宿迁杨子"，见《群玉山房诗抄》《黄氏遗书·记言》和《归群草堂诗集》 |
| 吴载勋 | 字慕渠 | 顺天大兴 | 李光炘表弟，黄崖学者南来者 |
| 吴嘉善 | 字文登 | 江西南丰 | 吴嘉宾之弟，进士，翰林院编修，后任留美学生监督、出使法国，精于算学 |
| 李贡镇 | 字听声 | 江苏仪征 | 业疡医 |
| 诸乃方 | 字嗣香、四芗 | 江苏仪征 | |
| 高文誉 | 字雨村 | 江苏甘泉 | |
| 李长乐 | 字汉春 | 江苏盱眙 | 湖北提督、直隶提督 |
| 达桂葆 | 又名体香、听湘、听香 | 江苏六合 | 秀才，为李长乐幕僚，官同知，湖北补用通判 |
| 徐显照 | 字月楼 | 江苏丹徒 | 刘鹗门客 |
| 赵永年 | 字明湖、祝三，号咏严 | 江苏仪征 | 邑庠生，李光炘表兄赵梦山之子 |
| 张国英 | 字云汉，一字云溪 | 江苏甘泉 | 官提督，即"扬州张子"，见《黄氏遗书·记言》 |
| 高尔庚 | 字星仲、辛仲，号曼孙、学顽 | 江苏泰州 | 州廪生，举人 |

续表

| 姓名 | 字号 | 籍贯 | 备注 |
|---|---|---|---|
| 刘鹗 | 字铁云，号云搏、老残、洪都百炼生，又称云二先生 | 江苏丹徒 | |
| 吴德潇 | 字季清，号筱村、小村、小春，自号双遣居士 | 四川达县 | 举人，任浙江山阴、钱塘及西安知县等职 |
| 毛庆蕃 | 字实君 | 江西丰城 | 进士，官户部员外郎 |
| 赵成 | 字伯言 | 山东肥城 | 一说山东长清，黄崖学者南来者 |
| 黄㭎 | 字木犀 | 江苏泰州 | 贡生 |
| 刘梦熊 | 谱名明远，又名孟熊，字渭卿，又字渭清、味青，又名味秋 | 江苏丹徒 | 附监生，刘鹗之兄 |
| 陈文铎 | 字木天 | 江苏泰州 | 优贡生 |
| 王锦坊 | 字树滋 | 江苏泰州 | |
| 虞作恭 | 字伯允 | 浙江绍兴 | 黄崖学者南来者 |
| 虞作哲 | 字季升，号康斋 | 浙江绍兴 | 又称虞五叔，黄崖学者南来者 |
| 赵宽 | 字鸣岐 | 陕西上洛 | 黄崖学者南来者 |
| 周沛霖 | 字山由 | 江苏泰州 | |
| 王月卿 | | 江苏常熟 | 女弟子 |
| 李少平 | 字汉章，号黄檗山人 | 江苏仪征 | 李光炘长子 |
| 李季平 | 原名阳生，字巢梧，后改名元培，字季平 | 江苏仪征 | 李光炘三子 |
| 李星南 | 字振业 | 江苏仪征 | 李光燮之子，李光炘之侄 |
| 刘艳芬 | 字梦莲 | 江苏丹徒 | 邑庠生，刘鹗从弟 |
| 李访农 | | 江苏仪征 | 见《〈周太谷手迹和题跋〉探索》 |

续表

| 姓名 | 字号 | 籍贯 | 备注 |
|---|---|---|---|
| 刘桂庭 | | 江苏仪征 | 见《〈周太谷手迹和题跋〉探索》 |
| 朱松龄 | | 江苏仪征 | 见《〈周太谷手迹和题跋〉探索》 |
| 卢福保 | 字嵩亭、松亭 | 江苏泰州 | 岁贡生、候选直隶州州判，泰州商会会长，汪时琛的儿女亲家，见《归群宝籍目录》 |
| 宗士材 | | 江苏泰州 | 见《归群宝籍目录》 |
| 朱含元 | | 江苏六合 | 刘味清继室，见刘梦莲《先嫂朱夫人行略》 |
| 姚文馥 | 字伯兰 | 江苏丹徒 | 邑庠生，《黄氏遗书·记言》中的丹徒姚子 |
| 竹山颜子 | | 湖北竹山 | 见《黄氏遗书·记言》 |
| 海陵张子 | | 江苏泰州 | 见《黄氏遗书·记言》 |
| 海陵孙子 | | 江苏泰州 | 见《黄氏遗书·记言》 |
| 海陵陈子 | | 江苏泰州 | 见《黄氏遗书·记言》 |
| 海陵宫子 | | 江苏泰州 | 见《黄氏遗书·记言》 |
| 海陵方子 | | 江苏泰州 | 见《黄氏遗书·记言》 |
| 仪征方子 | | 江苏仪征 | 见《黄氏遗书·记言》 |
| 丹徒李子 | | 江苏丹徒 | 见《黄氏遗书·记言》 |
| 靖江方子 | | 江苏靖江 | 见《黄氏遗书·记言》 |
| 太平崔子 | | 山东太平 | 见《黄氏遗书·记言》 |
| 太平崔子 | | 山东太平 | 见《黄氏遗书·记言》 |
| 郭 澄 | 字海楼 | 江苏仪征 | 见《龙川弟子记》《观海山房追随录》 |

续表

| 姓名 | 字号 | 籍贯 | 备注 |
|---|---|---|---|
| 王玉鲁 | | 不详 | 见《群玉山房诗抄》 |
| 江长源 | | 不详 | 见《黄氏遗书》 |
| 陈锦堂 | | 不详 | 见《龙川弟子记》 |
| 南陔 | | 不详 | 见《龙川弟子记》 |
| 会真 | | 不详 | 见《龙川弟子记》 |
| 仰高 | | 不详 | 见《龙川弟子记》 |
| 澜 | | 不详 | 见《观海山房追随录》 |
| 焕光 | | 不详 | 见《井眉居诗抄》 |
| 荣庆 | 字华卿 | 蒙古正黄旗 | 进士，翰林院编修，后任山东学政、刑部尚书、礼部尚书，军机大臣、弼德院副院长等 |
| 汪时琛 | 原名时深，字南瑞，号竹溪 | 安徽旌德 | 廪生，私淑弟子 |
| 王伯恭 | 原名锡鬯，字伯恭，别署公之侨 | 安徽盱眙 | 举人，私淑弟子 |

资料来源：李光炘《观海山房追随录》《龙川弟子记》；黄葆年《黄氏遗书》；张进《李光炘与太谷学派南宗研究》等。

## 二、龙川弟子的主要著述

李光炘的龙川弟子中，有著述留存的主要是黄葆年、蒋文田、谢逢源、高尔庚、刘鹗、毛庆蕃和姚文馥等人。因黄葆年的著述另有专章论述，此不赘言。

## （一）蒋文田及其著述

### 1. 蒋文田的生平

蒋文田（1848[①]—1909[②]），字子明，号龙溪，泰州姜堰镇龙溪人，扬州府生员[③]。蒋文田出生于一个读书人家，其父蒋仁山为"邑庠生"[④]，在姜堰私塾坐馆讲学，蒋氏自幼跟班学习，"从父馆于吾乡者也"[⑤]，因学业良好而小有名气，"初为县诸生，有文名"[⑥]。

蒋文田家境虽然并不富裕，但其不必亲自躬耕，正如其自云："予家无斗储，不耕而食，恒抱素餐之耻。"[⑦]其自幼好学且苦中求乐，"穷巷寡人事，居与木石邻。得闲即为乐，遭粥不忧贫"[⑧]。由于蒋氏喜欢游历求知，其足迹也遍及江南塞北，"少小志远游，足迹轻八荒。思欲穷幽险，千里裹糇粮。北行逾燕冀，南游窥衡湘"。不过，蒋文田的科场道路并不顺利，

---

① 学术界关于蒋文田的出生年月有两种说法：其一为"1843年说"，刘蕙孙、方宝川均持此观点。参见方宝川：《蒋文田及其著述》，《南京理工大学学报》（哲学社会科学版）1998年第3期。其二为"1845年说"，王学钧考订为1845年。参见王学钧：《蒋文田与李龙川》，《南京理工大学学报》（社会科学版）2000年第4期。其实，王学钧在《蒋文田与李龙川》一文中也认为，如果将蒋文田"作四十九实岁，则当生于1848年"。但其为了论证所谓"二巳传道"是指黄葆年和蒋文田二人，似乎有些牵强地将蒋氏的生年确定为道光乙巳（1845年）。笔者依据蒋文田于光绪丙申年除夕（1897年2月1日）所作《除夕醉后示诸子有序》中的"予生五十载，庸碌无一奇"一句，推算蒋氏生年当为1848年。蒋氏在1908年左右还作有《将之颍州，舟过小姑山，见月作》一首，其中有"庐岳归来六十秋，白头还作汉皋游"的诗句，显然其自言已是六十岁。由此推算，蒋氏当出生于1848年。见蒋文田：《龙溪先生诗抄》，载方宝川主编《太谷学派遗书》第二辑第四册，江苏广陵古籍刻印社，1998，第99页。
② 李泰阶言"自三月廿六日蒋师归道山后"，可见蒋文田去世于1909年5月15日。见李泰阶：《复闻淑平函》，《双桐书屋文录》卷下，页九十八，抄本。
③ "光绪乙酉科恩贡。"郑辅东修、王贻牟纂：《（民国）续纂泰州志》卷十四，选举表上，载江苏古籍出版社编《中国地方志集成·江苏府县志辑》（第50册），江苏古籍出版社，1991，第664页。
④ "子二，寿彤聘邑庠生蒋公印仁山孙女，岁贡生印文田女。"《黄葆年履历及家传》，第5页，中华科举库，http://kjk.wenjinguan.com/Book_Detail.aspx?id=b5a3cc13–87bd–4e98–aa4b–95812450bd4a#。
⑤ 黄葆年：《黄氏遗书》，载方宝川主编《太谷学派遗书》（第二辑第二册），江苏广陵古籍刻印社，1998，第47页。
⑥ "咸丰间，山东黄崖教匪案作，真州张石琴先生罹难，太谷之学北支遂绝。未久，龙川设讲舍于泰州，以子明桃石琴，继黄厓讲学，以故属地名龙溪，相传宋时有青龙见其地河中，遂自以为署，学者因称为龙溪先生，著述甚鲜。"中国科学院图书馆整理：《续修四库全书总目提要（稿本）》（第34册），齐鲁书社，1996，第588页。
⑦ 蒋文田：《除夕醉后示诸子有序》，《龙溪先生诗抄》，载方宝川主编《太谷学派遗书》（第二辑第四册），江苏广陵古籍刻印社，1998，第58页。
⑧ 蒋文田：《咏怀四首（丁卯）》，《龙溪先生诗抄》，载方宝川主编《太谷学派遗书》（第二辑第四册），江苏广陵古籍刻印社，1998，第19页。

对此也感叹:"蹉跎志不就,盛年守空堂。欲行车无轮,欲渡河无梁"①。蒋文田后在家乡传学,因其居所附近有白龙溪,其讲学之所亦被称为龙溪草堂,太谷学人亦尊其为龙溪先生。②

蒋氏入室太谷学派较黄葆年为早,同治二年(1863年)其赴江都龙川草堂,拜谒李光炘为师,成为龙川弟子。李光炘作有《赠蒋生子明》一诗相赠,足见对其的青睐和器重,正如《续修四库全书总目提要》总结所云:"龙川先生尝锡以诗曰:'有道能知天爵贵,青瞳方骨本天生。欲留青眼贻子孙,不愧家声蒋子明。'盖深许之也。"③在李光炘的有意栽培之下,蒋文田逐渐确立其在学派内的"教席"地位,成为太谷学派的核心人物,获得门下弟子的"功德"供奉。例如,杨蔚霞入室后,曾奉赠其一笔非常丰厚的脩金,蒋氏专门回信表达谢意,"前于由扬动身候曾有书来,兼承厚馈,足见盛情。……此次又蒙厚礼远颁,有光泉壤"④。蒋文田在学派内部享有尊崇地位,因此衣食无忧,这在其诗作中有明确反映:"负薪闲事业,乞食好生涯。大笑出门去,飘蓬何处家。"⑤

蒋文田为推动太谷学派南北合宗以及调解太谷学派内部的矛盾,主动发挥其人脉关系,积极联络南北学人,作出了极其重要的贡献。蒋文田积极争取黄崖弟子的"领袖"人物朱玉川、朱莲峰昆仲,频繁邀请二人至黄葆年官署,参加各种交流活动。他还提出"喜天人之一贯,合南北以同心"⑥的主张,殷切希望朱氏兄弟能够敦促更多的北宗弟子同意"南北合宗"。在蒋氏的坦诚相待和耐心感化之下,朱氏兄弟不仅主动南下参与太谷学派的活动,而且多次致函劝说黄崖弟子中最为顽冥不化的虞季升,最终说服其加入太谷学派合宗的进程。蒋文田还全力缓和黄葆年与高尔庚之间的矛盾关系,最终使得高氏再度加入归群草堂的活动,实现了太谷学派的内部团结。蒋文田既不拒谏饰非,又能有犯无隐,其公正无私、嫉恶如

---

① 蒋文田:《咏怀四首(丁卯)》,《龙溪先生诗抄》,载方宝川主编《太谷学派遗书》(第二辑第四册),江苏广陵古籍刻印社,1998,第20页。

② 中国科学院图书馆整理:《续修四库全书总目提要(稿本)》(第34册),齐鲁书社,1996,第588页。

③ 中国科学院图书馆整理:《续修四库全书总目提要(稿本)》(第34册),齐鲁书社,1996,第588页。

④ 蒋文田:《与杨蔚霞书》,《龙溪先生文抄》,载方宝川主编《太谷学派遗书》(第二辑第四册),江苏广陵古籍刻印社,1998,第69—73页。

⑤ 蒋文田:《口号》,《龙溪先生文抄》,载方宝川主编《太谷学派遗书》(第二辑第四册),江苏广陵古籍刻印社,1998,第29页。

⑥ 蒋文田:《壬辰武阳七夕会诗序》,《龙溪先生文抄》,载方宝川主编《太谷学派遗书》(第二辑第四册),江苏广陵古籍刻印社,1998,第148页。

仇也赢得太谷学派同人的由衷敬重和共同爱戴。

1901 年，黄葆年南归后，受蒋文田邀请，曾经短暂居住泰州，并有开设学堂的计划，"近者黄先生解组归来，卜居于泰州南乡之刁家铺，离城二十余里。此地旧有东皋草堂，风景甚佳。拟于其间，接待来学。俟部署稍定后，约予同为苏州之游，然后由苏而沪"①。不过，由于泰州地理位置相对闭塞，不利于太谷学派的传学活动，因此 1902 年太谷学派的愚园雅集否定了这一设想，改在苏州开办归群草堂。归群草堂在苏州办学，很大程度上就是蒋文田与其门弟子杨士晟共同推动的结果，"黄先生南归，会与蒋同设教于吴门"②。

为了归群草堂的顺利开办，蒋文田不计个人得失，甘当黄葆年的副手，正如其对黄氏所言："兄毋谓弟有人我之见也。今日之事兄主之，弟辅之，无可疑也。"③ 总之，无论是太谷学派南北合宗，还是在苏州创设归群草堂讲学，蒋文田都全力辅佐黄葆年，甘心为学派事业忍辱负重、呕心沥血，正如民国后学胡涤的评论："龙川门下，又有……蒋子明……讲学于今泰县之姜堰，为众所推，拟为李门之关，亚于黄之比类。"④ 蒋文田一生淡泊明志，并不追求名利，谢逢源对此深有感触："蒋先生教胜于养，黄先生养胜于教。"⑤ 1909 年，蒋文田去世，是太谷学派的重大损失，加之此年刘鹗、江子若等太谷学派骨干人物亦先后离世，太谷学派后学一度竟然茫然失措，正如蒋氏之子蒋廷玉致函其兄蒋念皋所云："数月以来，死亡相继。对此正有厌世之想。前顾茫茫，后顾茫茫，不识如何是好。"⑥

### 2. 蒋文田的著述

《归群宝籍目录》著录的蒋文田著述共四种：《龙溪先生文集》二卷、《龙溪先生诗集》一卷、《龙溪先生文抄续编》二卷和《龙溪先生诗抄续编》一卷。现存行世的则是题为《龙溪先生文抄》和《龙溪先生诗抄》的两种，

① 蒋文田：《与人书》，《龙溪先生文抄》，载方宝川主编《太谷学派遗书》（第二辑第四册），江苏广陵古籍刻印社，1998，第 131 页。
② 东台胡涤撰次：《老残游记考证》之六《黄龙子之历史及其学术之渊源》，《中华月报》1935 年第 3 卷第 12 期，第 57 页。
③ 蒋文田：《寄黄锡朋书》，《龙溪先生文抄》，载方宝川主编《太谷学派遗书》（第二辑第四册），江苏广陵古籍刻印社，1998，第 25 页。
④ 东台胡涤撰次：《老残游记考证》之六《黄龙子之历史及其学术之渊源》，《中华月报》1935 年第 3 卷第 12 期，第 57 页。
⑤ 王伯恭：《谢石溪广文》，载王伯恭、江庸《蜷庐随笔·趋庭随笔》，山西古籍出版社，1999，第 89 页。
⑥ 刘德隆、刘瑀编著《刘鹗年谱长编》，上海交通大学出版社，2019，第 740 页。

亦被合称为《蒋先生诗文集》①。蒋文田著述虽然不多,但其对于研究太谷学派二传的道统传承、归群草堂内部的学人关系以及蒋文田的主要思想等问题,具有极其重要的参考价值。

(1)《龙溪先生文抄》

《龙溪先生文抄》,抄本,二卷,"泰州本"。此书合计为35篇,其中卷一为蒋文田致黄葆年、谢逢源、朱玉川、高辛仲、毛实君、赵明湖、达紫成、杨蔚霞等人的18通书信,卷二为蒋氏致钱希笵、达听湘、葛仲修、李祖峰、罗达衡等人书信及《与人书》5通、《与姊书》1通,合计12通书信。此外,还有《壬辰武阳七夕会诗序》《黄锡朋五十双寿序》《祭陈建安文》《祭王树滋文》和《修义冢启》等文5篇。

其一,阐释以"心息相依、转识成智"为核心的太谷学派学术思想。

蒋文田指出李光炘所总结太谷学派的思想内核就是"心息相依、转识成智",这与《大学》的"格物",《中庸》的"率性",《论语》的"依仁",《孟子》的"集义"是一脉相承的,即宋明理学分别所提出的"主敬存诚"和"致良知"。

> 先师拈出"心息相依、转识成智"八字,实为彻上彻下之道。苟能从心悟入,从身发挥则《大学》之格物,《中庸》之率性,《论语》之依仁,《孟子》之集义皆可一以贯之,宋儒之主敬存诚不外乎此,明儒之致良知亦不外乎此。②

"心息相依"是太谷学人的入门诀窍,"……以心息相依为入门之妙诀,若能以心求息,心缘息而能存,以息含心,息得心而有养,其始也。见心而不见息,其终也,见息而不见心,至于心息两忘,依而不依,不依而依,自有怡然焕然之一候,下学在是,上达亦在是。动静无端,阴阳无始,可以合外内而一贯者,莫此为要"③。蒋文田强调李光炘所言"心息相依、转识成智"就是格物致知,进而实现"移情""率性""培风",最终达到"拈花一笑"的悟道境界,"盖心息相依斯为格物,转识成智即是致知,先圣说法数十年未尝须臾离此,明乎此则可以移情,可以率性,即可

---

① 1964年12月19日,"刘丙孙寄所抄《蒋先生诗文集》来"。钟泰:《钟泰日录》(下),《钟泰著作集》(第8册),上海古籍出版社,2021,第777页。

② 蒋文田:《与杨蔚霞书》,《龙溪先生文抄》,载方宝川主编《太谷学派遗书》(第二辑第四册),江苏广陵古籍刻印社,1998,第70—72页。

③ 蒋文田:《与罗达衡书》,《龙溪先生文抄》,载方宝川主编《太谷学派遗书》(第二辑第四册),江苏广陵古籍刻印社,1998,第121—122页。

以培风，而其拈花一笑也不难矣"①。

太谷学派之所以高度重视"心息相依、转识成智"，因为这是太谷学人修习"养气""知言"的根本要求，而且"换气"还是实现"求放心"的前提条件，"心息相依者，养气之极功；转识成智者，知言之能事。吾人求之于心莫大于知，非求之于息，莫先于换气，知非换气，易知简能之道，然而知之者鲜矣，能之者愈鲜矣。何也？自以为是者欺世而盗名，德之贼也。自谓不能者，道听而途说，德之弃也。若夫豪杰之士只是真性情，发露而由仁义行，真心既发，真气斯充，直养无害在此，自性自度即在此，岂与夫闭户读书，孤修静坐者同日而语哉"②！

其二，传承其师李光炘"志为人路，气为天路"的基本修行方法。

蒋文田认为太谷"圣功"修行方法依然是传统儒学"修身、齐家、治国、平天下"的基本路径，因此个人修行首先要"正心诚意"，然后通过"求放心"以"求其仁"，就是周太谷所说的"身命合德曰性"，即所谓"移情"。太谷学人要达到这一境界，必须遵循李光炘所总结的"志为人路，气为天路"的修习路径，即通过"学诗"实现"移情"和"换气"，最终达到孟子所言"吾善养吾浩然之气"，正如其对毛庆蕃所云：

> 鄙见以为齐家无法，齐家之术修身而已矣。正心亦无法，正心之功，诚意而已矣。若不知身之所以修，而但欲齐所不齐，则必有善责之行，而家人之道苦。不知意之所以诚，而但欲正其所不正，则必有遏欲之说，而难免正墙面而立之讥矣。其所以若此者，何也？后之人知言理，而不敢言情。夫不敢言情则其守理也。拘将有失仁之患，知求心而不能求气，夫不能求气则其操心也，苦几无集义之方。故师门以"志为人路，气为天路"，明夫此则达天之方也。谓合德曰性，分道曰情，明夫此则移情之术也。③

蒋文田认为太谷学人只要遵行"友道"，就能"得息""换气"，而"亲师取友"即能达到"心息相依、转识成智"，"夫道本无名，强名曰道。道亦无得，强名曰得。学至于成，惟有得息而已。苟未能得息，宜先换气。

---

① 蒋文田：《覆毛石君书》，《龙溪先生文抄》，载方宝川主编《太谷学派遗书》（第二辑第四册），江苏广陵古籍刻印社，1998，第87—89页。
② 蒋文田：《覆李祖峰书》，《龙溪先生文抄》，载方宝川主编《太谷学派遗书》（第二辑第四册），江苏广陵古籍刻印社，1998，第114—116页。
③ 蒋文田：《覆毛石君书》，《龙溪先生文抄》，载方宝川主编《太谷学派遗书》（第二辑第四册），江苏广陵古籍刻印社，1998，第55—58页。

未能换气，宜先求友。盖舍己从人，便是转识成智。朋自远来，即是心息相依。每中夜以思，不知手之舞之足之蹈之也。斯实千圣之心传，一乘之妙法①。蒋文田通过总结自己的悟道经验，认为太谷学人"学道"关键在于"移情养性"，首先需要"移情"，而"移情"则以"求友"为先，进而实现"得气"和"培风"，"为学之道莫先于移情，移情之方莫先于求友，求友则可以得气，得气则可以培风，此弟近来实实见得之处，可以自怡，即可以持增，非同说食不饱也"②。蒋文田强调太谷学人必须恪守"亲师取友"，即能"移情"，进而"得息"以消除各种苦难，正如其对毛庆蕃所言："弟以为人生事业只在求友，得友则能移情，移情则能得息，得息则能除一切苦，真实不虚矣。"③

其三，强调修习太谷"圣功"的关键在于个人"变化气质"。

蒋文田赞同理学大师张载的"为学大益，在自求变化气质"论断，强调太谷学人重要的任务就是"变化气质"，即《周易》所说"迁善"，《论语》所言"徙义"，"学者无他，变化气质而已。《易》曰迁善，《论语》曰徙义，变化之道莫大乎此，实实变化则能时时迁徙，故曰上下无常非为邪也"④。蒋氏强调太谷弟子通过自我学习与修养以改变其气质，最终回归人之善良天性。太谷弟子如果随时随处加以留意，就能够学问精进而不必拘泥于请业，"奇可与赏，疑可与析，但能随处留心，随处留情，则气质日变而学问日新，何必拘拘乎执经请业乎"⑤？蒋文田强调太谷门人学道时，不能空谈"身命合德为性"，必须眼见为实，及时改正，在自强自信的同时，实现个人气质的变化，其在《与姊书》中言：

> 学道无他，最要在变化气质而已。空谈性命，说食不饱，终归无益，惟气质各有所偏，须要实实见得真，改得快，便能出得迷津，渡的苦海。一语立命曰忍，一语养性曰宽，一语守身曰约，一语存心曰慈悲，有从心之心便不敢自以为是，有容人之量便不敢专责人之不是。

① 蒋文田：《与人书》，《龙溪先生文抄》，载方宝川主编《太谷学派遗书》（第二辑第四册），江苏广陵古籍刻印社，1998，第124—126页。
② 蒋文田：《与人书》，《龙溪先生文抄》，载方宝川主编《太谷学派遗书》（第二辑第四册），江苏广陵古籍刻印社，1998，第127页。
③ 蒋文田：《寄毛实君书》，《龙溪先生文抄》，载方宝川主编《太谷学派遗书》（第二辑第四册），江苏广陵古籍刻印社，1998，第51页。
④ 蒋文田：《与杨蔚霞书》，《龙溪先生文抄》，载方宝川主编《太谷学派遗书》（第二辑第四册），江苏广陵古籍刻印社，1998，第76页。
⑤ 蒋文田：《与杨蔚霞书》，《龙溪先生文抄》，载方宝川主编《太谷学派遗书》（第二辑第四册），江苏广陵古籍刻印社，1998，第70页。

万事皆假，何必认真。一息尚存，急宜自度，具菩萨心肠，即证圣贤地位且也。心不陷溺，可免水劫。身无烦恼，可免火劫。腹无戈矛，可免兵劫。胸无垒块，可免疫劫。此则实实可以自信者，则知变化气质之为功。①

可见，蒋文田多传承李光炘"移情养性""变化气质"等学说，创新虽然不多，但与黄葆年重视"诗教"以进德修业的做法如出一辙。

（2）《龙溪先生诗抄》

《龙溪先生诗抄》，抄本，一卷，"泰州本"，收录蒋文田诗作共计104首。《续修四库全书总目提要》将此书称为《龙溪集》："《龙溪集》不分卷，传抄稿本，清蒋文田撰……著述甚鲜。《龙溪集》一卷则诗稿之仅存者耳。除蒋氏子孙自存手稿外，阜阳张氏有传抄本。"②

由于蒋文田的诗作基本按照写作年代的先后顺序编排，据此书除了可以考知蒋氏的生平事迹，亦能够稽考太谷学派的一些重要史迹。《龙溪先生诗抄》比较清晰地勾勒了蒋文田传学活动的基本轨迹。

其一，致力于"还道于北"。蒋文田虽然甘愿辅助黄葆年，但因黄氏有公务在身，无法分身传学和联络太谷学派北宗弟子，故蒋氏主动承担这一重任，对于太谷学派的传承和发展则是矢志不移、鞠躬尽瘁，这在《龙溪先生诗抄》中多有体现。例如，一句"因缘大事难抛却，曾自崆峒道上来"③充分显示其对"师命"重托的自觉意识和主动担当。"龙川诗句分明记，开到江南第一枝……愿将一滴龙川水，沥遍人间万万花"④的诗句反映其恪守师训的坚强信念以及对传承太谷"圣功"的执着追求。蒋文田为此多次北上传学，以黄葆年官署为中心，足迹遍及保定、芦台、天津及京畿地区，《辛卯自朝城之京师，留别黄锡朋》《宿固安对月怀毛实君》《过芦台访达君听湘不遇》等诗可以有证。截至光绪壬辰（1892年），其已是三至齐鲁，正如黄葆年所叹："壬辰之夏，子明子来自京师，盖于是三三至东

---

① 蒋文田：《与姊书》，《龙溪先生文抄》，载方宝川主编《太谷学派遗书》（第二辑第四册），江苏广陵古籍刻印社，1998，第143—145页。

② 中国科学院图书馆整理：《续修四库全书总目提要（稿本）》（第34册），齐鲁书社，1996，第588页。

③ 蒋文田：《七月由罗塘至泰州口号》，《龙溪先生文抄》，载方宝川主编《太谷学派遗书》（第二辑第四册），江苏广陵古籍刻印社，1998，第32页。

④ 蒋文田：《癸卯江南第一花朝诗》，《龙溪先生诗抄》，载方宝川主编《太谷学派遗书》（第二辑第四册），江苏广陵古籍刻印社，1998，第89页。

山矣。"①

由于黄葆年此后不断调任山东各地任职，蒋文田的传学场所随之同步转移，至1894年亦是三度搬迁，"由滋阳、武阳而次莱阳，已卜三阳开泰"②。1898年，蒋氏随同黄葆年再度迁徙，"戊戌之秋，由滕达泗"③。此外，其主动与太谷学派北宗弟子游学，多次发起消寒会、菊花会、花朝会、蝴蝶会等各种活动，这在《冬月消寒会有感》《泗水署中重阳日同赋菊花》《癸卯江南第一花朝诗》《泗水第二花朝蝴蝶诗并序》等诗作中有明确反映。其间，蒋文田与黄葆年多次共商太谷学派的发展大计，正如其对葛仲修所言："今年秋再游泗水，与尔师商量旧学，新霜旧雨刻不能忘。"④

其二是专心于"匡庐问道"。庐山是周太谷"悟道"并创立太谷学派的发源地，故成为太谷学派后学的"圣地"，正如蒋氏诗云："匡山旧有读书处，何日相携扫落花"⑤。为了实现对太谷"圣功"的融会贯通，蒋文田效仿周太谷、张积中、李光炘等学派前辈，分别于1890年、1894年和1907年三次探访庐山，《过竹林寺洞口作》《题海会寺》《宿白石寺赠嵩壁上人》《甲午再游庐山作》《观音桥上口号》《入山口号》等诗作对此多有反映。其中，从"青峰江上自年年，姑射仙人渺何处？庐岳归来六十秋，白头还作汉皋游"⑥的诗句，可见蒋文田匡庐问道就是在追寻李光炘的"悟道"足迹。

蒋文田之所以重视诗作，是因为太谷学派将"学诗"作为移情、修性的重要方法，即为太谷"圣功"修习的重要路径，蒋氏曾明确表示："孔颜之乐，吟风弄月之乐也。欲知吟风弄月之乐莫先于移情，欲知移情之法莫善于学诗，此固洙泗之雅言，而尤崆峒之至教也。"⑦ 故《续修四库全书总目提要》认为《龙溪先生诗抄》"凡律绝古风如干首，多为同门及弟子酬

① 黄葆年：《壬辰七月七日武阳夜集并序》，《归群草堂诗集》，载方宝川主编《太谷学派遗书》（第二辑第二册），江苏广陵古籍刻印社，1998，第113页。

② 蒋文田：《黄锡朋五十双寿序》，《龙溪先生文抄》，载方宝川主编《太谷学派遗书》（第二辑第四册），江苏广陵古籍刻印社，1998，第155页。

③ 蒋文田：《黄锡朋五十双寿序》，《龙溪先生文抄》，载方宝川主编《太谷学派遗书》（第二辑第四册），江苏广陵古籍刻印社，1998，第155页。

④ 蒋文田：《再覆朱玉川书》，《龙溪先生文抄》，载方宝川主编《太谷学派遗书》（第二辑第四册），江苏广陵古籍刻印社，1998，第38页。

⑤ 蒋文田：《坐黄子仲素远香书屋看花作》，《龙溪先生诗抄》，载方宝川主编《太谷学派遗书》（第二辑第四册），江苏广陵古籍刻印社，1998，第63页。

⑥ 蒋文田：《将之颍州，舟过小姑山，见月作》，《龙溪先生诗抄》，载方宝川主编《太谷学派遗书》（第二辑第四册），江苏广陵古籍刻印社，1998，第99页。

⑦ 蒋文田：《覆毛实君书》，《龙溪先生文抄》，载方宝川主编《太谷学派遗书》（第二辑第四册），江苏广陵古籍刻印社，1998，第55—56页。

唱之作。诗律不甚严谨，而情致颇逸，且以治学渊博，章句尤多禅悦语，与词人骚客雕章琢句刻骨镂心者，固不相伴也。……则题画之诗，寄情而外，亦未尝脱理学家风俗也"①。基于此，陈辽认为蒋文田诗作的思想和艺术是晚清时期的佼佼者。②

### （二）谢逢源及其著述

#### 1. 谢逢源的生平

谢逢源（1838③—1915④），字平原，号石溪。谢逢源原名为麟，初入龙川门下时，李光炘为其改名，"学人最不宜吝，乃改名逢源，字平原。并示以诗曰：'才出龙门便不清，光摇银海浪层层。要知夜气消亡候，只在鹤鸣第二声。'又曰：'何得逢源，盖原于平山也'"⑤。谢为廪贡生⑥，"五品衔，江苏选用训导谢逢源"⑦。谢逢源原籍江苏溧阳，后定居扬州甘泉，因其长期定居淮扬，乃至于时人多将其误作甘泉人，乃至于归群弟子张德广未辨真假，仍沿袭此错误观点，其在《归群词丛》中亦云："江苏甘泉谢石溪先生，讳逢源……龙川弟子，廪贡生，候选训导。"⑧

① 中国科学院图书馆整理：《续修四库全书总目提要（稿本）》（第34册），齐鲁书社，1996，第588页。
② 陈辽：《清末泰县诗人蒋文田》，《扬州师院学报》（社会科学版）1989年第3期，第126页。
③ 黄葆年作有《丁未元旦，吴门归群草堂同人公祝平原谢先生七十初度，即席附赠并序》，见黄葆年：《归群草堂诗集》，载方宝川主编《太谷学派遗书》（第二辑第二册），江苏广陵古籍刻印社，1998，第204页。谢逢源在《元旦试笔 庚戌》中言："我生七十三元旦，送腊迎黏久惯经。"见谢逢源：《拳石山人余稿》，页三，苏州图书馆藏抄本。其在《篷波词》有《水调歌头·癸丑元旦自寿》中又云："七十又加七，元是老头陀。"见谢逢源：《篷波词》，载张德广《归群词丛》，收入方宝川主编《太谷学派遗书》（第二辑第七册），江苏广陵古籍刻印社，1998，第220页。综上推知，谢逢源生年为道光十八年，即1838年。
④ 谢逢源曾为江苏昆山名医王德森（严士）作有《和王先生严士六十述感怀作》一首。见谢逢源：《和王先生严士六十述感怀作》，载王德森《岁寒诗稿》卷六，昆山图书馆藏抄本。考王德森生于1856年，因其1935年时曾在《岁寒老人八十自述诗》中自言："余生于咸丰丙辰（1856年），迄今乙亥，已八十年矣。"见蒋志坚：《玉峰名士王德森》，载俞建良《昆山书法论文集》，荣宝斋出版社，2011，第140—141页。依此推算王德森六十岁时为1915年，谢氏之诗亦应写于此年，故其1915年时仍在世。
⑤ 谢逢源：《龙川夫子年谱》，载方宝川主编《太谷学派遗书》（第一辑第三册），江苏广陵古籍刻印社，1997，第48页。
⑥ "谢逢源，廪贡，候选训导。"朱畯等修、冯煦等纂：《（光绪）溧阳县续志》卷八，选举志例员监，页十七，光绪二十五年（1899年）印本，载江苏古籍出版社编《中国地方志集成·江苏府县志辑》（第32册），凤凰出版社，1991，第473页。
⑦ 《上匦志盛》，《申报》光绪十三年十二月二十八日（1888年2月9日），第4版。
⑧ 张德广：《归群词丛》，载方宝川主编《太谷学派遗书》（第二辑第七册），江苏广陵古籍刻印社，1998，第2页。

谢逢源长期生活在广陵，早已耳闻李光炘及太谷学派。1854 年，谢氏前往江都邵伯读书①，对李光炘更是慕名已久。1856 年，谢氏在周少谷弟子黄月芬的引荐之下，得以结识李光炘。当时，谢逢源"避乱颜家桥，即同师名，心向往之。是秋，因黄月芬，获游于门"②。1859 年，谢逢源正式入赘李光炘门下，随侍左右，成为龙川弟子中的骨干力量，其弟谢希鲁随后亦拜入龙川门下。1860 年，因谢逢源"少负才名"③，李光炘命其辑录周太谷遗书，首先由李口述，再经谢氏笔录，逐编成《周氏遗书》之"南本"。1861 年，谢逢源随李光炘前往江都，受师命分别前往邵伯、龙川、高邮、海陵各地，为其师广为宣传、延揽门徒，为创建龙川草堂作出重大贡献。1866 年，黄崖教案发生，李光炘为了避祸自保，关闭龙川草堂，遣散门下弟子，谢逢源离群索居，居无定所。其间，谢逢源一度寄居于上海、苏州等地，终日悬心吊胆，生活极为困苦，正如其回忆所言："己巳年（1869 年）九月，病寓沪上延秋阁，屋小于舟，宵凉似水，卧听雨声聒耳，殊闷人也。"④

谢逢源擅长诗画，交游甚广，凭借其与地方人士之间良好的人脉关系，为自己及其太谷学派构建了良好的社会网络系统。在龙川弟子中，谢逢源"事夫子年最久，迹最亲"⑤，李光炘对他非常器重，他成为太谷学派南宗的四大弟子之一⑥。李氏殒命之前，曾对学派后事作有安排："谓逢源曰：'吾将行矣'……拱铨问身后诸事。师曰：'有建安、石溪，敷衍拉杂了之可矣。'"⑦可见，李光炘对谢氏处理学派各种事务的能力非常清楚，对其寄予厚望。李光炘回归道山之后，谢逢源秉承师训，与黄葆年、蒋文田等人共同致力于学派的传承发展，不断奔走苏鲁、京津等地，广泛联络、密切互动，促成学派南北二宗同人的深入沟通和交流，正如蒋文田所言："君

---

① 《记卞双玉事》中云："昔者甲辰（1904 年）之秋，刘君来苏，莞然谓余曰：'余见卞双玉矣。'……余曰：'此余五十年前读书邵埭时情事。'"可见谢逢源 1854 年时就读于江都邵伯。见黄葆年：《记卞双玉事》（代谢平原作），《归群草堂文集》，载方宝川主编《太谷学派遗书》（第二辑第二册），江苏广陵古籍刻印社，1998，第 135—138 页。

② 谢逢源：《龙川夫子年谱》，载方宝川主编《太谷学派遗书》（第一辑第三册），江苏广陵古籍刻印社，1997，第 47 页。

③ 李伯元著、薛正兴校点：《南亭四话》，江苏古籍出版社，2000，第 413 页。

④ 谢逢源：《相见欢》，载张德广《归群词丛》，收入方宝川主编《太谷学派遗书》（第二辑第七册），江苏广陵古籍刻印社，1998，第 142 页。

⑤ 谢逢源：《龙川夫子年谱》，载方宝川主编《太谷学派遗书》（第一辑第三册），江苏广陵古籍刻印社，1997，第 111 页。

⑥ 张进：《李光炘与太谷学派南宗研究》，社会科学文献出版社，2012，第 216 页。

⑦ 谢逢源：《龙川夫子年谱》，载方宝川主编《太谷学派遗书》（第一辑第三册），江苏广陵古籍刻印社，1997，第 92 页。

游冀北，我滞江干，两地一心，寸襟千里"①。归群草堂开办后，谢逢源亦移居苏州，这既可以协调太谷学派的内部关系，又能够帮助黄葆年管理归群草堂各种杂务，"豺狼当道，问何处江山，尚容歌啸。料理归群，读书川上老"②。谢逢源年约八十，过世于苏州，黄葆年在《祭谢平原、江子若文》一文中对其表达了沉痛哀悼："二公成龙川开创之功，有亲师取友五十余年，白首乃同归于道。呜呼！念哉！年所最服膺者，则与谢公交愈久而愈知其非也，何其明也！"③

### 2. 谢逢源的著述

谢逢源著作较多，张德广在《归群宝籍目录》中记有 7 种，分别为《龙川夫子年谱》《龙川弟子记》《篋波词》《拳石山人余稿》《俎豆记》《东山草堂诗集》和《谢平原先生遗集》，目前存世的为前 4 种。④ 据《(民国)吴县志》载，谢逢源还著有《尺鸥馆诗词集》⑤。此外，《归群文课》中署名为"谢"的诗文有《谢庭咏絮》《狄公桃李（一）（二）》和《前题》等四篇，刘蕙孙先生认为此为谢逢源之作。

(1)《龙川夫子年谱》

《龙川夫子年谱》现存有三个版本：第一种是《龙川夫子年谱》一卷，抄本，"泰州本"。第二种是《李龙川年谱》，一卷，抄本，北京图书馆藏，现已收入《北京图书馆藏珍本年谱丛刊》第 156 册，"此本为十行折页乌丝阑抄本，共五十五叶，间有注正原稿之误年"⑥。第三种是《李龙川先生年谱》，一卷二册，抄本，苏州图书馆藏。这三个版本，虽然笔迹不同，但是内容基本一致，这说明版本来源相同，只是抄录者不同而已。

《龙川夫子年谱》又名《俎豆记》，是谢逢源为李光炘所作年谱，"起戊辰，讫己酉，凡七十有八年。编年为纲，记事为目。人事有间，天事无间，其间道统之源流，学人之考绩。嘉言懿行，据事直书。己未以前事，

① 蒋文田：《覆谢石溪书》，《龙溪先生文抄》，载方宝川主编《太谷学派遗书》（第二辑第四册），江苏广陵古籍刻印社，1998，第 29 页。

② 谢逢源：《齐天乐·自题〈尺鸥馆读书图〉，用治良韵》，《篋波词》，载张德广《归群词丛》，收入方宝川主编《太谷学派遗书》（第二辑第七册），江苏广陵古籍刻印社，1998，第 223—224 页。

③ 黄葆年：《祭谢平原江子若文》，《黄氏遗书》，载方宝川主编《太谷学派遗书》（第二辑第二册），江苏广陵古籍刻印社，1998，第 597 页。

④ 方宝川认为谢逢源著述的"后五种已佚"，此说有误，显然其没有见到苏州图书馆所藏《拳石山人余稿》。见方宝川：《〈归群词丛〉考略》，《太谷学派遗书》（第二辑第七册），江苏广陵古籍刻印社，2001，第 13 页。

⑤ 尺鸥馆是谢逢源的书斋名。曹允源、李根源纂：《(民国)吴县志》卷五十八下，艺文志考七，页十八，苏州文新公司铅印本，1933，总第 3864 页。

⑥ 来新夏：《近三百年人物年谱知见录》，上海人民出版社，1983，第 198 页。

实闻诸夫子。丙寅至丙子十年，离群索居，仅得大略。丁卯而后，南北追随，未离左右"①。

李光炘逝世后，谢逢源为了纪念其师，"俾后之闻风兴起之士，有访求龙川事迹，为文献之征者，获睹斯编，庶无传信传疑之憾也"，开始着手编撰《龙川夫子年谱》。此书由谢氏费时三年编成，并经同门加以润色、补充，"草创既成，分录两卷，希我同志修辞润色，各出所闻所知，以补不足"②。此书最终于光绪十五年（1889 年）完成。此书由谢逢源独立撰写，后经黄葆年加以考订，正如蒋文田对杨蔚霞所言："先师年谱暨《笾豆记》赖平原先生匠心独运，草创维艰，吾子与有力焉，将来讨论修饰必不可少。予虽欲加以考订而今兹未能，愿以俟之异日，且幸有锡朋先生在无为汲汲从事也。"③

谢逢源在咸丰己未年（1859 年）始入赘龙川门下，同治丙寅年（1866 年）因避祸黄崖事件而离散，因此《龙川夫子年谱》中的一些记述并非源自李光炘本人，带有一些道听途说、江湖传言的成分，谢氏对此并不否认：

> 右先师《龙川夫子年谱》，起戊辰（1808 年），讫乙酉（1885 年），凡七十有八年。编年为纲，纪事为目。人事有间，天时无间。其间道统之源流，学人之考绩。嘉言懿行，据事直书。乙未（1835 年）以前事，实闻诸夫子。丙寅（1866 年）至丙子（1876 年）十年，离群索居，仅得大略。丁卯（应为丁丑，1877 年）而后，南北追随，未离左右。呜呼！逢源事夫子年最久，迹最亲。管窥蠡测，知不足知。特恐人往风微，传闻互异，不且久而愈失其真乎。言念及此，究不敢以不文辞，而默焉无述也。草创既成，分录两卷，希我同志修饰润色，各出其所闻所知，以补所不足，俾后之闻风兴起之士，有访求龙川事迹，为文献之征者，获睹斯编，庶无传信疑之憾也已。光绪十五年（1889 年），己丑仲春，门下溧阳谢逢源再拜言。④

《龙川夫子年谱》充分反映出谢逢源对周太谷、李光炘等人的神化。

---

① 谢逢源：《龙川夫子年谱》，载方宝川主编《太谷学派遗书》（第一辑第三册），江苏广陵古籍刻印社，1997，第 109—110 页。

② 谢逢源：《龙川夫子年谱》，载方宝川主编《太谷学派遗书》（第一辑第三册），江苏广陵古籍刻印社，1997，第 111 页。

③ 蒋文田：《与杨蔚霞书》，《龙溪先生文抄》，载方宝川主编《太谷学派遗书》（第二辑第四册），江苏广陵古籍刻印社，1998，第 80 页。

④ 谢逢源：《龙川夫子年谱》，载方宝川主编《太谷学派遗书》（第一辑第三册），江苏广陵古籍刻印社，1997，第 111—112 页。

在谢逢源笔下太谷学派具有浓厚的宗教、神秘色彩,蒋文田据此将其称为"龙川外史"[1]。一般而言,年谱的写作必须忠于历史原貌,不应出现各种附会、神话的内容。谢逢源虽然明确表示自己撰写《龙川夫子年谱》时"嘉言懿行,据事直书"[2],但是实际上此书充斥着许多神奇传说。例如,《年谱》中记有周太谷、李光炘与吕洞宾、济癫等仙道之人的多次会面。[3]谢逢源的记述过于光怪陆离,对太谷学派造成一定的社会负面影响,让黄葆年颇觉不妥,故亲自加以删订,编成《李平山先生年谱》。

(2)《篷波词》

《篷波词》为谢逢源的词作,据《词综补遗》载:"谢逢源……有《篷波词》一卷、续一卷。"[4]《篷波词》现存有"归群词丛"本,为抄本,一卷,原藏福建师范大学图书馆,已编入《太谷学派遗书》第二辑。此书收录谢氏词作共计112首,并附录《己亥九九消寒道情》9首。

《篷波词》卷首有谢逢源作于"宣统二年(1910年)春三月"的自序一篇,其云:

> 龙川曰:"有理法气机而词亡,无理法气机而词妙。"无理法气机,则所余者情而已。眼前景,心上事,口头语,一经有情人道出,天籁宫商,自然合拍。情生文,文生情,仁声之入人深矣。夫予好而未工,有闻而未能深造,未尽删弃,偶一存之。流水欤?高山欤?吾之学不能移人之情,吾将刺船蓬莱,再寻吾师方子春也。[5]

《篷波词》反映谢逢源的文学创作观秉承太谷学派的传统做法,即贯性情学识诗文为一体,凸显真性真情、浑然天成。如《菩萨蛮·赵鸣岐将归彭城,同人践于永康寺,为填此。解赠之时,己亥重九前一日也》:

① 蒋文田:《乙未补题谢君石溪〈尺鸥馆读书图〉》,《龙溪先生文抄》,载方宝川主编《太谷学派遗书》(第二辑第四册),江苏广陵古籍刻印社,1998,第49页。

② 谢逢源:《龙川夫子年谱》,载方宝川主编《太谷学派遗书》(第一辑第三册),江苏广陵古籍刻印社,1997,第109—110页。

③ 谢逢源:《龙川夫子年谱》,载方宝川主编《太谷学派遗书》(第一辑第三册),江苏广陵古籍刻印社,1997,第25—26页。

④ 林葆恒说谢逢源"又撰《白香词谱笺》",此言有误。《白香词谱笺》实为谢朝微(韦庵)的笺著。见林葆恒辑、张璋整理:《词综补遗》(第4册),上海古籍出版社,2005,第3366页。

⑤ 谢逢源:《篷波词》,载方宝川主编《太谷学派遗书》(第二辑第七册),江苏广陵古籍刻印社,1998,第135—136页。

春风芍药三年别，相逢又是清秋节。落叶下平台，雁声天外来。君归留不得，后会期何日。杯酒故人情，知君暖到心。[1]

《篴波词》反映了谢逢源社会交游情况。他一方面积极参与太谷学人的各种活动，有《和周石君韵》《洞天春·冬日同人游芝阳山，分体得小令》《小庭花·前题和赵明湖》《双红豆·秋雨送毛石君、赵明湖两君之扬州，用刘光祖体》[2]为证。另一方面与地方绅士多有交游，尤其是与王宾谷交往密切，先后作有《虞美人·答王宾谷代柬，仍用蒋竹山听雨词韵》《念奴娇·和宾谷秋兰词即次元韵》《摸鱼儿·秋日偕宾谷游炼阳观，用雨溪韵》《念奴娇·怀高邮王宾老并简彀园》[3]等。

(3)《拳石山人余稿》

《拳石山人余稿》，抄本，"苏图本"。此书封面有"拳石山人"以及"溧阳东山草堂"等字样。《拳石山人余稿》为谢逢源的诗词集，共收录诗作87首。

谢氏的部分诗作，明确反映太谷学派早年传播的历史、组织特点以及"圣功"修习的方法和境界，其中以《偶成》一诗为代表，其云：

星耀珠联璧，风云会虎陇。弹琴来赤鲤，鼓瑟见青峰。洪福希高蹈，匡庐感旧踪。一花开五叶，黄石且从容。

斗室陈瓜祭，天坛隐竹屏。衣冠恭作肃，俎豆德维馨。帝谓通于穆，神游入渺冥。闲夜观礼阙，灯火耀樵星。

吾道中行得，斯文景运开。图原龙负出，书自凤衔来。濂洛承先泽，崆峒起法雷。从知狂闲士，都是不几才。

命也由师授，仁乎向友求。儒虽得仙乐，仙必重儒修。合德忘人己，知天泯怨尤。五陵有佳会，相与步瀛洲。[4]

谢逢源通过诗句，对太谷学派的简要历史、基本特点和修行方式作了详细描述。"星耀珠联璧"说明周太谷创立太谷学派的时间。"弹琴来赤

① 谢逢源：《篴波词》，载方宝川主编《太谷学派遗书》（第二辑第七册），江苏广陵古籍刻印社，1998，第190页。

② 谢逢源：《篴波词》，载方宝川主编《太谷学派遗书》（第二辑第七册），江苏广陵古籍刻印社，1998，第142、143、184、192和193页。

③ 谢逢源：《篴波词》，载方宝川主编《太谷学派遗书》（第二辑第七册），江苏广陵古籍刻印社，1998，第173、175、176和210页。

④ 谢逢源：《偶成》，《拳石山人余稿》，页八，苏州图书馆藏抄本。

鲤，鼓瑟见青峰"反映周太谷确立张积中、李光炘为其"大弟子"。"洪福希高蹈，匡庐感旧踪"说明张李二人为领悟太谷"圣功"而多次匡庐问道。"斗室陈瓜祭，天坛隐竹屏。衣冠恭作肃，俎豆德维馨"反映太谷学派的"俎豆"以瓜果祭祀为主，祭祀不仅对太谷学派弟子外在衣冠有着一定要求，更对其内在德行提出更高要求，反映太谷学派"匪德毋祭"的严格规定。"图原龙负出，书自凤衔来"揭示太谷学派学术以易学为核心，源自《河图》《洛书》。"濂洛承先泽，崆峒起法雷"强调周太谷学术直接承袭周敦颐所传承的传统儒学。"命也由师授，仁乎向友求"体现出太谷学派"命由师定"和"亲师取友"的原则，即由山长确定大弟子的身份，个人通过"友道"践行孝悌、仁义。"儒虽得仙乐，仙必重儒修。合德忘人己，知天泯怨尤"反映太谷学派"圣功"是一种儒家修行方法，其基本路径是"天命合德"。

此书反映归群草堂建立之后，逐渐成为太谷学人讲学和聚会的重要场所，毛庆蕃、乔树柟亦是其中的重要成员。1910年，毛庆蕃被清政府免职后，自甘肃前往苏州定居，谢逢源在《喜毛公归自归群草堂》中有吟：

民隐深蒿目，君恩许息看。寒云辞陇树，春水下吴船。救世诚号己，归群讵偶然。商量加邃密，旧学此年年。

栗里无冬夏，桃源孰主宾。草堂十日雨，和气一家春。把酒申前约，传诗启后人。愿为君羽翼，相与出风尘。①

(4)《谢逢源诗集》

据《归群宝籍目录》载，谢逢源的诗集为《东山草堂诗集》，可惜现已散佚。周葆濂的《且巢诗存》有《题〈谢石溪逢源诗集〉》一首，说明此书确实存世。其诗云：

零南国新词赋，惆怅东山旧管弦。昔我狂吟诗廿四，共谋重话劫三千。伤心锦瑟无端恨，脱手明珠相赠篇。记得故人曾说与，此才晚出抗前贤。

五年异地能谋面，一笑洪崖共拍肩。少日心情闲似我，近代诗句好于仙。义山真派杜陵出，安石盛名江左传。大庾岭梅开万树，春风

① 谢逢源：《喜毛公归自归群草堂》，《拳石山人余稿》，页四，苏州图书馆藏抄本。

相待诗吟鞭。（时将之粤东）①

　　周氏此诗作于谢逢源将去广东之时，《龙川夫子年谱》对此有载："（同治）三年甲子……五月，命逢源往粤东，八月归。……初，先子在粤东，有事召逢源，以龙川草创，故缓其行。至是年五月，师命逢源往省。"②可见，此诗应作于同治三年。这亦说明，《谢逢源诗集》的成书时间至迟为1864年。

### （三）赵永年及其著述

#### 1. 赵永年的生平

　　赵永年（生卒年不详③），字明湖，又字咏岩，号祝三④，江苏仪征人，邑庠生，周太谷弟子赵梦山（孟山）之子。光绪七年（1881年），赵明湖拜从李光炘，成为龙川弟子，与黄葆年、蒋文田、高星仲、刘鹗和朱玉川等人交游尤深，同门师兄多称其为"六弟"。⑤

　　李光炘去世后，赵明湖奔走苏鲁之间，与太谷学派南北同学论学谈道。⑥黄葆年任职齐鲁后，赵永年多次前往其官衙，参加同门聚会。光绪二十年（1894年），赵永年在山东莱阳，招请黄葆年等人修禊于昌阳亭山石洞，"甲午初春，三月初吉，明湖赵子想招修禊于亭山、石洞之阴"⑦。此

----

① 周葆濂：《题〈谢石溪逢源诗集〉》，《且巢诗存》卷三，页六，清光绪十六年刻本，载《清代诗文集汇编》编纂委员会编《清代诗文集汇编》（第681册），上海古籍出版社，2010，第316页。

② 谢逢源：《龙川夫子年谱》，载方宝川主编《太谷学派遗书》（第一辑第三册），江苏广陵古籍刻印社，1997，第60页。

③ 1921年，陈庆年在《〈客窗随笔〉序》中言："愿吾明湖继此有作，即其微言大义并究宣之，以饷世之欲闻者，窃以为无隐之道固应如是，未知吾明湖以为何如也？辛酉夏四月初八戊寅，书于传经堂之望益轩。"陈庆年：《〈客窗随笔〉序》，《横山乡人文稿》卷二，页五十六至五十七，载林庆彰主编《民国文献丛刊》（第1辑第48册），文听阁图书有限公司（台北），2008，第256页。此后，壬戌年十一月十五日（1923年1月1日）的《芦墟报》第六号上刊载仪征赵明湖所作《和许康侯十二耆英咏》的诗作。由此可见，截至1923年，赵永年尚在人世。

④ "咏岩为赵君永年，号祝三，附志于此，用谂读者。"蒋兆兰：《〈乐府补题后集乙编〉目录》，载徐致章《乐府补题后集乙编》，白云词社，1928，页二。

⑤ 《和明湖六弟元夜诗》："箫鼓灯花游戏事，追思师友便离尘。画楼烟雨钓天乐，好鸟嘤鸣伐木春。半世幸承真实义，而今敢负服勤身。新知旧学相敦勉，共证元宵未了因。"黄葆年：《归群草堂诗集》，载方宝川主编《太谷学派遗书》（第二辑第二册），江苏广陵古籍刻印社，1998，第237—238页。

⑥ 赵永年有《永遇乐·同集海陵松林庵咏古松，呈蒋龙溪、高曼孙两先生》。见赵永年：《天海词稿》，载张德广《归群词丛》，收入方宝川主编《太谷学派遗书》（第二辑第七册），江苏广陵古籍刻印社，1998，第390页。

⑦ 黄葆年：《甲午三月三日昌阳亭山修禊并序》，《归群草堂诗集》，载方宝川主编《太谷学派遗书》（第二辑第二册），江苏广陵古籍刻印社，1998，第121—122页。

后，赵永年先后参加"泗水聚会""永康寺之游"和"愚园雅集"等太谷学派的重要活动和会议。1902 年，归群草堂建成后，赵永年亦移居苏州，参加日常讲学和修禊活动，正如其在《菩萨蛮·归群草堂赏菊》所咏：

> 秋雯尘净南山碧，西风帘卷怜秋色。秋色此间多，还宜载酒过。酒香花正发，佳会同愉悦。共此好秋光，月圆人寿长。①

### 2. 赵永年的著述

据《归群宝籍目录》记载，赵永年的著述有《赵明湖先生遗文》（一卷）和《明湖居士诗钞》（三卷）两种。据陈庆年记载，赵氏还著有《客窗随笔》四卷，但是存佚情况不明。陈庆年对此书评价颇高，他认为赵氏"哀其所得，成《客窗随笔》四卷。凡人不经意之辞典，皆为疏其证释其滞害，广摭旁穿用相参伍，务得其实而后已。其故事异闻、嘉言奥语亦往往而遇。余读而好之，如蔡邕入吴之得《论衡》也"②。可惜上述数种均已散佚，目前赵永年的著述仅存有《天海词稿》。

《天海词稿》是赵明湖的词集，抄本，一卷，收入《归群词丛》，共收录其词作 101 首。

《天海词稿》反映赵明湖与太谷学派同门的交游情况，尤其是与黄崖弟子朱玉川私交深厚。正如《水调歌头·赠玉川先生》所咏：

> 两载别离苦，把酒劝君留。相逢几日，欢会一刻抵千秋。似此光阴难再，未证人天消息，大事等燃头。但得素心侣，其外复可求？
>
> 坐芳树，吟夕月，记同游。析津水冷，多少离恨逐波流。此日杨花无赖，又送征轮回转去住总难由。我辈飘蓬惯，车辖不须投。③

《天海词稿》还反映赵永年的游幕生涯，这在《沁园春·题杨少农镇军辞世书》中有明确反映：

> 折水欣逢，故交呼侣，华筵乍开。时少农镇军摄篆津门，毛实君

---

① 赵永年：《菩萨蛮·归群草堂赏菊》，载张德广《归群词丛》，收入方宝川主编《太谷学派遗书》（第二辑第七册），江苏广陵古籍刻印社，1998，第 420 页。

② 陈庆年：《〈客窗随笔〉序》，《横山乡人文稿》卷二，页五十六至五十七，载林庆彰主编《民国文献丛刊》（第 1 辑第 48 册），文听阁图书有限公司（台北），2008，第 255—256 页。

③ 赵永年：《水调歌头·赠玉川先生》，《天海词稿》，载张德广《归群词丛》，收入方宝川主编《太谷学派遗书》（第二辑第七册），江苏广陵古籍刻印社，1998，第 426 页。

方伯暨余同在北洋，沽酒小聚，同座者为严筱孙侍郎。有披裘座客，纵谈瀛海，传诗宿学，殷勤尊罍。矍铄弯弓，从容缓带，鞍马风尘老将才。休回首，任飘零骏骨，莫问金台。

移麾再镇江淮。经几度沧桑余劫灰。念毂城黄石，授书应在，吴门白马，望气重来。自抚瘢痕，早醒尘梦，旧雨深情托酒杯。少翁移镇福山，重来吴下，时希平先生及实翁寄寓苏台，予亦客苏抚幕，复聚于归群草堂。归群乐，听鸡鸣风雨，记取岑苔。①

这说明赵永年曾入毛庆蕃、杨少农等人幕府，并先后赴上海、天津、苏州等地，与杨少农、严修等人有过交集。

此外，《咏岩词》是《乐府补题后集乙编》收录赵永年参加白雪词社雅集活动的部分词作。1922 年至 1923 年，赵永年曾参与徐致章、蒋兆兰等人创办的白雪词社的雅集和社课，具体为其中的第一集、第二集、第十四集和第十九集，虽然其并未正式入社②，但也时有唱和，故《乐府补题后集乙编》收录其《咏岩词》4 首，分别为《念奴娇·补题诺翟僧一蒲团外万梅花图册和作》《疏影·同人游无锡荣氏梅园和作》《无闷·雪意和作》和《湘春夜月·春魂得鱼字和作》③。

### （四）毛庆蕃及其著述

#### 1. 毛庆蕃的生平

毛庆蕃（1846④—1924⑤），字伯宣、德华，号实君、石君，江西丰城县（今丰城市）人，出生官宦世家，正如郭嵩焘在日记中所载："凡三世

---

① 赵永年：《沁园春·题杨少农镇军辞世书》，《天海词稿》，载张德广《归群词丛》，收入方宝川主编《太谷学派遗书》（第二辑第七册），江苏广陵古籍刻印社，1998，第 433—434 页。

② 袁志成：《晚清民国词人结社与词风演变》，湖南师范大学出版社，2015，第 120 页。

③ 蒋兆兰：《〈乐府补题后集乙编〉目录》，载徐致章《乐府补题后集乙编》，白云词社，1928，页二。

④ "毛庆蕃，字伯宣，一字德华，号实君，行一。道光丙午年十一月十四日吉时生，系江西南昌府丰城县监生。"顾延龙主编《清代硃卷集成》（第 65 册），成文出版社有限公司（台北），1992，第 27 页。

⑤ 毛庆蕃去世的时间有 1924 年和 1927 年两种说法。陈三立在《清故护理陕甘总督甘肃布政使毛公墓志铭》中言："岁甲子七月九日，吾友前护理陕甘总督甘肃布政使毛公卒于苏州寓庐……公得年九十有九。"毛庆蕃于 1924 年 8 月 9 日卒于苏州。见陈三立著、李开军校点：《散原精舍诗文集》（下），上海古籍出版社，2003，第 1075 页。叶玉麟则言毛氏辞世于 1927 年，其在《清故护理陕甘总督甘肃布政使毛公行状》中云："十六年七月，终于苏，年七十有九。"卞孝萱、唐文权编《辛亥人物碑传集》，团结出版社，1991，第 659 页。陈、叶两人都说毛庆蕃享年 79 岁，据《清代硃卷集成》载毛庆蕃生于 1846 年，故陈氏之说成立，叶氏所记则有误。

得名宦四人。而实君气概非凡，所成就必远且大，亦他省仕宦之家所罕见者也。"①同治十二年（1873年），毛庆蕃中举，签分户部，"以举人纳资为员外郎，分户部，好学寡交，时称端人"②。光绪己丑（1889年），毛庆蕃中进士，授庶吉士，"以户部员外郎即补，派充山东司帮，主稿北档房总办"③。不过，毛庆蕃因多年无法升迁，生活极其清苦，"至光绪乙丑，始成进士，官仍部曹。沈滞久，天寒俸薄，屋壁萧疏，妇稚食蔬粝"④。

毛庆蕃后因"学识宏通，操履笃实"⑤得到晚清名臣刘坤一的赏识，在其保荐之下不断升迁。1895年3月，甲午战争期间，在时任直隶布政使的陈宝箴的极力推荐下，刘坤一、王文韶奏调"户部山东司候补员外郎毛庆蕃来津襄办台务"⑥。毛庆蕃在任上勤勉职守、兢兢业业，受到刘氏的充分肯定。1901年，毛氏再度得到时任两江总督的刘坤一的举荐，出任江南制造局总办，"庚子，拳匪乱，颠顿南下，寄孥泰州。刘忠诚方重公，因以道员留总办江南制造局"⑦。由于毛庆蕃为官勤勉实干、廉洁自律，颇得政声，尤其在江南制造局总办任上，在刘坤一的支持下大力清理其前任潘学祖留下的巨额亏欠，"庆蕃逐款清厘，计潘道经手缭于借欠各项共实在亏银七十二万二千余两"，最终"将积欠七十五万余两清还"⑧。此后，毛庆蕃又得到刘坤一、袁世凯、王文韶等诸多封疆大吏的举荐，"是时，两江总督、山东巡抚、闽浙总督交疏荐，履存记"⑨。

1902年底，毛氏赴任沪上仅一年，再度被任北洋大臣、直隶总督袁世凯奏请调任直隶办理户部银行。1904年初，袁世凯调补其为永定河道。毛氏随后又升任天津道员，并先后署理直隶布政使和直隶按察使。1906

① 郭嵩焘：《郭嵩焘日记》（第四卷），湖南人民出版社，1983，第51页。
② 沃丘仲子：《现代名人小传》（下册），中国书店，1988，第153页。
③ 秦国经主编《中国第一历史档案馆藏清代官员履历档案全编》（第7册），华东师范大学出版社，1997，第320页。
④ 叶玉麟：《清故护理陕甘总督甘肃布政使毛公行状》，载卞孝萱、唐文权编《辛亥人物碑传集》，团结出版社，1991，第659页。
⑤ 刘坤一：《复毛实君》，载刘坤一著、陈代湘校点《刘坤一集》（第5册），岳麓书社，2018，第94页。
⑥ 刘坤一：《钦差大臣刘坤一等代奏调毛庆蕃来津襄办台务电》，载戚其章主编《中国近代史资料丛刊续编中日战争》（第2册），中华书局，1989，第473页。
⑦ 叶玉麟：《清故护理陕甘总督甘肃布政使毛公行状》，载卞孝萱、唐文权编《辛亥人物碑传集》，团结出版社，1991，第659页。
⑧ 《毛庆蕃为清厘江南制造局款等事之禀文并两江总督刘坤一之批文》，载《中国近代兵器工业档案史料》编委会编《中国近代兵器工业档案史料》（第1册），兵器工业出版社，1993，第616—617页。
⑨ 叶玉麟：《清故护理陕甘总督甘肃布政使毛公行状》，载卞孝萱、唐文权编《辛亥人物碑传集》，团结出版社，1991，第659页。

年，毛庆蕃任按察直隶使。1907 年，毛氏因"学术纯正、资历夙深，在直隶办理学务久称得力"①，出任江苏提学使。1908 年，毛庆蕃调任甘肃布政使，不久护理陕甘总督。宣统元年（1909 年），因反对清政府清理财政，遭到度支部官员的弹劾而罢官。毛庆蕃离职后南下，定居苏州。1924 年，毛庆蕃病逝苏州，葬于光福龙山。

毛庆蕃自幼受到家学熏陶，以宋明礼教为宗，"毛氏世以学行政事相教勉，礼经被自孩稚，每以三世名宦自矜"②。在黄葆年的多次游说之下，毛庆蕃于 1883 年正式拜李光炘为师，成为龙川弟子。③李光炘去世后，毛氏又转拜黄葆年为师。毛氏入赞太谷学派之后，不仅学风急转，而且心性亦随之发生根本变化，"其后获师龙川李先生，逐不复坚持夙昔所见矣。李先生者，仪征人，所传道术莫窥其涯矣，徒党服其数，甚盛。李先生殁，其高足弟子泰州黄先生葆年继起讲学，公复折节转事黄先生，而黄先生晚岁遇之暴，公愈恭谨不改常度，其求道笃挚如此"④。

毛庆蕃积极践行太谷学派"教养天下"之宗旨，不仅为学派活动提供资金支持，而且为一些太谷弟子解决生计问题。例如，1901 年，毛庆蕃寄给蒋文田白银 500 两，作为学派活动的经费，"谨具白金五百两寄呈执事，伏恳先生主持为作盂兰之会，俾此两大役得就安平，是所跂祷"⑤。1898 年，毛庆蕃还为江岷之子江月三在上海机器制造局谋取差事，因此有学者评论："可见毛实君资助太谷学派的活动只是他资助方法的一种，他还具体为学派中人解决生活问题，为其安排工作，江月三仅是一例而已。"⑥

1902 年，"愚园雅集"的具体组织安排事宜均由时任上海江南制造局总办的毛庆蕃负责。聚会期间，太谷学派作出在苏州开办归群草堂的重要决定。会后，毛庆蕃与程恩培、杨士晟等共同出资租典位于葑门南园十全街彭状元家的别府，交由黄葆年和蒋文田开办"归群草堂"。归群草堂开

① 《日下近闻》，《申报》光绪三十三年四月二十六日（1907 年 6 月 6 日），第 3 版。
② 叶玉麟：《清故护理陕甘总督甘肃布政使毛公行状》，载卞孝萱、唐文权编《辛亥人物碑传集》，团结出版社，1991，第 660 页。
③ 王学钧：《黄炎培与毛庆蕃——太谷学派研究札记》，《南京理工大学学报》（哲学社会科学版）1996 年第 2—3 期合刊。
④ 陈三立：《清故护理陕甘总督甘肃布政使毛公墓志铭》，《散原精舍文集》，辽宁教育出版社，1998，第 233 页。
⑤ 刘德隆：《毛庆蕃致蒋文田书浅析》，《南京理工大学学报》（哲学社会科学版）1995 年第 1 期，第 26 页。
⑥ 刘德隆：《太谷学人蒋文田家书浅析（二）》，《南京理工大学学报》（哲学社会科学版）1998 年第 2 期，第 19 页。

办后，毛庆蕃主要负责筹措平日的运行经费，据《新闻报》报道："闻其在苏时，凡彼教徒之往来江表者，悉往其家，每日食者殆不下百余人。"[1] 为了归群草堂的日用开销，毛庆蕃是尽其所能，可谓毁家纾难，"黄门食客数百人，柴米之赀，日费甚巨，实君尝毁家助之，隆谊高情，有如是者"[2]。毛氏为此欠债颇多，当其从江苏提学使升任甘肃布政使时，因囊中羞涩，特意致函山西票号蔚丰厚上海分号总理李宏龄表示："在苏亏累颇巨，交篆后一切用度，及他日西行所费，实属不资，仍须向沪号通用[融]，俟日后履任一并筹维归赵。"[3] 致仕后，毛氏生活相当艰苦，"既罢官，服御俭薄，尝冬月典衣也"[4]。

毛庆蕃是晚清民国时期太谷学派的骨干力量，为归群草堂的创办以及太谷学派的发展贡献颇多。《归群草堂语录》记有黄葆年对毛庆蕃所作评论："毛公自言：'从前之陷溺'。师曰：'公非陷溺。如果真陷溺，安能责无旁贷，辅翼圣功。'"[5] 黄葆年的寥寥数语，充分肯定其为太谷学派"教养天下"的重大功绩。

### 2. 毛庆蕃的著述

毛庆蕃的主要著作，除了其奏议、公牍和书牍等之外，就是《古文学余》[6]。张德广曾辑有《丰城毛先生遗集》三卷，编入《归群宝籍目录》。

《古文学余》是毛庆蕃 1907 年出任江苏提学使后所编著，编写此书的目的就是"救时弊、维风气，莫先道德文章"，故其倡导恢复唐宋古文，正如此书序言所言："皇帝御枢之三十有三年夏，庆蕃恭承简命提学江苏。提学者，学部新设之官，采风四远，盖将复古文学于多闻多见之余者也。庆蕃自维迂阔，恐将陨越以忝君命，且为江左学士大夫羞。"1908 年秋，《古文学余》大功告成，"今年春始录《檀弓》以下、唐宋以上个体文若干

---

[1] 《甘肃毛庆蕃革职感言》，《新闻报》1909 年 12 月 20 日，第 2 版。

[2] 卢冀野：《太谷学派之沿革及其思想——清学旁搜记》，《东方杂志》第二十四卷第十四号（1927），第 74 页。

[3] 李宏龄：《同舟忠告》，载李燧、李宏龄《晋游日记》，山西人民出版社，1989，第 145 页。

[4] 叶玉麟：《清故护理陕甘总督甘肃布政使毛公行状》，载卞孝萱、唐文权编《辛亥人物碑传集》，团结出版社，1991，第 660 页。

[5] 黄葆年：《归群草堂语录》，载方宝川主编《太谷学派遗书》（第一辑第五册），江苏广陵古籍刻印社，1997，第 18 页。

[6] 陈三立云，毛庆蕃有"《江苏学务公牍》一卷、奏议六卷、书牍六卷、《古文学余》十卷，待刊"。陈三立：《清故护理陕甘总督甘肃布政使毛公墓志铭》，《散原精舍文集》，辽宁教育出版社，1998，第 233 页。叶玉麟亦言其"著《江苏学务公牍》六卷、《古文学余》十卷、《奏议》六卷"。叶玉麟：《清故护理陕甘总督甘肃布政使毛公行状》，载卞孝萱、唐文权编《辛亥人物碑传集》，团结出版社，1991，第 660 页。

篇，管窥所及，略加点注，历夏经秋，甫成编帙。……实愿诸生余力学文，处为良士，出为通才，以少答国恩于万一，更有望者端冕而后观，乐以还吾道之南久矣"①。

《古文学余》是毛庆蕃点评春秋战国至南宋文学名著之作，全书共34卷，为1908年刻本，开本为长27.2厘米，宽15厘米，扉页上有"光绪戊申冬十月（1908年11月）印"的字样，每卷卷首均印有"丰城毛庆蕃评选"②。

《古文学余》的卷一为《礼记》，卷二至卷十为《左传》，卷十一为《谷梁传》，卷十二至十三为《国语》，卷十四至十六为《战国策》，卷十七至十八为《史记》，卷十九至二十二为《西汉文》，卷二十三至二十四为《东汉文》，卷二十五至二十六为《六朝文》，卷二十七至三十为《唐文》，卷三十一至三十四为《宋文》。

此书的编选格式，正文是对为原文的摘抄，毛庆蕃对其中部分文字作有圈点，正文后为毛氏批注，正文上方则是毛氏所作眉批。例如，卷一《礼记》首篇《檀弓》的格式如下：

原文摘抄：

事亲有隐而无犯，左右就养无方，服勤至死，致丧三年。事君有犯而无隐，左右就养有方，服勤至死，方丧三年。事师无犯无隐，左右就养无方，服勤至死，心丧三年。

批注：

字字入情入理，是为礼经。师兼君父之道者也，旧学知无犯，未知无隐也。新学知无隐，未知无犯也。未知无隐，难与事君矣。未知无犯，难与言事亲。

眉批：

① 毛庆蕃：《〈古文学余〉序》，光绪三十四年刻本，载毛静主编《剑邑文库》（第20册），百花洲文艺出版社，2015，第320页。
② 毛庆蕃：《古文学余》卷一，页一，光绪戊申刻本，载毛静主编《剑邑文库》（第20册），百花洲文艺出版社，2015，第319页。

知学礼所以事人，而后犯上作乱之害消。知事人所以尽性，而后养生丧死之道至，又以知三年制丧之深入人心也。①

《古文学余》不仅直接反映太谷学派的思想主张，而且集中体现了黄葆年的学术观点，正如其在为毛氏代写的序中所言："且庆蕃愚无知识，今所称述者皆所学于师友之绪余也，故以《古文学余》名篇"②，说明此书是包括毛庆蕃在内的太谷学派弟子参悟和践行太谷"圣功"的重要参考文献。据此，学术界甚至认为毛庆蕃只是挂名作者而已，真正的撰写者似为黄葆年。此书所揭示毛庆蕃及太谷学派的思想观点主要有：

其一，反映毛庆蕃具有朴素的历史观，其认为王朝兴亡更替存在着自身发展规律。例如，毛氏对"郑伯克段于鄢"的眉批为："国家之乱起自宫闱，宫闱之乱起自爱憎，《春秋》作如是观，廿四史皆作如是观。"对于《石碏谏宠州吁》评论为："天下之治乱，生于好恶。好恶得其平，治之所由兴也；好恶不得其平，乱之所由兴也。显则将相，隐则宫闱，要未有隐而不显者，是故石碏忧之，而为谠论，庄姜悲之，而为变风。"③显然，毛庆蕃认为天下治乱，与掌权者的个人喜好有着直接关联，正确处理个人的爱憎情感事关国家的兴亡变乱。故其对《伶官传序》发出了"夫祸患常积于忽微，而智勇多困于所溺，岂独伶人也哉"的评论，希望后世的统治者从历史兴亡中吸取经验教训，真正领会"盛衰之理"在于"人事"，即"忧劳可以兴国，逸豫可以亡身，自然之理也"④。

毛氏对唐宋以来宦官专权、朋党之争深恶痛绝，认为这必将引发政治腐败、社会动荡，最终导致国家政权走向覆亡，最终给民众带来无穷贻害。其批注《宦官传论》时就对宦官专权、祸乱政事深恶痛绝："宦官宫妾，祸患相因，非一世矣。然其来有原，不可不知也。夫男子宫而女子幽闭，此古之淫刑也。三代以后，人君以忌克之心，忍而用之，夫彼岂独非

① 毛庆蕃：《古文学余》卷一，页一，光绪戊申刻本，载毛静主编《剑邑文库》（第20册），百花洲文艺出版社，2015，第341页。
② 毛庆蕃：《〈古文学余〉序》，光绪三十四年刻本，载毛静主编《剑邑文库》（第20册），百花洲文艺出版社，2015，第320页。
③ 毛庆蕃：《古文学余》卷二，页一，光绪戊申刻本，载毛静主编《剑邑文库》（第20册），百花洲文艺出版社，2015，第351页。
④ 毛庆蕃：《古文学余》卷三十二，页十一至十二，光绪戊申刻本，载毛静主编《剑邑文库》（第20册），百花洲文艺出版社，2015，第687页。

人乎？呜呼！有己立立人，己达达人之意，则宦官宫妾之祸自消矣。"①其点评《五代史·一行传》时甚至认为北宋灭亡就是朋党之争的结果，"党人之说，始于韩、范、文、富，宋治之所以不成也。至党人碑立，而北宋亡矣。文忠身处其时，忧愤交集，其因唐六臣而发也，宜以痛哭出之，非徒流涕长太息而已。真气盘郁，遂成不朽之言"②。因此，毛庆蕃主张统治者应当推行"德政"，"由仁义行，非行仁义，确乎天民大人之言"③。

其二，阐释"正朝廷""正心""正学"之间的内在关联与基本内涵。毛庆蕃认为君王必须"上法天道，下顺民情"④，否则就会导致乱世，"君民一体，谓之文明。君民不通，谓之獉狂之俗。君民相欺，谓之乱亡之世"⑤。君主首先必须做到"正心"，方能实现"朝廷之正"，最后达到"万民之正"，"万民之正必自朝廷之正始，朝廷之正必自人君之正心始"⑥。君王"正心"就是自己能够成为贤明之主，"以贤率能则天下治，以能率贤则天下乱"⑦，"贤则有君有天下，不贤则无君无天下"⑧，虞舜、周文王和齐桓公皆是如此，"舜之无为而治，惟其有臣五人也。文王之大邦畏其力，小邦怀其德，惟其有臣四人也。桓公其降矣，然九合诸侯，一匡天下，亦惟其有管仲诸人也。唔乎！旧政耶，新政也，非其人谁能举之哉"⑨！君王"正心"更需要臣子忧思尽忠、谏言献策以"正朝廷"，"宗臣忧国之心，儒者

① 毛庆蕃：《古文学余》卷三十二，页七，光绪戊申刻本，载毛静主编《剑邑文库》（第20册），百花洲文艺出版社，2015，第684页。

② 毛庆蕃：《古文学余》卷三十二，页十，光绪戊申刻本，载毛静主编《剑邑文库》（第20册），百花洲文艺出版社，2015，第685页。

③ 毛庆蕃：《古文学余》卷一，页十六，光绪戊申刻本，载毛静主编《剑邑文库》（第20册），百花洲文艺出版社，2015，第348页。

④ 毛庆蕃：《古文学余》卷十二，页八，光绪戊申刻本，载毛静主编《剑邑文库》（第20册），百花洲文艺出版社，2015，第468页。

⑤ 毛庆蕃：《古文学余》卷十二，页七，光绪戊申刻本，载毛静主编《剑邑文库》（第20册），百花洲文艺出版社，2015，第468页。

⑥ 毛庆蕃：《古文学余》卷二十一，页十三，光绪戊申刻本，载毛静主编《剑邑文库》（第20册），百花洲文艺出版社，2015，第560页。

⑦ 毛庆蕃：《古文学余》卷十三，页八，光绪戊申刻本，载毛静主编《剑邑文库》（第20册），百花洲文艺出版社，2015，第483页。

⑧ 毛庆蕃：《古文学余》卷十，页二十三，光绪戊申刻本，载毛静主编《剑邑文库》（第20册），百花洲文艺出版社，2015，第455页。

⑨ 毛庆蕃：《古文学余》卷十三，页二十九，光绪戊申刻本，载毛静主编《剑邑文库》（第20册），百花洲文艺出版社，2015，第479页。

匡时之议"①,"忠诚之心流于楮墨,谏埶立极之文"②。君主只有与尧舜思齐,才能得到忠良贤才,"天子一念而众才聚,则知心尧舜之心,不患无禹稷之臣也"③。

君王"正心"更需要"正学术","深于天人之际,学术正也。学术正则杂霸之功利、邪说之淫诐无所入于其心"④。所谓"正学"就是倡导忠义诚信之学,"学有本源,而以忠义之诚出之"⑤。由于"学术一以圣人为归"⑥,君王"正学"更需要"圣人"的辅佐,因为"圣人言动必以礼,所以师表万世也。礼之为物,足使勇者失其武,知者失其谋,巧者失其辨。吾于圣人言动以礼,而知天下无不可处之人,无不可处之地,亦无不可处之境者"⑦。君王的最佳做法就是将"圣人"引入朝廷为官,次之是以"圣人"为师,"天下有道,师在官。其降也,师在学。其又降也,师在夷。学于夷而返诸有道,其惟圣人之师古乎"⑧?君王"正心"的路径就是创设学校、教化民众,使得君民相亲相爱、天下平安久治,"学校之设,上以此知爱民,下以此知尊君亲,上下相亲而天下平矣。若夫徒弄笔墨者,庸人也。犯上作乱者,刑戮之民也,其不为人君人父之忧乎"⑨?

其三,其文学评述中蕴含着太谷学派的思想内核。李光炘认为"心息相依"就是"人己合德",具体做法就是通过践行"己欲立而立人,己欲

① 毛庆蕃:《古文学余》卷二十二,页二十八,光绪戊申刻本,载毛静主编《剑邑文库》(第20册),百花洲文艺出版社,2015,第584页。

② 毛庆蕃:《古文学余》卷二十二,页二十五,光绪戊申刻本,载毛静主编《剑邑文库》(第20册),百花洲文艺出版社,2015,第586页。

③ 毛庆蕃:《古文学余》卷二十三,页十六,光绪戊申刻本,载毛静主编《剑邑文库》(第20册),百花洲文艺出版社,2015,第576页。

④ 毛庆蕃:《古文学余》卷二十一,页十一,光绪戊申刻本,载毛静主编《剑邑文库》(第20册),百花洲文艺出版社,2015,第557页。

⑤ 毛庆蕃:《古文学余》卷二十七,页八,光绪戊申刻本,载毛静主编《剑邑文库》(第20册),百花洲文艺出版社,2015,第620页。

⑥ 毛庆蕃:《古文学余》卷二十一,页十三,光绪戊申刻本,载毛静主编《剑邑文库》(第20册),百花洲文艺出版社,2015,第558页。

⑦ 毛庆蕃:《古文学余》卷九,页十,光绪戊申刻本,载毛静主编《剑邑文库》(第20册),百花洲文艺出版社,2015,第438页。

⑧ 毛庆蕃:《古文学余》卷八,页六,光绪戊申刻本,载毛静主编《剑邑文库》(第20册),百花洲文艺出版社,2015,第428页。

⑨ 毛庆蕃:《古文学余》卷三十一,页二十六,光绪戊申刻本,载毛静主编《剑邑文库》(第20册),百花洲文艺出版社,2015,第681页。

达而达人"的理念,最终达到"仁"的境界①。毛氏点评《五柳先生传》和《归去来分辞并序》时,认为陶渊明厌恶官场、归隐田园的思想和实践,与古代淳朴之世相一致,"萧然静逸,不愧天民,惟其不患得患失,不怨天不尤人也。能如是,然后退可独善其身,达可兼善天下。呜呼!无怀、葛天之世,岂其不可复见于今日欤"?陶氏之所以达到"素怀洒落,逸气流行,字字寰中,字字尘外"②的境界,因其没有追求功名利禄之心,"无乡人(指俗人)之心,故不知何许人;无求名之心,故不详其姓字"。毛氏认为屈原对于社会的认识水平,明显不如陶渊明,"三闾之独醒,不如彭泽之既醉;独醒得失之独切也,既醉得失之两忘也"。陶氏所谓"半醉半醒"的境界可谓独步天下,"无怀、葛天,有何今古,而人自择之,遂让渊明独步"③。显然,毛氏通过赞誉陶氏"退可独善其身,达可兼善天下",阐释了其师李光炘"人己合德""人己合一"的思想,"不怨天尤人"充分显现太谷学派的思想。毛氏之所以推崇陶氏,因为太谷学派将其视为仅次于圣贤的"逸民","人必可与共贫贱,而后可与共富贵也。少年好事之士、热中幸进之徒,岂可与共天下事哉?是故逸民,圣贤之亚"④。

由于黄葆年严格控制太谷学派著述流向社会,《古文学余》仅在学派内部分发流或传抄,"即所选《古文学余》一书,亦抄而分给同门,不出售于书肆也"⑤,即使作为毛庆蕃亲友好友的陈三立、叶玉麟亦未能得以亲见,因此他们记述此书卷数时均出现讹误。

### (五)高尔庚及其著述

#### 1.高尔庚的生平

高尔庚(生卒年不详),原名珠树,字星仲,又字辛仲,号曼孙、学顽,江苏泰州人。⑥高氏因少年丧父导致家境贫苦,被迫游学异乡,正如

---

① 李光炘云:"息也者,我与天地万物共之者也。心息相依,即是万物一体,即是人己合德。学者当思舍己无以尽人之性,舍人无以满己之量。夫仁者,己欲立而立人,己欲达而达人,非人己合一,不可谓仁也。"李光炘:《龙川弟子记》,载方宝川主编《太谷学派遗书》(第一辑第三册),江苏广陵古籍刻印社,1997,第7—8页。
② 毛庆蕃:《古文学余》卷二十六,页十二,光绪戊申刻本,载毛静主编《剑邑文库》(第20册),百花洲文艺出版社,2015,第613页。
③ 毛庆蕃:《古文学余》卷二十六,页十三,光绪戊申刻本,载毛静主编《剑邑文库》(第20册),百花洲文艺出版社,2015,第613页。
④ 毛庆蕃:《古文学余》卷二十六,页十八,光绪戊申刻本,载毛静主编《剑邑文库》(第20册),百花洲文艺出版社,2015,第626页。
⑤ 张相文:《太谷教》,《南园丛稿》卷九《沌谷笔谈》卷一,页五十二,载沈云龙主编《近代中国史料丛刊》(第一辑第300册),文海出版社(台北),1968,第885页。
⑥ 郑辅东修、王贻牟纂:《(民国)续纂泰州志》卷十四,选举表上,载江苏古籍出版社编《中国地方志集成·江苏府县志辑》(第50册),江苏古籍出版社,1991,第666页。

其诗作所云："他乡复行役，游子不胜悲。自顾成羁泊，饥驱忍别离。有兄嗟更远，对母哽无辞。仰看林间鸟，飞飞绕故枝。"① 高氏为了谋食，一度远赴广东为人幕僚，但依然穷困潦倒，正如其诗云："囊余客东粤，饥驱诚可羞……岁首襆被返，检点只空舟。"② 高氏后考取贡生 ③，专攻文字学，因其博学多才，成为晚清民国时期海陵地区的知名学者，"工古诗文辞，并究心天文、堪舆、医术，旁及金石、篆刻、书法。……又颇笃好小学，湛深经术，于《毛诗》致力尤邃"④。光绪八年（1882 年），高尔庚执贽李光炘，成为龙川弟子，因其学问精纯，被李光炘特意延请教授其孙李泰阶、李泰鼎，这在《龙川弟子年谱》中有明确记载："八年壬午……泰州高尔庚来。命授泰阶、泰鼎读。"⑤

黄葆年北上山东后，经过苦心经营，根基逐渐牢固，太谷学人随之纷纷北上，高尔庚亦不例外。自 1883 年起，高尔庚几乎每年都前往山东，可谓"一岁乘槎一度来"，黄葆年对其亦盛情款待，使其感激不已，"感君流下哀忘返，顾我从前养不才"⑥。由于高尔庚习性清高，并不愿过多涉足官场之所，而黄葆年为官日久，"官气"渐浓，与高氏的洁身自好逐渐渐行渐远，导致二人之间多有误解，私人关系出现裂痕。高氏主动减少与黄葆年及太谷学派同人的交往和联系，乃至于黄氏在苏州归群草堂举办的太谷学派聚会活动，其多次借故缺席。后经蒋文田从中调解，高氏态度开始有所转变。1902 年春，黄葆年定居姑苏后，高尔庚悄然而至，相见甚欢，二人之间冰释前嫌，正如黄寿彭诗云："老父自东还，卜宅吴江湄。吴江桃李芳，春风开绛帏。先生惠然来，相见倍依依。"⑦

---

① 高尔庚：《出门》，《井眉居诗抄》，页一，民国十二年铅印本。
② 高尔庚：《十二月十九东坡生日，招集同人小饮，即送希范、炼秋归罗塘，见五归蒲涛，并呈木天、子明、焕光诸先生 丙申》，《井眉居诗抄》，页二十五至二十六，民国十二年铅印本。
③ 《龙川夫子年谱》云其为廪生，"尔庚字星仲，州廪生"。谢逢源：《龙川夫子年谱》，载方宝川主编《太谷学派遗书》（第一辑第三册），江苏广陵古籍刻印社，1997，第78页。《(民国) 续纂泰州志》则言高氏"光绪二十五年（1899 年），岁贡生"。郑辅东修、王贻牟纂：《(民国) 续纂泰州志》卷二十五，人物文苑，载江苏古籍出版社编《中国地方志集成·江苏府县志辑》（第 50 册），江苏古籍出版社，1991，第758页。
④ 郑辅东修、王贻牟纂：《(民国) 续纂泰州志》卷二十五，人物文苑，载江苏古籍出版社编《中国地方志集成·江苏府县志辑》（第 50 册），江苏古籍出版社，1991，第758页。
⑤ 谢逢源：《龙川夫子年谱》，载方宝川主编《太谷学派遗书》（第一辑第三册），江苏广陵古籍刻印社，1997，第78页。
⑥ 高尔庚：《希平以诗赠别，次韵答之》，《井眉居诗抄》，页二十六，民国十二年铅印本。
⑦ 黄仲素：《题高辛仲先生小影》，《远香书屋诗抄》卷一，页九，苏州图书馆藏抄本。

### 2. 高尔庚的著述

高尔庚的著述主要有《井眉居诗抄》《井眉居诗续抄》《二南释义》《毛诗集解》《字略》《泰州方言》《尚友录正略》《海陵杂录》等。① 《(民国)续纂泰州志》艺文志载其尚有《尚友录考证》。② "始纂泰邑方言之书，有高尔庚氏，分天、地、人、物四部，录入《续纂州志》，而未刊行。"③ 此外，光绪三十年（1904年）至宣统元年（1909年），其与王贻牟共同主持修撰《(光绪)续修泰州志稿》，可惜书成之后未能刊印。

《井眉居诗抄》是高尔庚的诗词集，由其嗣子高炳华④ 整理、校对和刊行，并经黄葆年加以删定。《井眉居诗抄》现存有两种版本，第一种为民国十二年刻本，扬州图书馆、泰州图书馆等皆有收藏，现已收录入《泰州文献》第4辑第56册。第二种为民国二十六年（1937年）中华书局仿宋排印本，南京图书馆（前身为江苏省立图书馆）等有藏。⑤

《井眉居诗抄》的扉页为泰州著名篆刻家杨浣石篆刻的书名，卷首则是民国癸亥年冬月（1924年1月）黄葆年在苏州归群草堂为其所作序言，对高氏之诗给予高度赞誉，"其送予北上有诗云：'此去且宽南顾虑，不才珍重服勤身。'吾夫子尝称道之：'此可见凄风苦雨，或未如和风甘雨之平善也。'故吾重其诗则亦未龙川之遗音而已矣。今其嗣子子愚之刻是诗也，亦知其为龙川之遗音而已矣。呜呼，知龙川之遗音，则岂非千古文人之大幸，又岂非汝与吾之大幸也哉"⑥。

---

① 单毓元等纂修：《民国泰县志》卷二十八页，六十二，载江苏古籍出版社编《中国地方志集成·江苏府县志辑》（第68册），江苏古籍出版社，1991，第750页。又见郑辅东修、王贻牟纂：《(民国)续纂泰州志》卷二十五，人物文苑，载江苏古籍出版社编《中国地方志集成·江苏府县志辑》（第50册），江苏古籍出版社，1991，第758页。

② 郑辅东修、王贻牟纂：《(民国)续纂泰州志》卷三十，艺文志上，载江苏古籍出版社编《中国地方志集成·江苏府县志辑》（第50册），江苏古籍出版社，1991，第813页。

③ 单毓元等纂修：《民国泰县志稿》卷二十四，页一，载江苏古籍出版社编《中国地方志集成·江苏府县志辑》（第68册），江苏古籍出版社，1991，总第638页。

④ 高炳华，字子愚，高善树之子。"高善树字友柏，廪贡生。……子炳华，光绪二十三年举人。"郑辅东修、王贻牟纂：《(民国)续纂泰州志》卷二十五，人物文苑，载江苏古籍出版社编《中国地方志集成·江苏府县志辑》（第50册），江苏古籍出版社，1991，第756页。

⑤ 江苏省立图书馆藏有《井眉居诗抄》一卷一册，为太谷学派后人钱希曾所赠。国学图书馆编辑《江苏省立国学图书馆第十年刊》（二），国学图书馆，1937，第12页。孙燕京、张研主编《民国史料丛刊续编》（第1128册文教文博），大象出版社，2012，第253页。

⑥ 黄葆年：《〈高辛仲诗集〉序》，《归群草堂文集》，载方宝川主编《太谷学派遗书》（第二辑第二册），江苏广陵古籍刻印社，1998，第53页。

图 5-8　民国十二年刻本
《井眉居诗抄》

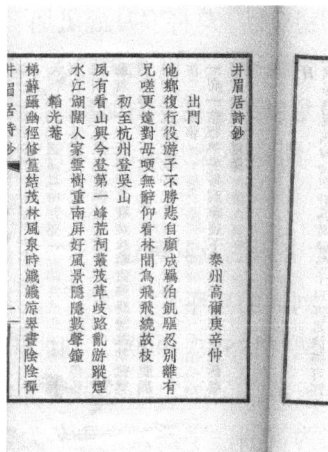

图 5-9　民国二十六年
中华书局仿宋排印本

　　《井眉居诗抄》又名《井眉居诗存》，分两卷，卷一为《井眉居诗抄》，起自光绪九年（1883 年）迄光绪三十一年（1905 年），共录诗 205 首。卷二为《井眉居续抄》，收录光绪十年（1884 年）至光绪三十年（1904 年）之诗共 119 首。《井眉居诗抄》的内容除了高氏对泰州乡土人情的描述以及对自己访学游历活动的抒怀，更多的则是记述与太谷学派门人之间的互动和参加学派举行的各种雅集活动。不过，需要强调的是，高尔庚与太谷学派同人交游的诗作多收录在《井眉居诗抄》之中，《井眉居续钞》中相关记载则相对较少。

　　此书反映高氏交游的太谷学派人物主要包括黄葆年、陈建安、李少平、赵明湖、朱玉川、卢松亭、李访农和钱希范等人，其分别作有《（壬午）二月二十五日，同人过陈裕川，夜饮分赋即赠其尊人陈建安》《送黄锡朋之罗塘即答其见怀之作》《癸未之春送锡朋我兄学长北上》《读杜一首呈李少平》《哭少平》《三月十五陪卢大松亭赴松石主人之约》《李访农过访即赠》《福山署中喜见朱玉川渊，临别书扇以赠》《希平以诗赠别，次韵答之》《送赵明湖北上》《希范北游，同人饯别，希范诗先成，未待和而已成行矣，予计程心，不能无言》《送毛十一默归丰城》《壬寅三月初三日，同人宴集吉祥花局》《石溪、子若、希平、龙溪赠句书扇，赋此奉还》《题〈愚园雅集图〉》《奉和吴门重九之作并序》等。

　　高氏在诗作中表示，“龙川”之学即太谷学派，是正本清源的学术，自己仔细辨别之后方投身其中，即成为太谷学派的所谓“槎客”。高氏“相约崆峒稳登陟，莫将岁月混风烟"①的诗句则明其学术旨趣和个人志向，即不做庸庸碌碌、虚度光阴之人，要立志达到太谷"圣功"的至高境界。高氏成为龙川弟子后，自觉修习太谷"圣功"，要求亦高，曾作诗一首自我警示，"渐觉心源并不波，可堪结习更蹉跎。遣情正要求方法，遇事何妨著咏歌"②。

### （六）刘鹗及其著述

#### 1. 刘鹗的生平

刘鹗（1857—1909），刘成忠的四子，谱名震远，亦字云抟，原名孟鹏，字云抟、公约，江苏丹徒（今镇江市）人，寄籍山阳（今淮安楚州）。后改名为篯淮，字铁云，更名为鹗，又字公约，号老残，署名"鸿都百炼生"。此外，曾用笔名浮玉山人、月华山人等。③

咸丰七年（1857年），刘鹗出生于江苏六合，其父时在京任职。由于家境富裕且为家中幼子，刘鹗受到更多的呵护和溺爱。长期的养尊处优，使刘鹗性情洒脱、自由放任，虽然自幼就接受传统儒学教育，但其并不循规蹈矩而醉心于科举仕途，而是博学多闻、涉猎广泛，蒋逸雪对此大加赞许，"鹗学漫衍，于水利方技工矿，旁及碑帖版本之细，靡不通"④。刘鹗在丙申年（1896年）曾对自己的早年经历作过总结，明确表示自己"不好学"，"予少年多病废学，于诗文涉猎尤浅。中年饥驱，奔走于四方，学益废。匪惟境遇所牵，不好学亦其天性也。今也荏苒四十于兹矣。已及后生不足畏之年。功业文章庸有望乎！兴之所至，任意咏歌。非惟无术求工，并无求工之想。杂录于下，聊以自娱"⑤。事实上，刘鹗不仅精于传统经学，而且在音乐、数学、水利、医学等领域颇多建树，正如其子刘大绅所说："造先祝乞病解组，全家侨寓淮安，先君随侍归里，益肆力于学，家传者如治河、天算、乐律、词章、天文、医学、兵学，先君俱诣臻精绝。复纵览百家，学既恣放，言论自不同人。于时事观察尤犀利，识见亦远到，以是又有狂人之目。"⑥

1886年，刘鹗在上海设立石昌书局，此为我国民间石印之始，但随

---

① 高尔庚：《李访农过访即赠》，《井眉居诗抄》，页十七，民国十二年铅印本。
② 高尔庚：《哭少平》，《井眉居诗抄》，页六，民国十二年铅印本。
③ 郭长海：《刘铁云诗文拾遗：四大小说家诗文拾遗》（上），《明清小说研究》2001年第1期，第234—236页。
④ 蒋逸雪：《〈老残游记〉考订》，《东方杂志》第四十卷第一号（1944），第59页。
⑤ 刘鹗：《芬陀利室存稿》，载刘德隆整理《刘鹗集》（上集），吉林文史出版社，2007，第561页。
⑥ 刘大绅：《关于〈老残游记〉》（四），《宇宙风》（乙刊）1940年第23期，第262页。

即因诉讼而歇业。1888 年，刘鹗先后入河南巡抚吴大澂幕府，负责治理黄河郑州段的决口，因成功合龙大坝而名声大振。随后，其负责测绘河南、山东和直隶三省的黄河，著有《历代黄河变迁图考》。1890 年，山东巡抚张曜"咨调来东，委办河务"。1892 年，刘鹗因其成绩显著，受到时任山东巡抚福润的举荐。福润在向军机处暨总理衙门"保荐奇才异能"时，特别夸奖刘鹗"学术渊深、通晓洋务"，"该员向习算学河工，并谙机器、船械、水学、力学、电学、测量等事，著有《勾股天元草》《弧角三术》《历代黄河变迁图考》等书"①。刘鹗因此得到总理各国事务衙门的"考验"，以候补知府用。

刘鹗深受洋务派的影响，倡导修铁路、办实业，并主张借用国外资本，引进西方先进技术开矿，因其激进思想而被当时守旧派官僚视为"汉奸"。此后，刘鹗辞官经商。1896 年，刘鹗倡议修津镇铁路，遭受保守官绅的非议。随后，其应英国福公司的聘任，充任经理，负责山西矿产的开采，因生活奢华再度受到社会舆论的指摘。其先后与人合资创办五层楼商场、坤兴织布厂、生产精盐的海北公司，并创办往来大连与日本之间的轮船官司等。不过，其虽倡导洋务，但并不善于经营，所办书局、商场、织布厂、制盐公司等"实业"均告失败。1900 年，八国联军攻占北京，一度粮运断绝。刘鹗主动进行社会募捐，并参加由李鸿章支持的救济会，赴京办理社会救济。当时，俄军侵占清政府的粮仓，准备付之一炬。刘鹗闻讯后，筹钱买下，平粜出售给城内百姓，使得民众度过粮荒。1906 年，刘鹗两度赴东瀛游历。1908 年，刘鹗被人诬陷盗卖仓米，被清政府以"胆大贪劣，狼狈为奸"②罪名逮捕，流放新疆。1909 年，刘鹗病死于新疆迪化（今乌鲁木齐）。

1876 年，刘鹗首次参加科考落第后，在扬州邂逅李光炘，为其学识折服而试图入门，"遇龙川，一见心折"③。不过，李光炘当时并未同意将其列入门墙④。1880 年，刘鹗才被李光炘正式吸纳为龙川弟子⑤，至此刘氏开始深深打上太谷学派的烙印，故蒋逸雪认为"鹗一生言行，受太谷教影响

---

① 《尚书衔山东巡抚福片》，载刘鹗《历代黄河变迁图考》，朝华出版社，2019，第 5 页。
② 《上谕》，《申报》光绪三十三年正月十二日（1908 年 2 月 13 日）第 5 版。
③ 刘大绅：《关于〈老残游记〉》，载刘德隆、朱禧、刘德平编《刘鹗及〈老残游记〉资料》，四川人民出版社，1985，第 396 页。
④ 张进：《刘鹗与太谷学派关系探微》，载周新国主编《淮扬文化研究》（第三辑），社会科学文献出版社，2020，第 58—60 页。
⑤ 《龙川夫子年谱》记载：光绪"八年壬午，七十五岁。……丹徒刘鹗来。……鹗字云抟"。谢逢源：《龙川夫子年谱》，载方宝川主编《太谷学派遗书》第一辑第三册，江苏广陵古籍刻印社，1997，第 78 页。

甚巨"①。

由于刘鹗恃才傲物且长期游离于太谷学派之外，故招致黄葆年、蒋文田等人的不满。1909年，刘鹗病逝于新疆，黄葆年虽为其做祭文，但是态度仍然有所保留："君有游侠之豪，有长者之义，有亲师取友之学识，而以不能贫贱之故，卒至守法赴边以死。吾不能讳其罪也，吾不能不思其德也，吾不能不思其功也。记有之，瑕不掩瑜，瑜不掩瑕，忠也。呜呼，其终不失为崆峒之人欤！"②一般而言，祭文多为死者讳，但黄葆年却直指刘氏之不足，其对刘氏的态度也是不言而喻的。

### 2. 刘鹗的著述

刘鹗的主要著作有《三省黄河全图》《治河七说》《历代黄河变迁图考》《弧角三术》《勾股天元草》《铁云藏龟》《铁云藏陶》《铁云藏货》《铁云藏印初集》《铁云藏印续编》《铁云藏封泥》《铁云藏龟之余》《汉石刻考》《金石考录》《铁云遗印谱》《要药分剂补正》《温病条辨歌括》《十一弦馆琴谱》《抱残守缺斋手抄琴谱》《老残游记》《〈老残游记〉外编》《铁云诗存》《抱残守缺斋日记》《人寿安和集》等。刘鹗绝大多数著述学术价值极高，正如后人所称道："有清之季，科学渐盛，鹗得此凭借，故其说视前人为切要。虽自云绍述王景，然究与景不尽同。居鲁三载，积劳异得保知府，著《黄河变迁图考》《勾股天元草》《弧角三术》诸书，更有《治河七说》，尤为世所称焉。"③《铁云藏陶》《铁云泥封》《铁云藏龟》《铁云诗存》等"藏龟之拓，影响于近世学术尤巨"④。由于这些著述与太谷学派学术思想并无多少直接关联，因此笔者仅选择《抱残守缺斋日记》和《刘鹗诗存》加以说明。

(1)《抱残守缺斋日记》

刘鹗日记又称为《抱残守缺斋日记》，"抱残守缺斋"是刘鹗的室名，大致始于光绪壬寅年（1902年）。⑤1935年3月20日，《人间世》第24期首次刊登刘鹗日记二则，即《刘铁云先生日记之一页》和《刘铁云先生日记中之幽默》。⑥1935年，《考古学社社刊》刊载了《抱残守缺斋日记》的

---

① 蒋逸雪：《刘鹗年谱》，齐鲁书社，1981，第5页。
② 黄葆年：《祭刘铁云文》，《黄氏遗书》，载方宝川主编《太谷学派遗书》第一辑第四册，江苏广陵古籍刻印社，1997，第561页。
③ 蒋逸雪：《〈老残游记〉考订》，《东方杂志》第四十卷第一号（1944），第65页。
④ 蒋逸雪：《〈老残游记〉考订》，《东方杂志》第四十卷第一号（1944），第73页。
⑤ 刘德隆：《刘鹗散论》，云南人民出版社，1998，第69页。
⑥ 《人间世》1935年第24期，第24页。

部分内容①，次年再度登载部分日记②。

　　《抱残守缺斋日记》的起始年代以及具体册数已经无从知晓，因为刘鹗后人起初并不知道有相关日记存世，直到 1929 年才由刘蕙孙在扫尘时发现。1908 年，刘鹗去世后，其子分家析产。1920 年，刘大绅迁居天津时，刘大经（涵九）命老仆王少庵取走所分大半财物，这些日记竟然幸运留存，故刘蕙孙称之为"此劫余之余也"③。据刘鹗后人所言，在 20 世纪50 年代，刘大绅手中尚存有《辛丑日记》两册、《壬寅日记》两册、《乙巳日记》一册和《戊申日记》一册。④此后，刘蕙孙因编辑《铁云先生年谱初编》所需，故《辛丑日记》由其保存，而刘厚泽因汇编《老残游记资料》而保管《壬寅日记》《乙巳日记》和《戊申日记》。

　　《刘鹗日记》原存有七本，"文革"期间，刘蕙孙曾将其所藏三本挂号寄往南京博物院保存，但因动乱，最终不知去向。刘厚泽所藏四本日记在"文革"中被查抄，落实政策后由上海博物院归还。《壬寅日记》两本，上册封面的版心中缝下有"五十瓦登斋杂著"字样。

　　现存的刘鹗日记共线装四册：《壬寅日记》两册，高 25.4 厘米，宽17.2 厘米，每页十行，绿色框。上册封面，刘鹗自题为"壬寅正月起，抱残守缺斋日记"。下册封面，刘鹗自题为"壬寅七月起，抱残守缺斋日记"，日记中缝下印有"五十瓦登斋杂著"字样。⑤《乙巳日记》一册，高 25.5厘米，宽 18.5 厘米，封面自题有"日记 光绪乙巳年正月元旦"字样，上上篆有"天下第一江山渔樵"朱文印。《戊申日记》一册，开本较小，高18.7 厘米，宽 11.3 厘米，封面刘鹗自题有"戊申日记 归群草堂诗钟所得铁云"字样。每页九行，红色框，中缝有"瑞松堂制"字样。日记记述时间约三个半月，即光绪三十三月正月初一至三月十四日（1908 年 2 月 13日至 1908 年 4 月 26 日）。现存《刘鹗日记》已经全部公开出版，分别收

① 辛丑（1901）年中有关甲骨文的三则日记。刘鹗：《抱残守缺斋日记》，考古学社编《考古学社社刊》1935 年第 5 期，第 343—344 页。
② 辛丑（1901）年关于捃古录金文字数及其所藏吉金拓本总数的一则日记。刘鹗：《抱残守缺斋日记》，考古学社编《考古学社社刊》1936 年第 2 期，第 296 页。
③ 刘蕙孙：《刘铁云先生〈老残游记·外编〉残稿题跋》，载刘德隆、朱禧、刘德平编《刘鹗与〈老残游记〉资料》，四川人民出版社，1985，第 417 页。
④ 刘德平：《影印〈抱残守缺斋日记〉琐识》，载刘鹗著、刘德隆编《抱残守缺斋日记：壬寅日记乙巳日记戊申日记》，中西书局，2018，第 404 页。
⑤ 刘德隆、朱禧、刘德平编《刘鹗与〈老残游记〉资料》，四川人民出版社，1985，第207 页。

录入《刘鹗及〈老残游记〉资料》①和《刘鹗集》②中,2018 年中西书局还出版了影印整理版。③

由于刘鹗一直南北奔走,长期疏离于太谷学派之外,较少参与学派活动,即便与黄葆年、蒋文田等太谷学派山长亦是多年不通音讯,太谷学派同人只能通过其兄刘味青转达消息。④1902 年,刘鹗虽然参加太谷学派举行的"愚园雅集",但其思想认识与太谷同人已经有了很大距离。在太谷学派内部,刘鹗除了与颜信甫、江子若、诸光河、江月三等人交游比较密切外,与其他同人的关系则较为疏远,很大程度上已经被太谷学派边缘化。⑤

(2)《刘鹗诗存》

《刘鹗诗存》为刘鹗诗作遗存,虽然平时诗作较多,但因其不注重保存,诗作则多有散佚,正如其在《芬陀利室存稿》⑥中自言:"予作诗本不留稿。丙申年(1896 年)购此册,为其无他用,遂信笔书之。一年之间遂得十七八首。自丁酉(1897 年)以来亦未尝无所作,或有稿,或无稿,有皆散失矣。己亥(1899 年)中秋检书,见此册,又检得零稿三四事,杂录于后。"⑦由于担心牵涉政治问题,刘鹗还故意舍弃其诗作,正如其对《题叶鹤卿蝴蝶帐沿》的特意说明:"此戊戌暮春作也。后此惧有文字之祸,偶有所作,随即弃去,不留稿矣!"⑧20 世纪 40 年代,刘厚滋开始系统搜集整理刘鹗遗诗,将家中存稿编成《抱残守缺斋遗诗》,"关于先祖的遗诗,因生前向不留稿,故存稿本不甚多。现存有《芬陀利室诗词》,及《东游诗草》两种,均系家难以来家大人流徙四方,百计守护,仅得幸存不毁之手泽。现已合为一帙;并加入家藏零散句及苏州归群草堂诸君子手中零缣断简,共辑成《抱残守缺斋遗诗》一卷"⑨。

《铁云诗存》现存四卷,其中卷一为《芬陀利室存稿》,为刘鹗自娱自

① 刘德隆、朱禧、刘德平编《刘鹗与〈老残游记〉资料》,四川人民出版社,1985。
② 刘德隆整理:《刘鹗集》(上集),吉林文史出版社,2007。
③ 刘鹗著、刘德隆编《抱残守缺斋日记:壬寅日记 乙巳日记 戊申日记》,中西书局,2018。
④ 刘德隆、刘瑀编著:《刘鹗年谱长编》,上海交通大学出版社,2019,第 360 页。
⑤ 张进:《刘鹗与太谷学派关系探微》,周新国主编《淮扬文化研究》(第三辑),社会科学文献出版社,2020,第 60—73 页。
⑥ 1896 年,刘鹗购得水印笺册两本,用来誊写其诗词旧作,命名为《芬陀利室存稿》。此稿高 29.5 厘米,宽 15 厘米。
⑦ 刘鹗:《除夕》,载刘德隆整理《刘鹗集》(上集),吉林文史出版社,2007,第 563 页。
⑧ 刘鹗:《题叶鹤卿蝴蝶帐沿》,载刘德隆整理《刘鹗集》(上集),吉林文史出版社,2007,第 564 页。
⑨ 刘厚滋:《读小说琐话奉答赵景深先生》,《宇宙风》(乙刊)1941 年第 36 期,第 47 页。

乐的部分诗作，"功业、文章庸有望乎！兴之所至，任意咏歌。非惟无术求工，并无求工之想。杂录于下，聊以自娱"①。此卷原由刘蕙孙先生收藏，1959 年因编辑《老残游记资料》，交由刘厚泽保管。1966 年，在"文革"中被抄没，1984 年政府返还给刘德隆收藏。卷二为《东游草》，汇录刘鹗1906 年旅日时期的诗作；卷三为《抱残守缺斋遗诗辑存》，为刘蕙孙多年搜集、辑录而成；卷四为附录两种，第一种为《老残游记》所附诗，第二种为刘鹗的长短句。

《铁云诗存》的版本较多，不仅有刘蕙孙的标注版②，而且先后被收入《刘鹗及〈老残游记〉资料》和《刘鹗集》以及刘鹗后人编印的各版本的《馀泃集》之中。各版本的内容大致相同，但是后出版本还不断进行增补。

《刘鹗诗存》不仅反映其日常交游，而且多涉及太谷学派人物及其活动。例如，《述怀》《忆丙子岁二十六韵》明确反映其早年拜谒并师从李光炘，成为龙川弟子的经过。

### （七）姚文馥及其著述

#### 1. 姚文馥的生平

姚文馥（1824—1894③），字伯兰，私谥元懿④，江苏丹徒人（今江苏镇江），《丹徒姚氏族谱》载："文馥，玺长子，行一，行伯兰，邑庠生。同治癸未军功保举五品衔，赏戴蓝翎，诰授奉政大夫，以子锡光官累赠荣禄大夫，陆军部右侍郎。"⑤姚文馥是晚清民国名流姚锡光的生父，亦是太谷学派南宗的重要成员之一。⑥

姚文馥出生于一个官宦世家，六代皆出名人，"高祖讳家今，乾隆间举人，官至湖北鹤峰州著名。续曾祖讳之言，祖讳铬，考讳玺。三世皆名

① 刘鹗：《芬陀利室存稿》，载刘德隆整理《刘鹗集》（上集），吉林文史出版社，2007，第561 页。
② 刘鹗著、刘蕙孙标注：《铁云诗存》，齐鲁书社，1980。
③ 《丹徒姚氏族谱》记载姚文馥的生辰为"道光四年甲申正月二十五日戌时生，光绪二十年甲午六月初十日酉时卒，享年七十一"。姚承宪：《丹徒姚氏族谱》（五修）卷上，页二十四至二十五，宣统三年（1911 年）木活字本。
④ "元懿先生姓姚氏，讳文馥，字伯兰，镇江丹徒县人也。……初，先生之生，当道光四年。性为沈挚英特，独窥妙道。既殁，学者私谥元懿先生。"陈澹然撰：《元懿先生传》，收入刘家平、苏晓君编《中华历史人物别传集》（第 55 册），北京图书馆出版社，2003，第 215 页。
⑤ 姚承宪：《丹徒姚氏族谱》（五修）卷上，页二十四至二十五，宣统三年（1911 年）木活字本。
⑥ 参见张进：《咸同年间太谷学派之"丹徒姚子"考》，《历史档案》2016 年第 3 期。

诸生，隐居多大节。……子锡光贵，三世皆赐资政大夫，妣皆夫人"①。据钱德培在《伯兰公七十寿序》中言，姚文馥"生而颖异，根柢经史，博览百家，尤好古文，辞从八家，上追汉魏，及周秦诸子，殚精竭思，深入堂奥，故发为文章，源淳演迤，横被六合"②。姚文馥虽然自幼接受儒家经典的熏陶，并不醉心于功名利禄，虽然一度遵从父命，参与科考，但是"三应江南试不售，遂绝意进取"。此后，其逐渐对传统儒学不以为然，有意追求经世之学，尤其喜欢探求三教合一之学。③陈氏记载反映，姚文馥对待传统儒学的态度，与太谷学派以儒学为宗并杂糅佛道的做法颇为一致，这成为其接受并研习太谷"圣功"的重要动因。正如王树枏对其学术渊源的评论："先生阐明诚之道，揭阴阳之理，沟合三教并趋一轨道，积厥身不匮于贫。"④

姚文馥耳闻太谷学派大名之后，在个人旨趣的驱动下，大致于1845年主动与李光炘交游，"年二十三为诸生，仄闻仪征周太谷先生倡绝学，既没，高弟李都讲邘之召伯镇继之，世所称龙川先生者也。先生既访龙川，归则匋信益卓"。因其折服太谷"圣功"，时常渡江聆听李光炘讲学，"暇则扁舟北渡访龙川。尝曰：'吾治练久，益叹诚明之学为不虚也'"⑤。此后，正式入赘李光炘门下，成为龙川弟子，正如其自言："业师李名光炘，字晴峰，仪征籍，幼入学，不仕进，五至庐山访道学者，莫测端倪。"⑥

黄崖事件后，姚文馥蛰伏泰州，韬光养晦。李光炘去世后，姚文馥在淮南开设讲坛，传播太谷学术，"又六年，始归丹徒镇，于是年且五十矣。龙川旋没，学者辄奔走先生请开讲席益坚，久之乃复出淮南"⑦。

### 2. 姚文馥的著述

作为龙川弟子，姚文馥继承太谷学派述而不作的传统，正如姚锡光所

① 陈澹然撰：《元懿先生传》，收入刘家平、苏晓君编《中华历史人物别传集》（第55册），北京图书馆出版社，2003，第215页。
② 钱德培：《伯兰公七十寿序》，载姚承宪《丹徒姚氏族谱》（五修）卷上，序言页一，宣统三年（1911年）木活字本。
③ 陈澹然撰：《元懿先生传》，收入刘家平、苏晓君编《中华历史人物别传集》（第55册），北京图书馆出版社，2003，第216页。
④ 王树枏：《丹徒姚氏六代画像赞》，《陶斋文集》卷四，页九，载沈云龙主编《近代中国史料丛刊》第1辑276册，文海出版社（台北），1974，第266页。
⑤ 陈澹然撰：《元懿先生传》，载刘家平、苏晓君编《中华历史人物别传集》（第55册），北京图书馆出版社，2003，第218页。
⑥ 姚文馥：《俎豆室文资记》，《兰言室文存》（二），收入陈红彦、谢冬荣、萨仁高娃主编《清代诗文集珍本丛刊》（第509册），国家图书馆出版社，2017，第8页。
⑦ 陈澹然撰：《元懿先生传》，收入刘家平、苏晓君编《中华历史人物别传集》（第55册），北京图书馆出版社，2003，第219页。

言："府君尝曰：'道德之精，发为语言，著为文章，已落糟粕。'故授徒讲学，从游者恒十数人，积数十年，从不著语录。"① 不过，姚文馥曾将其手稿寄予友人鉴赏，"今寄上语录一卷《姜堰集》一卷，新作古文一卷和诗一卷"②。可见，姚氏讲学语录当为《姜堰集》。

姚文馥著述散佚较多，只有部分遗存。光绪二十二年正月二十三日（1896 年 2 月 16 日），姚锡光在日记中云："检点先大夫散体文、各体诗诸遗稿，订成数册，将以藏诸行箧，逐日敬谨编次，以付手民。先大夫家贫绩学，日课生徒，七十之年，犹手不释卷，而稿多遗失。现极力搜寻，而手泽存者不过十之二三。"③ 据恽毓鼎言，其曾拜读过姚文馥的年谱，不过现也散佚。④

姚文馥的遗作主要有《兰言室文存》、《兰言室杂记残编》⑤、《元懿遗集》、《朱方先民事略残编》⑥ 等四种，均由姚锡光加以整理、辑校，原为伦明藏书⑦，现藏于国家图书馆。《兰言室文存》由姚锡光加以编辑、校对，"此四册文底，乃先府君自著且收录也，已另誊清本曰《兰言室文存》，拟列入《怀芬精舍遗稿》中汇刊"⑧。

《兰言室杂记残编》稿本（底本）现藏于国家图书馆，姚锡光曾言此书为《元懿遗集》之四，但此书"卷首题《怀芬精舍遗稿》之二"，署名为"春明寓斋丛录，姚□□伯兰甫稿，男锡光编校"。⑨《元懿遗集》有抄本一卷，藏于中国科学院图书馆。有学者研究，姚文馥上述四种著作之间有明显的承递关系。

①　姚锡光：《世德清芬图六世小传》，宣统三年（1911 年）稿本。
②　姚文馥：《兰言室文存》（二），收入陈红彦、谢冬荣、萨仁高娃主编《清代诗文集珍本丛刊》（第 509 册），国家图书馆出版社，2017，第 118 页。
③　姚锡光等：《姚锡光江鄂日记》（外二种），中华书局，2010，第 75 页。
④　"姚石荃侍郎以尊人伯兰先生年谱写本见示，展读一过。"恽毓鼎：《恽毓鼎澄斋日记》（第二册），浙江古籍出版社，2004，第 466 页。
⑤　姚文馥：《兰言室杂记残编》，收入国家图书馆编《清代笔记珍本丛刊》（第一辑第 69 册），国家图书馆出版社，2021。
⑥　姚文馥：《朱方先民事略残编》，收入国家图书馆编《国家图书馆藏稿钞本传记文献选刊》（第 102 册），国家图书馆出版社，2021。
⑦　《东莞伦氏续书楼藏书目》第四册，收入伦明著、东莞图书馆整理《伦明全集》（第 5 册），广东人民出版社，2017，第 309 页。
⑧　姚文馥：《兰言室文存》（一），收入陈红彦、谢冬荣、萨仁高娃主编《清代诗文集珍本丛刊》（第 508 册），国家图书馆出版社，2017，第 493 页。
⑨　姚文馥撰、姚锡光编《兰言室杂记残编稿本（底本）》，第 2 页，现藏北京图书馆。参古籍馆数据库，http://202.195.60.172:88/Book_View.aspx?book=PfWjgvrbik8%3d&page=1&title=%u862d%u8a00%u5ba4%u96dc%u8a18%u6b98%u7de8&keyword=%u59da%u6587%u99a5。

《兰言室文存》为姚文馥手录初稿,《兰言室杂记残编》和《元懿遗集》则是手抄二稿,由姚锡光请人编次、抄录而成,并改题名为《怀芬精舍遗稿》。其后,姚锡光对《怀芬精舍遗稿》进行增删,并改名为《元懿遗集》,此为三稿。最后,姚锡光亲自加以修改并抄录为《朱方先民事略残编》,此为四稿。①《朱方先民事略残稿》后附录姚氏所作绝句 13 首,"另有清本未梓"。

《兰言室杂记》为稿本,另有清本未梓。《兰言室杂记》有一些涉及太谷学派早期传播情况的记述,可以弥补太谷学派文献记载的缺漏或语焉不详,因此具有极高的史料价值。例如,关于张积功仆从张喜的记录,详细描述其与周太谷交往以及张积功殉难山东临清的细节。

> 张喜侍太谷夫子,命与及门同行俎豆礼。喜曰:"我贱人也。"太谷夫子曰:"自古有天子之臣,有诸侯之臣,有大夫之臣,岂独无士之臣耳?尔贵人也,何贱为?"后喜从张积功守临清,积功将殉难,谓喜曰:"我死,朝堂之难。尔何为?尔家人何为?尔行矣。"喜曰:"主死朝廷之难,仆不当死主耶?主之家人死主之难,仆之家人不当死仆耶?"积功曰:"粮不可以资贼,尔去焚之。"焚已,积功已投井。喜凭栏曰:"主心勿乱。周主训勿忘。"遂死之,喜家人翳死之事。闻积功建专祠,喜以义配享。喜一子,七岁,伏群尸中。见老人,令勿出,饲以粥,七日遇救,言之历历。呜呼!从容就义,张喜有焉。②

谢逢源在《龙川夫子年谱》中的相关记载③,基本就是对此文的改写,估计其曾经读过姚氏之文。

《元懿遗集》为 2 册,分为"残编"和"残稿"清抄本,现存为《元懿先生遗集》卷之三,实为《朱方先民事略残稿编》。其内容包括宋元时期的姚晋及其子姚璜、孙姚斌,明朝的滕毅、姚成、夏儒,清代的姚光启、姚文烈和唐铣等 50 名镇江先民的小传。

---

① 尤海燕:《试论国图藏姚文馥四种抄稿本的关系》,《文津学志》编委会编《文津学志》(第 11 辑),国家图书馆出版社,2018,第 267—271 页。

② 姚文馥:《〈陶渊明论子书〉书后》,《兰言室文存》(二),收入陈红彦、谢冬荣、萨仁高娃主编《清代诗文集珍本丛刊》(第 509 册),国家图书馆出版社,2017,第 26—27 页。

③ 谢逢源:《龙川夫子年谱》,载方宝川主编《太谷学派遗书》(第一辑第三册),江苏广陵古籍刻印社,1997,第 35—36 页。

### （八）刘挹芬及其著述

#### 1. 刘挹芬的生平

刘挹芬 ① 字梦莲 ②，江苏丹徒人，邑庠生，刘鹗丛弟 ③，早年就读于江都樊川镇 ④。后跟随丛兄刘味青、刘鹗同拜李光炘为师，成为龙川弟子，其自云："莲与先兄味青为同祖兄弟，都八人，先兄序第四，莲最幼小。八人中读书者，味青、老残兄暨莲三人皆竺嗜哲学，游真州李平山夫子门。每夜，三人研究讨论至破晓方寝，如是者半载余。" ⑤

刘挹芬与蒋文田、谢逢源、赵明湖等龙川弟子交游深厚，"海陵蒋子明、丹（溧）阳谢石溪、真州赵明湖，皆道友也" ⑥。辛亥革命后，刘挹芬因家境穷困赴江西九江军幕谋食，后因故返乡从医，"梦莲幕于九江戈署，皆不得已为贫而出山岫。越数年……九江枪械甫发生，而梦莲退，遂遁于医" ⑦。其喜好游历，一生漂泊，"足迹遍吴楚，交游皆名士。如常熟许氏、江阴吴氏，皆算友也；如顾山王馨湖、方蔚莪，涟水刘梦花、真州程青岳、丹徒包素人，皆诗词友也" ⑧。

刘挹芬晚年隐居南京江浦，自建书斋，名之为"点红轩"。不过，条件相当简陋，正如其在《点红轩落成口占两阙》中所咏："酴醿一半不全，粉垣东倒西斜。当街姓字挂檐牙，宦后生涯" ⑨，可见其在结束军幕生涯后已经相当落魄。平日其多在书房练字，"舌如木，而读英文，目如雾。而

---

① 刘挹芬生卒年份不详，大致到 20 世纪 40 年代尚在世，有 80 多岁。李诚在《清代安徽学术》中曾言："二十年前，作者遇鹗族人刘梦莲，为说如此。时梦莲年八十余。"李诚：《清代安徽学术》，《李诚全集》（下），海天出版社，2019，第 882 页。

② 林葆恒说刘挹芬"字梦篷"。林葆恒辑、张璋整理：《词综补遗》（第 3 册），上海古籍出版社，2005，第 2216 页。

③ 刘挹芬在刘氏族谱中排行第八，刘鹗排行第七。

④ 刘梦莲在《金缕曲》中云："古寺银杏，樊汉镇水陆寺银杏两株，三百年物也。莲幼年读书西楼，与竹溪上人订方外交。"樊汉镇即今天江都樊川镇。刘挹芬：《点红轩词草》，载张德广辑录《归群词丛》，收入方宝川主编《太谷学派遗书》（第二辑第七册），江苏广陵古籍刻印社，1998，第 261 页。

⑤ 刘梦莲：《先嫂朱夫人行略》，页一，收入国家图书馆分馆编《中华历史人物别传集》（第 75 册），线装书局，2003，第 79 页。刘氏此文作于 1933 年。

⑥ 刘大騉、刘大骅：《〈点红轩词草〉题跋》，载张德广《归群词丛》，收入方宝川主编《太谷学派遗书》（第二辑第七册），江苏广陵古籍刻印社，1998，第 351 页。

⑦ 冯煦：《〈点红轩词草〉序》，载张德广《归群词丛》，收入方宝川主编《太谷学派遗书》（第二辑第七册），江苏广陵古籍刻印社，1998，第 239 页。

⑧ 刘大騉、刘大骅：《〈点红轩词草〉题跋》，载张德广《归群词丛》，收入方宝川主编《太谷学派遗书》（第二辑第七册），江苏广陵古籍刻印社，1998，第 351 页。

⑨ 刘挹芬：《点红轩词草》，载张德广《归群词丛》，第 301—302 页，收入方宝川主编《太谷学派遗书》（第二辑第七册），江苏广陵古籍刻印社，1998。

写小楷,孜孜终日,手不释卷"①。《衰年自遣》对其日常生活多有描述:"罢钓归来,长江波浪休。四盼。粗茶淡饭,两袖清风惯。豆瓣炊焦,齿缝无牵绊。韶华。晚精神还健,算我残年赚。"②显然,刘挹芬过着清贫而安逸的晚年生活。

### 2.刘挹芬的著述

据刘挹芬之子刘大骙、刘大骅所言,其父早年先从刘鹗之父刘成忠学习算学,著有《代数一隅》。后跟从刘鹗学医,作有《医流存》《古医径悟新》。执贽李光炘门下后,又写有《素学》二十篇。因其为了生计而四处奔波,著述留存不多,"惜商官远游,著作皆散佚,所存一二诗词,皆其余也"③。刘挹芬现存著作仅有《点红轩词草》一卷,"归群词丛"本。据其好友冯煦所言:"戊午冬余,舟次邗上,梦莲以《点红轩词草》奉余为成连"④,可见此书成书时间至迟为1918年。

《点红轩词草》共收刘氏词作104首,兼有豪放、婉约等多种风格,正如韩少启(韩弼元之孙)对冯煦所云:

> 词友刘君《银杏》《金山》等唱,豪放如坡老;《中秋》《重九》诸歌,疏宕如稼轩;《闺中四影》,清丽如子野;《瘗花》《扑絮》,沉郁如梦窗。他若《六禽言》小令寄托遥深,前清竹垞、西堂鼓吹于熙隆时代,刘君独哀丝怨竹泣诉于绪统坠后,为倚声诸家殿,是又一继起者焉。⑤

《点红轩词草》卷前有冯煦作序,并有程青岳《金缕曲》、赵明湖《莺啼序》、包素人《卖陂塘》等题词三首。

《点红轩词草》多为刘挹芬的寄怀抒情之作。如《御街行·思兄》中"分明漕淏无多路,偏隔断,云和树。恨渠不若广陵潮,一日淮流一遇。

---

① 刘大骙、刘大骅:《〈点红轩词草〉题跋》,载张德广《归群词丛》,收入方宝川主编《太谷学派遗书》(第二辑第七册),江苏广陵古籍刻印社,1998,第352页。

② 刘挹芬:《点红轩词草》,载张德广《归群词丛》,收入方宝川主编《太谷学派遗书》(第二辑第七册),江苏广陵古籍刻印社,1998,第315页。

③ 刘大骙、刘大骅:《〈点红轩词草〉题跋》,载张德广《归群词丛》,收入方宝川主编《太谷学派遗书》(第二辑第七册),江苏广陵古籍刻印社,1998,第352页。

④ 冯煦:《〈点红轩词草〉序》,载张德广《归群词丛》,收入方宝川主编《太谷学派遗书》(第二辑第七册),江苏广陵古籍刻印社,1998,第241页。

⑤ 冯煦:《〈点红轩词草〉序》,载张德广《归群词丛》,收入方宝川主编《太谷学派遗书》(第二辑第七册),江苏广陵古籍刻印社,1998,第240页。

累人儿女，独开门户，被冷姜家絮"①，反映当时刘氏兄弟天涯海角、难得相会的现实，体现刘挹芬对刘味清、刘鹗的深切思念。

《点红轩词草》对太谷学派情况亦有所反映。如赵明湖在《莺啼序》中有"寻芳胜日君须记，无忘泗水从游早"②的词句，说明刘挹芬曾赴山东泗水黄葆年的官衙，与太谷学派同门聚会。《竹屋体赠同学诸友》明显反映太谷学派的学术旨趣，其云：

> 弄月吟风，有茂叔胸襟，惟爱程颢。花柳前川，散步何妨学少。可惜继起群儒，崖岸立、翻低小为。异同聚讼，无端都被晦翁误了。③

"弄月吟风，有茂叔胸襟，惟爱程颢"反映太谷学派对周敦颐、二程的推崇，"异同聚讼，无端都被晦翁误了"则表现出太谷学派对朱熹理学思想的否定态度。

### （九）程恩培及其著述

#### 1. 程恩培的生平

程恩培（1854—），安徽阜阳人，程文炳次子，谱名云章，字绍周，又字少周、筱周。早年就读湖北水操学堂。光绪六年（1880 年），因其父程文炳军功补副贡生④。1891 年，考取荫生二等第一名⑤，分在户部行走⑥，后在海军衙门当差。程恩培因喜好"洋务"，入京师同文馆旁听西方理化知识和军事战术，"妙年即以任子观政农部。时朝廷方开同文馆，以肄译学，公以部郎入馆为旁听生，锐志研综，益精理化之奥；复以恭承庭训，

---

① 刘挹芬：《点红轩词草》，载张德广《归群词丛》，收入方宝川主编《太谷学派遗书》（第二辑第七册），江苏广陵古籍刻印社，1998，第 290 页。

② 赵明湖：《莺啼序》，刘挹芬《点红轩词草》，载张德广《归群词丛》，收入方宝川主编《太谷学派遗书》（第二辑第七册），江苏广陵古籍刻印社，1998，第 246 页。

③ 刘挹芬：《点红轩词草》，载张德广《归群词丛》，收入方宝川主编《太谷学派遗书》（第二辑第七册），江苏广陵古籍刻印社，1998，第 302 页。

④ 沈葆桢：《为核议前任江西九江镇总兵题请安徽阜阳县程恩培补荫二品荫生事》，中国第一历史档案馆藏《军机处录副奏折》，编号：02-01-006-005549-0049。又见田原南天编《清末民初中国官绅人民录》，大地出版社，1973，第 558 页。

⑤ "钦派福箴庭协揆等在上谕馆考试汉荫生一则已缀前挺，兹将或定等、第衔、名籍贯照登于后。……汉正二品荫生，程恩培，安徽阜阳县附生，前任江西九江镇总兵程文炳之子，取定二等第一名。"《瀛台纪事》，《申报》光绪十七年七月二十一日（1891 年 8 月 25 日）第 1 版。

⑥ "七月二十日，经吏部堂官照章签掣，……汉正二品荫生程恩培照例以主事掣分户部学习行走。"《凤池秋爽》，《申报》光绪十七年八月初四日（1891 年 9 月 6 日）第 1 版。

尤究心泰西海陆战术"①。

1894 年，甲午战争爆发后，被其父奏调军营任职。②随后，程文炳委派程恩培等赴日本秘密侦听消息，"密遣子恩培往命之"，"不得确耗，勿遽归"。此后的四年，程恩培数度往来中日两国之间，"所侦皆实情也"③。

1899 年，清政府授其为浙江候补道、通议大夫。此后，改任浙东盐务督销。1901 年秋，日本举行军事大演练，清政府委派各省将官赴日参观，浙江参观团以程恩培为首。1902 年，程恩培负责浙西五属督销，驻苏州④。后因其熟悉兵事，改任浙江兵备道，参与创办武备学堂，"既游学东瀛回国，复选充宿卫，又以监司需次浙中，时方议开武备学堂，大吏即以属公"⑤。程恩培推崇"洋务"，"毅力维新"⑥，在考察日本后，认为"其教育师范，尤为中国之急务焉"⑦。1910 年，与蒯礼卿等安徽绅商共同捐资创办皖北高等公学。

程恩培致力创办近代实业。1897 年，程恩培就与刘鹗、吴式钊等在河南开办豫丰公司。1906 年，程恩培创办芜湖明远电灯股份有限公司，开安徽近代电力工业的先河。1907 年，在阜阳兴建裕兴榨油公司。程恩培还负责经营家族在阜阳开办的两淮织布厂以及典当、钱庄等产业。1908 年，与其父程文炳共同参与刘鹗组织的三洲地皮公司，经营南京浦口地产。因其创办工商业成绩卓著，1908 年，农工商部奏请清政府，程恩培获"赏二品顶戴"⑧。1915 年 9 月，北洋政府任命程恩培署理浙江杭州关监

① 孙诒让：《送程筱周观察序》，载徐和雍、周立人辑校《籀顾遗文》（下），中华书局，2013，第 483 页。
② 奕䜣：《奏为代奏户部候补主事程恩培呈请发往军营差委事》，中国第一历史档案馆藏《题本》，编号：03-5898-073。
③ 程恩培：《诰授建威将军封光禄大夫先大父壮勤公事略》，载李兴武《程文炳年谱》，黄山书社，2012，第 159 页。
④ "浙江候补道程恩培由杭州来通知，奉浙巡宪委办苏宁五属督销。"《苏省官报》，《申报》光绪二十七年十二月初七日（1902 年 1 月 16 日），第 9 版。
⑤ 孙诒让：《送程筱周观察序》，载徐和雍、周立人辑校《籀顾遗文》（下），中华书局，2013，第 483 页。
⑥ 刘项宣原著、张宪文整理：《温处学务分处纪略》，载中国人民政治协商会议浙江省温州市委员会文史资料委员会编《温州文史资料》（第 4 辑），浙江人民出版社，1988，第 2 页。
⑦ 程恩培：《东瀛观兵记事》，载李兴武编《程恩培集》，黄山书社，2010，第 745 页。
⑧ 《本部具奏华商集股创办公司汇案请奖折》，《商务官报》戊申（1908 年）第一期公牍页九。

督①。1917年因丁母忧②，长期请假。此后，程恩培从官场退隐，定居苏州，逐渐不为外界所知。③

由于程恩培的仕途并不顺利，加之受到刘鹗、毛庆蕃等太谷学人的影响，其学术旨趣开始转变，故拜李光炘为师，成为龙川弟子。此后，程恩培虽然长期"离群索居"，但其关心和资助太谷学派的活动，尤其是积极支持黄葆年、蒋文田等发起的"南北合宗"和"牧马归群"。1902年，程恩培赴上海参加"愚园雅集"，归群草堂的开办更是得到其经费支持。李泰阶对其贡献颇多赞誉："执事受业师门，获交良友，其事为执事平生第一事，其心为执事最初第一心。乃无何而黄师来苏矣，无何而学堂成立矣，非执事与宗叔（指其族叔程心泉）之力不至此，然而执事固未尝自以为功也。"④

### 2. 程恩培的著述

程恩培的著作主要为《东瀛观兵纪事》和《日本变法次第类考》，是将其日本的考察见闻整理而成的。据著名藏书家王欣夫记载，程恩培尚著有《遠庐杂记》，一卷一册，吴县王氏抱蜀庐抄本。⑤

此外，学术界一度曾言《拙盦诗草》亦是程恩培所作，其实这是一个"同名同姓"的误会。光绪三十三年（1907年），时新书局出版《拙盦诗

---

① 徐世昌任命的时间为民国四年（1915年）九月二十三日。见骆宝善、刘路生主编《袁世凯全集》第32卷，河南大学出版社，2013，第663页。据北洋政府《知府公报》载，程恩培报道日期为1916年2月7日。见《政府公报》1916年2月8日第33号，命令页十六。其去职时间则为1917年八月二十九日。见《政府公报》1917年8月29日第582号，命令页一。

② 《地方通信 杭州》，《申报》1917年9月25日，第7版。

③ 1924年4月，程恩培等在苏州发起成立皖同乡会，程恩培、杨士晟等均当选为候补理事。《地方通信 苏州》，《申报》1924年4月30日，第11版。

④ 李泰阶：《与程绍周书》，《双桐书屋文录》卷下，页一百一十一，抄本。

⑤ 王欣夫（大隆）遗著、徐鹏整理：《蛾术轩箧存善本书录》，载中国历史文献研究会编《中国历史文献研究集刊》（第4集），岳麓书社，1984，第159页。此文又见上海古籍出版社出版的《蛾术轩箧存善本书录》中，但是没载最后两句。王欣夫：《蛾术轩箧存善本书录》（下），上海古籍出版社，2002，第1187—1188页。

草》，此书卷首署名为"光山程恩培伯湛"①，此书作者虽名为程恩培②，但字伯湛，并非字绍周，可见此人并不是安徽阜阳的程恩培。

（1）《日本变法次第类考》

1902 年，程尧章③译述、程恩培编订的《日本变法次第类考》由政学译社铅印出版。此书反映出程恩培倾向"新政"，主张采用君主立宪制，正如按语所云："日本宪法系君主立宪政体，故其大旨在尊重君权，以维系国家独立自主之宗旨，而增进人民之利益。并可垂示后祀，俾后世子孙知尊王之义，视其天皇皆敬之如神明，视之如父母，而国运亦于以巩固。故设定宪法，为近日立国者最要之事务，一切治内治外，规模皆以宪法为主脑。君主统治国家之大权，因此益尊矣。"④故此书首列宪法，"是书宗旨，专重尊主，故以宪法冠于首章"⑤。俞樾认为程恩培编撰此书具有显明的政治意图，"抑余观其首卷，第一条曰宪法，大旨在归重君权。嗟乎！自西学入中国，人人皆曰均权，曰自由，推其弊之所极，不至于无父无君不止，此书乃首重君权，不特知先后，且知本末矣。……振裘者契其纲，举纲者提其纲，其在此书乎！僭书其端，敬为当世言新法者告也"⑥。

《日本变法次第类考》对日本的明治新政作了全面系统的介绍，尤其是重点介绍明治维新的法律法规和典章制度，"是书系集法学、政学各书，择其切要者译之，又采取法学、政治家之议论考据而成"。此书以日本人内川义章的《法规大全》为底本，按照年月排序载录日本的法律制度，"既分数目，又系年月"⑦。然后略叙其事由并加以论断，"每条皆注明年月，

---

① 程恩培：《拙盦诗草》，页二，时新书局，光绪三十三年版。

② "程恩培谱名大任，字伯湛，号少门……咸丰丙辰年七月二十四日吉时生，系河南光州直隶州光山县监生民籍，同知衔，湖北试用知县。"顾延龙主编《清代硃卷集成》（第113 册），成文出版社有限公司（台北），1992，第 349 页。光绪三十三年（1907 年），程恩培履历档案载："程恩培现年五十四岁，系河南光山县人，由监生在湖北黔捐案内报捐知县，分指湖北试用并加同知衔。旋应光绪二年丙子科顺天乡试，中式举人，仍留原省补用。……兹于三十三年……在内阁验放，由户部奏堪以知府发。"秦国经主编《中国第一历史档案馆藏清代官员履历档案全编》（第 7 册），华东师范大学出版社，1997，第 712 页。

③ 程尧章即程垚章，程文炳三子，程恩培之弟，1901 年作为第三批留学生赴日留学，入日本士官学校学习四年。归国后，任北洋参谋处总办，1907 年奉伊犁将军奏调赴新疆练兵。后以三品衔分部郎中调任甘肃。

④ 程恩培：《日本变法次第类考》，李兴武编《程恩培集》，黄山书社，2010，第 6 页。

⑤ 程恩培：《日本变法次第类考》，李兴武编《程恩培集》，黄山书社，2010，第 5 页。

⑥ 俞樾：《程少周观察〈日本变法次第类考〉序》，载俞樾撰著、赵一生主编《俞樾全集》（第 14 册），浙江古籍出版社，2017，第 1064—1065 页。

⑦ 程恩培：《日本变法次第类考》凡例，载李兴武编《程恩培集》，黄山书社，2010，第5 页。

使人得考见其施行之次第,求治者循是而取焉。如问途者由郊而牧、而野、而林,以达于垌,如导水者由遂而沟、而洫、而浍,以达于川,庶几事半而功倍乎"[①]!

此书分为初集、二集和三集,各25类,共9000余条。其中,初集为日本明治三十二年(1899年)以前之事,二集、三集则是近日所颁成案,"每条皆著名年月,观此可以知道缓急之次第,不至蹭越等之弊"。"初集"依次分为宪法皇室典范议会法例及公文式官报、裁判行政诉讼及诉愿、民法、商法、民事诉讼法、刑法、刑事诉讼法、官制、官规、统计报告文书附官印、外交、旌表位阶附华族赈恤、地方制度、土地水利水道河川砂防道路桥梁渡津、警察新闻出版附著作权、监狱、卫生、社寺宗教附葬仪忌服、财政、军事、教育气象及历时、劝业度量衡、矿业森林、特许意匠及商标和运输通信等25类。"二集"依次为帝国会议官报、裁判行政诉讼、民法、商法、民事诉讼法、刑法、刑事诉讼法、官制、官规、统计报告、外交、赈恤、地方制度、土地河川砂防下水、区域、监狱、卫生、社寺宗教、财政、军事、教育学校通则、农会、矿业森林、特许意匠及商标和运输通信等25类。"三集"依次为皇室婚嫁令、裁判行政诉讼、民法、商法、民事诉讼法、刑法、原阙、官制、官规、统计报告、外交、位阶华族赈恤、地方制度、土地河川砂防、警察、监狱、卫生、社寺、财政、军事、教育、劝业博览会、矿业森林、原阙和运输通信等25类。

程恩培在编辑此书时,在保持内川义章原书风貌的同时,尽可能凸显其变化。如"三集"中的"第七类"和"第二十四类"原本缺漏,故保留原目录,直接标注为"原阙"。对已经发生的各种变化,"书中凡昔定而今仍者,用●为记;昔定而今改者,用[改]为记;昔定而今删者,用[删]为记;昔定而今废者,用[废]为记,以清眉目"[②]。程恩培在书中多有按语加以评述。如明治天皇通过颁行"官职改正诏敕"确立日本的内阁制度,程氏认为推行"宪政"必先厘清官制,故其在按语中云:"此诏敕在制定内阁总理大臣官职,使辖理各省事务,为诸多大臣之冠,以统一事权,而免上申下行、沉滞条复之弊;并可节省冗费,整肃官纪。盖国家当维新之际,必须厘定管制,而后一切政务始能渐渐举行,不致彼此观望,有误国

① 俞樾:《程少周观察〈日本变法次第类考〉序》,载俞樾撰著、赵一生主编《俞樾全集》(第14册),浙江古籍出版社,2017,第1064页。
② 程恩培:《日本变法次第类考》凡例,载李兴武编《程恩培集》,黄山书社,2010,第5页。

家大事。"①

此书的出版有助于国人对日本明治维新的全面了解，推动国人对维新变法的深入探究，学者对此书评价偏高，认为在同类著述中无出其右者，"凡言日本变法之书，其切用盖未有过此者，亦见作者缕析之勤矣"②。

（2）《东瀛观兵纪事》

《东瀛观兵纪事》，一卷，手稿存上海图书馆，光绪年间浙江官书局铅印出版。此书实为程恩培考察 1901 年日本军事大演练的日记。

光绪二十七年（1901 年）秋，日本举行军事大演练，邀请各国军官观览。清政府委派各省将官赴日参观，浙江参观团以程恩培为首。九月初一至十月二十日（10 月 12 日至 11 月 30 日），程恩培率团赴东瀛，先后赴千叶、东京、京都、神户等地，参观日本的军演、学校和工厂，每日见闻在日记中作有详细记录。回国后加以整理，以《东瀛观兵纪事》之名出版，正如其所言："目所亲睹，或据鞍属犍，或席地划沙，出怀中铅管疾书以存其实。至采访学堂、制造，则必博览周咨，见闻悉录，更须与其厂校各员周旋酬酢，耳目视听，官骸并劳。故所记志在从详，不暇修饰，积久盈楮，得如千叶，自知庞杂，贻大雅识。然不敢以润色之故，蹈文胜之弊。"③

程恩培作为地方军官，在参观日本军事演练时，对中国面临西方侵略之危局有着清醒认识，充分认识教育与武备之间互为表里，且教育更为重要，因此发展教育、培育人才刻不容缓，"况今国势阽危，强邻夹处；或眈眈虎视，或煦煦市仁，迹其蚕食之心如出一辙。神州苍莽，来日大难。发愤为雄，庶几有豸。故当务之急，教育为先，武备次之，盖教育乃武备之基础，武备即教育之见端，二者相为表里"④。日本通过明治维新走上富国强兵的道路，程恩培希望能够学习其发展近代实业和教育的成功经验，故其在考察军演的同时，重点走访学校和工厂，"恩培此次追随其戎行者凡十日，亲历其学校、厂院者凡二十一处。拉难记之，于其根本之学，进步之由，三致意焉。非以侈域外之游观，亦聊备当途之采择云尔"⑤。由于程恩培更为关注日本"富国强兵""殖产兴业"的经验，其间虽曾观览博物院、动物园等公共事业，但其认为这些对当时积贫积弱的中国而言并非

---

① 程恩培：《日本变法次第类考》，载李兴武编《程恩培集》，黄山书社，2010，第 52 页。
② 熊月之主编《晚清新学书目提要》，上海书店出版社，2007，第 401 页。
③ 程恩培：《东瀛观兵纪事》，载李兴武编《程恩培集》，黄山书社，2010，第 701 页。
④ 程恩培：《东瀛观兵纪事》，载李兴武编《程恩培集》，黄山书社，2010，第 701 页。
⑤ 程恩培：《东瀛观兵纪事》，载李兴武编《程恩培集》，黄山书社，2010，第 709 页。

急务，只是一笔带过，正如其在参观博物院时表示："此不过备游人之观考，无关于国计民生，故无庸详载也。"①

程恩培先后考察日本的军校、女子学校、工业学校等各类学校，涵盖幼儿教育、中小学教育、师范教育、中高等教育和职业教育等各层次，对日本的教育体系有了比较清晰的了解，尤其对师资的重要性有了更深的认识，"缘日本学校林立，生徒日繁，学问日进。则为之教习，亦必精益求精。是学校中现在之生徒，即将来之教习也"②。故其发出"其教育师范，尤为中国之急务焉"③的感慨。

程恩培通过对比中日两国，以期学习日本学校的一些好的经验和做法。千叶町中学校是其考察的第一所学校，他发现该校课程分为修身科、国语科、汉文科、英文科、历史科、数学科、博物科、理化科、律例科、医科、体操科等十余科，并非中国传统教育一生固守四书五经，"其举国通才，皆可备执殳荷戈之选，非若我华之日守一经者，讫讫穷年，老死牖下也"。得知该校在校学生达550人且日本国内有如此规模的学校数百处，他不禁感叹日本"讲求之不遗余力，无怪其人才辈出也"④。程恩培特别留意日本学校良好的规定和做法，有意加以摘录以期借鉴。其在参观成校学校时，专门抄录该校的教法章程，"随由校长导观各讲堂，历游一周，见所订教法章程，罔不精详可法，因撮其科目录之：一曰历史；二曰国文（东文）及地理；三曰英文及几何初法；四曰理化；五曰代数、几何法"⑤。程恩培在陆军炮工学校，了解到该校每年均遴选优秀毕业生赴欧洲留学，其对这一做法也钦佩不已，"盖因工夫日进，则学问日深，故复事游历，考求外国各种学问，以增其阅历，充其识见也"⑥。

① 程恩培：《东瀛观兵纪事》，载李兴武编《程恩培集》，黄山书社，2010，第708页。
② 程恩培：《东瀛观兵纪事》，载李兴武编《程恩培集》，黄山书社，2010，第743页。
③ 程恩培：《东瀛观兵纪事》，载李兴武编《程恩培集》，黄山书社，2010，第745页。
④ 程恩培：《东瀛观兵纪事》，载李兴武编《程恩培集》，黄山书社，2010，第706页。
⑤ 程恩培：《东瀛观兵纪事》，载李兴武编《程恩培集》，黄山书社，2010，第701页。
⑥ 程恩培：《东瀛观兵纪事》，载李兴武编《程恩培集》，黄山书社，2010，第734页。

# 第六章　黄葆年及归群弟子著述

## 第一节　黄葆年的生平与传学

### 一、黄葆年的生平

黄葆年（1845—1924年），字锡朋，又字隰朋，号希平，晚年自号退谷居士，江苏泰州姜堰人。[①] 据《黄葆年履历及家传》载："（黄葆年）字锡朋，亦字隰朋，号希平，行三。道光乙巳年九月初一日吉时生，系江苏扬州府学附生，泰州民籍。"[②] 黄葆年兄弟七人，因其排行第三，又有黄三先生之称。光绪二十八年（1902年），黄葆年辞官回归故乡，后寓居苏州，创立归群草堂授徒，故人称其为归群先生。1924年，黄葆年病逝，享年80岁，葬于苏州七子山，"在横山西，汤家山半"[③]。

同治癸酉科（1873年），黄葆年中举。光绪庚辰科（1880年），"大挑二等，候选教谕"[④]。光绪九年（1883年），高中癸未科进士，"会试中试第十八名，复试第二等第九十八名，殿试第三甲第九十九名，朝考第三等第

---

① "始迁祖安三，明初由姑苏迁泰州之姜堰镇。"见《黄葆年履历及家传》，第1页。见中华科举库，http://kjk.wenjinguan.com/Book_Detail.aspx?id=b5a3cc13–87bd–4e98–aa4b–95812450bd4a#。
"世居泰州姜堰镇。"见《黄葆年履历及家传》，第5页。见中华科举库，http://kjk.wenjinguan.com/Book_Detail.aspx?id=b5a3cc13–87bd–4e98–aa4b–95812450bd4a#。
② 《黄葆年履历及家传》，第1页。见中华科举库，http://kjk.wenjinguan.com/Book_Detail.aspx?id=b5a3cc13–87bd–4e98–aa4b–95812450bd4a。
③ 曹允源、李根源纂：《（民国）吴县志》卷四十，冢墓，页四十一，苏州文新公司，民国二十二年（1933年）铅印本，总第2592页。
④ 《黄葆年履历及家传》，第1页。见中华科举库，http://kjk.wenjinguan.com/Book_Detail.aspx?id=b5a3cc13–87bd–4e98–aa4b–95812450bd4a。

六名，钦点即用知县，分发山东"①。

　　黄葆年 28 岁中举，38 岁成进士，科考之路可谓一帆风顺。黄葆年本以为即将可以得偿所愿而大显身手，但由于清政府的归班铨选制度，他并没有能够走马上任，而是作为记名知县苦苦等待三年才得以实署，1886年才得以署任山东临淄县令。此后，黄葆年一直为官山东，历任临淄、滋阳、朝城、莱阳、滕县、福山、泗水等县，均有善政。黄葆年为官能够固守道德操守，治理地方也成绩卓著，并曾多次受到清政府的赞誉："泗水县知县、署莱阳县知县黄葆年……才品、政绩均有可观。"②

　　黄氏虽然为官多年，最终还是选择淡出政坛、一心传学的道路。光绪二十八年（1902 年）年初，黄葆年主动请辞。这一方面是因为晚清官场的腐败，黄葆年为官虽然恪尽职守，素有口碑，但其并不善于在个人仕途上钻营，因此始终未得升迁。黄葆年对其中的原因也了然于心，曾明确表示："我祖东山今七载，才知城市深于海。"③ 显然，晚清官场的种种黑暗和不堪已经让黄葆年无法忍受，令其丧失了谋求个人仕途更大发展的信心和动力。另一方面则是黄葆年还肩负着重振太谷学派的重任，自己本无意久留宦海，而志在学派的学术传承和组织发展，正如其所言："我自负笈人，而作干禄徒。"此后，黄葆年矢志于归群草堂的讲学，不复出仕。1909 年，江苏巡抚陈启泰以"耆儒硕彦"④ 为名，向清政府举荐黄葆年，但黄氏辞以"足疾未愈"而未再入仕。

## 二、黄葆年的传学

　　黄葆年一生最大的成就有二：其一是推动太谷学派"南北合宗"，其二是晚年在苏州开办归群草堂讲学，实现"牧马归群"。正如归群弟子在祭祀时对黄葆年功绩的总结："呜乎！我□夫子受命□□龙川，任负薪之任，迄于今四十年矣。北桃坠绪，南启归群，劳不惮劳，苦不厌苦□夫子之德也。"⑤

　　黄葆年及门之后，深受其师李光炘的器重，李氏有诗赞曰："汝南晨

---

① 《黄葆年履历及家传》，第 5 页。见中华科举库，http://kjk.wenjinguan.com/Book_Detail. aspx?id=b5a3cc13–87bd–4e98–aa4b–95812450bd4a#。
② 徐致祥等奉敕撰：《清代起居注册》（光绪朝第 51 册），联合报文化基金会国学文献馆（台北），1987，总第 26864—26865 页。
③ 黄葆年：《壬辰七月七日武阳夜集》，《归群草堂诗集》，载方宝川主编《太谷学派遗书》（第二辑第二册），江苏广陵古籍刻印社，1998，第 119 页。
④ 《苏抚奏举耆儒硕彦北京》，《申报》光绪三十四年十二月二十三日（1909 年 1 月 14 日），第 4 版。
⑤ 佚名：《杂录》，页三十三，泰州图书馆藏抄本。

鸡喔喔鸣，牛医头角独崚嶒。可能他日为吾舌，不愧天生黄隰朋。"① 事隔
多年，黄葆年在缅怀其师李光炘之时，对其早年的呵护和扶持还铭感不忘，
"若年者沐师恩于再造，出生入死，洗心换骨，盖非诵说之所能尽也"②。

黄葆年进士及第后，开始步入晚清社会上游，这也为其及太谷学派争
取更多的社会资源创造了条件，正如蒋文田对黄葆年所言："固知区区荣
名，原不足为吾兄重，然借此以广交游、达观听，与一时贤士大夫相往还，
愈足以培风而高骞。"③ 黄葆年确实借此结识并交好了毛庆蕃、陈三立、刘
孚京等一批社会上层人物，正如其所言："及游京师，得交毛实君、陈伯
言、刘镐仲诸贤。"④ 随着黄葆年数次进京赶考，南宗与太谷学派北方弟子
的联系逐步恢复。同时，黄葆年为了实现其师的愿望，不辞辛劳，竭力运
作，先后游说毛庆蕃、陈三立等人，并将毛氏成功引入龙川门下。

黄葆年任职山东之后，除了处理日常政事，着意联络太谷学派南北同
人，同时开展讲学传道活动，准备为太谷学派南北合宗创造基础。黄葆年
在山东先后出任临淄、莱阳、福山、泗水县令，其官署一直是太谷学派活
动的重要基地。根据《归群草堂诗集》《龙溪草堂诗集》《双桐书屋诗抄》
等资料的记载，当时李泰阶、黄子受、黄仲素、刘仪仲、蒋梁舟、刘班侯、
程心泉、王荫湘、毛子逊等太谷学派四传弟子分别前往福山、泗水等地就
读，黄葆年的官署实际上成为太谷学派传道授学的重要基地。

除了日常传学活动，黄葆年与蒋文田等人还先后发起举办了 1891 年
武阳夜集、1893 年朝城欢宴、1894 年莱阳容山修禊、1896 年福山芝阳欢
会、1896 年泗水赏菊雅集以及 1900 年泗水太谷学派"庚子第二朝蝴蝶会"
等。通过这些活动，不仅联络和加深了太谷同门彼此的情谊，而且交流和
切磋了南北二宗之间的学术心得。

随着太谷学派南北合宗成为趋势，加之黄葆年对官场萌生退意，故其
与蒋文田开始谋划应对之策。1899 年，黄葆年因"宦海浮沉，久萌退志，
况时势日迫益用，慨然大约官场非久居之所矣"，"请蒋师于五月间来泗商

① 李光炘:《赠黄生隰朋》,《群玉山房诗抄》,载方宝川主编《太谷学派遗书》(第二辑第
二册),江苏广陵古籍刻印社 1998,第 53 页。
② 黄葆年:《黄氏遗书》,载方宝川主编《太谷学派遗书》(第一辑第四册),江苏广陵古籍
刻印社,1997,第 26 页。
③ 蒋文田:《寄黄锡朋书》,《龙溪先生文抄》,载方宝川主编《太谷学派遗书》(第二辑第
四册),江苏广陵古籍刻印社,1998,第 5 页。
④ 黄葆年:《跋〈刘慈民先生诗集〉后》,《归群草堂诗集》,载方宝川主编《太谷学派遗书》
(第二辑第二册),江苏广陵古籍刻印社,1998,第 96 页。

量大局"①。1902 年，黄葆年以回家"修墓"②为由，辞官南归。随后，太谷学派同人在上海举行了愚园雅集，黄葆年、蒋文田、毛庆蕃、刘鹗等重要代表均出席。这次雅集最终确立了太谷学派南北合宗之核心人物为黄葆年，也标志着太谷学派活动的中心开始转向江南。此次雅集真正实现了太谷学派的南北合宗，其直接成果就是太谷学派在苏州创办了归群草堂。

光绪二十八年（1902 年）9 月，黄葆年移居苏州，由毛庆蕃等人筹资租典葑门南园十全街彭状元家的别府③，正式开办"归群草堂"，以黄为主讲，蒋为副手。黄葆年"解组后，移家吴中，拥皋比而讲学，海内宿儒淑媛风景云从，相聚一堂，奉为黄老师而不名"④。归群草堂开办的重要原因就是为太谷学人修习"圣功"创造良好条件，正如黄寿彭所总结："近有同学之可商量，远有学堂之可归依。"⑤归群草堂因此成为太谷学人的理想圣地，亦吸纳众多太谷学派后裔及其家眷前来求学问道，正如李泰阶在1903 年对同门葛仲修所言："至于南北前后辈有一至者焉，有再至者焉，有三至者焉。有过从问道者焉，有留而受业者焉，而闻风兴起，先后入门者则又不乏其人焉。两先生之在学堂也，其大端则讲学、习礼、考订文章之业，推行江汉之风，暇则选录诗文，游览名胜，故人话雨，佳会分笺。一载以来，大都如此。弟随侍其间，其乐有百倍于泗水者，而忙亦过之。千载一时，于斯为盛矣。"⑥

由于黄葆年执掌归群草堂，太谷学派亦被称为"黄门"，黄葆年及归群草堂在苏州声名鹊起、家喻户晓，"久之，阊门铁道间，皆知城中有黄公馆。行李投止，车马孔达，不问路，不论值。至则阍人一一部署安顿。声气充沛有如此"⑦。黄葆年不仅在江南人尽皆知，而且其声名远播，甚至

① 李泰阶：《复葛仲修书》，《双桐书屋文录》卷上，页四十三，抄本。
② 《光绪二十八年十二月分缺单》，《申报》光绪二十九年正月十六日（1903 年 2 月 13 日）第 3 版。
③ 今苏州十全街 40 号。
④ 卢冀野：《论太谷学派与宗教　答章行严》，《国闻周报》第四卷第十八期（1927 年 5 月），第 1 页。
⑤ 黄仲素：《复王子衡书》，《远香书屋文稿》卷一，页二十，苏州图书馆藏抄本。
⑥ 李泰阶：《复葛仲修书》，《双桐书屋文录》卷下，页八十二，抄本。
⑦ 王东培：《一澄研斋笔记》，载王东培著，罗瑛、罗长德整理《王东培笔记二种》，凤凰出版社，2019，第 114 页。

传到了远在河北武强的贺葆真耳中。①

　　黄葆年对黄门弟子的授学，以传统儒学为主，现存的数十种归群草堂文献充分说明了这一点。泰州地区老人的回忆提供了一些佐证："黄仲明先生，是黄门的学生，每年夏天都要到苏州听黄葆年先生讲学，都讲些《四书》《五经》。"②卢冀野也说黄葆年"解组后移家吴中，拥皋比而讲学。海内宿儒、淑媛风景云从，相聚一堂，奉为黄老师而不名"③。

　　黄葆年的讲学之所以大受欢迎，声誉卓著，主要原因就是此时太谷学派的讲学内容以儒学为主，宗教色彩已经大为淡化，民间也多视其为儒学正宗，正如《民国泰县志稿》所言："葆年已纯然儒者，正轨而益思扩大之，洵近世东南理学一大师也，政治文学特其末焉者已。"④当然，由于受黄崖事件的影响，黄葆年在讲学中仍保留有一些神秘、不外传的因素，正如柳曾符的回忆："自清同治五年（1866年）张石琴以黄崖冤案为清山东巡抚阎敬铭诛焚后，泰州（太谷）学派不再公开传授，其书尤秘不示人。先祖辑资料时得见一部分。其书用黄绫包，字句或与通行本不同，如《论语·学而》第一句'学而时习之'，黄门传本即作'学天时习之'，所选《左传》则尊齐桓而薄晋文，如此类是。"⑤

　　在以黄葆年、蒋文田为首的太谷学派同人的和衷共济、齐心戮力之下，归群草堂一度风生水起而渐入佳境。不过，随着民国经济、社会的快速转型，黄葆年还固守着传统的科考路径，继续在归群草堂教授策论文章和五言八韵的试帖诗，这显然无法适应社会的实际需求，故归群草堂逐渐被时代所抛弃，日益走向没落。1924年冬，黄葆年逝世于苏州，此后归群草堂虽经李泰阶、黄仲素等人惨淡经营，但终究无法挽回颓势而日益沉寂。

① 民国五年九月二十四日（1916年10月20日），贺葆真在其日记中记载："贾君玉来，君玉师毛实君方伯，因毛公得晤泰州黄先生，先生名葆年，字锡朋，江苏泰州人，以进士官山东泗州等处知县，博学多通，讲文自成一体，寓居苏门，从游者多一时名士。某县乔公柟、南丰刘镐仲孚京、某县刘铁云皆师事之，陈伯言、毛实君两先生亦在师友之间，年逾七十，讲学不辍也。"贺葆真著、徐雁平整理：《贺葆真日记》，凤凰出版社，2014，第369页。
② 王星叔口述，胡曦雯、李秋整理：《姜堰的私塾与黄门学派》，中国人民政治协商会议江苏省泰县委员会文史资料委员会编《泰县文史资料》（第七辑），泰县委员会文史资料委员会，1992，第137页。
③ 卢冀野：《太谷学派之沿革及其思想——清学旁搜记》，《东方杂志》第二十四卷第十四号（1927），第75页。
④ 单毓元等纂修：《民国泰县志稿》卷二十七，人物四，页二十五至二十六，载江苏古籍出版社编《中国地方志集成·江苏府县志辑》（第68册），江苏古籍出版社，1991，总第703—704页。
⑤ 柳曾符：《王伯沆与黄锡朋》，《文教资料》1982年第3、4期合刊，第126页。

随着黄葆年的离世，太谷学派的授学传道逐渐进入尾声。

## 第二节　黄葆年的著述

黄葆年是太谷学派二传弟子中编著作品最多的一位，为研究太谷学派二传弟子思想的发展演变，留下了十分珍贵的文献资料。据《归群宝籍目录》著录，黄葆年的编著作品共有 29 种，即《黄氏遗书》《〈诗经〉读本》《〈书经〉读本》《〈礼记〉读本》《古文存》《古文续存》《唐宋文存》《唐宋文续存》《唐宋文读本》《经义存疑》《四书文存》《〈古诗源〉评选》《古诗存》《古诗存书后》《天籁集》《天籁续集》《天籁遗音》《大小谢诗钞》《九家试帖诗录》《八韵诗存》《归群草堂函稿》《归群草堂四书文》《归群草堂文集》《归群草堂四书文续编》《归群草堂函稿续编》《归群草堂诗集》《归群草堂语录》《归群草堂课艺》和《归群草堂课艺续编》。不过，笔者搜罗的黄氏著述名录达到 36 种，其中不见于《归群宝籍目录》的尚有《书〈古诗存〉后》《〈古诗源〉批注》《归群文课》《濂溪一滴》《归群草堂课艺拾遗》《归群草堂菊花分咏诗》和《（光绪）朝城县志略》等 7 种。此外，国家图书馆藏有所谓黄葆年的《〈参同契〉批注》七卷，但此书非黄氏著述，而是抄录清代云阳道人朱元育的《参同契阐幽》而成[1]，此抄本是张令贻将其误为黄氏著述所致。[2]

根据黄氏著述名录，我们可以发现其对魏晋、唐宋诗文作了大量的辑注、评注工作，如《天籁集》《大小谢诗钞》《唐宋文读本》《〈古诗源〉批注》《天籁遗音》《古文存》《古文续存》《唐宋文存》《唐宋文续存》《古诗存》《古诗续存》《天籁续集》等，这既充分体现黄氏高度重视文章的教化功能，又是黄氏与太谷早期学人之间的重要区别。因此，黄葆年也被时人视为儒学大家，据卢冀野言："陈三立谓：'学在宋五子上'，当有所见而云然。"[3] 此外，黄葆年还辑录《经义存疑》《四书文存》《八韵诗存》《九家试帖诗录》等涉及科举制艺之作，这无疑反映其对传统科举制度的一种认可

---

①　参见周全彬、盛克琦编校：《参同集注 万古丹经王》，收入董沛文主编《参同集注：万古丹经王〈周易参同契〉注解集成》（第 4 册），宗教文化出版社，2013，第 2087 页。

②　1953 年 6 月 8 日，钟泰记载："在眉苏处谈至午饭后始回，并以前张令贻所赠抄本《参同契阐幽》及刻本《参同契直解》两书转赠。"钟泰：《钟泰日录》（上），《钟泰著作集》（第 7 册），上海古籍出版社，2021，第 415 页。

③　卢冀野：《太谷学派之沿革及其思想——清学旁搜记》，《东方杂志》第二十四卷第十四号（1927），第 74 页。

和肯定。不过，进入民国以后，这也是黄葆年思想以及太谷学派学术日趋落伍的一个重要体现。

## 一、《黄氏遗书》

《黄氏遗书》又名《记言》，是黄葆年为了传承太谷之学，专门记述其师李光炘为龙川弟子讲学的内容。此书亦是归群弟子对黄葆年口授之学的笔录。

《黄氏遗书》八卷，抄本，现存为"泰州本"。其实，泰州图书馆还藏有另外两种《黄氏遗书》的抄本。第一种版本为八卷，其中卷一和卷二有目录，卷三至卷八则无目录。卷首有归群弟子"陈寿南"的钤印，规格为23.6厘米×13.3厘米。此版本与《黄氏遗书》的内容基本相同，略有出入。第二种版本名为《记言摘抄》，前两卷散佚，始于卷三，而且全书无目录，规格为28.1厘米×16.1厘米，较第一种略大。此书内容与《黄氏遗书》内容亦大致相同，不过少数篇目的排序有所差别。例如，《黄氏遗书》卷三中《□□问于□□曰：昔者闻诸太谷曰，予昔也知孝弟而未能率性，故有过而鲜恶。今也知率性，而孝弟未能尽，过虽寡而德孰日至也。何谓也?》之后为《又问知孝弟矣，何以谓之有过也》，此版本则顺序颠倒。卷末《□□问友》《□□问直友》在此版本中排序亦相反。

此外，泰州图书馆藏有王曜明私藏《记言》二卷，内容为《黄氏遗书》的前两卷，内容基本相同。只是王曜明藏书卷一末尾有《子夏问孝》一文，此篇为《黄氏遗书》所未载。

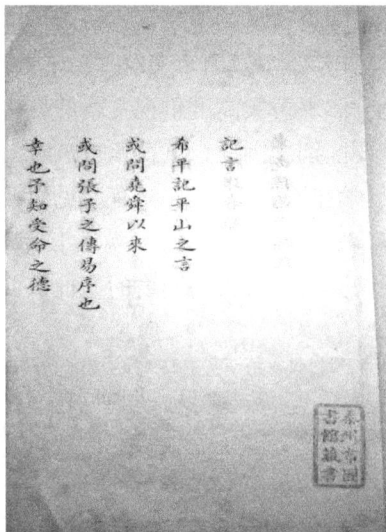

图 6-1　陈寿南藏本《黄氏遗书》

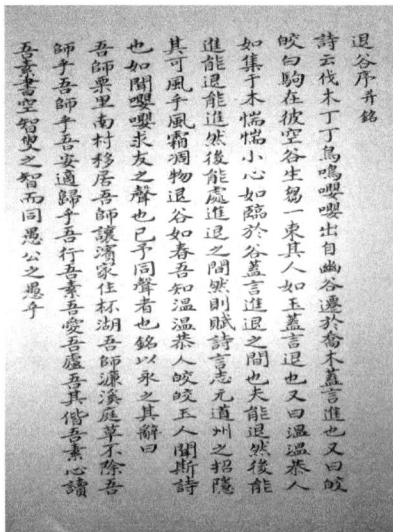

图 6-2　《记言摘抄》

黄葆年通过记述太谷学派的早期讲学内容，以期嘉惠后学，故名《记言》，正如其所言：

> 龙川讲学以来，数十年由博反约，夜以继日，不啻宝藏之兴于山，而货财殖于海也。每义当至精，辞当至达，必顾年而属之曰："女（汝）为我留赠后人。"呜乎！岂非嘉惠后学无已之心，有不可得而终隐者乎？痛年也薄德菲行，言之无文，不足以承之也。往与吾党二三子日侍左右，闻所未闻，退而相与绅绎之，相与说乐之，相与附抑叹息之，曰："后人不复得闻矣。"吁！圣人不世出，既出矣，又不能永其传，非小子之责而谁责与？天地间微言大义，数千载而一明，幸及身而亲受之。前顾无穷，后顾无穷，一息尚存，其敢以不德不文自画哉！用谨记其所闻以俟知言之君子。①

据"泰州本"，《黄氏遗书》卷一20则，卷二30则，卷三29则，卷四34则②，卷五33则，卷六35则，卷七32则，卷八31则，合计244则。

此书的重要内容，就是黄葆年对李光炘传学之言的记载，正如黄氏对李光炘之孙李泰阶明确表示：

> 希平记平山之言，平孙侍，希平曰："阶乎识之？"昔者自思子述祖训而作《中庸》，以为万世法。女（汝）之逮事女祖也幼，女（汝）祖之言未能记也。予虽愚不肖，逮事女（汝）祖日久，女（汝）祖之言，予犹能记之。故予之所记皆女（汝）祖之言也。③

此书还收录李光炘与其他龙川弟子之间的学问互动情况，如李光炘在讲学中对陈文铎、陈建安的谆谆教诲：

> 蒋子问于陈铎曰："子事夫子有年矣，亦有心得否乎？"曰："有"。

① 黄葆年：《黄氏遗书》，载方宝川主编《太谷学派遗书》（第一辑第四册），江苏广陵古籍刻印社，1997，第29—30页。
② 方宝川先生在《黄葆年及其著述》中说卷四为33则，有误。见方宝川：《黄葆年及其著述》，《南京理工大学学报》（哲学社会科学版）1997年第1期，第21页。又见方宝川：《黄葆年及其著述》，《太谷学派遗书》（第一辑第四册），江苏广陵古籍刻印社，1997，第6页。
③ 黄葆年：《黄氏遗书》，载方宝川主编《太谷学派遗书》（第一辑第四册），江苏广陵古籍刻印社，1997，第31页。

夫子诲铎曰:"乐道人之善,恶称人之恶。铎服膺终身,未尝一日忘也。"蒋子以告予,予谨记之。①

从耳入门,故尚闻焉。从口入门,故尚问焉。舍口、耳,无门可入矣。是故口、耳者,圣人之本也。是说也,吾得之于陈子建安。②

全书除了第八卷中有一批归群草堂的命题文以及黄葆年所作的一些祭师友、弟子、亲人的文章之外,其余都皆取法于《论语》,并以文章的第一句为题目。"该书以解答弟子问学为主,内容涉及儒家经典的各个方面,其中则以回答弟子问'孝悌'为最多。此为归群之学的一个显著特点。"③例如,黄葆年阐释太谷学派思想时,多援用孟子的理论主张,正如其对周太谷"身命合德"的解释:"父母赋我曰身,下学其修身乎? 天之赋我曰命,上达其至命乎? 合德曰性。孟子曰:君子所性仁义礼智根于心,其生色也,睟然见于面、盎于背。"④"推己而已矣,推己而命达于身矣。孟子曰:'王如好色与百姓同之,王如好货与百姓同之。'"⑤再如其对李光炘观点的诠释:"孟子立取与之介,李子(指李光炘)达取与之情,立介曰义,达取情曰仁,仁熟而义益精矣。"⑥在黄氏的诠释下,李光炘的"取与之情"与孟子的"取与之介"异曲同工,皆可达仁义之境界。黄氏接着孟子的心性论进行发挥,把一己之性推之于人,以全人之善性。因此,正如方宝川所言:"综观全书,类皆问学语集。既有引申太谷、龙川之说,又多自发挥四书微言。"⑦

《黄氏遗书》体现了太谷学派一以贯之的以儒为宗、杂糅释道的核心思想和学术旨趣,正如黄氏对太谷"圣功"的诠释:"道之明也,老氏明天道焉,彭氏明地道焉,圣人明人道焉,呜呼至矣。不明天道而酿清谈之

① 黄葆年:《黄氏遗书》,载方宝川主编《太谷学派遗书》(第一辑第四册),江苏广陵古籍刻印社,1997,第509页。
② 黄葆年:《黄氏遗书》,载方宝川主编《太谷学派遗书》(第一辑第四册),江苏广陵古籍刻印社,1997,第511页。
③ 方宝川:《黄葆年及其著述》,《南京理工大学学报》(哲学社会科学版)1997年第1期,第22页。
④ 黄葆年:《黄氏遗书》,载方宝川主编《太谷学派遗书》(第一辑第四册),江苏广陵古籍刻印社,1997,第273页。
⑤ 黄葆年:《黄氏遗书》,载方宝川主编《太谷学派遗书》(第一辑第四册),江苏广陵古籍刻印社,1997,第379页。
⑥ 黄葆年:《黄氏遗书》,载方宝川主编《太谷学派遗书》(第一辑第四册),江苏广陵古籍刻印社,1997,第54页。
⑦ 方宝川:《黄葆年及其著述》,《南京理工大学学报》(哲学社会科学版)1997年第1期,第21—22页。

祸，晋人之蔽也。不明地道而惑微福之说，六朝人之蔽也。见不善，学者之蔽而遂距之，则亦韩氏之蔽也。孔子之窃比老彭也，合天地之道而一之者也，距老彭而道不明矣。是故惑老彭而王政荒，距老彭而圣功否。"① 黄氏所言是太谷学派对"窃比老彭"的全新诠释，是一种将"天地之道"与"人道"触类旁通、熔为一炉的"儒教观"。②

《黄氏遗书》反映出黄葆年延续太谷学派泛化易理推演、解说事物道理的传学路径。例如，黄葆年对颜信甫诠释"博"与"约"的关系时，其载：

> 信甫侍。希平曰："女知博也，人入石中。约也石，入人腹乎？"曰："不知也。"曰："石也者，坎中之一画也。天命至明也。陷于坎而成石而中实矣。博也者，开物之事也。人入石中，离魂入坎，所以虚其心也。人也者，离中之一耦也。父母至诚也；身也，丽于离而为人，而中虚矣。约也者，成务之事也，反身而诚也。石入人腹，坎魄乘离，所以实其腹也。也也者由约而之博，由博而反约者也。程子曰：'圣人教人，只此二事而已。'呜乎，二物者，坎离之谓也；二事者，博约之谓也。实者虚之，虚者实之。一而二、二而一之谓也。女其识之。"③

黄葆年运用卦相来阐释"博""约"，虽然不无道理，不过总有些牵强附会、故弄玄虚，但是其通过"能近取譬"的方式，把"博"与"约"类比为"人入石中""石入人腹"，方便民众理解，体现出民间儒学传播的大众、通俗化的特色。

## 二、《濂溪一滴》

《濂溪一滴》又名《周子〈通书〉释》或《周子〈通书〉批注》，不分卷，不过此书未被张德广《归群宝籍目录》收录。《濂溪一滴》成书于辛亥年间，据《〈通书〉跋》云："宣统三年，辛亥夏五月，泰州后学黄葆年

---

① 黄葆年：《黄氏遗书》，载方宝川主编《太谷学派遗书》（第一辑第四册），江苏广陵古籍刻印社，1997，第85—86页。
② 王学钧：《太谷学派的儒教观："窃比老彭释论"》，《南京理工大学学报》（社会科学版）1999年第2期。
③ 黄葆年：《黄氏遗书》，载方宝川主编《太谷学派遗书》（第一辑第四册），江苏广陵古籍刻印社，1997，第467页。

谨跋。"① 可见，此书成书时间不晚于 1911 年夏季。《濂溪一滴》不仅在太谷学人中流传最为广泛，而且在民国时期曾公开刊载其中部分。钟泰先后收藏三个抄本，其中一种曾给周孝怀阅读，另外两种分别为归群弟子黄仲素和翁铜士的抄本。②1926 年，《国学专刊》刊发《周子〈通书〉释》，署名为"黄葆年遗作"，不过没有全文刊行，只登载其中的前十五节。③

"泰州本"一册，题名为《周子〈通书〉批注》，由泰州图书馆从民间征集而来。"刘家本"一册，是刘蕙孙先生从归群弟子汪仲方处借阅转抄来的。据方宝川先生所言，"刘家本"为黄葆年批注周敦颐的《太极图说》和《通书》的合编，卷首有黄葆年的自序一篇，署名为"宣统辛亥嘉平月立春后三日，泰州黄□□谨序"④。

"苏图本"则为两册，标注为"辛亥嘉平月归群草堂订本"，参与校对的人员数量多且分工明确，具体为：校订黄寿彭、眉批赵沅、题签黄寿三、校对苏慎、傍批黄玉瑾、正文黄玉珮、圈点黄玉琳、画格赵丛鲁。

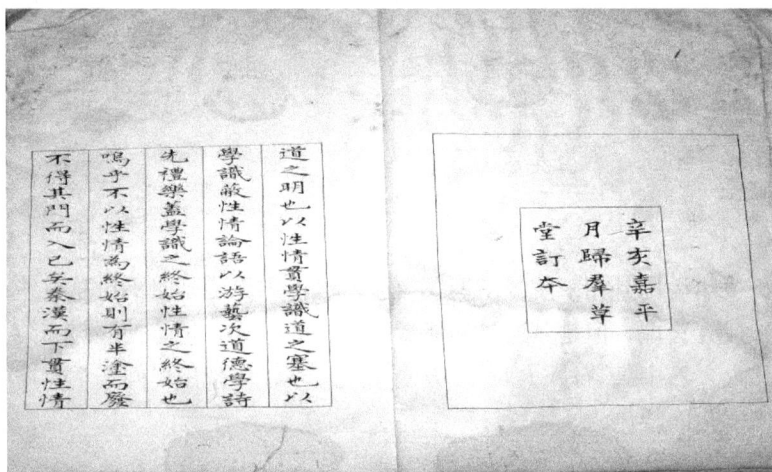

图 6-3　苏图本《濂溪一滴》

---

① 黄葆年：《〈通书〉跋》，载柳诒徵《新泰州学案》，收入《泰州文献》编纂委员会编《泰州文献》（第 2 辑第 20 册），凤凰出版社，2014，第 606 页。

② 1954 年 4 月 17 日，"午后程彬儒来，出黄仲素所抄《濂溪一滴》，欲易十万元，留书而去"。1954 年 4 月 18 日，"午后程彬儒又来，馈之十万元去"。见钟泰：《钟泰日录》（上），《钟泰著作集》（第 7 册），上海古籍出版社，2021，第 446 页。1961 年 8 月 27 日，"早王人杰来，以翁铜士所抄《通书》批本赠之"。钟泰：《钟泰日录》（下），《钟泰著作集》（第 8 册），上海古籍出版社，2021，第 681 页。

③ 黄葆年遗稿：《周子〈通书〉释》，《国学专刊》第一卷第二期（1926 年 5 月）。见钟泰：《钟泰日录》（上），《钟泰著作集》（第 7 册），上海古籍出版社，2021，第 446、446、450、453 页。

④ 黄葆年：《濂溪一滴》，载方宝川主编《太谷学派遗书》（第一辑第五册），江苏广陵古籍刻印社，1997，第 2 页。

近年来，《濂溪一滴》（包括《太极图说》）抄本进行了四次拍卖活动。2011 年 10 月，中美国际拍卖有限公司举办的"中美国拍 2011 年秋季拍卖会：古籍文献、名人墨迹专场"公开拍卖了所谓黄葆年《太极图说》稿本。此书为线装稿本，尺寸为 28.5 厘米 ×15.6 厘米。

根据网络书影，此版本有黑笔作有眉批，正文中有朱笔圈点，其正文内容 ① 则为黄葆年所作《〈通书〉跋》② 一文。此文未见于"刘家本"和"泰州本"，这是此版本的最大亮点。

2013 年 10 月，北京美三山拍卖有限公司在"北京美三山 2013 古籍精品拍卖会"上拍卖黄葆年手抄《太极图说》，此书为抄本二册。对照书影，此书内容与"刘家本"③ 一致，但是格式则有很大区别，其在正文中用黑笔小字作有旁注，在书眉处则有黑色眉批，正文中还对一些文字作有红色圈点。④2021 年 7 月，博古斋又将此书以"黄葆年手稿太极图说"的名义，在"2021 年春季大型艺术品拍卖会"进行拍卖。⑤2016 年 5 月，北京东方大观国际拍卖有限公司公开拍卖所谓黄葆年批校抄本《濂溪一滴》，此书为一卷，长 25 厘米，宽 17 厘米。对照书影，此书系用黑色楷体书写周敦颐《太极图说》之原文，其内容与"刘家本"一致。此书的格式，与"刘家本"存在明显差异。"刘家本"是将旁注、批注抄录在正文之后，而此书的"旁注"则分别用蓝色和绿色楷体撰写在正文中，"眉批"则是用朱笔楷体撰写，正文中的一些文字也加有朱笔圈点。此书卷首有"海陵黄葆年批注"和"江右刘铁云谨缮"字样，并有钤印"刘铁云印"。⑥刘鹗题字和钤印，均是藏家或者拍卖者弄巧成拙之败笔，因为《濂溪一滴》成书于 1911 年，此时刘鹗已经去世两年，绝无可能留有题字和钤印，反而证明此版本为后人的抄本。

依据"泰州本"，《濂溪一滴》共有 40 篇，包括《太极图说》（1 篇）

---

① 正文："蒙艮，正蒙启蒙，所以续续而传也。蒙艮作而《通书》止矣。止也者，艮之所以终始万物也。诚者，物之终始。《通书》之作，盖成言乎艮而已矣。是故《通书》作而《易》始通。"眉批："艮也者，万物之所成终而所成始也。始于知止，终于能得睟然见于面，盎于背，而乾坤屯之道亦备矣。是故原始要终而《通书》出焉。"参见 http://pmgs.kongfz.com/item_pic_263653/。

② 《〈通书〉跋》未收入《太谷学派遗书》。见黄葆年：《〈通书〉跋》，载柳诒徵《新泰州学案》，收入《泰州文献》编纂委员会编《泰州文献》（第 2 辑第 20 册），凤凰出版社，2014，第 605—606 页。

③ 黄葆年：《濂溪一滴》，载方宝川主编《太谷学派遗书》（第一辑第五册），江苏广陵古籍刻印社，1997，第 3—5 页。

④ 参见 http://pmgs.kongfz.com/item_pic_432428/。

⑤ 参见 https://auction.artron.net/paimai-art5188500728。

⑥ 参见 http://pmgs.kongfz.com/item_pic_699060/。

和《通书》(共 39 篇),即《诚上第一》《诚上第二》《诚无德第三》《圣第四》《慎动第五》《道第六》《师第七》《幸第八》《思第九》《志学第十》《顺化第十一》《治第十二》《礼乐第十三》《务实第十四》《爱敬第十五》《动静第十六》《乐上第十七》《乐中第十八》《乐下第十八》《圣学第二十》《公明第二十一》《理性命第二十二》《颜子第二十三》《师友上第二十四》《师友下第二十五》《过第二十六》《势第二十七》《文辞第二十八》《圣蕴第二十九》《精蕴第三十》《乾损益动第三十一》《家人暌复无妄第三十二》《富贵第三十三》《陋第三十四》《拟议第三十五》《刑第三十六》《公第三十七》《孔子上第三十八》《孔子下第三十九》。

《濂溪一滴》的格式为,先列周敦颐之书的原文,然后黄葆年作有"旁批""眉批"和"总批"以及少数"又批",对周氏原文进行阐述和发挥,多有创新之处。试举例如下:

《诚上第一》

诚者,圣人之本。大哉乾元此太极之诚,万物资始,诚之源也。乾道变化此阴阳五行变化之诚,各正性命,诚斯立焉。纯粹至善者也。故曰:一阴一阳之谓道,继之者善也,成之者性也。元亨,诚之通诚无不通也,我何为而不通,利贞,诚之复诚无不复也,我何为而不复。大哉易也,性命之源乎。(注:文中小字为旁批)

眉批:继继之者善也,诚之通也。成之者性也,诚之复也。匪诚之通,散乱而已矣,奚元亨之有,匪诚之复,昏沉而已矣,奚利贞之有。

总批:《通书》之作也,上继《易》《书》《语》《孟》,似不当入初学读本,虽然韩、柳因文见道也。《通书》以文载道者也,初学不读载道之文,则圣学终在云雾中,其何以瑞其趋向哉!试读此书首章"诚者,圣人之本"一语,《孟子》"人皆可以为尧舜"之旨,昭然若发蒙矣。再观"元亨,诚之通。利贞,诚之复"一语,《易传》"乾坤开辟往来"之意又昭然若发蒙矣。是知正蒙启蒙,续续而传,盖以此书为崐仑墟也。①

黄葆年将《通书》视为研习"圣学"的启蒙著作,"盖以此书为崐仑

① 黄葆年:《濂溪一滴》,载方宝川主编《太谷学派遗书》(第一辑第五册),江苏广陵古籍刻印社,1997,第 9—10 页。

墟也"，并在序言中特别强调"年也幸沐龙川之泽，故能读先生之书"①。众所周知，周敦颐的著作流传极广，获取其书并非难事，"在宋、元、明、清时代，由于周敦颐在理学中的巨大影响力，出现了一大批周敦颐著作的注释作品"②。黄氏此言显然不符合常识，因此我们可以大胆推测，太谷学派内部流传有与众不同的周敦颐著述版本，而且极有可能是周太谷庐山悟道时的心得体会，正如黄氏所言："年也愚，谨窃所闻于师者焉，《通书》粗解大义，以就正于同学诸君子。"③黄葆年还暗示太谷学派对《通书》有着与众不同的理解和诠释，它是太谷学人修习"圣功"的入门读物，"鸣呼！三代而下而有三代而上之文，其必自我濂溪周子始乎。周子不依乎《中庸》，遁世不见，知而不悔，其学其文视荀、董、杨、王，其精醇详尽皆过之。盖孟子而后一人而已。鸣呼！有三代而上之学，然后有三代而上之文，予于周子信之矣"④。

黄葆年在自序中，明确表示自己作此批注的原因，就是因为周敦颐之著能够很好地解决"道"与"性情""学识"之间的关系：

> 道之明也，以性情贯学识；道之塞也，以学识蔽性情。《论语》以游艺次道德，学《诗》先《礼》《乐》，盖学识之终始性情之终始也。鸣呼，不以性情为终始，则有半途而废不得其门而入已矣。秦汉而下，贯性情学问而一之者，其有宋濂溪先生乎？先生之学莫详其所自来。故《太极》《通书》奥旨也，知者盖鲜。若《爱莲说》之言近而旨远，则又以为无与于学而置之，其德隐矣。然当其时，或知或不知而先生之光风霁月久而逾明。迫其后不能无异同，而先生之风月无边、庭草交翠久而逾馨，盖天下后世罕能知先生者。先生之性情立于人之所不见也，天下后世无不可与知先生者，先生之性情达于人之所共见也。⑤

不难看出，黄葆年认为无论学道、治学，个人必须首先重视性情，"游艺""礼乐"皆是性情之用，因此强调"道之明也，以性情贯学识；道

---

① 黄葆年：《濂溪一滴》，载方宝川主编《太谷学派遗书》（第一辑第五册），江苏广陵古籍刻印社，1997，第2页。
② 周建刚：《周敦颐研究著作述要》，湖南大学出版社，2009，前言第4页。
③ 黄葆年：《〈通书〉跋》，载柳诒徵《新泰州学案》，收入《泰州文献》编纂委员会编《泰州文献》（第2辑第20册），凤凰出版社，2014，第606页。
④ 黄葆年：《〈通书〉跋》，载柳诒徵《新泰州学案》，收入《泰州文献》编纂委员会编《泰州文献》（第2辑第20册），凤凰出版社，2014，第605页。
⑤ 黄葆年：《濂溪一滴》，载方宝川主编《太谷学派遗书》（第一辑第五册），江苏广陵古籍刻印社，1997，第1—2页。

之塞也，以学识蔽性情"。黄氏之所以推崇周敦颐，并非周氏在"道"学界的开山地位，而是其能够"贯性情学问而一之"。在黄氏看来，由性情之门可以体验周氏的爱莲之心，进而领悟其学识，最终达到"成圣贤"的最高境界，即黄氏所谓："由性情而观爱莲之心，凡有血气心知之伦皆可得其门而入也。得其门而性始移情也，得其门而情终率性焉，得其门而性情与学识相为终始焉。吾恶知过此以往无极之真、通书之精不化而为莲花之妙也哉。"黄氏又云："窃以为繇学识而窥图书之奥，虽老师宿儒犹将半途而废也。由性情而观爱莲之心，凡有血气心知之伦皆可得其门而入也。得其门而性始移情也，得其门而情终率性焉，得其门而性情与学识相为终始焉。吾恶知过此以往，无极之真、通书之精不化而为莲花之妙也哉！爱则化矣，吾愿偕暮春童冠、南村素心人，相与溯洄游泳于濂溪之上，而一观其化也。"[1] 黄葆年的最后结论就是："《通书》者，无不通之书也。由此书而通之，而天下无不通之书也。……周子以无欲养其信，百思无不通。以至诚养其性，而学无不通。以依乎中庸，遁世不见，知而不悔，养其天而道无不通，是故《通书》作而天下无不通之书也。《语》《孟》而后，斯为继矣。"[2]

据此，我们认为，黄葆年虽然更为推崇以周敦颐为代表的宋儒理学，但也不过是其承续了太谷学派对宋学的推本溯源而已，正如方宝川教授所作的分析："虽然，他与黄崖、龙川重在'明理''知命'有所不同，但完全是缵黄崖、龙川之绪，是太谷之学的发展，可上溯于宋学的道统。"[3]

### 三、《归群草堂语录》

《归群草堂语录》是归群弟子对黄葆年归群草堂讲学的记言。《归群草堂语录》，抄本，现存有"泰州本"和"苏图本"。《归群宝籍目录》载《归群草堂语录》为二卷，不过"泰州本"并不分卷，而是以"语录之一至之六"的形式分为六个部分，依次为归群弟子解琅、韩国侨、刘龢、徐煦、张德广和黄氏之孙黄玉谋[4] 所作记述，其中以第四部分徐煦所述最多，达

---

① 黄葆年：《濂溪一滴》，载方宝川主编《太谷学派遗书》（第一辑第五册），江苏广陵古籍刻印社，1997，第 2 页。

② 黄葆年：《〈通书〉跋》，载柳诒徵《新泰州学案》，收入《泰州文献》编纂委员会编《泰州文献》（第 2 辑第 20 册），凤凰出版社，2014，第 605—606 页。

③ 方宝川：《黄葆年及其著述》，《南京理工大学学报》（哲学社会科学版）1997 年第 1 期，第 23 页。

④ 《归群宝籍目录》载"第五部分"为"胡日曜敬述"，述者究竟是黄玉谋，还是胡日曜，有待考证。

317 则，而黄玉谋记述最少，仅为 4 则。

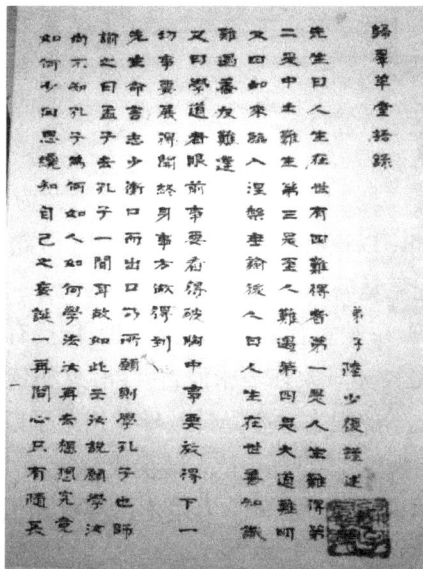

图 6-4 苏图本《归群草堂语录》

　　苏州图书馆藏有《归群草堂诗集》二卷以及《归群草堂语录》一卷，《诗集》后附录《归群草堂诗余》，其中的《归群草堂语录》后附《李平孙先生语录》《黄仲素先生语录》《丁孝宽先生语录》《刘夔诗先生日记》和《章承之先生日记》。此书标注作者为黄葆年撰，陆少复口述。[①] 此书将《归群草堂语录》作为其中的第二卷，将《归群草堂诗集》二卷以及《归群草堂语录》混为一谈，显然有误。

　　《归群草堂语录》是黄门弟子对归群草堂师徒之间的问答内容的整理、汇编，由于内容多为黄葆年师徒的口述记录，行文似乎不够精练，但是较为通俗易懂。《归群草堂语录》，卷一为谢琅谨述，共 10 则。卷二为韩国侨谨述，共 16 则。卷三为刘龢谨述，共 37 则。卷四为徐煦谨述，共 317 则。卷五孙谋谨述，共 4 则。卷六张德广谨述，共 5 则，合计总数为 389 则。《归群草堂语录》除了萧齐的题识之外，还有佚名所作的原注。例如，卷四有云：

---

① 此版本中附录有《章承之日记》，而此日记为钟泰收藏，1964 年 6 月 16 日，"章子敦来，送来其父承之日记八本"。钟泰：《钟泰日录》（下），《钟泰著作集》（第 8 册），上海古籍出版社，2021，第 763 页。1967 年 5 月 22 日，"朱二姑娘来，言亦将赴苏州，乃将《语录》交其带去"。钟泰：《钟泰日录》（下），《钟泰著作集》（第 8 册），上海古籍出版社，2021，第 834 页。

人只是个生法，成亦生也。故曰："兴于诗，兴，生也，成于乐。成亦生也。兴，诗也。乐，情也。礼乐者，火候之时中也。故曰："周情孔思"。苟无真情、真思于其间，是以炉火烧空铛耳。古人云："炉内若无真种子也，同水火炼空铛。"如是则汞飞铅走，不成丹矣。

此文之后则接有"与，诗也，当解作诗思也。此为原注"①。再如，卷四中"以真知致灵知，以道心致人心。其义一也"，此句中有原注："即是以先知觉后知，以先觉觉后觉。"文末的原注为："致，疑作制。"②

《归群草堂语录》反映黄葆年讲学时对门人传授有太谷学派"心息相依"的修行方法和路径。对太谷学派而言，"心息相依"既是一种养生之道，又是"圣功"之学的根本。李光炘教导龙川弟子以"心息相依，转识成智"，"龙川以八字为教，'心息相依，转识成智'，尤以心息相依为要务，盖能心息相依自能转识成智，故千言万语不出心息相依之外，欲求心息相依须由自己体认，认在心上，体在身上，要体认到如何是相依，如何是不相依，相依如何之妙，不相依如何之不妙，则其求相依也，不难矣"③。黄葆年传承其师的学术思想，将其概括为知行合一的修行方法，"知行合一即言行合一，言行合一即心息相依，盖言属心，行属气也"④。黄氏进而指出，其修行路径则是由性见性，再从心倚性，"心息相依为下学言渐修也，自心归依自性为见性者言顿悟也。盖凡人未见性，欲心依性，无从下手。惟从心息相依入手。久之见性，然后自心得归依自性矣"⑤。事实上，心息相依成为黄门弟子日常的修习功夫，只有循序渐进、渐修开悟，方能步入"得道功成"之境界。这种独具特色的修行方式甚至融入归群草堂的日常生活之中，正如太谷学派后人回忆所言："毛太夫人（黄葆年儿媳、毛庆蕃侄女）说：'学堂中有些人每晚睡前总要静坐一下，叫作'心息相依'，对健康、睡眠都有好处，如定静不了，可同时默念准提咒或白衣咒。"⑥

① 黄葆年：《归群草堂语录》，载方宝川主编《太谷学派遗书》（第一辑第五册），江苏广陵古籍刻印社，1997，第 51 页。
② 黄葆年：《归群草堂语录》，载方宝川主编《太谷学派遗书》（第一辑第五册），江苏广陵古籍刻印社，1997，第 55 页。
③ 李平孙：《李平孙语录》，《归群草堂语录》卷二，页八，苏州图书馆藏抄本。
④ 黄葆年：《归群草堂语录》，载方宝川主编《太谷学派遗书》（第一辑第五册），江苏广陵古籍刻印社，1997，第 92 页。
⑤ 黄葆年：《归群草堂语录》，载方宝川主编《太谷学派遗书》（第一辑第五册），江苏广陵古籍刻印社，1997，第 91 页。
⑥ 金文子：《我所知道的太谷学派》，《南京理工大学学报》（哲学社会科学版）2005 年 5 期，第 88 页。

《归群草堂语录》是黄葆年对传统经学所作的一种解释，其治学风格与晚清今文经学的路数比较接近，也就是所谓思想家治经模式，正如其所言："以我观书，六经皆我注脚，否则不能无弊。"① 即黄氏阐发自己及太谷学派的思想时，奉行拿来主义，只强调"六经"为我所用，而并不在意其诠释是否符合经典的原意。黄葆年甚至把对"六经"的解释打上明显的太谷学派的色彩："诗者思也，言动之先也；书者书也，动则左史书之，言则右史书之，言动之后也；易者吾身之日月也；礼乐者吾身之水火也；春秋者，吾身之四时也；故曰'身外无道'，故曰'反身而诚'。"② 黄氏观点是将"诗者思也"与孔子的"思无邪"二说结合起来，进而肯定《诗经》在六经中的基础地位，虽然学术上未必合理，但是充分显现太谷学派的学术烙印。

总之，《归群草堂语录》反映黄葆年传学时采取传统书院式的讲学路径，虽然其讲学时还带有一些神秘主义的色彩，但是内容主体则是正统儒学，体现了黄葆年对太谷学派学术思想作有一定的改造和拓展。

### 四、《归群草堂文集》

《归群草堂文集》是黄葆年所作序跋、赠答、杂感、文赋等的汇编。《归群草堂文集》，二卷，现存为"泰州本"，其中卷一21篇、卷二17篇，合计38篇。据《归群宝籍目录》记载，此书由归群弟子丁洲、黄寿彭、姚坤、张德广、杨孝思、曹荫模等人辑录而成。

《归群草堂文集》既有黄葆年的序跋、赠答之作，又有杂感、文赋。此外，黄葆年编纂的《唐宋文存》《四书文存》《古诗存》等书已经佚失，而文集中所录的序文，则可以给我们了解黄葆年著述提供了一窥全豹的窗口。

面对近代中国受到西方侵略和瓜分的新变局，黄葆年也在思考中国实现"世界大同"的路径和方法，这在《归群草堂文集》所录《书曾子〈固宜黄县学记〉后》一文中有充分体现。黄葆年已经对近代中国落后的根源有所认识，也主张学习西方先进之处，"于各国之善则节取之，于各国之弊则尽去之。立学以建中国之极焉，立学以会万国之极焉。……然后可以

---

① 黄葆年：《归群草堂语录》，载方宝川主编《太谷学派遗书》（第一辑第五册），江苏广陵古籍刻印社，1997，第95页。

② 黄葆年：《归群草堂语录》，载方宝川主编《太谷学派遗书》（第一辑第五册），江苏广陵古籍刻印社，1997，第95—96页。

各国之学补益中夏之学，然后可以中夏圣人之学统一各国之学"①。

面对西方文化的全面冲击，黄葆年虽然仍固守着"圣人之学"至上的理念，但是其内心深处则充满了疑问和忧虑，尤其对清政府废除科考、倡兴新学多有疑惧，"盖自科举行而学校不可复兴矣。废科举而兴学校，时也，宜也。如之何其尽废尧舜孔孟之学而学异国之学也。先王之立学也，因地制宜。其法古也，因时制宜。虽极法良意美，不强人以所难也。今以中夏学异国之学而一切不顾者何欤？曰将以求富强也。夫中夏者列圣相传之中夏也。以列圣相传之中夏，舍仁义而言富强，即使侥幸于一时，而久安长治之道荡然尽矣"②。

黄氏对西方文化，尤其是科学技术的评价还是有所保留，"学校废而虞夏商周之治远，科学炽而土崩瓦解之势成。君子观于今日之学校，不能不叹息痛恨于谋国者之不忠，而言时务者之无通识也"③。黄葆年在批评他人"不忠""无识"时，也提出自己的救亡方案："然则如之何而救之？惟法尧、舜之法而心孔、孟之心，足以救之。法尧、舜之法，立爱惟亲，立敬惟长，始于家邦、终于四海而已矣。"④黄葆年提出的方案并未超出孔孟儒学的范畴，虽然反映其对中西文化进行了一定的比较和思考，但终究陷入传统文化之窠臼而无法自拔。这也反映出在中国传统思想文化长期浸淫下，太谷学派虽然关切近代中国社会现实，但未能与时偕进提出一些具有西学元素的现代意识。

## 五、《归群草堂诗集》

《归群草堂诗集》被钟泰称为《海陵夫子诗文集》⑤，现存有"泰州本"二卷，"苏图本"三卷。"苏图本"的第一、三卷分别对应着"泰州本"的第一、二卷，故疑抄录者可能是将卷数弄错了。"苏图本"与"泰州本"之间的最大区别，就是其第二卷中附录有"弟子陆少复谨述"与《归群草堂语录》《李平孙先生语录》《黄仲素先生语录》《丁孝宽先生语录》《刘夔

① 黄葆年：《书曾子〈固宜黄县学记〉后》，《归群草堂文集》，载方宝川主编《太谷学派遗书》（第二辑第二册），江苏广陵古籍刻印社，1998，第87—88页。

② 黄葆年：《书曾子〈固宜黄县学记〉后》，《归群草堂文集》，载方宝川主编《太谷学派遗书》（第二辑第二册），江苏广陵古籍刻印社，1998，第84—85页。

③ 黄葆年：《书曾子〈固宜黄县学记〉后》，《归群草堂文集》，载方宝川主编《太谷学派遗书》（第二辑第二册），江苏广陵古籍刻印社，1998，第86—87页。

④ 黄葆年：《书曾子〈固宜黄县学记〉后》，《归群草堂文集》，载方宝川主编《太谷学派遗书》（第二辑第二册），江苏广陵古籍刻印社，1998，第86—87页。

⑤ 1973年6月12日，钟泰"重温《海陵夫子诗文集》"。钟泰：《钟泰日录》（下），《钟泰著作集》（第8册），上海古籍出版社，2021，第980页。

诗先生日记》《章承之先生日记》，虽然上述文献的篇幅不长，但是均未被其他太谷学派文献所载，因此"苏图本"具有极其重要的价值。第二卷中《归群草堂语录》卷首有"归群草堂"钤印，卷末则有"紫阳山人""琴棋怡乐书画寿而康"钤印。

据"泰州本"，《归群草堂诗集》卷一为诗 77 首，卷二为 89 首，合计为 186 首。另外，《归群草堂诗集》附录《归群草堂诗余》三首于后，即《长相思盆中白菊花》《九九消寒歌》和《九九消寒山歌并跋》。《归群草堂诗集》多为黄葆年与太谷学派同人之间的赠别及记事诗，其中最多的是与王仲杰和毛庆蕃的互赠诗，另外则是太谷学派花朝会的纪念诗。

"苏图本"所录诗作的内容，与泰州本基本相同，但主要存在三个区别：其一，没有单独列出《归群草堂诗余》，而是直接列入《归群草堂诗集》。其二，两个版本的诗题存在一些文字上的细微差别，如"泰州本"为《除夕再赠述之》，"苏图本"则为《即夕再赠述之》。《大泽披裘》为《大泽露裘》。其三，一些诗作的排列顺序有所不同。如《咏荞麦饼》《又咏》《游虎邱看红梅》等诗对比"泰州本"，其顺序则有所提前。

黄葆年编辑《归群草堂诗集》，与太谷学派重视"诗教"有着密切关系。张积中作有《浅碧山房词选》，李光炘亦教导门弟子"温柔敦厚，诗之教也。孔子教人，莫先乎此。由此正人心、维风俗郊焉，而天神格庙焉，而人鬼享风雅之后，继之以颂，其旨远矣"[1]。事实上，许多太谷学人都留存有诗篇或诗集，黄氏亦是如此。黄葆年特意对此作出解释，强调这是太谷学派"敦诗以学易"的基本路径，"追念丁丑之年七月七日夫子有金声玉振之章，盖勖吾党小子敦诗以学易也，今十有五年矣"[2]。

《归群草堂诗集》体现了太谷学派用诗词自由表达个性的基本看法，正如黄氏所总结：

> 　　毛公之传诗也，洙泗之泽也。洙泗之言诗也，性情之学也。性达于情，为哀为乐；情立于性，为不淫为不伤。能近取譬，三百皆为仁之方也。子曰："人而不仁如礼何，人而不仁如乐何。"是以洙泗之言诗也，先于礼乐。吾故曰："性情之学也。"性之达于情也，恻隐也，羞恶也，辞让也，是非也，一本诸恻隐。故曰："人皆有不忍人之心也。"情之立于性也，同视也，同听也，同美也，一移于心之所同

---

① 李光炘：《书〈古诗十九首后〉与李汉春》，载佚名《杂录》页八，泰州图书馆藏抄本。

② 黄葆年：《壬辰七月七日武阳夜集并序》，《归群草堂诗集》，载方宝川主编《太谷学派遗书》（第二辑第二册），江苏广陵古籍刻印社，1998，第 117 页。

然。①

可见，黄葆年承续太谷学派的诗歌观，认为诗歌是一种"性情之学"，即通过吟诗作赋表达个人的真情实感，体现出各自率真恣情的本性。

## 六、《〈诗经〉读本》

《〈诗经〉读本》，抄本，四卷，现存有"泰州本"。"泰州本"亦有两个版本，其内容、格式相同。两个版本之间最大的区别，就是一种有目录，而另一种没有目录。不过，目录亦不完整，只列到《小雅·彤弓之什》，其后的目录均缺失。

此书为黄葆年选评《诗经》之作，其格式为一般先列"经文"，然后低一格依次为"毛序""朱传"和"黄传"。黄葆年基本上是参照毛、朱两家的论述，进而阐发自己的一些观点，分为"微言"和"大义"两个部分。

《〈诗经〉读本》共选篇目 81 篇，其中国风 53 篇，大、小雅各 10 篇，颂 8 篇。国风数量最多，占据全书内容的一半以上，而在国风中则以周南、召南、邶、卫和郑五家为多，显示了黄葆年对民歌的重视和偏爱，反映太谷学派民间儒学的草根文学倾向。

《〈诗经〉读本》反映太谷学派学人对《诗经》的喜爱和重视，其篇目选择直接体现了太谷学派的思想倾向，即对仁义和孝悌的高度重视。例如《凯风》一篇更是得到李光炘的垂青，"吾师读是诗，每悲哀呜咽不能成声而止，一日如是，终身莫不如是，谓年曰：'此孝子既除丧而作也。'今成此篇，恻年之下愚不肖，不足以发明古人之至德，更不足以发明吾师之至德也"②。黄葆年在其师的感染下，也特别推崇孝道："年曰：《蓼莪》，孝子痛不得终养也。王子闻《蓼莪》而感，动门人因废《蓼莪》之诗。我平山夫子之诵《凯风》也，或一章或二三章，卒呜咽悲哀不能成声而止。年侍左右二十年，卒未闻终篇。每曰：'此孝子除丧而作也，其隐痛深矣。'昔之说是诗者，孝子所不忍闻，亦予所不忍言也。呜呼！王子之恻也，有所感而感也，吾夫子无所感而感也，仁人孝子之心发于声音而达于情性，是

① 黄葆年：《送毛子序》，《归群草堂文集》，载方宝川主编《太谷学派遗书》（第二辑第二册），江苏广陵古籍刻印社，1998，第 107 页。

② 黄葆年：《〈诗经〉读本》，载方宝川主编《太谷学派遗书》（第二辑第四册），江苏广陵古籍刻印社，1998，第 98—99 页。

以如此其至也。斯之谓诗，斯之谓诵诗已矣！"①

黄葆年编辑此书的目的，在于引导归群弟子通过阅读《诗经》，学会控制自己的思欲。黄氏在与门人的问学过程中，要求弟子必须正确对待"位"，不得"思无邪"，即要安守个人作为臣子之本分，不能僭越常规。

> 　　或问："《诗》三百，一言蔽之，曰思无邪。何谓也？"□□曰："三百之诗皆自思生也。不思则无诗矣，思出其位曰邪。"……子曰：小子何莫学夫诗？记曰：温柔敦厚，诗教也。思出其位，不得谓之三百之诗矣。君君、臣臣、父父、子子曰位，君不君臣臣，父不父子子，亦曰位。②

《〈诗经〉读本》是太谷学派留传的少数经学著作之一，体现了学派的思想内涵。刘蕙孙先生曾言，黄葆年《〈诗经〉读本》蕴含"太谷学'耳诚'的机枢，非遍读太谷全书不能索解"③。

## 七、《〈礼记〉读本》

《〈礼记〉读本》是黄葆年秉承李光炘的遗愿，在归群草堂讲授古礼时，为方便弟子阅读《礼记》而选编的节选本，正如其自序所言："年也愚，本先师之遗训，节以为家塾读本。其亦时至今日礼坏乐崩，有不敢不谨益加谨者与，惟好古之君子有以匡其不逮也。"④ 由于黄氏序言作于"癸丑夏日"，故《〈礼记〉读本》应成书于1913年夏季。

《〈礼记〉读本》，十卷，抄本，现存有"泰州本"和"苏图本"。"泰州本"为十卷，"苏图本"仅存一卷一册，即第八卷《学记》。

---

① 黄葆年：《〈诗经〉读本》，载方宝川主编《太谷学派遗书》（第二辑第四册），江苏广陵古籍刻印社，1998，第317—318页。

② 黄葆年：《黄氏遗书》，载方宝川主编《太谷学派遗书》（第一辑第四册），江苏广陵古籍刻印社，1997，第375—376页。

③ 方宝川：《黄葆年及其著述》，《南京理工大学学报》（哲学社会科学版）1997年第1期。又见方宝川主编《太谷学派遗书》（第一辑第四册），江苏广陵古籍刻印社，1997。

④ 黄葆年：《〈礼记读本〉序》，《〈礼记〉读本》，载方宝川主编《太谷学派遗书》（第二辑第三册），江苏广陵古籍刻印社，1998，第2页。

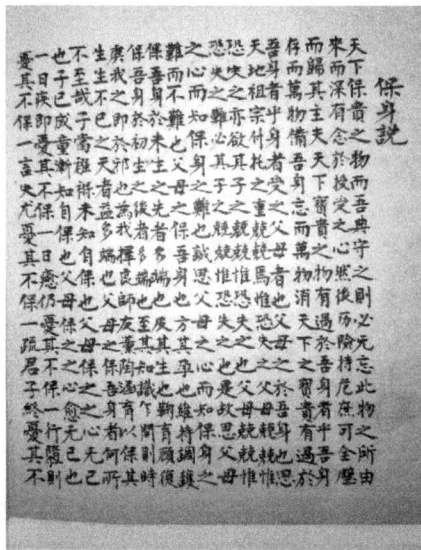

图 6-5　苏图本《〈礼记〉读本》

　　"苏图本"卷前收录《龙溪夫子致姑太太书》一封,卷末附录《保身歌》一篇,皆为"泰州本"所无。《龙溪夫子致姑太太书》亦见于《龙溪先生文抄》,但题名为《与姊书》①。依据此文对蒋文田及其姊的称呼,可以推断抄写者为归群弟子,且为蒋文田姐姐的侄孙辈。《保身歌》的作者目前已无从查考,主要内容是父母为子女"保身"殚精竭虑、尽其所能,因此"人子"需要对父母尽"孝弟",这是太谷学派一贯重视"孝道"的体现。"天下保贵之物而吾典守之则,必无忘此物之所由来,而深有念于授受之心,然后历险持危,庶可全璧而归其主。夫天下宝贵之物有遇于吾身者乎,吾身存而万物备。吾身忘而万物消。天下宝贵之物有过于吾身乎? 吾身存而万物备,吾身亡而万物消。天下之宝贵有过于吾身者乎?"②

　　太谷学派认为,《礼记》自汉朝开始多有学者附会而导致许多错误,故黄葆年节选《礼记》部分章节加以评注,"《礼记》非圣人之经也。其闻圣人之道,见圣人之心者,莫如《大学传》《中庸传》,先贤已章句之矣。其余则圣门之所流传,鲁国诸儒之所纂记,自唐虞三代以至春秋,其嘉言懿行、流风善政往往而在,所谓君子之泽未斩者欤。而汉儒之所附会而增益颇错出于其间,其高下醇驳相去甚远。先儒多有辨之者,以相承日久,

---

① 蒋文田:《与姊书》,《龙溪先生文抄》,载方宝川主编《太谷学派遗书》(第二辑第四册),江苏广陵古籍刻印社,1998,第143—145页。
② 《保身歌》,载黄葆年《〈礼记〉读本》,苏州图书馆藏抄本。

过而存之，然亦难矣"①。在《礼记》诸篇章中，黄葆年最为推重的是《大学传》《中庸传》，这与宋儒不谋而合。黄氏还指责汉儒"附会而增益"，对宋儒的做法颇为认同，这些都显示其治学中以宋学为宗的特色。

《〈礼记〉读本》的篇目分为：卷一《曲礼》，卷二《王制》，卷三至卷六均为《月令》，卷七《文王世子》《心礼运》《内则》《玉藻》，卷八《学记》，卷九《乐记》，卷十《杂记》《奔丧》《问丧》《祭法》《祭义》《冠义》《婚义》《射义》。此书卷首则是黄葆年撰于1913年的自序一篇。②

此书按照《礼记》的篇名顺序进行排列，其格式为先抄录原文，然后低一格为黄氏的评论。例如：

> 原文：
> 曲礼曰："毋不敬，俨若思，安定辞，安民哉！"
> 黄解：
> 有直情而径行者，戎狄之道也。礼道则不然，故曰曲礼。曲也者，曲尽人情而已矣。呜呼，其由来久矣。开章数语入虞书之奥，阐约礼之精，则古称先，是为全书纲领。③

> 原文：
> "修身践言，谓之善行；行修言道，礼之质。"
> 黄解：
> 上两节极言礼之祛弊，此节归到言行，使人慄慄然知礼之不可离于须臾。④

《〈礼记〉读本》是黄葆年对太谷学派重视礼义并在日常生活自觉践行的一种传承和发展。太谷学派认为个人的言行举止必须遵从"正道"，不能有失礼之处，"日用饮食而九畴彝伦之绎叙存乎其间。一事紊其序而必有所不安；一物失其所，而必有所不安也。昔者，从学龙川夫子二十年，

① 黄葆年：《〈礼记读本〉序》，《〈礼记〉读本》，载方宝川主编《太谷学派遗书》（第二辑第三册），江苏广陵古籍刻印社，1998，第1—2页。
② "癸丑夏日黄葆年序。"黄葆年：《〈礼记读本〉序》，载蒋文田《归群草堂文集》，收入方宝川主编《太谷学派遗书》（第二辑第三册），江苏广陵古籍刻印社，1998，第3页。
③ 黄葆年：《〈礼记〉读本》，载方宝川主编《太谷学派遗书》（第二辑第三册），江苏广陵古籍刻印社，1998，第5—6页。
④ 黄葆年：《〈礼记〉读本》，载方宝川主编《太谷学派遗书》（第二辑第三册），江苏广陵古籍刻印社，1998，第5—6页。

见夫子每逢进食，必亲为易置，俾各得其所安，有如此礼经矣"①。因此，黄氏教导弟子，礼义为人之根本，礼义必须从我做起、从小处做起，"人之失足也，多在行止坐卧之间，则人之自修也必在行止坐卧之间矣"②。

《〈礼记〉读本》反映出黄葆年对以"三纲五常"为基础的封建伦理道德体制和秩序的认可，他认为封建社会的等级分工、等级制度是天经地义的，不仅具有合理性，而且反对下层民间进行变更，这与当时保守的封建士大夫的重礼思想并无二致，正如其言："四时不易之令，亲亲也，尊尊也，长长也，男女有别，此易其道则灾生者也。天子，庶民之心也。庶民，天子之四体也。或劳心，或劳力。"③显然，黄氏认为，亲亲、尊尊、长长、男女有别是所谓"天道"，不得违反，否则就会受到上天灾祸的"惩罚"；同时，天子与庶民分职"劳心"或"劳力"，庶民必须听令于天子，这也是亘古不变的。黄葆年因此特别重视孝悌思想的灌输，而将违背所谓"孝悌"的行为视为洪水猛兽："呜呼，天地间历洪水猛兽夷狄篡弑之灾祸，而圣圣所以相传而相守者，惟此孝悌之道。……尧舜既没，孝悌之道衰，而犯上作乱之徒纵横于天下矣。孔孟既没，孝悌之义不明，而无父无君之说蔓延于后世矣。天地不改，山川如故，自古在昔，先民有作，岂遂不复见于今日哉！"④基于此，黄葆年将其讲学的重心放在维护君臣之间的伦理秩序之上："天下岂有无君之学哉？孟子曰：'谨庠序之教，申之以孝悌之义。'申之者，民素知有孝悌也。不知孝悌，安知君上；不知君上，安能入学而为士。是故尊君亲上者，兴学之本也。"⑤显然，黄葆年将讲学、兴学作为培养知孝悌、明礼义、尊君亲上的社会顺民的重要手段，其目的在于消弭民间各种反抗封建等级制度的因素，一旦众民皆"守礼"，自然就无犯上作乱之徒，国家政权就有可能实现江山永固、一系相承。

黄葆年将当时的晚清社会视为"礼坏乐崩"时期，希望好古之君子起而匡正，这彰显其思想中的复古主义色彩，也在很大程度上反映以黄氏为首的太谷学派在思想观念上已经无法做到与时俱进，日益保守而渐趋

① 黄葆年：《〈礼记〉读本》，载方宝川主编《太谷学派遗书》（第二辑第三册），江苏广陵古籍刻印社，1998，第42页。
② 黄葆年：《〈礼记〉读本》，载方宝川主编《太谷学派遗书》（第二辑第三册），江苏广陵古籍刻印社，1998，第36页。
③ 黄葆年：《〈礼记〉读本》，载方宝川主编《太谷学派遗书》（第二辑第三册），江苏广陵古籍刻印社，1998，第327页。
④ 黄葆年：《〈礼记〉读本》，载方宝川主编《太谷学派遗书》（第二辑第三册），江苏广陵古籍刻印社，1998，第602页。
⑤ 黄葆年：《〈礼记〉读本》，载方宝川主编《太谷学派遗书》（第二辑第三册），江苏广陵古籍刻印社，1998，第173页。

落伍。

## 八、《归群文课》

《归群文课》，六卷，抄本，现存为"泰州本"，由萧齐辑录并作有题识。由于张德广在《归群宝籍目录》中录有《归群草堂课艺》十四卷和《〈归群草堂课艺〉续编》一卷，因此萧氏所辑《归群文课》究竟为其中哪一种，目前并不清楚。根据萧氏所作相关题识透露，其过录文字时是比照了不同版本的。例如，卷一中"且致富强而吞并六国"一句后，萧氏的题识为"一本有吞字"①。萧氏对"爱育之情深也"的题识则为"爱一本作养"②。此外，卷三中还有题识一句："《拟古》二首，系先后改本，谨并录之。"③ 这些都说明，萧氏所见《归群文课》抄本至少有两种。

《归群文课》为黄葆年、蒋文田主持苏州归群草堂时，辑录同门及其弟子的文课。所录诗文，除了少数人署名，一般只列其姓而不具名，其中包括归群弟子孙子聪、解琳伯、王荫湘、吴敬轩、邢西厓、黄子受、刘夔诗、刘子缵、李继群、刘舜仪、黄仲素、毛子逊、李瑞符、梅隐庵、丁孝宽、黄茂时、刘怀孙、丁子韦、章承之等人。此外，只书其姓而不署名有三人，即谢逢源、李泰阶和葛仲修。

《归群文课》是归群草堂传学内容的汇编，以宣讲太谷学派思想为旨归，其重要内容都是由黄、蒋二人反复讲解，并由师生加以共同练习。例如，《扬雄论》先后论述了 11 次，而《诗说》则讲解了 16 次。《读〈通书·师友上下篇〉书后》则是归群草堂师生共同关注的焦点，《归群文课》收录了同名文论达 20 篇之多。

黄氏对归群弟子所作《谢庭咏絮》多有点评："赋易稿多矣，以此为定本。余素不习赋，为儿辈删改偶尔存之，究无当于古人也。丁酉（1897年）除夕日自记于福山官署。"④ 由此可见，《归群文课》的内容，并非只是黄葆年解组回苏州之后的讲学记录，而是还包括黄氏任职山东期间太谷学人的游学活动。

---

① 黄葆年：《归群文课》，载方宝川主编《太谷学派遗书》（第二辑第六册），江苏广陵古籍刻印社，1998，第 18 页。
② 黄葆年：《归群文课》，载方宝川主编《太谷学派遗书》（第二辑第六册），江苏广陵古籍刻印社，1998，第 45 页。
③ 黄葆年：《归群文课》，载方宝川主编《太谷学派遗书》（第二辑第六册），江苏广陵古籍刻印社，1998，第 453 页。
④ 黄葆年：《谢道韫咏絮赋》，《归群草堂文集》，载方宝川主编《太谷学派遗书》（第二辑第二册），江苏广陵古籍刻印社，1998，第 157 页。

《归群文课》所录诗文基本以经义史说为主，大体可以分为四类：

其一是对四书五经中的传统儒家经典名言的阐发，如《君子喻于义，小人喻于利义》《听于无声，视于无形义》《天将以夫子为木铎义》《莫见与隐，莫显于微，故君子慎其独也》《过则勿惮改义、持其志无暴其气义》等。

其二是对一些重要历史人物的史论，如《论商鞅》《谯周论》《庄子论》《书〈张耳陈余列传〉后》等。

其三是对一些古诗文名著的诠释，如《乡原解》《扬雄论》《书〈宋书〉谢灵运传论后》《关雎后妃之德也解》《〈尚书〉大义释》《惑辨》《尚志说》《离经辨志解》《书陶渊明先生〈饮酒诗〉后》《读〈通书·师友上下篇〉书后》等。

其四是统一命题的诗作，其中多涉及太谷学派活动，如《夏日集归群草堂》《喜毛公至归群草堂》《喜从毛先生至归群草堂》《毛先生至归群草堂应命》《赋得神仙尉》《拟古》《谢庭咏絮》等。

《归群文课》中的许多内容，都直接反映了黄葆年对其师李光炘学说的传承，也体现出太谷学派对宋学尤其是周敦颐学术思想的传承和阐发，其中正如黄门弟子邢西厓所言：

> 昔周子作《通书》，以《太极图说》冠之首，后学莫之能识也。汝揖闻诸吾师黄子（黄葆年），黄子闻诸先师李子（李光炘）曰："道以中庸而已矣。"夫中庸之道，不明不行，是故中庸之德，民鲜久矣。历千余年而后有宋周子明之，然无极太极之说，学者犹以为疑，又畿及千年而后先师李子明之。汝揖何人，岂能穷其意旨哉？然尊所闻而行所知，择亦若有一隙之明焉。况承命考言，有不敢不尽其区区之愚者。①

通过归群弟子对庄子的评论，我们可以发现太谷学派将庄子列为儒家，视儒道为同宗。"及读庄子书，又发孟子含而未章之意，益信圣人之道磅礴，万物大而远也。又知庄子而后无庄子之文。……庄子之辞，托于荒唐而多孔子之微言。当时儒者孰能升其堂而入其室乎？道之有老庄也，犹儒

---

① 邢西厓：《读〈通书·师友上下篇〉后书》，载黄葆年《归群文课》，收入方宝川主编《太谷学派遗书》（第二辑第六册），江苏广陵古籍刻印社，1998，第511—512页。

之有孔孟也。"①"庄子者，人之小人而天之君子也。其言荒唐谬悠，而其义则精，其行偁然。"②"是故观于庄子则知儒道之道同，知儒道之道同则知尊庄子，而诋訾孔子者亦未知庄子之意也。"③庄子本为道家，太谷学派却将其视为儒家，显然是一种与众不同的说法。

《归群文课》中的文学观也体现了太谷学派独特的思想内涵。如对诗与性情关系的理解："人之所以为人者，性情而已矣。圣人之所以教人者，道性情而已矣。"④"诗也者，性情而已矣。可说乎？可说者，非诗也，性情非说所能尽也，故曰：诗无达诂也。不可说乎？不可说者，亦非诗也。性情惟说为可通也。故曰：不学诗无以言也。"⑤"诗，思也。耳目观于内、入于诚曰思。性情感于中，发于声曰诗。……圣人之教人以诗也，即其教人意也。不曰思而曰诗者，心之事也。诗者，性情之事也。心契于性情而惟一则思，周乎伦物而惟精，故其为诗也。"⑥可见，太谷学派诗歌创作时强调真性情，认为情由心发、情由性发，不扭捏、不虚伪，正如黄葆年所言："天下事无巨细入于性情则有，不入于性情则无，苟非身亲阅历恻然有感于心，孰能知其故哉？"⑦这些观点强调人性的自由表达，与以朱熹为代表的宋儒压制人之本性的观点截然不同。

根据《归群文课》的内容，我们大致可以看出，太谷学派师生、同门之间的教学互动情况，也反映出黄葆年、蒋文田在归群草堂的传学，基本沿袭了传统书院或私塾的讲学方式。方宝川先生也认为："该书系黄葆年、蒋文田两先生为考察门人听讲有无收获，循旧日书院之例，创为此制。"⑧《归群文课》中收录的许多诗文，都经过黄葆年的修改和点评。正如黄氏自记所言："改课作，数易稿矣，今未是而昨则非。可以知修辞之难，可

① 《庄子论》，载黄葆年《归群文课》，收入方宝川主编《太谷学派遗书》（第二辑第六册），江苏广陵古籍刻印社，1998，第115—116页。
② 《庄子论》，载黄葆年《归群文课》，收入方宝川主编《太谷学派遗书》（第二辑第六册），江苏广陵古籍刻印社，1998，第125页。
③ 《庄子论》，载黄葆年《归群文课》，收入方宝川主编《太谷学派遗书》（第二辑第六册），江苏广陵古籍刻印社，1998，第132页。
④ 《诗说》，载黄葆年《归群文课》，收入方宝川主编《太谷学派遗书》（第二辑第六册），江苏广陵古籍刻印社，1998，第291页。
⑤ 《诗说》，载黄葆年《归群文课》，收入方宝川主编《太谷学派遗书》（第二辑第六册），江苏广陵古籍刻印社，1998，第317页。
⑥ 《诗说》，载黄葆年《归群文课》，收入方宝川主编《太谷学派遗书》（第二辑第六册），江苏广陵古籍刻印社，1998，第333—334页。
⑦ 黄葆年：《记卞双玉事》，《归群草堂文集》，收入方宝川主编《太谷学派遗书》（第二辑第二册），江苏广陵古籍刻印社，1998，第135页。
⑧ 方宝川：《黄葆年及其著述》，《南京理工大学学报》（哲学社会科学版）1997年第1期，第25页。

以明改过之益。自记。"①

## 九、《八韵诗存》

《八韵诗存》,抄本,不分卷,"泰州本"。全书为黄葆年评选的五言八韵试帖诗计64首,成书于1909年。②

黄葆年认为言辞必须表达出个人的真情实感,主张在诗文创作中体现性情之真。他选编此书的目的是通过诗文传承人文道德:"呜乎,诗亡而天下不知有礼乐。学诗者亡,而天下不知有性情。三代而下,天之将丧斯文也。虽然,斯文一日不行于世,则乾坤或几乎息矣。是故天文将丧,人文代兴,自汉晋唐宋元明以至于我朝,其所以立国者,盖各有其一代之文焉。天道之系人心也,君相之享天心也,秦火之所不能烧,五胡之所不能乱,而邪说之所不能充塞也。夫不知诗文之重,则经传之存犹饩羊也。果知诗文之重,则诗赋之存皆硕果也。"黄葆年为此特别选择清代的八韵诗:"金陈之艺,班马之文,青莲之诗,长门之赋,由此其选也。诗至八韵疑于末矣,而非末也。三唐作者,律吕斯谐,盛世元音,于兹立极。诵斯诗也,岂非洋洋王者之风而明明王者之迹欤?八韵诗以我朝为极也,我朝八韵诗以有正味斋为极也。存斯诗也,岂非流风余韵入人性情,有动于天而不已者欤?"③

黄葆年虽然没有明言,但其编辑此书更是为了科考应试,因为清代科举不仅以八股文为主要考试内容,而且必考试帖诗。试帖诗又称为"五言八韵",即五言排律十六句,用八个韵脚,双数句押韵。从乾隆朝开始,各级考试都增加试帖诗,且权重颇重,甚至直接影响到录取与否,因此学子想要取得科考的成功,必须自幼接受作试帖诗的严格训练。虽然,清政府"新政"已经废除科举,但是黄葆年对科考的内心眷恋和依赖并没有完全斩断,因此其在归群草堂还一直教授试贴诗,其目的不言而喻。

《八韵诗存》反映了黄葆年对吴锡麟试贴诗的高度推崇,因为其中的《明月前夜》《既雨晴亦佳》《愚公移山》《春山如笑》《鸡缸》《焦桐入

---

① 《谢庭咏絮》,载黄葆年《归群文课》,收入方宝川主编《太谷学派遗书》(第二辑第六册),江苏广陵古籍刻印社,1998,第463页。
② "己酉三月黄葆年谨序。"黄葆年:《〈八韵诗词〉序》,载蒋文田《龙溪先生诗抄》,收入方宝川主编《太谷学派遗书》(第二辑第四册),江苏广陵古籍刻印社,1998,第103页。此文何以收入蒋氏文集之中,待考。另外,此文也收入黄葆年的《归群草堂文集》之中,内容完全相同,但无"己酉三月黄葆年谨序"此句。
③ 黄葆年:《〈八韵诗存〉序》,《归群草堂文集》,载方宝川主编《太谷学派遗书》(第二辑第二册),江苏广陵古籍刻印社,1998,第47—49页。

听》《似曾相识燕归来》《鱼去乙》《水始涸》《鸿雁来宾》《鸡乳》《炼石补天》《伊尹耕莘》《老子犹龙》《芦中人》《范少伯游五湖》《屈原行吟泽畔》《项王垓下闻楚歌》《朱翁子负薪》《殷浩书空》《谢传东山》等二十多首诗皆直接引自吴氏的《有正味斋试贴》，占到《八韵诗存》全书的三分之一以上。

《八韵诗存》的格式为：首先为原作者之八韵诗，然后为黄氏对诗之意境、写法、特点等方面的评注。试举黄葆年点评吴锡麟试帖诗一例如下：

吴锡麟原诗：

> 《明月前身》：忽悟团圆夜，从前即此身。小时浑不识，今昔又相亲。万古留圆相，三生证净因。琼楼寒处梦，金粟影中人。修到皆仙佛，邀来孰主宾？冰壶曾濯魄，秋水定为神。磨炼经千劫，虚空只一轮。吴郎旧游在，几度桂花新。

黄葆年评注：

> 笔无滞机，语见圆相，作佛必得慧业文人，信夫。读至篇终，疑先生之悟彻本来也。[①]

可见，黄葆年对吴氏之八韵诗给予了极高的赞誉，认为其写诗手法精妙，意境深远，"先生诸诗，莫工于八韵，八韵莫工于咏史"，实为"空空妙手"。同时，黄氏亦颇为欣赏吴氏的性情和见识，认为其作诗既是"盖性情所流也"，又是其参悟人生之体现，"疑先生之悟彻本来也"。

## 十、《古诗存》

《古诗存》，抄本，十六卷，十四册，现存有"苏图本"，但是其中卷三已经散佚，仅存十三册。据《归群宝籍目录》中云，黄葆年的《古诗存》十八卷已佚。显然，张德广的说法并不正确。

黄葆年认为"以诗观人，以人观世，可什九得也"，故其选编《古诗存》作为归群草堂课本，意图以诗探求古代先圣的心传之法，从而复兴"诗教"。正如其在序言中云：

---

① 《明月前身》，载黄葆年《八韵诗存》，收入方宝川主编《太谷学派遗书》（第二辑第五册），江苏广陵古籍刻印社，1998，第19—20页。

久矣，诗教之衰也。由《二南》以观汉魏，汉魏靡矣，六朝益靡矣。虽然阰鄘而下，列国之风也。汉魏而下，列代之风也。太史之采风也，以周知今古也。风之行也，始于君后深宫之中，盛于堂陛，学士大夫浸淫及于闾巷。夷狄是故雄而霸者，开国之风也。愉而平者，继世之风也。激越而多伤者，亡国之风也。以诗观人，以人观世，可什九得也。其贤于史氏之矫诬也多矣，且圣人之泽百世。八代之诗，其不为江汉之遗风也欤，惜乎勾吴公子之鲜有其人也。归群子黄葆年序于姑苏之归群草堂。①

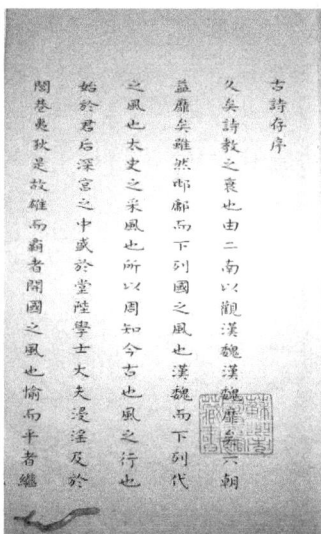

图6-6　苏图本《古诗存》

《古诗存》分为十六卷，其中卷一汉上、卷二汉中和汉下、卷三魏上、卷四魏下、卷五晋上、卷六晋中、卷七晋下、卷八宋、卷九齐、卷十梁上、卷十一梁下、卷十二陈、卷十三北周、卷十四隋朝、卷十五列代仙诗、卷十六古逸。

此书的格式为，正文先抄录古诗原文，然后作有朱笔批校，具体为每卷首页有黄葆年对此卷诗作的总评，文中则有"圈点"以及对具体诗作的"眉批"。例如，卷一之前，黄葆年对汉诗作有概述："好音骚古，然系师

① 黄葆年:《〈古诗存〉序》,《古诗存》卷一，苏州图书馆藏抄本。又见黄葆年:《归群草堂文集》，载方宝川主编《太谷学派遗书》（第二辑第二册），江苏广陵古籍刻印社，1998，第35页。

刻。石头如何见李影，收拾遗编，去采法汉人，尤许纵论诗。"①汉诗首列汉高祖刘邦的《大风歌》，黄氏眉批云："南风里吾氏，大风思猛士。闻圣乐为驱，其法清久。"②

　　此书反映黄葆年对曹植、谢灵运和谢朓的诗作情有独钟，其赋诗赞叹曹植《怨歌行》："曹王振弱七哀诗，文质分承李杜师，胎息古风十九首，盛时抚事吐清词。"③谢灵运的《登永嘉绿嶂山诗》得到黄氏的高度评价："蕴真怀古，旷代一人，永嘉孤屿，山阴兰亭，一书一诗，千秋共宝矣"，"深造自得，世无知音"④。黄氏还赞叹："谢宣城诗清才逸著，妙绝古今，天籁句鸣，邃由心造。风清未歇。"黄氏点评《游敬亭山》时，认为其诗歌"便娟宛约，绝世佳人。匪我佳人，莫之能解"，谢氏本人则是承接谢灵运和李太白之间的中枢人物，"上继康乐，下开嫡仙。寥落古今，更无和者"⑤。

　　黄葆年通过点评《情诗》，剖析了曹植、陆机和谢灵运诗作的各自风格和不同特色，充分肯定三人同为"五言神品"的同时，尤其肯定曹植才高八斗、出类拔萃："明丽都雅，子建之集大成也。文采分流，士衡之操南音也。山辉川媚，康乐之出世尘也。三人者，皆五言神品也，而子建尤出类矣。"⑥他还对阮籍、左思、鲍照、陶渊明、萧衍等两晋南朝诗坛代表人物的诗歌风格作出总结，认为他们各具风味、格调独特，成为当时诗坛的所谓"别调"："阮嗣宗，当涂之别调也，惟其深也。左太冲，典午之别调也，惟其健也。鲍明达，刘宋之别调也，惟其生峭也。深者以意胜，健者以骨胜，生峭者以力胜，皆举头天外，自成一种异样文字也。若渊明子之清微淡远，其三百之别调乎？梁武帝逸民诗，可为总评矣。"⑦

　　黄葆年对古诗中的民歌颇多肯定和赞誉，尤其是对《古诗十九首》赞赏有加，对《庭中育奇树》的批语为"婉转附物，怊怅切情"，对《迢迢牵牛星》的点评则是"情韵天成，千古无匹"。⑧黄氏评价《园葵诗》为"清和朗润，流照古今"⑨，称赞《敕勒歌》则是"苍莽沉吟，致远有力"⑩。

① 黄葆年：《古诗存》卷一，苏州图书馆藏抄本。
② 黄葆年：《古诗存》卷七，苏州图书馆藏抄本。
③ 黄葆年：《古诗存》卷四，苏州图书馆藏抄本。
④ 黄葆年：《古诗存》卷八，苏州图书馆藏抄本。
⑤ 黄葆年：《古诗存》卷九，苏州图书馆藏抄本。
⑥ 黄葆年：《古诗存》卷四，苏州图书馆藏抄本。
⑦ 黄葆年：《古诗存》卷十二，苏州图书馆藏抄本。
⑧ 黄葆年：《古诗存》卷一，苏州图书馆藏抄本。
⑨ 黄葆年：《古诗存》卷五，苏州图书馆藏抄本。
⑩ 黄葆年：《古诗存》卷十六，苏州图书馆藏抄本。

《古诗存》的卷十四至十六，虽然卷名为"列代仙诗""古逸"，其实绝大多数都为"民歌"，其中卷十四收录侯夫人、无名氏、罗爱爱、秦玉鸾、张碧兰、乐府失载名氏等人的作品，卷十五收入苏耽、丁令威、太真夫人、阴长生、葛仙公、清溪小姑等人的诗作，卷十六则是"古歌辞"专集，汇集西楚歌辞、汉歌辞、晋歌辞、齐歌辞、北魏歌辞和北齐歌辞，尤以《垓下歌》《古诗十九首》《敕勒歌》等名篇为代表。

黄葆年点评时"诗史"结合，具有相当的启发意义。例如，隋炀帝与陈后主同为亡国之君，但杨广之诗不为《古诗存》所录，黄葆年分析其中的原因就是："古诗存后主，而不存炀帝。盖论人则陈昏而杨逆，论诗则陈真焉，杨伪也。"① 不论是从诗作本身，还是从为帝王的角度，黄葆年对隋炀帝均有批评之意。

### 十一、《书〈古诗存〉后》

《书〈古诗存〉后》是黄葆年通过综论与诗作的形式，评述自西周至两宋以来我国诗歌创作的历史发展进程、代表人物及其主要作品的一部诗歌评论集。《书〈古诗存〉后》，抄本，不分卷，现存有"泰州本"以及网络拍卖的几种版本。

近年来，有两种版本的《书〈古诗存〉后》先后进行网络拍卖。第一种版本是北京保利国际拍卖有限公司于 2013 秋季艺术品拍卖会上拍卖的所谓"黄葆年录《古诗存》"。此书为白纸写本，共五册，大小为 26.7 厘米 ×15.7 厘米。②

依据书影，此书并非黄葆年亲笔手迹，内容亦分为两部分，其一为《书〈古诗存〉后》的卷首和后记③，其二为《黄氏遗书》一则④。此书将《黄氏遗书》与《书〈古诗存〉后》混为一谈，误作一书，显然对太谷学派文献并不熟悉。据此推断，抄录者似乎并非太谷学人，抄录时间可能较晚，故其版本价值意义相对不大。

第二种版本是北京荣宝拍卖有限公司于 2018 年 6 月 14 日举行的"2018 春季艺术品拍卖会"所拍卖的"黄葆年钞本两种"。对照书影内容，

---

① 黄葆年：《古诗存》卷十二，苏州图书馆藏抄本。
② 参见 https://auction.artron.net/paimai–art5042104646/。
③ 黄葆年：《书〈古诗存〉后》，载方宝川主编《太谷学派遗书》（第二辑第五册），江苏广陵古籍刻印社，1998，第 1 页。
④ "或问陈子曰：夫信在行曰土，在身曰心，曰身务主思，医误曰火，何谓也？"黄葆年：《黄氏遗书》，载方宝川主编《太谷学派遗书》（第一辑第四册），江苏广陵古籍刻印社，1997，第 469 页。

依然分别是《书〈古诗存〉后》<sup>①</sup>和《黄氏遗书》<sup>②</sup>。《黄氏遗书》抄录在"归群草堂"信札之上，可见此版本为"归群草堂"抄本。

2018 年 10 月 28 日，江苏两汉拍卖有限公司在"江苏两汉·四礼堂苏州古籍善本秋季拍卖会"以"黄葆年《归群草堂》钞本"之名再度拍卖此版本。对照书影内容，二书为《书〈古诗存〉后》<sup>③</sup>和《黄氏遗书》<sup>④</sup>。

2019 年 4 月 16 日，北京弘艺"珍稀稿钞本及手札专题"春拍会上，此版本以"黄葆年归群草堂稿本两种"为名再度进行拍卖。对照书影，二书依然为《书〈古诗存〉后》<sup>⑤</sup>和《黄氏遗书》<sup>⑥</sup>。可见，三家网络平台虽然先后进行拍卖，但是拍卖品实为同一版本，即第二种版本。

拍卖者认为"是书内一册修改批校极多，为稿本无疑"<sup>⑦</sup>，此言值得商榷。一般情况下，眉批多为阅读者而非作者所作，故此版本似乎不是黄葆年所作点评，而是他人的批注，因此此版本为黄氏"稿本"的说法不能成立，只能是后人的"批注本"。<sup>⑧</sup>

此版本与"泰州本"以及 2013 年北京保利国际拍卖有限公司的拍卖品比较，其笔迹、格式明显不同。此版本每首均作有眉批，部分诗有夹批，每首诗对所评述的诗人都有朱批姓名，这些皆为"泰州本"及其他版本所无。

此版本的格式，正文抄录原诗，再对每首诗进行"眉批"，其中部分

---

① 参见 https://auction.artron.net/paimai–art5126615431/。黄葆年：《古诗存》，载方宝川主编《太谷学派遗书》（第二辑第五册），江苏广陵古籍刻印社，1998，第 30—31 页。

② "年从夫子行于水滨，道隘，行人乱，有荷水而出于其间者，步趋如恒，器盈而不倾。夫子见而叹之，顾年而语之曰：'是不易能也，彼何以能是？'惟其能存神敛气故也。"见黄葆年：《黄氏遗书》，载方宝川主编《太谷学派遗书》（第一辑第四册），江苏广陵古籍刻印社，1997，第 225 页。

③ 参见 https://auction.artron.net/paimai–art5134862510/。黄葆年：《古诗存》，载方宝川主编《太谷学派遗书》（第二辑第五册），江苏广陵古籍刻印社，1998，第 46、70 页。

④ "雷之为言，志也。风之为言，气也。以雷为志，愤而已矣。以风雷为志，气发愤而已矣。发愤也者，风雷之大勇，所以旋乾而转坤也。君子以象天法地为有常，以旋乾转坤为无常。子曰：颜氏之子，其殆庶几乎，有不善未尝不知，知之未尝复行也。"黄葆年：《黄氏遗书》，载方宝川主编《太谷学派遗书》（第一辑第四册），江苏广陵古籍刻印社，1997，第 309—310 页。

⑤ 黄葆年：《古诗存》，载方宝川主编《太谷学派遗书》（第二辑第五册），江苏广陵古籍刻印社，1998，第 21、32—33 页。

⑥ 黄葆年：《黄氏遗书》，载方宝川主编《太谷学派遗书》（第一辑第四册），江苏广陵古籍刻印社，1997，第 225 页。

⑦ 二书为线装纸本 2 册，规格为 32cm×12cm，拍卖者将其标为"江苏泰州黄葆年撰，清稿本"。参见 http://www.sohu.com/a/308142977_523187。

⑧ 黄葆年：《黄氏遗书》，载方宝川主编《太谷学派遗书》（第一辑第四册），江苏广陵古籍刻印社，1997，第 225 页。

诗还有"批注"。试举例二例如下：

例一：

正文：

西园翰墨一家储，正是群才景附初。若使英雄忘割据，风流文才更何如。（魏武帝）

眉批：

杜诗："英雄割据虽已矣，文采风流今尚存。"

例二：

正文：

连舆解席昔年思，七子论文感不支。正好共寻嘉树传，如何偏忘角弓诗。（魏文帝）

批注：

杜诗：《冬日有怀李白》"更寻嘉树传，不忘角弓诗"。

眉批：

魏文帝《与吴质书》"昔日游处，行则连舆，止则接席"。七子：王粲仲宣、陈琳孔璋、徐干伟长、刘桢公干、应玚德琏、阮瑀元瑜、孔融文举，见魏文帝《典论》之文。

此书为黄葆年在归群草堂为弟子讲解、点评古诗的一部讲学汇录，"是编命家塾子弟分录，随录随评，故无定旨，更无定例。惟每有会意，亦自忻然。所谓只可自怡悦。然春秋佳日，得与二三素心人，赏奇析疑，乐数晨夕。岂谓白云不堪持赠哉！特不足为外人道，更不愿炎及梨枣尔"①。黄葆年在后记中又言："诗系甲辰春（1904 年）日所题，己酉（1909 年）复阅，又损益之。有感辄书，不自知其辞之费也。予本不能诗，存此以当里巷歌谣而已。希平氏黄葆年记。"②可见，《书〈古诗存〉后》由黄葆年费时近六年编成，全书经其本人自订，共存绝句 164 首。1931 年，张德广续录黄氏诗作所未存者 40 首于卷末，故现存《书〈古诗存〉后》共录黄

---

① 黄葆年：《书〈古诗存〉后》，载方宝川主编《太谷学派遗书》（第二辑第五册），江苏广陵古籍刻印社，1998，第 11—12 页。

② 黄葆年：《书〈古诗存〉后》，载方宝川主编《太谷学派遗书》（第二辑第五册），江苏广陵古籍刻印社，1998，第 69—70 页。

葆年所作古诗评点绝句 204 首。正如张德广在后记中的说明:"希平夫子《书〈古诗存〉后》屡经损益,存绝句一百六十四首。兹谨录未存者四十首附于卷末,存金片玉皆我夫子所遗也,敢不实诸。辛未长至日。"①

《书〈古诗存〉后》的主要内容表现在以下几个方面:

其一,评述中国古代诗歌发展的历史脉络。黄葆年认为,"古诗"始于舜所吟唱之《南风歌》,亡于西汉:"诗始于《南风》,无为之治也。盛于二南,江汉之化也。传于春秋,洙泗之学也。战国以来,荆榛塞路矣。汉之不能复古也,沿秦弊也,诗亡久矣。龙虎啖食极以狂秦,诗学以扫地以尽。"②两汉时期喜好古风,故五言诗最为繁盛,而建安时期则达到巅峰:"五言以汉为盛,为其近古也。汉以建安为盛,为其近古而又心焉好之也。"③其后,曹魏、两晋政府因争权夺利,不施仁政而远离古诗之风雅:"魏之不能继汉也,其以权利乎?权利亲风雅远矣。"④"甚矣,司马氏之不仁,也效尤而坚之以忍,魏廷诸臣且灭,三国以逊之人道绝矣,于是有五胡之乱。"⑤南朝时期国力衰落,诗歌为粉饰统治之作,多成为亡国之音:"宋齐而后,国日蹙矣,而犹以文学饰太平……然总而论之,则亡国之音居其大半矣。"⑥

其二,分析中国古代诗歌不同阶段的风格和特色。黄葆年总结了两汉至南朝的诗歌演变历程,认为汉乐、魏风、两晋山水诗、南朝逸民诗呈现出各自鲜明的特色,诗风亦不断发展变化,"西京财虎忽闻邺下芙蓉,七子悲怀犹然汉乐,易之以《广陵散》《广武叹》,而魏风一变矣。易之以河阳花满、华亭鹤唳、秋风归思、苦雨哀吟,而晋风再变矣。其后出入老庄,模范山水。西陵风雪,不阻清音,东武鸡豚,都成壮采。镂金错采,何如芳甸之杂英,按律谐声,不及西洲之两桨。宋、齐而下,略可言焉。至若逸民高躅,河水清流,采白萍于江南,合碧云于日暮。虽复小园春尽,犹

---

① 张德广:《后记》,载黄葆年《书〈古诗存〉后》,收入方宝川主编《太谷学派遗书》(第二辑第五册),江苏广陵古籍刻印社,1998,第83—84页。

② 黄葆年:《书〈古诗存〉后》,载方宝川主编《太谷学派遗书》(第二辑第五册),江苏广陵古籍刻印社,1998,第1页。

③ 黄葆年:《书〈古诗存〉后》,载方宝川主编《太谷学派遗书》(第二辑第五册),江苏广陵古籍刻印社,1998,第7页。

④ 黄葆年:《书〈古诗存〉后》,载方宝川主编《太谷学派遗书》(第二辑第五册),江苏广陵古籍刻印社,1998,第2页。

⑤ 黄葆年:《书〈古诗存〉后》,载方宝川主编《太谷学派遗书》(第二辑第五册),江苏广陵古籍刻印社,1998,第3页。

⑥ 黄葆年:《书〈古诗存〉后》,载方宝川主编《太谷学派遗书》(第二辑第五册),江苏广陵古籍刻印社,1998,第5页。

闻杨柳之歌，况经沉水波长，不改桃花之色。江左风流，于斯未绝矣。然六代金粉终不及栗里桑麻，又以知野人之风为最尽古也"①。

黄葆年认为中国古代诗歌处于不断发展和变化之中，这是符合历史事实的。当然，黄氏的评判则是以"近古"为标准，这充分体现在其对古代诗歌评论著述的判断。黄葆年认为钟嵘、刘勰、杜甫评论"古诗"时能够发公允之言，韩愈、元稹则有所偏颇而远离"古风"："论古诗者，梁有《诗品》《文心雕龙》，唐有杜少陵《古今体论诗》诸作，可谓用心平而持论公，此后则论甘忌辛，好丹非素，而嗤点流传之风炽矣。……韩氏有蝉噪之喻而选理晦矣，元氏有藩篱之窥而古风远矣。"②

其三，揭示中国古代诗歌发展各个阶段的杰出代表人物。黄葆年认为"古诗"各个发展时期皆有其独特的时代背景，亦孕育出特色鲜明、风格迥异的诗人，如三国曹植，东晋陶渊明，北周元晖，唐朝李白、杜甫等，他们在不同时代激扬文字、各领风骚，彼此之间不存在所谓"升降"问题，"古今无升降乎？三百篇外，无三百之诗，而后世可知也。古今有升降乎？子建雄于魏，不必在张蔡下。渊明终于晋，不必在嵇康下。元晖出于齐，不必在颜鲍下。李杜盛于唐，不必在江沈阴何下"③。宋元时期，随着诗风的变化，对诗人的推崇亦大相径庭，"宋、元而上，知李、杜而不知六朝。宋、元而下，知韩、苏而不知李、杜"④。

其四，强调中国古代诗歌是其所处社会环境的真实反映。黄葆年认为诗是时代的产物，反映着时代特色，不过"盖非时代之所得而限"，诗人亦各具其个性和特色，即便是同为六朝诗人，张华、潘岳、陆机、张协、左思、郭璞、陶渊明等人的诗风则千差万别、个性突出，"张华、潘、陆早罹劫灰，躁进为之也。韵语虽工，华而不实矣。景阳、太冲，人诗供清，超然高蹈。郭景纯之明哲，而以术致自戕，何欤？吾诵其《游仙诗》，瑰异有性情，足与《尔雅》《山经》并传不朽矣。渊明之才，非必远过众贤，高在不知有汉，无论魏晋，羲皇上人，真古风也哉"⑤！不难发现，黄葆年

---

① 黄葆年：《书〈古诗存〉后》，载方宝川主编《太谷学派遗书》（第二辑第五册），江苏广陵古籍刻印社，1998，第7—8页。
② 黄葆年：《书〈古诗存〉后》，载方宝川主编《太谷学派遗书》（第二辑第五册），江苏广陵古籍刻印社，1998，第11页。
③ 黄葆年：《书〈古诗存〉后》，载方宝川主编《太谷学派遗书》（第二辑第五册），江苏广陵古籍刻印社，1998，第13页。
④ 黄葆年：《书〈古诗存〉后》，载方宝川主编《太谷学派遗书》（第二辑第五册），江苏广陵古籍刻印社，1998，第11页。
⑤ 黄葆年：《书〈古诗存〉后》，载方宝川主编《太谷学派遗书》（第二辑第五册），江苏广陵古籍刻印社，1998，第4页。

对陶渊明的评价最高，当然，评价标准是其符合"古风"。

《书〈古诗存〉后》反映黄葆年明显受到清初陈祚明所著《采菽堂古诗选》的影响。由于陈氏推崇六朝诗歌，与康熙时期儒学诗教观念复兴的社会环境不相吻合，故其对后世影响不大。不过，黄葆年在编撰《〈古诗源〉批注》时认为，沈德潜的《古诗源》从《采菽堂古诗选》中得益甚多，但其并不同意沈氏对陈祚明多持批评的观点，因此对陈氏及其著作开始作深入探究。经过精心研判，黄葆年对《采菽堂古诗选》颇多肯定，直接将陈氏与宋朝严沧浪和明代杨慎相提并论，这是一种符合事实的公允定位。当然，黄葆年亦直言不讳地批评陈氏的缺点，如其对杜甫诗作多有深究，而对李白之诗则相对不足："《采菽堂古诗选》独能自拔于流俗，与严沧浪、杨用修相上下，可不谓之深心好古者欤，是编多采录焉，惜其深于杜而不深于李也。"[①]

黄葆年采用七言绝句来评论我国古代诗人及其诗作，通过短短二十八字，既要刻画诗人的形象，又要总结其在诗作上的成就，难度之大不言而喻，由此可见黄氏传统诗词的功底。陈辽给予此书以高度评价："黄葆年这部以诗写成的中国诗史可以说是前无古人之作。在唐代，杜甫也有古今体论诗诸作，但也只限于论及少数的几个诗人，更不曾涉及中国诗歌的发展历史。单就这一点，《书〈古诗存〉后》这部中国诗史，就有其不朽价值。"[②]

## 十二、《唐宋文读本》

《唐宋文读本》为黄葆年、毛庆蕃及其归群弟子的集体之作，故署名"归群草堂评订"。此书不仅成为归群弟子的启蒙读物，而且是归群草堂"塾本之始"。《唐宋文读本》，抄本，五卷，现存有"泰州本"和"苏图本"[③]。"泰州本"与"苏图本"的内容相同，但是"泰州本"是墨批，"苏图本"为朱批。黄葆年为《唐宋文读本》作序的时间为"岁在庚戌秋九月庚申日"，即1910年10月22日，可见此书至迟成书于此时。

近代中国社会快速嬗变和中西文化剧烈冲撞，使得以黄葆年为代表的

---

① 黄葆年：《书〈古诗存〉后》，载方宝川主编《太谷学派遗书》（第二辑第五册），江苏广陵古籍刻印社，1998，第12页。

② 陈辽：《一部用诗写成的中国诗史——评黄葆年手抄本〈书古诗存后〉》，《苏州大学学报》（哲学社会科学版）1990年第4期，第81页。

③ 此书中夹有一笺条，说明此书的来历及其抄录者的情况，其云："此为太谷学派书。1902年，刘鹗、毛庆蕃、程恩培、杨士晟等会议在苏州葑门内十全街建立一个学舍——归群草堂，取'牧马归群'之意。《唐宋文读本》五卷，五册，黄葆年评选，胡从周录钞，陆保鋆录朱，鲁宗周覆校。1951（年），归群草堂散，赠本馆。"

太谷学派体现出强烈的"文化保守"主义色彩，他们主张近代国人亟须"学文""师古"："呜呼，文不可不学也，学不可不师古也，师古者，师其德而已矣。文学之成也，不系乎文而系乎德，文显而德隐，隐者显之本也。"① 毛庆蕃在《〈唐宋文读本〉序》中更是直言不讳地表达了对近代中国礼崩乐坏、道德沦丧的担忧：

> 呜乎！文之难言也，一言也。苟为人心之所趋，而世运随之矣。言之醇驳，世运之盛衰系焉。……三代以嬗，文日降矣，要其上焉者，无不以道德为归。……呜乎！此近世文学之蔽，叔季人才之不古，若其以此也欤。其在于今恣为一切新奇邪慝之说，猎取海外缪悠之论，泱道德之藩篱，以汩乱我伦纪，颠覆我邦家。后生何知，惟所鼓荡，而土崩瓦解之祸遂遍于中国，书策所未有也。其何能淑载胥及弱。呜乎！此又近今邪说淫辞之害，人才之所以沦丧，海宇之所以腾沸，其不以此也欤。②

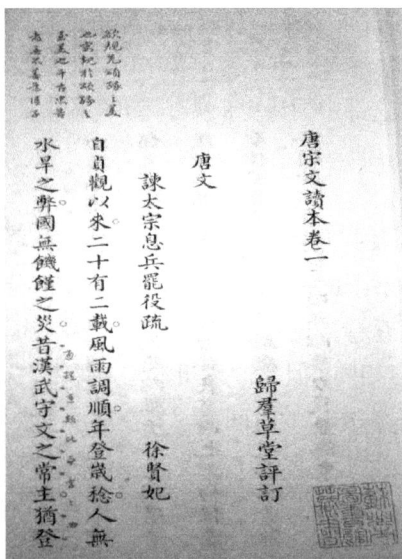

图 6-7　苏图本《唐宋文读本》　　图 6-8　泰州本《唐宋文读本》

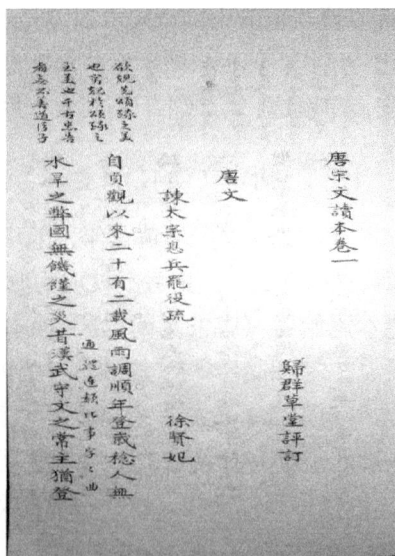

　　黄葆年以为近代学人必须学习唐宋时期的所谓"古文"，否则必然导致学术荒废："斯文之兴也，垂象于天，开物于古，尼山集大成焉。邹峰

---

① 黄葆年：《〈唐宋文读本〉序》，《归群草堂文集》，载方宝川主编《太谷学派遗书》（第二辑第二册），江苏广陵古籍刻印社，1998，第14页。

② 毛庆蕃：《〈唐宋文读本〉序》，载归群草堂评订《唐宋文读本》，苏州图书馆藏抄本。

而后，道州继作，道学之源流远矣。而韩柳起衰，欧曾缵绪，稽经诹史，发为文章，亦自有不可磨灭者。综而论之，盖文必由学，而学不废文也久矣。"①他认为唐宋文作为中国传统的文学和道德的重要载体，后人必须加以传承："吾观唐宋之文本诸学而已矣，本诸德而已矣。由是以观千古之文亦本诸学而已矣，本诸德而已矣。葆年老矣，假我数年，尚愿与诸生共务之。"②由于担心传统文学道德的失传，黄葆年特意选编韩愈、柳宗元、欧阳修等"唐宋八大家"为代表的散文，作为归群弟子的读本，"余忧文学之失其传也，集唐宋诸家而约取之，以为塾本之始基"③。

　　《唐宋文读本》是太谷学派继《古文学余》之后，强调传承古代文学道德的又一重要举措，正如毛庆蕃所言："吾友海陵黄先生忧之矣。先是庆蕃尝请于先生而有事于古文之选，其时视学海上，见诸生读本而大惊焉。学校初开，男女就塾，而学官无颁行之本，纷纷杂出，嚣陵狂惑，上无以为教，下无以为学，乱极亟。先生是选起周末《檀弓》、邱明诸子，迄南宋文信国别择加慎评论加详，一以孝弟谨信爱众亲仁为本，名曰《古文学余》……嗣是复有事于唐宋文之选，将为家塾读本，以之教门子弟，亦将以与女教焉。"④

　　黄葆年所选篇目反映了其编撰的真实意图，"是选起徐贤妃《息兵罢役疏》，迄曾文定《宜黄学记》，中益以濂溪周子《太极图说》《通书》暨有宋诸贤明达道立教之文，择弥精语弥详，总若数万言。盖于是世变为已极，而先生忧天下后世之心，于是为已至矣"⑤。此书收录文章数量前三位的作者是韩愈、柳宗元和欧阳修，分别为27篇、16篇和9篇，说明黄葆年对以韩愈、柳宗元和欧阳修为代表的唐宋古文运动的推崇和赞许。周敦颐、程明道、程伊川、朱熹等两宋大儒的作品，虽然入选数量不多，但黄氏分别尊称其为周子、程子和朱子，亦能反映其对宋儒的态度。

　　《唐宋文读本》分为五卷，卷一为"唐文"，收录徐贤妃的《谏太宗息兵罢役疏》、魏征的《上十思疏》《上十渐疏》、郭子仪的《辞太尉书》、李华的《吊古战场文》、韩愈的《原道》《原毁》《读荀子》《师说》《进学解》

①　黄葆年：《〈唐宋文读本〉序》，《归群草堂文集》，载方宝川主编《太谷学派遗书》（第二辑第二册），江苏广陵古籍刻印社，1998，第13—14页。
②　黄葆年：《〈唐宋文读本〉序》，《归群草堂文集》，载方宝川主编《太谷学派遗书》（第二辑第二册），江苏广陵古籍刻印社，1998，第15—16页。
③　黄葆年：《〈唐宋文读本〉序》，《归群草堂文集》，载方宝川主编《太谷学派遗书》（第二辑第二册），江苏广陵古籍刻印社，1998，第13—14页。
④　毛庆蕃：《〈唐宋文读本〉序》，载归群草堂评订《唐宋文读本》，苏州图书馆藏抄本。
⑤　毛庆蕃：《〈唐宋文读本〉序》，载归群草堂评订《唐宋文读本》，苏州图书馆藏抄本。

《圬者王承福传》《讳辩》《张中丞传后叙》，共 13 篇。

卷二为"唐文"，收录韩愈的《与孟冬野书》《答李翊书》《答刘正夫书》《送孟冬野序》《送许郢州序》《送李愿归盘谷序》《送董序》《赠张童子序》《送廖道士序》《送王秀才含序》《送王秀才埙序》《送幽州李端公序》《送区册序》《送高闲山人序》《送殷员外序》《送杨少尹序》《送郑尚书序》《柳子厚墓志铭》《祭鱼鳄文》，共 19 篇。

卷三为"唐文"，收录柳宗元的《桐叶封弟辨》《段太尉逸事状与史官书附》《宋清传》《种树郭橐驰传》《送濬序》《陪永州崔使君游宴南池序》《愚溪诗序》《邕州马退山茅亭记》《永州韦使君新堂记》《始得西山宴游记》《钻姆潭记》《至小邱西小石潭记》《袁家渴记》《石渠记》《石涧记》《答韦中》、李翱的《复性书下》和杜牧的《阿房宫赋》，共 18 篇。

卷四为"宋文"，收录周敦颐的《太极图说》《通书》《爱莲说》、程明道的《论定性说》、程伊川的《春秋传序》、朱松的《送程复亨序》和朱熹的《江州重建濂溪先生书堂记》，共 7 篇。

卷五为"宋文"，收录范仲淹的《严先生祠堂记》、欧阳修的《论选皇子疏》《五代史唐六史传论》《五代史伶官传论》《五代史宦官传论》《丰乐亭记》《相州画锦堂记》《送田画秀才宁亲万州序》《外制集序》《记旧本韩文后》、苏洵的《苏氏族谱亭记》《张益州画像记》《名二子说》、苏轼的《表忠观碑》《前赤壁赋》、苏辙的《上枢密韩太尉书》《乞牵复英州别驾郑侠状》和曾巩的《战国策目录序》《列女传目录序》《宜黄县学记》，共 20 篇。

此书的格式为，正文中列唐宋文之原文，黄葆年在文中进行圈点和批注，作有"眉批"进行评述和阐发。以徐贤妃的《谏太宗息兵罢役疏》为例，黄葆年首先对全文进行句读，然后对"昔汉武守文之常主"一句作有批注，云"通体连类比常字"，"眉批"曰"欲规先颂，疏之美也。规寓于颂，疏之至美也。千古忠告者，无不善道臣子之言"①。

黄葆年对以韩愈、柳宗元为代表的唐宋散文名家作有高度评价，对韩愈《原道》赞云："观此文知昌黎所以与荀扬董王并称五子文，品醇厚古健则在董扬之间矣。"②对《读荀子》一文亦感慨不已："以孟子言荀扬，以扬子视荀子，皆千古卓浅也。自是所得足望山观海气象，所谓卓荦观群书抗节追古人也。似此方不愧题目《读荀子》三字。"③其对柳宗元《段太尉

① 归群草堂评订：《唐宋文读本》卷一，苏州图书馆藏抄本。
② 归群草堂评订：《唐宋文读本》卷一，苏州图书馆藏抄本。
③ 归群草堂评订：《唐宋文读本》卷一，苏州图书馆藏抄本。

逸事状与史官书附》评论时则云："韩柳之文，兄弟也，此篇与《张中丞传后叙》尤如一手所笔。此像状体，故不多著议论，然末后一段质实简罗，生气透土亦与司马论赞同工矣。"[1]

此书还反映出，黄葆年对唐宋文的认知明显受到其师李光炘的影响。例如，黄氏在评述《送瀺序》时云："予闻知师曰：古人文章无终无始，如绣之无端，必求生端，足自结笔始乎。"[2] 其在点评《原毁》时又言："蠹然如高峰，特起浚浚之，令人思古之心油然而生，昔者吾师如是，吾友亦尝如是。吾尝见而知愧矣。"[3]

### 十三、《经义存疑》

《经义存疑》，抄本，一卷，现存有"泰州本"。黄葆年所言"经义"就是"四书文"，即八股文，也就是明清时期士子参加科举考试的一种应试文体，又称为"制艺"或"制义"。黄葆年编辑此书时间不明，但据李泰阶言，黄氏在 1899 年时就在泗水官署开始选编"时文"，"岳父近日选阅时文，由有明以迄国朝，共得文百四十有一篇，古文亦选数十篇，终日讽诵之、抄写之，诚乐事也"[4]。

《经义存疑》是归群草堂读本之一，黄葆年编写此书就是为归群弟子参加科考之用，其在自序中公开表达了编撰宗旨：

> 昔者昭明瑕彭泽之赋未为知言也，茂秦点宣城之诗未为知音也，故论古难也。《经义》行世五百年矣，诸选以意删润，异同得失该不可胜穷矣。予小病多暇，又损益之，因人求篇，因篇求全，凡二十五篇而止，皆素所重也。匪相知之定文，类他山之攻玉。不敢谓愚者之果有一得也，与共晨夕久矣，则以为赏奇析疑之所不废云尔。[5]

此书共收录黄葆年选评明清时期经义制文 26 篇[6]，具体为：商辂《管仲之器小哉 一章》、杨起元《富与贵 一章》、归子慕《晏平仲善与人交 一

---

① 归群草堂评订：《唐宋文读本》卷三，苏州图书馆藏抄本。

② 归群草堂评订：《唐宋文读本》卷三，苏州图书馆藏抄本。

③ 归群草堂评订：《唐宋文读本》卷一，苏州图书馆藏抄本。

④ 李泰阶：《复葛仲修书》，《双桐书屋文录》卷上，页四十二至四十三，抄本。

⑤ 黄葆年：《〈经义存疑〉序》，《归群草堂文集》，载方宝川主编《太谷学派遗书》（第二辑第二册），江苏广陵古籍刻印社，1998，第 26 页。

⑥ 黄葆年在《〈经义存疑〉序》中认为共收录经义制文 25 篇，事实上为 26 篇，因为其中收有金声所作《德行》2 篇。

节》、牟庭《子之燕居 一节》、方苞《子在齐闻韶》、熊伯龙《先进于礼乐 一章》、金声《德行 一节》《德行 一节》、张玉书《子适卫 一章》、黄洪宪《君子和而不同》、韩菼《深则厉浅则揭》、李光地《见善如不及 一章》、方舟《齐景公有马千驷 一节》、王鏊《邦君之妻 一节》、徐方广《直道而事人 四句》、王汝骧《周有八士 一节》、陈际泰《上失其道 四句》、陶望龄《孟献子曰 一节》、胡友信《小人之使为国家 四句》、茅坤《周公成文武之德 及士庶人》、罗万藻《文武之政 二句》、章世纯《诚之者人之道也》、黄淳耀《庄暴见孟子曰 一章》、汤显祖《昔者太王居邠 三句》、归有光《宋轻将之楚 一章》和唐顺之《书尽信 一章》。

此书的格式为，正文为明清时期的经义制文，黄葆年对正文作有眉批。例如，黄葆年对商辂《管仲之器小哉 一章》的批语为："简直了当，而于题之转折处自然，一一清出，巧力兼至，孰谓先辈为朴拙耶。"① 对唐顺之《书尽信 一章》的眉批为："以古文化时文之陋，以经义去古文之杂，以闻诸圣贤明诸心性者，开经义之诬且固乃能知此题，乃能知此文。"②

黄葆年通过眉批，简单梳理"四书文"的发展历史，他认为明朝的王鏊、归有光、唐之顺、金正希、陈大士，清初的熊伯龙、李光地、韩菼、方苞等皆为制艺大师。乾嘉时期，牟庭则是承接先贤的四书文大家，"予以为前明则王归金陈，国朝在熊李韩方皆大家也，以陌人先生继之，无愧色矣"③。黄氏认为王鏊的《邦君之妻 一节》堪为八股文的范本，其亦被称为"制义"之圣，"守溪先生以如题之法作祖五百年，人所知也。而以虚字之通超越二千年，则人之所不知也。此题无一虚字，而先生实处立意，虚处传神者，盖圣经无字句处，皆神光所照，是以温润而泽比德于玉，惟先生默然喻之。噫！可谓四书文之圣也已矣"④。

黄葆年还分析和总结明代诸位制艺大家不同风格和特点，认为他们各有擅长、独具匠心："四书文守溪以法胜，归、唐以气胜，金、陈以才思胜，分列各朝皆有独到处。"⑤ 其中，王鏊、归有光和陈大士更是特色鲜明，可谓制艺文中的"三绝"。

　　　　四书文有三绝，守溪之和也，震川之浑也，大士之妙笔也，是为

① 商辂：《管仲之器小哉 一章》，载黄葆年《经义存疑》，泰州图书馆藏抄本。
② 唐顺之：《书尽信 一章》，载黄葆年《经义存疑》，泰州图书馆藏抄本。
③ 牟庭：《子之燕居 一节》，载黄葆年《经义存疑》，泰州图书馆藏抄本。
④ 王鏊：《邦君之妻 一节》，载黄葆年《经义存疑》，泰州图书馆藏抄本。
⑤ 汤显祖：《昔者太王居邠 三句》，载黄葆年《经义存疑》，泰州图书馆藏抄本。

华岳三峰。和者文从字顺,发旨皆中节。虚字之无所不通也。浑者神动天随,因物付象,真气之所无不达也。妙者绘风绘影,绘水绘声,轻重缓急恰如题分,换气换笔,变化从心,无不入情入理也。此作浑而和,和而妙,于三者盖兼之矣。①

"经义"是中国古代科举考试中的一种重要文体,萌芽于汉唐,形成于北宋。宋代经义文是明清时期八股文的雏形,在题型、结构等方面已经初具八股文的一些特征。经义文的弊端早已为世人所知,黄葆年亦坦陈其存在诸多不足之处:

> 自持衡者之不尽得其平也,而风气殊自求胜于人而取于人者之望其速成也而祈响歧,自坊行诸选之或蔽于时,或障于理,或锢于门户意见之私也,而是非黑白紊。加以古文家病其非,考据家诮其陋,经济时务诸家斥其无用,由是缙绅先生羞称之。②

黄葆年在归群草堂讲学时,还念念不忘教导明显弟子学习"经义",保存"时文",为此特意编撰《经义存疑》,正如其坦言:

> 四书文者,百家众说之所以反经而由人文而达于天文之梯阶也。起于宋,盛于明,王(王鏊)唐(唐顺之)肇其法,归(归有光)胡(胡友信)厚其气,杨(杨起元)汤(汤显祖)化其腐,金(金声)陈(陈际泰)尽其才。我朝熊(熊伯龙)李(李光地)诸公又起而润色之。虽一艺也,盖亦盛矣。……虽国家之制尚沿而未废,然其所存者亦仅矣。我故曰:四书文之亡矣,不自今始也。岂非然哉?然诸先生之文实有其亡而不亡者存欤。余之结习未忘者,相感也。因就所见而知、知而好者录之。③

黄葆年编撰此书时,四书文已是苟延残喘,"虽国家之制尚沿而未废,然其所存者亦仅矣"。此后不久,清政府宣布"新政",废止科举,八股

---

① 归有光:《宋牼将之楚 一章》,载黄葆年《经义存疑》,泰州图书馆藏抄本。
② 黄葆年:《〈四书文存〉序》,载黄葆年《归群草堂文集》,载方宝川主编《太谷学派遗书》(第二辑第二册),江苏广陵古籍刻印社,1998,第23页。
③ 黄葆年:《〈四书文存〉序》,《归群草堂文集》,载方宝川主编《太谷学派遗书》(第二辑第二册),江苏广陵古籍刻印社,1998,第21—23页。

取士的传统路径走到历史的尽头，黄葆年虽然明知四书文已经穷途末路，"四书文之亡也久矣，不自今始"①，但其依然逆潮流而动，刻意挑选制艺文章以教授生徒，既反映其对科举取士难以割舍之情，又说明其思想和行动无疑滞后于时代发展的现实需求。由于黄葆年的文化保守主义认知和做法，使得太谷学派无法适应近代中国社会转型的需求，其传播范围、社会影响亦逐渐萎缩。

### 十四、《〈古诗源〉评选》

《〈古诗源〉评选》，抄本，现存两种版本，均为"泰州本"。第一种版本的底本为"长洲沈归愚辑《古诗源》，焕文堂藏版"，此为"巾箱本"八册十四卷，全书为朱笔点批。可惜现存仅七册，其中第十四卷已经散佚②。第二种版本的底本为"道光十三年新刊《古诗源》，实仁堂藏版"，二册十四卷。

泰州图书馆馆藏古籍目录认为第一种版本为黄葆年的稿本，不过此说似乎并不正确。如果此版本为稿本，必然有修改涂抹的痕迹，但是通览全书，并没有修改之处，故应为清誊本，是否为黄葆年亲自抄写存疑。第二种为抄本，但是全书批注分为朱笔和墨笔两种，由于笔迹其后明显不同，因此抄写者为两人。

《〈古诗源〉评选》成书于光绪二十八年（1902年），这在黄葆年的序言中有明确记载：

> 古诗之有汉魏、六朝，盖三百篇之流风也，然自三唐、两宋观之，则以为诗之源矣。古诗选本甚多，沈氏较善，予又略就评选以为子弟课本。呜乎！诗教其衰矣，愿与留心风雅者共挽之。光绪二十八年，岁在壬寅冬十月望，隰朋识于归群草堂。③

---

① 黄葆年：《〈四书文存〉序》，《归群草堂文集》，载方宝川主编《太谷学派遗书》（第二辑第二册），江苏广陵古籍刻印社，1998，第21页。

② 此抄本卷首有"一字理泉"钤印，印者为抄录者或收藏者，待考。

③ 黄葆年：《〈古诗源评选〉序》，《〈古诗源〉批注》，焕文堂藏版，泰州图书馆藏抄本。不过，"实仁堂藏版"中的序言，在文字上则略有差异，其云："古诗之有汉魏、六朝，盖三百篇之流风也，然自三唐、两宋观之，则以为诗之源矣。古诗选本甚多，沈氏较善，予又略就评选以为子弟课本。呜呼！诗教其衰矣，愿与留心风雅者共挽之。光绪二十八年，岁在壬寅冬十月望，隰朋氏黄葆年书于吴郡之寓庐归群草堂。"黄葆年：《〈古诗源〉批注》，实仁堂藏版，泰州图书馆藏抄本。此文亦收入《归群草堂文集》，但是没有最后一句。黄葆年：《归群草堂文集》，载方宝川主编《太谷学派遗书》（第二辑第二册），江苏广陵古籍刻印社，1998，第33页。

　　黄葆年在点评汉代的《伤歌行》时，就认为古诗在此时已经登峰造极，故此后古诗只能进行变化："古诗至十九首，歌行至此等诗，缠绵悱恻之音极矣。后世才人无可复加，是以变而为选体也。"[①] 其后古诗流变在李白时亦达到极致，唐以后也无以为继，"古诗一变而为建安，再变而为步兵之咏怀，三变而为彭泽之拟古，四变而为陈正字张曲江之感遇，各有独至处，然犹有余地以俟后至作者也。至太白古风五十九首，极情尽致，而古诗尽矣，后人无能为役矣"[②]。基于此，黄氏认为唐代之后"诗教"功能亦不复存在："后人论诗贵质，不知其失文也。论诗贵骨，不知其失肉也。贵奇矫而失其平，贵哀怨而失其实。贵华美而失其实，贵清高放旷而失风人之旨，而温柔敦厚之教衰矣，吾欲以十九首悬之为的也。"[③] 因此，黄葆年评注沈德潜编选的《古诗源》，作为归群弟子的课本，目的就是以"古诗"为源，传承"诗教"，发挥诗的教化功能。

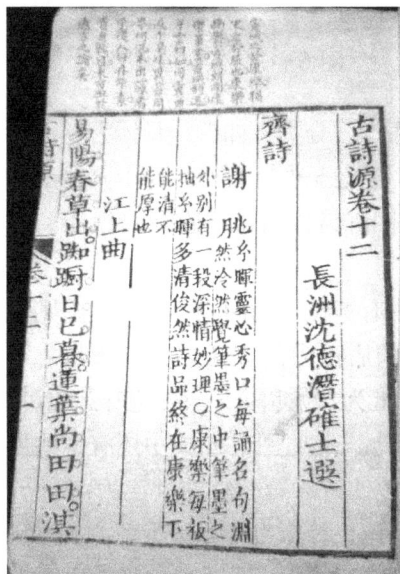

图 6-9　焕文堂藏版《〈古诗源〉评选》

图 6-10　焕文堂藏版扉页

---

① 黄葆年：《〈古诗源〉批注》，焕文堂藏版，卷二，泰州图书馆藏抄本。
② 黄葆年：《〈古诗源〉批注》，焕文堂藏版，卷四，泰州图书馆藏抄本。
③ 黄葆年：《〈古诗源〉批注》，焕文堂藏版，卷四，泰州图书馆藏抄本。

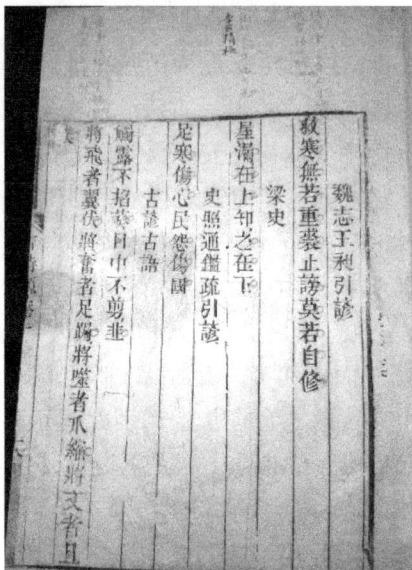

图 6-11　实仁堂藏版 1

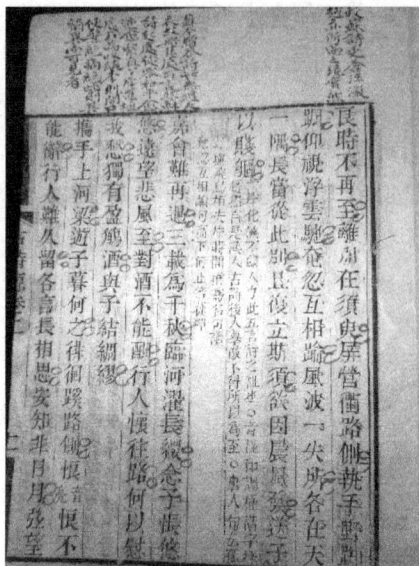

图 6-12　实仁堂藏版 2

《〈古诗源〉评选》以《古诗源》为底本，分为十四卷，具体为卷一古逸、卷二至卷四汉诗、卷五至卷六魏诗、卷七至卷九晋诗、卷十至卷十一宋诗、卷十二齐诗、卷十三梁诗、卷十四陈诗、隋诗并附录北魏诗和北齐诗。

《〈古诗源〉评选》的格式为，正文中有黄葆年的圈点，正文之上则是黄氏所作眉批。例如，卷一《击壤歌》的眉批为："圣人之治天下也，不扰民而已，何力之有？"①《灵宝谣》的眉批为："龙川夫子《西施吟》'八月九月芦花秋，千枝万枝桐叶愁'，盖取诸此。"②此外，正文中还有一些批注，不过数量极少。如黄葆年对郭璞《游仙诗》第三首的批注为："逸气仙心非复人间物色，不必以诗论，即以诗论，篇章字句无法不备，实无法不起，设非天仙才子，其能及此乎？太白犹有让焉，余子琐琐矣。"③第七首的批注云："李云峥嵘奇丽"。④

黄氏眉批体现其对古诗的谋篇布局、诗品风格以及诗人才华的独到见解。如其对郭璞《游仙诗（七首）》全诗的结构作有整体分析，认为此诗思路清晰、前后照应，足以反映其出世求仙的志向。

---

① 黄葆年：《〈古诗源〉批注》，焕文堂藏版，卷一，泰州图书馆藏抄本。
② 黄葆年：《〈古诗源〉批注》，焕文堂藏版，卷一，泰州图书馆藏抄本。
③ 黄葆年：《〈古诗源〉批注》，焕文堂藏版，卷六，泰州图书馆藏抄本。
④ 黄葆年：《〈古诗源〉批注》，焕文堂藏版，卷六，泰州图书馆藏抄本。

首章以京华衬起山林，高蹈之始也。次章从青溪突起，言遗世独立，不为尘系也。三章始写其人游仙之成也。四章言时不可留，非游仙无以永之也。五章言世无可恋，非游仙莫能远之也。六章言游仙者，避乱不得已之极思，彼燕昭汉武何为者哉？七章仍以世味衬仙品作结，与起相应，盖至此长谢世人，吾志决矣。①

黄葆年充分认识到诗与性情的紧密关系："诗言性情，不及情者无诗，忘情亦无诗矣。是故古诗极达语，皆极痴语也。"②故其认为阮嗣宗、郭景纯、陶渊明和谢灵运的诗作虽各有侧重和所长，但均是个人性情的真实流露和表达，亦皆为精妙佳文，"嗣宗咏怀，景纯游仙，陶公归田园，谢客游山水，其中皆有性情焉，故能笔参造化，文妙古今。如此作一起之佳人所共见，而通篇皆得山水清晖、游子忘归之妙，则急索解人不得矣"③。黄氏对"大、小谢"可谓偏爱有加，正如其云："宣城之于康乐，犹宋之于屈也。康乐幽郁，宣城朗润，康乐笔灵，宣城韵远。子云相如，同工异曲，及尔臭味，异苔同岑，何况本出一源者乎？后人好丹非素，贵耳贱目，未可与于通方之论矣。"④

黄葆年以沈德潜《古诗源》为底本进行批注，故其对沈氏的论断亦多有阐发和评论。例如，沈德潜对晋代陆机诗作多用排偶颇多微词，其云：

士衡诗亦推大家，然意欲逞博，而胸少慧珠，笔又不足以举之，遂开出排偶一家。西京以来，空灵矫健之气，不复存矣。降自梁陈，专工队仗，边幅复狭，令阅者白日欲卧，未必非士衡为之滥觞也……士衡以名将之后，破国亡家，称情而言，必多哀怨，乃词旨敷浅，但工涂泽，复何贵乎。苏、李十九首，每近于风。士衡辈以作赋之体行之，所以未能感人。文赋云：诗缘情而绮靡，殊非诗人之旨。

黄葆年对此并不苟同，认为陆机与曹植、张翰相比，才华各异、各有所长，时人称赞其为"太康之英"并非溢美之词："士衡排偶之祖也，排偶之作研炼工整，不使轻靡走作，亦古诗不可不闻之洞窾也。唐以上无异词，近多议之。平心而论，子建之雄才，步兵之清奇，渠似有未逮矣。然

① 黄葆年：《〈古诗源〉批注》，焕文堂藏版，卷六，泰州图书馆藏抄本。
② 黄葆年：《〈古诗源〉批注》，焕文堂藏版，卷四，泰州图书馆藏抄本。
③ 黄葆年：《〈古诗源〉批注》，焕文堂藏版，卷十二，泰州图书馆藏抄本。
④ 黄葆年：《〈古诗源〉批注》，焕文堂藏版，卷十二，泰州图书馆藏抄本。

和平庄雅而清古之韵流转行间，古人推为太康之英，非溢美也。"①

黄葆年对古诗的认知，直接受到李光炘父子的影响，亦反映出太谷学派的基本诗歌观。黄葆年的许多眉批多直接转抄自李少平的批注。例如，其在《八伯歌》眉批中云："李少平先生曰一种祥瑞之气。"②《获麟歌》的眉批为："李云《获麟歌》，圣人之仁至。龟山操，圣人之义尽，章句云乎哉。"③ 可见，在太谷学人中，李少平的古诗鉴赏水平出类拔萃，其生前应有相关著述留存，可惜目前已经散失。黄氏眉批反映其师李光炘对古诗多有阐发，观点亦与众不同，独树一帜。例如李光炘认为《古诗十九首》一半作品为李陵所作，正如黄氏所载："昔者闻诸龙川夫子云：十九首，半是李陵作。及观众说，或枚或传，无言李者，然以意逆志，则逐臣万里，思乡恋友之辞为多，且与河梁赠答诗，臭味声色，无一不肖。都尉之作，岂不信而有征哉？噫！看羊十九年，古诗十九首，岂亦有数存耶？"④

此外，黄葆年对《古诗源》还作有部分点校，例如他发现原书对谢瞻《答灵运》的点评错误，为"评误刻"⑤。

### 十五、《天籁集》

《天籁集》抄本，现有"泰州本""苏图本"和"扬州大学本"。"泰州本"为四卷四册，"苏图本"为一卷一册，"扬大本"是一卷二册，封面为"古诗天籁集"，明确其版本抄录自"光绪甲辰年"（1904年）经黄葆年辑录并作评述之版本。⑥

2005年秋季艺术品拍卖会上，敬华（上海）拍卖股份有限公司拍卖据称为"清光绪甲辰黄葆年清稿本"的《天籁集》不分卷一种。此书附《天籁遗音》一卷，为竹纸，毛装五册，版式为28厘米×15.8厘米。⑦2019年5月22日，广东崇正拍卖行进行了"红楼旧梦·端木蕻良旧藏（二）"

---

① 黄葆年：《〈古诗源〉批注》，焕文堂藏版，卷五，泰州图书馆藏抄本。
② 黄葆年：《〈古诗源〉批注》，焕文堂藏版，卷一，泰州图书馆藏抄本。
③ 黄葆年：《〈古诗源〉批注》，焕文堂藏版，卷一，泰州图书馆藏抄本。
④ 黄葆年：《〈古诗源〉批注》，焕文堂藏版，卷四，泰州图书馆藏抄本。
⑤ 黄葆年：《〈古诗源〉批注》，焕文堂藏版，卷五，泰州图书馆藏抄本。
⑥ 此书卷首有"海安人民公社仲信韦代书"的钤印，这说明此书抄录于20世纪50年代以后。黄葆年：《天籁集》，扬州大学图书馆藏。
⑦ 2005年，敬华（上海）拍卖股份有限公司拍卖黄葆年《天籁集》不分卷（附《天籁遗音》一卷），据拍卖者言此为"清光绪甲辰黄葆年清稿本"。根据网络书影，此本格式与"泰州本""扬大本"相同，但是内容则略有差异，因为书影中李白的《蜀道难》《乌栖曲》《飞龙引》等诗均不见上述两个版本。此书眉批为墨笔，且内容未有任何涂改之处，至于笔迹很难断定出自黄葆年之手，故判断此版本不可能为黄葆年的稿本，还是后人的抄本。https://auction.artron.net/paimai-art37682117/。

拍卖会，其中有"丁未季冬，无漏手抄"《天籁集》，应为 1907 年的抄本。此书为四册，版式为 20 厘米 × 14 厘米。[①]

《天籁集》大致成书于 1904 年夏季，黄葆年曾言："甲辰盛夏归群子黄序言于姑苏之归群草堂。"[②] 我们据此认为，此书为黄葆年为归群草堂教学特意而作。《天籁集》在归群弟子中多有收藏，吴眉孙、钟泰等人均有藏本[③]。

"泰州本"分为四卷，卷一、卷二是唐尧至隋朝的诗歌，卷三、卷四为唐朝诗歌，其中卷二还有"补遗"，收录曹植《赠白马王彪并序》《送应氏诗二首》、嵇康《幽愤诗》、阮籍《咏怀》（其一、其五、其六和其三十一）、潘岳《内顾诗二首》、左思《招隐诗二首》、谢灵运《晚出西射堂》、鲍照《拟古》（其三）以及汉列仙阴长生的《古诗三首》（隋代的《遗世四言诗》）。"苏图本"和"扬大本"分别对应着"泰州本"的卷一或卷二。

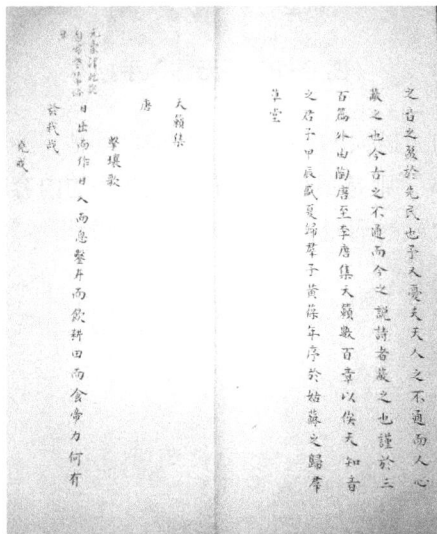

图 6-13　苏图本《天籁集》

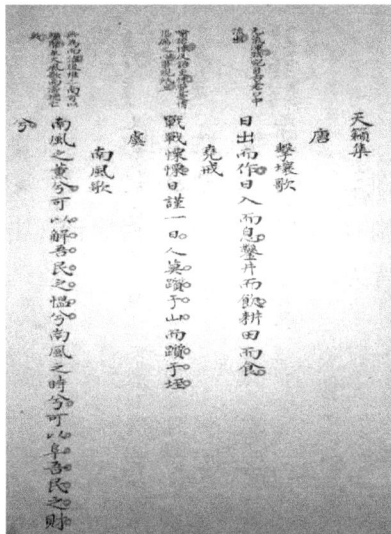

图 6-14　泰州本

---

① 据书影，此抄本卷首有钤印"痛歌"和"戒荈"。此外，此书还附录《与王仲杰书》等太谷学派信函以及《〈贤良策〉校勘注》的第一篇。https://www.epailive.com/goods/11778036。

② 黄葆年：《〈天籁集〉序》，《天籁集》，载方宝川主编《太谷学派遗书》（第二辑第五册），江苏广陵古籍刻印社，1998，第 1 页。

③ 1960 年 7 月 23 日，"又看眉翁，眉翁病新起，嘱以仲素所写《天籁集》还之黄氏"。1961 年 2 月 13 日，"午后江公望来，以旧钞《天籁集》一部赠之"。钟泰：《钟泰日录》（下），《钟泰著作集》（第 8 册），上海古籍出版社，2021，第 643、663 页。

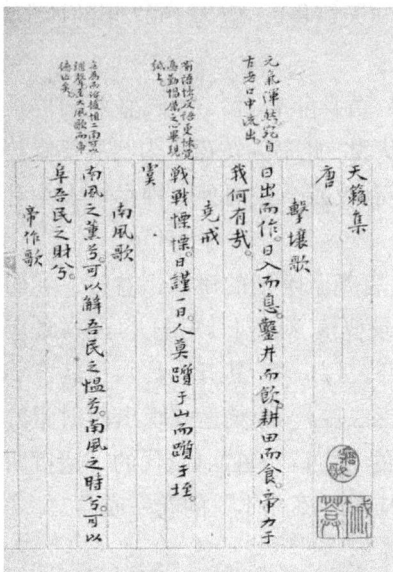

图 6-15　扬大本

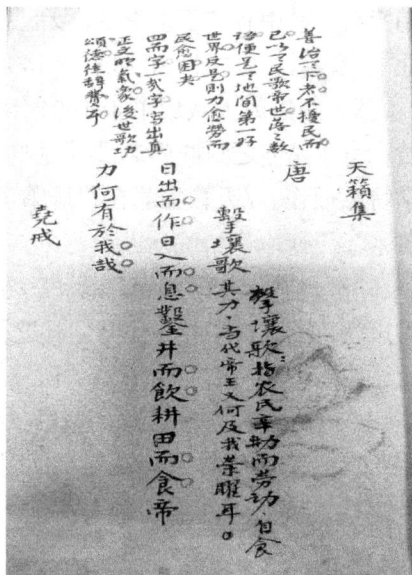

图 6-16　"无漏"手抄本

"苏图本"为朱批，"泰州本"和"扬大本"的格式相同，但是"苏图本"为朱批，"泰州本"和"扬大本"则是墨批。三个版本批注的内容则有一定区别，例如对唐诗《击壤歌》的眉批，"苏图本"与"泰州本"皆为：

> 元气浑然，宛自古老口中流出。①

"扬大本"则为：

> 善治天下者，不扰民而已治。以天民歌帝世，落落数语，便是天地间第一好世界，反是则力愈劳而民愈困矣。
>
> 四而字，一哉字，写出正文的气象，后世歌功颂德徒辞费乎？

此外，"扬大本"还有后人的点评："《击壤歌》：指农民辛勤而雷动，自食其力，当代帝王又何及我荣耀耳。"② 显然，这与抄录者所处时代及其社会环境有着密切关系。

---

① 黄葆年：《天籁集》，页一，苏州图书馆馆藏抄本。黄葆年：《天籁集》，载方宝川主编《太谷学派遗书》（第二辑第五册），江苏广陵古籍刻印社，1998，第 1 页。

② 黄葆年：《天籁集》，页一，扬州大学图书馆藏抄本。

《天籁集》收录了《诗经》三百篇之外，陶虞至李唐的所谓"天籁之作"数百首。黄葆年之所以将此书命名为《天籁集》，因为太谷学派认为《诗经》就是《天籁》，只有《诗》能够真正反映出人的自然心性：

> 《诗》，天籁也，天籁之发于人者也。天下惟动于天者，不可以形迹求六经，若《书》若《礼》若《春秋》，大率归本人事，《易》则书人以合天，惟《诗》兴乐，动于天机之自然。乐犹假器，数以传《诗》，遇纯乎性情为之。①

黄葆年试图让归群弟子真正成为天籁之音的"知音"，一方面可以欣赏金石丝竹之音的美妙，另一方面又能够通过感悟古诗去除"人心之蔽"，正如其所言：

> 《记》曰："乐由天作"，又曰："凡音之起，由人心生也。"此二说者，足以观诗矣。诗动乎天而应以人，动乎人而应以天。天人之相应也，今之诗由古之诗也。天人之不相应也，意匠经营之日深也，兴观群怨之日远也。予闻夫金石丝竹之音之盈于虚空也，予闻夫金石丝竹之音之盈于先民也。予又忧夫天人之不通而人心蔽之也，今古之不通而今之说诗者蔽之也。谨于三百篇外，由陶唐至李唐集天籁数百章以俟夫知音之君子。②

显然，黄葆年编写此书的目的，是为了实现天人之间的相通，更好地体现天人感应，尤其是诗人通过诗词与音乐之间美妙意境的互感和体验，以期达到天人合一的至高境界。

《天籁集》的格式为，正文抄录原诗，在诗中作有圈点，由黄氏对其中部分诗词加眉批。试举几例如下：

正文：

> 舜之《皋陶又歌》：元首丛脞哉！股肱惰哉！万事堕哉！

① 黄葆年：《诗说》，《归群文课》，载方宝川主编《太谷学派遗书》（第二辑第六册），江苏广陵古籍刻印社，1998，第305页。
② 黄葆年：《〈天籁集〉序》，《天籁集》，载方宝川主编《太谷学派遗书》（第二辑第五册），江苏广陵古籍刻印社，1998，第1页。

黄氏眉批：

> 反言以申戒之，非此不警，此为盛世元音，若贡谈献颂则亡国之音矣。①

《皋陶又歌》的本意是皋陶告诫舜，作为首领必须抓大事，不要亲自陷入各种琐事之中，否则股肱之臣就会无所事事而懈怠，国家大事反而因此颓废。黄葆年批注则认为皋陶此言为"盛世元音"，对舜发出避免亡国的警告。

正文：

> 杜甫《饮中八仙歌》：知章骑马似乘船，眼花落井水底眠。汝阳三斗始朝天，道逢麹车口流涎，恨不移封向酒泉。左相日兴费万钱，饮如长鲸吸百川，衔杯乐圣称避贤。宗之潇洒美少年，举觞白眼望青天，皎如玉树临风前。苏晋长斋绣佛前，醉中往往爱逃禅。李白斗酒诗百篇，长安市上酒家眠。天子呼来不上船，自称臣是酒中仙。张旭三杯草圣传，脱帽露顶王公前，挥毫落纸如云烟。焦遂五斗方卓然，高谈雄辩惊四筵。

黄氏眉批：

> 八人八章，皆奕奕有生气。生气者，饮酒之真也。知此者，酒得之则为仙翁，诗得之则为仙笔矣。太白之游戏尘世，啸傲阙廷，其超群而绝伦者乎？长吏之草圣三杯，贺之鉴湖一曲，其次也。宗之之玉树临风，焦遂之高谈惊座，又其次也。汝阳贵亦可移，左相无妨奢。苏晋禅亦可选，亦所谓名不虚立，士不虚附者也。雄奇变化，妙造自然，闻当时同赋者当数百章，今无一存，亦可见兰亭初本之贵矣。②

有学者认为："后人评论此诗，大多着眼于八仙身上的'仙气'。"③ 黄

---

① 黄葆年：《天籁集》，载方宝川主编《太谷学派遗书》（第二辑第五册），江苏广陵古籍刻印社，1998，第 4 页。
② 黄葆年：《天籁集》，载方宝川主编《太谷学派遗书》（第二辑第五册），江苏广陵古籍刻印社，1998，第 363—364 页。
③ 莫砺锋、童强：《杜甫诗选》，商务印书馆，2018，第 11 页。

葆年亦如是，将视角集于所谓"生气"之上，认为此八人饮酒为"仙翁"，赋诗则为"仙笔"。

### 十六、《天籁遗音》

《天籁遗音》，抄本，二卷，现存"泰州本"。《天籁遗音》为《天籁集》的续集，为黄葆年论诗的重要著作之一。《天籁遗音》多由《天籁集》未选《古诗源》之诗组成，当然黄葆年亦作有相当比例的加增。

黄葆年认为，"天籁遗音"既是上天赐予人类，又是古代留赠今世的谆谆命数，具体而言就是三皇五帝以来中国古诗的精华：

> 天之于人也，犹亲之于子也，而不必其谆谆，然命之也，遗之以音而已矣。古之于今也，犹师之于弟也，而不必其谆谆，然命之也，遗之以音而已矣。是何也？声音之感人深也。斯道也，莫著于《诗》。《商颂》曰："天命玄鸟，降而生商"，天之遗音也，《易》所谓"飞鸟遗之音"是也。《周颂》曰："有瞽有瞽，在周之庭"，古之遗音也，《记》所谓"五帝之遗音""三王之遗音"是也。[①]

黄氏以为，自秦汉以来，中国古代遗音久未显传，已成"危几"之情，因此其有必要、有责任去实现天命之感通、圣哲之领悟、遗音之传承：

> 秦汉而下，浸以降矣。然就其善者，不犹有古之遗音乎哉！古之遗我以音也，犹天之遗我以音也。天之遗我以音也，无言而无不言也。古之遗我以音也，无不言而无尽言也。我而知音也，不啻其谆谆也，然命之也，微几也。我而不知音也，何有乎谆谆，然命之也，危几也。[②]

黄氏编写此书的目的，就是希望发挥诗的社会教化功能，通过正确感悟古诗所蕴含的"天籁知音"，深刻理解"周情孔思"的微言大义，进而实现"先圣心传"传承的不绝如缕，正如黄氏在序言中所寄予的厚望：

---

① 黄葆年：《〈天籁遗音〉序》，《归群草堂文集》，载方宝川主编《太谷学派遗书》（第二辑第二册），江苏广陵古籍刻印社，1998，第39—40页。

② 黄葆年：《〈天籁遗音〉序》，《归群草堂文集》，载方宝川主编《太谷学派遗书》（第二辑第二册），江苏广陵古籍刻印社，1998，第40—41页。

呜乎！诗之为教也，浅言之则学士大夫之诵说也；深言之，则周情孔思之源流也。居今日而言诗，又所谓先圣心传不绝如缕者也，我敢有遗乎哉！我能无遗乎哉！我心常若有遗也，是以天籁赓续，时有遗音也。盖宽闲之野、寂寞之滨，遗音往往而闻矣。又以知天之所以遗我与古人之所以遗我者，其情无尽、其音无尽也。遗音始于周，我歌汉广江永；遗音终于唐，我歌江上峰青也。①

黄葆年对编写此书非常重视，特意命归群弟子张述明抄录此书，带往山东交给朱玉川审读，朱氏对此感慨不已："盖与天为徒也，先生命述明抄归示予。"② 黄氏作此书序言时，反复斟酌，三易其稿，每次都不厌其烦寄往朱玉川，请其指教："三复《〈天籁遗音〉序》，而知三先生天聪无时不开，天聪无时不达也。殆闻而知之者也先生谓《天籁遗音》无时无之，此语诚然而闻者焉。"③

此书的格式为，正文先抄录原文，黄葆年在正文中以朱笔圈点，并用墨笔作有"眉批"。以西周《论语引逸诗》为例：

原文：巧笑倩兮，美目盼兮，素以为绚兮。
　　　○○○　　○○○　　　○○○○
眉批：人各有其素也，效颦者自失之也。人本有其素也，蒙不洁者自失之也。

《天籁遗音》分为两卷，其中卷一自西周《论语隐逸诗》至隋朝卢思道《从军行》，收录74首，卷二为唐诗，从唐玄宗《幸蜀西至剑门》至冯道《偶作》，收录64首，补遗《水仙操》《相和歌》和蔡琰《悲愤歌》等3首，总计为141首。根据诗歌所作朝代划分，《天籁遗音》收录唐诗最多，达64首，其次是晋诗、汉诗和梁诗，分别为17首、8首和7首，而陈诗、隋诗最少，均为1首。从诗的类型分析，古风、民谣居多，尤其是西周至汉朝以古诗、乐府诗为主，汉代之后亦偏重于拟古诗，可见黄葆年对"古风"的偏爱。

① 黄葆年：《〈天籁遗音〉序》，《归群草堂文集》，载方宝川主编《太谷学派遗书》（第二辑第二册），江苏广陵古籍刻印社，1998，第41—42页。
② 朱玉川：《上黄先生书》，《养蒙堂遗集》，载方宝川主编《太谷学派遗书》（第一辑第二册），江苏广陵古籍刻印社，1997，第80页。
③ 朱玉川：《上黄先生书》，《养蒙堂遗集》，载方宝川主编《太谷学派遗书》（第一辑第二册），江苏广陵古籍刻印社，1997，第79页。

从收录诗作数量分析，处于前列的作者为李白、杜甫、陶渊明和陆机，分别为11首、9首、6首和5首，这其中多为"古风"之作。这既说明黄葆年对李、杜、陶、陆等人山水田园诗作的喜好，又是对其乐府诗、拟古诗的推崇。黄葆年赞誉李白《古风》时云："太白，千古人也。满目疮痍，谁为同调，所谓世人皆欲杀也。众芳皆落，青莲自芳，所谓万事贵天生也。"① 黄葆年尤其赞许陶渊明的"隐逸"之风，其在点评《游斜川并序》一诗时，分析谢朓、李白和陶渊明各自的"隐逸"诗风，认为陶氏之"逸"千古一人，无人能及，"玄晖逸在笔，太白逸在气，渊明逸在情。情逸而笔兴，气自无不逸，是故千古逸品，独归陶公。虽彻九重秀，颜瞻无匹俦，不啻自言其诗，并自言其人也"②。

黄葆年认为古代天籁之作都是真心实意之作，正如其评注《笔铭》时云："文者，言之华。言者，心之华也。陷于文必自陷，溺其心始是，故柳氏曰：'心正则笔正。'"③ 一般公认，李白诗歌飘逸洒脱，杜甫诗风朴实真切，黄氏却认为两人殊途同归，均是真性情之作，其在评价杜甫《江上》时感叹："李于神仙，杜于家国，盖有性情焉。是故夜郎前谪，而举头天外之气愈真。荆楚萧条，而定倾扶危之思益切。"④ 事实上，黄葆年尤为赞赏陆机的"诗缘情而绮靡"的创作路径和风格，即强调诗歌是有情而发、因情而发，正如其对陆氏《赴洛阳道中作》的点评："舍舟而陆，旅行多苦，况以公侯之胄，锦绣之才，又遭国破家亡之变乎，是故途中景物目之所击，不及其心所惊也，而今昔盛衰，南北新故之感，一时交集，是以婉转赋此，而惆怅切情如此也。游子河梁，古诗十九之后复有此笔墨，吴越信人文渊薮哉！"⑤ 黄氏充分褒奖陆氏用笔之才华横溢以及抒情之情真意切，认为此诗足以与《古诗十九首》相媲美。

黄葆年虽然在《唐宋文读本》中对韩愈散文给予充分肯定，但是对其诗则颇有微词，他在评论《和席八夔十二韵》时直言不讳地表示："昌黎诗，博大有之，而韵多不及古。宋以后因尊其文，并尊其诗，非笃论也，

① 黄葆年：《天籁遗音》，载方宝川主编《太谷学派遗书》（第二辑第五册），江苏广陵古籍刻印社，1998，第60页。
② 黄葆年：《天籁遗音》，载方宝川主编《太谷学派遗书》（第二辑第五册），江苏广陵古籍刻印社，1998，第24页。
③ 黄葆年：《天籁遗音》，载方宝川主编《太谷学派遗书》（第二辑第五册），江苏广陵古籍刻印社，1998，第4页。
④ 黄葆年：《天籁遗音》，载方宝川主编《太谷学派遗书》（第二辑第五册），江苏广陵古籍刻印社，1998，第51页。
⑤ 黄葆年：《天籁遗音》，载方宝川主编《太谷学派遗书》（第二辑第五册），江苏广陵古籍刻印社，1998，第18页。

然亦自有过人者。如此诗庄雅澡丽可以接武初唐，蕴藉风流亦可以接武盛唐矣。而选者多未之及，岂真珍山石之荦确，而弃美玉之温良耶。"①

黄葆年通过编写此书，为搜集中国古代高山流水之音以遗当世"知音"作出巨大努力，正如其坦言："予既成《天籁集》，且续之矣。而高山流水之音犹峨峨乎，汤汤乎盈我耳也。静而察之，盖天籁之在我心，无心遗之，有心亦遗之。而天籁之在天下万世之人心未闻遗之，闻如未闻又遗之，不知其几几矣。呜呼，古人之遗有尽乎？天地之遗有尽乎？愿与知音之士一洗从前筝笛耳也。"② 显然，黄葆年希望与"知音"共同去感知和体会，原本就存在于人心之中的天籁遗音，通过洗耳恭听高山流水之妙音，达到洗尽铅华之功效。

其实，《天籁集》和《天籁遗音》是黄葆年以沈德潜《古诗源》为底本加以精选的产物，因此两书中的绝大多数诗歌均见于《古诗源》，甚至排序亦基本相同。当然，黄葆年根据自己的兴趣和偏好，在《天籁集》《天籁遗音》中增加了部分诗歌。例如，《天籁集》中新增汉代四皓《紫芝歌》、高彪《清诫》《自知》（《艳歌何尝行》），曹魏王粲《公宴诗》、刘桢《赠五官中郎将》，晋陆机《饮马长城窟行》、潘尼《迎大驾》、潘岳《内顾诗二首》、陶渊明《示周续之祖企谢景夷三郎》，南北朝谢灵运《晚出西射堂》《庐陵王墓下作》《初往新安桐庐口》、鲍照《拟古》其三、江淹《魏文帝曹丕游宴》《阳春曲》《夜夜曲》等。《天籁遗音》新增有《论语隐逸诗》《左传隐逸诗》《几铭》《曳杖歌》《孺子歌》《莱人歌》《越谣歌》《越群臣祝》《三秦记民谣》《朱儒颂》《大学引谚》《六韬引谚》《左传引谚》《国语引谚》《列子引谚》《庄子引谚》等古风之作，以及曹魏应璩《三叟》，晋代陆机《拟青河畔草》、陶渊明《巴东三峡歌》，南北朝谢朓《和王主簿季哲怨情》、张融《苏小小歌》、沈满愿《采毫怨》《琅琊王歌辞四章》，唐朝李白《古风》《妾薄命》《送送韩准裴政孔巢父还山》《泛沔州城南郎官湖》《战城南》《夜作吟》《登高邱而望远海》《当涂赵炎少府粉图山水歌》《口号赠阳徵君》《望木瓜山》《结袜子》、杜甫《渼陂行》《奉赠王中允维》《奉济驿重送严公》《江上》《送郑十八虔贬台州司户伤其临老陷贼之故阙为面别情见于诗》《阁夜》《送严公入朝十韵》等诗。

---

① 黄葆年：《天籁遗音》，载方宝川主编《太谷学派遗书》（第二辑第五册），江苏广陵古籍刻印社，1998，第64—65页。

② 黄葆年：《〈天籁遗音〉序》，《归群草堂文集》，载方宝川主编《太谷学派遗书》（第二辑第二册），江苏广陵古籍刻印社，1998，第43—44页。

### 十七、《大小谢诗钞》

《大小谢诗钞》，抄本，一卷，"泰州本"。"大小谢"即谢灵运和谢朓，此书是黄葆年选评《谢康乐诗集》、谢朓《谢宣城诗集》的著述。黄葆年自序的时间为"辛亥春三月"，故推断此书应当完成于1911年4月之前。

黄葆年特别欣赏东晋谢灵运、南齐谢朓的诗作，但因历史久远，知己难寻，"大小谢"诗作不易为后人所理解，故其特意编写此书以帮助归群弟子了解和借鉴其诗作创作方式和风格，正如其在序言中所云：

> 相知定文当时难，后世亦难。知大谢者，鲍明远也。知小谢者，李青莲也。文章千古，得失存心，匪我佳人，莫之能解矣。予观大谢诗，天朗气清，惠风和畅，其兰亭之胜乎？观小谢诗，神光离合，乍阴乍阳，其十三行之真乎？山阴岩壑，洛水神人，与王谢风流相辉映也。钞二谢诗若干首，初日芙蓉以永令今朝，澄江如练以永今夕山水清晖，云中天际俯阳如或遇之，更愿从熟知二谢一遥质之也。[1]

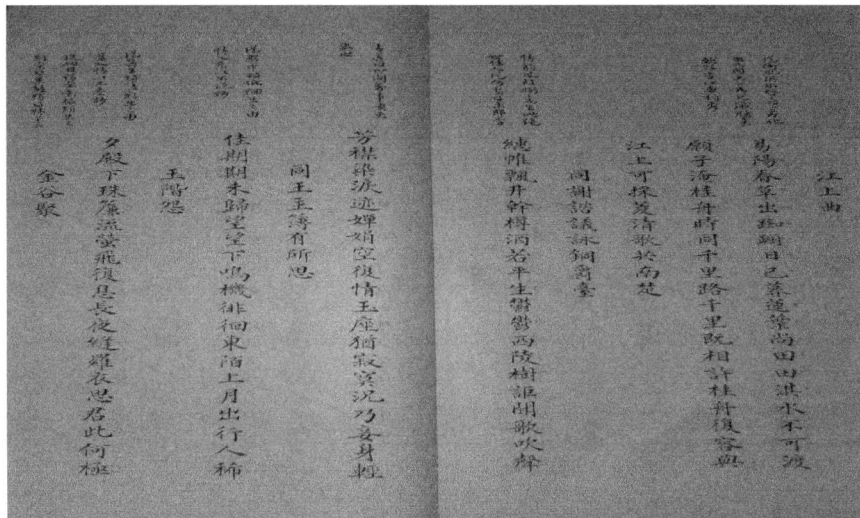

**图 6-17　泰州本《大小谢诗钞》**

此书由黄葆年选编谢灵运和谢朓的部分诗作构成，其中"大谢"21首、"小谢"22首。此书的格式，正文为谢灵运和谢朓的原诗，正文上方是黄葆年对原诗的眉批，"大小谢"诗作末尾分别附录梁朝钟嵘《诗品》、

---

[1]　黄葆年：《〈大小谢诗钞〉序》，《大小谢诗钞》，页一至页二，泰州图书馆藏。

清初陈祚明《采菽堂古诗选》的评论，并有黄氏所作评述。例如，黄葆年对谢灵运《登池上楼》的眉批为："一唱三叹文飞有神，盖有无穷，感喟缭绕，曹先也。此非知人论世，不能知，然知人论世者谣与噫。"①对谢朓《同谢咨议咏铜爵台》的眉批则是："情韵风致，袅之如生，此绝世佳人从何处的来耶，李青莲曰世间万事皆天生也。"②此书对谢朓的诗评，除了引用钟、陈二人的观点，还有黄氏的评述。

钟嵘在《诗品》云：

> 谢朓诗，其源出于谢混，微伤细密，颇不在伦。一章之中自有玉石，然奇章秀句往往警道足使叔源失步明远变色，善自发诗端而末篇多踬，此意锐而才弱也。至为后进士子之所嗟，慕朓极与余论诗感激顿挫过其文。

陈祚明《采菽堂古诗选》则曰：

> 谢宣城诗如雅歌比竹音节，和愉当其高调偶扬，不乏裂云之响闻于邻德，指此为工，不知密坐满堂者别自赏其谐适。

黄葆年的自评为：

> 谢宣城诗清才逸响，绝妙古今，天籁自鸣，匪由心造，风流未歇，瓣香惟有青莲，钟记室所谓见知也，乃文人相轻，未免贵耳贱目，陈山人之论详矣。然裁缝针线匪所语于无缝天衣，雅歌比竹何足以拟钧天广乐哉。僭易之曰：小谢诗如伯牙抚琴，闻者称美耳得山水之趣者千古惟子期一人。鹤鸣于九皋声闻于天，非其子谁能和之，其比于康乐也，如高峰迤逦而下愈剥，换愈来见秀色，固形势之自然，又如凿险缒幽，忽逢灵境，令人神骨皆清，亦旷代一奇才也。③

由于黄葆年充分吸收并参考并借鉴钟、陈二人观点中的合理内涵，故其评论相对更为客观、公允，当然，黄氏对"小谢"的喜爱则是溢于言表，评论中不乏溢美之词。

---

① 黄葆年：《大小谢诗钞》，页八，泰州图书馆藏。
② 黄葆年：《大小谢诗钞》，页十二，泰州图书馆藏。
③ 黄葆年：《大小谢诗钞》，页十五，泰州图书馆藏。

晚清时期，时人认为罹难黄崖教案的张积中，其人生经历与谢灵运颇多相似之处，例如《清稗类钞》就认为张积中"筑寨购守具，为久居计，无异志也。徒以依附者众，又诡秘相习，不知敛戢，至使当道疑为山贼，同于灵运而遽罹浩劫，遂为官吏邀功者所利用耳。呜！可慨也"①。黄葆年似乎有以"大谢"借指张氏的意味，故其辑录此书亦有以古喻今的意图，表面上通过为古人谢灵运申辩，暗中则有为其师伯张积中鸣冤叫屈之意。在清代政治高压之下，黄氏将张积中比作"大谢"，亦是其无法直抒胸臆而有意曲笔为之的一种手法，正如其在序言中所言："诵诗读书，贵乎知人论世，故论古难也。文人生乱世，不幸也。生乱世而横遭谗冤，大不幸也。故论古至谢康乐，难之难也。"晋代的陆机、郭璞和谢灵运均未能善终，黄氏对三人均表示同情，但对"大谢"受诬被冤更是悲悯不已，竭力为其辩白："康乐之自表也，'未闻俎豆之学欲为逆节，山栖之士而构陵上。'康乐自冤之，天下后世宜共冤之也。晋有才人三，皆不得其死：士衡死于好兵，景纯死于术数，康乐死于傲人。非其罪也，而亦皆有自取之者也。予独悲康乐之受诬之已甚也而白之。"②

### 十八、《归群草堂菊花分咏诗》

《归群草堂菊花分咏诗》，抄本，一卷，现存有"泰州本"和"苏图本"。两个版本的抄录者虽然不同，但是内容、顺序基本相同，最大的区别就是"苏图本"将丁其憻所作"跋言"列至卷末。

太谷学派推崇陶渊明的隐士生活，而菊花代表着花之隐逸者，故黄葆年特别喜好菊花，"我夫子之爱菊也，如爱才，其爱才亦如爱菊花。每遇花时，群英罗列，辄叹赏不已，培植护持，无微不至也。犹自谓爱花之性情，远不逮龙川夫子，见一佳种子必曰：'花也如斯。'惜乎未及龙川夫子之赏识也。今秋菊花之盛为历年所罕见，秋色如春心，香歆醉花，与天与人与花与我夫子顾而乐之，不啻得天下英才而教育之也。其所以罗致之俾一时名花荟萃一堂，上慰我夫子之慈颜者则吾友丁君孝宽之力为多，可谓能爱夫子之爱者矣。其爱夫子之爱也，能否如夫子爱龙川夫子之爱"③。自1914年起，丁孝宽、丁其憻兄弟为首的归群弟子，在苏州广泛搜罗菊花品种，移栽归群草堂。1922年，丁其憻又赴淮扬寻找名品，故此年秋归群草堂菊花开放，盛况空前，"吾夫子性爱花而于菊花尤甚，而小子之

① 徐珂：《黄崖诬反案》，《清稗类钞》（第9册），商务印书馆，1916，第194页。
② 黄葆年：《〈大小谢诗钞〉序》，《大小谢诗钞》，页二，泰州图书馆藏。
③ 葛鸿居：《题跋》，载黄葆年等《归群草堂菊花分咏诗》，页三十三，苏州图书馆藏抄本。

性情又独于是花契合无间。故当三秋之暇，不惮出入吴下艺菊者之所，盖七八年矣……得佳种而归也。往往累数十盆，担之者或接踵而行。前者唱邪而后者唱许也。其花之盛开也，或叠架于草堂之前，若屏障然。或陈设于草堂之内，灿烂四座，与吾同学相亲相近于函丈之前也……今秋至扬州，又求得其地之佳种以归，而吴下之花又特盛于佳者"①。黄葆年率太谷学派同人共同赏菊，观赏之余，即命同人以菊花名为题作诗，"夫子顾而乐之，命标志其种类，分题赋诗"，"夫子首为诗篇，同人各有所咏，新词络绎，灿若云霞"②，参与作诗者达119人，其可谓太谷学人的一次雅集盛会，正如黄仲素所言："此册成于壬戌之秋，在重游灵岩而后，可谓极一时之盛矣"。③

李泰阶在《〈归群草堂菊花分咏诗〉序》中对此次雅集活动以及此书的由来作有详细说明：

> 南国传诗之地，东篱载酒之天，联今雨旧雨之同心，合江北江南之秋色，拈花座敞续嘉会于重阳，爱菊人归罗秋英于斗室。时则杖履延爽，一觞召和，命侣分题标锡……皓秋阳于晚节，人恋黄花织艳于新词笺，裁红袖凡玉佩琼琚之什，皆明诗习礼之风。固宜汇厥群芳，都为一册。装成束绢，续当年蝶会之清音。吟向西风，增今日草堂之佳色。壬戌秋九月泰阶谨序。④

此书为黄葆年、毛庆蕃、赵明湖与杨士晟、王锡衡等归群弟子所咏菊花之诗作。《归群草堂菊花分咏诗》共收录太谷学人的七绝诗119首，七律诗2首，其中太谷学派男弟子90人，女弟子19人，对96品菊花进行了咏赞。此书共收录序、跋、辞10篇，其中卷首为李泰阶的序言，卷末则有王宗炎、黄寿三的题词以及朱南金、葛仲修、黄寿朋、刘龢、丁其恒、刘怀、李玉书等人的跋言。

《归群草堂菊花分咏诗》收录归群夫子即黄葆年诗6首，均未见于《归

① 丁其恒：《〈归群草堂菊花分咏诗〉跋》，载黄葆年等《归群草堂菊花分咏诗》，页四十六，苏州图书馆藏抄本。
② 丁其恒：《〈归群草堂菊花分咏诗〉跋》，载黄葆年等《归群草堂菊花分咏诗》，页四十四至四十五，苏州图书馆藏抄本。
③ 黄仲素：《秋生书菊花册子后》，载黄葆年等《归群草堂菊花分咏诗》，页四十，苏州图书馆藏抄本。
④ 李泰阶：《〈归群草堂菊花分咏诗〉序》，载黄葆年等《归群草堂菊花分咏诗》，页一，苏州图书馆藏抄本。

群草堂诗集》。具体如下：

> 《绿白牡丹》：佳日春秋会一朝，绿娥沉醉素娥娇。濂溪隐逸知犹浅，富贵神仙王子乔。
> 《柳线飘风》：一线春秋贯凤因，才黄半绿倍多情。宅边篱下相牵处，五柳先生作证盟。
> 《霓裳羽衣》：霓为裳兮羽为衣，丝丝缕缕认依稀。东篱老人歌且舞，不向明皇问是非。
> 《金背大红》：金镶大赤出乾宫，化作黄花酿酒红。恰似枫林有佳色，□摇背指夕阳中。
> 《一品黄》：天生土德十分全，信是人间一品仙。不解黄花有真意，披衣何取在篱边。
> 《麒麟角》：振振公租十三枝，麟角吁嗟入咏诗。我与陶公共欣赏，芝兰玉树满阶□。[①]

此书直接展示太谷学人的诗作水平，更为重要的则是提供了100多个归群弟子的姓名，例如刘穌字夔诗、刘继字子瓒、薛斋贤字敬思、梅市字隐庵、赵沅字云楼、程莹字彬儒、王增祥字子羊、胡日曜字小梅、李玉书字继群、钱德普字绍群、毛毓豫字继曾等，故此书有助于了解太谷学人之间的交往以及对太谷学派文献的解读。

## 第三节　归群弟子及其著述

### 一、黄葆年的主要弟子

黄葆年在山东为官时，虽然也在其官衙中收徒传学，但是多限于太谷学派同门子弟之列，并未有意延揽门徒。黄葆年解组后，在苏州归群草堂讲学二十余年，虽然其一直坚守太谷学派"有教无类""来去自由"的原则，但是因其声名远播，则吸引众多社会人士前来拜师求学。例如，刘孚京之侄刘穌、刘钥兄弟率全家八口入贽，令黄葆年深受感动："镐仲之侄刘穌与其弟刘钥契八口之家，担囊负笈，自南丰以至于吴从师友也。希平

---

见而嘉之曰：'贤哉！刘氏兄弟也。'"① 吕复慈本为蒋文田弟子，"既得师矣，闻女（汝）师与予厚。予之至苏也，女（汝）间关数千里，自颖至苏，因蒋师以师予"②。陆法复因其夫为归群弟子亦拜师黄葆年，"女（汝）夫从学于吾，女（汝）亦从学于吾"③。朱玉川、毛庆蕃等太谷学人亦命其弟子转赘黄门。如毛庆蕃之叔毛葆卿本为朱玉川门徒，后遵从师命，南下入赘归群草堂，黄葆年对此颇多感慨："毛子世禄，由礼耆年进德，汲汲然不远千里来学于姑苏。黄子心醉其诚也，于其行也，怃然兴感慨然。"④ 吴昌华（敬轩）"甲辰来学……从女（汝）师毛公知命而来者也。凡从毛公来者，多当世士大夫"⑤。

不过，学术界关于归群草堂的学生人数则是众说纷纭，有多者数万人、数千人，少者数百人等多种说法，不一而足。据民国《吴县志》云："大江南北，从游者数千人。"⑥ 苏州人沈瓞民曾也说，黄葆年"居苏州，里中人莫非其徒"⑦。张相文则言："（黄葆年）移家吴中，开坛讲学，海内宿儒名媛，闻风景从。泰州人越江从游者多至数千。"⑧ 上述说法似乎都有些夸大其词，或许当时进入归群草堂听课者数量甚众，而真正及门者则相对有限，因为太谷学派对门徒的考察是比较严格的，许多人只是获得短期旁听的资格，而最终无缘入室。胡涤就曾言："（黄葆年）晚岁罢官，侨居吴门，从之游者至数百人，远方来者，或留数月，必各因其长短而讽论之。"⑨ 事实上，当时如果没有熟人引荐，一般人士甚至都无法见得黄葆年真容。例如，民国著名律师王龙（天瑞）为钟泰学生，曾想随从其师赴归群草堂而面见黄葆年，但其也知道这并非易事，为此特意致函钟氏："昔者仲尼之

① 黄葆年：《黄氏遗书》，载方宝川主编《太谷学派遗书》（第一辑第四册），江苏广陵古籍刻印社，1997，第 131 页。
② 黄葆年：《祭吕复慈文》，《黄氏遗书》，载方宝川主编《太谷学派遗书》（第一辑第四册），江苏广陵古籍刻印社，1997，第 593 页。
③ 黄葆年：《祭陆法复文》，《黄氏遗书》，载方宝川主编《太谷学派遗书》（第一辑第四册），江苏广陵古籍刻印社，1997，第 571 页。
④ 黄葆年：《送毛子序》，《归群草堂文集》，载方宝川主编《太谷学派遗书》（第二辑第二册），江苏广陵古籍刻印社，1998，第 105 页。
⑤ 黄葆年：《黄氏遗书》，载方宝川主编《太谷学派遗书》（第一辑第四册），江苏广陵古籍刻印社，1997，第 577 页。
⑥ 曹允源、李根源纂：《（民国）吴县志》卷七十九，杂记二，页四十八至四十九，苏州文新公司铅印本，1933，总第 6686—6687 页。
⑦ 马叙伦：《大成教魁》，《石屋续渖》，上海建文书店，1949，第 7 页。
⑧ 张相文：《太谷教》，《南园丛稿》卷九《沌谷笔谈》卷一，页五十二，载沈云龙主编《近代中国史料丛刊》（第一辑第 300 册），文海出版社（台北），1968，第 885 页。
⑨ 东台胡涤撰次：《老残游记考证》之六《黄龙子之历史及其学术之渊源》，《中华月报》1935 年第 3 卷第 12 期，第 57 页。

门，曾点之后，曾参复来。苟能援袁鸿宇学兄之例，幸得夫子之侧，一瞻海陵夫子道貌，是龙之所至愿者。"①

据陈辽先生研究，"黄葆年有名有姓的传人，即近一百二十人。再加上黄葆年的传人李泰阶、刘仲镐等知名学者，总数当在二百人左右。至于他收纳的下层人士的门徒，则有万人左右"②。归群弟子过万人，似乎有些夸大其词，数百人则较为可信。其实，许多人可能只是一时好奇而进入归群学堂旁听一两次而已，算不上真正及门，再说太谷学派入门的要求一直较为严格，也不可能不加限制地发展门徒。据方宝川先生所云："目前见于文献所载及后人回忆的可知的归群弟子名录仅得以下48人：乔树枏、程心泉、程绍周、程宝斋、程斌儒、达紫忱、达紫成、杨蔚霞、李泰阶、钱希范、袁淡秋、李祖峰、葛仲修、黄仲素、张德广、罗达衡、萧然、刘孚京、刘超、刘怀、翟文镕、刘大绅、黄幼朋、达粹伯、王仲和、孙兰因、张复婉、郑安香、马宪章、洪揖侯、吴觐侯、陈寿南、丁孝宽、汪端生、陈执信、高子愚、许杏农、徐菊人、金野樵、卢止庵、王伯沆、王雷夏、钟泰、周育卿、吴眉孙、丁月江、刘伯远、叶浦孙。"③方先生所言应该是指正式拜师的黄门弟子，当然48人似乎并不能反映归群草堂弟子实际情况。笔者据学术界已有的研究成果以及相关文献，作了黄葆年归群弟子简表。（见表6-1）

#### 表6-1 黄葆年归群弟子简表

| 姓名 | 字、号、别称 | 籍贯 | 备注 |
|---|---|---|---|
| 李泰阶 | 字平孙，号真州先生、白沙先生、李大先生 | 江苏仪征 | 李光炘长孙，黄葆年女婿 |
| 李泰鼎 | | 江苏仪征 | 李光炘次孙，李元培子 |
| 李泰庚 | | 江苏仪征 | 李光炘三孙，李汉文子 |
| 乔树枏 | 字损庵、松年，号茂宣、茂轩、孟宣 | 四川华阳 | 贡生，曾任刑部主事，后转入吏部 |

---

① 《王龙致钟泰信札》，朵云轩编《钟泰友朋信札》，朵云轩，2015，第286—287页。

② 陈辽：《周太谷评传》，南京出版社，1992，第27页。

③ 方宝川、徐杰：《"归群弟子"及其著述考略》，《福建师范大学学报》（哲学社会科学版）2015年第3期。

| 姓名 | 字、号、别称 | 籍贯 | 备注 |
|------|------------|------|------|
| 程绍周 | 谱名程云章,字恩培、筱周、少周 | 安徽阜阳 | 程文炳次子,赴日本考察,撰《东瀛观兵纪事》《日本变法第类考》,任浙江候补道台、授通议大夫,署杭州关监督等 |
| 达紫忱 | | 不详 | 原为蒋文田的龙溪弟子,后为归群弟子 |
| 达紫成 | | 不详 | 原为蒋文田的龙溪弟子,后为归群弟子 |
| 杨士晟 | 又名宗李,字曙新,号蔚霞、藕船 | 安徽泗洲 | 杨殿邦之孙,壬午科举人、壬辰科进士,任崇明、无锡知县,芜湖关、苏州关监督,原为龙溪弟子,后为归群弟子 |
| 杨毓瓒 | 字瑟君、瑟庵 | 安徽泗县 | 杨士铨子、杨蔚霞侄,见《归群草堂菊花分咏诗》 |
| 杨毓璃 | 字少霞 | 安徽泗县 | 杨蔚霞侄,见《归群草堂菊花分咏诗》 |
| 钱希范 | 又名子笵、子范,字锡畴 | 江苏泰州 | 原为蒋文田的龙溪弟子,后为归群弟子 |
| 袁衔 | 字澹生、淡生,又名淡秋 | 江苏东台 | 举人,任浙江景宁知县,原为蒋文田的龙溪弟子,后为归群弟子 |
| 葛仲修 | 字鸿居 | 山东武阳 | 原为蒋文田的龙溪弟子,后为归群弟子 |
| 周石君 | | 江苏高邮 | |
| 罗运崃 | 字达衡 | 江西武宁 | 陈三立前妻罗孺人之弟,监生,候补湖北知县、江苏制造居总办。原为蒋文田的龙溪弟子,后为归群弟子 |
| 刘孚京 | 字镐仲 | 江西南丰 | 庚辰科进士,曾任官刑部主事、广东河源、饶平知县 |
| 刘超 | 字班侯,号味闲居士 | 江西南丰 | 邑庠生,刘仲镐长子,民国年间曾任江苏盐城县知事 |
| 刘怀 | 字怀孙,号止止居士 | 江西南丰 | 邑庠生,刘仲镐三子,毛庆蕃侄女婿 |
| 刘韶 | | 江西南丰 | 刘仲镐之子,见《归群宝籍目录》 |
| 黄寿肜 | 号子受 | 江苏泰县 | 黄葆年长子,蒋文田之婿 |
| 黄寿彭 | 又名寿朋,字仲素,号竹素,人称黄二先生 | 江苏泰县 | 黄葆年次子,娶刘鹗长女刘儒珍为妻 |
| 黄寿平 | 又名寿三,字幼朋,号幼明 | 江苏泰县 | 黄葆年三子,娶毛庆蕃侄女为妻 |

续表

| 姓名 | 字、号、别称 | 籍贯 | 备注 |
|---|---|---|---|
| 蒋廷扬 | 字念皋 | 江苏泰县 | 蒋文田长子，曾任浙江景宁县令袁衔的师爷。见《太谷学人蒋文田家书浅析》《归群草堂诗集》 |
| 蒋廷铨 | 字玉衡 | 江苏泰县 | 蒋文田次子 |
| 蒋廷栋 | 字梁舟 | 江苏泰县 | 蒋文田三子 |
| 蒋廷璧 | 又名廷弼，字元亮 | 江苏泰县 | 蒋文田四子 |
| 蒋廷玉 | 字继明，又字季明，又名启明 | 江苏泰县 | 蒋文田五子 |
| 刘儒珍 | | 江苏丹徒 | 刘鹗长女，黄葆年次子黄仲素之妻 |
| 刘大章 | 字著伯 | 江苏丹徒 | 刘渭清第三子，刘鹗过继的长子。曾留学日本，帮刘鹗办理盐务，捐候补通判。民国后，任职北京密云等县政府 |
| 刘大黼 | 谱名大年，字宸仲（颐仲、仪仲），又字康仲 | 江苏丹徒 | 寓居淮安，刘鹗亲生长子，娶毛庆蕃四女儿为妻，晚年住苏州定慧寺为人写经 |
| 刘大绅 | 字季缨，习用季英，又名赐书，号居夷、贞观 | 江苏丹徒 | 寓居淮安，刘鹗四子，罗振玉长婿 |
| 陈 恭 | 字裕川 | 江苏海陵 | 陈建安之子，见《井眉居诗抄》 |
| 张德广 | 字令贻 | 江苏铜山 | 张亮基的曾孙，程绍周的甥侄 |
| 张德纯 | 字衷一 | 江苏铜山 | 张德广之弟 |
| 邓邦述 | 字正阍，号考先，又号沤梦、群碧翁 | 江苏江宁 | 邓廷桢曾孙，戊戌科进士，曾任吉林民政使，晚年定居苏州，近代著名藏书家、刻书家 |
| 达锡纯 | 名粹伯，自号复翁，改复生 | 江苏江宁 | 廪贡生，曾任上海广方言馆代理监院 |
| 王仲和 | | 江苏泰州 | 早卒，见《〈愚园雅集图〉序》 |
| 王位中 | | 江苏泰州 | 早卒，见《黄氏遗书》《〈愚园雅集图〉序》《太谷学人蒋文田家书浅析》《钟泰友朋信札》 |
| 江泰初 | 字月三 | 江苏泰州 | 江岷之子。见《归群草堂诗集》《题〈愚园雅集图〉抚本后并序》《南京大学藏〈钟泰友朋信札〉校释》 |

| 姓名 | 字、号、别称 | 籍贯 | 备注 |
|---|---|---|---|
| 程心泉 | 又名星泉 | 安徽阜阳 | 程文炳的族弟。见《归群草堂诗集》《龙溪先生诗抄》《双桐书屋诗抄》 |
| 程鑫章 | 又名莹，字冰如、彬儒、斌儒 | 安徽阜阳 | 程文炳五子，程恩培之弟，曾任军咨处科员。见《归群草堂菊花分咏诗》 |
| 程传厚 | 字儒九，号定斋 | 安徽阜阳 | 程恩培从侄，刘蕙孙妻程家芬之父 |
| 张复婉 | | 江苏铜山 | 张德广侄女，程传厚之妻，刘蕙孙妻程家芬之母 |
| 孙兰因 | | 安徽寿州 | 晚清重臣、帝师孙家鼐之妹，程传厚之母，刘蕙孙妻程家芬之祖母。见《龙溪先生诗抄》 |
| 毛葆卿 | 又称毛九叔 | 江西南丰 | 毛庆蕃胞叔，本为朱玉川弟子，后为归群弟子 |
| 毛太夫人 | | 江西南丰 | 毛庆蕃侄女，黄葆年三子黄寿三之妻 |
| 毛默 | 又称毛十一 | 江西南丰 | 毛庆蕃族人 |
| 毛西厓 | | 江西南丰 | 毛庆蕃之子。见《退庐笺牍》 |
| 毛苏复 | | 江西南丰 | 毛庆蕃之子，见《归群草堂诗集》 |
| 毛潜之 | | 江西南丰 | 毛庆蕃之子。见《远香书屋文稿》 |
| 毛巽 | 字子逊 | 江西南丰 | 毛庆蕃四子。见《题〈愚园雅集图〉抚本后并序》 |
| 毛毓豫 | 又名勉初，字继曾 | 江西南丰 | 毛庆蕃五子。见《题〈愚园雅集图〉抚本后并序》《归群宝籍目录》《钟泰日录》《归群草堂菊花分咏诗》 |
| 汪榘 | 字仲方 | 安徽旌德 | 汪时琛之子，清末京师大学堂预备科毕业，1908年经学部考试授举人 |
| 汪心畲 | | 安徽旌德 | 汪时琛之子，汪仲方之兄 |
| 汪仲衡 | | 安徽旌德 | 汪时琛之子，汪仲方之弟。见《题〈愚园雅集图〉抚本后并序》《钟泰友朋信札》《钟泰日录》 |
| 诸光和 | 又名光河 | 江苏仪征 | 诸乃方之子。见《题〈愚园雅集图〉抚本后并序》 |
| 郑安香 | 名复履，又称青城夫人 | 浙江乌程 | 刘鹗继室 |

续表

| 姓名 | 字、号、别称 | 籍贯 | 备注 |
|---|---|---|---|
| 李兰襟 | | 江苏仪征 | 李光炘之四孙女 |
| 李又多 | | 江苏仪征 | 李光炘之二孙女 |
| 杨摄芝 | | 不详 | 黄葆年的三儿媳，黄寿平之妻 |
| 翁廉 | 原名彦，字铜士，号韬吾 | 湖南湘潭 | 肄业京师大学堂学法政，后出任知州，在巡警、邮传、司法三部为官 |
| 高炳华 | 字子愚 | 江苏泰州 | 高嘉树之子，高尔庚嗣子，曾创办泰县县立师范讲习所 |
| 王瀣 | 字伯沆、伯谦，号冬饮，署沆一、伯涵、伯韩等 | 江苏溧水 | 先后任教南京陆师学堂、两江师范学堂、南京高等师范学校、东南大学、中央大学，著有《冬饮庐遗稿》等 |
| 周育卿 | | 江苏东台 | 王伯沆继室 |
| 钟泰 | 字㘴斋，号钟山，别号待庵，又名育华 | 江苏南京 | 曾留学日本，后在之江大学任教，曾任广东省政秘书、博罗县长、上海市文史馆馆员等，著有《中国哲学史》等 |
| 吴弗征 | | 江苏南京 | 钟泰夫人。见《钟钟山先生传略》 |
| 李念功 | | 江苏仪征 | 李光炘之孙。见《归群宝籍目录》《归群草堂诗集》 |
| 王锡衡 | 字荫湘，又字荫香 | 江苏泰县 | 诸生，原为蒋文田的龙溪弟子，后为归群弟子 |
| 洪澧 | 名揖侯，号醴泉 | 江苏泰州 | 祖籍安徽歙县，优贡生，曾任山东知县，弃官返泰，设塾教书 |
| 潘孝侯 | 名葆真 | 浙江乌程 | 刘大绅表兄，业医 |
| 吴昌华 | 字敬宣、敬轩 | 广东韩山 | 陆军部主事，吴六奇后人。先为毛庆蕃弟子，后为归群弟子 |
| 王青城 | | 江苏泰州 | 王昼堂之女，赵明湖之妻。见《归群草堂诗集》《远香书屋诗抄》 |
| 蔡澍甘 | | 江苏泰兴 | 见《龙溪先生诗抄》 |
| 萧然 | 字自如、恭如、仲素 | 江苏泰州 | 萧齐之父，曾任山东峄县知县，民国后三任泰州县县长 |
| 翟文镕 | 字伯衡 | 江苏泰州 | 著有《翟伯衡诗余》 |

| 姓名 | 字、号、别称 | 籍贯 | 备注 |
|---|---|---|---|
| 姚坤 | 字厚伯 | 江苏姜堰 | 姚义兴香店老板。见《远香书屋诗抄》《姜堰的私塾与黄门学派》 |
| 华铎 | 字纯庵、莼安、纯安，又字绚安 | 江西庐山 | 倪嗣冲外甥，庐山旅馆业老板，曾任安武军粮饷总局局长。见《黄氏遗书》《冬饮庐诗稿》《远香书屋诗抄》《钟泰日录》 |
| 王雷夏 | 名宗炎，字雷夏，号燕樵 | 江苏泰州 | 祖籍河北正定，举人，任驻日公使馆文案、南京高等实业学堂等校监督、上海江海关监督公署文书科长等 |
| 吴庠 | 原名清庠，字眉孙、别名寒笭，号双红豆斋主 | 江苏丹徒 | 南社成员，曾任交通银行总行文书主任，晚为上海文史馆馆员，著有《遗山乐府编年小笺》《寒芋阁词》等 |
| 丁月江 | | 江苏海安 | 乡绅，海上书画联合会会员 |
| 刘伯远 | | 湖南浏阳 | 光绪二十九年举人，通佛学，工书法。见《远香书屋诗抄》《远香书屋文稿》《钟泰日录》 |
| 叶玉麟 | 字浦孙、一字浦荪，晚号灵𥊽居士 | 安徽桐城 | 秀才，著有《灵𥊽轩文钞》《灵𥊽轩诗文钞》等 |
| 张约园 | 名寿镛，字咏霓，号伯颂，别署约园 | 浙江宁波 | 进士，先后任江苏淞沪捐厘总局提调、杭州关监督、浙江、湖北、江苏、山东财政长等，著有《张约园自定年谱》 |
| 马宪章 | 字彬甫 | 江苏泰州 | 举人，民国任山东栖霞县、安徽秋浦县知事 |
| 陈冕甫 | 又名冕父，字寿南 | 江苏泰州 | 举人，擅长诗词、国画，曾任中国银行南昌办事处主任、江苏省文史研究馆馆员。见《远香书屋诗抄》《〈归群宝籍目录续编〉弁言》 |
| 吴觐侯 | | 江苏泰州 | 书法家。见《远香书屋诗抄》 |
| 汪端生 | | 江苏泰州 | 秀才。见《远香书屋诗抄》 |
| 吴瑛侯 | | 江苏泰州 | 经馆塾师 |
| 陈执信 | | 江苏泰州 | 见《归群草堂语录》 |
| 单毓斌 | 字允工 | 江苏泰州 | 南京高等实业学堂工科毕业，授工科举人，任江苏行政公署实业司科长、南京电灯厂厂长、上海闸北水电厂厂长等 |
| 谢雁臣 | 字鸿兵 | 不详 | 曾出资购买杨玉缵所藏《周氏遗书》 |
| 曹赤霞 | 字子起 | 安徽青阳 | 近代报人，主编《江宁实业杂志》《南洋商报》等。见《马曹论学公案后语》《钟泰日录》 |

续表

| 姓名 | 字、号、别称 | 籍贯 | 备注 |
|---|---|---|---|
| 杨成 | | 不详 | 原为蒋文田的龙溪弟子,后为归群弟子。见《黄氏遗书》 |
| 丁其愃 | 字孝宽 | 河南永城 | 张德广的表兄弟,见《黄氏遗书》《〈归群宝籍目录〉弁言》《师友存亡一览》 |
| 丁其熹 | 字子韦 | 河南永城 | 丁孝宽之弟。见《黄氏遗书》《〈归群宝籍目录〉弁言》《师友存亡一览》《归群草堂菊花分咏诗》 |
| 鲁宗周 | 字绍元 | 江西南丰 | 见《黄氏遗书》《〈归群宝籍目录〉弁言》《归群草堂菊花分咏诗》 |
| 刘龢 | 字夔诗 | 江西南丰 | 刘孚京之侄,见《黄氏遗书》《归群文课》《归群草堂菊花分咏诗》《钟泰友朋信札》《师友存亡一览》 |
| 刘继 | 字子瓒 | 江西南丰 | 刘孚京之侄,《归群草堂菊花分咏诗》 |
| 刘钥 | 字赋芝 | 江西南丰 | 刘孚京之侄,刘龢之弟,创办南昌国学院。见《黄氏遗书》《归群草堂菊花分咏诗》 |
| 颜信甫 | 又名杏甫,字玉春、雨春 | 江苏甘泉 | 颜实甫之弟,归群草堂讲舍庶务。见《黄氏遗书》《归群草堂文集》《钟泰日录》 |
| 颜玉真 | 学名复清 | 江苏甘泉 | 颜实甫之女,刘鹗义女 |
| 祝昌龄 | 字寿嵩 | 甘肃洮州 | 岁贡生,塾师。见《黄氏遗书》《双桐书屋诗抄》 |
| 赵玉成 | 字汝瑀 | 甘肃岷县 | 祝昌龄的弟子。见《黄氏遗书》《双桐书屋诗抄》《归群草堂菊花分咏诗》 |
| 解琅 | 字琳伯 | 江苏海安 | 原为蒋文田的龙溪弟子,后为归群弟子。见《黄氏遗书》《双桐书屋诗抄》 |
| 解见五 | | 江苏海安 | 解琅之弟。见《黄氏遗书》 |
| 炼秋 | | 江苏海安 | 见《井眉居诗抄》 |
| 韩国侨 | 字子养 | 不详 | 见《黄氏遗书》《归群草堂语录》《双桐书屋诗抄》《归群草堂菊花分咏诗》 |
| 胡梦先 | 又名梦先 | | 李泰阶继室。见《双桐书屋文录》《双桐书屋诗集》《远香书屋文稿》 |
| 缪篆 | 原名学贤,字子才 | 江苏泰县 | 章太炎弟子,先后任教厦门大学、中山大学 |
| 杨复真 | 名蕙 | 不详 | 见《黄氏遗书》 |
| 陆法复 | | 不详 | 女弟子。见《黄氏遗书》 |

| 姓名 | 字、号、别称 | 籍贯 | 备注 |
|---|---|---|---|
| 姚椿 | | 不详 | 见《黄氏遗书》 |
| 邢汝揖 | 字西厓 | 不详 | 见《黄氏遗书》 |
| 蔡春源 | | 不详 | 见《黄氏遗书》 |
| 吕复和 | | 不详 | 女弟子。见《黄氏遗书》 |
| 宋复元 | | 不详 | 女弟子。见《黄氏遗书》 |
| 周诗深 | | 不详 | 原为蒋文田的龙溪弟子，后为归群弟子。见《黄氏遗书》 |
| 吕复慈 | | 安徽颍州 | 原为蒋文田的龙溪弟子，后为归群弟子。见《黄氏遗书》 |
| 李符瑞 | 名汉清 | 山东长清 | 原为朱玉川弟子，后为归群弟子。见《黄氏遗书》《归群文课》《龙溪先生诗抄》《蒙养堂遗集》《钟泰友朋信札》 |
| 胡日曜 | 又名日昀，字小梅 | 江苏泰县 | 见《归群草堂语录》《归群宝籍目录》《归群草堂菊花分咏诗》 |
| 曹桢 | | 不详 | 见《归群草堂语录》 |
| 徐煦 | 字惠斋 | 不详 | 见《归群草堂语录》《归群草堂菊花分咏诗》 |
| 孙谋谨 | | 不详 | 见《归群草堂语录》 |
| 苏睿甫 | | 不详 | 见《归群草堂语录》 |
| 汪继越 | 字希古 | 不详 | 见《归群草堂语录》《归群草堂菊花分咏诗》 |
| 刘文光 | 又名肃齐 | 不详 | 见《归群草堂语录》 |
| 张侃 | | 不详 | 见《归群草堂语录》 |
| 陆少复 | 字希鲁 | 不详 | 女弟子，《归群草堂语录》《归群草堂菊花分咏诗》《钟泰日录》 |
| 刘舜仪 | 又名舜怡 | 江西南丰 | 见《归群文课》《归群草堂菊花分咏诗》《钟泰友朋信札》《归群草堂菊花分咏诗》《〈归群宝籍目录续编〉弁言》 |
| 孙子聪 | | 不详 | 见《归群文课》 |
| 李玉书 | 字继群 | 江苏仪征 | 李光炘之孙。见《归群文课》《〈归群宝籍目录续编〉弁言》《冬饮庐文稿》《归群草堂菊花分咏诗》 |
| 刘子缵 | | 不详 | 见《黄氏遗书》《归群文课》《双桐书屋诗抄》 |
| 梅镜湖 | | 江苏海安 | 见《黄氏遗书》《钟泰友朋信札》 |

续表

| 姓名 | 字、号、别称 | 籍贯 | 备注 |
|------|------------|------|------|
| 梅市 | 字隐庵 | 江苏海安 | 梅镜湖之侄。见《黄氏遗书》《归群草堂菊花分咏诗》 |
| 黄茂时 | | 不详 | 见《归群文课》 |
| 章祖荫 | 号承之 | 江苏泰县 | 祖籍江苏海安，曾在姜堰张庄开办学堂讲学。见《归群文课》《远香书屋诗抄》 |
| 赵继周 | | 江苏仪征 | 见《归群草堂诗集》 |
| 顾诵芬 | | 不详 | 见《归群草堂诗集》 |
| 吕佐之 | | 不详 | 见《归群草堂诗集》 |
| 石复壬 | | 不详 | 女弟子，见《归群草堂诗集》 |
| 王元平 | | 山东长清 | 朱玉川外甥，原为朱玉川、虞季升的弟子，后为归群弟子，见《养蒙堂遗集》《归群宝籍目录》 |
| 张述明 | 字作哲 | 山东肥城 | 原为朱玉川弟子，后为归群弟子。见《蒙养堂遗集》 |
| 柴翊凌 | 字云鹏 | 不详 | 原为朱玉川弟子，后为归群弟子。见《蒙养堂遗集》 |
| 李祖峰 | | 不详 | 原为朱玉川弟子，后为归群弟子。见《蒙养堂遗集》 |
| 陈亦峰 | | 不详 | 原为朱玉川弟子，后为归群弟子。见《蒙养堂遗集》《归群草堂诗集》 |
| 许信之 | | 不详 | 原为朱玉川弟子，后为归群弟子。见《蒙养堂遗集》 |
| 葛先黄 | | 不详 | 原为朱玉川弟子，后为归群弟子。见《蒙养堂遗集》 |
| 张寿三 | | 不详 | 原为朱玉川弟子，后为归群弟子。见《蒙养堂遗集》 |
| 朱舆海 | | 不详 | 原为朱玉川弟子，后为归群弟子。见《蒙养堂遗集》 |
| 李晋修 | | 不详 | 原为朱玉川弟子，后为归群弟子。见《蒙养堂遗集》 |
| 苏受之 | | 不详 | 见《龙溪先生诗抄》 |
| 汤覃甫 | | 不详 | 见《龙溪先生诗抄》 |
| 朱氏 | | 江苏宝应 | 张德广之母，见《〈归群宝籍目录〉弁言》 |
| 夏崇庸 | 字静山 | 不详 | 见《〈归群宝籍目录〉弁言》《归群草堂菊花分咏诗》 |

| 姓名 | 字、号、别称 | 籍贯 | 备注 |
|---|---|---|---|
| 夏崇庵 | 字安山 | 不详 | 见《归群草堂菊花分咏诗》 |
| 储自初 | 字南窗 | 江苏宜兴 | 见《〈归群宝籍目录〉弁言》《远香书屋诗抄》《归群草堂菊花分咏诗》 |
| 顾咸珍 | | 江苏泰兴 | 见《归群宝籍目录》 |
| 陆宝鋆 | | 江苏泰县 | 见《归群宝籍目录》《黄葆年的学生小考》 |
| 李玉书 | | 不详 | 见《归群宝籍目录》 |
| 陈德修 | | 江苏泰县 | 见《归群宝籍目录》 |
| 赵令煦 | 字云轩 | 不详 | 见《归群宝籍目录》《归群草堂菊花分咏诗》 |
| 胡从周 | | 不详 | 见《归群宝籍目录》 |
| 杨孝思 | | 江苏海安 | 塾师。见《归群宝籍目录》《黄葆年的学生小考》 |
| 王增祥 | | 不详 | 见《归群宝籍目录》 |
| 刘昌熙 | | 不详 | 见《归群宝籍目录》 |
| 高恒山 | | 不详 | 见《归群宝籍目录》 |
| 徐荣鍋 | | 山东 | 见《归群宝籍目录》 |
| 萧 恭 | | 不详 | 见《归群宝籍目录》 |
| 夏宗庸 | | 不详 | 见《归群宝籍目录》 |
| 杨和溱 | | 不详 | 见《归群宝籍目录》 |
| 丁 洲 | | 不详 | 见《归群宝籍目录》 |
| 姚 坤 | | 不详 | 见《归群宝籍目录》 |
| 曹荫模 | 字子式 | 不详 | 见《归群宝籍目录》《归群草堂菊花分咏诗》 |
| 薛齐贤 | | 不详 | 见《归群宝籍目录》 |
| 朱 慎 | | 江苏海安 | 见《归群宝籍目录》,《黄葆年的学生小考》 |
| 张明琚 | | 不详 | 见《归群宝籍目录》 |
| 马 闲 | | 不详 | 见《归群宝籍目录》 |
| 朱南金 | | 江苏海安 | 见《归群宝籍目录》《黄葆年的学生小考》 |

续表

| 姓名 | 字、号、别称 | 籍贯 | 备注 |
|---|---|---|---|
| 葛德江 | | 不详 | 见《归群宝籍目录》 |
| 曹学曾 | | 不详 | 见《归群宝籍目录》 |
| 朱 同 | | 不详 | 见《归群宝籍目录》 |
| 沈慕歧 | | 不详 | 见《归群宝籍目录》 |
| 王德安 | | 江苏泰县 | 经商。见《归群宝籍目录》《黄葆年的学生小考》 |
| 汪赞文 | | 不详 | 见《归群宝籍目录》 |
| 张文苓 | | 山东长清 | 原为朱玉川弟子，后为归群弟子。见《归群宝籍目录》《养蒙堂遗集》 |
| 卫 陶 | | 江苏泰县 | 见《归群宝籍目录》《黄葆年的学生小考》 |
| 洪醴 | 又名洪醴泉 | 江苏泰州 | 见《归群宝籍目录》《黄葆年的学生小考》《钟泰日录》 |
| 徐荣钠 | | 山东 | 见《黄葆年的学生小考》 |
| 崔豫麟 | | 不详 | 见《归群宝籍目录》 |
| 韩宝纯 | | 不详 | 见《归群宝籍目录》 |
| 苏 慎 | | 不详 | 见《归群宝籍目录》 |
| 陆季模 | | 江苏泰县 | 陆宝鋆侄儿，油坊头。见《归群宝籍目录》《黄葆年的学生小考》 |
| 韩耀西 | | 不详 | 韩国侨之弟，见《归群草堂语录》 |
| 鲁 氏 | | 不详 | 鲁氏姊妹，女弟子。见《归群草堂语录》 |
| 鲁 氏 | | 不详 | 鲁氏姊妹，女弟子。见《归群草堂语录》 |
| 曹振清 | | 江苏泰县 | 见《〈归群宝籍目录续编〉弁言》 |
| 曹鲁南 | | 江苏泰县 | 见《〈归群宝籍目录续编〉弁言》 |
| 杨永言 | | 江苏海陵 | 见《〈归群宝籍目录续编〉弁言》 |
| 杨焕之 | | 江苏海陵 | 见《〈归群宝籍目录续编〉弁言》 |
| 王寿微 | | 江苏海陵 | 见《〈归群宝籍目录续编〉弁言》 |
| 朱慎余 | | 江苏海安 | 见《〈归群宝籍目录续编〉弁言》《黄葆年的学生小考》 |

| 姓名 | 字、号、别称 | 籍贯 | 备注 |
|---|---|---|---|
| 薛斋贤 | 字敬思或静思 | 江苏海安 | 见《远香书屋文稿》《〈归群宝籍目录续编〉弁言》《黄葆年的学生小考》《钟泰日录》《归群草堂菊花分咏诗》 |
| 沈约卿 | | 江苏泰县 | 行医。见《远香书屋诗抄》《〈归群宝籍目录续编〉弁言》《黄葆年的学生小考》 |
| 王峻卿 | | 江苏泰县 | 见《〈归群宝籍目录续编〉弁言》《黄葆年的学生小考》 |
| 朱文卿 | | 江苏泰县 | 油坊职员，章祖荫的亲家。见《远香书屋文稿》《〈归群宝籍目录续编〉弁言》《黄葆年的学生小考》 |
| 胡幼梅 | | 江西 | 见《〈归群宝籍目录续编〉弁言》 |
| 钱德普 | 字绍群 | 不详 | 见《〈归群宝籍目录续编〉弁言》《归群草堂菊花分咏诗》 |
| 韩淑元 | 字宝纯 | 不详 | 见《〈归群宝籍目录续编〉弁言》《归群草堂菊花分咏诗》 |
| 马 闲 | 字伯元 | 江苏扬州 | 见《〈归群宝籍目录续编〉弁言》《归群草堂菊花分咏诗》 |
| 徐镜南 | | 不详 | 见《〈归群宝籍目录续编〉弁言》 |
| 姚又孚 | 字以从 | 不详 | 女弟子。见《〈归群宝籍目录续编〉弁言》《远香书屋诗抄》《远香书屋文稿》 |
| 朱长林 | | 山东长清 | 见《〈归群宝籍目录续编〉弁言》《远香书屋文稿》 |
| 王子衡 | | 山东长清 | 《〈归群宝籍目录续编〉弁言》《远香书屋文稿》 |
| 张子和 | | 山东长清 | 《〈归群宝籍目录续编〉弁言》《远香书屋文稿》 |
| 张伯琼 | | 山东长清 | 《〈归群宝籍目录续编〉弁言》《远香书屋文稿》 |
| 张端复 | | 不详 | 女弟子，黄葆年女儿之友。见《黄氏遗书》 |
| 储杏衫 | | 不详 | 见《井眉居诗抄》 |
| 陈养颐 | | 江苏泰州 | 蒋廷铨表兄。见《太谷学人蒋文田家书浅析》《双桐书屋诗抄》《远香书屋诗抄》 |
| 朱效川 | | 不详 | 见《双桐书屋诗抄》《远香书屋文稿》《远香书屋诗抄》 |
| 蔡雨人 | | 不详 | 见《双桐书屋诗抄》 |
| 解云峰 | | 江苏泰州 | 解琅之兄弟。见《双桐书屋诗抄》 |

续表

| 姓名 | 字、号、别称 | 籍贯 | 备注 |
|---|---|---|---|
| 崔钟之 | | 江苏东台 | 见《老残游记考证》《远香书屋诗抄》 |
| 王士英 | | 江苏东台 | 见《老残游记考证》 |
| 朱南金 | 字仲青，又称朱二 | 江苏海安 | 见《双桐书屋诗抄》《远香书屋诗抄》《归群草堂菊花分咏诗》《归群宝籍目录》《黄葆年的学生小考》 |
| 钱棣三 | | 不详 | 见《远香书屋诗抄》 |
| 李复初 | | 不详 | 见《归纳学报》1927 年第 1 卷 |
| 陈管侯 | 名启彤 | 江苏泰县 | 私淑弟子。见《归纳学报》1927 年第 1 卷 |
| 许杏农 | | 江苏泰县 | 私淑弟子，任泰州学堂经学教员、中学国文教员。见《远香书屋诗抄》 |
| 徐菊人 | | 江苏泰县 | 私淑弟子，举人。见《"归群弟子"及其著述考略》 |
| 金渠 | 字野樵，号野桥，别号枝指道人 | 江苏泰县 | 私淑弟子，诸生，工山水画。见《"归群弟子"及其著述考略》 |
| 卢止庵 | 又名止安 | 江苏泰县 | 私淑弟子，诸生，知名乡绅，曾任泰县红十字会会长。见《远香书屋诗抄》 |
| 傅范钜 | 原名范钑，字子汉，号述元 | 浙江德清 | 傅云龙幼子，肄业于北洋机器局附设图算学堂，北洋大学毕业，曾任候补知州、陆军部军实司财政处郎中等职 |
| 黄仲明 | | 江苏泰县 | 见《远香书屋文稿》《姜堰的私塾与黄门学派》 |
| 王焕章 | | 江苏泰县 | 私塾先生，见《姜堰的私塾与黄门学派》 |
| 蔡养和 | | 江苏泰兴 | 见《黄氏遗书》《远香书屋文稿》《太谷学人蒋文田家书浅析》《双桐书屋文录》 |
| 刘丙孙 | | 不详 | 见《黄氏遗书》《远香书屋文稿》《远香书屋诗抄》《冬饮庐诗稿》《太谷学人蒋文田家书浅析》 |
| 宗伯宣 | | 江苏宜兴 | 《远香书屋诗抄》《远香书屋文稿》 |
| 戴瑾良 | | 江苏海安 | 见《远香书屋诗抄》 |
| 陆少檠 | | 江苏泰兴 | 见《远香书屋诗抄》 |
| 刘御李 | | 江西南丰 | 见《远香书屋诗抄》 |

续表

| 姓名 | 字、号、别称 | 籍贯 | 备注 |
|---|---|---|---|
| 韵 笙 | | 不详 | 见《钟泰友朋信札》 |
| 鲁和孙 | | 不详 | 见《黄氏遗书》《章承之先生日记》 |
| 明 甫 | | 不详 | 见《钟泰友朋信札》 |
| 赵 沅 | 字云楼 | 江西南丰 | 见《远香书屋文稿》《远香书屋诗抄》《钟泰友朋信札》《归群草堂菊花分咏诗》 |
| 泽 之 | | 不详 | 见《钟泰友朋信札》 |
| 陈大康 | | 不详 | 见《钟泰友朋信札》 |
| 徐作人 | | 江苏南京 | 任江宁县教育委员，中华教育改进社特约乡校教师研究会小学行政指导员，见《钟泰日录》 |
| 徐伯儒 | | 江苏南京 | 徐作人侄儿，业医，见《钟泰日录》 |
| 丁 瑗 | 字蘧卿，号渠清，一号蘧庐，晚号所堂 | 江苏镇江 | 藏书家，曾任北洋政府国务院候补主事，中南银行总行秘书等，著有《所堂字问》。见《钟泰日录》 |
| 丁 琪 | 字柏岩 | 江苏镇江 | 丁传靖次子，丁瑗（丁蘧卿）兄。见《钟泰日录》 |
| 马子彝 | 又名子夷 | 江苏镇江 | 金城银行、中南银行、中美轮船股份有限公司等股东，见《钟泰日录》 |
| 王秉之 | | 江苏溧水 | 王伯沆族侄。见《钟泰友朋信札》《钟泰日录》 |
| 拱德邻 | 字稼生 | 江苏泰兴 | 见《钟泰友朋信札》《钟泰日录》《归群草堂菊花分咏诗》 |
| 拱德滋 | 字树生 | 江苏泰兴 | 见《归群草堂菊花分咏诗》 |
| 成人美 | | 不详 | 先后就职于蓝田师院国文研究会等。见《钟泰日录》 |
| 卢正安 | | 江苏泰州 | 见《钟泰日录》 |
| 王鲁庵 | | 江苏泰州 | 见《钟泰日录》 |
| 姚郁周 | | 不详 | 见《钟泰日录》 |
| 王后知 | | 不详 | 见《钟泰日录》 |
| 王钟时 | | 不详 | 见《钟泰日录》 |
| 钱黼廷 | | 不详 | 见《钟泰日录》 |

续表

| 姓名 | 字、号、别称 | 籍贯 | 备注 |
|---|---|---|---|
| 卫素存 | | 不详 | 见《钟泰日录》 |
| 朱干臣 | | 不详 | 见《钟泰日录》 |
| 王循序 | | 不详 | 见《钟泰日录》 |
| 戴一同 | | 不详 | 见《钟泰日录》 |
| 罗静轩 | | 不详 | 见《钟泰日录》 |
| 钱希吾 | | 不详 | 见《钟泰日录》 |
| 鲍蕴皋 | 又名咏高 | 不详 | 见《钟泰日录》 |
| 王树仁 | | 不详 | 见《钟泰日录》 |
| 姚以彝 | 又名义以 | 江苏泰州 | 女弟子，见《钟泰日录》 |
| 杨子及 | | 不详 | 姚以彝之夫，见《钟泰日录》 |
| 洪禹玕 | | 不详 | 见《钟泰日录》 |
| 吴桐孙 | | 不详 | 见《钟泰日录》 |
| 王立亭 | | 不详 | 见《钟泰日录》 |
| 张仲友 | | 不详 | 见《钟泰日录》 |
| 王人杰 | | 不详 | 见《钟泰日录》 |
| 王念芬 | | 不详 | 见《钟泰日录》 |
| 叶广文 | | 不详 | 见《钟泰日录》 |
| 曹师宽 | | 不详 | 见《钟泰日录》 |
| 王实秋 | | 不详 | 见《钟泰日录》 |
| 苏崒民 | | 不详 | 见《钟泰日录》 |
| 高仲常 | | 不详 | 见《杂录》 |
| 章直斋 | | 不详 | 见《杂录》《刘夔诗先生日记》 |
| 傅振海 | 字晓峰 | 不详 | 见《归群草堂菊花分咏诗》 |
| 戴　维 | 字景江 | 不详 | 见《归群草堂菊花分咏诗》 |
| 李宝琨 | 字琴堂 | 不详 | 见《归群草堂菊花分咏诗》 |
| 傅庆宜 | 字受伯 | 不详 | 见《归群草堂菊花分咏诗》 |
| 宋尹东 | 字守清 | 不详 | 见《归群草堂菊花分咏诗》 |

| 姓名 | 字、号、别称 | 籍贯 | 备注 |
|---|---|---|---|
| 傅庆庸 | 字择中 | 不详 | 见《归群草堂菊花分咏诗》 |
| 王翌猷 | 字维周 | 不详 | 见《归群草堂菊花分咏诗》《远香书屋文稿》 |
| 谢厚勋 | 字赍臣 | 不详 | 见《归群草堂菊花分咏诗》 |
| 王增祥 | 字子羊 | 不详 | 见《归群草堂菊花分咏诗》《远香书屋文稿》 |
| 谭大临 | 字希吕 | 不详 | 见《归群草堂菊花分咏诗》 |
| 谢慰曾 | 字祖石 | 江苏溧阳 | 谢逢源之孙。见《刘鹗日记》《归群草堂菊花分咏诗》 |
| 朱孝全 | 字莲孙 | 不详 | 见《归群草堂菊花分咏诗》 |
| 熊人伟 | 字幼山 | 不详 | 见《归群草堂菊花分咏诗》 |
| 姚顾 | 字仰明 | 不详 | 见《归群草堂菊花分咏诗》 |
| 钱麟 | 字玉书 | 不详 | 见《归群草堂菊花分咏诗》 |
| 王毅 | 字近仁 | 不详 | 见《归群草堂菊花分咏诗》 |
| 张世泰 | 字子安 | 不详 | 见《归群草堂菊花分咏诗》 |
| 王翕 | 字子重 | 不详 | 见《归群草堂菊花分咏诗》 |
| 刘浵 | 字遹伯 | 不详 | 见《归群草堂菊花分咏诗》 |
| 顾枏 | 字让之 | 不详 | 见《归群草堂菊花分咏诗》 |
| 黄振 | 字起民 | 不详 | 见《归群草堂菊花分咏诗》 |
| 吴鸿来 | 字寿甫 | 不详 | 见《归群草堂菊花分咏诗》 |
| 王宏壁 | 字璞安 | 不详 | 见《归群草堂菊花分咏诗》 |
| 韩宝容 | 字绍南 | 不详 | 见《归群草堂菊花分咏诗》 |
| 王敬 | 字伯恭 | 不详 | 见《归群草堂菊花分咏诗》 |
| 姚积 | 字昇之 | 不详 | 见《归群草堂菊花分咏诗》 |
| 刘兆复 | 字心绳 | 不详 | 见《归群草堂菊花分咏诗》 |
| 王午官 | 字彦宾 | 不详 | 见《归群草堂菊花分咏诗》《钟泰日录》 |
| 陈惇起 | 字节之 | 不详 | 见《归群草堂菊花分咏诗》 |
| 刘复姚 | | 不详 | 女弟子。见《归群草堂菊花分咏诗》 |
| 刘儒真 | | 不详 | 女弟子。见《归群草堂菊花分咏诗》 |
| 毛季复 | | 不详 | 女弟子。见《归群草堂菊花分咏诗》 |

续表

| 姓名 | 字、号、别称 | 籍贯 | 备注 |
|------|------------|------|------|
| 鲁复净 | | 不详 | 女弟子。见《归群草堂菊花分咏诗》 |
| 毛南复 | | 不详 | 女弟子。见《归群草堂菊花分咏诗》 |
| 钱独复 | | 不详 | 女弟子。见《归群草堂菊花分咏诗》 |
| 戴玉复 | | 不详 | 女弟子。见《归群草堂菊花分咏诗》 |
| 戴薇复 | | 不详 | 女弟子。见《归群草堂菊花分咏诗》 |
| 姚嫔复 | | 不详 | 女弟子。见《归群草堂菊花分咏诗》 |
| 曹溺复 | | 不详 | 女弟子。见《归群草堂菊花分咏诗》 |
| 蔡友复 | | 不详 | 女弟子。见《归群草堂菊花分咏诗》 |
| 杨秀复 | | 不详 | 女弟子。见《归群草堂菊花分咏诗》 |
| 诸悦复 | | 不详 | 女弟子。见《归群草堂菊花分咏诗》 |
| 姚秉复 | | 不详 | 女弟子。见《归群草堂菊花分咏诗》 |
| 朱谪复 | | 不详 | 女弟子。见《归群草堂菊花分咏诗》 |
| 石占复 | | 不详 | 女弟子。见《观海山房追随录》网络本 |

资料来源：《黄氏遗书》《归群草堂文抄》《归群草堂诗集》《龙溪先生文抄》《龙溪先生诗抄》《蒙养堂遗集》《双桐书屋诗抄》《远香书屋文稿》《远香书屋诗抄》《归群宝籍目录》《〈归群宝籍目录续编〉弁言》《冬饮庐诗稿》《钟泰友朋信札》《"归群弟子"及其著述考略》《太谷学人蒋文田家书浅析》等。

由于缺乏资料，归群弟子的统计也是挂一漏万，其中真正数量可能远不止此数。例如，据马叙伦《大成教魁》一文所言，著名军阀倪嗣冲、王占元等也为黄门弟子①，不过限于史料而无法断定。

**二、归群弟子的主要著述**

归群弟子不仅抄录黄葆年的《黄氏遗书》《归群草堂语录》等著述，而且还有《杂录》《归群草堂文录》《归群草堂杂文》等文献。黄葆年的归群弟子中，有著述存世并论述太谷学派学术思想的有李泰阶、黄仲素、刘孚京、袁衔、王瀣、钟泰、叶玉麟和刘大绅等人。

---

① 马叙伦：《大成教魁》，《石屋续渖》，上海建文书店，1949，第6页。

## （一）李泰阶及其著述

### 1. 李泰阶的生平

李泰阶（1871—1927[①]），字平孙，李光炘次子李汉文的长子，后承嗣李光炘长子李汉章，后娶妻黄葆年之女。[②] 此说《龙川夫子年谱》有载："孙三，泰阶庠生，元培出，嗣汉章，配光绪癸未进士、山东知县黄女。"[③] 因其为李光炘长孙，人称李大先生。又因其原籍仪征，又被称为白沙先生或真州先生。

李泰阶自幼就陪伴在祖父李光炘的身边，也比他人得到更多的关注和教诲。在李光炘眼中，李泰阶的综合能力在其孙辈中最为突出，因此也对其寄予厚望。李光炘晚年将李泰阶托付给黄葆年，并直言相告："此子如可教，吾其托孤于子矣。"[④] 光绪十一年（1885年），李光炘病重期间，只肯见李泰阶及陈建安、谢逢源、拱铨等门弟子，"余人见必怒，人亦不敢见，惟问寝问安而已"[⑤]。

李泰阶先后师从高尔庚、蒋文田和黄葆年，亦尽得诸师真传。光绪八年（1882年），高尔庚拜谒李光炘时，因其为泰州文化名流，故李氏请其"授泰阶、泰鼎读"[⑥]。李光炘驾鹤西游后，李泰阶一度失学，后由蒋文田负责调教，两人形影不离，建立起深厚的感情，李泰阶始终尊称蒋氏为"蒋

---

① 李平孙去世时间当为1927年正月廿二日（1927年2月23日），此据王伯沆致钟泰信函所云："当在苏时，见平孙气体不若前，颇忧之，尚作方城戏如常，上元后即觉气喘，以为无大碍，旋接仲修函，知廿一日加剧，廿二日午刻即归道山，惊忧无已。"徐兴无先生对此函作有按语："此函接收邮戳为民国十四年（1925年）三月十三日〔杭州〕闸口。"见徐兴无整理：《王瀣致钟泰信札二十一通五十八页带二封》，《文学研究》2017年第1期，第209页。不过，根据信中"痛念先师殁未三年"一句，此信的写作时间应为1927年。出错的原因，估计是收藏者将信札与信封弄混了。见《王瀣致钟泰信札》，朵云轩编《钟泰友朋信札》，朵云轩，2015，第18页。

② 李泰阶原配夫人为黄葆年之女，王明发曾说："李泰阶的续弦之人为黄葆年的女儿"，其言有误。见王明发：《王伯沆先生与太谷学派传人》，《南京理工大学学报》社会科学版2004第1期，第88页。1914年，李泰阶娶继室胡梦仙，其言："同学王伯谦续娶之明年，作《慧福因缘图》，并自记其颠末，以予之有同感也，出以示予。予之续娶也，先伯谦十年。"见李泰阶：《〈慧福因缘图〉跋》，《双桐书屋文录》卷上，页一，抄本。

③ 谢逢源：《龙川夫子年谱》，载方宝川主编《太谷学派遗书》（第一辑第三册），江苏广陵古籍刻印社，1997，第1页。

④ 黄葆年：《黄氏遗书》，载方宝川主编《太谷学派遗书》（第一辑第四册），江苏广陵古籍刻印社，1997，第32页。

⑤ 谢逢源：《龙川夫子年谱》，载方宝川主编《太谷学派遗书》（第一辑第三册），江苏广陵古籍刻印社，1997，第91页。

⑥ 谢逢源：《龙川夫子年谱》，载方宝川主编《太谷学派遗书》（第一辑第三册），江苏广陵古籍刻印社，1997，第78页。

师"。①

经过高尔庚、蒋文田和黄葆年三位恩师的悉心教导，李泰阶不负众望，个人学识、德行等方面都突飞猛进，获得太谷学派诸多前辈的一致赞许，黄葆年对此更是喜不自禁："予之东山，生尚幼，闻其失学也，忧之。长而来此，予束之严，生无怨色。诸老见而嘉之，予亦喜。予师予友之后之多贤也。虽然夙兴夜寐，无忝尔所生，生其勉乎哉！"②李泰阶亦被黄葆年看中而成为其东床快婿。③

黄葆年传学苏州归群草堂时，李泰阶成为归群草堂的首席弟子。民国年间，随着黄葆年步入暮年，归群学堂的具体事务多由李泰阶负责，许多新入门的归群弟子其实都是由其代为传学，王伯沆有诗对此有所反映：

> 朗抱温温见玉山，九天咳睡好春还。公门多少新桃李，领取东风不等闲。
> 银云高处拟仙家，万片琼瑶映日华。听罢霓裳大罗咏，一枝如我是蒹葭。④

"公门多少新桃李，领取东风不等闲"一句表明示，李泰阶已经开始传学，且门下弟子数量众多。"听罢霓裳大罗咏，一枝如我是蒹葭"则暗示王瀣曾聆听其讲学，说明李泰阶代师传道亦是惯例。"万片琼瑶映日华"则是赞扬归群草堂在李泰阶的实际管理和运作下呈现出欣欣向荣的景象。

1924年，黄葆年去世后，李泰阶承继道统，出任太谷学派的第四传山长，正如刘蕙孙所说："太谷之学如何，则黄太姻丈归群先生（葆年）为龙川首座弟子，曾开讲舍于苏州；龙川孙白沙李平孙先生（泰阶）又归

---

① 李泰阶先后作有《陶渊明先生诞日，蒋师赋赠云歌，今和》《奉和蒋师〈盆中白菊花〉诗》《前题奉和蒋师〈盆中白菊花〉诗》《壬寅花朝侍蒋师游宴吉祥花局》，见李泰阶：《双桐书屋诗抄》，载方宝川主编《太谷学派遗书》（第二辑第七册），江苏广陵古籍刻印社，1998，第 1、19—20、31—32 页。
② 黄葆年：《黄氏遗书》，载方宝川主编《太谷学派遗书》（第一辑第四册），江苏广陵古籍刻印社，1997，第 31—32 页。
③ "女一字廪贡生李公印炘孙、国学生讳元培子，名泰阶。"《黄葆年履历及家传》，第 5 页，中华科举库，http://kjk.wenjinguan.com/Book_Detail.aspx?id=b5a3cc13-87bd-4e98-aa4b-95812450bd4a#。
④ 王伯沆：《题李苹（平）孙看〈玉兰花〉诗后》，《学衡》第 20 期（1923 年 8 月），第 24 页。

群首座。"①归群草堂一度被称为"李门",时人曾言:"前年黄(葆年)殁,由晴峰之孙继之,则又复李门之称矣。"②李泰阶执掌山门基本延续黄葆年在归群草堂的讲学模式,未满三年,1927年初,李泰阶突然病故,使得太谷学派再遭重创,正如黄寿彭对李氏门弟子所言:

> 呜乎!汝师之逝,非我意之所及也。汝师初病,我以为发旧病耳,不足为虑也。既而病转剧矣,我以为此汝师之年灾月晦耳。我闻汝师春秋甚高,我死当在汝师之先,不足虑也。既而病益深矣,我犹以为汝师天命在躬。责任重大,虽危不足虑也。孰意汝师竟弃吾等而长逝乎。呜乎!汝师去而我之心神魂魄亦与之俱去矣。是以饮食不甘,行坐不时,梦寐不宁也。我诚不知吾道何以有此厄运也。悲乎悲乎,我既伤我辈之失群,尤痛汝等之所失乳也。①

### 2. 李泰阶的著述

李泰阶笃守太谷学派"述而不作"的传统,并不重视文献的保存和传抄,正如其对太谷学派同人所言:"文章事有数难,抄写无人,一也。阶性素懒且闲时颇少,二也。邮寄恐有遗失,三也。偶尔为之则可矣,不能必也,惟吾弟及诸同学鉴而恕之。"④这三个理由其实皆为托词,归根结底还是李泰阶不愿太谷学派文献的流传范围过广,正如其对门弟子所言:"千古不传之秘,传之千古不朽之人,圣心天心实式凭之所望,加意慎密。慎密于外,无为清谈雄辩之资。慎密于内,勿贻穿凿支离之失。"⑤

李泰阶的著作主要有《双桐书屋诗抄》和《双桐书屋文抄》,学术界过去以为《双桐书屋文抄》已经佚失,但现有《双桐书屋文录》抄本流传,分析其内容,就是《双桐书屋文抄》。

(1)《双桐书屋诗抄》

《双桐书屋诗抄》为李泰阶的诗作,现存三个抄本,其一是"刘家本",即刘厚泽抄本,正如其在"志"中所言:"《双桐书屋诗抄》一卷为先师白

① 刘厚滋:《读小说琐话奉答赵景深先生》,《宇宙风·乙刊》第36期(1941年),第47页。此诗收入《冬饮庐诗稿》则改名为《平孙有咏玉兰诗因和二绝句》。王伯沆:《冬饮庐诗稿》,载南京市通志馆文献委员会编《南京文献》(第21号),南京市通志馆文献委员会,1948,第15页。
② 梅逸才:《泰州"学派"之商榷》,《东南论衡》1926年第一卷第十七期,第15页。
① 黄仲素:《与长清诸子书丁卯三月二十五日》,《远香书屋文镐》卷一,页三,苏州图书馆藏抄本。
④ 李泰阶:《与蔡养和书》,《双桐书屋文录》卷上,页二十,抄本。
⑤ 李泰阶:《与杨瑟安书》,《双桐书屋文录》卷下,页一百二十二页,抄本。

沙先生真州李平孙夫子遗著也"①，此抄本是刘厚泽于 1942 年从归群弟子汪仲方处抄录而来，共收录李泰阶之诗 144 首②，现收入《太谷学派遗书》第二辑第七册。其二为"孔夫子旧书网钞本"，收录李泰阶之诗 126 首③。其三为"无锡抄本"，亦收录李氏诗作 126 首④。

对照三个版本，我们可以发现，除了数量和排序不同之外，三个版本的诗名和内容也存在一定差别。其中，《春雨曲》《子夜冬曲》《榆钱》《秧铁》《明湖柳枝词》《拟自启之出矣》等 66 首的诗名与内容在三个版本中大体一致，而《和黄竹素暮春至中原韵》（《和仲素》）、《将游通化宫望残雪》（《将游通化宫》）等 44 首诗的诗名则略有差异。刘家本中的《乙丑七夕和陈养颐原韵》《庚寅七夕会饮临湖禅院》《陶渊明先生诞日蒋师赋赠云歌今和》《易石园小集》等 32 首为"孔夫子旧书网钞本""无锡抄本"所无，而"孔夫子旧书网钞本""无锡抄本"中的《人诗》《古意》《题李子》《甲申九日》《赠刘》《偶成》《甲子初春》《甲子花朝》《老圃秋客》《和仲素》《满城风雨》《重阳日作》《春日醉起言怀》《扫地》等 14 首亦不见于"刘家本"。

试举例如下：

《佛手》一首虽见于三个版本，但其内容则大相径庭：

"刘家本"其诗如下：

橘柚分形早，旃檀得气偏。熟泛甘露液，摘向晚霜前。证采知何地，拈卷第几天？却于香色界，竖指为安禅。⑤

---

① "壬午孟夏，雨中谒汪丈仲方，荷出示同门钞本夫子遗诗，拜读之余，如获琼宝，喜极欲狂。夫词章虽我夫子著作绪余，门弟子不能更获教诲，亦正应日夕讽诵如亲，杖几以资自励耳。因亟假归，恭录一遍并谨识其经过如此。"刘厚泽：《〈双桐书屋诗抄〉志》，载李泰阶《双桐书屋诗抄》，收入方宝川主编《太谷学派遗书》（第二辑第七册），江苏广陵古籍刻印社，1998，第 73—74 页。
② 方宝川先生认为《双桐书屋诗抄》收录了李泰阶之诗 145 首。参见方宝川、徐杰：《"归群弟子"及其著述考略》，《福建师范大学学报》（哲学社会科学版）2015 年第 3 期，第 140 页。不过，方先生似乎忽略了"刘厚泽抄本"中《丙寅九秋诗会·霜禽》本为一首诗，而题目分别抄录在两页上，故让人误为两首。见李泰阶：《丙寅九秋诗会·霜禽》，《双桐书屋诗抄》，载方宝川主编《太谷学派遗书》（第二辑第七册），江苏广陵古籍刻印社，1998，第 70—71 页。
③ 李泰阶：《双桐书屋诗抄》，http://book.kongfz.com/22084/197391778/。
④ 笔者自苏州网络书店购得影印本，卖家云是从无锡收购，故名之为"无锡抄本"。此版本亦在孔夫子旧书网上拍卖，与笔者所购影印本相比，只是页一多了"归群草堂""万事如意"两枚钤印。
⑤ 李泰阶：《佛手》，《双桐书屋诗抄》，载方宝川主编《太谷学派遗书》（第二辑第七册），江苏广陵古籍刻印社，1998，第 73—74 页。

"孔夫子旧书网钞本""无锡抄本"其诗如下：

> 曾侍维摩室，芬芳众妙兼。兜罗蒙示现，海印许同瞻。未觉花情灭，空蹉果地淹。小窗对卿供，熏沐讼楞严。①

由此可见，《佛手》应该有同名异文之诗，似乎可以说明三个抄本都不完整，均有缺漏。

（2）《双桐书屋文录》

《双桐书屋文录》即《双桐书屋文抄》，抄本，分为上下两卷。此书除了收录《〈福慧因缘图〉跋》《谢王雷夏赠茶启》《重游灵岩诗册书后》《菊花诗册序》《〈尺鸥馆读书图〉序》等五篇文稿外，其余均为李泰阶与太谷学派门人之间的书信。

其一，强调太谷学派为儒学中的"不显传之秘"。为了彰显太谷"圣功"的合理性和神秘性，李泰阶教导门徒"经文四十篇为千古不传之秘，果能玩索有得，则继述圣功，挽回世运，其在斯乎"②。其在告诫归群弟子祝寿嵩时，特别指出《易经》是"至圣之经"，直到周太谷确定《河图》《洛书》的真伪后，发"发千古未发之秘"而最终成型，故太谷"圣功"并非其他任何派系的易学可以相提并论的，"自羲文周孔以至于太谷，而《易经》始告厥成功，非后世所谓某氏易者之可相提并论也"，因此太谷学人"只当求征于圣人之言，不当即圣人之言以求征"，不能丧失本心，更不能离经叛道。

> 昔者龙马负图出于河而《河图》出，至禹变而为《九畴》，《九畴》传而《河图》亦与俱传。丹凤衔书降于洛水而《洛图》出，至仓颉变而为《六书》，《六书》传而《洛书》遂失其传也。后人求《洛书》而不得，遂已《九畴》当之，即今所谓《洛书》也。不知《河图》，图也，象传也；《洛书》，书也，言传也。《九畴》亦图也，安得谓之书耶。我太谷夫子开明道，定千古之伪著，之于经所谓照然若发蒙者，岂必有所征哉。执事所谓圣人之言必有征也，则是不信圣人之言，而欲求征以为信，真大谬矣。后世拘曲小儒出一言，必曰此某某先生之所说也，行一事必曰此某某先生之所为也，反复沈锢，相沿而不知其非，执事乃欲袭其故智耶，不能自立而随人嚼饭，其弊往往如此。执

---

① 李泰阶：《佛手》，《双桐书屋诗抄》，http://book.kongfz.com/22084/197391778/。
② 李泰阶：《与杨瑟安书》，《双桐书屋文录》卷下，页一百二十二页，抄本。

事学圣人者也，圣人之言发千古未发之秘，所谓达摩来，独辟禅宗，我辈学人只当求征于圣人之言，不当即圣人之言以求征，如必求所谓征，则圣人之言征诸人心，孟子所谓圣人先得我心之所同然者也，果能识自本心，见自本性，以圣人之言合诸天下万世之人心而莫之或达，则所谓征者莫明乎，是亦莫切乎是也，而非所语于失其本心者。失其本心而求所谓征，则率天下之人不信圣人之言，而离经畔道者必自执事之言始矣。且夫《易经》者，至圣之经也。自羲文周孔以至于太谷，而《易经》始告厥成功，非后世所谓某氏易者之可相提并论也。[①]

其二，运用阴阳、五行、八卦等理论解释传统儒学。李泰阶认为，金木水火就是仁义礼智，"诚者其中有信矣"。土则是"万物之所成终而所成始也"，人只要做到"本心""本性"即所谓"自诚明"就可以实现与"仁义礼智"的相通。人要做到"自诚明"必须"吾心之信之相终始，实皆吾心之诚之"。

窃谓《大学》一书"知止而后有定"一句尽之，而"知止而后有定"六字则"知止"二字尽之矣。艮，止也。知，止重。艮，止象也，故子曰："于止，知其所止。知而不止，则为浮光；止而不知，则为执见。"止者，诚也。知者，明也。止而复知，自诚明也。知而后止，自明诚也。《大学》之言，知止犹《中庸》之言明诚也。《中庸》曰诚者，物之终始，又曰诚者，天之道也。诚之者，人之道也。由诚而明，天道之下济乎人也。由明而诚，人道之上承乎天也。始，始于诚；终，终于诚。元亨，诚之通。自诚明，谓之性也。利贞，诚之复。自诚明，谓之教也。非性不能通，非教不知复。金水相生，木火通明，诚之以类相感也，性也。金木和同，水火既济，诚之以不类相求也，教也。金木水火，仁义礼智也。诚者其中有信矣。土者，万物之所成终而所成始也，达吾心所固有，而仁义礼智通焉。君子之中庸也，性之德也，去吾心所本无，而仁义礼智复为焉。小人之中庸也，数之功也，而要皆吾心之信之相终始，实皆吾心之诚之相终始而已矣。《大学》重言止，《中庸》重言诚，其义一也。[②]

其三，强调太谷"圣功"修行的基本路径就是为学、换气、学诗，即

---

①　李泰阶：《复祝寿嵩书》，《双桐书屋文录》卷下，页一百五十至一百五十一，抄本。
②　李泰阶：《复张述明书》，《双桐书屋文录》卷上，页六至七，抄本。

修养性情、变化气质。李泰阶的说法并非创新，而是延续太谷学派前辈尤其是黄葆年、蒋文田的观点。"又尝闻之为学莫先于换气，换气莫要于学诗。学者，觉也；诗者，思也。觉而后思乃有主，思而能觉乃常灵，循环无端，生生不已，然后由克己复礼之功，而进寻夫风雩浴沂之乐如是，而学诗如是，而换气庶几岂可与言也。"① 在其看来，太谷学人的个人学问的高下直接取决于性情，即个人变化气质的能力，即所谓的"真功夫"，"大凡学问之浅深，以性情为主，功夫则可恃而不可恃也。以阁下之诚笃，若能化拘泥之积习，得活泼之天机，斯之谓善变也已。程子曰自再见，周茂叔后吟风弄月以归有吾与兴点也之意，此不可以言功夫，而实则学人之真功夫也"②。李泰阶认为太谷学人"做学问"必须先"立志"，因为"自立"直接关乎"师友之栽植，一己之进修"，"盖学问之事以立志为始基本，以成志为究竟，而中间之层累曲折，与夫师友之栽植，一己之进修，无不进退乎志所谓立。老氏谓之丹，佛氏谓之种，得之则生，甫得则死，若始则无以自立，终则无以自成矣"③。故其主张，太谷学人应当努力追求事半功倍的修行效果，即庄子所说"培风"，也就是太谷学派强调的"立功立德"，"古人炼己筑基皆有以自效也，庄子所谓培风，太上所谓立功立德也。今外而顾世，虽有瞻鸟爱止之象，而内以为学实有事半功倍之畿。《孟子》曰虽有智慧，不如乘势，虽有镃基，不如待时。今时则易然也，此固学者所当自勉而又当深自庆幸者也"④。

其四，告诫太谷学人应当戒"骄"戒"吝"。李光炘教导龙川弟子不可既"骄"且"吝"，否则学业无成，谢逢源对此有载："师谓好勇、疾贫，两种人难以为学。好勇者病火，疾贫者伤寒。好勇而不疾贫，降其火则神自清；疾贫而不好勇，祛其寒则痰亦化。其最不可救药者，惟内疾贫而外好勇耳，既骄且吝，攻补两难。虽佛号大药王，亦将束手无如之何矣。"⑤ 李泰阶对其祖的说法作了继承和发挥，明确指出"学问之道，首戒骄吝"⑥。其认为"骄"与"吝"互为因果，相生相伴，去除之法就是自己有自知之明，能够知悔改过，正如其对归群弟子陈养颐所云：

① 李泰阶：《致张述明书》，《双桐书屋文录》卷上，页五十三，抄本。
② 李泰阶：《致张述明书》，《双桐书屋文录》卷上，页五十五，抄本。
③ 李泰阶：《与钟宝符书》，《双桐书屋文录》卷下，页九十二，抄本。
④ 李泰阶：《与苏受之书》，《双桐书屋文录》卷上，页十，抄本。
⑤ 谢逢源：《龙川夫子年谱》，载方宝川主编《太谷学派遗书》（第一辑第三册），江苏广陵古籍刻印社，1997，第104—105页。
⑥ 李泰阶：《复闻淑平函》，《双桐书屋文录》卷下，页一百零二，抄本。

顿忆往在海陵，函丈每谓阁下为大咎，阶为小咎。自今思之，窃有欲为阁下告者。《论语》云：如有周公之才之美，使骄且咎，其余不足观也已。阶以为骄与咎实相因而至者也。譬如人之有过，惟恐人知，咎也。试进推其，惟恐人知之心，非自以为是，即自护其短，此独非骄乎？以是知骄之患犹浅，咎之患更深也。然吉因咎而凶，亦因悔而吉，果其知悔变化，当不难也。此虽阶有一隙之明，独恨不能努力，辜负师恩，故书寄阁下，一为印证，如以为未可也，尚望进而教焉。如以为可采也，则鲲化为鹏，变在顷刻，大咎可去，小咎或亦可循迹而几乎，是则阶所叩颂于无量者也。①

整体而言，李泰阶以传承李光炘、黄葆年的学术思想为主，守成为主，创新不多，这也反映太谷学派面对 20 世纪初期近代中国社会的剧烈转型，其认知水平、适应能力等逐渐落伍，继续承袭传统儒学的基本路径已是穷途末路，对改造和修正原有的学术体系更是力不从心。

### （二）黄寿彭及其著述

#### 1. 黄寿彭的生平

黄寿彭（1879②—1952③），字仲素，号竹素④，黄葆年的次子，人多称"黄二先生"⑤。黄寿彭自幼聪颖，十三岁时就作有《壬辰七月七日武阳夜集》⑥，故刘蕙孙曾言："仲素居其中，兄弟三人中，仲素最有才华。铁云先

---

① 李泰阶：《与陈养颐书》，《双桐书屋文录》卷上，页六十七至六十八，抄本。

② 丁亥十月朔（1947 年 11 月 15 日），归群弟子在泰州黄仲素家远香书屋留有合影，照片表面合影者的年龄，其中钟泰为 60 岁，黄仲素为 69 岁，因钟氏出生于 1888 年，故推断黄氏出生于 1879 年。

③ 刘蕙孙曾言黄仲素"一九五三年死于苏州，时年七十四岁"。见刘蕙孙：《铁云先生年谱长编》，齐鲁书社，1982，第 39 页。此说有误，因据 1952 年 7 月 7 日的钟泰日记记载，"黄仲素于三日即闰五月十二病故，其子有讣来"。可见黄仲素去世于 1952 年 7 月 3 日。见钟泰：《钟泰日录》上，《钟泰著作集》（第 7 册），上海古籍出版社，2021，第 390 页。

④ 圆庐认为，黄寿彭自号仲素另有深意，其言："而黄门最后主讲席者黄寿彭，字仲素，'仲素'之义，似亦不仅指子弟兄辈行二，而却自谓与孔子伯仲之间耳。"圆庐：《李黄学派二题》，收入泰州市政协文史资料研究委员会、泰州市地方志编撰委员会办公室编《泰州文史资料》（第三辑），1987，第 101 页。

⑤ "但仲素姑丈一生并没做过什么事。自光绪二十八年（1902 年），归群在苏州讲学，一直就在家侍亲。民国十三年（1924 年）归群先生死，首席弟子李泰阶（字平孙）继之讲学。不久，李亦死，就他在苏州讲学，人称黄二先生。"刘蕙孙：《铁云先生年谱长编》，齐鲁书社，1982，第 39 页。

⑥ "新月似故乡，新月非故乡。同是故乡人，共此星月光。"黄仲素：《壬辰七月七日武阳夜集》，《远香书屋诗抄》卷一，页一，苏州图书馆藏抄本。

生和归群都是龙川弟子，最为莫逆。赏其英爽，故选为东床。"① 光绪二十二年（1896年）9月，黄寿彭娶刘鹗长女刘儒珍为妻。1905年，刘鹗还为其捐同知衔。

1927年，李泰阶突然去世，没有来得及指定其继承人，"归群草堂就没有规定讲学的人"，在群龙无首的情况下，黄寿彭担负起归群草堂的具体工作。据说，其主持归群草堂讲学并没有得到太谷学派公认，只是受"蒋太夫人"之命，即通过当时太谷学派中辈分最高的蒋文田夫人的口传，而"以弟承父师之余绪"②。尽管以黄寿彭为首的归群弟子已经作出很大努力，却无法逆转太谷学派日渐式微的趋势，至1929年，归群草堂甚至沦落到难以维系的局面，王伯沆对太谷学派的危局哀叹不已："今先师殁五年，承其教者遂不能自立，它日恐人有责言，其何以堪？"③

1937年，抗日战争全面爆发，黄寿彭在苏州无法维系讲学活动，只得将归群草堂托付仆人打理，"遥忆吴门仆，为予守旧庐。循墙花未种，当户草应锄"④。黄寿彭被迫移居泰州避难，其诗《丁丑岁避乱回海陵途中作》对当时的国难时艰有着明确反映：

> 烽火连天日夜惊，强邻压境意难平。鲁连今有其人否？吾欲从之海上行。
> 满目疮痍感不胜，扁舟归去海陵城。愿将一勺龙川水，洗尽胡天百万兵。⑤

当时，黄寿彭虽然有心报国，"愿将一勺龙川水，洗尽胡天百万兵"，但这只是一种善良的愿望。黄氏面对残酷无情的战火，亦只能回家避难，"扁舟归去海陵城"。

抗日战争时期，归群草堂所藏太谷学派文献散失不少，黄寿彭决定将所剩遗书存放到泰州姚厚伯处，"手卷册页散失甚多，彭之罪也，百口何辞。将来以存厚伯处为妥，然不可专送，以附人家行李船为要。藏经何处，已告厚伯矣"⑥。由于战乱影响，黄寿彭在泰州的教学活动更是惨淡经

---

① 刘蕙孙：《铁云先生年谱长编》，齐鲁书社，1982，第39页。
② 黄仲素：《复程彬如》，《远香书屋文稿》卷一，页七十二，苏州图书馆藏抄本。
③ 《王瀣致钟泰信札》，朵云轩编《钟泰友朋信札》，朵云轩，2015，第16页。
④ 黄仲素：《乡居杂诗十二首并跋》，《远香书屋诗抄》卷二，页四，苏州图书馆藏抄本。
⑤ 黄仲素：《丁丑岁避乱回海陵途中作》，《远香书屋诗抄》卷二，页一，苏州图书馆藏抄本。
⑥ 黄仲素：《复蒋继明书》，《远香书屋文稿》卷一，页二十七，苏州图书馆藏抄本。

营,"主持讲舍至抗日战争,因避兵移居泰州,仍在小规模地讲学。其经济来源由泰州的几家地主门弟子维持"①。

黄寿彭在泰州传学时,依然坚守太谷学派"教养天下"的宗旨,虽然能够提供的物质条件相当匮乏,但是因门人规模数量可观,所需颇费,正如其在1942年对程彬如所言:"弟寄溱湖于今五载,往来过客不让吴门,米价半千,日需五斗,油星不见,饭量皆佳。人为弟忧,弟则为之一笑。此意虽浅,然匪我同心莫之能解也。"②钟泰、宗伯宣、刘伯远、程彬儒等归群弟子对黄寿彭、黄幼朋兄弟多有钱款支持,使得太谷学派传学能够勉力维持、赖以不堕。黄寿彭讲学虽然因陋就简,但是颇有古风,亦为当时一些著名学者所仰慕,正如夏承焘在1947年12月17日的日记中记载,任铭善对其曾云:"黄先生次君在乡间与其同门集学徒三十余人为书院,日间挑水种菜做粗活,夜乃集坐讲学。一山东学生日能挑水数十担,门庭雍穆,大有吴康斋遗风。闻之令人神往。"③

1951年底,黄寿彭返回苏州,就养于其子黄玉琪。④由于黄寿彭不事生产,受人供养,公安部门曾经专门派人找钟泰撰写证明材料,刘蕙孙亦云:"为判明他的身份,很费了一点事。因为既非地主,又不算什么会道门,更没有政治活动,而却终日坐食,不劳而获。后来虽弄清楚了,但土改后经济来源断绝,姑母又已先殁,老人遂回到苏州,就养于我表兄黄花农家。"⑤此后,归群草堂旧址拆建为苏州圆珠笔厂,太谷学派的讲学道场亦随之烟消云散。

### 2. 黄寿彭的著述

黄寿彭的著述主要有《黄仲素语录》《远香书屋诗抄》和《远香书屋文稿》。《远香书屋诗抄》还附录黄仲素其他著作三种,即《远香书屋诗余》《远香书屋偈》和《远香书屋道情》。

(1)《黄仲素语录》

《黄仲素语录》为刊印本,由卢冀野摘抄发表。现有两个版本,内容相同。其一,收入《省立河南大学周刊》1933年第24期。⑥其二,收入

---

① 刘蕙孙:《清嘉(庆)道(光)咸(丰)间民间思想的暗流——周太谷与太谷学派》,《华东工学院学报》(哲学社会科学版),1992年第4期,第9页。

② 黄仲素:《复程彬如书》,《远香书屋文稿》卷一,页七十一,苏州图书馆藏抄本。

③ 夏承焘:《天风阁学词日记》,浙江古籍出版社,1984,第746页。

④ 1952年1月2日,钟泰在日记中载:"归途看宗伯宣,知黄仲素已移居苏州,就其子花农之养。"据此判断,黄氏于1951年底从泰州就养苏州。钟泰:《钟泰日录》(上),《钟泰著作集》(第7册),上海古籍出版社,2021,第376页。

⑤ 刘蕙孙:《铁云先生年谱长编》,齐鲁书社,1982,第39页。

⑥ 冀野:《学术:黄仲素语录》,《省立河南大学周刊》1933年第24期,第2—4页。

卢前《酒边集》，会文堂新记书局 1934 年版。① 除了少数文字略有出入，两个版本内容基本一致。

《黄仲素语录》开篇就是太谷学派的"孝弟""忠恕"思想，"尧舜之道孝悌而已矣。夫子之道忠恕而已矣"②，此书的主旨由此可见一斑。

其一，传承李光炘总结的"心息相依，转识成知"的太谷学派的基本宗旨和修习"心法"。黄寿彭云："心息相依，转识成知。心者安宅也，息者正路也。居安宅，由正知，则心息相依矣。恶念一动，天雷即响。"③ 简言之，黄氏认为人只要以仁居心、以义行事即能够安宅正路。《孟子·离娄上》言："仁，人之安宅也；义，人之正路也。旷安宅而弗居，舍正路而不由，哀哉！"可见，黄氏的说法是对孟子言论的一种翻版，其解释更为简明通俗，也更具警示作用。

其二，结合儒家"慎独"思想，阐释太谷学派的"友道"。黄氏云："友者，命也。有友则生，无友则亡。故君子必慎其独。"④ "君子慎独"本为儒家所强调的一种个人修养境界，黄氏则借用其概念，将"友道"上升到"天命"，显示其对"友道"的重视。交友时则要有气量和容忍度，能够发现别人的长处和优点，"君子容人之短，人张目时，但见人之短则无友可交。久之则非特最亲近之人不能相信，即自己亦不能满意。有以内排外者，有以外排内者，以内排外者，人但见家人长处，不见外人长处也。以外排内者，反是，二者皆非也"⑤。

其三，进一步阐发太谷学派的"谨言"观点。黄寿彭认为："言宜谨，宜寡，宜必中。""一言立命曰忍。一言守身曰谦。"⑥ 具体做法就是，人在发言时必须经过充分思考，深思熟虑之后自然言语谨慎，"言由心发，谨言当先谨念（言由心发，言未发时，当细思之，而后可念头，便是言多故曰谨。外言易谨，内言难谨，外言者即少开口谓也，谨内言者即不生念头之谓也）"⑦。

其四，批评宋儒"存天理，去人欲"的观点。黄氏提出"君子接物以情"⑧，还赞扬太谷同门陈子言必谈风月，可谓真性情，堪为其师，"吾同门

① 冀野：《学术：黄仲素语录》，载卢前《酒边集》，会文堂新记书局，1934，第 199—210 页。
② 冀野：《学术：黄仲素语录》，《省立河南大学周刊》1933 年第 24 期，第 2 页。
③ 冀野：《学术：黄仲素语录》，《省立河南大学周刊》1933 年第 24 期，第 2 页。
④ 冀野：《学术：黄仲素语录》，《省立河南大学周刊》1933 年第 24 期，第 2 页。
⑤ 冀野：《学术：黄仲素语录》，《省立河南大学周刊》1933 年第 24 期，第 3 页。
⑥ 冀野：《学术：黄仲素语录》，《省立河南大学周刊》1933 年第 24 期，第 4 页。
⑦ 冀野：《学术：黄仲素语录》，《省立河南大学周刊》1933 年第 24 期，第 4 页。
⑧ 冀野：《学术：黄仲素语录》，《省立河南大学周刊》1933 年第 24 期，第 3 页。

陈子之为人也，寡言语言，必谈风月，是吾师也"①。黄氏认为："理之病在拘，拘则离，离则不详，莫大焉（一部《论语》无一理字，圣人之重情由此可知矣）"②。显然，其认为"重天理"并没有错，但是不可过分拘泥，否则就是远离"天理"的本意，孔子重人情，故在《论语》不讲理。故其主张太谷门人"为学"时必须"穷理"以"尽性"，进而达到"知命"的境界，"人能穷他人心中之理，则不与人论理。穷者，穷其源也，穷理犹掘井，然必及其源而后止。尽性犹伐木，然必破其结而后开。尽者用也，知也。故曰穷理必穷至，穷处尽性必尽至尽处。又曰，其为学也，穷理尽性，又以至于命焉"③。

其五，主张个人修养时"由仁义行"。黄寿彭认为，"仁义"是个人修养的目标而非手段，即个人必须自觉顺乎其善良本心做事，而不是为了沽名钓誉去做"仁义"："由仁义行，非行仁义（由仁义行者，出乎本心而行也。行仁义者，以仁义为名，而欲获名利也）"④。其进一步阐发黄葆年"主敬存诚"的理解，认为"敬诚"发自本心，并非矫揉造作："敬以直内，义以方外（敬以直内者，恭敬之心，发乎本心之自然，非假作之也。义以方外者，外表行动，一切皆各得其宜也）"⑤。可见，黄氏对孟子"居仁由义"的进一步阐释，是一种对"仁义"的内化观点。

《黄仲素语录》反映出黄寿彭基本固守太谷学派的基本思想和主张，并未有太多发挥。其传学时依然坚持了太谷学派能近取譬、三教圆融等基本做法，正如其言："儒有仲尼，佛有牟尼，道有青尼（老子道号），尼者，人我合一之谓也。"基于此，其主张"勿求强于人，勿求胜于人，学人当发奋作他人足下泥"⑥，即太谷学人应当实现学术上的融会贯通。

（2）《远香书屋诗抄》

《远香书屋诗抄》是黄寿彭的诗词集，现存有三个版本，其一为苏州图书馆藏抄本（简称苏图本）⑦，其二为孔夫子旧书网出售的抄本（简称

---

① 冀野：《学术：黄仲素语录》，《省立河南大学周刊》1933年第24期，第2页。
② 冀野：《学术：黄仲素语录》，《省立河南大学周刊》1933年第24期，第4页。
③ 冀野：《学术：黄仲素语录》，《省立河南大学周刊》1933年第24期，第4页。
④ 冀野：《学术：黄仲素语录》，《省立河南大学周刊》1933年第24期，第3页。
⑤ 冀野：《学术：黄仲素语录》，《省立河南大学周刊》1933年第24期，第3页。
⑥ 冀野：《学术：黄仲素语录》，《省立河南大学周刊》1933年第24期，第2页。
⑦ 笔者从网络卖家购得《远香书屋文稿》和《远香书屋诗稿》复印本，与"苏图本"比对后，发现抄本出自同一人之手，内容基本形同，故亦将其视作"苏图本"。当然，两个版本有一点差别，"苏图版"《远香书屋诗稿》的目录中没有《和韩止叟八十感怀》一诗的题名，且无"毛石君书"的钤印。

"网络本")①，其三为"无锡抄本"②。

"苏图本"分为二卷，卷一和卷二以民国丁丑年（1937 年）为界，卷一为黄寿彭自 1892 年至 1936 年的诗作。卷二是其 1937 年至 1952 年的诗作。其中，卷一收录 183 首，卷二收录 162 首。

"网络版"只有一卷，共收诗 183 首。与"苏图本"对照后可以发现，"网络本"即"苏图本"的第一卷。根据孔夫子旧书网提供的书影，"网络版"卷首有"琴棋怡且乐，书画寿而康"的钤印，"苏图本"则没有钤印。"苏图本"的正文与"网络版"基本相同，只有部分文字略有不同。例如，"苏图本"卷一最末一首诗名为《余家住南园，宅东旧有废地半亩。夏日苦热，小营瓦屋数椽，聊与二三知己，盘桓于其下，意欲移植花草，可以迎远客，可以延新秋，不知何者为宜？诸生其各赋之。拟作》③。"网络版"则为《余家住南圃，宅东厢有厩，地半亩。夏日苦热，小营瓦屋数椽，聊与二三知己，盘桓于其下，意欲移植花草，可以迎远客，可以延新秋，不知何者为宜？诸生其各赋之，概作七首》。"苏图本"中作有部分点校，例如《姑苏四咏伍员吹箫阙，"一作伍员之吹箫"》④，《效韩乐吾先生体》中"未了平生少读书"中的"少"字一作"不"字。⑤

"无锡抄本"的正文与上述两个版本基本相同，只是多出《〈闻余录〉序》、《不读书解》（2 篇）、《书〈桃花源记〉后》、《玄静说》⑥、《七十自寿》⑦等篇目，并附录《题四合楼》、《挽夫人刘氏》⑧、《示张本弓并跋》等联语，皆为此版所独有。

《远香书屋诗抄》描述了黄寿彭与太谷学人交游的情况，对其所参与的太谷学派的聚会、传学活动等多有反映。

其一，反映晚清民国时期太谷学派活动的基本情况，尤其是庚子第二

---

① http://www.kongfz.cn/28169361/。

② 据网络卖家所言，此抄本在无锡发现，故名之"无锡抄本"。

③ 黄仲素：《远香书屋诗抄》卷一，页六十七至六十八，苏州图书馆藏抄本。

④ 黄仲素：《姑苏四咏伍员吹箫阙》，《远香书屋诗抄》卷一，页十七，苏州图书馆藏抄本。

⑤ 黄仲素：《效韩乐吾先生体》，《远香书屋诗抄》卷一，页七，苏州图书馆藏抄本。

⑥ 《玄静说》："浮云在天，与意相谋。意故无不可为明月在水，与心相印。思故无不可通，是以一草一木一鱼一鸟皆是以自乐，固不必去纷华而务道德也。夫一草一木一鱼一鸟之中非有纷华也，而乐之者乃有甚于纷华，而一草一木一鱼一鸟亦有道德也，而得其乐者乃见所谓道德，然而一草一木一鱼一鸟犹在外也。若无一草一木一鱼一鸟，其无足乐，与无一草一木一鱼一鸟而能自娱其乐者，岂非浮云在天，与意相谋，明月在水，与心相印乎哉？然后知行所无事者所以能全其天也。诗云：我思故人，实获我心。又云：中心藏之和日忘之，低回留连，虽终身诵之，有不能尽者矣。"

⑦ 《七十自寿》："三百余人各尽诚心何以为报，七十初度未成一德怎不自惭"。

⑧ 《挽夫人刘氏》："一世同心忍忘相从恩谊，千秋共命愿结不解姻缘"。

花朝蝴蝶会、甲辰归群草堂诗会等重要活动。

《庚子第二花朝蝴蝶会并跋》

春风未了华胥梦，春色重来佛子家。儿女心情新眷属，神仙游戏旧生涯。圆成天上三千果，开到人间千万花。两度偷桃亲上寿，当筵群笑小儿夸。

花栏春晓，与与花飞。芳草人来，心随蝶住。眷眷而蕉心欲吐，盈盈而柳眼初醒。未解今古相思，未省人天消息。闲道庄周梦蝶，忽悟前生。若教天女拈花，真如旧识。傍鸳鸯以作队，队队皆仙。随蝴蝶以寻花，花花结果。清音不绝泠泠川上之琴，余意重申寸寸窗前之草。①

"庚子第二花朝蝴蝶会"是太谷学派于 1900 年为纪念张积中 1840 年的"庚子第一花朝会"而有意为之，"清音不绝泠泠川上之琴，余意重申寸寸窗前之草"显然是黄寿彭矢志传承"石琴余音""茂叔之草"的决心。

《甲辰九日会于归群草堂得分体得五言长律》

泗水钟声隐，三吴秋色来。斗山千古仰，松菊一樽开。在昔经离索，伊人许溯洄。重阳新旧雨，龙马圣贤才。遽向风霜里，动将桃李载。苍苍今老辈，济济又英材。更辟陶潜径，还传张翰杯。江山入怀抱，南北共胚胎。天下正多难，南风谁与培。气迎函谷满，花受李唐催。知他看他日，登高信此回。趋庭兼负笈，诗礼乐追陪。②

"苍苍今老辈，济济又英材"反映归群草堂建立后，太谷学派通过南北合宗汇聚了老一辈的黄崖弟子、龙川弟子以及新一代的归群弟子，可谓人才济济、兵强马壮。基于此，黄氏发出"江山入怀抱，南北共胚胎""天下正多难，南风谁与培"的感叹，体现出太谷学派匡扶天下和重振学派昔日辉煌的期望和信心。

《己巳花朝》

第二花朝会，于今三十年。低回念师友，消息怅人天。亦有尊中

---

① 黄仲素：《庚子第二花朝蝴蝶会并跋》，《远香书屋诗钞》卷一，页二，苏州图书馆藏抄本。

② 黄仲素：《甲辰九日会于归群草堂得分体得五言长律》，《远香书屋诗钞》卷一，页二，苏州图书馆藏抄本。

酒，难和海上弦。培风遗训在，努力到心田。①

"己巳"为 1929 年，1900 年太谷学派举办了"庚子第二花朝蝴蝶会"，到 1929 年正好满三十年。"低回念师友，消息怅人天"说明，黄葆年、李泰阶已经去世，太谷学派亦是步履维艰。"培风遗训在，努力到心田"则反映黄寿彭为了传承太谷"圣功"依然不忘遗训，孜孜以求。

其二，反映其与谢逢源、毛庆蕃、解琳伯、杨蔚霞等太谷学派同人的交往情况，说明黄葆年的官衙和归群草堂成为太谷学派交游的重要阵地。例如，毛庆蕃长期任职京津地区，距离山东不远，故其经常赴黄葆年官署访学问道，这在黄寿彭的诗作中亦有反映，例如《送毛伯宣丈归天津》对此有吟：

> 明月下芝阳，青云望帝乡。袖中文石富，衣外海天凉。津柳迎帆出，山花夹毂香。先生归去也，一路好春光。②

"芝阳"即芝阳洞，又名祝圣道院，位于山东福山县东南。据考，黄葆年于 1896—1898 年出宰福山县，此诗证明毛庆蕃为官直隶时经常参与太谷学派的各种活动。

其三，提供一些珍贵史料，有助于解开某些历史误传。例如，刘氏家族以为，刘鹗流放新疆，与黄寿彭压下电文未送给刘鹗有着直接关系。③果如此说，刘鹗就会结怨黄家，与黄寿彭必然有所疏远，但是《远香书屋诗抄》中有《外舅戍边得至西安书》一首，似乎说明这一说法并不成立。其诗如下：

> 江浦风涛六月寒，惊心无计送征鞍。田园寥落谁为主，书卷飘零不忍看。万里风霜悲绝漠，一对涕泪报长安。谁知践别苏州后，海角天涯再见难。④

---

① 黄仲素：《己巳花朝》，《远香书屋诗抄》卷一，页三十一，苏州图书馆藏抄本。
② 黄仲素：《送毛伯宣丈归天津》，《远香书屋诗抄》卷一，页一，苏州图书馆藏抄本。
③ 刘蕙孙曾言："按铁云先生被祸的前三天，约在南京制台签电到时，有军机章京张君，得此消息，以告先父。先父当即和老仆郑斌奔走半夜，找到钟笙叔，从钟处借得时报馆密电本电上海狄楚青转告。狄因先生已离沪赴苏宁，不知确在何处。专人送电至苏州面交我姑丈黄仲素。请其立即通知暂避。黄姑丈竟将此电压置未即送守。第三天就出了事。后来先父与黄姑丈格格不入，即因此事。甚至有人说黄姑丈是故意压置。"参见刘蕙孙：《铁云先生年谱长编》，齐鲁书社，1982，第 145 页。
④ 黄仲素：《外舅戍边得至西安书》，《远香书屋诗抄》卷一，页三，苏州图书馆藏抄本。

根据此诗，我们可以发现，刘鹗在流放途中，路过西安，即与黄仲素有书信往来，显然是报平安之类的消息，如果不是至亲至厚关系，刘氏不可能给黄氏致函。"江浦风涛六月寒，惊心无计送征鞍"一句说明，黄仲素惊闻清廷缉拿刘鹗的消息，不过其对此亦有心无力。"谁知践别苏州后，海角天涯再见难"则表明，刘鹗临行之前，曾与黄仲素在苏州诀别。刘鹗书信和黄仲素之诗说明，翁婿二人关系融洽，并无芥蒂，刘鹗流放与黄氏之间没有恩怨，黄氏扣压电文的说法并不可靠。刘鹗仙逝后，其继室郑安香迁往苏州，与归群草堂比邻而居，正如太谷学人王伯沆之婿周法高所言："刘氏殁后，其家属侨寓苏州，依黄门而居。"① 这也从侧面证明，刘鹗与黄氏家族之间，虽然有时意见相左，但相互关系还是比较牢靠的。

归群草堂中多有女弟子，大多出自太谷学人内部，或是李氏、黄氏、刘氏、蒋氏等族的亲戚，或是龙川弟子、归群弟子及其后人的配偶、子女等。例如，黄寿彭在《庚午销寒诗课并序》中云："庚午（1930 年）之冬，草堂客散，伯兄招予作消寒之会，从慎诸、谪仙两侄女之意也。伯兄旧有学诗者六人，慎诸、谪仙之外，则为布姬、以从、希鲁、蓄如皆女弟子也。先是，诸女课辄就正于予，予索月且多，与伯兄同。故斯会之兴也，亦已招予为乐。予以伯兄之命乃欣然从之，而诸女犹以为未足。"② 序文中所提及的女弟子为钱慎诸、朱谪仙、陈布姬、陆以从、陆希鲁和王蓄如等 6 人，除了钱慎诸、朱谪仙为黄氏的侄女，其他 4 人均为太谷弟子后裔家眷。再如，其作有《赠临如侄女归江北》一首，蔡临如为黄寿彭的侄女，后为黄氏弟子，故有"归群如有意，奉养愿无违"③ 的诗句。

此书还有《〈远香书屋诗抄〉补遗》并附录黄仲素著作三种，即《远香书屋诗余》《远香书屋偈》和《远香书屋道情》。

（3）《远香书屋文稿》

《远香书屋文稿》是黄寿彭的书信和文稿汇编，现存有"网络本"和"苏图本"。《远香书屋文稿》二卷，抄本，苏州图书馆藏。

此书其实为黄仲素与太谷学派同人的书信集，共有书信 66 通，涉及的重要人物有朱效川、蒋玉衡、蒋仲明、蒋继明、姚厚伯、毛勉初、翁铜士、朱仲青、李勖初、张仲友、朱文卿、钱棣三、薛静思、丁月江、丁孝

---

① 周法高：《跋冬饮卢藏甲骨文字》，《"中研院"历史语言研究所集刊》37 本下（1967 年第 6 期），第 667 页。

② 黄仲素：《庚午销寒诗课并序》，《远香书屋诗抄》卷一，页五十四至五十五，苏州图书馆藏抄本。

③ 黄仲素：《赠临如侄女归江北》，《远香书屋诗抄》卷一，页三十二，苏州图书馆藏抄本。

宽、谢祖石、程彬儒、赵云楼、毛子逊、张令贻、刘丙孙、钱履泰、陆希鲁、华纯安、颜雨春、宗伯宣、洪醴泉、朱寿南、吴觐侯、卢止庵、汪端生、王鲁安、王练芬、崔钟之、鲍蕴皋、解琳伯、刘伯远、毛潜之等归群弟子。

其一，坚定同门修习太谷"圣功"的决心和信念。民国年间，尤其是进入抗日战争时期，太谷学派的传学环境面临着巨大挑战和危机，黄寿彭虽然承受师门重担，但是其对学派的忠诚则是一如既往、毫不动摇的。他劝诫同门，太谷学派作为"王道圣功"在劫难下只会愈来愈昌盛，"弟自军兴以来，东奔西走，遍观吾同学辛苦艰难，莫不精进，相达与语，辄异曩时。其正如自己之非者，乃为弟意料之所不及。清夜以思，非圣恩师恩潜移默化有以致之与。王道圣功愈否愈昌之说，于兹益信矣。然后知当今之世于人世则曰劫数，于我辈则曰考场，是以烽火连天，荆榛遍地，吾同学处之皆如圣师之训诲也"①。面对门弟子不能"一心求道"的现实问题，他强调门弟子必须"一心夫子"，即对太谷学派虔诚笃信、忠心不二，"弟以为学道无难，难在一心。心一则志定，志定则命安矣。不然，外驰者，杂。内哄者，乱。不驰不哄之时乃又无主者，皆不一也。何以一之，惟有一心夫子而已矣。噫！尘世浮云，光阴落日，不一心夫子将无所归矣"②。

黄寿彭要求门人必须抛弃杂念，"一心向学"，致力于"心息相依"，"离居非苦，惟心不依息，为苦。处境无离，惟息不依心，为难。逆境易助，助则心不依息，故急。顺境易忘，忘则息不依心，故昏。何以得息，心藏于不睹不闻之地。何以明心，息游于无遮无碍之天。一心向学，不求余事者，心依息也。一息知非，忽然贯通者，息依于心也"③。心息相依的实现路径就是做到"知"与"归"的高度融合，"知者，心之正路也。归者，息之安宅也。知而能归，心依息也。归而能知，息依心也。不归而知，知无所知也。不知而归，归无所归也。由知而归，由归而知而与几，存义之义在其中矣"④。其教导门人刻苦修行太谷"圣功"，早日进入"竹林""桃源"和"崆峒"等三个境界，"虚心者可得竹林之竹，实腹者可得桃源之桃，无人无我者可得游于崆峒之上也"⑤。

其二，与太谷学派同门探讨太谷"圣功"的修习方法。黄寿彭强调太

① 黄仲素：《复程彬儒书》，《远香书屋文稿》卷一，页六十五，苏州图书馆藏抄本。
② 黄仲素：《复于子立书》，《远香书屋文稿》卷二，页七，苏州图书馆藏抄本。
③ 黄仲素：《致华纯安书》，《远香书屋文稿》卷一，页七十八，苏州图书馆藏抄本。
④ 黄仲素：《书与李知归》，《远香书屋文稿》卷二，页七十二，苏州图书馆藏抄本。
⑤ 黄仲素：《复丁月江书》，《远香书屋文稿》卷一，页五十五，苏州图书馆藏抄本。

谷门人必须以修身为本，即在内心中追求"孝弟谨信"，也就是以传统儒学中"孝悌""忠恕"等为基本准则，"弟等初学，当以修身为本。修身之道，当以孝弟谨信为先，不假外求也"①。"修身之道"就是"为人"以孝悌为先，即培养自己的"孝子之气"和"弟子之心"，"弟闻学问之道莫大于修身，修身之道莫要于务本。务本者不忘本也。不忘本有二：一曰无恶于志，一曰无恶于人。无恶于人者，孝子之气也。无恶于志者，弟子之心也。二者备，庶几可以为人"②。人生在世就是凭借"一口孝弟之气"，必须随时体察，"盖人生所凭，只有一口孝悌之气，得之则心中自然常生欢喜，失之则心中必然乱生烦恼。须知让人一步便是放自己一条生路，望人一眼直截要自己性命，低下头来可做圣贤，背过脸去即成反叛，果能真知利害，随时觉察可算夺命金丹，若其以为无妨，放在半边，怎得脱离苦海"③。基于此，黄寿彭强调学人求学修道必须做到"勿忘"境界，即实现个人之气"中和"，也就是所谓"内不自欺，外不欺人"，故其言：

> 吾人求学最为切要者莫过于勿忘二字，勿助可弗论也。勿忘者非不忘也，常自知其忘也，常自知其忘即易所谓其亡，其亡系于苞桑也。系字最要紧，能系则不能忘矣。能系则常自知其忘矣。若夫致中和致义似与此不相属也。夫中者，心之中也。和者，气之和也。静与天处，不愧于天之谓中。不愧于天者，不欺自己而已矣。动与人处，不怍于人之谓和。不怍于人者，不欺人而已矣。内不自欺，外不欺人，致之意在斯乎？④

其三，重视"友道"，认为"亲师取友"的路径就是"乐取于人""舍己从人"。黄寿彭认为，"学问之道"就是实现自知自明，必须经历师友之间的磨砺，"盖学问之道，难莫难于自知其非，苦莫苦于自以为是。未得师友相依之乐，难知圣贤性情之真；未经师友之锤炼之功，难知肺腑疾痛之所在"⑤。其认为"友道"在于个人修行，即通过真心改正自己的错误，虚心学习他人的优点，真正做到"君子莫大乎与人为善"。其云：

---

① 黄仲素：《与吴受之袁熙台书》，《远香书屋文稿》卷二，页五十八，苏州图书馆藏抄本。
② 黄仲素：《复王秉之书》，《远香书屋文稿》卷二，页四，苏州图书馆藏抄本。
③ 黄仲素：《复陈赓容书》，《远香书屋文稿》卷二，页五十一，苏州图书馆藏抄本。
④ 黄仲素：《复颜雨春书》，《远香书屋文稿》卷一，页八十三，苏州图书馆藏抄本。
⑤ 黄仲素：《致王秉之书》，《远香书屋文稿》卷二，页四，苏州图书馆藏抄本。

夫交友者，取友也，所谓乐取于人以为善也。乐取于人以为善必自舍己从人始，而舍己从人尤以舍己为最要。知从人而不知舍己则外似虚心，内实自是。求益不易而求损尤难也。知交友而不知舍己从人则心气粗浮。好人受我之教而不能受人之教也。不能受人之教将终其身无一友矣。是以通世路，入心路，开觉路，皆以舍己为第一义。舍己者正是以为己也。子路闻过则喜，岂远于人情哉？不过真知为己而已矣。①

黄氏之言，其实就对孟子"善与人同，舍己从人"观点的引用和阐释。②

其四，探讨正确的读书之法。"精读"与"泛读"是最常见的读书方法，黄寿彭主张"精读"，因为能从书中领悟一篇，就能浓缩为一句，进而精简为一字，最终完成真正入门，"弟闻读书之要，在读不在书，在精不在多，是以坐拥百城，不及清谈一夕。然既言读书，必先以熟读深思为第一步，然后于有意无意中忽得书中之一篇，又于一篇之中忽得一句，又于一句之中忽得一字，能得一字便觉意味深长，含咀无尽，有若终身行之而不能到者，此之谓入门，岂有三教之书并观而能明了者"③。如果读书时涉猎百家，不过是一时快意，反而激发个人的"好胜之心"和"偷安之息"，"虽读书万卷，纂言百家，只可快一夕之谈，不能有丝毫之益于身心也，必须收视返听，戒慎恐惧于不睹不闻之地，优游涵泳于无遮无碍之天然后知。戕我者，我之好胜之心。贼我者，我之偷安之息。识得庐山面目并无奇异可言，定得渤海波涛只是平常两字，又何用稽典坟，考邱索数，黄道白而后谓之学问哉"④！

其五，借助佛道概念，阐释传统儒家理论。民国时期，太谷学派传学路径更加狭窄，其受众更向社会底层倾斜，黄寿彭传学时更多援引佛道，体现儒学阐释的大众化和通俗化。例如，其对"心性"的诠释，就是采用普通百姓所熟知的儒家名言和佛门偈语，其云：

① 黄仲素：《复宗宣伯书》，《远香书屋文稿》卷二，页十二，苏州图书馆藏抄本。
② "子路，人告之以有过，则喜。禹闻善言，则拜。大舜有大焉，善与人同，舍己从人，乐取于人以为善。自耕稼、陶、渔以至为帝，无非取于人者。取诸人以为善，是与人为善者也，故君子莫大乎与人为善。"《孟子·公孙丑章句上》，载朱熹集注《四书集注》，岳麓书社，1987，第343—344页。
③ 黄仲素：《复丁月江书》，《远香书屋文稿》卷一，页五十二，苏州图书馆藏抄本。
④ 黄仲素：《复王秉之书》，《远香书屋文稿》卷二，页五至六，苏州图书馆藏抄本。

夫心者，知与识也。性者，不识不知也。心有是非而性无是非也，譬之孩提，无不知有父母，亦无不知爱其父母也。知有父母为心，爱父母为性。何以言之？当孩提最喜欢时，往往以打父母为乐彼。乌知打父母之非爱敬之道哉，亦率其性而已矣。又曰：学道如求功名富贵者，心也。学道如游山玩水者，性也。又曰：学人之于学知之者为心，好之者为性；学而时习之不亦说乎为心，有朋自远方来不亦乐乎为性。又曰：身是菩提树，心如明镜台，时时勤拂拭，勿使染尘埃，心也。菩提本无树，明镜亦非台。本来无一物，何处染尘埃，性也。圣人见性不见心，心藏于内而不见心也，心性之分如是而已。[①]

在黄寿彭诠释下，普通民众即将"学而时习之不亦说乎"等同于"身是菩提树，心如明镜台，时时勤拂拭，勿使染尘埃"，即所谓"心"；同样又将"有朋自远方来不亦乐乎"视为"菩提本无树，明镜亦非台。本来无一物，何处染尘埃"，即所谓"性"。黄氏的解释将儒学与佛学联系起来，让百姓清楚"心性"之间存在明显区别，但是究竟何为心性，百姓依然是一头雾水。黄氏还采用相同的路径，以道学解释儒学，其云："吕祖云：有功无行如无手。足行者，德也。北一，为足，当修德于人所不见之地。所谓盎于背，未有不见于面者，故曰学而不费，可也；费而不学，不可也。"[②] 显然，黄氏将孟子的"晬然见于面，盎于背"与吕祖"有功无行如无足，有行无功走不前"等同起来，虽然颇多牵强附会，两者之间的内涵未必可以触类旁通，但是民众则通过这种简单类比掌握了两者的联系。

### （三）刘孚京及其著述

#### 1. 刘孚京的生平

刘孚京（1855—1896），字镐仲，江西南丰人，幼时父母双亡，由其伯父刘庠收养，"少孤，受学于世父慈民先生，克绍其业"[③]，后为贡生、监生。光绪十二年（1886 年），刘孚京进京参加丙戌科考试，高中进士二甲第七十九名。[④] 因其"性豪迈、好交游"[⑤]，刘孚京与文芸阁、陈三立等青

① 黄仲素：《口授代瑜儿复诸香孙书节 戊寅十二月廿六日》，《远香书屋文稿》卷二，页四十八至四十九，苏州图书馆藏抄本。
② 黄仲素：《与吴受之袁熙台书》，《远香书屋文稿》卷二，页五十七，苏州图书馆藏抄本。
③ 徐世昌：《刘先生孚京》，《清儒学案》（第三册）卷一百三十九，廉舫，页十六，中国书店，2013，影印本，总第 2498 页。
④ 参见《中华科举库》，http://kjk.wenjinguan.com/SearchResult_Detail.aspx?id=[7ceb0ad6-7dba-49e6-9e5e-9ff16455045d。
⑤ 徐世昌：《刘先生孚京》，《清儒学案》（第三册）卷一百三十九，廉舫，页十七，中国书店，2013，影印本，总第 2499 页。

年俊杰意气相和，彼此之间诗酒唱和、交游甚密，易顺鼎曾描述了当时的盛况："丙戌会试入都，四方之士云集，如陈伯严、文芸阁、刘镐仲、杨叔乔、顾印伯、曾重伯、袁叔舆辈，友朋文酒盛极一时。"① 刘氏一度出任官刑部主事，因其"明于法律，长官深器重之"②。

1892 年，刘孚京外放，先后出任广东河源、饶平等地知县，并于 1894 年充任广东乡试同考官。刘孚京任职期间，勤于政事、宵旰忧劳，正如其所言："来河源……困于簿书狱讼之事。"③ 由于刘氏不厌其烦、事必躬亲，颇有政声，赢得时人的高度赞誉，其上司两广总督谭钟麟对其赞曰："署饶平县事、河源县知县刘孚京历练稳慎，办事勤能。"④ 徐世昌也赞许刘氏为官"勤求民隐，治行卓然"⑤。1896 年，刘孚京拟被调署揭阳县令，由于长期积劳成疾，尚未成行而病逝河源任上，令人惋惜不已，正如其好友陈三立的感叹："寻复就令广东，宰剧县务，习吏能，究民隐，内验所学文事寝废，而君亦糟粕视之，不幸以劳殁，遂止于是矣。"⑥

由于陈三立与毛庆蕃私谊颇厚，刘孚京得以结交毛氏，三人因学术相近、气谊相投而成为挚交，"当是时，海内才俊故旧集辇下，过逢络绎，而日以道义术业相切磨，晨夕昵语，为余所兄事而弟畜之者，独君与丰城毛君实君两人而已"⑦。在毛庆蕃潜移默化的影响之下，刘孚京逐渐接受太谷学派，"南丰刘镐仲有学行，能文，官京曹闻毛实君者，以为当代异人，特乞假访之，留一月归京师，议者谓其气象异平时"⑧。在毛氏的积极引荐之下，刘孚京后师从黄葆年，成为太谷学派弟子，"自是之后，君走山东，获从泰州黄先生游。黄先生孤传绝学，遁世而矜授徒友，君于是捐故技，受要道，皇然求唘古圣贤人之真归于自淑"⑨。

① 易顺鼎：《诗钟说梦》，中国史学会主编《中国近代史资料丛刊·戊戌变法》（第四册），上海人民出版社，1957，第 319 页。
② 徐世昌：《刘先生孚京》，《清儒学案》（第三册）卷一百三十九，廉舫，页十六，中国书店，2013，影印本，总第 2498 页。
③ 刘孚京：《棣垞集》"识语"，转引自罗志欢、李志博、戴程志《〈棣垞集〉稿本及其文献价值》，《图书馆论坛》2017 年第 8 期，第 137 页。
④ 光绪二十二年八月十七日京报全录，《申报》光绪二十二年八月二十九日（1896 年 10 月 5 日），第 11 版。
⑤ 徐世昌：《刘先生孚京》，《清儒学案》（第三册）卷一百三十九，廉舫，页十六，中国书店，2013，影印本，总第 2498 页。
⑥ 陈三立：《〈刘镐仲文集〉序》，《散原精舍文集》，辽宁教育出版社，1988，第 101 页。
⑦ 陈三立：《〈刘镐仲文集〉序》，《散原精舍文集》，辽宁教育出版社，1988，第 100 页。
⑧ 东台胡涤撰次：《老残游记考证》之六《黄龙子之历史及其学术之渊源》，《中华月报》1935 年第 3 卷第 12 期，第 57 页。
⑨ 陈三立：《〈刘镐仲文集〉序》，《散原精舍文集》，辽宁教育出版社，1988，第 100—101 页。

刘孚京入赘太谷学派后，其子刘超、刘怀随后亦拜黄葆年为师，成为归群弟子，此后其侄刘钥、刘龢也加入太谷学派。

### 2. 刘孚京的著述

刘孚京的著述主要有《绣岩诗存》《求放心斋遗稿》《求放心斋文稿》《求放心斋文集》《南丰刘先生文集》以及《求放心斋诗余》等。其中，《绣岩诗存》为抄本，不分卷。据《清人别集总目》载，《绣岩诗存》抄本存于中国科学院图书馆，而《求放心斋遗稿》《求放心斋文稿》《求放心斋文集》等抄本均存于南京图书馆。①

据胡思敬言，其手中曾有刘孚京的《别稿》一册。1913 年，"二次革命"期间，胡氏曾请陈三立将此书带给时居苏州的毛庆蕃，"伯严赴苏，托其将稿仲先生别稿一册，敬呈左右，想不至浮沉"②。

（1）《求放心斋文集》

《求放心斋文集》原名为《刘镐仲文集》，四卷，补遗一卷，为民国六年（1917 年）刘超排印本，现已收入《晚清四部丛刊目录》第 97 册。③

刘孚京早就开始编撰其文集，至少在 1886 年初就已基本成形，因为徐世昌已阅读其文稿④。民国癸丑年（1913 年），刘超在正式刊行之前，特意请陈三立进行校刊并作序。陈氏亦有诗为证："山气犹吹座，家风有读经。遗文系升降，吾欲索冥冥。"并作注强调："刘父镐仲遗文在别墅，今校交校刊。"⑤当时《求放心斋文集》尚未定稿，陈氏并不清楚最终的卷数，其在《〈刘镐仲文集〉序》亦云："余友南丰刘君镐仲既卒官之十有七年，孤子超始校君所自定文若干篇，复搜辑放佚若干篇，别为若干卷，且授刊，以谓君与余之交天下莫不闻，宜序君文莫余若。"⑥此书正式定稿则为四卷。⑦

---

① 李灵年、杨忠主编《清人别集总目》（上），安徽教育出版社，2000，第 531—532 页。

② 胡思敬：《覆毛实君蕃司书》，《退庐笺牍》卷二十六，载沈云龙主编《近代中国史料丛刊》（第四十五辑），文海出版社（台北），1966，第 514 页。

③ 刘孚京：《求放心斋文集》，民国六年铅印本影印本，载林庆彰主编《晚清四部丛刊目录》（第 97 册），文听阁图书有限公司（台北），2011。

④ 1886 年三月廿五日（4 月 28 日）"早，看刘镐仲同年文稿"。三月廿七日（4 月 30 日）"看镐仲同年文稿半日"。徐世昌著、吴思鸥点校：《徐世昌日记》（第 1 册），北京出版社，2018，第 37 页。

⑤ 陈三立：《刘班侯过访别墅》，载陈三立著、李开军校点《散原精舍诗文集》（上），上海古籍出版社，2003，第 357—358 页。

⑥ 陈三立：《〈刘镐仲文集〉序》，《散原精舍文集》，辽宁教育出版社，1988，第 100 页。

⑦ 贺葆真在 1917 年 10 月 19 日的日记中记载："（九）月之四日，汪仲方来访，以南丰刘镐仲年丈孚京文集见赠，曰《求放心斋文集》，凡四册。"徐雁平整理：《贺葆真日记》，凤凰出版社，2014，第 424 页。

（2）《南丰刘先生文集》

《南丰刘先生文集》，四卷，有三种版本。第一种是光绪湘潭袁氏刻本。第二种是民国十四年（1925 年）湘潭袁思亮刻本，此书页二印有"印行者湘潭袁思亮，寄售者商务印书馆"字样。第三种是民国八年（1919年）上海聚珍仿宋印书局铅印本，此书为四卷，另有补遗一卷，"上元己未（1919 年）仲春之月，桐城叶玉麟、男刘超同校，上海聚珍仿宋印书局印"①。《南丰刘先生文集》由"清道人"（李瑞清）题写书名。此版本现已收入《清代诗文集汇编》第 778 册。②

《求放心斋文集》正式出版后，时任中华民国总统徐世昌嫌其不够精美且其中文字讹误太多，因此要求刘班侯重版，并将其书改名为《南丰刘先生文集》。徐世昌于"丁巳仲春"（1917 年）所作《〈南丰刘先生文集〉叙》一文也明确说明其将《求放心斋文集》易名为《南丰刘先生文集》的前因后果。③

《南丰刘先生文集》分为正文四卷和补遗一卷，其中卷一为文论，卷二为叙跋，卷三为墓志铭，卷四寿叙，补遗多为代人所作寿叙、告示等。据《清史稿》载："孚京，字镐仲，南昌人。有《文集》六卷。"④ 其实，即使算上《补遗》一卷，刘孚京的文集也只有五卷，《清史稿》的记述可能有误。

由于《南丰刘先生文集》卷一最能反映其学术思想，故将卷一目录罗列如下：《九流兴废论》、《诸子论十首》（甲儒家、乙道家、丙阴阳家、丁法家、戊名家、己墨家、庚纵横家、辛杂家、壬农家、癸小说家）、《答受命》、《学述》、《说老》、《师问》、《礼辨二首》、《明术三首》、《尽心》、《杂议八首》、《蘧伯玉论》、《晁错论》、《读〈管子〉二首》（上、下）、《读〈商君书〉》、《读〈墨子〉》、《读〈荀子〉》、《书〈盐铁论〉》和《书韩退之集后》。⑤

毋庸讳言，刘孚京几乎将春秋战国时期的诸子百家罗列殆尽，各家思想及其流变也得以一目了然，可谓嘉惠后学之作。民国学者钱基博先生在《国学文选类纂》中收录刘氏的《诸子论乙道家》，其中的缘由，正如钱氏

① 刘孚京：《南丰刘先生文集》，上海聚珍仿宋印书局，1919，第 1 页。

② 刘孚京：《南丰刘先生文集》，载《清代诗文集汇编》编纂委员会编《清代诗文集汇编》（第 778 册），上海古籍出版社，2010。

③ 徐世昌：《〈南丰刘先生文集〉叙》，《南丰刘先生文集》，页一，上海聚珍仿宋印书局，1919。

④ 赵尔巽等撰：《清史稿》卷四八六，列传六文苑三，中华书局，1977，第 783 页。

⑤ 刘孚京：《文集目》，《南丰刘先生文集》，页一，载《清代诗文集汇编》编纂委员会编《清代诗文集汇编》（第 778 册），上海古籍出版社，2010，第 666 页。

所解释："而录刘孚京《诸子论》以下八家，则所以尽诸子之流别也。"①
可见，刘孚京对先秦诸子颇多研究，具有深厚的古文功底，表现出鲜明
的古文色彩，正如徐世昌的总结："先生好三礼之学，于古今礼制考论甚
精。尤工古文辞，尝寝馈周、秦、汉诸子，故所为文体博而义醇，涵演渊
懿，蹈于自然，不阑入唐以后体宗派诸说。"②刘声木在《桐城文学渊源撰
述》中也认为："其论文以秦汉培骨力，以唐宋植间架，以气为主，以纵
横、出入、高下、顿挫为用；不取李唐以下，欲自晚周诸子、两司马、杨、
刘、昌黎为基础，以下揽'八家'，不入唐以后体制，然其文实体博而义
醇，涵演渊懿，蹈于自然，于子固为近。"③

（3）《求放心斋诗余》

《求放心斋诗余》，抄本，凡5首，分别为《虞美人·忆京师丁香海棠
抚然有作》《浪淘沙·喜雨》《浣溪沙》《摸鱼儿》和《壶中天》，收入张德
广所编的《归群词丛》。此外，《归群宝籍续编总目》还著录有刘孚京《求
放心斋诗钞》一卷。

**（四）袁衔及其著述**

**1. 袁衔的生平**

袁衔（1861—1899），字淡生，又名淡秋④，江苏泰州人⑤，廪生⑥，"淡
生袁氏本州中著姓，其父迁居海安，余岁与淡生识"⑦。袁衔自幼接受其父
教育启蒙，"少小承庭训，滥竽说经史"⑧，加之其聪慧好学，故年少多才，
乡试时就为范当世、黄体芳所赏识，"淡生早彗，应州试，通州范当世佐
阅文，置淡生前列。未售，至瑞安黄侍郎漱兰，始以史论取淡生为附学生

① 钱基博：《国学文选类纂》，华中师范大学出版社，2013，第205页。
② 徐世昌：《刘先生孚京》，《清儒学案》（第三册）卷一百三十九，廉舫，页十六至十七，中国书店，2013，影印本，总第2498—2499页。
③ 刘声木撰、徐天祥点校：《桐城文学渊源撰述考》，黄山书社，1989，第96页。
④ 黄葆年云："秋冬之交，同人先后至。……是会也，……从者若钱希范、袁淡生、葛仲修三子，皆素心人也。"黄葆年：《同游芝阳洞记》，《归群草堂全集》，载方宝川主编《太谷学派遗书》（第二辑第二册），江苏广陵古籍刻印社，1998，第127页。
⑤ 因其父迁居海安，袁淡生实际居住今南通市海安市。"淡生父某善计画，为掾吏，有能名，乔公松年重之，冠诸吏上。乔去，因避嫌，娟徙居州之海安镇。生一子，即淡生。"李详：《袁淡生传》，页一，载袁衔《袁景宁集》，海陵丛刻本，1926。
⑥ 《江南戊子科正取优贡生》："袁衔，泰州廪。"《申报》光绪十四年八月十二日（1888年9月17日），第2版。另一说为诸生："袁衔子，澹生，诸生。"郑辅东修、王贻牟纂：《（民国）续纂泰州志》卷二十五，人物文苑，载江苏古籍出版社编《中国地方志集成·江苏府县志辑》（第50册），江苏古籍出版社，1991，第756—757页。
⑦ 韩国钧：《后跋》页一，载袁衔《袁景宁集》，海陵丛刻本，1926。
⑧ 袁衔：《出门》，《袁景宁集》卷一，页十六，海陵丛刻本，1926。

员"①。此后，袁淡生更受到当时文坛名流黄体芳、王先谦等人的器重，"历为黄学使体芳、王学使先谦所识拔"②。光绪十四年（1888年）戊子科，其虽然中举，但应礼部试时却铩羽而归，"中式第九名举人，应礼部试辄黜"③。此后，其父去世，家境不济，袁衔被迫北上游学。

1896年，清政府"诏举异才"，袁衔受到时任仓场侍郎廖寿恒的赏识而被其举荐，"候选教职江苏举人袁衔究心经世之学，讲求吏事、兵政，利弊了然，洞中肯綮，而淡于仕进。持重静凝，不自表襮，迥非高谈时务虚骄气矜者流。于泰西各国之书亦能薄览，得其要领。该员天资明敏，局量深沉，扩而充之，当为文武兼资之器"④。袁衔因此被选为广东升平县县令，因其母年老未就，"由特同五缺知县，咨明亲老"⑤，改选浙江景宁县。不过因其身体有染，未能当即走马上任。⑥1897年7月，袁衔正式出任景宁县知县。⑦景宁虽为浙江偏僻之地，县无城郭，但在袁氏治理下，百姓安居乐业，"淡生不为意，受任后，徐变其俗。进诸生秀者侍左右，教以学问、时策。骑巡村落，谕百姓无好生事，民甚安之"⑧。1899年，清政府拟调其为青田知县，但因其病重而"卒于任"。⑨

袁衔早年拜从蒋文田，成为龙溪弟子，正如韩国钧所言："淡生为李晴峰先生再传弟子，与高星仲、李极轩交最密，少年好谈经世之学。"⑩龙川弟子姚文馥之子姚锡光亦云："今凡游龙川门下及师事蒋子明之再传弟子，如毛实君、刘伯浩、袁淡生诸君子，皆海内人望。"⑪因其长年游学京

---

① 李详：《袁淡生传》，页一，载《袁景宁集》，海陵丛刻本，1926。

② 郑辅东修、王贻牟纂：《（民国）续纂泰州志》卷二十五，人物文苑，载江苏古籍出版社编《中国地方志集成·江苏府县志辑》（第50册），江苏古籍出版社，1991，第756—757页。

③ 李详：《袁淡生传》页二，《袁景宁集》，海陵丛刻本，1926。

④ 《光绪二十一年十一月三十日京报全录》，《申报》光绪二十一年十二月十八日（1896年2月1日），第9版。

⑤ 《袁衔履历》，秦国经主编《中国第一历史档案馆藏清代官员履历档案全编》（第28册），华东师范大学出版社，1997，第290页。

⑥ "部选处州府景宁县袁淡生大令衔，籍隶江苏，现已领凭来杭禀到，暂假德庆堂客寓为公馆，因途次略受风寒，请假调养。"《武林官场纪要》，《申报》光绪二十三年十二月十四日（1898年1月6日），第3版。

⑦ 《光绪二十三年五月二十五日京报全录》，《申报》光绪二十三年六月初八日（1897年7月7日），第14版。

⑧ 李详：《袁淡生传》页二，载袁衔《袁景宁集》，海陵丛刻本，1926。

⑨ 单毓元等纂修：《民国泰县志稿》卷二十八，艺文志，页六十一。江苏古籍出版社编《中国地方志集成·江苏府县志辑》（第68册），江苏古籍出版社，1991，总第749页。

⑩ 韩国钧与袁衔早就熟识，"余岁与淡生识"，故其入室蒋文田门下的情况了如指掌。韩国钧：《后跋》页一，载袁衔《袁景宁集》，海陵丛刻本，1926。

⑪ 姚锡光等：《姚锡光江鄂日记》（外二种），中华书局，2010，第126页。

师，得以参与太谷学派的聚会活动。1896 年夏，黄葆年在山东福山组织芝阳洞之游，袁衔作为"素心人"与会。[1]

### 2. 袁衔的著述

袁衔的著作主要有《袁景宁集》《飘蓬集》。袁衔任职景宁期间，因"僻邑，政清简，衔公余不废吟咏，著有《飘蓬集》"[2]。不过，《飘蓬集》已佚。《袁景宁集》由袁衔长子袁之穆请李审言校勘，李氏于"甲辰十一月"（1904 年）完成。[3]

《袁景宁集》，二卷，光绪甲辰年（1904 年）刻本，后列入《海陵丛刻》第二十三种。《袁景宁集》先由袁淡生长子袁之穆收存，因其早折，遗稿转为李审言保存。1926 年，因韩国钧出资刊印《海陵丛刻》，在李审言的力请之下，"紫石韩公适有《海陵丛刻》之举，因请于公附之丛刻，公慨然允诺且赏余撰淡生传，谓可传淡生公与淡生为乡里之旧"[4]。在韩国钧的襄助下，《袁景宁集》得以刊行面世，正如李氏所言："余属之穆录其父诗来，二年之穆以瘵疾夭，所存者之丙而已。……淡生诗存余箧中，今集友人出资刻之。"[5]

《袁景宁集》记载了袁衔与刘星伯、吴棣仙、汪作舟、李审言等同道、好友之间的诗词唱和和游学交往，这对了解近代江淮文坛的情况具有极高的价值。袁衔与李审言的赠诗最多，包括《李审言招同泛舟焦山兼赠别审言》《赠李审言即用其和人诗元韵兼怀夏虎臣太史》《怀人诗》《寄李审言》《赠审言代述近况》《赠李审言即用其和人诗元韵兼怀夏虎臣太史》《寄李审言二首即用其春日见怀元韵》等，足见二人友情之深。其中，其在《怀人诗·李审言》中云："闭门穷海不知春，芳草连天野水滨。瀚渤云烟生纸上，世间多少好龙人。"[6] 陈衍据此认为袁衔真乃李详的知音，"谓一时巨公，无真知审言者"[7]。

---

① 黄葆年云："秋冬之交，同人先后至。……是会也，……从者若钱希范、袁淡生、葛仲修三子，皆素心人也。"黄葆年：《同游芝阳洞记》，《归群草堂文集》，载方宝川主编《太谷学派遗书》（第二辑第二册），江苏广陵古籍刻印社，1998，第 127 页。

② 郑辅东修、王贻牟纂：《（民国）续纂泰州志》卷二十五，人物文苑，载江苏古籍出版社编《中国地方志集成·江苏府县志辑》（第 50 册），江苏古籍出版社，1991，第 756—757 页。

③ 李详曾言："勘淡生诗竟谨题卷首"。李详：《勘淡生诗竟谨题卷首》，载袁衔《袁景宁集》，海陵丛刻本，1926。

④ 李详：《跋》页一至二，载袁衔《袁景宁集》，海陵丛刻本，1926。

⑤ 李详：《袁淡生传》页三，载袁衔《袁景宁集》，海陵丛刻本，1926。

⑥ 袁衔：《怀人诗·李审言》，《袁景宁集》卷一，页二十二，海陵丛刻本，1926。

⑦ 陈衍：《石遗室诗话续编》卷五，页三十三，无锡国学专科学校，1935。

《袁景宁集》虽然没有明言其入赞太谷学派的经历，但是《江布衣子若》《赵布衣伯言》《刘司马云搏》《怀李祖峰》《挽布衣王岫生》《赠杨蔚霞舍人》等诗作明确了其与太谷学人的交游。其中江子若、王岫生、刘鹗是龙川弟子，赵成（字伯言）本为张积中弟子，后执赞李光炘，杨蔚霞是蒋文田的门徒，李祖峰先为朱玉川门人，后为归群弟子，这充分说明袁衍与太谷学人之间的亲密关系，其交游涉及太谷学派南北二宗的两代传人。

《游芝阳洞》《登太平顶》《访通仙宫》等诗作反映袁衍于 1896 年参加黄葆年在福山组织的芝阳会。这与黄葆年的《同游芝阳洞记》《同游芝阳洞并序》、蒋文田的《同游芝阳洞》《登太平岭》、朱玉川的《游通仙宫》《同游芝阳洞》以及黄仲素的《从游芝阳洞》等著述可以相互参证。仅以《游芝阳洞》为例说明：

> 芝阳一夜西风紧，黄叶千山万山冷。仙人入海骑长鲸，片石犹留洞边影。追陪履杖步严阿，桑竹桃源路不诇。红树白云围近郭，断烟斜日渡泇河。振衣更上东山脊，渤海鱼龙来咫尺。天风海水荡空青，蜃楼鲛市辉金碧。笑他秦汉访仙真，万乘旌旗震海滨。谁知白日飞升客，原是劳山负笈人。[①]

"追陪履杖步严阿，桑竹桃源路不诇"说明，袁衍认为修习太谷"圣功"为修身养性之"正途"，故其紧紧追随黄葆年、蒋文田的修道路径。"谁知白日飞升客，原是劳山负笈人"说明袁衍自视为太谷学派的负笈之人。

### （五）王瀣及其著述

#### 1. 王瀣的生平

王瀣（1871[②]—1944[③]），字伯沆，又字伯渔[④]，一字伯谦[⑤]，别署沆一、

---

① 袁衍:《游芝阳洞》,《袁景宁集》卷二, 页十七, 海陵丛刻本, 1926。

② 据黄侃言, 1930 年九月廿六日（11 月 6 日）, 同人聚会, 实为王伯沆过 60 岁生日, "夜醵饮万全, 为伯沆祝六十寿（未与明言）"。见黄侃著、黄延祖重辑:《黄侃日记》下册, 中华书局, 2007, 第 681 页。故推算王瀣生于 1871 年 11 月 8 日。

③ 据 1945 年 3 月 10 日的《钟泰日记》记载, "拱稼生来, 出示黄子元信, 知伯沆殁于旧历八月初九日, 而华钝（纯）安亦于是日死, 可哀也"！可见王伯沆去世于 1944 年 9 月 25 日。见钟泰:《钟泰日录》（上）,《钟泰著作集》（第 7 册）, 上海古籍出版社, 2021, 第 88 页。

④ "王瀣, 字伯渔, 号伯沆, 又号无想居士, 江苏溧水人。有《冬饮庐词》。"林葆恒辑、张璋整理:《词综补遗》（第 2 册）, 上海古籍出版社, 2005, 第 1441 页。

⑤ "黄先生知先生刚, 欲使稍就柔退, 字之曰'伯谦'。"钱堃新:《冬饮先生行述》,《附录》, 页三十二, 载南京市通志馆文献委员会编《南京文献》（第 21 号）, 南京市通志馆文献委员会, 1948。

伯涵、伯韩、酸斋、檗生、无想居士等，晚年因自号冬饮，又被学者称为
冬饮先生。王瀣祖籍江苏溧水，自幼定居南京门东仁厚里。其父王杰，字
鹤臞，为耆儒。王瀣自幼聪颖，幼承庭训，"幼颖甚，教之读，数遍即成
诵"①。因父早逝，王瀣家境败落，"先子见背伤衰门，母老妻弱弟未婚。时
时愁叹惊四邻，忧患驱人驹缚辕"②。王瀣"少长，博通经史小学，各体诗
文"③。18 岁时入泮，次年考中廪生，胡先骕对此有言，王瀣"在清季曾入
泮，逾年食饩"④。后入钟山书院，师从文廷式、陈三立、俞明震、黄翔云
等名师。1894—1896 年间，多次参加尊经书院的课考并屡得超等，得到
时任山长黄翔云（黄侃之父）的赏识与鼓励。⑤ 王瀣因其才名，得以与文
廷式、陈三立、俞明震等社会名流交游。1901 年，陈三立定居金陵，王
瀣入其家塾教授陈寅恪、陈隆恪、陈方恪兄弟等人，《冬饮先生行述》对
此有载："如文道希、陈伯严、俞恪士诸公，一见先生诗词，咸大惊，折
节下之。陈伯严建精舍为文酒之会，雅知先生有师道，固请就馆，使子女
执经问业。伯严子女八人，衡恪最赏，名亚诸才子，亦钦终先生。先生于
是游伯严父子间，俯仰提携，所益弘多。寅恪以次亦渐发名成业，本多先
生教也。"⑥

　　钟山书院肄业之后，王瀣迫于生计而四处奔波，"当时年少吾能狂，
亦念饥驱走京国"⑦，曾赴上海任职书局编辑，后任南京江南陆师学堂、两
江师范学堂教习。辛亥革命爆发后，其任职南京江南图书馆善本部，从事
古典文献的编辑整理工作。1915 年，经江谦三度登门造访，王瀣盛情难
却，出任南京高等师范学校中文系主任。此后，其先后执教金陵女子大
学、东南大学、中央大学等校，承担《论孟举要》《书经举要》以及文言

① 钱堃新：《冬饮先生行述》，《附录》，页三十一至三十二，载南京市通志馆文献委员会编
　　《南京文献》（第 21 号），南京市通志馆文献委员会，1948。
② 王伯沆：《呈秦州倅汝槐》，《冬饮庐诗稿》，页四，载南京市通志馆文献委员会编《南京
　　文献》（第 21 号），南京市通志馆文献委员会，1948。
③ 王焕镳：《本师冬饮先生行述》，《因巢轩诗文录存》，上海古籍出版社，2005，第 181 页。
④ 胡先骕：《王冬饮先生》，载胡先骕著、熊盛元，胡启鹏编校《胡先骕诗文集》（下），黄
　　山书社，2013，第 680 页。
⑤ 1928 年 7 月 4 日，黄侃在日记中记载："（王伯沆）言次念我先君，云甲午乙未间，应尊
　　经书院试，屡得超等，因执贽进见，其时先人曳朱履，扶杖行篱落间，与之语云：'子文
　　虽见取，却非定佳，然天才可成，宜用力读书以自立'。"黄侃著、黄延祖重辑：《黄侃日
　　记》（中册），中华书局，2007，第 328 页。
⑥ 钱堃新：《冬饮先生行述》，《附录》，页三十二，载南京市通志馆文献委员会编《南京文
　　献》（第 21 号），南京市通志馆文献委员会，1948。
⑦ 王伯沆：《戊辰上巳诗社第三集，同人再集玄武湖，限七古，分得阳韵，感赋此篇》，《冬
　　饮庐诗稿》，页十七，载南京市通志馆文献委员会编《南京文献》（第 21 号），南京市通
　　志馆文献委员会，1948，第 47 页。

习作等课程的教学。王瀣讲授《四书》《五经》等儒家经典,讲课出浅入深、精彩纷呈,深得学生喜爱,正如其国立南京高等师范学校、东南大学的同事胡先骕所言:"先生学既渊深,尤长于讲贯,每讲四子书或《诗经》,不但大教室中坐无隙地,即室外伫听者亦骈立十百人,莫不尽明旧义,兼饫新知,故门墙之盛,一时无比焉。"①王氏弟子钱堃新亦云:"听先生之讲,排门倾耳者,不可知其数"②。王瀣因此被时人尊称为"王四书"③。

1937 年初,王瀣"忽遭风疾,言动不自由"④,故其在抗日战争全面爆发后,无法随中央大学迁往四川,被迫留住金陵。日军攻陷南京后,王瀣身陷囹圄,生计艰难,"琴书以外无长物,值其空乏,日为两粥,不能俱饱,则夫妇枵腹相对以为常。鼎革之际,南京被兵,凡两遭洗劫,盎无粒米,箧无完衣,令家人闭门卧,视饿死果何状。亲友怪其久不出,或抠门送钱米,然后一家有生意"⑤。虽然身处逆境,但其笔耕不辍,自 1938 年起开始撰写《读〈四书〉私记》。1940 年,汪伪政府控制下的"中央大学"力邀王瀣任教,被其严词拒绝。王瀣面对日伪的威逼利诱,坚贞不渝、宁死不屈,深感自己"救国无门,遁世无所",决意"杜门谢客,自期一死"⑥。1944 年 9 月 25 日,王瀣病故。⑦1945 年 8 月 18 日,南京国民政府特发国民政府令予以表彰,称赞其"坚贞守道,皭然不污,尤为难得。兹闻溘逝,轸惜良深,应予明令褒扬,用彰儒硕,而资矜式"⑧。可见,无论是学术,还是德行,王瀣堪为一代大师,正如钟泰挽诗所咏:"工夫就平实,文字有光芒。君子原无死,传经实可伤。"⑨

---

① 胡先骕:《王冬饮先生》,载胡先骕著、熊盛元,胡启鹏编校《胡先骕诗文集》(下),黄山书社,2013,第 681 页。
② 钱堃新:《冬饮先生行述》,《附录》,页三十三,载南京市通志馆文献委员会编《南京文献》(第 21 号),南京市通志馆文献委员会,1948。
③ 周本淳:《王伯沆先生传略》,《文教资料》1982 年第 3、4 期合刊,第 57 页。
④ 胡翔冬:《〈黄杨篇〉并序 丁丑》,《附录》,页二十九,载南京市通志馆文献委员会编《南京文献》(第 21 号),南京市通志馆文献委员会,1948。
⑤ 钱堃新:《冬饮先生行述》,《附录》,页三十三,载南京市通志馆文献委员会编《南京文献》(第 21 号),南京市通志馆文献委员会,1948。
⑥ 王焕镳:《为王伯沆师酿碳金为寿及柳师刻集事致陈叔谅信》,《王焕镳致钟泰信札》,载朵云轩编《钟泰友朋信札》,朵云轩,2015,第 270—271 页。
⑦ 1945 年 3 月 10 日,钟泰日记载:"拱稼生来,出示黄子元信,知伯沆殁于旧历八月初九日。"钟泰:《钟泰日录》(上),《钟泰著作集》(第 7 册),上海古籍出版社,2021,第 88 页。
⑧ 《民国政府令》,页一,载南京市通志馆文献委员会编《南京文献》(第 21 号),南京市通志馆文献委员会,1948。
⑨ 钟泰:《挽冬饮翁甲申》,《附录》,页三十,载南京市通志馆文献委员会编《南京文献》(第 21 号),南京市通志馆文献委员会,1948。

　　至迟在 1915 年 2 月之前，王瀣与黄葆年、李泰阶等太谷学人就有着密切接触，这在李泰阶与钟泰信函中有明确反映："伯沆兄来借诶近状，昨奉手书，备聆种种。谢伯病情自伯沆兄行后无大增减……今早接伯沆兄书，致明湖丈函已送交。……雷夏、伯沆两兄希为致意。"① 根据李泰阶所言，王瀣、钟泰当时并没有正式及门。另据《刘夔诗先生日记》的记载："己未二月十一日（1919 年 3 月 12 日）下午五钟，王伯谦自宁来；六钟，马彬甫自江北来；八钟，钟钟山自宁来，皆赴明日花朝佳会也。"② 王瀣、钟泰等前来参加太谷学派的花朝会，显然已经具备归群弟子的身份，其入赘黄门的时间更早。故王瀣应于 1918 年行"谒师礼"，正式成为黄门弟子。

　　王瀣入门虽晚，悟道却深，与钟泰同为太谷学派后期的学术翘楚，柳诒徵在《挽王冬饮诗》称赞其为"黄门空最殿（君晚学于州黄先生，为其法嗣）"，"方术商异同，进止力狂猜"③。不过，王瀣则谦虚地表示："其实瀣虽奉若师父，亦并未能稍践其言也。空口欺人，罪当万死。"④ 王瀣博学多才而谦逊有礼，受到黄葆年的器重，其曾得以亲见太谷学派祭器并参加祭祀活动即是明证。太谷学派的祭器、礼器对于普通弟子是难得一见的，王瀣得以亲身经历，足以反映黄葆年对其的赏识及其在太谷学派内部的地位。黄葆年还特别关心王瀣的个人婚姻，特意促成其与周育卿于 1924 年喜结连理，王瀣在《慧福因缘图》上有题词为证："惟甲子仲冬既望之五日，继室东台周氏来归于苏，海陵先师实主之。"⑤ 李泰阶亦强调，王瀣此次婚配被黄葆年寄予厚望，"其何以双修庆证，结不解之因缘，以慰我夫子期望成就之心"⑥。婚后，王瀣伉俪一度寄居苏州归群草堂，"阏逢困敦之岁，余寄家吴门"⑦，直到 1928 才移家南京。⑧ 周育卿贤惠持家，使得全家欢声笑语，正如王瀣欣喜地告知钟泰："贱眷回里后甚安好，家中时闻人

① 考此信作于民国甲寅年十二月廿四日，即 1915 年 2 月 7 日。见《李泰阶致钟泰信札》，朵云轩编《钟泰友朋信札》，朵云轩，2015，第 45 页。
② 刘夔诗：《刘夔诗先生日记》，《归群草堂语录》卷二，页十四，苏州图书馆藏抄本。
③ 柳曾符：《王伯沆与黄锡朋》，《文教资料》1982 年第 3—4 期，第 130 页。
④ 《王瀣致钟泰信札》，载朵云轩编《钟泰友朋信札》，朵云轩，2015，第 30 页。
⑤ 王伯沆：《题慧福因缘图乙丑初夏江都梁公约作》，《冬饮庐文稿》，页七，载南京市通志馆文献委员会编《南京文献》（第 21 号），南京市通志馆文献委员会，1948。
⑥ 李泰阶：《〈慧福因缘图〉跋》，《双桐书屋文录》卷上，页一，抄本。
⑦ 王伯沆：《淮南子》，《冬饮庐藏书题记》，页八，载南京市通志馆文献委员会编《南京文献》（第 21 号），南京市通志馆文献委员会，1948。
⑧ 1928 年，王瀣曾致函钟泰，表示已将继室周氏迁回南京，"贱眷已回里，一切平善"。《王瀣致钟泰信札》，载朵云轩编《钟泰友朋信札》，朵云轩，2015，第 40 页。

声笑声，此五七年所未有者。棣闻之亦当为我一欢忻也。"①

### 2. 王瀣的著述

王瀣"少有狂名，文字散稿辄弃去"②，中年之后更是秉承太谷学派"述而不作"的传统，其在批注《四书集注》时曾阐发太谷学派的这一做法，"千古圣人道脉，只是一知，知便彻天彻地。心口不传，而道已传，特就当世异世分个见闻耳。其实见知不属面承，闻知不关耳受，面承耳受之知有限，圣人传心之知无穷"③。故其勤于治学而不轻易撰述，曾自云："仆文既少，又不存稿"④，程千帆亦认为"伯沆先生学问很高，诗也做得好，可是不好著述，也不大做诗"⑤。

王瀣平时并不注重收藏手稿，手稿多秘不示人，邵祖平曾云："先生有诗甚多，皆弃去不甚惜。近年来禅悦日深，结习几除。近闻仆有《诗话》之作，尤缄秘不肯相示。"⑥1928 年，王瀣之侄英年早逝，对其打击颇大，逐渐形成焚稿的习惯，其曾对钟泰表示："又自舍侄亡后，不复存稿，付之字纸篓者久矣。"⑦其读书心得多见于其批点，"凡有心得，辄批注其上，可谓终其生而不辍"⑧。王瀣读《四书》亦是如此，作有大量点批，据说自1938 年开始撰写《读〈四书〉私记》。⑨钱堃新在《冬饮先生行述》说其师曾有《读〈四书〉私记》等著述，"皆秘而未刻，不详其卷"⑩。张汝舟亦言"所著四书私记，悉焚去"⑪。由于此书秘不示人，程章灿甚至认为此书仅为王瀣的读书笔记，并未真正成书。⑫

---

① 《王瀣致钟泰信札》，载朵云轩编《钟泰友朋信札》，朵云轩，2015，第 17 页。

② 卢前：《冶城话旧》卷二，页二十三，载南京市通志馆文献委员会编《南京文献》（第 4号），南京市通志馆文献委员会，1947。

③ 《孟子集注》卷七，页 38b，《王伯沆圈点手批〈四书集注〉》，广陵书社，2004。

④ 《王瀣致钟泰信札》，载朵云轩编《钟泰友朋信札》，朵云轩，2015，第 44 页。

⑤ 程千帆：《闲堂师语》，《程千帆全集》（第 15 卷 桑榆忆往），河北教育出版社，2000，第138 页。

⑥ 邵祖平：《无尽藏斋诗话》，《学衡》1922 年第 2 期，第 9 页。

⑦ 《王瀣致钟泰信札》，载朵云轩编《钟泰友朋信札》，朵云轩，2015，第 13 页。

⑧ 王伯沆：《王伯沆批校〈四书集注〉》，"出版说明"第 1 页，广陵书社，2004。

⑨ 王绵对《读大学私记》后作有注云："女绵谨按：右先严遗稿《四书私记》，戊寅（1938年）秋所作也。"王伯沆：《读大学私记》，《冬饮庐读书记》，载《王冬饮先生遗稿》，中国文化研究所（台北），1962，第 137 页。

⑩ 钱堃新：《冬饮先生行述》，《附录》，页三十五，载南京市通志馆文献委员会编《南京文献》（第 21 号），南京市通志馆文献委员会，1948。

⑪ 张汝舟：《先师冬饮先生道行述》，《觉有情》1947 年第八卷第 13—14 号，第 7 版。

⑫ "所谓《读〈四书〉私记》，其实就是他批阅评点《四书集注》的笔记，生前并未纂集成书。"程章灿：《君子原无死 传经实可伤——从〈四书集注〉批点看王伯沆之经学》，《古典文献研究》（第 16 辑），凤凰出版社，2013，第 505 页。

1937 年，南京沦陷期间，王伯沆举家避难，其宅遭到日军抢掠，为数不多的文稿更是损失惨重，其在《纪哀诗》中自言："明年归，见旧存稿俱失"①。其女王绵亦说："先严诗文，平日不喜存稿，乱后复多散佚。病中见旧作，辄嘱家人焚去。绵或潜以他纸易之，今收拾残余，得如干首，其中多为先严所不欲存者。……其诗文书札，散见亲友处者，亦复不鲜"②，因此王瀣生前没有留下完整的学术著作。

王瀣生前喜好藏书，其中不乏善本、珍本，其生前仅有《重刻山右谳狱记》《校刊历史感应统纪》两种刊印，留下大量的批校本、圈点本和手抄本，主要包括《评点〈云起轩词〉》《王伯沆批点〈杜甫诗〉》《王伯沆批点〈淮南子〉》《王伯沆批注〈荀子〉》《王伯沆批点〈四书集注〉》《王伯沆批校〈红楼梦〉》《〈离骚〉〈九歌〉辑评》《前清四家词选》《后四家词选》《读〈四书〉私记》《经略台湾事纂》《双烟室诗词文集》《江左王氏族谱》等。此外，王瀣钞批校评之书则结集为《冬饮丛书》，包括经史子集各类著作共 195 种。③

1948 年，王瀣好友、时任江苏省立国学图书馆馆长的柳诒徵将王氏之女王绵招入馆中工作，由王绵收集、整理，编成《冬饮庐文稿》《冬饮庐诗稿》《冬饮庐词稿》和《冬饮庐藏书题记》，汇编为《冬饮先生遗稿》，并附录胡翔冬《黄杨篇并序》、柳诒徵《壬午元宵赋寄伯康兼怀王伯沆赵蜀琴吴眉孙诸叟》、胡小石《客有驰书告冬饮翁饿者，苏宇奔走醵资以炳之，长谣叙悲，并赠苏宇》、钟泰《挽冬饮翁》等诗，以及钱堃新《冬饮先生行述》，和王瀣之父王杰所作《余生偶笔》一卷，由卢冀野收入《南京文献》第 21 辑，公开出版。

当时，王绵在江苏省立国学图书馆（现南京图书馆）工作，将《冬饮庐遗诗》抄本一册赠为馆藏。1948 年，时任江苏省立国学图书馆馆长的柳诒徵将《冬饮庐遗诗》辑入《江苏省立国学图书馆丛刊》第二辑中出版，此版本可与"南京文献版"互为订正和补充。正如王绵所言："二本皆绵手自编定，其字句小有异同，盖先君子手稿，或互有异同，故绵亦兼存异

---

① 王伯沆：《纪哀诗》，《冬饮庐诗稿》，页二十二，载南京市通志馆文献委员会编《南京文献》（第 21 号），南京市通志馆文献委员会，1948。
② 王绵：《〈冬饮庐遗蒿〉跋》，《冬饮庐文稿》，页二十六，载南京市通志馆文献委员会编《南京文献》（第 21 号），南京市通志馆文献委员会，1948。
③ 《冬饮丛书》已由广陵书社出版两辑，第一辑在 2003 年影印出版，包括《樊文汇录》《孙可之文集》《倪文贞诗》《长离阁诗》《阮集之所著诗》和《清词四家录》等六种。第二辑在 2004—2007 年影印出版，包括《红楼梦》六色影印批注本、《四书集注》批注本和《淮南子》批注本等三种。

文，以备他日校雠之资。"①

由于王灝著述大量散佚，导致《南京文献》的收录较为有限，而且王灝著作在编纂过程中因故出现许多舛误，让人嘘唏不已，任铭善②曾致函钟氏表示："南京刊《冬饮先生遗集》，在《南京文献》二十一期，惜谬误太多，又题识多复见，且抄入他人文字，为憾。"③胡先骕亦持相同观点："其女绵曾哀集其遗稿刊印为《冬饮先生遗留稿》，刊印潦草，颇有讹字，甚望他日能有精本行世也。"④基于此，1962 年，台北中华文化研究所出版《王冬饮先生遗稿》，增加了《冬饮庐读书记》，并对《南京文献》部分内容做了修改。

"南京文献版"《冬饮庐文稿》收录王灝所撰序跋、传记、墓表等，共37 篇，其中包括《娱生轩词序》、《江左王氏族谱序》、《手钞咏怀堂诗集跋》、《宋词赏心录跋》、《云起轩词跋》、《校刊山右谳狱记跋》、《倪文贞诗集跋》、《染苍室印存跋》、《题手钞太霞新奏》（台北无）、《题慧福因缘图》、《题清高宗御用扇横轴》、《题金亚匏先生诗函横轴》、《请旌节孝启 代作》、《请复大清功臣专祠启发 代作》、《与木斋》、《与王雷夏论学书》（11 通）、《东徐一帆》、《改李继群张母七十寿序》、《陶孝子家传》、《叶戟门家传》、《严子和家传》、《袁孺人家传》、《蒋君墓表》、《新建石埭舒溪永济桥记》、《清石铭》、《亡友杨孟华像赞》、《汪绍达像赞》，并附录王绵所作《冬饮庐遗稿跋》一文。"台北版"新增《与人书》《与李承祐书》2 篇，并将《题手钞太霞新奏》改为《太霞新奏》，辑入《冬饮庐藏书题记》中。

（1）《冬饮庐文稿》

《冬饮庐文稿》明确反映王灝与太谷学派关系的有《题慧福因缘图》《与王雷夏论学书》和《改李继群张母七十寿序》等文。其中《题慧福因缘图》交代其与周育卿的姻缘实由黄葆年促成。《改李继群张母七十寿序》则是王灝为李光炘曾孙李继群修改其为张德广、张德纯之母七十所作的寿文，张氏母子三人均为归群弟子。《与王雷夏论学书》与《与人书》则是王灝与王雷夏、某友人进行学术研讨的书信，充分反映王灝的学术旨趣，

① 王绵：《〈王冬饮先生遗稿〉跋》，跋一，页一，载王伯沆《王冬饮先生遗稿》，中华文化研究所（台北），1962。
② 任铭善（1912—1967），字心叔，江苏如东人。1935 年，毕业于之江大学国文系，先后任之江大学讲师、浙江大学教授。中华人民共和国成立后，历任浙江师范学院教授、副教务长、杭州大学教授。长期从事古文献、古代汉语、现代汉语的教学研究，著有《礼记目录后案》《汉语语音史概要》等，并参加《辞海》的修订工作。
③ 《任铭善致钟泰信札》，载朵云轩编《钟泰友朋信札》，朵云轩，2015，第 389 页。
④ 胡先骕：《王冬饮先生》，载胡先骕著、熊盛元，胡启鹏编校《胡先骕诗文集》（下），黄山书社，2013，第 683 页。

尤其是其对太谷"圣功"的理解和阐发。

王瀣早年崇儒，并不喜好佛学，后因阅读宋儒理学而开始接触佛经，"瀣少年不信佛，亦多武断之言，其后从《论语》'异端'注程明道有'佛氏尤为近理'一语，始疑而看内典，今稍解其略"①。其佛学造诣甚高，但学术旨趣发生三次变化，其自云："瀣初年喜禅语，渐次喜义解，最近十余年始信净业。然平日口头所说，全是空泛不实，支蔓胡扯。每一自省，罪无可忏。"②可见，王瀣对佛学的理解和实践，经历了一个由虚入实、从心到行的历程，即从人心顿悟，转变到对佛经的文字理解，最终到对福业的自我修行。

王瀣主张人人皆可成佛，其路径就是通过自我修行，"我等心性，本与佛同。自无始罪业，遂与佛远。今既知佛当念，便是善根从秽中露出。始则口念佛，便在口。继则心念佛，便在心。加之以体拜佛像，佛更在目。久之久之，心口与目，精纯而壹，则作观更易成就。久之久之，行住坐卧，皆成佛观，自能临命终时"③。由此可见，王瀣深受净土宗"称名念佛""观想念佛"和"实相念佛"三大念佛法门的影响，尤其是其接受"口称佛名"的修行方式，故其强调"念一声佛"即是"念十方佛"：

> 所引《易》曰"言行君子之所以动天地也，岂有一声佛不动十方佛者乎"？此语在初学者闻之，只于学易学佛，两俱难入。今妄为申说之，易称君子，皆指圣人。圣言如天之风雷，圣行如地之生发，有此功用，故能动天地，不可将此言行作他处言行会也。经云："一句佛谓之万德洪名"，当知念时摄一切戒在一声中，行时纳一念在一切戒中。如此念佛，即念是佛，以一佛念十方佛。念一声佛，一滴即海。海即一滴，故一声能动十方，亦不可将此一声作六字诵作一句会也。瀣尝为心意乱者，言一切莫管他，只要一声佛，譬如穿针线，不细不能入孔。为博观经论者，言一切莫管他，也只要一声佛，譬如纲不在纲，不能收摄由己，此文殊、普贤所以仍须归净土也。④

---

① 《王瀣致钟泰信札》，载朵云轩编《钟泰友朋信札》，朵云轩，2015，第31页。
② 王伯沆：《与王雷夏论学书》，《冬饮庐文稿》，页十六，载南京市通志馆文献委员会编《南京文献》（第21辑），南京市通志馆文献委员会，1948。
③ 王伯沆：《与王雷夏论学书》，《冬饮庐文稿》，页十一，载南京市通志馆文献委员会编《南京文献》（第21辑），南京市通志馆文献委员会，1948。
④ 王伯沆：《与王雷夏论学书》，《冬饮庐文稿》，页十三，载南京市通志馆文献委员会编《南京文献》（第21辑），南京市通志馆文献委员会，1948。

王瀣主张修行时可以兼顾儒释二家，"儒家省心，佛家忏罪，瀣之师也"①。在其眼中，儒佛本是同源，能够互为参证，"儒佛各是一源，合演之，儒言世间，佛言出世间，无问大小，同是一源"②。具体而言，就是在百姓日用之道中体验性命之理，通过持戒修福实现功德圆满，"又瀣于儒，喜就日用寻常处，默验性命之理。于佛，喜就持戒修福处，仰窥万德之圆。一息苟存，此志无改"③。王瀣认为自己选择儒释中浅显部分加以领悟，"若论学论世，亦不问实际，舍己从人，如水母以虾为目，瀣不能也。今就论儒释一事言之，瀣观二家广大悉备，自揣愚劣，既难升丝竹之堂，更难入毗庐之海，故取二家极浅近者，以为下手处，犹恐着力不上，徒负岁年"④。正如王焕镳对其师王伯沆学术体系的总结："既而专力宋明诸儒之书，参以玄净家言。躬行实践，尽扫门户之见。"⑤

王瀣认为学问只有靠自己力行修行，"弟已知学问一事，全在自己着力，然则弟平生所获，仍是弟能自益，无关他人，此语恐先师在，亦必不斥其妄也"⑥。个人修习路径就是"修己以安天下"，"至儒释之体，说用则有，不说用则无。希夷恍惚，俱非可论者也。学就用言，故譬之物有本末，事有始终，大概由末归本，即下学上达义，为大于其细者，非乐于小学也。由本得末，即修己以安天下义，然知非艰而行惟艰，为难于其易者，非安于浅也。兄志大鹏，瀣师跛鳖。兄为希圣希智者言，瀣为多数中下人言"⑦。

太谷学派以"成圣""立功"为根本宗旨，这是一种体用结合的修习方法，"吾辈从师，师提出二字宗旨曰圣功，亦是体用兼备。圣而无功，何名为圣？功而非圣，何名圣功？故知此一法门，绝非空言小谨慎所能了之也"⑧。因此，太谷学人修习时要将自己的心念收摄至细微之处，"大事

---

① 王伯沆：《与人书》，《冬饮庐文稿》，页二十四，载《王冬饮先生遗稿》，中华文化研究所（台北），1962。
② 王伯沆：《与人书》，《冬饮庐文稿》，页二十五，载《王冬饮先生遗稿》，中华文化研究所（台北），1962。
③ 王伯沆：《与人书》，《冬饮庐文稿》，页二十九，载《王冬饮先生遗稿》，中华文化研究所（台北），1962。
④ 王伯沆：《与人书》，《冬饮庐文稿》，页二十八至二十九，载《王冬饮先生遗稿》，中华文化研究所（台北），1962。
⑤ 王焕镳：《本师冬饮先生行述》，《因巢轩诗文录存》，上海古籍出版社，2005，第181页。
⑥ 《王瀣致钟泰信札》，载朵云轩编《钟泰友朋信札》，2015，第20—21页。
⑦ 王伯沆：《与人书》，《冬饮庐文稿》，页三十四，载《王冬饮先生遗稿》，中华文化研究所（台北），1962。
⑧ 王伯沆：《与王雷夏论学书》，《冬饮庐文稿》，页十三，载南京市通志馆文献委员会编《南京文献》（第21辑），南京市通志馆文献委员会，1948。

另一问题，总须先摄心于至微，方能保身"①。其认为太谷学人不仅要以修行为常态，而且要清楚其中蕴含的规律，故其强调："孟子云：'行而不著，习而不察，终身由而不知'，此语最要。细看著察，知方与学有少分相应，非行习由，便是学也。又行习由三字，非因缘所生乎"②。

王瀣的学术呈现出圆融会通的特色，正如其言"以佛治心，以老保身，以周经世，以孔教人"，但其绝非简单地杂糅诸家学说，其核心还是宋明理学，正如张其昀所总结："综其要旨，实以宋明理学为归，非漫为和会诸家也。"③钱堃新认为王瀣学术造诣极高，甚至集二程、朱熹和王阳明的学术优点于一身："自责甚严，而宽以理物，说理宏阔似明道，造次刚介似伊川，微显阐幽似晦庵，圆融透彻似阳明，以哲学为体，以文学为用，流连咏叹，使闻者愤悱，如火之燃，如泉之达，沛然从善而不能自己"④。

（2）《冬饮庐诗稿》

《冬饮庐诗稿》为王瀣诗集，其中"南京文献版"收录 217 首，"台北版"收录 223 首。两个版本的诗作大部分相同，而"台北版"略有补充，其中《怨怀》《华秀才□□寄扇索诗为书四绝句》《倚妆为朱秀才礼和作》《青溪小咏》《忆兰词寄秀畹》《阿鬟歌》《秀木》等 7 首为"南京文献版"所无。此外，一些诗名在两个版本中亦有一些差异，如"南京文献版"的《秋感用杜少陵秋兴韵》在"台北版"改为《春感用杜少陵秋兴韵》，《题汉芦丰碑拓本》则为《蜀生殷孟伦以綦江新出土碑见贻，已剥蚀，余依郑子尹说，定为夷邑长芦丰碑题，以俟再改》，《寄蜀中友人》亦改为《述怀寄子厚蜀中兼索酒》等。

《冬饮庐诗稿》以五言古诗和七言律诗为多，主要是王瀣与朋友之间的赠诗、题诗、和诗以及咏物写景、抒情感怀之诗。其中，涉及太谷学派的有《辛酉正月日谒泰州师于苏，适退谷水仙有并蒂之异，赋成一律并柬毛实老》《壬戌苏州度岁，时退谷水仙盛开，因出新意，为二绝句，子受赏之，属作图》《平孙有咏玉兰诗因和二绝句》《为刘丙孙画扇》《伯宣兄余二十年旧交也，七十索诗，书所怀以侑一醉云尔》《纯安从庐山来，

① 王伯沆：《与王雷夏论学书》，《冬饮庐文稿》，页十六，载南京市通志馆文献委员会编《南京文献》（第 21 辑），南京市通志馆文献委员会，1948。
② 王伯沆：《与王雷夏论学书》，《冬饮庐文稿》，页十一，载南京市通志馆文献委员会编《南京文献》（第 21 辑），南京市通志馆文献委员会，1948。
③ 张其昀：《〈王冬饮先生遗稿〉序》，页一，载王伯沆《王冬饮先生遗稿》，中华文化研究所（台北），1962。
④ 钱堃新：《冬饮先生行述》，附录，页三十三，载南京市通志馆文献委员会编《南京文献》（第 21 辑），南京市通志馆文献委员会，1948。

携自制峰顶茶见贻，赋谢》《同学友见示百舌诗，读而有感，成六绝句报之》[①]等诗作。其中,《为刘丙孙画扇》是1925年王瀣为即将入赘扬州的归群弟子刘丙孙所作。[②]《伯宣兄余二十年旧交也，七十索诗，书所怀以侑一醉云尔》作于1934年，是其为好友胡维藩[③]70岁生辰所作。

桂花匣轴足盘桓，人海逢君已挂冠。今日新街谈旧梦，丁香细雨倚春寒。

哦诗忘老太憨生，落纸云飞女亦英。空谷跫然肯想问，到门先识杖声铿。[④]

（3）《冬饮庐词稿》

《冬饮庐词稿》为王瀣词集，“南京文献版”与“台北版”均收词31首，内容基本一致。其中能够反映太谷学派只有《烛影摇红·张令贻有亡姬之戚，绘图索题，寄以此解》和《浪淘沙·戊辰除夜写红梅寄吴中友人》。《烛影摇红·张令贻有亡姬之戚，绘图索题，寄以此解》是王瀣为归群弟子张德广小妾去世所作。《浪淘沙·戊辰除夜写红梅寄吴中友人》作于1928年12月21日，其云：

归路已东风，身似飞鸿。吴城回首太匆匆。旧日小唇词句在，只付纱笼。　坐听晚来钟。酒满囊空，残年春事醉醒中。唤起紫鸾筵上

① 王伯沆：《纯安从庐山来，携自制峰顶茶见贻，赋谢》，《冬饮庐诗稿》，页二十九，载南京市通志馆文献委员会编《南京文献》（第21辑），南京市通志馆文献委员会，1948。

② 王瀣云：“画兰花牡丹，丙兄属作画，知将有扬州赘婚之行，因写此二花并成二截句，意不尽咏花也。录奉一粲。乙丑六月中浣，伯谦记。”其诗云：“风香露重晓同看，花骨清扶玉腕兰。一种氤氲好天气，不知帘外有春寒。芳如水碧怀中佩，新是霞纹眼底缣。谁信贫家工爱护，安排纸阁又芦帘。”王伯沆：《为刘丙孙画扇》，《冬饮庐诗稿》，页十五，载南京市通志馆文献委员会编《南京文献》（第21辑），南京市通志馆文献委员会，1948。

③ 胡维藩，字伯宣，又字价侯，安徽巢县人，胡效骞（字槎仙）之子，副贡生，因府试第一，晋京大挑朝考一等，以四品衔候补知府领直隶州知州，先后任海防通判，兼金陵机器制造局会办局务，先后署如皋、山阳知县、任泰州知县。曾修纂《（同治）如皋县续志》《（宣统）续纂泰州志》《续修江苏通志泰县征访册》。胡维藩亦是归群弟子，其女胡敬（字漪如）嫁与张智养子张豫祖为妻。参见胡章斌：《清末如皋知县胡维藩往事——结缘金陵机器制造局》，《如皋日报》2020年9月20日B3版。

④ 王瀣题下自注：“甲戌仲秋”，即1934年。王瀣对其女胡漪如亦有注云：“君适张氏，女工诗画，常侍君过余。”王伯沆：《伯宣兄余二十年旧交也，七十索诗，书所怀以侑一醉云尔》，《冬饮庐诗稿》，页二十，载南京市通志馆文献委员会编《南京文献》（第21辑），南京市通志馆文献委员会，1948。

舞，雪影摇红。①

当时正是农历的岁末年终，王瀣着急赶回南京与家人共度佳节，因此"吴城回首太匆匆"。

（4）《冬饮庐藏书题记》

《冬饮庐藏书题记》是王瀣辑录其私藏图书题记，其中"南京文献版"为 105 篇，"台北版"是 85 篇。"台北版"将《冬饮庐文稿》中《太霞新奏》移入，而将《三朝要典》《樊文汇录》等 21 篇移入《冬饮庐读书记》，故其总共为 85 篇。

《冬饮庐读书记》为"台北版"新增部分，总计为 44 篇，不过除了从《冬饮庐藏书题记》中移入的《三朝要典》《樊文汇录》等 21 篇，其实仅新增 23 篇。

（5）《王伯沆批点〈四书集注〉》

朱熹的《四书集注》是明清两朝广大举子参加科考的必备用书，一直以来不乏学者的批注点评，或是出于应试的目的，或是为了学术探讨的意图。民国时期，八股取士早已成为历史，王瀣手批此书显然不是以科举制艺为旨归，而是在学术史、思想史上进行的学术探索。

王瀣早年就致力于《四书》《五经》等传统儒家经典的研习，尤其是醉心于程朱理学，正如其言："瀣服膺程朱二家书十年。"② 这为其批点朱熹著作奠定了深厚的学术基础。王瀣使用储欣批注的《四书集注》，即"临桂毓兰书屋谢氏家塾藏版"，原书正文每半页 8 行，每行 17 字，版框分上下两栏，下栏正文，上栏为天头。版框之上为空白天头，王氏批注多书写于此处。王瀣点校时的一大特色就是，其只将储欣之书作为批注底本，对储氏的圈点、批注几乎是有意忽略，全书只在《论语·宪问》中有一条与储氏的文字互动。原文为："公叔文子之臣大夫僎，与文子同升诸公。僎，士免反。臣，家臣。公，公朝。谓荐之与己同进为公朝之臣也。"储欣对此句点评为："神韵悠然。"王瀣对储氏评语的批注则为："荐贤为国是美事，况以家臣而引之同仕公室，非大公无我者乎？因公叔文子由此事，故替之，其实不在文字上作解也。"③ 储欣认为，要从风度韵致的角度去理解

① 王伯沆：《浪淘沙·戊辰除夜写红梅寄吴中友人》，《冬饮庐词稿》，页七，载南京市通志馆文献委员会编《南京文献》（第 21 辑），南京市通志馆文献委员会，1948。
② 钱堃新：《冬饮先生行述》，《附录》，页三十四，载南京市通志馆文献委员会编《南京文献》（第 21 辑），南京市通志馆文献委员会，1948。
③ 《论语集注》卷七，页 17a，载王伯沆批点《王伯沆批点〈四书集注〉》，广陵书社，2004。

公叔文子的做法。这一点得到王瀣的首肯，他认为要从大公无私的境界上去理解，而不必拘泥于解文释义。

此书的格式为，在原文的空白天头处作有蓝笔或红笔批注，在版框内的空白处作有红笔或朱笔批注，在原文空隙中作有蓝笔或红笔圈点以及少量的红笔批注。举例如下：

《四书集注》原文：

> 古之欲明明德于天下者，先治其国。欲治其国者，先齐其家。欲齐其家者，先修其身。欲修其身者，先正其心。欲正其心者，先诚其意。欲诚其意者，先致其知。致知在格物。物格而后知至，知至而后意诚，意诚而后心正，心正而后身修，身修而后家齐，家齐而后国治，国治而后天下平。自天子以至于庶人，壹是皆以修身为本。

王瀣批注：

> 只在一"欲"字，见千古大人从愿宏。大学者须从宏愿，当念即是圣人，其功夫全在格物通得。万物皆备于我之物，则豁然光明。天地万物皆我一体，自然明明德于天下矣。诚正修，格物也。齐平治，格物也。此物即为万物皆备于我之物，则此身即是天地万物一体之身，故曰修身为本，即格物致知之义也。①

王瀣点评基本上采用眉批，且分为四种不同的颜色，即蓝笔、红笔、朱笔和墨笔，其中蓝色批注数量最多，而墨批次数最少，全书仅有一条。王明发认为不同颜色的批注代表着批注的前后顺序，"最早为蓝色，其次红色，最后一次批阅用朱色"，据此可以反映王瀣思想认识的变化，"读者当可从中揣摩先生学术思想之演变，领悟先生治学之精髓"②。这一说法值得商榷，因为墨笔批注全书仅有一处，似乎不能成为批注一次的证据。不同颜色的批注，并不代表王瀣批注的先后次序，应是一方面反映其阅读之勤、功夫之深，另一方面则存在着一定的分工作用。

全书蓝笔批注数量最多、篇幅亦最长，不仅多有长篇宏论，而且楷体书写，少有涂改且无标点，似为过录之文。这与李光炘、黄葆年批注时的做法相同，这说明太谷学派在点评传统典籍时并非一时兴起，而是经过深

① 《大学章句》，页2a，载王伯沆批点《王伯沆批点〈四书集注〉》，广陵书社，2004。
② 广陵书社：《出版前言》，载王伯沆批点《王伯沆批点〈四书集注〉》，广陵书社，2004。

思熟虑的。如其对《大学》开篇作有批注：

> 华亭张鼐曰："大学只是个明明德于天下，明明德于天下者止于至
> 善也。"知此之，谓知止。修此者，谓修身。致此之，谓致知。格此
> 之，谓格物。实静安，即诚修也。广而得，即齐治平也。知止为始，
> 明明德于天下亦始也，故曰事有终始。修身为本，明明德于天下之本
> 也，故曰物有本末。事有始终，所以先致知也。物有本末，所以在格
> 物也。致知在格物，明明德于天下，始终本末如环无端，此浑沦完备
> 之文，读者不应拘执字义，破碎分析也。①

红笔批注数量上不及蓝笔批注，篇幅相对较短，亦是行楷，一方面对
蓝笔批语中的文字进行圈点并修订其中的部分错字讹误，如其将"致中和
天从位"中错写的"从"字改为"地"字，"圣人之孝何以分明"中"明"
改为"别"等等。另一方面还对蓝色批语或原文作进一步的阐释和发挥。
例如，王伯沆对《大学》开篇虽然已有蓝笔批注，但仍加红笔批注，直接
引用李塨《大学传注》原文。

朱笔批注与蓝色批注、红笔批注为蝇头小楷不同，其笔迹明显加粗。
朱笔批注多用于强调或者批驳，主要是表达自己的不同观点，进行学术上
的商榷。例如，王瀣两处引用其师黄葆年的观点时均使用朱笔。朱笔批注
形式上比较明确，一般采用"愚按"字样，显示出王瀣学术上的谦虚和严
谨以及对前辈学者的尊敬。朱笔批注主要集中在《论语集注》中，王瀣在
分章结构、段落顺序、字句含义等方面，强调自己与程颐、朱熹、尹焞等
前人的不同意见和看法。墨笔批注仅为一处，是王瀣抄录明朝都穆《听雨
纪谈》中的一条。②此段文字亦见于《翁方纲纂四库提要稿》，王瀣抄录只
是缺漏了"尧舜"二字，说明其对都穆所论的认可。③

王瀣的批注主要涉及四个方面：

其一，校对文字，释文解字。即对原文针对文字进行点校和释意。例
如，"子曰：可也。未若贫而乐，富而好礼者也"一句，王瀣批注云："古
本'乐'下有'道'字。"④其对"若不能絜矩而好恶徇于一己之偏，则身

① 《大学章句》，页 1a–1b，载王伯沆批点《王伯沆批点〈四书集注〉》，广陵书社，2004。
② 《大学章句》，页 6a–6b，载王伯沆批点《王伯沆批点〈四书集注〉》，广陵书社，2004。
③ （清）翁方纲撰，吴格整理：《翁方纲纂四库提要稿》，上海科学技术文献出版社，2005，
　 第 1175 页。
④ 《论语章句》卷一，页 8a，载王伯沆批点《王伯沆批点〈四书集注〉》，广陵书社，2004。

弑国亡，为天下之大戮矣"一句中"戮"字的解释为，"戮即辱也"①。

其二，点评句法，诠释句意。即评述原文的句法，阐释原句的含义。例如，"子谓子贱：君子哉若人！鲁无君子者，斯焉取斯？"一句，王澍点评为"句法奇古"②。再如，"《诗》曰：奏假无言，时靡有争。是故君子不赏而民劝，不怒而民威于鈇钺"一句，其批注为："也须，赏也。须，怒也。须，声也。须色只是劝民、威民、化民不仕。赏罚声色上，此帝王治天下之妙道也。"③

其三，提出异议，商榷观点。即提出个人不同的见解，与前代学者开展学术争鸣。例如，王澍并不同意《论语·公冶长篇》的结构和含义，"愚按：此章首句问得稍泛，故朱子偶有次说，其实各自为章，亦不必泥看，且果如朱子说，似子贡亦太浅了"④。他也不认可朱熹对"宰予昼寝"的注解："愚按：昼寝有作尽寝说者，谓昼误作尽者，犹孟子宿于昼，误作尽也。朱子注昼寝不得，不用此等语，然平心细思亦终不能无疑也。"⑤针对"子见南子"一章，王澍更是提出严厉批评："愚按：此章汉宋儒注解俱未甚确。子路不当以此疑圣人之，亦不当以誓词自明于子路。王充训为否卦之否。"⑥

其四，有感而发，直抒胸臆。即对原文及前代学者论述抒发自己的理解和感受，一般篇幅均较长，甚至为长篇大论。例如，王澍对《中庸章句》中"子曰：'素隐行怪，后世有述焉，吾弗为之矣'"一章就大发感慨，认为如果依据"中庸"或者"遵道而行"，仅仅是"弗能已律"而已，不过是不能腾飞之潜龙：

> 看来中庸不可能都是贤智坏了，世上惟名根最难。扫尽名，原是情量中所有。贤智之人于此略一沾带，便于本分外添许多造作。若遵道而行，既平平常常之无名可述，便觉滋味泊然自生。退悔须知圣人弗为处，弗能已律，律然如着衣吃饭，顷刻不离，只是一个名心扫尽，潜而不飞。⑦

① 《大学章句》，页12a，载王伯沆批点《王伯沆批点〈四书集注〉》，广陵书社，2004。
② 《论语章句》卷三，页2a，载王伯沆批点《王伯沆批点〈四书集注〉》，广陵书社，2004。
③ 《中庸章句》，页34a，载王伯沆批点《王伯沆批点〈四书集注〉》，广陵书社，2004。
④ 《论语章句》卷三，页2a，载王伯沆批点《王伯沆批点〈四书集注〉》，广陵书社，2004。
⑤ 《论语章句》卷三，页4b，载王伯沆批点《王伯沆批点〈四书集注〉》，广陵书社，2004。
⑥ 《论语章句》卷三，页21a，载王伯沆批点《王伯沆批点〈四书集注〉》，广陵书社，2004。
⑦ 《中庸章句》，页7b，载王伯沆批点《王伯沆批点〈四书集注〉》，广陵书社，2004。

王氏的这一观点，继承了太谷学派对汉学宋儒的批评态度，正如李光
炘所言："素隐行怪是汉学，君子遵道而行；半途而废是宋学，君子依乎
《中庸》；遁世不见，知而不悔是空同之学。"①

王灝批注体现出太谷学派对传统儒学的独特理解。例如，对"程子曰
身有之，身当作心"一句，王灝直接引用黄葆年的观点，"作身不改亦可，
此闻于泰州黄氏"②。再如对《传八章：所谓齐其家在修其身者》的批注，
王灝认为，黄葆年的说法与朱熹说法并无二致，"此句法亦闻于吾师泰州
黄氏，文义自明，无戾于朱子，细玩自知"③。王伯沆明确这些都是黄葆年
的观点，说明其充分肯定其师之说。不过，王灝在全书中引用黄氏见解并
不多，仅有两处，这一方面反映其对儒学有着自己的深思熟虑，并非就其
师所说，就全盘接受而人云亦云，另一方面似乎亦反映黄葆年可能对传统
儒学作出独到见解的地方并不多，黄氏虽然一生致力于传统儒学，但其研
究的广度、深度，距离学术大师尚有一定距离。

即便是引用张甄、李塨等前人的观点，王灝亦不是一味照搬，而是有
所取舍。例如，上引李塨之文前有"道，路也。言大学之路在于成己成物
也"一句，后也有"如佛老之空虚以为明心见性，杂霸之权术以为治平，
非善也"一句，但均未被王灝征引。这说明王灝并不认可李塨此两句中的
论述，即佛老的空虚并非是"明明德"，杂霸之权术亦非"亲民"，大学之
路不在于"成己成物"，其则以"慎独诚意为一部大学枢纽"④，认为《大
学》的修养功夫全在"格物致知"：

> 只在一"欲"字，见千古大人从愿宏。大学者须从宏愿，当念即
> 是圣人，其功夫全在格物通得。万物皆备于我之物，则豁然光明。天

---

① 李光炘：《龙川弟子记》，载方宝川主编《太谷学派遗书》（第一辑第三册），江苏广陵古
籍刻印社，1997，第 12 页。

② 《中庸章句序》，页 3a，载王伯沆批点《王伯沆批点〈四书集注〉》，广陵书社，2004。

③ 《大学章句》，页 9b，载王伯沆批点《王伯沆批点〈四书集注〉》，广陵书社，2004。

④ "好恶起念处是意好恶，第一念是诚，若待第二念便是自欺，便不诚。此第一（页 7a）
念便是独。君子慎独，好如好好色，恶如恶恶臭，无待念也。小人不慎独而独根未绝，
故欲掩，即欺其恶，欲著即欺其好，而肝肺露矣。所以君子慎独，有十目十手之严，不
若小人之甘自欺，而丧其独根也。慎独而心宽矣，体胖矣。诚中形外，此之说自慊矣。
诚意之真景象如此，自欺者能乎？故君子事必诚意。先儒以此章为人鬼关，然细思好好
色恶恶臭当念即行。当念即快，不需拟议，不须思维，无拟议思维便入不欺路，即修身
齐家治国平天下。谁不从此业根，以此真念随处快足，岂非慎独诚意为一部大学枢纽
乎。"《大学章句》，页 7b，载王伯沆批点《王伯沆批点〈四书集注〉》，广陵书社，2004。

地万物皆我一体，自然明明德于天下矣。诚正修，格物也。齐平治，格物也。此物即为万物皆备于我之物，则此身即是天地万物一体之身，故曰修身为本，即格物致知之义也。①

纵观王瀣的学术成就，博通是其主要特色，其治学范围涵盖了儒家学说、佛门禅理，尤其是对儒学的力行实践及言传身教。

### （六）钟泰及其著述

#### 1. 钟泰生平

钟泰（1888—1979②），原名钟福泰，后改名钟育华，字季相、讱斋，号钟山③，别号待庵，江苏江宁（今南京）上元人。钟泰"幼而歧嶷"，就读家塾，受学于当地名士吴祖培，后娶其女吴弗征为妻。④1901年考入江南格致书院，1903年留学日本，曾就读于日本东京大学。归国后，1906—1911年，受李瑞清的邀请担任两江师范学堂日文译教⑤，"归抵宁，即应两江师范学堂监督李梅庵瑞清之聘，任日文译教凡六年，遂与梅庵及教习溧水耆儒王冬饮瀣为忘年交"⑥。

辛亥革命前夕，钟泰一度奔赴南洋，就职《光华日报》，"是时先生年少气锐，思有所作为，已而偕友南走星洲（新加坡），创报社，鼓民气，先生实主笔政。但未久，值鼎革，遂归"⑦。武昌起义后，入安徽都督柏文蔚幕府。民国鼎革后，一度任教安徽高等学堂，后为南京法政专门学校（后改法政大学）日文教席并开设老庄讲座。1923年8月，赴杭州之江大学任教，随后出任国文系系主任。⑧1928年，之江大学停办，钟泰应时任

---

① 《大学章句》，页2a，载王伯沆批点《王伯沆批点〈四书集注〉》，广陵书社，2004。

② 据钟泰日记载，其生日为阴历二月二日，故其应生于1888年3月14日，卒于1979年9月14日。

③ 据钟泰任国立师范学院教授兼国文科主任的名片载"字季相，号钟山"，参见华东师范大学名师库网站，lib.ecnu.edu.cn/msk/2022/1129/c3103a115696/page.htm。

④ 王子慧：《钟钟山先生传略》，《文教资料》1987年第2期，第2页。

⑤ 《宣统元年（1909）两江师范教职员履历表及日教员履历表》，收入朱有瓛主编《中国近代学制史料》（第2辑下册），华东师范大学出版社，1989，第353页。

⑥ 王子慧：《钟钟山先生传略》，《文教资料》1987年第2期，第2页。

⑦ 王子慧：《钟钟山先生传略》，《文教资料》1987年第2期，第2页。

⑧ 《中华基督教教育季刊》第一卷第四期（民国十四年十二月，1925年12月发刊），刊登钟泰《宗教与学校》一文，其署名为"之江大学国学系任钟钟山"。钟钟山：《宗教与学校》，《中华基督教教育季刊》第一卷第四期（1925年12月），第13页。"（民国）十五年秋"之江大学校友总会：《之江文理学院通讯录》（1936年），载郑翰献主编《钱塘江文献集成》（第18册）《之江大学专辑》，杭州出版社，2016，第399页。

广东省主席陈明枢之邀，担任省政府秘书、代秘书长。①1929 年 7 月，改任广东博罗县长。②1929 年 9 月 14 日，之江大学复校，钟泰亦于年底前回校再任国文系主任③，先后开设中国哲学史、中国文化史、国学概论、国学治要、诸子研究、诸子文选、宋元理学研究、王学研究、佛学大要、专家文选小说选等课程。1937 年冬，杭州沦陷，钟泰避居浙江建德西乡。1938 年，应廖世承之邀，担任湖南蓝田国立师范学院教授兼国文系主任。1943 年，受王伯群邀请，担任贵阳大夏大学文学院长兼国文系主任。④1943年 6 月，之江文理学院校长李培恩决定租借大夏大学部分校舍，在贵阳花溪创办之江文理学院工学院贵阳分校，钟泰受聘担任国文系主任，兼任校务委员会委员。1944 年冬，因日军逼近贵阳，之江文理学院工学院贵阳分校被迫疏散。1944 年底，在熊十力的力邀下，前往四川。1945 年初，抵达乐山乌尤寺，出任复性书院主讲兼协纂。

抗日胜利后，钟泰东归浙江。1946 年至 1947 年，在建德省立严州中学教授国文、历史课程。1948 年，由于国统区出现严重的通货膨胀，钟泰生计艰难无法维系，故其意图回归大学执教。当时，浙江大学和光华大学都向其发出聘书，不过因浙大校长竺可桢及学生倾向新学⑤，而蒋维乔又

① 1928 年 6 月，"本月二十日，由省政府委员会名义委任钟泰为省政府秘书处秘书"。《粤省政府实行改组》，《申报》1928 年 6 月 29 日，第 10 版。
② 据相关档案记载，1929 年 7 月 27 日至 10 月 11 日，钟泰任广东省博罗县县长。广东省档案馆：《民国时期广东省政府档案史料选编（1925.7—1949.8）》（第 11 册），广东省档案馆，1989，第 323—324 页。
③ "九月十二十三两日，为本校学生注册之期，录取学生，均如期到校。十四日下午三日（时），举行开学典礼。……中国文学系主任钟钟山（代理主任顾敦录）。"见《之江大学开学盛况》，《中华基督教教育季刊》1929 年第五卷第四期，第 115—116 页。这在胡山源的回忆中得到证明："1929 年之江复校，我入该校当国文教师，过了些时，他也回来复任原职。"胡山源：《文坛管窥：和我有过往来的文人》，上海古籍出版社，2000，第 181 页。据钟泰《自书简历》，其于 1930 年 2 月返回之江大学。见钟泰：《中国哲学史》，附录照片，《钟泰著作集》（第 1 册），上海古籍出版社，2021。
④ 汤涛主编《王伯群与大夏大学》，上海人民出版社，2015，第 227 页。
⑤ 1948 年 3 月 2 日，钟泰日记载："心叔（任铭善）有信，并将浙江大学下半年聘书寄来。"见钟泰：《钟泰日录》上，《钟泰著作集》第 7 册，上海古籍出版社，2021，第 247 页。1948 年 6 月 1 日，"国文系又聘一钟钟山，将来抵校亦必发生许多麻烦。……余数言此辈老先生之来，徒事装饰品，不能于学校有点滴之利益，因目前学生对于旧文学等均散屣视之，哲学系尤应向新途径走，不能徒慕虚名也"。7 月 9 日，"郑石君、张晓峰来，以国文系新聘钟钟山、一新文学教授、一助教，故须去三人"。竺可桢：《竺可桢日记》，人民出版社，1984，第 1148、1159 页。

盛情力邀，故钟泰返回沪上任教。<sup>①</sup>1948 年 2 月，钟赴沪上任教，在震旦大学教授《书经》，在光华大学讲授《庄子》。此后，一度出任光华大学国文系主任、图书馆馆长。1951 年，光华大学并入华东师范大学，钟泰任中文系教授。1952 年 2 月，因不满部分师生对其授课的批评而辞职。1953 年 9 月，被聘为上海文史馆馆员<sup>②</sup>。1962 年，在东北文史研究所所长佟冬的力邀下，远赴长春讲学，先后讲授《论语》《孟子》《尚书》《周易》《庄子》等课程。1966 年，钟泰结束授课，折返上海，成为东北文史研究所"任课时间最长、影响最大、最受见习研究员欢迎的一位老师"<sup>③</sup>。1973 年，回到南京就养。1979 年 9 月 13 日，病逝于南京老宅，安葬于花神庙祖茔。

钟泰自幼受传统儒学的影响，"十岁始就传受经"<sup>④</sup>，入江南格致书院，又深受汉文教习张通谟的影响，"盖在格致书院三年，始终获教益而不能忘者惟张先生一人，其中实有臭味之契焉"<sup>⑤</sup>。留学东瀛时，虽学习农学（一说博物学），但因其接触到日本汉学家铃木，学术趣旨发生重大转折，开始转向传统儒学，正如其在 1953 年的"简历"中所言："时教师中有铃木者，喜言中国朱子、阳明之学，泛泛游者一年，后转而爱好中国哲学文科，盖种因于此。"<sup>⑥</sup>1911 年，钟泰从南洋归来后，萌发问学求道之志："回国后，虽一面搞动植物等科学，而大部分时间，则埋头于线装书堆中。后来便完全把动植物等学抛开，专心于经史之学，颇思以专经成名。"<sup>⑦</sup>任教江苏公立法政专门学校期间，因其课务相对较轻，暇时多致力于传统古籍的汲取，"课既不多，而学校去江南图书馆甚近，于是时就图书馆，浏览各部书，渐觉祖国文物遗留之富，爱好之亦渐深"<sup>⑧</sup>。

---

① "两年之后物价日涨，生活日艰，蒋竹庄先生有信劝我来上海，并在光华大学代我将功课排好，于是到了上海。"钟泰：《交心书》，《钟泰诗文集》，载《钟泰著作集》（第 6 册），上海古籍出版社，2021，第 329 页。

② 1953 年 9 月 7 日"市府送文史馆聘书来"。钟泰：《钟泰日录》（上），《钟泰著作集》（第 7 册），上海古籍出版社，2021，第 421 页。

③ 宋姗：《钟泰先生印象》，收入邴正主编《文风正盛：吉林省社会科学院（社科联）建院五十周年纪念文集》，吉林文史出版社，2008，第 29 页。

④ 钟泰：《简历》，《钟泰诗文集》，上海古籍出版社，2021，第 326 页。

⑤ 钟泰：《记江南格致书院》，《钟泰诗文集》，载《钟泰著作集》（第 6 册），上海古籍出版社，第 193 页。

⑥ 钟泰：《简历》，《钟泰诗文集》，载《钟泰著作集》（第 6 册），上海古籍出版社，2021，第 326 页。

⑦ 钟泰：《自我检查书》，转引自郭晓丽《钟泰学术思想研究》，人民出版社，2014，第 11 页。

⑧ 钟泰：《简历》，《钟泰诗文集》，载《钟泰著作集》（第 6 册），上海古籍出版社，2021，第 326 页。

钟泰对传统学术的回归，使其逐渐接受并认可太谷学派的主张，最终成为黄葆年门下归群弟子，正如其高弟王子慧所说："先是先生之汲汲濈鸣以求师友也，一时海内硕彦儒宿，或山林方外隐逸高人，靡不参扣焉。最后得见海陵黄师翁隰朋葆年于吴门之归群草堂，机语投契，以为古所谓圣功王道天人性命贞一之学者，庶在是夫！遂执弟子礼归依焉。盖至是，为学之师承始立，宗旨亦始定。"①1915 年②，钟泰执贽黄葆年为师，研习太谷"圣功"。钟泰拜谒黄葆年后，即为其学术功底和人格魅力所折服，正如卢冀野在《太谷学派之沿革及其思想》中所言："以钟师故，谒黄于吴门，一见低首下心，五体投地。曾语予曰：'我虽傲岸一世，见黄先生，不知不觉间，不能不令人拜服。其学无范围，无门户，刚健中正，博大精深，讲学大师，无出其右。'"③

由于钟泰当时具有相当的社会知名度，黄葆年对其入门喜不自禁："见先师（钟泰）喜曰：'子囊既浮海之夷，今乃下乔入谷，有志于抱残守缺网声希味淡之学，可决非浅根浮慕者之流。'"④据《钟泰日录》记载，1947—1973 年间，钟泰不仅是太谷学派弟子相互联系的枢纽，而且是太谷学派活动的核心人物，一大批归群弟子及太谷学派第五代传人受过其指点，事实上其亦成为太谷学派的重要传道者。

综观钟泰的一生，可谓是对太谷学派"立功、立言、立德"修习宗旨锲而不舍、孜孜以求的一生，他一方面致力于传统历史文化的研究，通过教学、著书以"立言"，另一方面则是刻苦修行、严于律己以"立德"，其曾自谦地总结："我幼受父兄之教，长好程朱之学，一生谨身饬行，不敢稍有僭越规矩之事，自以为虽算不了什么学者，总不失为一个束修自好之士。"⑤

### 2. 钟泰的著述

钟泰先后著有《国学书目举要》《中国哲学史》《国学概论》《荀注订补》《庄子发微》《荀子词例举要》《春秋正言断词三传参》《顾诗笺注校订》《春秋三传正辞》《〈荀注订补〉补》《春秋通义》《理学纲领》《诗词讲义》《老子〈章义〉批注》《〈诗经〉批注》《废字废义表》及《切斋论语诗》

---

① 王子慧：《钟钟山先生传略》，《文教资料》1987 年第 2 期，第 4 页。
② "十年林下心，恳恳何拳拳"说明，钟泰拜从黄葆年的时间为 10 年。黄葆年去世于 1924 年，故推断钟泰及门是在 1915 年。
③ 卢冀野：《太谷学派之沿革及其思想——清学旁搜记》，《东方杂志》第二十四卷第十四号（1927），第 74 页。
④ 王子慧：《钟钟山先生传略》，《文教资料》1987 年第 2 期，第 5 页。
⑤ 钟泰：《交心书》，《钟泰诗文集》，载《钟泰著作集》（第 6 册），上海古籍出版社，2021，第 333 页。

（《论语诗百首》）① 等。

钟泰还编著有《植物学教科书》②，并在期刊上发表了《学蔽》《名家不出于墨家说》《墨翟非印度人辩》《读庄偶记》《读庄发例》《论书传说盘庚五迁数自汤迁亳之误》《周易六龙解》《杂话三题》《谈庄子研究》等文章，以及《校定〈管子·侈靡篇〉》《訒斋随笔》等遗文。此外，钟泰还有大量日记和诗词存世，由其孙钟斌整理为《钟泰日录》和《钟泰诗文集》出版。

钟泰著述的数量和质量在太谷学派第四传弟子中都无人可及，不过其主要著作都作于 40 岁之后，一方面是因其在中年之前坚守太谷学派"述而不作"的传统，另一方面则是其治学态度严谨，反对轻言妄议，"今日学者病痛，莫过轻于立言、轻于著书，孟子有言，'今以其昏昏，使人昭昭'，始以自欺，终以祸世，及其知悔，已不可追。然后知古人非四十不著书，非过为矜慎也"③。

钟泰著述以《中国哲学史》《国学概论》《荀注订补》和《庄子发微》最为著名，兹分别介绍如下。

（1）《中国哲学史》

钟泰入职之江大学国文系后，开始着手编著《中国哲学史》，这固然因其具备深厚的国学造诣，但与其任教的课程更是密不可分，"初到职，校长命其授中国哲学史，因非所长，请准备一年，日沉浸于图书馆中，博览群书，贯穿诸子百家，草成《中国哲学史》一编，在商务出版"④。1927年，钟泰完成《中国哲学史》的编纂工作。1929 年，《中国哲学史》由上海商务印书馆出版，是国内中国哲学史研究的一部通史性著作。此书出版

---

① 1945 年，马一浮赠诗钟山一首，其中有云："泰州语好羲皇近，横浦机圆鲁论新（见示《论语》诗百首，不图横浦以后复睹斯作）。"信中提及的《论语》诗即是《訒斋论语诗》，这是钟泰通过诗作的方式来诠释《论语》。见《马一浮致钟泰信札》，载朵云轩编《钟泰友朋信札》，朵云轩，2015，第 176 页。又见马一浮：《马一浮集》第三册，浙江古籍出版社，1996，第 365 页。文字略有出入。1962 年，钟泰赴东北文史研究所讲学，其学生隗芾抄录的《訒斋论语诗》有 107 首，与马氏所言相符。隗芾在《钟泰及其论语诗》中言："一九六二年三月，钟山先生由南京来东北文史研究所讲授《孟子》《易经》等专著。三月十二日，同窗数人同赴钟老寓所问安，并索阅钟老数十年来所作《论语诗》一百七首。归来品味，爱不释手，逐手抄后，三月二十五日，钞本又经钟老细细校阅一过，并予封面题字。"见隗芾：《嘈嘈切切错杂谈——隗芾古今文化谈》，汕头大学出版社，2011，第 292 页。
② 钟钟山：《植物学教科书》，上海蒙光社，1916。
③ 钟钟山编《国学书目举要》，江苏法政大学，1925，第 4 页。
④ 张仲蔚：《钟泰轶事》，载顾国华编《文坛杂忆初编》，上海书店出版社，1999，第 175—176 页。

后即成为之江大学国文系的中国哲学史课程的课本。

《中国哲学史》共 259 千字，由序、凡例和正文（卷上、卷下）构成。全书分为两卷、四编，卷上为第一编上古哲学史、第二编中古哲学史，卷下为第三编近古哲学史、第四编近世哲学史，共八十二章，单列人物 117 位。其上古哲学为西周至先秦诸家之思想，中古哲学史是两汉至隋唐的儒学，近古哲学史为宋明理学，近世哲学史涵盖了有清一代的汉宋之学。钟泰通过"以中释中"的中国哲学史诠释路径和话语体系，尽可能客观、真实、详细地剖析诸家思想，构建起较为宏大的中国哲学史研究框架。

此书出版后受到国内学术界的高度重视，先后推出多种版本。1934年，商务印书馆再版。1989 年，上海书店出版社将其收入《民国丛书》第 1 编的哲学宗教类影印出版。1998 年，辽宁教育出版社将其分为《中国哲学史》（一）（二）出版。此后，此书由东方出版社、湖南师范大学出版社、上海古籍出版社分别于 2008、2018 和 2021 年出版。另外，台湾商务印书馆于 1967 年出版，迄今至少出了第 7 版。

《中国哲学史》集中反映了钟泰的哲学史观，主要表现为：

其一，破除汉宋畛域，倡导"合汉宋为一"。

钟泰提出汉宋之学没有尊贬之分，主张"汉宋为一"，认为两者之间只是研究路径和方法有差异，"宋儒即言经，亦有与汉儒大不同者。……宋儒于经，不主训诂而主义理，不主师传而主心得。惟主义理主心得，故以经为求理之阶梯，而不认经为可以尽天下之理；又以为理虽在经中，而亦非专于守经所可得"[1]。基于此，钟泰认为汉宋之学来源相同，只是各自研习的侧重点存在差异，"由是观之，宋儒与汉儒，其有取于孔子之经虽一，而其所以取于孔子之经者则有间矣。是故譬之于谷，孔子植之，汉人收获之，而宋儒则播之舂之，淅之炊之，且以自食之者也"[2]。

钟泰力图真实还原诸子思想的本来面貌，客观公正地揭示其哲学思想内涵，秉持不偏不倚、公允中肯的态度，反对厚此薄彼，破除门户之见，"门户之争，自古不免。然言各有宜，理无相悖。此书于各家同异，时附平亭。既欲见学术之全，亦以为沟通之助"[3]。武汉大学吴林伯[4]教授回忆

---

[1]　钟泰：《中国哲学史》（卷下），上海商务印书馆，1929，第 1 页。

[2]　钟泰：《中国哲学史》（卷下），上海商务印书馆，1929，第 2 页。

[3]　钟泰：《凡例》，《中国哲学史》（卷上），上海商务印书馆，1929，第 1 页。

[4]　吴林伯（1916—1998），湖北宜都人，毕业于国立师范学院国文系，师从马一浮、熊十力。卒业后，先后任教贵州之江大学、复性书院、华东师范大学、曲阜师范学院、武汉大学。著有《〈文心雕龙〉义疏》《〈周易〉正义》等，出版《〈文心雕龙〉字义疏证》《〈论语〉发微》《〈老子〉新解》等。

钟泰的治学路径时曾言："先生尝调余曰：'世人或以汉、宋之学若水火相灭，非笃论也。夫有宋诸儒，率以秦汉经、传为根柢，晦庵教人通习典诰及毛、郑、服、贾笺注，沿波而讨源，故其著述参伍因革，发挥旁通，度越庸流。'"①

其二，主张以儒学为宗，援引释道。

钟泰充分肯定释道之学对传统儒学的积极作用，尤其是佛教中的天台、华严和禅宗最有助于对宋儒理气心性内涵的理解，佛教的戒律在一定程度上相当于儒家礼仪，"八者之中，亦惟天台、华严、禅宗三者，于异日儒者理气心性之谈，颇多资益。盖三论、唯识，苦于繁密，非乐简易者所能穷。真言、净土，近于神幻，又非求实在者所欲入。至若戒律，所以行持，与儒者之礼，本无攸别。然方内方外，殊宜异便，其不见取，自无论耳"②。宋学能够超越前代儒学的重要原因就是得到释道的挹助，"宋儒何以能迈古人？此则大有得于二氏之教，不可讳也"③。宋学之所以繁盛发展，在于其充分吸收释道的优点，"宋儒善用佛、老之长，而无佛、老之弊"④。钟泰因此主张会通儒释，"故吾常谓，儒不通释不足为儒，释不通儒亦不足为宗师"⑤。钟泰的学术旨趣是兼容宋明理学各家之长，正如其在《国学书目举要》中所言："程朱陆王，门户虽异，通其宗旨，非甚相违，如象山之先立其大，阳明之知行合一，皆壁立万仞，足以立懦廉顽，故读程朱书后，宜并读此。"⑥

其三，暗中宣扬并肯定太谷学派的学术主旨。

钟泰在此书的第一编第一章《上古之思想》中，将中国古代哲学思想的源头，概括为"本天""尽人""首孝""用中""上民"和"大天下"六大思想，这些内容亦是太谷学派思想学说的基本主张，正如有论者所言："综观太谷学派的思想学说，'本天''尽人'是其理论基础，'首孝''用中'是其践履工夫，'上民''大天下'是其终极理想。"⑦

太谷学派尊周敦颐之学为其学术源头，作为太谷后学的钟泰对周子之学给予充分肯定，尤其是为其学术中杂糅佛道的做法进行辩护，很大程度

---

① 吴林伯：《两汉学风述闻并序——纪念钟钟山先生》，《文教资料》1987 第 4 期，第 100 页。
② 钟泰：《中国哲学史》（卷上），上海商务印书馆，1929，第 175 页。
③ 钟泰：《中国哲学史》（卷下），上海商务印书馆，1929，第 2 页。
④ 钟泰：《中国哲学史》（卷下），上海商务印书馆，1929，第 5 页。
⑤ 钟泰：《钟泰目录》（上册），上海古籍出版社，2021，第 32 页。
⑥ 钟钟山编《国学书目举要》，江苏法政大学，1925，第 3 页。
⑦ 郭晓丽：《钟泰学术思想研究》，人民出版社，2014，第 43 页。

上亦是为太谷学派正名：

> 然而博之以老、释，所以成其广大也；约之以《易》，所以得其
> 精微也。周子致广大而尽精微，正以杂于二氏之故。杂于二氏，于周
> 子何伤乎？而疑者既疑乎其所无庸疑，讳者又讳乎其所不必讳。以是
> 云雾旁兴，转生障翳。呜呼！讲学者异端正学之见不除，未有不愈讲
> 而愈纷者也。①

钟泰在第四编"近世哲学史"中，对道咸以来中国学术思想衰败的现状表达了强烈的不满，这也是对太谷学派学术思想及宗旨的肯定：

> 降及道咸以后，政既不纲，士习亦坏。乐汉学之不及身心，可以
> 纵恣而无忌，遂窟穴其中，专以持搉宋儒之小疵，为效忠汉学之长技。
> 而高明入于辟邪，中庸流为阘茸，至是宋学既不复存，而汉学亦即全
> 非矣。……至若畸人异士，埋迹蒿莱，闭门讲习，虽有其人，亦潜龙
> 之业，其道未光于天下。②

钟泰认为，在近代中国汉宋之学为代表的所谓正统儒学开始走向式微之际，广大民间则隐藏着丰富的学术思想的底蕴，它们以闭门讲习的方式孕育和发展着思想、学术的力量。钟泰强调民间讲学并非异端而是传承"圣贤之学"，"且夫所谓学者乃圣贤之学，异端不与焉，讲异端之学者，非吾所谓讲学也。至若窃圣贤之学之名，而其所言所行罔不悖戾圣贤者，尤所不取。盖异端之祸显，而诬妄之害微，显则易绝，微则难辨，初学之士易为所惑，一陷其中，终身莫救，尤可畏也"③。显然，钟泰通过不点名的方式表扬了太谷学派④，虽然其言论颇有溢美色彩，但大体反映了太谷学派在中国近代学术史上的独特价值。

此书出版之前，相关著作中最为著名的有胡适的《中国哲学史大纲》（上卷）和谢无量的《中国哲学史》。胡适原定《中国哲学史大纲》分为三卷，即古代哲学、中古哲学和近世哲学⑤，但最终未能完成。谢无量的《中

① 钟泰：《中国哲学史》（卷上），上海商务印书馆，1929，第8—9页。
② 钟泰：《中国哲学史》（卷下），上海商务印书馆，1934，第118页。
③ 钟泰：《理学纲领》，《钟泰著作集》（第5册），上海古籍出版社，2021，第435页。
④ 郭晓丽：《钟泰学术思想研究》，人民出版社，2014，第42页。
⑤ 胡适：《中国哲学史大纲凡例》，《中国哲学史大纲》（卷上），商务印书馆，1919。

国哲学史》分三编，即上古哲学史（唐虞至先秦诸家）、中古哲学史（两汉至隋唐）和近世哲学史（宋元明清）。[①] 其实，胡适只讲至先秦，谢著的下限至乾隆年间的彭绍升，钟泰则延展至近代的龚自珍、曾国藩，因此体系最为完备。

钟泰认为中国哲学与西方的学术系统并不相同，无须按照西方的哲学模式进行架构。与胡适"以西释中"的研究模式相反，钟泰采用本土化的中国哲学史研究路径[②]，应用中国传统的治学观念、研究方法和话语体系，对中国哲学史的发展流变进行全面系统梳理，系统介绍中国哲学史的基本架构。钟泰认为"以现代的概念回去理解儒家原意，会有重大出入"[③]，故其在此书中将胡著作为学术批判的对象。

金毓黻认为，钟泰《中国哲学史》的优点在于，可以从中国近代哲学追根溯源至中国古代哲学，"阅钟氏书，自近代起，由此上溯于古，沿流寻源，亦一法也"[④]。钟氏之书具有学术的整体性、完整性，"惟钟氏之作彻首彻尾，连结一气，颇能提要钩玄，示后学以研究之矩，此诚近今所罕见也"[⑤]。在学术观点的条理性、逻辑性方面，此书又超过谢无量的《中国哲学史》，"钟氏之书，尊程、朱以殊号，鄙汉学为标榜，成见亦未尽捐。亦惟其有成见，所以胜于谢氏之作也"[⑥]。

当然，此书亦存在一些不足，如史料相对丰富，史论则有所不足，这也许跟钟泰"述而不作"的指导思想有关，故任继愈认为："钟泰曾经写过一本《中国哲学史》，但他那哲学史其实只是材料的堆积，严格地讲那不算是一个哲学史。"[⑦]1942 年 9 月 25 日，时为蓝田国立师范学院中文系讲师的张舜徽得与钟泰畅谈，其在《壮议轩日记》中对此书也赞誉有加，其云："余十余岁时即闻其名，尝观其《哲学史》《国学概论》诸编，论议平实，辞气尔雅，心焉仪之。"[⑧] 不过，研究方向与钟泰一致的蒋维乔对此

---

① 谢无量：《中国哲学史》，中华书局，1916。
② 周德丰、陆信礼：《20 世纪中国哲学史研究的三种模式》，《光明日报》2004 年 8 月 10 日，第 B4 版。
③ 王汎森、王竞编《执拗的低音》，生活·读书·新知三联书店，2019，第 33 页。
④ 金毓黻：《静晤室日记》（第四册），辽沈书社，1993，第 2326 页。
⑤ 金毓黻：《静晤室日记》（第四册），辽沈书社，1993，第 2340 页。
⑥ 金毓黻：《静晤室日记》（第四册），辽沈书社，1993，第 2326 页。
⑦ 任继愈：《实说冯友兰》，《任继愈谈话录：一位哲人的目光》，九州出版社，2017，第 294 页。
⑧ 张舜徽著、周国林点校：《壮议轩日记》，华中师范大学出版社，2018，第 4 页。

书则是随意翻阅且未置一辞，颇耐人寻味①。

此书体现出钟泰强烈的文化自觉意识及其文化保守主义倾向，因而得到许多传统知识分子的理解和赞誉，正如学术趣旨与钟泰相似的金松岑所云："钟山之择术焉醇，其观古焉涵泳反复，久而得其通儒者经世之体也。世之为学者，大都握今之錔以驭古之迹，是以毁辕折筡而其道大窒。窒则愚，通则哲。呜呼！钟子其几于哲矣！"②熊铁基则认为当时钟泰在学术上并不孤独，"与他持同一立场的未必很少于那些力倡新学的人。只不过他们的声音不被后人重视，而湮没于历史的陈迹之中而已"③。此书是钟泰在传承传统经学研究路径基础上，以本土化的叙事方式开展的中国哲学史研究，虽然本身具有很高的学术价值，但是由于当时国人在大力倡导西学，对传统文化持全面否定的态度成为社会的主流思潮，故此书的影响主要集中在学术界，其社会反响远不及胡适著作。④

(2)《国学概论》

1936 年 6 月，《国学概论》由上海中华书局正式出版。此书亦是钟泰在之江大学的授课讲义，经过多次修改成为定本。1980 年，台北广文书局据原本影印出版。

钟泰撰写此书的目的，就是希望广大学子能够振兴国学，主动传承和发展传统文化："上绍先民之泽于不坠，下开来世之学于不弊，泰虽不肖，窃愿挟此书以为之先驱也已！"⑤这也是钟泰一直秉持的学以致用思想，正如其弟子卢前所云："窃惟吾师遑昔之所称说者，曰学所以受用以致用，不能偏废。"⑥

此书由序言和正文两部分组成。正文之前有卢前的序言和作者自序，正文分为八章，即六书篇、声韵篇、章句篇、六艺篇、诸子篇、目录篇、汉宋异同篇和文章体制篇。根据全书目录，即可发现，钟泰明显偏重传统学术，重视小学根底，故其所选文章以诸子为主，正如其在《自序》中不仅说明自己对此书篇章结构的思考，而且明确强调学人读书治学的基本

---

① 1931 年 3 月 16 日，蒋维乔在日记中载："随意翻阅钟钟山所编之《哲学史》。"3 月 17 日，"随意翻阅钟《哲学史》"。蒋维乔一般对其阅读的著作多作有点评，但对钟泰的《中国哲学史》未加评论，从其"随意"态度来看似乎并不认可，颇有轻视之意。见林盼、胡欣轩、王卫东整理：《蒋维乔日记》（第 4 册），上海人民出版社，2021，第 2025 页。

② 金天翮：《序》，《中国哲学史》（卷上），上海商务印书馆，1929，第 1 页。

③ 熊铁基等：《二十世纪中国老学》，福建人民出版社，2002，第 161—162 页。

④ 郭晓丽：《早期中国哲学史写作方法论析——以钟泰〈中国哲学史〉为例》，《深圳大学学报》（人文社会科学版）2007 年第 1 期，第 48 页。

⑤ 钟泰：《自序》，《国学概论》，中华书局，1936，第 1 页。

⑥ 卢前：《序》，载钟泰《国学概论》，中华书局，1936，第 1 页。

途径："读书犹行路也，必有舟车图经之借焉。……六书、声韵、章句者，读书之舟车也，故此书以是三者先焉；六经、诸子、四部者，读书之图经也，故以是三者次焉。"① 显然，钟泰认为六书、声韵和章句读书的基本功，正如其在《国学书目举要》中所言："读书必先识字。欲识字，不可不通形声。欲通形声，不可不治《说文》。故举段、朱、王三氏之书，以为学者确立读书基础，庶免望文生义、自欺欺人之失。"②

六艺、诸子是精义，学人通过学习六艺从而确定经、传、子之间的学术传承和逻辑关系，"学者但能明于其先后增附之放，知传记与子皆出于经，以传记为阶梯，而以经为宗汇，则庶乎其不舛矣"③。钟泰认为广泛阅读诸子著作可以理解和掌握学术的渊源发展及其基本含义，"学者能先读此数书，其于学术之源流本末，当可得其大略。然而勿附会、勿割裂。附会则失真，割裂则不全。是又不得不望之于能知其意者矣"④。钟泰主张通过六艺、诸子把握中国传统学术的渊源及其流变，其实就是中国传统学术倡导的考镜源流、辨章学术的基本路径和方法。钟泰认为，学人只有掌握这些基本的方法、内容和宗旨，才能"穷经史之奥，撷义理之精"⑤。

汉宋之学和文章体制则是个人的学术旨趣所在，钟泰指出，读书必须有所依归，最终归宿为明义理，"学至于义理，其至矣"。不过，清代学术标榜汉学，抑制宋儒，甚至禁言义理，"于是穷经经不足以润身，治史史不足以平世。周章于训话，彷徨于考据，乃至竭毕生之力，而不免为穷人之无所归，不亦悲乎"⑥。钟泰认为汉宋之学各有专长，主张取长补短，"合汉宋而一"，"要之上穷性命，反身为己者，宋学之长也。博稽名物，施于实用者，汉学之长也。孔子言博文约礼，汉得其博，宋得其约。学者苟能合汉宋而一之，撷其精英，去其支离，庶几有体有用，彬彬之君子矣。至若假之以为盗名之资，托之以为藏身之固。无间汉宋，皆足贻误。学者志切为己，当自能辨之"⑦。

《国学概论》的篇章结构充分体现了钟泰的学术思想，反映其在当时西学滥觞的背景下，固守传统治学路径的执着精神。此书的框架结构得到卢冀野的高度认可，他赞誉钟泰精研国学，谋篇布局井然有序、章节安排

① 钟泰：《自序》，《国学概论》，中华书局，1936，第1页。
② 钟钟山编《国学书目举要》，江苏法政大学，1925，第1页。
③ 钟泰：《国学概论》，中华书局，第93页。
④ 钟泰：《国学概论》，中华书局，第114页。
⑤ 钟泰：《自序》，《国学概论》，中华书局，1936，第1页。
⑥ 钟泰：《自序》，《国学概论》，中华书局，1936，第1页。
⑦ 钟泰：《国学概论》，中华书局，1936，第155页。

循序渐进，方便读者阅读和入门，"世廑知吾师邃于老庄之学，不知其根本六经，洞明心性，未尝忘治平之术而以章句儒自囿也。故是编首小学而经大义，而诸子，而宋学，示初学以阶梯导归于圣域，明体达用，有条不紊。虽未足尽吾师素蕴，然为学之方，大略备是"①。当时，钱穆有同名著作，《大公报》曾对钟、钱二人所著《国学概论》进行评析，不仅认为"惟钱穆氏之作与钟氏此书，其人可谓勉于合道德学问而为一者也"，而且"此书则先之以六书，声韵，章句诸篇，为读书之车。次六经，诸子，四部，为读书之图经指南。殿以汉宋学术之异向，使学者知汉学之所以贵乎博观，而宋学之所以贵乎约取，发为文章，故以文章体制一篇终焉。……其言虽若有可商，然何其深切着明矣"②。

（3）《荀注订补》

《荀注订补》作为《国学小丛书》的一种，1936 年由商务印书馆出版。此书是钟泰在之江大学开设国学概论、诸子思想等课程时，由其平时所作学术札记或回答学生疑问的笔录汇集而成，正如其自序所言："泰何人？岂敢与诸老先生争一日之短长哉！愿愚妄所见，考之于文，揆之于理，觉实有非此不能安者。讲论之余，辄复答而记之，积以时日，不觉盈帙。二三朋好以为是未可以自私也，怂恿以付剞劂，因述其所以不能苟同前辈之故，以弁于端，而名其书曰《荀注订补》云。"③

钟泰撰写此书的目的，就是要纠正唐朝杨倞以来《荀子》各种注解本的错误，"荀子为儒学大宗，而其书自唐杨倞外，别无注本"④。钟泰的基本出发点虽然是订正杨倞的《荀子注》的错误，但其在纠正杨注错误时，又肯定其正确之处。钟泰还罗列并纠正了杨本不误而后代注者失误之处，"有杨本不误而自说实误者；亦有虽能正杨之误，而所诠仍未当于荀旨者"，故其书中涉及对卢文弨、郝懿行、王先谦、孙诒让、刘师培、章太炎等人的注释的批驳和纠正。钟泰在汲取诸家之长的同时，又斥责诸家"屏斥义理不欲言，而于文章衔接与否，又往往忽不经意"，采取"考之于文，揆之于理"的路径和方法以纠错，故《大公报》认为，"钟氏此书之名《荀注订补》，所以订补杨倞以下，至孙仲容、刘申叔、章太炎诸家所诠，或反证杨注之误，而其说实自误者，或虽能订正杨注之误，而所诠仍有未当

---

①　卢前：《序》，载钟泰《国学概论》，中华书局，1936，第 1 页。

②　《国学概论》，《大公报》（天津）1937 年 2 月 4 日，第 13 版。

③　钟泰：《〈荀注订补〉序》，《荀注订补》，商务印书馆，1936，第 3 页。

④　钟泰：《〈荀注订补〉序》，《荀注订补》，商务印书馆，1936，第 1 页。

于荀指者"①。

此书的格式为，正文先是钟泰所摘引《荀子》原文，然后是杨倞等人注解以及钟泰案语。《荀子》原文顶格列出，杨氏等人注解、钟案则另起一行并降一格列出。试举例如下：

原文：强自取柱，柔自取束。

杨注：凡物强则以为柱而任劳，柔则见束而约急，皆其自取也。〇王引之曰：杨说强自取柱之义甚迂，柱当读为祝。祝，断也。

案：柱即拄也。强者可取以拄物，如竹木是也；柔者可取以束物，如皮韦是也。而自竹木与皮韦言之，则皆所自取也。杨注不误，特言之未分明耳。王训柱与祝通谓之断，断与束义岂相称乎？斥杨为迂，而不知其迂尤甚也。②

此书反映钟泰治荀学的一些特色：其一，改变传统学术中尊孟抑荀的错误做法，重新认识和定位荀学。

钟泰认为荀子与孟子均为孔子之后的儒家代表人物，"荀子为儒学大宗，论性与孟子虽有不合，要由之以学孔子，则亦庶乎可矣"③。不过，荀况虽为儒家宗师，其著作《荀子》亦为儒学经典，但因后代学者认为其学与孟子迥异，加之对其弟子韩非、李斯有所非议，故对其论述多有排斥，正如钟泰总结所论："而后之论者，以其主性恶，而言富国强国，大异于孟子；又韩非、李斯之徒，世所诋斥，皆出于其门下，遂并归罪于荀子之持论不慎。"④此后，由于宋儒尊孟抑荀，故荀学未能得到学术界应有的重视，"盖由宋以来学者既推尊孟子以为得孔子之正传，荀书于孟子不无龃龉，故治之者少也"⑤。钟泰认为传统学术界因为自身的误会，从而导致错误对待荀学，"不然，其称大儒，乃东法先王，统礼义、一制度为言，何哉？后人不察，以为荀子之法后王，为孟子之法先王而起，则何不于《荀子》全书而熟考之"⑥？故钟泰主张对荀学应当给予同等重视，正如其弟子蒋礼鸿在整理《〈荀注订补〉补》时特意指出："师学宗紫阳，而平恕不废汉学家言，殆与紫阳称郑康成是好人者同，而于汉学家识字而不通文之失

① 《荀注订补》，《大公报》（天津）1936年12月10日，第11版。
② 钟泰：《荀注订补》，商务印书馆，1936，第1页。
③ 钟泰：《理学纲领》，《钟泰著作集》（第5册），上海古籍出版社，2021，第377页。
④ 钟泰：《中国哲学史》（卷上），上海商务印书馆，1929，第68页。
⑤ 钟泰：《〈荀注订补〉序》，《荀注订补》，商务印书馆，1936，第1页。
⑥ 钟泰：《中国哲学史》（卷上），上海商务印书馆，1929，第78页。

亦颇勘正。"①

其二，针对清儒注疏《荀子》的错误做法，提出文献考释的四大
原则。

钟泰认为清代学者注解《荀子》时存在四大问题，即"不考文势""不
重义理""喜其新奇"和"乐其浅易"，而这些错误如果不加纠正将会导致
贻害他人心术，"夫不考文势，其失易见，即误人亦浅。若夫相其私臆，
变易义理，学者不察，或乐其浅易，或喜其新奇，则不独有违书本意，亦
且贻害于心术，此其误人之深，君子不得不为之惧焉"。钟泰以注解《荀
子》为例，针对性地提出文献考释的四点基本原则，即"大抵书有疑义，
所以决之，不出四端：一曰训诂之相通，二曰他书之所引，三曰文势之相
接，四曰义理之所安"。不过，由于训诂、文势和义理都直接取决于校勘
者自身的学识能力，"他书之所引"虽然可以作为前三者的佐证，但是需
要校勘者通过训诂、文势和义理对其是非曲直进行推理和判断。这些观点
正是钟泰长期从事传统文献整理与研究的心得积累，亦是其深思熟虑对学
术规律的经验总结，正如其言："顾愚妄所见，考之于文，揆之于理，觉
实有非此不能安者"②，反映其在文献考释的理论和实践层面的学术高度。

其三，注解《荀子》最勤，体现其研究荀学的广度和深度。

《荀子》原文共32篇，钟泰除了对《子道篇》未加解读外，订补了其
中31篇。钟泰尽其目力所及，广罗前人所作《荀》注著述，"于是如卢抱
经、顾涧薲、刘端临、汪容甫、郝兰皋、王念孙父子，下逮俞荫甫、郭筠
仙之伦，于荀书注释并有所订正发明，先后殆不下十数家"③，通过考据、
推理加以订补，共作校文540条，可见钟泰对《荀子》作了全面系统的订
补工作，故有学者赞誉此书"为卢文弨、王念孙、刘师培、王先谦之后校
释《荀书》最勤的著作"④。杨树达读到此书后，亦感觉钟泰功力匪浅，"觉
卷中胜义颇多，知著者于荀卿书用力颇深，非漫然从事著述者可比。在今
日学术界沉寂之空气中，青年人有一种较可信赖之诸子注释一读，亦可喜
之事也"⑤。

① 蒋礼鸿：《〈荀注订补补〉引》，《蒋礼鸿语言文字学论丛》，浙江古籍出版社，1994，第
258页。
② 钟泰：《〈荀注订补〉序》，《荀注订补》，商务印书馆，1936，第2页。
③ 钟泰：《〈荀注订补〉序》，《荀注订补》，商务印书馆，1936，第2页。
④ 王天海统计钟泰《荀注订补》中的校文为540条。王天海：《前言》，载荀况著、王天海
校释《荀子校释（修订本）》（上册），上海古籍出版社，2016，第7页。
⑤ 杨树达：《钟泰〈荀补〉书评》，《清华大学学报》（自然科学版）1937年第1期，第
219页。

　　此书的最主要的学术贡献，就是钟泰纠正了杨倞及其他各家注解的错误。例如，杨倞和刘师培都认为《修身篇》中"安燕而血气不惰，柬理也"的"柬"与"简"通假，意为休闲。"杨注：'柬'与'简'，言简择其事理所宜而不务骄逸。〇刘师培曰：'柬'当作'娴'，'柬'与'简'通，'简'与'闲'通，'闲'与'娴'通。"钟泰对二人的观点提出质疑，认为不能对"柬"字通过读音进行通假转化来理解，必须从整个句意加以逻辑推断，故其提出："案：'柬'与'闲'通，'闲'有'检柬'义，谓检柬于理也。理，谓礼也。"① 根据《论语·子张》"大德不逾闲，小德出入可也"，可知"闲"本义是"阑"，即栅栏，引申为限制、界限的之义。此句意指，安逸的生活会使血气不惰懈，必须有所约束，故钟泰认为需要通过礼仪加以限定，显然更为合理。

　　此书出版后即得到学术界和出版界的高度重视，《申报》认为此书"为读荀子之一助"②。《大公报》强调钟泰在此书中多有独到见解，可与梁启雄的《荀子柬释》相互参看，"大抵此书于训诂校勘二事，愿逊美于前人，而于文势之段落与义理之发挥，则良有其独到之处，若与梁氏《荀子柬注》参照而观，更可以相发明也"③。当然，钟泰的注解亦存在一些不足之处，但是瑕不掩瑜，并不影响其成为研究荀子的一部佳作，正如杨树达全面分析此书后的基本结论："综而论之，此书有极佳处，亦间有极谬处。要之著者于《荀子》书为曾用心力者，殆可断言。又衡量得失之量，胜义终较误处为多，要为近时未可多得之作。于《荀子》书有兴趣者，不可不一读也。"④ 台湾学者韦政通作为研究荀子的专家，认为此书在同类学术著作中最为出色，"先后只读到过孙诒让的《札迻》，刘师培的《荀子补释》《荀子斠补》和钟泰的《荀注订补》，其中以钟氏的《订补》工作做得最好，后来这本书曾被我的朋友李涤生教授借去，对他《荀子集解订补》的工作，曾有很大的帮助"⑤。

　　（4）《庄子发微》

　　《庄子发微》是钟泰多年潜心研究庄子之学的著作，正如其弟子蒋礼

---

① 钟泰：《荀注订补》，商务印书馆，1936，第11页。

② 《荀注订补（国学小丛书）》，《申报》1936年10月12日，第3版。

③ 麟：《荀注订补》，《大公报》（天津）1936年12月10日，第11版。

④ 杨树达：《钟泰〈荀补〉书评》，《清华大学学报》（自然科学版）1937年第1期，第239页。

⑤ 韦政通：《我怎样研究〈荀子〉——兼谈整理诸子的方法》，《中国思想传统的创造转化——韦政通自选集》，云南人民出版社，2002，第64页。

鸿所言："先师钟钟山先生以邃于老庄闻，其于庄子之书沉潜盖数十年。"①
《庄子发微》的写作经历了一个比较漫长的过程。早在 1925 年，钟泰
在《国学书目举要》中就开始关注到老庄之学的学术区别，"道家首称老
庄，老如鲁论，文简义赅，庄如孟子，稍益恣肆"②。钟泰在《庄子发微》
序言中回顾自己的学术研究历程时，特别强调自己早就发现老庄之间的
学术差异："予之始读《庄子》也，于《天下篇》庄子自述其学特与老子
异，已窃疑之。及观《说剑篇》中乃有'夫子必儒服'之语，以为如《史
记》列传所言庄子方剽剥儒、墨，以诋訾孔子为事，何其门下为文反称其
儒服？使非其实，门人又何为而诬之？疑之益深。"③ 其还对庄孟之间互不
相闻提出疑问："惠施相梁惠王，而庄子与惠施友。计其时当与孟子相先
后，而两人始终不相闻，可异也。"④20 世纪 30 年代，钟泰在《之江学报》
上陆续发表《读庄偶记（内篇）》《读庄偶记（外篇）》和《读庄偶记（杂
篇）》⑤，明确提出以庄解庄的观点："然古来注《庄》者，无虑数百家，而
间失《庄》意。余以为外篇杂篇皆内篇之羽翼，若取外篇杂篇以为内篇之
注，其视凭己臆以测度者必远矣。盖人之注《庄》，究不若《庄》之自注。
后有注《庄》者，或将取于斯言。"⑥ 这一观点先后得到林宰平、夏承焘等
人的褒奖。⑦

钟泰萌生撰写此书的想法大致始于 1947 年⑧，1948 年 9 月，钟泰在

① 蒋礼鸿：《〈庄子发微〉引》，载钟泰《庄子发微》，上海古籍出版社，1988。
② 钟钟山编《国学书目举要》，江苏法政大学，1925，第 16—17 页。
③ 钟泰：《〈庄子发微〉序》，《庄子发微》，上海古籍出版社，1988，第 1 页。
④ 钟泰：《中国哲学史》（卷上），上海商务印书馆，1929，第 42 页。
⑤ 钟钟山：《读庄偶记（内篇）》，《之江学报》1932 年第 1 期。钟钟山：《读庄偶记（外篇）》，
《之江学报》1934 年第 1 期。钟钟山：《读庄偶记（杂篇）》，《之江学报》1935 年第 4 期。
⑥ 钟钟山：《读庄偶记（内篇）》，《之江学报》1932 年第 1 期，第 127 页。
⑦ 林宰平致函钟泰表示："钟山先生：承惠《读庄偶记》，拜读至佩。以外、杂篇注内篇，
犹之以《易》'十翼'注经，此法良便，正不必断斩于真伪之辨耳。杂篇注内篇尤易着
手，外篇多与世语，与内篇时有难合者，兄以为如何？"见《林志钧致钟泰信札》，载
朵云轩编《钟泰友朋信札》，朵云轩，2015，第 60 页。
夏承焘在其 1938 年 1 月 31 日的日记中载："钟山为《读庄偶记》，主以外篇比附内篇，
以庄解庄，甚有心得。"见夏承焘著，吴蓓主编《夏承焘日记全编》第五册，浙江古籍
出版社，2019，第 3003 页。
⑧ 1947 年 12 月 25 日，"林伯又来信，言新购'古逸丛书'本《庄子》，欲以赠余"。12 月
27 日，"林伯寄《庄子》到，乃苏州刻本，书贾以日本刻欺之，价至四十万，狠哉"！
显然吴氏知道其师写作《庄子发微》的计划。钟泰：《钟泰日录》（上），《钟泰著作集》
（第 6 册），上海古籍出版社，2021，第 239 页。

《读庄发例》<sup>①</sup>一文中明确提出解读《庄子》的主要学术主张<sup>②</sup>，这也是其撰写《庄子发微》的基本思路和原则。1948 年底，钟泰正式动笔注解《庄子》<sup>③</sup>。1957 年初，完成《庄子》的注解本的写作。<sup>④</sup> 不过，钟泰对初稿并不满意，故有意修改<sup>⑤</sup>。

《庄子发微》成书大致在 20 世纪 60 年代初，因为钟泰"自序"的落款时间为"庚子年秋九月"<sup>⑥</sup>，可见其在 1960 年 10 月前后基本完成初稿。<sup>⑦</sup>《庄子发微》最终定稿于 1961 年 8 月，钟泰开始着手联系出版事宜。由于当时国内政治环境发生重大变化，此书的出版发行可谓一波三折、一拖再拖。1961 年至 1963 年间，钟泰先后与人民出版社、中华书局和上海人民出版社接洽出版事宜，但最终因故均未能遂愿。1963 年 11 月，在东北文史研究所的直接关心和帮助下，钟泰决定改由吉林师范学院印刷厂影印出版。1963 年底，钟泰对此书重新标点。1964 年 1 月，交付印刷厂排印。<sup>⑧</sup>1964 年 7 月<sup>⑨</sup>，《庄子发微》由吉林师范学院印刷厂影印内部发行，

---

① 1948 年 10 月 21 日"补《读庄发例》成"。1948 年 10 月 11 日"文化服务社送《读庄发例》稿费三十万"。钟泰：《钟泰日录》（上），《钟泰著作集》（第 7 册），上海古籍出版社，2021，第 267、269 页。

② 钟泰提出读《庄子》的九个基本要求，即"不可不先通六经""尤须通《易》""必先通《老子》""不可不先通名墨诸家之说""须通宋儒义理之学""须通佛典""必通训诂章句，而又不可泥于训诂章句""不得不读注，而不可蔽于注""当以内七篇为主，而以外杂诸篇疏通证明之"。钟钟山：《读庄发例》，《读书通讯》1948 年第 167 期，第 8—13 页。

③ 1948 年 12 月 26 日日记载"为《庄子·天下篇》作注"。见钟泰：《钟泰日录》（上），《钟泰著作集》（第 7 册），上海古籍出版社，2021，第 277 页。

④ 1957 年 1 月 25 日，"到史馆取回前所存《庄子解》稿"。钟泰：《钟泰日录》（下），《钟泰著作集》（第 8 册），上海古籍出版社，2021，第 548 页。

⑤ 1957 年 1 月 19 日，"饭后过十力谈，将注《庄子》事告以大意，颇相合也"。钟泰：《钟泰日录》（下），《钟泰著作集》（第 8 册），上海古籍出版社，2021，第 547 页。

⑥ 1960 年 10 月，钟泰完成《庄子发微》序言，10 月 16 日将序言寄给任铭善修改，钟泰"寄一信与心叔，并将《庄子发微》序附往"。11 月 2 日，"《庄子》序用心叔意增加若干字，终未惬意"。钟泰：《钟泰日录》（下），《钟泰著作集》（第 8 册），上海古籍出版社，2021，第 686、688 页。

⑦ 1961 年 1 月 23 日，"本日复理《庄子发微》，注'孔子见老聃，老聃新沐，方将被发而于'一段"。可见，钟泰到 1961 年初还在注解《庄子》。钟泰：《钟泰日录》（下），《钟泰著作集》（第 8 册），上海古籍出版社，2021，第 661 页。

⑧ 1963 年 12 月 15 日，"标点《庄子发微》第一册完，托傅文骏带交王主任送师大影印"。12 月 20 日，"晚石主任来，将标点好《庄子》第二册交其带去"。1964 年 1 月 5 日，"马孝兰、陈桂英来，以《庄子发微》后三本交其带与王贵主任"。钟泰：《钟泰日录》（下），《钟泰著作集》（第 8 册），上海古籍出版社，2021，第 747、749 页。

⑨ 1964 年 7 月 18 日，东北文史研究所主任张复将书寄给当时在上海的钟泰，"张主任寄《庄子发微》四十部来，因覆一信"。8 月 24 日，钟泰回到长春后，"张复主任送《庄子》五十部来"。可见，钟泰自己得书为 90 本，考虑到东北文史所留存并分发给学生作教材，故此书当印刷 200 部。钟泰：《钟泰日录》（下），《钟泰著作集》（第 8 册），上海古籍出版社，2021，第 766、769 页。

据说有 100 册（一说 200 册）行世①。1988 年，钟泰诞辰百年之际，上海古籍出版社正式出版此书。2002 年，上海古籍出版社又再版此书。2021年，上海古籍出版社出版《钟泰著作集》，其中第 2、3 册收录了《庄子发微》。2022 年，上海古籍出版社又出版了繁体竖排版《庄子发微》。

《庄子发微》全书 54 万余字，分为 5 卷，对《庄子》的内篇、外篇和杂篇共三十三篇进行了全面注疏释义。其中，卷一为《内篇》的《逍遥游》至《应帝王》等七篇，卷二为《外篇》中的《骈拇》至《天运》等七篇，卷三为《外篇》中的《刻意》至《知北游》等八篇，卷四为《杂篇》中的《庚桑楚》至《寓言》等五篇，卷五为《杂篇》中的《让王》至《天下》等六篇。

此书的格式为：首先，钟泰在每篇文本之前作有题解，一方面诠释各篇题目的内在含义，另一方面则是与其他说法进行对比研究。其次，钟泰在各篇之后作有注疏，既说明其主旨大义，又梳理其在《庄子》全书的位置及其与其他篇目之间的关系。

钟泰在《庄子发微》中阐述其对庄学的基本观点有：

其一，提出《庄子》思想体系的基本架构。

钟泰强调"且读一书，必观其全，探其本而后始能得其宗趣之所在"②，故其从整体架构的角度，将《庄子》的内篇、外篇和杂篇融会贯通，互为参证，系统探索庄子思想的内在逻辑和发展脉络。钟泰早在《读庄偶记》中就明确提出，内七篇一脉相承，是理解外篇、杂篇的抓手，"《庄子》三十三篇，惟内七篇篇名皆有意，而首尾相承，一线贯注。故昔人谓通内七篇，即外篇、杂篇无不可解也。……余以为外篇、杂篇皆内篇之羽翼"③。钟泰通过对内篇、外篇和杂篇内容真伪的评析，认为内七篇首尾承接、环环相扣，可以视为一个整体，"是故内七篇分之则七，合之则只是一篇。

---

① 学术界对《庄子发微》面世时间有"抗战时期说""1960 年说""1963 年说"和"1965年说"四种说法，皆不准确。隗芾指出："《庄子发微》是钟山先生代表作之一，洋洋 55万言，为抗战期间的研究结晶。"见隗芾：《嘈嘈切切错杂谈——隗芾古今文化谈》，汕头大学出版社，2011，第 291 页。蔡文锦认为钟泰"于 1960 年所著《庄子发微》"。见蔡文锦：《论钟泰先生的〈庄子发微〉》，《扬州大学学报》人文社会科学版 2004 年第 2 期，第 40 页。骆驼认为："此书一九六三年曾石印问世，向为学术界所推重。"见骆驼：《别开生面，自成一家之言——喜见钟泰〈庄子发微〉出版》，《文教资料》1989 年第 5 期，第 94 页。李吉奎回忆说："钟老的《庄子发微》一书，是研究了数十年的著作，至 1965年才定稿，在上海雇了两位抄写工抄写成册，由文史所出资三千元，影印二百本，全书约四十万言。"见李吉奎：《我师钟泰》，《羊城晚报》2015 年 8 月 27 日，第 B03 版。

② 钟泰：《〈庄子发微〉序》，《庄子发微》，上海古籍出版社，1988，第 2 页。

③ 钟钟山：《读庄偶记（内篇）》，《之江学报》1932 年第 1 期，第 127 页。

观《逍遥游》以南冥北冥起，而《应帝王》以南海之帝、北海之帝收，首尾照应，亦可见也"①。内篇反复阐发"内圣外王"之道，"故窃以为外、杂篇有可疑，而内七篇则无可疑；外、杂篇有非庄子自作，而内七篇则非庄子莫能为。《天下篇》深致慨于内圣外王之道暗而不明，郁而不发。而此内七篇，则所以反复发明内圣外王之学者也"②。钟泰据此提出，解读庄子时必须立足内篇，而将外篇、杂篇作为羽翼，"是则外杂之篇，或有争议，若内七篇，则众所同是，更无可疑，故读三十三篇，以七篇为本经，而以余二十六篇为羽翼，是乃不可易之准则"③。

钟泰指出，外篇和杂篇的整体性、系统性远不及内七篇，内容上无法做到首尾相接、一以贯之，次序上似乎亦可以前后移动，不过因其文行世久远，无法追根溯源，只能接受现状。杂篇中虽然多有伪作成分，但"微至之语能发内篇未发之旨"，不仅对内篇思想有所拓展，而且可以对庄子之学进行探微和斧正，因此颇具价值而不可偏废，"文固谫僾，然借此亦可察知庄学末流之失，正亦学术有关文字，何可废哉！何可废哉"④！基于此，钟泰提出《庄子》三十三篇，以内篇为本经，以外篇、杂篇则为佐训，"是故欲通《庄子》，当以内七篇为本经，而以外篇、杂篇为佐训。外篇十五，杂篇十一，纵说横说，莫有能出七篇外者。而其瑕瑜纯驳，以七篇印之，则如判黑白，无所隐遁。校勘之家，未能观于《庄子》大旨，因后世诸书所引《庄子》内、外篇文与今本间有出入，乃进而疑及内篇亦多伪托，是则区区所未敢苟同者也"⑤。钟泰对《庄子》内、外、杂篇之间关系的理解和把握，虽然未必完全合理，但是"说明每篇都是互为表里的，亦为前人所未言"⑥。

其二，强调庄子并非道家，而是儒家。

钟泰认为庄子为儒家后学，归属于颜渊一派，"庄子之学，盖实渊源自孔子，而尤于孔子之门颜子之学为独契"⑦，因为庄子之学"其于孔门则又直接子渊一脉，观《人间世》《大宗师》篇，缕述心斋、坐忘、穷极性命蕴奥之言可见也"⑧。这也是钟泰对自己观点的修正，因为其在《中国

① 钟泰：《庄子发微》，上海古籍出版社，1988，第 2 页。
② 钟泰：《庄子发微》，上海古籍出版社，1988，第 2 页。
③ 钟泰：《庄子发微》，上海古籍出版社，1988，第 181—182 页。
④ 钟泰：《庄子发微》，上海古籍出版社，1988，第 515 页。
⑤ 钟泰：《庄子发微》，上海古籍出版社，1988，第 2 页。
⑥ 刘蕙孙著、方宝川协修：《中国文化史稿》，文化艺术出版社，1990，第 139 页。
⑦ 钟泰：《〈庄子发微〉序》，《庄子发微》，上海古籍出版社，1988，第 2 页。
⑧ 钟泰：《刘策成庄子集解补正、庄子解故辨正合刊序》，《钟泰诗文集》，载《钟泰著作集》（第 6 册），上海古籍出版社，2021，第 205 页。

哲学史》中尚言庄子之学兼容儒道，"其学贯孔、老二家，而又益之以恣肆。……《史记》谓周掊击儒、墨，而如《人间世》《德充符》诸篇，其所以推崇孔子者甚至，所为掊击者，岂其然乎"①？由于庄子具有比较鲜明的道学外在表征，故其儒学本质更容易为人忽略，"庄子之非神仙家，今之学者或能辨之；若其非道家而不同于老子，则能辨之者鲜矣"。钟泰坦言自己过去亦犯有此错误，"若其言论时出入于老氏，则小大精粗道术本自有其相通之处。予向亦尝以为庄子殆兼孔、老两家之传，及今思之，是犹不免影响之见"②。

钟泰认为，庄子之所以为儒家，就是其内涵与《易》《春秋》两书多有相同之处，"《易》与《春秋》，孔子之两大著作，而又义相表里者也。庄子于《逍遥游》既阐《易》之缊，于《齐物论》又深明《春秋》之宏旨，著其本乎先王也"③。钟泰还以《庄子发微·逍遥游第一》为例，说明认为庄子言论多源自《易》，"庄子之言，多取象于《易》而取义于《老》。取义于《老》，人或知之，取象于《易》，则知之鲜矣。……又当知，《庄》出于《易》，《老》亦出于《易》。若不明《易》，不能通《庄》，即亦不能通《老》。……故吾尝谓学者，不可不先明《易》，以此也"④。

钟泰认为，庄子所言"大宗师"即是掌握"养生之道"者，"君主于养生也。养生奈何？欲知养生之况、为何物生者，大宗师之谓也"⑤。庄子的"养生"与孟子的"养性"并无二致，均是个人修身立命的基本功夫，亦是儒学"圣功"所在。⑥钟泰的结论就是："庄子之为儒而非道，断断然矣。"⑦钟泰甚至认为，在儒家内部，庄子的地位足以与孟子并驾齐驱，"谓庄子为孔门颜子一派之传，与孟子之传自曾子派者，虽同时而不相闻，而学则足以并峙"⑧。钟泰的这一观点，虽然有些出人意表，但其论述颇有合理之处，故有学者认为："钟山翁此书指出庄子论道实与孔子相契合。甚有见地。"

其三，阐述庄子的思想核心是"内圣外王之道"。

钟泰撰写此书的目的，就是意图纠正此前《庄子》注解中的舛误，改

---

① 钟泰：《中国哲学史》（卷上），上海商务印书馆，1929，第42页。
② 钟泰：《〈庄子发微〉序》，《庄子发微》，上海古籍出版社，1988，第1页。
③ 钟泰：《庄子发微》，上海古籍出版社，1988，第50页。
④ 钟泰：《庄子发微》，上海古籍出版社，1988，第756页。
⑤ 钟泰：《中国哲学史》（卷上），上海商务印书馆，1929，第45页。
⑥ 钟泰：《庄子发微》，上海古籍出版社，1988，第130页。
⑦ 钟泰：《〈庄子发微〉序》，《庄子发微》，上海古籍出版社，1988，第2页。
⑧ 钟泰：《〈庄子发微〉序》，《庄子发微》，上海古籍出版社，1988，第1页。

变世人对庄子及其学术的误解。早在 1925 年，钟泰在《国学书目举要》中就对王念孙、俞樾等人的《庄子》的注解本表示不满："吾研庄多年，以为……有清如王怀祖、俞曲园，牵于训诂，偶有校释，于庄意实多隔膜。盖言理非诸公所长，其不能无失，宜也。"① 钟泰采用注解、校诂、考据等传统学术研究的路径和方法，对《庄子》进行了全新解读，试图扭转"庄子之学全晦"的现状，以期还原庄子"内圣外王之道"的真正面目，正如其在自序中云："病夫旧注之多失也，因比附六经之义，亦兼采老子之说，为之疏通而诠释之，名之曰《庄子发微》。其有由是而上穷庄子之蕴以补予之不逮，使内圣外王之道不终湮没于世，此则区区之深望也夫。"②

　　钟泰在《中国哲学史》中就提出《天下篇》中"内圣外王之道"是庄子的学术要领所在，"《庄子·天下篇》，言内圣外王之道。此庄子之真实语也。故其养生也，所以为己也，即以为天下也"③。钟泰认为《天下篇》明确反映《庄子发微》的写作主旨，"此一篇之提纲，庄子著书之意已略见于此。'内圣外王之道，暗而不明，郁而不发'，三语最要。由此可知庄子之学，实为'内圣外王'之学。其所以著书，即为发明此'内圣外王'之道也"④。整个内篇即围绕此主旨展开，"《天下篇》深致慨于内圣外王之道暗而不明，郁而不发。而此内七篇，则所以反复发明内圣外王之学者也。是故《逍遥游》之辨小大，为内圣外王之学标其趣也。《齐物论》之泯是非，为内圣外王之学会其通也。《养生主》，内圣外王之学之基也。《人间世》，内圣外王之学之验也。《德充符》，则其学之成，充实而形著于外也。若是，斯内可以圣，而外可以王矣。故以《大宗师》《应帝王》二篇终之"⑤。其中，《大宗师》阐释"内圣"之道，即养生功夫，"庄子之真实学问，在《大宗师》一篇。所谓'大宗师'者何也？曰:道也"⑥。《应帝王》则是诠释"外王"之道，"《庄子·天下篇》，言内圣外王之道。此庄子之真实语也。故其养生也，所以为己也，即以为天下也。以《人间世》入养生之樊，以《应帝王》既养生之实"⑦。钟泰看来，《大宗师》为道之体，作为内圣外王的起点，《应帝王》则是道之用，成为内圣外王的归宿，即内圣与外王互为表里、相互依存，是一个有机的、统一的整体。钟泰认为，内

---

① 钟钟山编《国学书目举要》，江苏法政大学，1925，第16—17页。
② 钟泰：《〈庄子发微〉序》，《庄子发微》，上海古籍出版社，1988，第3页。
③ 钟泰：《中国哲学史》（卷上），上海商务印书馆，1929，第46页。
④ 钟泰：《庄子发微》，上海古籍出版社，1988，第755—756页。
⑤ 钟泰：《庄子发微》，上海古籍出版社，1988，第2页。
⑥ 钟泰：《中国哲学史》（卷上），上海商务印书馆，1929，第43页。
⑦ 钟泰：《中国哲学史》（卷上），上海商务印书馆，1929，第46页。

七篇前后照应、首尾相连，全面系统探究"内圣外王之道"的意蕴，"七篇以一'游'字始，以一'应'字终，前后照摄，理至玄微，不观其通，何由穷'内圣外王'之蕴奥哉"[①]！

钟泰在《逍遥游》篇中对"至人无己，神人无功，圣人无名"注疏时更是暗中阐述了太谷学派"立功立德立言"的思想：

> "圣人""神人""至人"，虽有三名，至者圣之至，神者圣而不可知之称，其实皆圣人也。而"无己"必自"无名""无功"始，故先之以"无名"，次之以"无功"。"无名"者，不自有其名，"无功"者，不自有其功。不自有者，"无己"之渐也。故终归于"无己"而止焉。[②]

钟泰将庄子提出"至人""神人"和"圣人"皆归结为圣人，其实这也是太谷学派主张的个人修身养性的基本路径，即普通人立志成为圣人的路径就是"立功立德立言"。

此书面世后，即受到学术界的好评。1964 年 7 月 29 日，熊十力致函钟泰，对《庄子发微》给予高度评价，"大著诚不朽之作。庄子之学，如后来有人研究，必不能忽视此书也"[③]。蒋礼鸿"以为《庄子发微》一书，沉吟篇章，反复义旨，博考而详说之，其于阐发庄旨，粹然成一家之言，尚论者必不得而遗也"[④]。有学者赞云："《庄子发微》是钟泰力作，系一生治学之结晶。旨在发老庄合称道家之覆，阐明庄子思想奥秘，论证'庄子之学，盖实渊源于孔子，而尤于孔子之门颜子之学为独契'，实为颜子一派之传，'与孟子之传自曾子一派者，虽同时不相闻，而学则足以并峙'。其书以他这一独特见解为纲，条分缕析，层层展开，节节推进，洋洋大观，凡五十余万言，胜义迭出，或一不同凡响之巨著。"[⑤]

### （七）叶玉麟及其著述

#### 1. 叶玉麟的生平

叶玉麟（1876—1958），字浦孙、蒲荪，晚号灵觌居士，安徽桐城人。

① 钟泰：《庄子发微》，上海古籍出版社，1988，第 167 页。
② 钟泰：《庄子发微》，上海古籍出版社，1988，第 14—15 页。
③ 《熊十力致钟泰信札》，载朵云轩编《钟泰友朋信札》，朵云轩，2015，第 199 页。
④ 蒋礼鸿：《〈庄子发微〉引》，载钟泰《庄子发微》，上海古籍出版社，1988。
⑤ 骆驼：《别开生面，自成一家之言——喜见钟泰〈庄子发微〉出版》，《文教资料》1989 年第 5 期，第 94 页。

光绪二十三年（1897年），录取为桐城县附生，但其1902年和1903年两度参加乡试均未果。宣统二年（1910年），两江总督张人骏改"江楚编译官书局"为"江苏通志局"，叶玉麟与李审言同被聘为分纂，成为同事。①

辛亥革命后，时居南京的叶家饱受战火侵袭。1913年后，叶玉麟之母决定迁居沪上。②民国年间，叶玉麟先后任北京国民政府盐务署参事室科长③、关税特别会议委员④等职。1922年，中法国立通惠工商学校聘其为中文教授。⑤1931年，上海市政府任命其为上海市通志馆筹备委员会采访员，协助办理史料征集事宜。⑥

1935年4月至1937年3月，叶玉麟因郑孝胥的关系，出任伪满洲国奉天图书馆馆长。"七七事变"后，叶玉麟不满日本侵华，与其子叶葱奇夫妇先后返回沪上。⑦此后，叶玉麟并没有投靠日本，而是与其子靠编写白话古籍读本谋生，"请以俗语浅释老、庄、荀三子，因率儿辈，妄以陋识强解之"⑧。

叶玉麟早年好学，先后为吴汝纶、陈三立所赏识，后师从马其昶学习古文，正如《申报》评价其文有欧阳修、归有光之遗风，"先生自幼饫闻乡先辈绪论，初为吴挚甫先生激赏，嗣从马通伯先生游，造诣精邃。通老谓其之佳处，往往逼似欧归"⑨。叶玉麟浸淫古文数十年，"工古文辞，沉挚

---

① "宣统庚戌，江苏通志局开，君与余同为丰润张尚书所聘。"李详：《〈灵岘轩文钞〉识》，载叶玉麟《灵岘轩文钞》，民国二十三年铅印本。李详又言："桐城叶浦荪玉麟，鄱阳洪述之鉴，浦荪为江苏通志局同聘友。"李详：《丙辰五月奉怀沪上诸友绝句二十七首》，页八，铅印本，1916。
② 叶扬回忆说："一九一三年……叶家就在那一年，由祖母变卖了自己的金首饰，换成路费，初次搬到上海。"叶扬：《祖父叶玉麟散记》，载扬之水《无轨列车》，上海书店出版社，2008，第22页。
③ "盐务署……计留署者……合计二百四十一人……叶玉麟为参事室科长。"《留署者尚有二百四十一人》，《申报》1923年12月3日，第7版。
④ "上海函授大学……最近该校新聘关税特别会议委员叶玉麟……为国学系教授。"《上海函授大学之教授》，《申报》1926年6月15日第11版。
⑤ 葛夫平：《中法教育合作事业研究1912—1949》，上海书店出版社，2011，第166、190页。
⑥ "兹委任赵元成、叶玉麟、黄士佐、施涵为本市通志馆筹备委员会采访员。"《上海市政府令第六七五号》，《上海市政府公报》1931年第87期，第2页。
⑦ 据郑孝胥日记载，1935年4月7日"叶浦荪来"，4月28日"叶浦荪来，言奉天图书馆之状"。1937年3月10日"（叶）葱奇来言，蒲荪已解馆长"，7月17日"访叶浦荪，明日赴沪蒲荪来辞行"，7月27日"葱奇、小虎携儿女来辞"。郑孝胥著、劳祖德整理：《郑孝胥日记》（第5册），中华书局，1993，第2578、2581、2662、2678、2679页。
⑧ 叶玉麟：《〈集解庄子〉序》，页二，《白话译解庄子》，大达图书供应社，1935。
⑨ 《灵岘轩文钞出版》，《申报》1934年12月12日，第12版。

疏宕"①，成为民国时期桐城派的代表人物，"叶蒲荪前辈，吾友颖根（叶百丰）之尊人也，以桐城宗派为古文，驰名海内"②。

或许是受其姑父毛庆蕃的影响，叶玉麟亦皈依太谷学派。民国年间，叶玉麟入赘黄葆年门下，成为归群弟子，正如其挚友李详所言："桐城叶君浦孙为马通伯先生高弟，早承李龙川先生派。"③叶玉麟与吴庠同入黄门受教，正如其言："余与眉孙同学于泰州黄先生……黄先生以诗教曰：'夙兴夜寐，无忝所生。'"④

### 2. 叶玉麟的著述

叶玉麟著有《灵岘轩文钞》《灵岘轩诗钞》（后合为《灵岘轩诗文钞》）。20世纪30年代之后，叶玉麟致力于国学经典著作的白话译解，以期传承传统文化，作有《书经选注》《荀子新释》《三苏文选注》《历代闺秀文选》《白话句解老子道德经》《白话译解庄子》《白话译解韩非子》《白话译解墨子》《白话译解战国策》《白话译解国语》《白话译解孙子兵法》等。此外，叶玉麟曾批注《韩愈文选》。⑤

1932年，叶玉麟在《墨池》第11期刊发"A RAINY DAY""WHY I STUDY ENGLISH""SELF—HELP"等英文作品及其诗作《沈阳事变感赋八章》等。1940—1941年，叶玉麟在《群雅》杂志上先后发表《朱子论文》《廉停先生论文》《谏逐客书》《老泉论文》《情文浓至》《朱子论作文》《李泰伯》《书作论法》《苏明允史论》等文章20余篇，统一以《灵岘轩笔记》为名，可见其意图汇编成书，可惜最终未果。

叶玉麟介入中国传统古籍名著的白话文推广事业的目标主要有三：

其一，在西学不断东渐的背景下，传统国学面临着空前危机，"凌夷泊今，争鸣异学，有寻绎注疏，仍不能通其意者，则又籍厘语释之，非得已也"⑥。"今乃以学校诸生，偏废古文日久，致展卷多昧其辞旨。不得已，妄为语注，知不免为识者所呵也。"⑦身为学人的叶玉麟深感时不我待，主动承担起传承国学的社会责任，正如其在白话译解《老子道德经》时的美好期盼："今世运大类周末，而尚文之弊，屡国羸民，积弱殆又过之。吾以为读者倪因兹编，而探索明事老氏之精义，而倡率修学，使风化尚俭尚

① 李详：《〈灵岘轩文钞〉识》，载叶玉麟《灵岘轩文钞》，页一，铅印本，1934。
② 纸帐铜瓶室主：《小品文艺藏扇杂话》（下），《永安月刊》第54期，第16页。
③ 李详：《〈灵岘轩文钞〉识》，载叶玉麟《灵岘轩文钞》，铅印本，1934。
④ 叶玉麟：《惜往日斋记》，《青鹤》1934年第二卷第十六期，《文苔》第3页。
⑤ 郑逸梅：《牙慧闲拾》，《永安月刊》第85期，第42页。
⑥ 叶玉麟：《序》，《译解荀子》，广益书局，1937，第64页。
⑦ 叶玉麟：《〈集解庄子〉序》，页二，《白话译解庄子》，大达图书供应社，1935。

实返乎淳朴，则天下其庶几。"①

其二，传统国学具有独特优势，"夫吾国文字高古，新会梁氏，尝称为世界各国冠"②，可以与西方学术交相辉映，而白话文工作正好能够发挥这一优势，"且圣哲崇议，皆两间至文，本非剪学课词所能达者也。方今学校科目繁绩，计晷程功，焉得余闲，从实探讨？而先秦诸子，得天独厚，几与欧洲哲学先进冥心孤造者相辉映，故其文理精辞约，未易钻研。兹编乃以里巷委谈，显著书旨，伸读者览之畅然"③。

其三，德国人高度重视《论语》《老子》为代表的中国传统学术思想，提倡全民朴实节俭，因此国人更不能自甘落后，"闻游学德意志人言：'德有两学会，一主《论语》，一主《老子》，少年入会各数千人，持《老子》《论语》交互辩难，以求其真。'德人好学思深，自战乱以降，衣服器皿，去华务实，律身从政，尚朴屏文。噫！岂有得于老氏之言耶"？故"吾以为读者傥因兹编，而探索明事老氏之精义，而倡率修学，使风化尚俭尚实返乎淳朴，则天下其庶几"④。

叶玉麟的这些著作虽与太谷学派并无直接关联，却体现出太谷学派一直倡导的学术大众化、通俗化的宗旨。与王伯沆、钟泰等人以学术研究以期传承太谷学派学术的路径不同，叶玉麟采用的是白话普及的方式，而且他传承太谷学派的学术思想可谓不露声色，甚至其孙叶扬亦不理解这一做法的深层含义，以为这只是维持家族生计的手段而已。正如叶扬回忆所云：

> 至于在外面流行的以祖父名义发表的著作，比如《白话句解老子道德经》《白话译解庄子》《白话译解韩非子》《白话译解墨子》《白话译解战国策》《白话译解国语》《白话译解孙子兵法》等等，大多由广益书局出版，其实大多是父亲和我叔伯等一班子弟兵的作品，其中好像还包括叶家的"长房长孙"、我的大堂哥叶群，当年完全是为了应付生计，真正是英文所谓的 potboilers 而已……其中的《白话译解孙子兵法》据说是同类书中的滥觞之作，颇受好评。另外祖父还有《书经选注》《荀子新释》《三苏文选注》《历代闺秀文选》等几种，很可

---

① 叶玉麟：《〈老子道德经〉序》，页二，《白话译解老子道德经》，大达图书供应社，1935。
② 叶玉麟：《〈集解庄子〉序》，页二，《白话译解庄子》，大达图书供应社，1935。
③ 叶玉麟：《序》，《译解荀子》，广益书局，1937，第64页。
④ 叶玉麟：《〈老子道德经〉序》，页二，《白话译解老子道德经》，大达图书供应社，1935。

能倒是他自己做的。①

　　叶玉麟的相关著作多为传统古典名著白话翻译的肇始之作，例如，
《白话详解墨子》是用白话文译解《墨子》的开始。②《白话庄子读本》则
是最早的白话解读著作。③叶玉麟采用简明易懂的语言文字，对相关古籍
进行了逐章逐句的译解，并对其中的疑难词句和重要典故做了通俗浅显的
注解和诠释，成为当时学习国学经典的理想读本。

　　叶玉麟通过白话翻译推广国学取得良好的社会效益，《申报》认为其
《批注史记》"发挥菁蕴，皆古人所未道。读者得此新砑之作，裨益非鲜"④。
时至今日，叶氏著作依然得到学术界、出版界的高度评价，"20世纪三四
十年代，叶玉麟所著的关于国学经典释读的著作，十分盛行，其通俗和易
读性，称得上是释读国学经典的典范，成为了一般读者学习国学的基本读
物"⑤。

　　（1）《灵觊轩文钞》

　　《灵觊轩文钞》，不分卷，民国二十三年铅印本。《灵觊轩文钞》收录
叶玉麟所作《文雍堂记》《惜往日斋日记》等传记、寿序文、墓志铭等文
章共30篇，其中《周含纯女士传》一篇署名"代通伯师"所作。这些文
章曾由叶玉麟发表于1932—1937年的《青鹤》《文教月刊》《丽泽艺刊》
等期刊上，故《灵觊轩文钞》实为其已刊发文章的汇编。

　　（2）《灵觊轩诗文钞》

　　《灵觊轩文钞》印行后，叶玉麟还有400多篇文章、数百首诗以及若
干卷文话、札记未能公开发表，其弟子袁孟纯曾抄录两大册留存。"文革"
结束后，叶玉麟之子叶昀（慧晓）、叶参（曼多）、叶虔（葱奇）和叶百丰
（颖根）合力搜求十年，辑成《灵觊轩诗文钞》，油印行世。由于历经十年
浩劫，叶玉麟原稿多有损毁，"劫余剩稿不逮原作十之一也"，此书丙寅年
（1986年）编成时，仅"得文四十六篇，诗六十余首"⑥。

　　《灵觊轩诗文钞》分为二卷，即《灵觊轩文钞》和《灵觊轩诗钞》，附

---

①　叶杨：《祖父叶玉麟散记》，载扬之水《无轨列车》，上海书店出版社，2008，第28—
　　29页。
②　解启扬：《显学重光——墨学的近代转化》，中国政法大学出版社，2017，第23页。
③　"关于《庄子》一书的今注、今译。此为适应当代广大读者之需要而作。此作最早当为
　　叶玉麟《白话庄子读本》（1934），译解《庄子》20篇。"谢祥皓：《国学经典导读庄子》，
　　中国国际广播出版社，2011，第58页。
④　《国学名著读本发售特价一月》，《申报》1936年9月2日，第13版。
⑤　《内容推荐》，叶玉麟编《译解战国策》，生活·读书·新知三联书店有限公司，2022。
⑥　叶参：《后记》，载叶玉麟《灵觊轩诗文钞》，油印本，1986。

录有袁孟纯的《桐城叶先生别传》、其子叶虔所作《先府君行述》，以及沈其光的《瓶粟斋诗话》卷五中两则对叶玉麟诗话的评论。《灵岘轩诗文钞》收录的叶氏文稿，比《灵岘轩文钞》多出《评注史记序》《韩子诂解序》等16篇。

通过对比《灵岘轩文钞》和《灵岘轩诗文钞》，我们可以发现，叶玉麟的诗文与太谷学派的关联并不大，只有《惜往日斋日记》《黄翙厂画隐图记》《张约园先生六十寿序》《清故护理陕甘总督甘肃布政使毛公行状》等少数篇目涉及太谷学人，因此无法系统反映叶玉麟的学术思想。

《灵岘轩文钞》正文前有其师马其昶以及陈三立、李审言、丁传靖等诸多名家的评识。马其昶对其文评价甚高："大文视前，进益殆不可量。欧公所云'老夫当让此人出一头地'者也。性情笃挚，虽应酬之篇，亦无泛语，读之恻恻动人。叙琐事出以雅辞，风韵绝胜佳处往往逼似欧、归。感喟深至，幽光炯然，是学永叔有得者。"[1] 陈三立亦大加赞赏："雅洁不失先民矩矱，性情流溢处特觉朴挚。"[2]

### （八）刘大绅及其著述

#### 1. 刘大绅的生平

刘大绅（1887—1954），又名刘髭，字髭潜，又字季缨、季英，号居夷，笔名殷顽，晚年又号贞观、梅园寄叟、逐鸡翁等，原籍江苏丹徒，寓居淮安，刘鹗的第四子、罗振玉的女婿。清末，罗振玉曾在刘鹗家处馆，教授刘大绅等人读书，因罗氏爱其聪颖，遂将长女罗孝则嫁其为妻。

光绪二十四年（1898年），刘大绅在上海就读于罗振玉所办东文学社。1905年，刘大绅与罗孝则成婚后，留学日本京都第三高等学校。后因病辍学，刘鹗为其捐纳为州同知，其被清政府学部图书编译局聘任，参与学部教科书的编写工作。1908年，京华书局出版了由其编辑的《生物界·动物学》一书。

1911年11月，刘大绅随罗振玉、王国维等几家离开北京，东渡日本，暂居京都，从京都帝国大学松本文三郎教授学习英文并旁听西洋哲学课程。1913年，刘大绅从日本返回上海，担任商务印书馆编辑。[3]1917年冬，受

---

① 马其昶:《〈灵岘轩文钞〉识》，载叶玉麟《灵岘轩文钞》页一，铅印本，1934。
② 陈三立:《〈灵岘轩文钞〉识》，载叶玉麟《灵岘轩文钞》页一，铅印本，1934。
③ 《永丰乡人行年录》在1914年中记载："先是，上年刘季缨返国，就上海商务印书馆编辑之聘。"见罗继祖撰、萧文立编校:《雪堂类稿》，辽宁教育出版社，2003，第48页。刘蕙孙亦云:"上海商务印书馆成立编译所，经我一位表姨丈樊炳清先生推荐，被聘为农桑科编辑。"刘蕙孙:《铁云先生年谱长编》，齐鲁书社，1982，第20页。

罗振玉之命，曾在河北等地办理赈灾事宜。[①]1918 年，任《实业杂志》襄理。[②]1919—1920 年，兼任中国农学会上海市干事。[③]1920 年后，赴天津，担任《大公报》社会版编辑。1926 年，受同窗周作民之邀，任职金城银行[④]。此后，就职金城银行天津总行、金城银行附属通城公司、金城仓库、北平总经理处仓库。[⑤]

1946 年，刘大绅在金城银行附属的诚孚公司退休。[⑥]此后，刘大绅携子女在京津地区先后创办中行、建安、新联、古典等多家商贸公司，以经营对外贸易为主，结果因美国禁运政策而全部倒闭，连累其子刘蕙孙、刘厚祜被判入狱。

由于刘鹗为龙川弟子，家族子弟亦多为太谷学派门人。1903 年，刘大绅由其父刘鹗推介给黄葆年为归群弟子，"年十七，大人以家世习《易》，命执贽于归群黄先生之门"[⑦]。刘大绅由于无法参悟太谷学派易学，转而研习西洋哲学，三十岁之后倾心王阳明的心学及佛老之学，中年之后开始研习太谷学派学术，"五十以后专力治《易》，及潜心太谷之学"[⑧]，此后虽"颠沛流离，而一卷随身，终未尝舍"[⑨]。

中华人民共和国成立后，刘大绅归养苏、杭等地，遂得以概览太谷学派遗书，实现了对太谷之学的融会贯通，成为集太谷学派《易》学之大成者。1950 年 9 月，刘大绅离津乘火车移居苏州，先暂居幽兰巷刘厚泽家，

① 《永丰乡人行年录》在 1917 年中记载："冬，乡人再至沪，并遣长子福成与婿刘季缨先赴河北筹办赈事。"见罗继祖撰、萧文立编校：《雪堂类稿》，辽宁教育出版社，2003，第 67 页。
② 张元济在 1918 年 12 月 19 日的日记载："《实业杂志》与梦翁商定决办。准八年一月出版，于二月发行亦可。但明年总赶足十二期，以王中丹主任，刘季英襄理。"张元济：《张元济日记》（上），商务印书馆，2018，第 492 页。
③ 杨瑞：《中华农学会研究》，生活·读书·新知三联书店，2018，第 118 页。
④ 刘蕙孙说刘大绅"年四十在天津金城银行工作"，即约在 1926 年。刘蕙孙：《〈春晖轩心痕残稿〉跋》，载刘大绅《春晖轩心痕残稿》，收入方宝川主编《太谷学派遗书》（第二辑第七册），江苏广陵古籍刻印社，1998，第 69 页。
⑤ 中国银行总管理处经济研究室编《中华民国二十四年全国银行年鉴》，中国银行总管理处经济研究室，1935，第 133 页。
⑥ 刘蕙孙：《铁云先生年谱长编》，齐鲁书社，1982，第 20—21 页。
⑦ 刘大绅：《易象童观·代序》，载方宝川主编《太谷学派丛书》第三辑第二册，江苏广陵古籍刻印社，2001，第 601 页。
⑧ 刘大绅：《〈春晖轩心痕残稿〉跋》，《春晖轩心痕残稿》，载方宝川主编《太谷学派遗书》（第二辑第七册），江苏广陵古籍刻印社，1998，第 70 页。
⑨ 刘大绅：《易象童观·代序》，载方宝川主编《太谷学派丛书》第三辑第二册，江苏广陵古籍刻印社，2001，第 601 页。

后租住淮军名将张树声故宅。<sup>①</sup> 刘大绅是黄葆年的及门弟子，并与黄门后裔多有亲戚关系，故从太谷同门手中借得不示外人的太谷学派书籍十种，其中包括《张氏内注七篇》《白石山房语录》《白石山房诗文集》《〈楞严经〉释义》《关尹子释义》《〈参同契〉直指释义》《所见录》《随所得录》《龙川弟子记》等。1951 年，刘大绅移居杭州，开始潜心研读太谷学派文献，学术得以精进。这一阶段，刘大绅还让其子婿抄录太谷学派文献，其中仅《周氏遗书》就由其女婿朱右民先后抄录了五部。这些举措无疑对太谷学派文献的保存和传播发挥了重要作用。

### 2. 刘大绅的著述

刘大绅担任上海商务印书馆农商科编辑时，先后编撰了数十种多种农商类图书和教材，其单独署名的有《生物界动物篇》《农业（上、下）》《共和国教科书：新农业教授法（第 1 册）》《女子·园艺教科书》《商事要项》《共和国教科书：公民须知》《共和国教科书：簿记》《园艺学》《枬球》《养蜂法》《高等小学新法国语教科书（1—6）》《新法商业教科书（1—4）》等。<sup>②</sup> 刘氏与人合著、合编的还有《养鸡法》、《银行学原理》、《日用百科全书》（上、下）、《初级农业学校教科书：农作物害虫学》等<sup>③</sup>。刘大绅校对的著作还有《师范学校新教科书：簿记》《虫害学》《土壤学》《农具学》等。<sup>④</sup> 此外，1940—1941 年，刘大绅还在《群雅月刊》《宇宙风》（乙

---

① "到苏二月，觅得故淮军名将张靖达公废圃中老屋三间，聊供居处"。刘蕙孙：《新居口号（庚寅十月望）》，载刘大绅《春晖轩心痕残稿》，收入方宝川主编《太谷学派遗书》（第二辑第七册），江苏广陵古籍刻印社，1998，第 16 页。

② 刘大绅编《生物界动物篇》，京华书局，1908。刘大绅编《农业》（上），商务印书馆，1913。刘大绅编《农业》（下），商务印书馆，1914。刘大绅：《共和国教科书：新农业教授法》（第 1 册），商务印书馆，1915。刘大绅：《女子·园艺教科书》，商务印书馆，1915。刘大绅编《商事要项》，商务印书馆，1915。刘大绅编《共和国教科书：公民须知》，商务印书馆，1917。刘大绅编纂《共和国教科书：簿记》，商务印书馆，1917。刘大绅编纂《园艺学》，商务印书馆，1917。刘大绅：《枬球》，商务印书馆，1919。刘大绅：《养蜂法》，商务印书馆，1920。刘大绅等编纂《高等小学新法国语教科书》（1—6），商务印书馆，1920—1921。刘大绅编纂《新法商业教科书》（1—4），商务印书馆，1921。参见商务印书馆编《商务印书馆图书目录（1897—1949）》，商务印书馆，1981。

③ 王言论、刘大绅：《养鸡法》，商务印书馆，1918。王建祖、吴宗焘、宗哲、刘大绅：《银行学原理》，商务印书馆，1924。陈铎、周越然、刘大绅、王言：《日用百科全书》（上、下），商务印书馆，1925。谢申图编，刘大绅、龚厥民增订：《初级农业学校教科书：农作物害虫学》，商务印书馆，1926。参见商务印书馆编《商务印书馆图书目录（1897—1949）》，商务印书馆，1981。

④ 叶春墀编纂、刘大绅校订：《师范学校新教科书：簿记》，商务印书馆，1916。谢申图编、刘大绅校：《虫害学》，商务印书馆，1920。何述曾编纂、蒋维乔、刘大绅校订：《土壤学》，商务印书馆，1921。颜纶泽编、刘大绅校：《农具学》，商务印书馆，1927。参见商务印书馆编《商务印书馆图书目录（1897—1949）》，商务印书馆，1981。

刊）等期刊上发表《空传井序》《关于〈老残游记〉（一至四）》《闲居杂唱》《闲居杂忆》等文章。[①] 此类著述仅是刘大绅谋生而作，与太谷学派并无直接关联，故未将其列入太谷学派著述。

刘大绅极其重视太谷学派文献的流传，先后刊印了多种学派文献。1933 年，刘大绅与潘孝侯出资刊行《龙川先生诗抄》及《李氏遗书》等，曾在太谷学派内引发轩然大波。1947 年，刘大绅又编印《儒宗心法》。刘大绅对太谷学派学术多有阐发，据方宝川教授言其著述有 12 种，但是剔除其刊印的《龙川先生诗抄》，刘氏著作应当为 11 种，即《贞观学易》、《易象童观》、《谈易》、《论象》、《四目研儿》、《此中人语》、《闲谈》、《姑妄言之》[②]、《儒宗心法》、《春晖轩心痕残稿》和《关于〈老残游记〉》，其中前八种为研究易学之作。[③] 刘大绅的著述多为对易学的阐发，正如有学者所言："而研《易》成就最为突出集太谷易学之大成的刘大绅，则对太谷学派以《周易》为基础的生命哲学思想进行了精细入微的阐发，其《此中人语》《贞观学易》《易象童观》《盲人论象》《乳华仙馆谈易》《双心书屋闲谈》《四目研儿》等多篇易学专著，实可谓是研究《周易》生命哲学的民间瑰宝。"[④] 据刘大绅外孙朱松龄回忆，《太谷学派遗书》中尚未收录的刘氏著述还有《学易私说》《反求室诗稿》等。[⑤]

此外，学术界有人将《寄庵文钞》《寄庵诗钞》《寄庵诗钞续》《寄庵诗钞续附》误作为其著作，但实为清代云南名士刘大绅[⑥]之作。

（1）《儒宗心法》

《儒宗心法》汇集太谷学派自周太谷至黄葆年各传山长的学术精华，

---

① 刘大绅：《空传井序》，《群雅月刊》1940 第 2 期。刘大绅：《关于〈老残游记〉》，《宇宙风》（乙刊）1940 年第 20 期。刘大绅：《关于〈老残游记〉（二）》，《宇宙风》（乙刊）1940 年第 21 期。刘大绅：《关于〈老残游记〉（三）》，《宇宙风》（乙刊）1940 年第 22 期。刘大绅：《关于〈老残游记〉（四）》，《宇宙风》（乙刊）1940 年第 23 期。刘大绅：《闲居杂唱》，《宇宙风》（乙刊）1941 年第 41 期。刘大绅：《闲居杂忆》，《宇宙风》（乙刊）1941 年第 43 期。

② 刘蕙孙曾言："本书系以贞观先生著《姑妄言之》遗稿十五卦续成，改用今名。"见刘蕙孙：《刘蕙孙〈周易〉讲义》"凡例"，天津古籍出版社，2007，第 9 页。

③ 方宝川：《刘大绅及其著述》，载《太谷学派遗书》（第二辑第七册），江苏广陵古籍刻印社，1998，第 2 页。

④ 江峰：《太谷学派生命哲学研究》，东方出版社，2007，第 57 页。

⑤ 《反求室杂稿》之一为《学易私说》，之二为《贞观戏草》。朱松龄：《刘季英与太谷学派》，《钟山风雨》2012 年第 4 期，第 45 页。朱松龄的《家学拾零》收录此二文。见朱松龄：《家学拾零》，2019，第 85—98 页。

⑥ 刘大绅（1746—1828），字寄庵，号潭西逸叟，云南宁州人，乾隆三十七年（1772 年）进士，曾任山东武定府同知，后出任五华书院山长，著有《寄庵文钞》《寄庵诗钞》《寄庵诗钞续》《寄庵诗钞续附》，编有《五华诗存》《五华五子诗钞》。

"其学术要旨,以安身立命为主"①。此书的编撰工作始于1946年冬,完成于1947年秋,"自丙戌冬月移付剞劂,丁亥仲秋始观厥成。其间历时凡十阅月,手民更易者数"②。

此书一卷四章,共一百二十四节,即《归群夫子遗训》一节、《周氏遗书抄》五十节、《张氏遗书抄》六十五节以及《李氏遗书抄》八节,正文半页十二行,每行三十字。此书主要汇集太谷学派历代山长关于"诚明"之学的部分诗文、信札而成,如周太谷的《知天命》《问至诚》等篇、张积中的"三教"诗等七首以及黄葆年的《武阳夜集记》等诗文。③此书卷首有刘大绅《引言》一篇,主要是叙述此书的主旨以及编印的缘由。书后附录刘厚滋(蕙孙)、刘厚泽分别所作《跋》文。

刘大绅编撰此书的目的,一方面为了推进太谷学派的学术传衍,正如刘蕙孙所言:"此数千年圣圣心法,口口相传之秘,至太谷始著于书,黄崖、龙川继之,又一再传于归群,龙溪、平孙。今诸先生归道山矣,师传无人。"④另一方面则是其忧惧太谷学派若无文献传承而湮没,"呜呼!灯火犹存,薪传已绝,继者何人?诚惧夫崆峒之学,或竟湮也。爰就太谷、黄崖、龙川,归群之言录曾经体认者,汇为一册,名曰《儒宗心法》"⑤。刘蕙孙甚至认为此书是太谷学人修行圣功的阶梯,"是书本周、张、李、黄诸先生语录,不曰诸先生语录,而名《儒宗心法》者,意亦谓由梯是篇,而程、朱、孔、颜固传心一脉云尔"⑥。

① 刘蕙孙:《后记》,载刘德隆、朱禧、刘德平编《刘鹗及〈老残游记〉资料》,四川人民出版社,1985,第564—565页。
② 刘厚泽:《〈儒宗心法〉跋》,载刘德隆、朱禧、刘德平编《刘鹗及〈老残游记〉资料》,四川人民出版社,1985,第568页。
③ 苏葆华:《回忆贞观先生二三事》,载刘德枢著、刘德符编《吾家家世》,2009,第124页。
④ 刘大绅:《〈儒宗心法〉引言》,载刘德隆、朱禧、刘德平编《刘鹗及〈老残游记〉资料》,四川人民出版社,1985,第559页。
⑤ 刘大绅:《〈儒宗心法〉引言》,载刘德隆、朱禧、刘德平编《刘鹗及〈老残游记〉资料》,四川人民出版社,1985,第560页。
⑥ 刘厚泽:《〈儒宗心法〉跋》,载刘德隆、朱禧、刘德平编《刘鹗及〈老残游记〉资料》,四川人民出版社,1985,第567页。

（2）《贞观学易》

《贞观学易》是刘大绅易学研究的首部著作，是其研读以往各家易学著作的心得体会。全书分为四卷，后有一半散失，据说仅是原著的第一卷和第四卷。[①] 据刘大绅自言，此书分为两部分，即"人衍稿""地衍稿"各一编，"天衍稿"则未能完成，"人衍稿卦序遵传世屯蒙需讼之次，所以童生成也，人道也，王道也。地衍稿卦序遵吾宗兑离震巽之次，所以童修习也，地道也，圣道也。而两稿之要解曰用九天，然不可以为首也，用亦利永贞也"[②]。

自刘大绅从郑安香处得到《周氏遗书》之后，开始涉猎易学，随着钻研的不断深入，其于1942年左右着手撰写《贞观学易》。经过多年的潜心研习，刘大绅发现太谷学派易学中的不显传之秘："近年我于《易》，知每卦皆有隐象藏于爻辞，如乾隐中孚，曾以告汝，此实山中密义，口口相传者也。……呜呼！其精至此，非吾宗之圣师，孰能发此二千年不传之秘。若非天恩得山中心传，我又焉能解此？"[③]"极数之变，学问便生极卦之变事理便穷；极形之变，万物便成。"[④]

刘大绅通过自己亲身经历，揭示了太谷学派易学难以领悟和掌握的特点，正如其所云：

> 吾家世世治《易》，先王父子恕公萃毕生精力于此，而曾无一字遗留，学于何人不得知矣。先父铁云公过庭之余，又从真州李龙川光昕（炘）先生学《易》。李先生得之于石埭周太谷星垣先生，周先生则又秉承明永乐时周子之传，其为《易》，非梁邱施孟之语，亦非河洛图书之术，自有其从来，非生晚者能详。而予性既愚鲁，又少孤客早，未冠以前，奉严命负笈于泰州蒋龙溪文田、海陵黄归群葆年两先生之门。两先生皆龙川高弟，然予实无一语之得。既冠以后，念《易》为世业所寄，不敢抛荒饥躯之余，取王弼注《易》读之，更参以昔所闻于大人者，并证之于《周氏遗书》、朱吕两氏《传习录》，迄今垂四

---

① 苏葆华：《回忆贞观先生二三事》，载刘德枢著、刘德符编《吾家家世》，2009，第124页。

② 刘大绅：《贞观学易》，载方宝川主编《太谷学派遗书》（第三辑第五册），江苏广陵古籍刻印社，2001，第231—232页。

③ 刘大绅：《刘大绅论学书札四通》，载方宝川主编《太谷学派遗书》（第三辑第五册），江苏广陵古籍刻印社，2001，第2898页。

④ 刘大绅：《贞观学易》，载方宝川主编《太谷学派遗书》（第三辑第五册），江苏广陵古籍刻印社，2001，第248页。

十年，略觉有感于心。<sup>①</sup>

可见，刘大绅虽然自幼即受家传易学影响，后又师从黄葆年、蒋文田学易，但其对太谷学派易学的融会贯通则是自我体验和感悟的结果。

（3）《姑妄言之》（《周易曲成》）

《姑妄言之》又名《周易曲成》，先由刘大绅撰写其中的十五卦，后由刘惠孙续纂而成全部六十四卦。运用"由言求象，由象求《易》"的言象结合的方法，解绎《易》理。

《双心书屋闲谈》《姑妄言之》指出"诗为易之外传"，"诗经之微言，象也"，学诗"皆以修身为本"的观点。太谷学派的易学思想，代有传人，从周太谷至李光炘，再传至刘大绅，世世相递，有着独到的见地，自成一家之说，为太谷学派思想之纲目。

1951年秋至1953年夏，刘大绅开始撰写《姑妄言之》，其在自序中言："自辛卯（1951年）之秋，迁来湖上，穷居索处，形类行尸。而衰病之增，日进无已。自念数十年辛勤所学，将随此身以同没，未免可惜。因就笔所能达者，力疾日写少许。自壬辰（1952年）之夏，迄至癸巳（1953年）之夏，一年之久，始成一帙。"由于刘大绅体弱多病、视力严重下降，写作难以为继，只完成其中的十五卦，且由太谷同门陆观立加以抄录整理。刘大绅对自己无力完成著述不无遗憾地表示："复自检视，则不能达诣者，比比也。病目衰人，其力已竭，不能再改。或是或非，或存或亡，付之于天，不省计矣。"<sup>②</sup>

此书为刘大绅对太谷学派易学的阐发之作，其之所以取名《姑妄言之》，主要原因就是其对太谷学派易学并非得自黄葆年亲传，而是自我体验的结果，故其在卷首《发端》中作出解释："且自秦汉以来，二三千年间，言《易》者，誉之，固皆一家之言，非之则又熟非妄语。是则吾亦姑妄言之云尔。以吾为是者，不妨姑妄听之，而自反身求证；则吾之妄言，或亦有不妄者在；吾言虽妄不妄矣。吾学《易》五十年，无所得而有所得矣。因以此意着之于首，以为发端云。"<sup>③</sup>这并非刘大绅的自谦之语，而是太谷学派易学与众不同、自成体系，"学易五十年，谓全无所得，欺人也。

---

① 刘大绅：《贞观学易》，载方宝川主编《太谷学派遗书》（第三辑第五册），江苏广陵古籍刻印社，2001，第230—231页。

② 刘大绅：《〈姑妄言之〉自序》，载方宝川主编《太谷学派遗书》（第三辑第五册），江苏广陵古籍刻印社，2001，第2557页。

③ 刘大绅：《姑妄言之》，载方宝川主编《太谷学派遗书》（第三辑第五册），江苏广陵古籍刻印社，2001，第2562页。

谓真有所得，亦欺人也。何以言之？则吾语多与人异；谓无所得者，能如是耶？不能也"[1]。故其明确表示："《易》之不传也久矣，非不传也，不敢传也，不显传也。"[2] 刘蕙孙亦赞同刘大绅对自己是否真正领会太谷学派易学的自信心不足，故命名为《姑安言之》，"先贞观先生所言则治《易》五十年之会心及太谷学派心传所述。先生不敢自信，故名其书曰《姑安言之》。今补缀所成，益不敢自信，固矣。然自思想史之角度言之，有此一思想体系，亦为客观之存在。一家之言耶？一得之愚耶？一念之妄耶？知我罪我，其惟君子，至具体变化之迹之方，宜于卦爻中求之"[3]。

刘大绅去世时，遗嘱其子刘蕙孙续纂完成，"易簀时，我未在侧，遗嘱门弟子陆观立君令我异日续成"[4]。此书稿在"文革"中一度被抄，后归还刘蕙孙。1981年，刘蕙孙遵其父遗嘱续成全部六十四卦，由于担心原书名"易惑所闻"，故取义《系辞》"曲成万物而不遗"，将书名改为《周易曲成》，"以纪先生此稿演《易》方法之富而敬录原序及'发端'以明先生之旨焉"[5]。刘蕙孙能够完成续作的原因，是其母罗孝则1941年去世后，其父刘大绅开始向其传授周太谷的"易学"，使其得以掌握太谷学派及刘大绅易学思想的主要内涵，"大父因为述周太谷先生星垣《易传》，由是一新向义，悟《易》之见仁见知"[6]。

《周易曲成》最早有福建师范学院历史系1984年1月油印本，全分为六册，封面题有"贞观老人遗著，男蕙孙续成"字样。[7] 此书曾作为礼品，呈送给当年5月在武汉大学召开的中国《周易》学术讨论会，被著名学者萧萐父赞为"两代学者继承发展清代太谷学派《易学》思想的呕心之作"[8]。2006年，台湾的学易斋出版了《周易曲成》（上下册），将其作为《易学研究丛书》第4种，不过作者则改为刘蕙孙编著。[9]2007年，天津古籍出版社又将此书改名为《刘蕙孙〈周易〉讲义》出版，但是封面则注明原名

---

① 刘大绅：《姑安言之》，载方宝川主编《太谷学派遗书》（第三辑第五册），江苏广陵古籍刻印社，2001，第2561页。

② 刘大绅：《〈姑安言之〉自叙》，载方宝川主编《太谷学派遗书》（第三辑第一册），江苏广陵古籍刻印社，2001，第229页。

③ 刘蕙孙：《刘蕙孙〈周易〉讲义》"引言"，天津古籍出版社，2007，第8页。

④ 刘蕙孙：《铁云先生年谱长编》，齐鲁书社，1982，第21页。

⑤ 刘蕙孙：《周易曲成》"引言"，载贞观老人遗著、刘蕙孙续《周易曲成》，福建师范学院历史系油印本，1982，第2—3页。

⑥ 刘厚滋：《易学象数别论初衍》，《中德学志》第5卷第1—2期（1943年），第125页。

⑦ 贞观老人遗著、刘蕙孙续：《周易曲成》，福建师范学院历史系油印本，1982。

⑧ 萧萐父：《中国〈周易〉学术讨论会开幕词》，《吹沙集》，巴蜀书社，1991，第187页。

⑨ 刘蕙孙编著：《周易曲成》（上下册），学易斋（台北），2006。

为《周易曲成》。①

此书各版本的书名虽然大相径庭，但是内容基本相同，为"治《易》数十年之心得与太谷之学微言之质言也"②。此书分为十四章，即发端、说乾、说坤、说屯、说蒙、说需、说讼、说同人、说观、说习坎、说艮、说丰、说中孚和结言。刘大绅主要通过乾、坤、屯、蒙等卦来解易，"今后将坤、屯、蒙、需、讼、同人、观、习坎、艮、丰、中孚诸卦，略述修身之理，以为学易者之参考焉。其他创用则一概从略，至其言是否则在于见者。蒙庄曰此亦一是否，孰又知其为是为非哉，所以为姑妄言之也"③。刘大绅在此书中揭示了太谷学派易学解读和修行的独特路径，"古人之学，一是以修身为本，儒行千言万语，不离修身，《易》则为其成。《易》之象即儒经之象；儒经之象即《易》之解。知此，可以学《易》，不然，徒劳也。徒成为文字之儒耳"④。此书多体现太谷学派易学的独到理解，正如刘大绅所言：

> 学《易》必读《诗》，《诗》为《易》之外传；学《易》必读《礼》，《礼》为《易》之轨范；学《易》必读《论语》，《论语》为《易》之用；《春秋》（非《左传》）为《易》之时；《尚书》为《易》之迹；乐律、时历则《易》之验也；《尔雅》《周礼》为读《易》文字、制度之参证。此外自秦汉以来，一切言《易》之书，皆自言其言，非《易》也。《诗》，同声相应也。《二南》，乾南、离南也。十二风，十二月也。齿，闰也。《礼》，同气相求也。《月令》其纲领，各篇视、听、言、动之条目也；《论语》每篇皆有一卦为之主。《学而》，兑也。《为政》，暌也。《春秋》二百四十二年，四十二卦用爻之数及一日夜之十二时，子午各多一分也。春王正月，先甲后甲也；庚申获麟，先庚后庚也。知此可以学易，不然虽皓首穷经不能得也。⑤

刘大绅认为秦汉以来的周易之书都是作者自说自话，不能反映易之本

---

① 刘蕙孙：《刘蕙孙〈周易〉讲义》，天津古籍出版社，2007。

② 刘蕙孙：《刘蕙孙〈周易〉讲义》"引言"，天津古籍出版社，2007，第2页。

③ 刘大绅：《姑妄言之》，载方宝川主编《太谷学派遗书》（第三辑第五册），江苏广陵古籍刻印社，2001，第2627页。

④ 刘大绅：《姑妄言之结语》，载方宝川主编《太谷学派遗书》（第三辑第二册），江苏广陵古籍刻印社，2001，第2894页。

⑤ 刘大绅：《姑妄言之结语》，载方宝川主编《太谷学派遗书》（第三辑第二册），江苏广陵古籍刻印社，2001，第2891—2892页。

意，暗指只有太谷学派易学才是学术正宗。刘大绅指出，要真正领会太谷学派易学必须掌握《诗经》《论语》《春秋》《尚书》《尔雅》《周礼》等典籍以及乐律、时历等知识，否则个人即使皓首穷经也只能徒劳无功。可见，太谷学派易学与传统周易存在一定区别，故刘大绅与马一浮交流时，曾出现学术观点的重大分歧，甚至认为马氏不懂易学。①

刘大绅的易学解读是否有牵强附会之处暂且不论，但是基本做到了象辞符合、逻辑严密，这也得到许多学者的肯定。黄寿祺曾以《姑妄言之》第十三"说中孚"为例，认为："姑且不管这样解释中孚之取象有无穿凿附会之处，但象辞相符，丝丝入扣，没有空放过一个字，是为事实。"②

（4）《易象童观》

《易象童观》是刘大绅对《周易》六十四卦象的诠释之作，其提出研习易学必须由观象入手。1951 年，刘大绅定居杭州后，其后辈亲戚苏葆华欲拜其为师学习《周易》，故其口述传学，形成此书，"今春晚戚苏葆华来，欲学易，坚请讲授。以余浅薄，何敢师人，但嘉其好学，因口述所知梗概，授其弟葆谷录于纸，历二月有余。而稿成，初非著书"③。

《易象童观》分为二卷，由刘大绅口述，苏葆谷（宝国）笔录而成。此书正文为《说卦象》，包括六十四卦。此外，还有"代序"并附录《易传》《太极图》《先后天图》《河洛》《文言》和《系辞》等六篇文论。

刘大绅认为《周易》作为儒家经典，因后人诠释著述繁多，反而让人无所适从，难以把握，"《易》非易读之书，然亦非难读之书。何以言之，则群言混淆，无所适从，故非易之。途经尚存，黾勉求之，故非难也"④。刘大绅并非以传统的义理、注疏、议论等方法诠释《周易》，而是立足卦象，"吾此稿专言象，于义用，仅偶及而已，亦不离象，非不言也"⑤。刘大绅释易的方法是由象入手，并辅以春秋《左传》的卜辞，这正是太谷学派的易学研习路径，也符合太谷学派的"自悟"之道，正如其在《〈易象童观〉代序》中所言：

① "他还和我谈《周易》，简直是一窍不通。"穆公：《我的外公刘季英》，载冯克力主编《老照片》（第 123 辑），山东画报出版社，2019，第 62 页。

② 黄寿祺：《〈易〉的思想内容的发展及〈易经〉和〈易传〉的关系》，载刘大钧总主编《〈周易〉经传》（3），上海科学技术文献出版社，2010，第 1182 页。

③ 刘大绅：《〈易象童观〉代序》，载方宝川主编《太谷学派遗书》（第三辑第二册），江苏广陵古籍刻印社，2001，第 600—602 页。

④ 刘大绅：《〈易象童观〉代序》，载方宝川主编《太谷学派遗书》（第三辑第二册），江苏广陵古籍刻印社，2001，第 603 页。

⑤ 刘大绅：《〈易象童观〉代序》，载方宝川主编《太谷学派遗书》（第三辑第二册），江苏广陵古籍刻印社，2001，第 612 页。

方吾之初读《易》也，信程朱之说，以为是义理之书，继知其非。又以《易》为言事功者，不能通。更以之为权谋，为术数，终且专从考据、训诂求之，徘徊迷途，几二十九年。至四十五岁，自知终无学《易》之望，欲弃难舍，遂尽屏诸家之言《易》之书，专读乾坤白文，前后无虑千数百过。初无求解之心，只是安其素习，自慰寂寥而已。某日之夕，读至"龙战于野，其血玄黄"二语，忽觉"其血玄黄"语似可解。掩卷凝思，顿悟坎为血卦，震为玄黄，盖言次卦水雷屯象也，不禁大喜欲狂。在此狂喜中，又忆大人昔日所谕，习《易》应从求象入手，及先生之言《左传》卜词，可佐习《易》，不知当日何以忘却，不遵父师所训诲，致数十年心力，虚耗于诸家注疏议论之间。……自此以后，迄今又二十一年，所孜孜以求者，惟就象解辞，玩辞观象而已。虽无所得，而《易》之文辞，十六七可识矣。①

此书是刘大绅阐发太谷学派易学之作，多有独到见解，正如其所言："吾此稿多不以旧说为然，且几乎无人不诋，而所用者，仍多旧说，非自相矛盾乎？其实不然，吾所非者，非其读易之法。所诋者，诋其持说之锢。"②

（5）《四目研几》

《四目研几》一卷，是刘大绅探究易卦的著作，主要探讨"四象"和"六用"，"故四与六为《易》用之大本。四者，象也，故曰四象。六者，用也，故曰用六"③。因刘大绅将周易六十四卦分为四目，故名《四目研几》。不过，此书并非全本，其中除第一目的十六卦完整外，第二目仅存九卦，而第三目和第四目的三十六卦则全部缺失。推究其中的原因，或是刘大绅并未完成全书，或是书稿完成后因故散失。

刘大绅在此书中主要探讨象与数之间的变化关系及其计算方法，"夫《易》有四象，三实而一虚，错综而旁通其情，扩而推之。虽亿万倍四千余卦，二万余爻，不能尽也。……四分六十四卦，得十六卦者四，每十六卦为一目，更四分之。每目得四卦者四，每四卦为一组，交互迭代，错综

---

① 刘大绅：《〈易象童观〉代序》，载方宝川主编《太谷学派丛书》（第三辑第二册），江苏广陵古籍刻印社，2001，第602—603页。

② 刘大绅：《〈易象童观〉代序》，载方宝川主编《太谷学派遗书》（第三辑第二册），江苏广陵古籍刻印社，2001，第612页。

③ 刘大绅：《四目研几》，载方宝川主编《太谷学派遗书》（第三辑第四册），江苏广陵古籍刻印社，2001，第1920—1921页。

旁通，可以变为十六式。去其同者，实为十二式，每式之差甚微"[1]。每式由三实一虚之卦构成，每象则是五实一虚之卦组成，"故每式又分为四项，三实而一虚。十六式则为十二实而四虚，虚者同也，见一卦之用。详其象者，又为五实而一虚，故曰参伍错综。参者，三实也。伍者，五实也。错而见其情，旁通显于用，故四与六为易用之大本"[2]。例如，四象和六用可以用数学公式表达，即甲∶乙＝丙∶丁。以象卦为例，则为家人∶睽＝解∶X。[3]

（6）《盲人论象》

《盲人论象》简称《论象》，一卷，是刘大绅论述《周易》象辞之作。此书刘大绅1953年完成于杭州双心书屋。[4]

刘大绅认为个人习易如同盲人以手摸象，"象，固然庞然大物，有目者皆能见也。若使盲人言之，则不得以手，以手代目，得象之股也。象如柱也，得象之耳，四象如扇。得象之牙，四象如刀也。得象之尾，四象如拂也，皆四象而又皆是象也。……以吾自知为盲人，本不识象，何辩为群，盲所是之象，更为吾所名，亦不能辩。吾惟自象其象而已"[5]。故其将此书命名为《盲人论象》。

刘大绅在此书中阐述由求象入手研习易学的理论与方法，正是其对易学的独特理解，"乾为气，无形无象无用，惟运而已，故曰天行健。昏晓之际。日未出草，弥望青蒙，其象似之，故名四乾。说文，乾从日从竹从气，故推衍其象而为天为命"[6]。

（7）《学易私说》

《学易私说》为刘大绅论述《周易》之作，是《反求室杂稿》之一。1947年，刘大绅于天津完成此文。1948年，由其自行铅印数百册[7]，分赠

① 刘大绅：《四目研几》，载方宝川主编《太谷学派遗书》（第三辑第四册），江苏广陵古籍刻印社，2001，第1918—1919页。

② 刘大绅：《四目研几》，载方宝川主编《太谷学派遗书》（第三辑第四册），江苏广陵古籍刻印社，2001，第1920页。

③ 刘大绅：《四目研几》，载方宝川主编《太谷学派遗书》（第三辑第四册），江苏广陵古籍刻印社，2001，第1921—1923页。

④ 《〈盲人论象〉识》作于1953年，刘大绅落款为"癸巳秋七月盲叟识"。刘大绅：《〈盲人论象〉识》，载方宝川主编《太谷学派遗书》（第三辑第三册），江苏广陵古籍刻印社，2001，第1381页。

⑤ 刘大绅：《〈盲人论象〉识》，载方宝川主编《太谷学派遗书》（第三辑第三册），江苏广陵古籍刻印社，2001，第1379页。

⑥ 刘大绅：《盲人论象》，载方宝川主编《太谷学派遗书》（第三辑第三册），江苏广陵古籍刻印社，2001，第1382页。

⑦ 刘季英：《学易私说》，载朱松龄《家学拾零》，2019，第85页。

亲友，但传世不多，现仅有太谷学派后人苏宝国留存一册。[①] 目前，此文现已收入朱松龄所编《家学拾零》。[②]

《学易私说》分为六篇，即《说易源》《说读易》《说卦序》《说卦名》《说卦用》和《说卦数》，另有刘大绅的自序、自跋和再跋。

刘大绅明确表示撰写此文的目的就是传承太谷学派易学，"今为权谋，惟太谷继羲文周孔于濂洛关闽之后，发五千年未发之秘，传之于黄崖龙川，再传于归群龙溪，今也则无其人矣，予学易近五十年，昕夕求之，尚无所获，故述旧闻，先人之语，俾世间同志，共识坦途，而不入于附会文字权谋之歧，则易或有终明之一日欤"[③]。刘大绅解释自己作此文的目的，就是《周易》奥妙无穷，难以理解，"《易》之为书也，至矣尽矣，蔑以加矣，天地之蕴，万物之赜，修身之奥，居世之方，无不包括于中，其流为权谋术数，及杂家之用者，不与焉。然而人之读者，每难其解，则以未反求诸身也，故不能知易之原始，不见其变化，不辨其情性，故明《易》必自修身始"[④]。显然，刘大绅认为太谷学派兼具老彭之学，并非权谋术数、杂家之用，而是传统儒家修身养性的功夫，"儒曰修身，彭曰修行，老曰修道，其语虽殊，其事虽异，然而其初所见者则同，故阳明曰，未画以前原有卦。又曰，二氏之学皆备于我者，此也"[⑤]。

刘大绅认为周太谷的《易大象传》阐发了《周易》中的微言大义，此书与孔子的《系辞》、朱熹的《周易本易》可以相互参看，"周太谷先生之《易大象传》，言简而意赅，精微尽在乎象辞之内，此二书均与易相表裏，读《易》者，不可不熟读而深思之也"[⑥]。此书还反映了刘大绅对张积中习数九卦的传承，即所谓"黄崖心传"[⑦]，"张石琴先生曰：里贤之言，近如地，远如天，其难知夫，难知，将遂不知乎。……又张石琴先生曰：明道非难，实得为难，实得非难，修德为难，诚信修持，始终不懈，惟德动天，自天佑之，未有不开悟者也，此说似虚而至实，似泛而至切，千古圣贤，皆本乎此，宜慎思之"[⑧]。显然，刘大绅的易学思想直接传承了周太谷、张

---

① 苏葆华：《回忆贞观先生二三事》，载刘德枢著、刘德符编《吾家家世》，2009，第125页。
② 刘季英：《学易私说》，载朱松龄《家学拾零》，2019，第85—98页。
③ 刘季英：《〈学易私说〉再跋言》，载朱松龄《家学拾零》，2019，第97页。
④ 刘季英：《〈学易私说〉再跋》，载朱松龄《家学拾零》，2019，第85页。
⑤ 刘季英：《〈学易私说〉再跋》，载朱松龄《家学拾零》，2019，第85页。
⑥ 刘季英：《〈学易私说〉再跋言》，载朱松龄《家学拾零》，2019，第89页。
⑦ "黄崖心传"即习数九卦，包括豫、小畜、夬、损、恒、咸、噬嗑、贲和兑。刘季英：《〈学易私说〉再跋》，载朱松龄《家学拾零》，2019，第97页。
⑧ 刘季英：《〈学易私说〉再跋》，载朱松龄《家学拾零》，2019，第95页。

积中的秘传之学，故其有诗云："象外圜中总是天，两间精秘几人传。崆峒礼乐礼存世，法乳黄崖一脉延。"①

（8）《此中人语》

《此中人语》是刘大绅研读《周易》的个人札记，其在此书原稿中题有《反求室杂稿》（四）。②1952 年，此书完成于杭州，全书分为上下两卷，其中上卷为刘氏手稿，下卷则是由苏宝国笔录其口述。

刘大绅在此书中论述《周易》六十四卦卦序的变化规律及其理论基础，其特点就是以四卦一双为序，探讨前后对卦的符号变化。具体而言，将《周易》的六十四卦通过相互错位，即位置变化、次序变动，最终演变为十六卦，"八八六十四卦，三体相错，各得三卦，此三卦即原卦生死倚伏之机，阴阳消长之迹，言变化与发用，舍此无根机。八八六十四卦，共错得十六卦，十六卦再错得四卦，为卦之终始，而卦之变化亦尽于此矣"③。"六十四卦，三体相错，总数虽有乙（一）百九十二卦，然乙（一）百九十二卦，实际只是十六卦之位置变化，次序上下而已。十六卦再错，亦只是四卦之位置变化，次序上下而已。"④仅列表说明如下⑤：

| 原卦 | 上错 | 中错 | 下错 | 十六卦 | 四卦 |
|---|---|---|---|---|---|
| 乾 | 乾 | 乾 | 乾 | 乾 | 乾 |
| 坤 | 坤 | 坤 | 坤 | 坤 | 坤 |
| 屯 | 蹇 | 剥 | 复 | | |
| 蒙 | 剥 | 复 | 解 | | |
| 需 | 既济 | 睽 | 夬 | | |
| 讼 | 姤 | 家人 | 未济 | | |
| 下略 | | | | | |

刘大绅在此书中明确提出，"读《易》无他秘要，只是勿畏难三字"⑥。他还总结自己的学易经验在于"观"和"玩"："学《易》之道颇多，吾所验，捷而且效者，无过观玩。观，观卦也。玩，玩辞也。观卦见象，玩辞

---

① 刘季英：《〈学易私说〉再跋言》，载朱松龄《家学拾零》，2019，第 97 页。
② 方宝川主编《太谷学派遗书》（第三辑第一册），江苏广陵古籍刻印社，2001，第 81 页。
③ 刘大绅：《〈此中人语〉自序》，载方宝川主编《太谷学派遗书》（第三辑第一册），江苏广陵古籍刻印社，2001，第 113—114 页。
④ 刘大绅：《〈此中人语〉自序》，载方宝川主编《太谷学派遗书》（第三辑第一册），江苏广陵古籍刻印社，2001，第 120—121 页。
⑤ 刘大绅：《此中人语》，载方宝川主编《太谷学派遗书》（第三辑第一册），江苏广陵古籍刻印社，2001，第 114 页。
⑥ 刘大绅：《〈此中人语〉自序》，载方宝川主编《太谷学派遗书》（第三辑第一册），江苏广陵古籍刻印社，2001，第 81 页。

验微，其应如响。观玩之微，七日见小效，期月见大效，三年有所成观法。"① 太谷学派易学特点就是"观"和"玩"，"观卦之法，古今所传不同，最古在掌，始于离坎，故孔子曰其始示诸斯乎？指其掌。太谷曰：掌斯视世，内艮而外离。掌斯言也，内艮而外兑。黄崖曰：目不离手，阅开机走。后世则不尽如是，或以意，或以图，或以收，或以书，有终身谨用一卦者，如明贤之专用，既潜或未潜是也"②。基于此，刘大绅认为，太谷学派属于传统儒学的非显传之学，"归藏本乎天，连山本乎地。归藏习观，其主卦在离，而用兑止艮。连山习闻，其主卦在坎，而用震入巽，此《易》止两大门径，不传者数千年矣，微太谷与黄崖孰能知之"③？故太谷学派易学与传统儒学诠释有着一定区别：

> 《朱子本义》为少作，语多失措，其秘旨全在卷首九图，除卦图外兼及河洛、太极，均为观玩而设。周子太极五行图，亦属此事。吾宗所传，卦数而外，兼有梅实九畴两图。梅实出自复卦，九畴则八卦增中也。更有说文一百一十八字，虚声三十六字，均为不读《易》者而设，说文由离始，虚声由坎始，虽不言《易》，仍未出于《易》也。又佛家之六妙门，道家之五十五数图，以及佛氏各宗之观想，虽所重均在观，然与吾所记于此者，纯异其趣，事亦不同，学人慎勿误会，妄以彼法试此，以自取祸患。慎之慎之。即吾所记，其程功亦各各不同，成就亦大异，熟读经文及《儒宗心法》，自能获得究竟方法也。④

刘大绅所习易学为太谷学派的"强诚"之学，"太谷述秋浦之言，曰强诚之学。夫强诚之学，肇于神农，成于黄帝。春秋唯端木氏最精，汉有良勃，唐有青乌，明有铁冠，此虽圣人之末学，得之可以安身，可以立命，可以前知祸福，可以前知生死，后之君子慎勿轻语匪人，故黄崖、龙川严禁轻传，归群、龙溪秘而不传也"⑤。强诚之学是性命双修之学，"秋浦言强

---

① 刘大绅：《此中人语》，载方宝川主编《太谷学派遗书》（第三辑第一册），江苏广陵古籍刻印社，2001，第87—88页。

② 刘大绅：《此中人语》，载方宝川主编《太谷学派遗书》（第三辑第一册），江苏广陵古籍刻印社，2001，第89页。

③ 刘大绅：《此中人语》，载方宝川主编《太谷学派遗书》（第三辑第一册），江苏广陵古籍刻印社，2001，第152页。

④ 刘大绅：《此中人语》，载方宝川主编《太谷学派遗书》（第三辑第一册），江苏广陵古籍刻印社，2001，第90—91页。

⑤ 刘大绅：《此中人语》，载方宝川主编《太谷学派遗书》（第三辑第一册），江苏广陵古籍刻印社，2001，第100页。

诚,太谷言视听言动,皆合性命而双修者也"①。这也是一种"中人"之学,"太谷传秋浦强诚之学,为中人以下有志者而设。强诚自视听入易,自言动入难。动近于视,言近乎听,故强诚有耳目之分,于卦耳诚习坎,目诚继离。故近取诸身,反求诸身,反身而诚,明四目,达四聪,格物致知,戒慎乎不睹,恐惧乎不闻。求放心,养浩然之气,诸语皆是此也。又耳目之效,增于见闻,言动之效,他心可通,由此至彼,由彼亦可至此,四者之事虽殊,结果实同,所以均为强诚也"②。

"中人"之学又名"困学"③,是儒者安身立命和修身养性之学,亦是太谷学派"入圣超凡"的必然路径,"儒者之事,安身立命而已。其学只是修身,修身之要,不过视听言动。上智生而知之,闻言立诚,入圣超凡,中人学而知之。颜子四非,毕其能事。中人以下,困而知之,勉强而行之,积功累德以获之。微有懈怠,立丧所得"④。

强诚之学显然属于民间儒学的范畴,正如刘大绅的论述:"自东汉王莽禁《易》,《易》即失传于文人学士之间,凡著书言《易》者,皆不知《易》者也。《易》惟隐于草野耳,故欲学《易》,不从草野间求师,只有苦读经爻象象之爻,当能得其大概也。"⑤太谷学派易学则是对强诚之学的传承和发展,"黄崖述太谷之言曰书久亡矣。洛非洛也,信夫今之洛书,河图之体,而行为洪范九畴之用者也,实范也,非书也,其数与行"⑥。强诚之学同时亦是秘传之学,"太谷名世,传秋浦强诚之学,《易》绝复续。强诚者,耳目之事,儒曰困学,于卦为坎离。坎思聪,闻不闻也;离思明,见不见也。经有微言,玩索可证。予幸借先人余荫,附太谷再传归群龙溪之门,上承黄崖秘教,得验习践履,闻所未闻,见所未见。因念近日传学无人,虽有遗书,不易研读,故札记所知,不限于《易》,而以《易》为主。语虽简短不文,然通天秘钥实藏此中。见吾稿者慎勿存小儒之见,以

① 刘大绅:《〈此中人语〉自序》,载方宝川主编《太谷学派遗书》(第三辑第一册),江苏广陵古籍刻印社,2001,第111页。
② 刘大绅:《此中人语》,载方宝川主编《太谷学派遗书》(第三辑第一册),江苏广陵古籍刻印社,2001,第98—99页。
③ 周太谷:《周氏遗书》,载方宝川主编《太谷学派遗书》(第一辑第一册),江苏广陵古籍刻印社,1997,第605—606页。
④ 刘大绅:《此中人语》,载方宝川主编《太谷学派遗书》(第三辑第一册),江苏广陵古籍刻印社,2001,第98—99页。
⑤ 刘大绅:《〈此中人语〉自序》,载方宝川主编《太谷学派遗书》(第三辑第一册),江苏广陵古籍刻印社,2001,第181页。
⑥ 刘大绅:《此中人语》,载方宝川主编《太谷学派遗书》(第三辑第一册),江苏广陵古籍刻印社,2001,第149页。

其说异而非之。倘因此而有获，更愿慎秘，勿轻语匪人，以致罪愆也"①。

(9)《双心书屋闲谈》

《双心书屋闲谈》简称《闲谈》，一卷，是刘大绅研读《周易》《论语》等儒家经典的札记。此书以刘大绅在杭州的书屋命名，正如其言："心何以有双？曰：块然而肉者，一心也。思之所往，不知纪极者，又一心也。心既二矣，焉得不双，以之名屋，所以识此心之放也。放心之言，焉得有真，其是非惟闲人能辨之。所谓此亦一是非，彼亦一是非也。吾执其圜中，以应云穷。故名之曰《双心书屋闲谈》。"②

刘大绅在此书中强调太谷学派易学是一种秘传之学，"《诗经》之微言，象也"，"《诗》为《易》之外传"，学诗"皆以修身为本"③。刘大绅对归群草堂时期的太谷学派易学多有记载，尤其是黄葆年、蒋文田、谢逢源等龙川弟子对李光炘易学思想的回顾："求学之难，不在无见闻，在有见闻而不能见闻。忆昔闻先生言，月之圆寸乎口诀，时之子妙在心传，多年不能解。偶忆龙川语录曰：'平旦之气，在易为屯，释氏以日譬无明，月譬知慧，是为月降日升，草昧未开之象，清夜之气在易为蒙。'道家谓月之圆，存乎口诀，时之子妙在心传，是为日降月升，天道下济之候，始恍然大悟。盖言梦回时情景也。于人心，晴不交，不能成眠。"④"昔闻谢石溪先生述龙川语云：恍子惚，其中有象，是日魂。惚发于魄，魄来就魂，是哉生明，魄生魄虚，故其中有象。"⑤

此书对周太谷、张积中、李光炘等人的传学内容多有反映，揭示太谷学派对传统儒学的独特理解。例如，周太谷对"巧言令色"的解释，"孔子曰：妙言令色，鲜矣仁。此语人人童而读之，长而不能解也。太谷曰：巧言鲜信，令色鲜忠，则人皆读而解矣。忠信，仁之质也"⑥。再如，其认为《诗经》的本义就是色食，即是人的本性所在，"《诗经》之大义，色食

①　刘大绅：《〈此中人语〉自序》，载方宝川主编《太谷学派遗书》（第三辑第一册），江苏广陵古籍刻印社，2001，第82—83页。

②　刘大绅：《双心书屋闲谈》，载方宝川主编《太谷学派遗书》（第三辑第五册），江苏广陵古籍刻印社，2001，第2469页。

③　刘大绅：《双心书屋闲谈》，载方宝川主编《太谷学派遗书》（第三辑第五册），江苏广陵古籍刻印社，2001，第2476—2477页。

④　刘大绅：《双心书屋闲谈》，载方宝川主编《太谷学派遗书》（第三辑第五册），江苏广陵古籍刻印社，2001，第2502—2503页。

⑤　刘大绅：《双心书屋闲谈》，载方宝川主编《太谷学派遗书》（第三辑第五册），江苏广陵古籍刻印社，2001，第2507—2508页。

⑥　刘大绅：《双心书屋闲谈》，载方宝川主编《太谷学派遗书》（第三辑第五册），江苏广陵古籍刻印社，2001，第2481—2482页。

而已。国风以二南为宗，《周南》之首《关雎》，思慕女子，色也。自此以
下言男女之情，淫荡之私几，无一篇不是皆色也"①。刘大绅亦延续太谷学
派"老儒同源"的观点，"老与儒同源，儒出于经，老出于史。老之雌雄，
儒之阴阳也。老之黑白，儒之玄黄也。老之妙窍，儒之耳目也。老之玄牝，
儒之习坎也"②。

　　刘大绅的诠释同样体现出太谷学派传学民间化、通俗化的做法，采取
民众喜闻乐见、通俗易懂的方式，例如其以《西游记》阐释心学、理学，
"《西游记》，喻言也。孙行者，心也。心之所动，无远弗届，故孙行者一
筋斗云十万八千里，心无头上所住，不能成佛，故孙行者头上有一金箍，
即所以住其心也。应如是住，二生其心，故孙行者必须头戴金箍，脚踏实
地，一步一步走去，历尽八十一难，到得灵山，见得如来，方能成佛"③。
刘大绅诠释儒学亦采取太谷学派的"取譬"方法，如其对《论语》"刚毅
木讷近仁"的释义，"五脏之中，肝最难立，肝胆与邻，朋比相结，好勇
好色，故曰戒之在门，戒之在色，能戒则立矣。立则近仁，子曰：'刚毅
木讷近仁'，谓肝之立也"④。

　　（10）《乳华仙馆谈易》

　　《乳华仙馆谈易》一卷，是刘大绅对《周易》的"用象"之法的论述。
"何为用象，即上下分合颠倒，反正取用之象，《易》中处处皆是。一卦有
一卦之用象，一爻有一爻之用象，象虽同，取用不同，则义亦异。"⑤此书
是刘大绅数十年习易的一种认知经验，正如其对书名的解释："静坐默观，
月光作乳黄色，时闻异香，此非人世也。此境由习《易》而得，不可忘本，
述其《易》解者，名为《乳华仙馆谈易》。昔曾有一纯化此境曰：'深情蜜
意两相忘，莲子房中日月长。贻我宝珠圆径尺，乳华时叹夜来香。'盖写
实也。"⑥

---

① 刘大绅：《双心书屋闲谈》，载方宝川主编《太谷学派遗书》（第三辑第五册），江苏广陵
　古籍刻印社，2001，第 2475 页。
② 刘大绅：《双心书屋闲谈》，载方宝川主编《太谷学派遗书》（第三辑第五册），江苏广陵
　古籍刻印社，2001，第 2479—2480 页。
③ 刘大绅：《双心书屋闲谈》，载方宝川主编《太谷学派遗书》（第三辑第五册），江苏广陵
　古籍刻印社，2001，第 2483—2384 页。
④ 刘大绅：《双心书屋闲谈》，载方宝川主编《太谷学派遗书》（第三辑第五册），江苏广陵
　古籍刻印社，2001，第 2499 页。
⑤ 刘大绅：《乳华仙馆谈易》，载方宝川主编《太谷学派遗书》（第三辑第三册），江苏广陵
　古籍刻印社，2001，第 1563—1564 页。
⑥ 刘大绅：《乳华仙馆谈易》，载方宝川主编《太谷学派遗书》（第三辑第三册），江苏广陵
　古籍刻印社，2001，第 1561 页。

刘大绅认为《周易》之象分类甚多，且古今之人对象的理解皆有误，"昔人言易象者，不知覆象对象不能通，则以干支五行附会之。近人知覆象对象，而不知用象。象，声音之象，文字之象，语言之象。推衍之象不能通，则于昔人附会之外，又以先天后天，大象半象，野魂游魂等附会之，自谓能得二千余年之秘义。究其说，依然幽渺曲折，令人难解"[①]。阅读《周易》而不知"用"则等于白读，"读《易》不能用，徒逞口舌，不如不读。求用必先知义，知义必先解文。解文必先明象，明象必熟读说卦"[②]。"用象"则必须"明象"，这是读易的难点所在，"读《易》之难，在于解辞。解辞之难，在于明象。明象之难，在于求变。变有变卦变爻二说……变爻仍是变卦也"[③]。

刘大绅认为《周易》中的象即是数，"所谓数者，实别有其数，必与象相表里，而又别有其用"[④]。象与数密切相关，难以分隔，"《易》言象，不言数，然而数在象中，以象必有数也。此犹之范言数，不言象，象亦在数中，以数必有象也"[⑤]。理解《周易》之数即是用，也就是把握《周易》所蕴含的数学变化及其运算规律，"《易》之所谓数者，皆易用也，非言理也，数无理可言。数之变化，皆自然之象，不可以言理者也。此天地之秘籍，虽圣人亦又有所不知者是也。今日所言之数理，皆算术规律之一例"[⑥]。

（11）《春晖轩心痕残稿》

《春晖轩心痕残稿》一卷，为刘大绅诗作残编，由刘蕙孙辑录而成。此书原名为《存真草》，后以刘大绅退养苏州寓所"春晖轩"命名。[⑦]刘大绅自幼喜爱作诗，但并不注意保存，"少喜韵语，但信手拈来，随作随弃，未尝存稿"，四十岁后"始回忆录之手册，得数十首，实不及所作什一，

---

① 刘大绅：《乳华仙馆谈易》，载方宝川主编《太谷学派遗书》（第三辑第三册），江苏广陵古籍刻印社，2001，第 1563 页。

② 刘大绅：《乳华仙馆谈易》，载方宝川主编《太谷学派遗书》（第三辑第三册），江苏广陵古籍刻印社，2001，第 1577 页。

③ 刘大绅：《乳华仙馆谈易》，载方宝川主编《太谷学派遗书》（第三辑第三册），江苏广陵古籍刻印社，2001，第 1769 页。

④ 刘大绅：《乳华仙馆谈易》，载方宝川主编《太谷学派遗书》（第三辑第三册），江苏广陵古籍刻印社，2001，第 1794 页。

⑤ 刘大绅：《乳华仙馆谈易》，载方宝川主编《太谷学派遗书》（第三辑第三册），江苏广陵古籍刻印社，2001，第 1779 页。

⑥ 刘大绅：《乳华仙馆谈易》，载方宝川主编《太谷学派遗书》（第三辑第三册），江苏广陵古籍刻印社，2001，第 1782 页。

⑦ "傲苏寓清淮军能吏张靖达公树声古宅之梅花南檐之轩，春轩满室故也。"刘蕙孙：《〈春晖轩心痕残稿〉跋》，载刘大绅《春晖轩心痕残稿》，收入方宝川主编《太谷学派遗书》（第二辑第七册），江苏广陵古籍刻印社，1998，第 70 页。

后有作辄续录之"，收录约三四百首，改名为《春晖轩心痕剩稿》。① 刘大
绅去世后，诗稿由刘蕙孙收藏。"文革"中，诗稿被抄没，导致大量散佚，
仅留存寓居苏杭时所作诗作百余首。1982 年，刘蕙孙将之编为《春晖轩
心痕残稿》，抄送部分亲朋好友保存。

此书收录刘大绅晚年的悼亡忏情诗百余首，全书按系年编排，文末还
附录王国维《人间词话》卷首题诗《戏效季英甫作口号诗》一首以及刘蕙
孙所作《跋》文一则。

此书反映刘大绅晚年研习太谷圣功的感悟，正如其在《读书后》所咏：
"苍龙玄黄岂偶然，大还丹诀受当年……十指连心秘不传，端凝丰度想拳
拳"②，"拾得莲花一部经，莲花空际发奇馨。倘将移向莲溪种，应是匡庐一
彗星"③。刘大绅因此对张积中钦佩有加，作《读〈白石诗抄〉书后》给予
赞扬："学道新来学闭关，闭关只学看春峦。云容涤浅高低路，黛影依稀
远近山。曲曲回溪芳草外，丛丛杂树夕阳间。桃源今日花多少，白石峰高
特许攀。"④

（12）《论学书札四通》

《论学书札四通》是刘大绅与其子刘蕙孙讨论太谷学派学术的四封书
信。该书札大致写于 1950 年之后，是其寓居苏州时期研读太谷学派文献
的个人感悟。

1950 年，刘大绅从北京南下，寓居苏州，从黄葆年后裔借得《张氏
遗书》《白石山房语录》等多种太谷学派文献加以研读，甚至无暇回复刘
蕙孙，"近日又借来遗书五六种，更不暇写信"⑤。经过精心研读之后，刘大
绅发现这些文献中蕴含着太谷圣功中的诸多微言大义，其明确指出《白石
山房语录》"所言皆明显极重要"⑥。刘大绅从中探析出太谷学派与传统儒学
之间的学术渊源，例如其对《孟子·梁惠王上》中"尽心焉而已"句的把

① 刘大绅：《〈春晖轩心痕残稿〉跋》，《春晖轩心痕残稿》，载方宝川主编《太谷学派遗书》
　（第二辑第七册），江苏广陵古籍刻印社，1998，第 69 页。
② 刘大绅：《读书后》，《春晖轩心痕残稿》，载方宝川主编《太谷学派遗书》（第二辑第七
　册），江苏广陵古籍刻印社，1998，第 27 页。
③ 刘大绅：《近来吟》，《春晖轩心痕残稿》，载方宝川主编《太谷学派遗书》（第二辑第七
　册），江苏广陵古籍刻印社，1998，第 31 页。
④ 刘大绅：《读〈白石诗抄〉书后》，《春晖轩心痕残稿》，载方宝川主编《太谷学派遗书》
　（第二辑第七册），江苏广陵古籍刻印社，1998，第 28 页。
⑤ 刘大绅：《刘大绅论学书札四通》，载方宝川主编《太谷学派遗书》（第三辑第五册），江
　苏广陵古籍刻印社，2001，第 2905—2906 页。
⑥ 刘大绅：《刘大绅论学书札四通》，载方宝川主编《太谷学派遗书》（第三辑第五册），江
　苏广陵古籍刻印社，2001，第 2897 页。

握,"我最后谒师时,龙溪授我'尽心焉而已'一语,我亦近年始知其义,故我名吾宗之学为儒"①。尤其是其数十年无法参悟的"龙战于野,其血玄黄"句,通过阅读张积中著述得以解悟,"近年解得此二语后,于三圣遗书及五经四书,方大致知其所言。即汝之所知所修,亦本源于此"②。故其认为太谷学派作为儒学流派,虽然与佛道打着不同的招牌,但是修习功夫在本质上则是相通的,"古来圣贤所挂招牌,以及所谈千言万语,种种义理,与佛道两家所谈,皆是心息相依功夫。不过儒宗所言者,兼有义理在内;佛道两家所要,往往是信口胡说。除自然而然,水到渠成,心息相依外,无一理可讲"③。

刘大绅据此得以参透《周易》的许多奥义:"近年我于《易》,知每卦皆有隐象藏于爻辞,如乾隐中孚,此宝山中秘义,口口相传者也。至其何故如此? 我仅知原卦为体,隐象为用,譬如乾卦为明而信,中孚为信而明。"故其喜不自禁地向刘蕙孙表示:"昨日读《语录》后,晚间喜而不寐者久之。觉我读《易》数十年,虽所知非寻常人能及,然终是零零碎碎,不成片段。于《易》全体大用,始终不能了然。今得《语录》,于《易》之理用,已识过半。简单为汝言之,即从来说《易》者,皆云《周易》是演后天之象。今知此语,实是胡说。观乾隐中孚,离成乾用之象,可知《周易》是演先天之象,而隐后天之用于中也。"④

刘大绅借助这些文献,更是得以提升其太谷圣功的修行境界,"今日思之,我之所知,得门径于《张氏遗书》,得证明于《白石语录》"⑤。刘大绅的修行功夫因此得以精进,尤其是对太谷学派圣功秘诀"心息相依"的体悟,"黄崖、龙川之教,即自然心息相依矣。此自然之事,并非强作功夫也。能做到此境界,即是孟子养气之功夫。久而久之,纯熟以后,即能寂然不动,识神亦不能多作祟矣"⑥。

① 刘大绅:《刘大绅论学书札四通》,载方宝川主编《太谷学派遗书》(第三辑第五册),江苏广陵古籍刻印社,2001,第 2897—2898 页。
② 刘大绅:《刘大绅论学书札四通》,载方宝川主编《太谷学派遗书》(第三辑第五册),江苏广陵古籍刻印社,2001,第 2897 页。
③ 刘大绅:《刘大绅论学书札四通》,载方宝川主编《太谷学派遗书》(第三辑第五册),江苏广陵古籍刻印社,2001,第 2904 页。
④ 刘大绅:《刘大绅论学书札四通》,载方宝川主编《太谷学派遗书》(第三辑第五册),江苏广陵古籍刻印社,2001,第 2898—2899 页。
⑤ 刘大绅:《刘大绅论学书札四通》,载方宝川主编《太谷学派遗书》(第三辑第五册),江苏广陵古籍刻印社,2001,第 2898 页。
⑥ 刘大绅:《刘大绅论学书札四通》,载方宝川主编《太谷学派遗书》(第三辑第五册),江苏广陵古籍刻印社,2001,第 2903 页。

# 第七章　太谷学派文献的成就与局限

## 第一节　太谷学派文献的成就

### 一、突出的史料价值

太谷学派文献多为清代嘉庆朝至民国年间的著述，其中绝大多数为太谷学派弟子的手抄文本，由于他们对太谷"圣功"的虔诚和笃信，传抄内容少有故意改造或捏造的成分，因此更多地保存了太谷学派传承发展的历史真实和原始面貌。太谷学派著作具有一定的秘传性，其中的许多内容并不为当时的文献资料收录，故太谷学派文献能够在很大程度上弥补现存史料的不足和缺漏。

太谷学派文献在传播过程中多采取口授笔录、私下传抄的方式，一些主客观因素导致文本中出现讹、脱、衍、倒等诸多问题。考校、释读现存太谷学派文献，可以考证相关太谷学派著作的著录时间、内容真伪、版本版次等问题，校对、订补相关文字的讹脱错误，既为解读、诠释太谷学派著述的学术内涵提供可靠的依据，也为太谷学派文献的考据、校勘发挥重要作用。

太谷学派文献在传抄过程中，一般有多个版本存世，可以通过参照对比，进行相互校勘，纠正传世文献中的各种讹误，以期去芜存菁、正本清源，还原和再现太谷学派文献的本来面貌。目前，太谷学派文献主要分为三大系统，即"泰州本""苏州本"和"刘家本"，这使得许多太谷学派文献留存有多个版本。例如，《周氏遗书》现存有 5 个版本，《龙川先生诗抄》有 6 个版本，《张氏遗书》《白石山房语录》《观海山房追随录》《龙川弟子记》等至少有 2—3 个版本，黄葆年的《黄氏遗书》抄本的版本种类更多。通过不同版本之间的参看、比对，能够对太谷学派文献考镜源流、辨章学术。

太谷学派文献多为稿本、抄本，更是以门弟子的传抄本为主。其中，稿本撰写以草书、行书为主，抄本抄录则多为楷书，书画作品中还包括篆书、隶书等各种书写字体。著者和抄写者在书法上都表现出相当的水平，其中周太谷、李光炘、刘鹗、诸乃方、王瀣、钟泰等人都具有较高的书法造诣，尤其是李光炘的《雨窗杂录》，以及《刘鹗手批〈道德经〉》《刘鹗批注〈庄子〉》《王伯沆批点〈四书集注〉》《钟泰友朋书札》等太谷学派文献，不仅是极为珍贵的太谷学派文献，而且为中国近现代书法史研究提供了大量珍贵的原始史料。

利用太谷学派文献，可以对中国近现代的教育史、学术史、思想史等各方面做更为全面系统的研究，提高相关研究的深度和精度。

其一，太谷学派文献反映了近代中国民间儒学讲学的传播路径。

太谷学派采取民间私塾式的办学模式，讲学时采取师生问答的互动方式，教材使用太谷学派内部口传笔录的文献抄本。这些抄本中多有太谷学派各传山长讲学内容和学术研究的摘抄本和节抄本，体现了民间儒学教学的实用化、世俗化和通俗化的特点。例如，《痛心句》抄录了周太谷《周氏遗书》第四卷和第八卷的内容，《语录敬存》是对张积中、李光炘传学的七种语录的摘录，《黄氏遗书》为归群弟子对黄葆年口授内容的抄录，《归群草堂语录》是归群弟子解琅、韩国侨、刘龢、徐煦、张德广和黄氏之孙黄玉谋对归群草堂传学内容的记述，《归群草堂杂文》为归群弟子王雷夏对其师黄葆年《黄氏遗书》部分内容的摘抄，《记言》《杂录》则是归群弟子对《黄氏遗书》重要语录的抄录。这些摘抄本和节抄本的出现，就是将篇幅较长、内容复杂的太谷学派文献加以简单化、便捷化的操作，目的在于能够随身携带，时时备用，方便太谷学派门徒学习修行。例如，刘鹗终生随身携带自抄的《周氏遗书》，许多归群草堂的弟子将《记言》《杂录》等文献抄本密藏身边，随时阅读修习。刘大绅自研习太谷"圣功"后，其私抄的《周氏遗书》"虽颠沛流离，而一卷随身，终未当舍"①。

太谷学派文献作为太谷学派基本信息最重要的载体，是研究太谷学派的第一手资料，这是学术研究者必须依靠的最基本材料。依据太谷学派文献，太谷学派学术的生成、发展和衍变并不是简单发展的线性关系，而是具有历史性、阶段性和动态性的特征。根据对太谷学派文献数量和作者群的分析，太谷学派创始阶段是在周太谷庐山悟道和扬州传学时期，当时留

---

① 刘大绅：《〈易象童观〉代序》，载方宝川主编《太谷学派遗书》（第三辑第二册），江苏广陵古籍刻印社，2001，第600页。

存的文献仅为《周氏遗书》一种。太谷学派一传弟子时期，文献主要由张积中、李光炘撰写完成，不过黄崖事件导致太谷学派文献遭受重大损失，太谷学派的发展面临着方向性的重大抉择。随着李光炘率领太谷学派南宗进行学术性转向，太谷学派的宗教性逐渐淡化，民间儒学组织的属性则不断增强。太谷学派二传的龙川弟子，尤其是黄葆年、蒋文田、刘鹗、吴嘉善等人在文献撰写方面作出重要贡献，使得太谷学派南宗在太谷学派内部取得学术的话语权，最终实现太谷学派的南北合宗。

清末民初，随着黄葆年学术取向日益保守，在学术创新方面无法推陈出新，太谷学派的内生力量难以在文献著述方面取得突破，尤其是黄葆年去世后，李泰阶、黄仲素作为太谷学派的嫡系传人，只固守师说，难有新意，亦少有著述。民国年间，黄葆年先后吸纳王伯沆、钟泰、叶玉麟、吴庠等具有深厚儒学功底的门徒成为太谷学派三传弟子。他们不仅给太谷学派的学术传承补充了新鲜血液和新生力量，而且直接推动太谷学派文献在数量和质量上达到巅峰，无论是在传统儒学研究的广度和深度方面，还是学术文化的普及和推广方面，都对太谷学派的学术属性和学术地位产生重大影响。

其二，太谷学派文献折射出近代中国学术思想发展的演变轨迹。

太谷学派的传播与近代中国学术思想的发展变化存在着密切关系。太谷学派一直坚守民间讲学方式的基本路径，周太谷、李光炘一度将茶馆酒楼作为讲学的课堂，张积中甚至将整个黄崖山寨转变为"还道于北"的大讲舍。私塾式学堂一直是太谷学派学术传播的重要平台，太谷学派各传山长通过开设具有私塾性质的民间学堂，以期实现学术传承与学术研究的深度结合。周太谷在扬州城内开设继濂堂，张积中在山东黄崖山寨开办文学房，李光炘在江都创办龙川草堂，蒋文田在海陵开设龙溪草堂，黄葆年、蒋文田在苏州开办归群草堂，朱玉川在山东肥城设立养蒙堂，归群弟子章祖荫在姜堰白米镇开办张庄书院。此外，黄仲明、王焕章等归群弟子也在泰州创办私塾传学①。太谷学派创办的学堂在传统儒学的传播方面均产生很大的社会反响，即便是办学规模最小的张庄书院亦有相当的社会影响，正如论者所言："一时江苏高层次有识之士纷纷慕名而来，四面八方的门徒弟子争相投奔而至。地处偏僻、普普通通的张庄小村成为远近闻名的儒学

---

① 王星叔口述，胡曦雯、李秋整理：《姜堰的私塾与黄门学派》，载中国人民政治协商会议江苏省泰县委员会文史资料委员会编《泰县文史资料》（第七辑），泰县委员会文史资料委员会，1992，第136—137页。

研究中心"①。

民国时期，归群草堂虽然在太谷学派弟子的共同努力和维护下得以顽强生存，黄仲素在抗日烽火中甚至在泰州家中坚守学堂传学，但是私塾式讲学已经不合时宜，李泰阶、黄寿彭在延续太谷学派传统讲学路径的情况下，王伯沆、钟泰则转向利用公共场域的高等学府，刘赋芝甚至参与创办近代高等教育。

太谷学派文献是其学堂传学的重要教材，能充分反映太谷学派山长及其核心弟子的学术思想和学术旨趣。民国之前，太谷学派文献的作者以山长为主，他们在各自创办的学堂讲学中阐发个人的学术思想主张。周太谷的《周氏遗书》以易释儒，上承羲、文、周、孔之学，确立太谷"圣功"。张积中的《张氏遗书》《白石山房语录》等著述体现其以儒为宗、融汇佛道的基本特色，他以先秦儒家学说为本，对宋明理学以及佛道二门等各种学说加以批判和传承。李光炘的《龙川弟子记》《李氏遗书》等著述，一方面在理论上批判宋明理学的空疏，一方面则在实践中效仿泰州学派的儒学民间化的讲学路径，表现出"左派"王学的近代衍生。黄葆年、蒋文田在《黄氏遗书》《归群草堂语录》中高度关注太谷"圣功"与教养的关系问题，通过积极解决门徒的民生现实需求，扩大太谷学派的学术传播，进一步推进儒学民间化的发展，更多表现出儒学通俗化、世俗化的学术走向。李泰阶、黄寿彭虽然长期坚守太谷学派"教养天下"的基本路径，继续坚持民间儒学传播，但因时代、社会的剧烈变革及其学术吸引力的日趋淡化，其学术地位和社会影响逐渐下降。

其三，太谷学派文献反映出近代中国儒学学术内涵的调整趋向。

民国之前，太谷学派作为民间儒学组织，虽然其学术体系中有诸多佛道及民间文化的元素，但是一直以传统儒学为宗。《周氏遗书》在直接传承周敦颐理学的基础上，以《周易》《论语》《春秋》等儒家经典为其学术重点。由于周太谷授学时间太短，导致张积中、李光炘无法真正领会太谷"圣功"，在"能近取譬"方法的指引下，两人更多地借助佛道二氏的经典和理论，实现对太谷"圣功"的融会贯通，其外在形式上更多地表现出儒释道的融会贯通。正如李光炘对龙川弟子坦言："汝等以吾道皆太谷之所传与，非也。'"②事实上，张、李只是援佛道入儒，将一般民众无法理解的

① 曹学林:《拜谒一座孤独的墓》，载姜堰市政协学习文史委员会编《姜堰文史》(第十四辑)，2004，第39页。
② 谢逢源:《龙川夫子年谱》，载方宝川主编《太谷学派遗书》(第一辑第三册)，江苏广陵古籍刻印社，1997，第94页。

深奥学术内涵，尤其是人生观、世界观和方法论等，更多地以通俗化、形象化的方式表现出来。

从现存的太谷学派文献分析，张积中在这方面似乎比李光炘走得更远。张积中在传承周太谷学术的同时，开始关注《尚书》《四书》等儒学经典，先后撰写《张氏遗书》《张氏内注》等著作，同时还有《尚书释义》《春秋释义》《四书释义》《老子释义》《庄子释义》《关尹子释义》《〈参同契〉直指释义》等注解、点评著述，其中频繁征引的佛教典籍就有《金刚经》《楞严经》《圆觉经》《坛经》《心经》等，可见其佛学涉猎之广泛、功底之深厚。

李光炘虽然没有专门的佛道诠释著作，但是佛道理论在其传学中有明确体现，这与张积中的思想主张和具体做法并无二致。根据《龙川弟子记》《观海山房追随录》的记载，李光炘谙熟《性命圭旨》《周易参同契》等道教典籍中的修炼功夫。李光炘也表现出很强的圆融三教的特色，正如其言："《易》从天说到人，《春秋》从人说到天，一而二、二而一者也。欲知《归藏》，非读《华严经》不可。欲知《连山》，非读《道德经》不可。"① 显然，在李光炘眼中，儒释道的理论与典籍彼此相通、互为参照。

由于黄崖教案的影响，太谷学派南宗学术转向，更为注重对传统儒学的诠释和精研。李光炘通过批注《四书集注》，体现出对《大学》《孟子》《中庸》等著作的重视，同时《详注道德经》则表现出其对老庄之学的关注。黄葆年的《濂溪一滴》反映其对太谷"圣功"的承袭，《〈诗经〉读本》《〈礼记〉读本》等表明其对传统"六经"的喜好。黄葆年的著述表现出更多的儒学色彩，除了在《黄氏遗书》《归群草堂文课》等著述中可以见到其借用佛道概念对传统儒学的诠释外，黄氏著作多为对儒学经典著作的解读和阐释，大体分为三类，其一是对传统经典的选编读本，如《〈诗经〉读本》《〈书经〉读本》《〈礼记〉读本》等；其二是对古诗文的选编读本，如《古文存》《古文续存》《唐宋文存》《唐宋文续存》《唐宋文读本》《〈古诗源〉评选》《古诗存》《〈古诗存〉书后》《天籁集》《天籁续集》《天籁遗音》《大小谢诗钞》《八韵诗存》《书〈古源诗〉后》《〈古诗源〉评注》等；其三是科举制艺文，如《经义存疑》《四书文存》《九家试帖诗录》《归群草堂四书文》《归群草堂四书文续编》《归群草堂课艺》《归群文课》《归群草堂课艺拾遗》《归群草堂课艺续编》等，这些著作足以说明黄葆年的儒者身份以及太谷学派的儒学特色。

①　谢逢源：《龙川弟子记》，载方宝川主编《太谷学派遗书》（第一辑第三册），江苏广陵古籍刻印社，1997，第100页。

随着西方资本主义的入侵，清王朝面临空前危机和挑战，传统儒学逐渐衰败，经世思潮在嘉道时期得以广泛兴起，"道咸以降，学者尚承乾嘉之风，然其时政治风俗已渐变于昔，国势亦稍稍不振，士大夫有忧之而不知所出，乃或托于先秦西汉之学，以国变革一切，然颇不循国初及乾嘉诸老为学之成法"①。在近代中国西学东渐、国学衰落的总体背景下，民间儒学日趋活跃，太谷学派属于文化保守主义流派，始终从中国传统文化中寻找应对之策，"他们生活时代是清朝已过了鼎盛期，走在衰亡的道路上，内忧外患频仍，民生困窘，其中太谷学派也主动迎合这一社会思潮，从民间的、大众的视域对传统儒学作出一些新的调适，进行了儒学世俗化、大众化和通俗化的大胆尝试"②。

太谷学派选择传统儒学民间传播的方式加以应对：周太谷、张积中、李光炘希望从先秦儒学、宋明理学以及释道经典中找到答案；黄葆年著作中的重要内容之一就是科举制艺文，显然是其试图延续"学而优则仕"的传统士人路径，故其在苏州传学时能够吸纳相当数量的门弟子。可惜清政府很快废除科举制度，太谷学派的传学活动及其发展空间受到极大挤压，归群草堂的开办可谓生不逢时，黄葆年、蒋文田虽然坚守已经不合时宜的私塾式讲学模式，甚至对八股取士依然寄予幻想，但是故步自封、抱残守缺的思维角度和实践方式，应对太谷学派传播的日趋衰落也是有心无力、回天乏术。

民国时期尤其是五四运动前后，中国传统思想文化面临着西方学术的更加巨大冲击，刘大绅、王伯沆、钟泰、叶玉麟等希望从传统儒学中找寻挽救当时社会危局的学术资源和思想源泉，选择调和汉宋之学，采用传统儒学的义理、辞章和训诂的研究方法和学术路径。钟泰在《中国哲学史》中明确倡导"合汉宋为一"，叶玉麟在选注《国语》中亦言："方今文学凋敝，深暗世变，亟思补救之方，学者于训义章句，固不容忽；亦毋庸循经生积习，侈谈汉儒家法，转茫昧经旨也。"③叶玉麟身为太谷学人，又深得桐城古文派真传，并利用桐城派研究古文国故的重要阵地《青鹤》杂志公开治"经史之学"④，暗中传播太谷学派的学术思想。

刘大绅、钟泰虽曾留学日本，尤其是钟泰最初还是以理工科作为自己

① 王国维：《沈乙庵先生七十寿序》，《王国维文集》，线装书局，2009，第180页。
② 王汎森：《中国近代思想与学术的系谱》，河北教育出版社，2001，第51页。
③ 叶玉麟：《绪言》，载左丘明撰、叶玉麟选注《国语》，商务印书馆，2018，第11页。
④ 魏泉：《1930年代桐城派的存在与转型：以〈青鹤〉为中心的考察》，《安徽大学学报》（哲学社会科学版）2013年第5期，第60—68页。

学术专攻方向，但其最终选择传统儒学作为应对西学冲击的思想武器和文化资源。王伯沆、钟泰分别在东南大学、之江大学等高校任教，讲授传统儒学学术思想，体现了太谷学派对中华优秀传统文化的坚守，正如东南大学学子高明对王伯沆讲学回忆所言："我入学已在东南大学的时代，记得那时有许多学者故意丑诋中国文化，把中国文化说得一文不值，主张彻底地摧毁掉，办杂志大肆宣传，蔚成一时风气；惟有我们东南大学的师生屹然不摇，我们很理智地衡量，对于自己民族文化失掉信心的人，还能爱自己的国家吗？把自己民族文化的长处完全抹杀掉，把一些小缺点拼命地夸大，以偏概全这是公平的吗？这是合乎科学的吗？把所谓'新青年'都变成'洋迷'，甘心臣服于异族，这是国家民族之福吗？……我们的教授王伯沆先生（瀣）特别开了一门'四子书'的课，阐述中国文化里精微的'道'与'理'。"[1] 王伯沆因此被时人誉为"王四书"[2]。钟泰"通五经，为一代朴学大师"[3]，在之江大学国文系讲学时，以讲授传统儒学见长，正如论者所言："钟先生讲授经学、诸子和宋明理学，他以皮锡瑞的《经学通论》为课本，讲授经学通论，以赵顺孙的《四书纂疏》为课本讲授'四书'。钟先生的课简明扼要、条理清楚、深入浅出，学生易于理解。"[4] 钟泰被视为中国近代新儒家的同道[5]，故熊十力力邀其担任四川复性书院的主讲，"钟所任课程，有《礼记》《理学》诸目"[6]。

　　王伯沆、钟泰分别著有《王伯沆批点〈四书集注〉》《中国哲学史》《国学概论》等，在诠释传统儒学经典的过程中不着痕迹地传播太谷学派的学术观点，以期实现中国优秀传统学术文化的传承和发展，正如著名学者厉鼎煃所云："（王伯沆）先生又讲宋明理学，且述泰州学派（太谷学派）之旨趣。江宁卢君冀野，因掇拾以成文，揭之《东南论衡》《甲寅》及《东方杂志》。"[7] 王伯沆、钟泰还分别撰写《王伯沆批点〈淮南子〉》《王伯沆批注〈荀子〉》《荀注订补》《庄子发微》等著作，试图打破传统儒学与诸子

① 高明：《国立中央大学的传统精神》，载张鸿生《南大、南大》，南京大学出版社，2000，第13—14页。
② 周本淳：《王伯沆先生传略》，《文教资料》1982年第3、4期合刊，第57页。
③ 张仲蔚：《钟泰轶事》，载顾国华编《文坛杂忆初编》，上海书店出版社，1999，第175页。
④ 汇文、张鹏程：《回忆之大国文系一些往事》，载张鹏程、张鹏搏主编《之大往事》，浙江人民出版社，2010，第163页。
⑤ 何俊编《马一浮论学书信选读》，四川人民出版社，2020，第297—298页。
⑥ 张舜徽著、周国林点校：《壮议轩日记》，华中师范大学出版社，2018，第4页。
⑦ 厉鼎煃：《王冬饮先生亲炙记》，《附录》，页一，载王伯沆《王冬饮先生遗稿》，中华文化研究所（台北），1962。

之学的界限，拓展传统儒学的学术体系和内涵，以期应对国学日益式微的窘境。这些都反映太谷学派具有高度的文化自觉意识和强烈的文化保守主义倾向。

### 二、深厚的文化意蕴

太谷学派文献的生成、发展和衍变，不仅是一个学术文化现象，而且具有非常深厚的文化意蕴，主要表现为个人修行、人生理念和道德伦理等方面。

其一，太谷学派以"祈天永命""修身希贤"为根本宗旨。

"身命合德"是太谷学派独特的生命修养理论。周太谷通过对生命起源的直接体悟，对身命关系有着独特认识，"天之赋我曰命，父母赋我曰身，合德曰性。斯言也，亦可谓发孔孟未发之言"①。太谷学派将"身命合德"作为个人修行的一种方式，赋予一定的道德意义。张积中阐释"身命合德"理论时，借用道家的"刀圭"概念，即将太谷学派的修身方法与道教内丹修习方法融合起来，"夫妙中之窍，窍中之妙，则皆未易言也。何也？时之首，曰春。时之子，妙乎心传也。月之首，曰正。月之圆，存乎口诀也。心传、口诀非难得也，惟内外卦为难知也。卦，刀圭也。其内则正通也，其外则旁通也。得刀圭而正通之，斯可口口相传矣。得刀圭而旁通之，斯可心心相印矣。刀，庚申也，金也，重兑之形也。圭，戊巳也，土也，重艮之象也。乾金坤土，非艮兑无以妙窍之至，艮兑而乾坤之能事毕矣。故曰天之赋我曰命，父母赋我曰身，合德曰性"②。李光炘通过融汇儒释道三家的理论观点，对修习"身命合德"作出新的诠释，"道家重修身，谓有身而后有命；佛家重修命，谓有命而后有身；圣人教人身命合德，下学而上达也"③。黄葆年对"身命合德"的内涵作有进一步的阐发，"父母赋我曰身，下学其修身乎？天之赋我曰命，上达其至命乎？合德曰性，孟子曰君子所性仁义礼智根于心，其生色也，睟然见于面、盎于背"④。显然，黄氏还是承续传统儒家穷理尽性以至于命的基本道理。可见，太谷"圣功"

① 周太谷：《周氏遗书》，载方宝川主编《太谷学派遗书》（第一辑第一册），江苏广陵古籍刻印社，1997，第111页。

② 张积中：《张氏遗书》，载方宝川主编《太谷学派遗书》（第一辑第二册），江苏广陵古籍刻印社，1997，第239页。

③ 李光炘：《龙川弟子记》，载方宝川主编《太谷学派遗书》（第一辑第三册），江苏广陵古籍刻印社，1997，第186页。

④ 黄葆年：《黄氏遗书》，载方宝川主编《太谷学派遗书》（第一辑第四册），江苏广陵古籍刻印社，1997，第273页。

反映了普通民众敬畏生命、尊重生命、修养生命的强烈追求，体现其追求人与自然、人与社会之间和谐共处的美好意愿，事实上成为"太谷学派人生观中住世基本态度，实即儒家之本色"①。

太谷学派的生命观不仅体现着其对自然界宇宙万物的世界观，而且对其门弟子具有强烈的道德约束和规范诉求。太谷学派认为只有通过"立功立言立德"的修习路径，才能实现"希贤希圣希天"的"圣功"修行目标，最终达到"与天地合其德，与日月合其明"，即"祈天永命"的理想境界。太谷学派还将个人的"圣功"具体实践和传统儒学"三不朽"的理想境界结合起来，正如黄葆年所言："传曰太上有立德，其次有立功，其次有立言，是之谓不朽。不朽者不朽于万民之心，复不朽于万世之心也，不朽于万民之心，复不朽于万世之心。是故忘其身而身不亡，忘其家而家不亡，忘其国而国不亡，忘其天下而天下不可得而亡。"②太谷学派"修身希贤"的宗旨和目标，就是普通民众对传统儒家"内王外圣"的至高精神境界和实践目标的追求，"中国历史上立言—立德—立功'三不朽'的神圣资源，既是道德圣化的精神基础，亦是私人信仰的内在心性支撑，构成了私人信仰能够转成圣人意识的内在逻辑"③。"希圣希贤希天"对于绝大多数传统儒者虽然是难以企及的目标，但是太谷学派认为只要在"立功立言立德"中的任何一个方面做出相应的贡献，就能够实现"内王外圣"的至高境界，即所谓"人皆可以为尧舜"。太谷学派弟子在太谷"圣功"的指引下，根据各自的条件和能力，分别在教养民众、著书立说和个人修养方面有所建树，而太谷学派文献正体现着太谷学人对"立言"的追求，显然太谷学派希望普通民众以"进德修业"为精神追求和践行目标，实现"人可以在日常生活中通过自我努力而完善起来"④的人生理想境界。

其二，太谷学派以"内圣外王""教养天下"为重要目标。

太谷学派以传统儒学"内圣外王"作为社会理想，在理论上强调仁民爱众、养教结合，在实践中则是忧国忧民、养民为本，主动将"穷则独善其身，达则兼济天下"作为其社会责任，正如黄葆年强调所言："功莫大

---

① 刘厚滋：《张石琴与太谷学派》，《辅仁学志》第九卷第一期（1940 年 6 月）。

② 黄葆年：《黄氏遗书》，载方宝川主编《太谷学派遗书》（第一辑第四册），江苏广陵古籍刻印社，1997，第 435 页。

③ 李向平：《信仰、革命与权力秩序——中国宗教社会学研究》，上海人民出版社，2006，第 287 页。

④ ［美］杜维明：《儒家思想新论——创造性转化的自我》，江苏人民出版社，1996，第 14 页。

于教养"①。太谷学人尤其重视普通民众的民生问题，为此明确提出"圣功大纲，不外教养两途"，倡导行善积德，即以太谷"圣功"赈济社会、纾困解难。

周太谷在社会剧烈变革的历史进程中，对民间疾苦特别敏感和关心，曾经多次救济饱受水灾的难民，以期缓解民众饥荒。张积中在淮扬地区，不仅大量赈济灾民，而且提出利用黄河故道招集流民实行屯田的建议，甚至在黄崖山寨对"教养天下"的社会理想大胆进行"乌托邦式"试验。李光炘大力倡导"贫贱忧戚，君子所以修道也，君子修身故立命"②的修身理论，以兼济天下、纾难解困为己任，由于其乐善好施、毁家赈灾，最终导致身无余钱、家道败落。

无论是在龙川草堂，还是在归群草堂，太谷学人都遵循和贯彻"养而后教"的思想，努力解决前来求学者的基本饮食问题，使其乐于接受并践行太谷"圣功"。张积中"还道于北"时在山东各地广设商铺，刘鹗、程恩培等人则投身近代实业。刘鹗大力倡导经世致用，自觉将以养天下视为己任，致力于实业救国，"今日国之大病，在民失其养，各国以盘剥为宗，朝廷朘削为事，民不堪矣"③，成为太谷学派中投身"教养天下"最勤最力的门徒。龙川弟子、归群弟子中不乏为太谷学派呕心沥血、散尽家财之人，这在当时的社会上多有传闻，正如马一浮所云："闻李、黄之为教，弟子依之以居者甚众。或仕宦而禄入丰，则月俸巨款，或盈万金，款到，辄以分润贫困，隐然有均产意。"④李泰阶、黄仲素主持归群草堂时，虽然能力有限、财力不济，但依然尽其全力为前来听讲的门弟子提供食宿安排。此后，太谷学派弟子虽然在个人能力方面整体上存在不足，但都依然坚守着"兼济天下"的理想和信仰。

其三，太谷学派以"进德修业""亲师取友"为基本原则。

太谷学派重视个人的道德修行，希冀提升整个社会的道德水准。太谷学派虽然是传统儒学的支流，但是属于宋明理学范畴，这就意味着太谷学派的学术思想体系并没有偏离传统儒学的根本，以"修身、齐家、治国、平天下"作为个人道德修养的最高境界。事实上，太谷学派的道德修养符

---

① 黄葆年：《黄氏遗书》，载方宝川主编《太谷学派遗书》（第一辑第四册），江苏广陵古籍刻印社，1997，第273页。

② 李光炘：《龙川弟子记》，载方宝川主编《太谷学派遗书》（第一辑第三册），江苏广陵古籍刻印社，1997，第158页。

③ 刘鹗：《致黄葆年》，载刘德隆、朱禧、刘德平编《刘鹗与〈老残游记〉资料》，四川人民出版社，1985，第300页。

④ 马一浮：《马一浮全集》（第1册下语录），浙江古籍出版社，2013，第694页。

合传统儒学的伦理原则和道德规范，尤其是强调"进德修业""亲师取友"，正如朱玉川总结所云："进德修业者，学人之事也。亲师取友者，为学之本也。苟有师而不知亲，有友而不能取，其于进修何？其于己罪何？"①黄葆年认为周太谷"亲师取友"完全体现"孔孟之心"，即传统儒学的仁义道德，"或问周子重师友之意，其重也，奚如？曰周子之心孔孟之心也。亲师取友之意，事亲取从兄之意也。……孟子知孔子之心，故事亲从兄之实传。周子知孔孟之心，故亲师取友之意重。曰亲师取友之意与事亲从兄之意同乎？曰同也，有异焉。父兄，天而仁也。师友，人而天也。天而仁，则恩勤鞠育以恩为义矣。人而天，则责难陈善以义为恩矣。知事亲从兄然后可以为子。知亲师取友然后可以为人。师友者，天与我以贤父兄也。求则得之，舍则失之。得之则生，舍之则死。周子曰求人至难得者有于身，非师友则不可得也已，信夫"②。钟泰传承太谷学派"修业进德"的基本宗旨，其在东北讲学时，对学生的学识和德行修养有着明确要求，"钟先生讲《孟子》，宗宋明理学一派，要求我们不能只把书中的内容当作学问，而要通过学习提高自身的修养与品德"③。

面对嘉庆、道光时期的"礼崩乐坏"，太谷学派强调"尧舜之道孝弟而已矣，夫子之道忠恕而已矣"④，试图以传统儒学的"孝弟"理论，规范个人的道德伦理，以期挽救"礼乐"之颓势，这在太谷学派的训言中得到充分体现，其云："敬先进如伯叔，视同学如手足，有难全拯，有疑共释，有食分饱，互助不遗余力，有误全纠，闻过顿起戒心，从此同德同心，如同一家"⑤。张积中明确提出，个人只要做到父子有亲、君臣有义、长幼有序、夫妇有别，就可以成为值得信赖的朋友，即做到"朋友信之"，"父子有亲，则庶乎残其胜也。君臣有义，则庶乎杀其去也。长幼有序，则庶乎愤其惩也。夫妇有别，则庶乎欲其窒也。斯四者信之至也，而朋友有弗信者"⑥。李光炘继承周太谷的基本做法，大力倡导并践行"孝弟"之道，将

①　朱玉川：《阙题文之二十八》，《养蒙堂遗集》，载方宝川主编《太谷学派遗书》（第一辑第五册），江苏广陵古籍刻印社，1997，第 60 页。

②　黄葆年：《黄氏遗书》，载方宝川主编《太谷学派遗书》（第一辑第四册），江苏广陵古籍刻印社，1997，第 81—83 页。

③　宋姝：《钟泰先生印象》，载邴正主编《文风正盛：吉林省社会科学院（社科联）建院五十周年纪念文集》，吉林文史出版社，2008，第 29 页。

④　谢逢源：《龙川夫子年谱》，载方宝川主编《太谷学派遗书》（第一辑第三册），江苏广陵古籍刻印社，1997，第 52 页。

⑤　刘季英：《刘季英与太谷学派》，载朱松龄《家学拾零》，2019，第 67 页。

⑥　张积中：《张氏遗书》，载方宝川主编《太谷学派遗书》（第一辑第二册），江苏广陵古籍刻印社，1997，第 37 页。

"内敦孝友,外轻钱财"作为择友的重要标准①。黄葆年则将尧舜视为孝悌之典范,尧舜之道即是孝悌,"尧舜之道,孝弟而已矣。是故知孝然后知弟,知孝知弟然后知圣人"②。龙川草堂和归群草堂都悬挂着"尧舜之道孝弟而已矣,夫子之道忠恕而已矣"的楹联,将之作为太谷学人伦理道德和实践行为的基本准则。太谷学派高度重视"友道",将朋友之得失视为个人盛衰存亡的关键因素,正如李光炘总结所云:"太谷以朋友,后之学人得友者昌,失友者亡。"③黄葆年进一步阐发其师的观点,认为友情如同衣食需求,对于个人而言不可或缺,"君子之得友也,如饥得食,如寒得衣也。得一友而朝夕从之,不忧其少也。得众友而一德同志,不厌其多也"④。

太谷学派强调太谷学人通过个人的自我修养,确立全新的道德标杆,进而带动社会环境的整体净化和全体民众道德水准的普遍提升,正如王汎森总结所云:"太谷学派是一由中下层士大夫发动,以理学为主的社会运动……激起下层百姓遵行,是清季儒家在下层群众中引导社会道德的一种尝试"⑤。即便是张积中及太谷学派北宗被清政府斥责为所谓"邪教",其个人的道德修养仍然得到许多社会人士的肯定,谢兴尧就曾说过:"黄崖教会,形式虽为宗教,理论则仍儒学,教首张积中尤端方正直,道德甚高。"⑥许多归群弟子在接受太谷"圣功"的教诲之后也发生脱胎换骨式的变化,马一浮认为:"受其教者,辄有以自异于前,乡党称孝悌焉。"⑦因此,德国学者汉斯·库奈认为太谷学派在社会道德的倡导和践行方面具有很大影响,"从这些行动者的个人背景和联系角度来看,他们事实上是在恢复一个以儒家美德为基础的道德和精神秩序的保守努力显得特别有趣"⑧。

### 三、丰富的当代价值

太谷学派文献蕴含着独特的人文精神、文化追求和实践理念,直接反

---

① 谢逢源:《龙川夫子年谱》,载方宝川主编《太谷学派遗书》(第一辑第三册),江苏广陵古籍刻印社,1997,第61页。

② 黄葆年:《黄氏遗书》,载方宝川主编《太谷学派遗书》(第一辑第四册),江苏广陵古籍刻印社,1997,第121页。

③ 谢逢源:《龙川夫子年谱》,载方宝川主编《太谷学派遗书》(第一辑第三册),江苏广陵古籍刻印社,1997,第76页。

④ 黄葆年:《黄氏遗书》,载方宝川主编《太谷学派遗书》(第一辑第四册),江苏广陵古籍刻印社,1997,第213页。

⑤ 王汎森:《中国近代思想与学术的系谱》,河北教育出版社,2001,第70页。

⑥ 谢兴尧:《道咸时代北方的黄崖教》,《逸经》1936年第3期,第10页。

⑦ 马一浮:《马一浮全集》(第1册下语录),浙江古籍出版社,2013,第693页。

⑧ [德]汉斯·库奈:《太谷学派的教义和发展:儒学正统衰落时代的政治异端学派》,收入刘东主编《中国学术》(第16辑),商务印书馆,2004,第283页。

映着近代中国社会的百年变革，这对于正处于社会重大转型的当代中国无疑具有极其丰富的当代价值。

其一，太谷学派修业进德的理想和目标可以成为一种积极向上的精神追求。

太谷学派以"希贤希圣希天"为根本宗旨，以"立言立功立德"基本路径，以期实现传统儒学"穷则独善其身，达则兼济天下"的至高境界。当然，"立言立功立德"均非易事，故太谷学派将其分为由高到低三个层次，"太上立德，学之始也。次也立功，学之中也。次立言，学之终也。立德难而易，立言易而难，功则乘时而已矣。观《弟子入则孝》章，即斯义也"[1]。其实，这就是传统儒家文化中"内圣外王"的价值追求，尤其是将"修身、齐家、治国、平天下"的理念，自觉内化为中华民族文化的主体精神和价值追求。在内外交困的近代中国，太谷学派身处草根社会，尚且有教养天下、兼济天下的胸襟和气魄，并积极尝试、亲身实践，这是完全值得肯定的。

当今中国正在全力推进中华民族的伟大复兴并开展中国式社会主义现代化建设的伟大事业，这既需要中华民族全体作出集体努力和共同奋斗，又需要每个个体作出各自贡献。事实上只有实现个人的建功立业，才能汇聚成为集体的、民族的和国家的丰功伟业。从这一角度思考，当今中国需要我们通过对太谷学派"教养天下、兼济天下"思想作出现代诠释，以现代意识、客观态度、辩证视角和批判眼光挖掘其中积极合理的精神内涵和文化基因，通过创造性发展和创新性转换，为我国社会主义现代化建设事业提供精神支柱、文化资源和力量源泉。

其二，太谷学派的文化内涵能够成为中国传统优秀文化的有机组成部分。

依据马斯洛的需求理论分析，太谷学派的基本理论和主张可以满足近代民众的基本诉求，例如"祈天永命、生命合德"解决人的基本的生理需要和生存需求，"格物致知、转识成智"满足个人的认知需求和安全需要，"亲师取友"满足个人和集体对归属和爱的需要，"立言立功立德"满足自我实现的需要，"希贤希圣希天"满足个人的超越需要，这些需求既是普通民众的基本诉求，又是太谷学派弟子的修行目标和践行方向。可见，太谷学派作为区域性、民间性的学术文化组织，不仅能够满足普通民众对学术通俗化、世俗化的现实要求，而且符合民间大众对多元文化的主观愿望。

---

① 《龙川草堂书左右壁十则》，载佚名《杂录》页三，泰州图书馆藏抄本。

尤其是经历黄崖事件的巨大冲击后，太谷学派依然具有顽强的生命力和极强的应对力，得以继续传承和发展，足以反映其学术传承和文化内涵的合理性和适应性。

太谷学派作为近代民间儒学流派，具有学术上的非正统性、组织形态上的宗教性，虽然其在事实上并不具有反政府、反社会和反人类的特征，但是这些都不为近代中国社会上层和正统儒学所容，直接引发学术文化的冲突和对抗，不仅大量消耗有限的社会资源，而且影响到社会的和谐稳定。中国传统文化源远流长、体系宏大，尤其是文化构成具有多元性、多层次性和区域性，民间儒学能够传承和发展亦从一个侧面说明其具有内在的现实性、合理性和逻辑性，太谷学派作为近代中国草根文化的代表亦是如此，即其能够满足普通民众对学术文化的基本需求。任何时代和社会均需要一统的、主流的和核心的文化价值观，特别在当今弘扬社会主义核心价值观的背景下，我们更需要通过对中华优秀传统文化的传承和发展，构建社会主义核心文化，进而实现文化自信。

当今社会，对于非正统、非主流的民间草根文化，我们既不能不以为然、不闻不问，又不能谈虎色变、张皇失措，需要通过政府和社会适当的管控、引导，满足其内在的、合理的和正当的诉求，通过取其精华、去其糟粕，充分发挥其正能量和正功能，使之更好地与社会主义相适应，并使之成为构建和谐社会的重要力量。

其三，太谷学派的学术诉求需要引起当今社会的高度重视。

近代中国，清政府的统治出现重大危机。挽救民族危机、寻求社会出路，成为学术界的重大课题，经世思潮因此应运而生。太谷学派顺应时代要求，认为传统儒学"对社会失去其主导指引之力，既缺乏主动性，又充满无力感，故着手将儒家文献转化为类似宗教经典"①，从社会下层、普通民众的角度对传统儒学作出全新阐述。

太谷学派对传统儒学的诠释是一种民间化、通俗化和世俗化的做法，虽然其学术水准并不算高，但是能够满足普通民众对学术的通俗理解和基本需求，即在理论上追求"人皆可以为尧舜"，在实践中强调"百姓日用即道"。这说明普通民众对学术文化的要求并非博大精深、曲高和寡的"精英学术"，而是通俗易懂、浅尝辄止的"草根学术"，因为对于他们而言，解决其基本的民生问题和精神文化需求显得更为迫切和重要。

由于普通民众低层次的学术文化需求很难为社会上层和正统学术所重

① 王汎森：《中国近代思想与学术的系谱》，河北教育出版社，2001，第51页。

视和掌控，容易滋生一些不和谐、不安全和不稳定的因素。太谷学派虽然以传统儒家为宗，但是依然被视为儒学的"异化"而被边缘化，并被上层社会和正统儒学有意排斥并长期敌视。因此，民间学术文化诉求不能被长期忽视而置之不理，需要加以积极引导并主动满足其基本需求，使之成为构建和谐社会的有机组成部分。

在经济、社会快速发展的当今社会，尤其是随着网络大数据时代的到来，普通民众已经很难有时间和精力追逐、消化和吸收海量的"阳春白雪"式的学术文化，学术普及的"麦当劳化"亦应运而生，即学术作为一种"快餐"去满足"下里巴人"在文化、精神和信仰方面"快速""方便"的需求。满足普通民众的学术需求成为当今社会的现实问题，如果不加以引导和重视，放松学术这一重要阵地，就有可能让"有毒有害"的学术将广大民众席卷而去，从而出现各种不安全、不和谐的因素，进而动摇社会主义的群众基础，引发社会思潮的混乱，导致社会的动荡不安，因此当今中国必须加强马克思主义中国化理论对学术建设和学术传播的引导，尤其是通过大众化的科普方式，实现学术普及和传播，不断提升"精英学术"的通俗性和普及性，让普通民众接受并掌握深入浅出、简明易懂的最新学术成果，自觉自愿地与各种有害无益的学术观点作斗争，将中国特色社会主义学术思想深深扎根于民众之中。

## 第二节　太谷学派文献的局限

### 一、系统性存在缺憾

太谷学派文献现存数量虽有 350 多种，但由于时代环境和客观条件的限制，太谷学派文献的系统性、完整性还存在着一定的缺陷，这对理解太谷学派的学术体系的内涵及其边界等问题带来诸多困难。

依据现存太谷学派文献书目，其中佚失的文献就有 74 种，占总数的 21%，其中包括周太谷的《周氏遗书》"北本"、张积中的《白石山房文稿》《尚书释义》《春秋释义》《四书释义》《老子释义》《庄子释义》《关尹子释义》和《〈法华经〉评注》、李光炘的《龙川草堂文集》《龙川草堂诗集》、张积中、李光炘语录汇编《语录敬存》、汪全泰的《汪大竹先生诗集》、汪全德的《汪小竹遗集》《汪小竹先生遗集》《竹如意斋诗选》、金监的《金悛斋先生诗词集》、赵明湖的《客窗随笔》《赵明湖先生遗文》《赵明湖先生遗诗》、张春崖的《永春书屋稿》、吴载勋的《梦梦斋词航》、谢逢源的《拳石山人余稿》、虞淑美的《惜花吟馆诗草》等。

太谷学派佚失的文献不仅比例较高，而且具有极其重要的价值。例如，《周氏遗书》分为"南本"和"北本"，"北本"的缺失则使得学术界不能对两个版本进行比较研究，因此无法探析太谷学派南北二宗所传太谷"圣功"是否存在着一定差别，而这种差异性是否最终导致太谷学派南北二宗不同的学术取向和发展路径。由于黄崖事件，张积中散佚的著作数量较多，其中有《白石山房文稿》《尚书释义》《春秋释义》《四书释义》《老子释义》《庄子释义》《关尹子释义》和《〈法华经〉评注》等，多为对传统儒学和佛道经典的阐释著作，而这些佚失文献不仅对于理解黄崖传学的内容和性质有着重要作用，而且对理解和把握张积中儒学阐发中援引佛道的学术体系产生重大影响，显然这些著作既不是张积中现存文献能够涵盖和诠释的，也不是《山东军兴记略》《鹂砭轩质言》等相关记叙所能反映和说明的，更是直接影响到对黄崖传学中学术性和宗教性的区分，乃至于对太谷学派北宗所谓"邪教"性质的判定。

现存太谷学派文献以学术研究类和诗词集为主，书信、日记、年谱类文献留存则相对有限。太谷学派现存主要文献，虽然有助于把握太谷学派的学术体系以及太谷学人的个人活动，但是对于考察和厘清太谷学人的学术活动、人际关系和社会交往则存在诸多困难，尤其是《向往集》《真州李氏家集》《归群草堂函稿》《〈归群草堂函稿〉续篇》等相关文献的散失。例如，《向往集》包括汪大竹、汪小竹、张寄琴、潘小江和赵梦山等太谷学派一传弟子的著作，这些文献能够反映周太谷晚年在扬州传学的基本情况，此书的缺失则使得我们更多依靠谢逢源的《龙川夫子年谱》去了解相关情况，但是谢逢源的记载多有失真之处，其对周太谷的"神化"使得太谷学派更多带上神秘性和宗教性色彩，使其学术性无法彰显，进而影响到对其民间儒学组织性质的判断。再如，《真州李氏家集》包括李海山、李少平、李季平、李芷生和李念功等人的遗著，借此本可以厘清仪征李氏家族的谱系，但是此书的散佚则使得目前李芷生、李念功的身份及其与李光炘的关系依然成谜。又如，《归群草堂函稿》《〈归群草堂函稿〉续篇》是黄葆年、蒋文田与归群弟子之间的交往的信札，原本能够说明归群草堂内的师生关系、教学互动、学术研讨等问题，但这两种文献的缺失则使得学术界无法探究归群草堂讲学的真实情形和完整形态，乃至于各种不实之言满天飞，从而对黄葆年的儒者身份和传学性质的判断带来诸多障碍。

由于经济、社会的快速发展，加之历史间隔相对较长，太谷学派的文物、遗址、遗迹等物质文献保存并不尽如人意。例如，周太谷的继濂堂、李光炘的龙川草堂、龙川祠堂，黄葆年的泰州故居、苏州的归群草堂等遗址均已烟消云散而无法寻觅，这给系统性、整体性研究太谷学派带来诸多障碍。

### 二、学术性略显不足

明清以降，太谷学派与泰州学派、扬州学派，在时间上基本衔接，传播区域也具有相当的重合性，虽然它们都可以列入传统儒学的范畴，但因各自的学术发展路径不同，决定其学术水平存在着一定的差异。泰州学派突出正统儒学的民间化，着力落实儒学的实践性，即将传统儒学从经生专门之学转向"百姓日用即道"。扬州学派致力正统儒学的学术化，强化儒学研究的融会贯通。太谷学派作为民间儒学流派，在学术性、民间性和宗教性方面多有摇摆和调整，导致其学术性与泰州学派、扬州学派相比均有明显不足。

泰州学派由王艮创立，其代表人物有王襞、王栋、韩贞、颜钧、何心隐、李春芳、徐樾、罗汝芳、赵贞吉、李贽、林春、焦竑、耿定向、耿定理、耿定力、汤显祖、徐光启、袁宗道、袁宏道、袁中道等。泰州学派虽然是"非中心、非主流、非上层、非精英、非正统理学的话语"[①]，但是与社会上流与正统儒学的关系明显优于太谷学派，且不为官方所排斥和敌视。王艮的"百姓日用即道"、罗汝芳的"赤子良心"说，李贽的"童心"说在当时的学术界、思想界均产生重大影响，因此泰州学派的传播范围极广，遍及苏、浙、赣、皖等 10 多个省份，门徒则不可枚举。泰州学派的主要成员收录在《明儒学案》中的就有 27 人，《明史》所载者亦有 20 余人，足以反映其学术地位和社会影响，正如黄宗羲所言："阳明先生之学，有泰州、龙溪而风行天下"[②]。

泰州学派文献主要包括王艮的《王心斋先生全集》、王襞的《王东崖遗集》、韩贞的《韩乐吾集》、李贽的《初潭集》《焚书》《续焚书》《藏书》，何心隐的《四书究正注解》《聚和堂日新记》《何心隐集》等。此外，王艮及其传人大量辑录其讲学语录，有《天理良知说》《格物要旨》《王道论》《孝悌箴》《复初说》《明哲保身论》《均分草荡议》《乐学歌》《鳅鳝歌》《大成学歌》以及《安定书院讲学别言》等，尤其是《安丰乡约》，它是我国历史上最早的风俗启蒙乡约之一。泰州学派传人徐光启撰写《农政

---

①　陈来：《泰州学派开创民间儒学及其当代启示》，《江海学刊》2020 年第 1 期，第 47 页。
②　黄宗羲：《泰州学案·序》，《明儒学案》卷三十二，中华书局，1985，第 709 页。

全书》、翻译《几何原本》，在引进和传播西方科学技术方面作出突出贡献。由于泰州学派一直强调个人进德修业，具有很强的社会示范效应，推动区域社会民俗民风的改良，故王艮被后人视为"中国早期启蒙思潮的先驱者"，泰州学派则被誉为"中国封建社会后期第一个启蒙学派"①。

扬州学派作为乾嘉汉学的重要分支，虽然具有鲜明的地域性特色，但是在学术研究的深度和广度上均达到极高的水准，甚至代表着当时中国学术的最高水平。扬州学派主要代表人物王念孙、王引之、汪中、焦循、阮元等，均是各自所处时代的学术大师，正如梁启超所言："扬州一派，领袖人物是焦里堂循、汪容甫中，他们研究的范围，比较的广博。"② 李惇、任大椿、程晋芳、刘台拱、刘宝楠、刘恭冕、贾田祖、江德量、凌廷堪、秦恩复、钟怀、顾凤毛、罗士琳、凌曙、黄承吉、刘文淇、刘毓崧、刘寿曾等人则是当时学术界的翘楚，刘师培作为扬州学派的殿军人物亦是晚清民国时期的国学大师。这些人物在《清儒学案》和《清史稿》中多有记载，享有很高的学术声誉和社会影响。

据不完全统计，扬州学派文献数量至少在七八百种以上，其中多有学术经典著作。例如，王念孙、王引之父子擅长音韵、训诂，所作《广雅疏证》《读书杂志》《经义述闻》和《经传释词》，即"王氏四种"被公认为乾嘉学术的代表作。汪中融汇各科、疏明大例，作有《述学》《广陵通典》《大戴礼记正误》等著作。阮元善于归纳，勤于编撰，编著有《论语论仁论》《孟子论仁论》《诗书古训》《曾子注释》《十三经注疏校勘记》《畴人传》《揅经室集》《四库未收书目提要》等论著。焦循长于演绎，精研易学，作有《易章句》《易图略》《易通释》《周易补疏》《雕菰楼集》等著述。③总而言之，扬州学派在经学、史学、诸子、历算、词曲、戏剧、哲学、教育、训诂、校勘、编书、刻书以及自然科学研究等方面均作出重要贡献，故张舜徽先生云："余尝考论清代学术，以为吴学为最专，徽学最精，扬州之学最通。无吴、皖之专精，则清学不能盛；无扬州之通学，则清学不能大。……扬州诸儒，承二派以起，始由专精汇为通学，中正无弊，最为近之。"④

由于太谷学派的成员以中下层知识分子为主，通过对其学术渊源、学

---

① 侯外庐：《中国思想史纲》，中国青年出版社，1980，第 16—17 页。
② 梁启超：《中国近三百年学术史》，上海三联书店，2006，第 19 页。
③ 李帆：《刘师培与中西学术——以其中西交融之学和学术史研究为核心》，北京师范大学出版社，2003，第 30—33 页。
④ 张舜徽：《清代扬州学记》，上海人民出版社，1962，第 2 页。

术师承等方面的分析可知，太谷学派很难与正统儒学的学术精英进行频繁深入的互动交流。周太谷淮扬传学时，当时扬州学派学人多汇聚扬城，众多学者进行频繁深入的学术交流，但并未与太谷学派有密切接触。根据《龙川夫子年谱》记载，周太谷虽与汪中有过互动，但仅是孤证。张积中、李光炘在悟道过程中亦未与扬州学派学者有过深入的学术探讨，为了证道"圣功"反而与佛道中人多有交流。张积中、李光炘虽然得到当时张安保、孔宥函、熊龙沙、吴子序等传统士人的赞许，但这些人学术地位和学术水准相对较低，并不代表和反映当时学术精英圈的态度。此后，李光炘与陈三立有过交往，却招致社会上层人物的反对。黄葆年、蒋文田通过毛庆蕃、刘孚京等人，与陈三立、陈衍、陈师曾等学术名流有过联系，并且有一定的私交，却未能进入学术精英圈，无法开展深入的学术交流以大幅提升自身的学术水平。黄葆年曾被江苏巡抚陈其泰作为"耆儒硕彦"推荐给清政府，不过也不能说明官方对太谷学派学术水平的认可，因为陈氏的举荐完全源自时任江苏提学使毛庆蕃的暗中操作。基于此，《清儒学案》并没有将太谷学派作为独立学案加以列入，梁启超的《清代学术概论》及其与钱穆的同名之作《中国近三百年学术史》均没有提及太谷学派。

李泰阶、黄寿彭主持归群草堂时期，太谷学派传学日益式微，基本上依靠血缘、地缘关系进行传播，学术交流的范围更为狭隘，不仅自身的学术水平难以比肩太谷学派的诸多前辈，甚至不及后入师门的王瀣、钟泰、叶玉麟等太谷同门。正是因为王伯沆、钟泰、叶玉麟等人在入门之前就具备相当的学术造诣，且与文廷式、陈三立、俞明震、黄翔云、李瑞清、马其昶、柳诒徵、马一浮、熊十力、吴梅等学术名家早有交游，随着他们成为归群弟子，太谷学派的学术水平才得以大幅提升，使其民间儒家学派的属性名副其实。必须承认，王伯沆、钟泰虽然能够跻身近代中国一流学者的行列，《中国哲学史》《国学概论》《庄子发微》等著作也被视为学术名著，但是这在太谷学派中几乎是凤毛麟角，这一点甚至无法掩盖太谷学派在学术方面整体性的欠缺和不足。与泰州学派相比，太谷学派文献在数量上似乎占优，但是质量上则无法比肩，学术影响更是明显不及。与扬州学派相较，太谷学派文献及其学术水平更是难以企及。

### 三、流通性受到限制

太谷学派传学时，无论是以学堂为基地，还是以高等学府为平台，传道授业解惑均需要大量教材。太谷学派在私塾式学堂传学时，采取口耳相传的方式，教材形式为手抄笔录。例如，《张氏遗书》《白石山房语录》等文献就是对张积中黄崖传学口述内容的笔录。李光炘在龙川草堂讲学时，不仅让弟子抄录《周氏遗书》，而且让门徒笔录其讲学内容，最终形成《龙川弟子记》《观海山房追随录》等文献。黄葆年在苏州归群草堂讲学时，让归群弟子先后抄录大量太谷学派文献，其中包括《黄氏遗书》《归群草堂四书文》《归群草堂文集》《归群草堂四书文续编》《归群草堂语录》《归群草堂课艺》和《归群草堂课艺续编》等著述，成为归群草堂的专用教材。20世纪30年代，在张德广的组织发动下，归群弟子又抄录了一大批太谷学派遗书，编辑了《归群宝籍目录》《归群宝籍续集目录》。

不过，太谷学派文献多私藏且秘不示人，更多表现为收藏性、私密性，流通性、实用性则明显不足。黄葆年去世后，太谷学派遗书多藏于黄仲素、赵云楼等人手中，即便王伯沆、钟泰等归群弟子试图借阅转抄，也无法遂愿。张德广等人费尽心血编辑而成的《归群宝籍目录》亦长期秘藏于归群草堂而不示人，即便太谷学派门人也难得一窥，刘蕙孙对此感慨颇多，曾云："遗书厚滋家藏有一部，他以苏州张丈令贻所收最多，颇有意刊以行世而不得，致潜德不彰，慨夫！"① 钟泰作为归群弟子的中坚力量，直到1948年才从同门手中借得《归群宝籍目录》②。

晚清民初，太谷学派刊印仅征李氏家族的部分诗集，如李光炘的《龙川先生诗抄》、李光荣的《南园集》、李少平的《黄檗山人诗集》等，刘鹗也曾石印周太谷、张积中和李光炘等人的遗墨，吴载勋的《味陶轩集》由其子孙刊行，这些多为太谷学人的诗词集和书法作品，并非太谷学派讲学的教材。此外，汪全泰、汪全德、吴嘉善、吴荫培、吴义培、邓邦述等人也有不少著作刊印，不过多属诗文集、算学、文字学、图书目录类，其主要内容与太谷学派传学之间的关系并不密切，并不能真正反映太谷学派的学术内涵。当时，太谷学派正式刊印的讲学文本仅有毛庆蕃所著《古文学余》，但此书印数不多，在太谷学派内部只有少数骨干弟子收存，至于一般门徒只能传抄，即使归群弟子、毛氏内侄叶玉麟也无法亲见，故其在毛氏行状中对《古文学余》卷数的叙述出现讹误。

民国时期，王伯沆、钟泰在高校公开讲学，王伯沆依然坚持太谷学派"述而不作"，生前没有专著面世，钟泰则打破学派的一贯做法，将其授课讲义或研究心得公开出版，尤其是《国学书目举要》《中国哲学史》《国学

---

① 刘厚滋：《易学象数别论初衍》，《中德学志》第5卷第1—2期（1943年），第167—168页。

② 1948年11月14日，"午后赴伯宜家茶会，由眉翁借来批本《诗经》及马子彝借来《归群宝籍目录》"。钟泰：《钟泰日录》（上），上海古籍出版社，2021，第273页。

概论》《荀注订补》等著作在民国时期的大学和学术界流传较广。刘大绅虽未投身近代教育，但曾任商务印书馆的教材编辑，故其致力于太谷学派文献的刊行。20 世纪 30 年代以后，刘大绅及其家人先后刊印《龙川先生诗抄》《李氏遗书》《儒宗心法》等著作。正是在刘氏的努力之下，太谷学派文献得以在社会上流通，并初步解开其神秘面纱。囿于财力不足，刘氏家族刊印太谷学派文献的种类较少、数量有限、流通性不强，社会反响并不显著。不过，刘氏此举还是遭到以黄仲素为首的太谷学派多数弟子的反对，他们甚至要求将相关文献焚毁，这也说明作为太谷学派三传的归群弟子对学派文献的流传依然采取极其保守的态度。这一状况一直延续到中华人民共和国建立初期，归群草堂的詹姓弟子曾被迫将其抄录的太谷学派文献在苏州河道上销毁。根据《钟泰日录》的记载，钟泰在民国时期能够阅读的太谷学派文献只有《周氏遗书》《天籁集》等数种而已。直到 20 世纪50 年代，刘大绅"退休住在苏州，并得遍读太谷学派遗书的抄本"[1]。这些都说明，太谷学派文献的流通性相对狭窄，不仅无法在社会上实现广布，而且在太谷学派内部的流传亦多有限制。

---

[1]　刘蕙孙：《铁云先生年谱长编》，齐鲁书社，1982，第 21 页。

# 参考文献

## 一、稿抄本

周太谷：《周氏遗书》（抄本），南京图书馆藏。

周太谷：《周氏遗书》（抄本），浙江图书馆藏。

周太谷：《周氏遗书》（抄本），泰州图书馆藏。

周太谷：《周氏遗书》（抄本），仪征图书馆藏。

张积中：《张氏遗书》（抄本），泰州图书馆藏。

张积中：《张氏内注》（抄本），泰州图书馆藏。

张积中：《白石山房语录》（抄本），泰州图书馆藏。

张积中：《白石山房文抄》（抄本），泰州图书馆藏。

张积中：《白石山房诗集》（抄本），泰州图书馆藏。

张积中：《白石山房丛钞》（抄本），泰州图书馆藏。

张积中：《白石山房杂篇》（抄本），苏州图书馆藏。

张积中：《白石山房诗余》（抄本），苏州图书馆藏。

张积中：《白石山房四种》（抄本），苏州图书馆藏。

张积中：《〈参同契〉直指释义》（批校本），泰州图书馆藏。

张积中：《所见录》（抄本），泰州图书馆藏。

张积中：《随所得录》（抄本），泰州图书馆藏。

张积中：《浅碧山房词选》（抄本），泰州图书馆藏。

张积中：《璇玑洞书屋玄同集》（抄本），泰州图书馆藏。

李光炘：《李氏遗书》（抄本），泰州图书馆藏。

李光炘：《群玉山房诗抄》（抄本），泰州图书馆藏。

李光炘：《群玉山房诗抄》（抄本），扬州大学图书馆藏。

李光炘：《群玉山房诗抄续集》（抄本），泰州图书馆藏。

李光炘：《龙川弟子记》（抄本），泰州图书馆藏。

李光炘：《观海山房追随录》（抄本），泰州图书馆藏。

李光炘：《观海山房追随录》（抄本），苏州图书馆藏。

李光炘：《李龙川批注〈四书五经〉》（批校本），泰州图书馆藏。

李光炘：《雨窗杂录》（影印本），泰州图书馆藏。

李光炘著、张德广辑：《龙川太夫子遗著》（抄本），泰州图书馆藏。

汪全泰：《铁盂居士诗抄》（稿本），扬州图书馆藏。

汪全泰：《铁盂居士诗稿》（抄本），南京图书馆藏。

汪全泰：《潜虚翼》（抄本），泰州图书馆藏。

潘小江：《两间草堂诗抄》（稿本），国家图书馆藏。

潘小江：《两间草堂诗抄》（稿本），上海图书馆藏。

潘小江：《小江诗抄》（稿本），天津图书馆藏。

潘小江：《潘小江先生诗集》（抄本），苏州图书馆藏。

汪兰甫：《汪兰甫诗文集》（抄本），藏家私藏。

谢逢源：《拳石山人余稿》（抄本），苏州图书馆藏。

黄葆年：《黄氏遗书》（抄本），泰州图书馆藏。

黄葆年：《〈诗经〉读本》（抄本），泰州图书馆藏。

黄葆年：《〈书经〉读本》（抄本），泰州图书馆藏。

黄葆年：《〈礼记〉读本》（抄本），泰州图书馆藏。

黄葆年：《〈礼记〉读本》（抄本），苏州图书馆藏。

黄葆年：《古文存》（抄本），泰州图书馆藏。

黄葆年：《古文续存》（抄本），泰州图书馆藏。

黄葆年：《唐宋文存》（抄本），泰州图书馆藏。

黄葆年：《唐宋文续存》（抄本），泰州图书馆藏。

黄葆年：《唐宋文读本》（抄本），泰州图书馆藏。

黄葆年：《经义存疑》（抄本），泰州图书馆藏。

黄葆年：《书〈古源诗〉后》（抄本），泰州图书馆藏。

黄葆年：《大小谢诗钞》（抄本），泰州图书馆藏。

黄葆年：《归群文课》（抄本），泰州图书馆藏。

黄葆年：《〈古诗源〉批注》（抄本），泰州图书馆藏。

黄葆年：《古诗存》（抄本），泰州图书馆藏。

黄葆年：《古诗存》（抄本），苏州图书馆藏。

黄葆年：《〈古诗存〉书后》（抄本），泰州图书馆藏。

黄葆年：《天籁集》（抄本），泰州图书馆藏。

黄葆年：《天籁集》（抄本），苏州图书馆藏。

黄葆年：《天籁集》（抄本），扬州大学图书馆藏。

黄葆年:《天籁集》(抄本),苏州图书馆藏。

黄葆年:《天籁续集》(抄本),泰州图书馆藏。

黄葆年:《天籁遗音》(抄本),泰州图书馆藏。

黄葆年:《八韵诗存》(抄本),泰州图书馆藏。

黄葆年:《濂溪一滴》(抄本),泰州图书馆藏。

黄葆年:《濂溪一滴》(抄本),苏州图书馆藏。

黄葆年:《归群草堂四书文》(抄本),泰州图书馆藏。

黄葆年:《归群草堂文集》(抄本),泰州图书馆藏。

黄葆年:《归群草堂诗集》(抄本),苏州图书馆藏。

黄葆年等撰:《归群草堂菊花分咏诗》(抄本),泰州图书馆藏。

黄葆年等撰:《归群草堂菊花分咏诗》(抄本),苏州图书馆藏。

黄葆年纂修,李煜纂:《(光绪)朝城县志略》(光绪十七年稿本),国家图书馆藏。

蒋文田:《龙溪草堂文集》(抄本),泰州图书馆藏。

蒋文田:《〈龙溪草堂文集〉续集》(抄本),泰州图书馆藏。

蒋文田:《龙溪草堂诗集》(抄本),泰州图书馆藏。

蒋文田:《〈龙溪草堂诗集〉续编》(抄本),泰州图书馆藏。

谢逢源:《龙川夫子年谱》(抄本),泰州图书馆藏。

谢逢源:《龙川夫子年谱》(抄本),苏州图书馆藏。

毛庆蕃:《唐宋文读本》(抄本),苏州图书馆藏。

姚文馥:《兰言室文存》(稿本),国家图书馆藏。

姚文馥:《兰言室杂记》(稿本),国家图书馆藏。

姚文馥:《元懿遗集》(稿本),国家图书馆藏。

姚文馥:《朱方先民事略残编》(稿本),国家图书馆藏。

刘鹗:《刘鹗手批〈道德经〉》(批校本),泰州图书馆藏。

刘鹗:《刘鹗批注〈庄子〉》(批校本),刘厚泽原藏。

刘孚京:《求放心斋诗抄》(抄本),南京图书馆藏。

刘孚京:《求放心斋遗稿》(抄本),南京图书馆藏。

刘孚京:《绣岩诗存》(抄本),中国科学院图书馆藏。

邓邦述辑:《邓氏所藏善本书目》(抄本),南京图书馆藏。

李泰阶:《双桐书屋诗抄》(抄本),刘厚泽原藏。

李泰阶:《双桐书屋文录》(抄本),苏州图书馆藏。

黄寿彭:《远香书屋文稿》(抄本),苏州图书馆藏。

黄寿彭:《远香书屋诗抄》(抄本),苏州图书馆藏。

张德广:《归群宝籍目录》(抄本),苏州图书馆藏。

张德广:《〈归群宝籍目录〉续编》(抄本),苏州图书馆藏。

王宗炎汇,王海康清缮:《归群草堂杂文》(抄本),泰州图书馆藏。

黄葆年著,归群弟子摘抄:《记言》(抄本),泰州图书馆藏。

周太谷著,归群弟子抄录:《痛心句》(抄本),泰州图书馆藏。

佚名:《杂录》(抄本),泰州图书馆藏。

佚名:《杂录》(抄本),泰州图书馆藏。

## 二、刻本

汪全德:《竹素诗钞》(《蔗根集》本),扬州清美堂,道光十五年刻本。

汪全德:《竹素诗钞》(《蔗根集》本),道光十六年刻本。

汪全德:《崇睦山房词》(《归群词丛》本),嘉庆至同治年间随园三十种刻本。

汪全德:《崇睦山房词》(《七家词钞》本),上海图书集成印书局,光绪十八年随园三十六种铅印本。

汪全德:《崇睦山房词》(《七家词钞》本),上海图书集成印书局,光绪十五年随园三十八种铅印本。

汪全德:《崇睦山房词》(《七家词钞》本),勤裕堂,光绪十八年排印本。

汪全德:《崇睦山房词》(《七家词钞》本),上海图书集成局,光绪十八年刊本。

汪全德:《崇睦山房词》(《七家词钞》本),鸿文书局,宣统二年刻本。

汪全德:《崇睦山房词》(《国朝七家词选》本),光绪二十四年刻本。

李光荣:《南园集》,同治年间刻本。

张丙炎:《石樵先生遗集》,光绪十年刻本。

李光炘:《龙川先生诗抄》,光绪十四年刻本。

李少平:《黄檗山人诗集》,光绪十四年刻本。

刘鹗:《三省黄河全图》(《豫直鲁三省黄河图》),上海鸿文书局,光绪二十二年石印本。

刘鹗:《治河七说》,光绪年间刻本。

刘鹗:《历代黄河变迁图考》,袖海山房,光绪癸巳年石印本。

刘鹗:《弧角三术》,光绪年间石印本。

刘鹗:《勾股天元草》,光绪年间刻本。

刘鹗:《铁云藏龟》,光绪二十九年刘鹗自印本。

刘鹗：《铁云藏陶》，光绪年间刘鹗自印本。

刘鹗：《铁云藏印初集》，光绪三十年有正书局石印本。

刘鹗：《铁云藏印续编》，光绪年间抱残守缺斋钤印本。

刘鹗：《铁云藏封泥》，光绪甲辰抱残守缺斋石印本。

刘鹗：《十一弦馆琴谱》，光绪三十年刘鹗自刻本。

李光炘：《龙川先生诗抄》，民国二十二年铅印本。

李光炘：《龙川先生诗文补抄》，民国二十二年铅印本。

高尔庚：《井眉居诗抄》，民国十二年铅印本。

程恩培：《东瀛观兵纪事》，浙江官书局，光绪二十七年铅印本。

程恩培：《日本变法次第类考》，政学译社，光绪二十八年铅印本。

刘孚京：《南丰刘先生文集》，上海聚珍仿宋印书局，民国八年刻本。

邓邦述：《群碧楼书目初编》，宣统三年铅印本。

邓邦述：《群碧楼丛刊》，民国十年至十一年江宁邓氏刊本。

邓邦述：《汲古阁景钞南宋六十家集》，古书流通处，民国十一年至十二年影印本。

邓邦述：《群碧楼善本书录》，民国十七年邓氏家刻本。

邓邦述：《寒瘦山房鬻存善本书目》，民国十七年邓氏家刻本。

邓邦述：《六一消夏词和作》，民国十八年版。

邓邦述：《群碧楼自著书》，民国十九年刻本。

邓邦述：《群碧楼诗抄》，民国十九年刻本。

邓邦述：《沤梦词》，民国十九年刻本。

邓邦述：《缀玉吟》，民国十九年刻本。

邓邦述：《邓尚书年谱残稿》，邓氏群碧楼，民国年间版。

邓邦述：《邓氏家集四种》，民国二十一年邓氏刻本。

叶玉麟：《灵觊轩文钞》，民国二十二年铅印本。

叶玉麟：《灵觊轩诗文钞》，叶氏后人油印本。

叶玉麟：《白话译解〈孙子兵法〉》，上海广益书局，民国二十二年版。

叶玉麟：《评注〈经史百家杂钞〉》，上海广益书局，民国二十二年版。

叶玉麟：《三苏文》（选注），商务印书馆，民国二十三年版。

叶玉麟：《〈书经〉（选注)》，商务印书馆，民国二十三年版。

叶玉麟：《幼学故事琼林读本》，上海广益书局，民国二十三年版。

叶玉麟：《圈点评注袁文合笺》，大达图书供应社，民国二十四年版。

叶玉麟：《批注〈史记〉》，大达图书供应社，民国二十四年版。

叶玉麟：《白话译解〈韩非子〉》，上海广益书局，民国二十五年版。

叶玉麟:《清代四星使书牍》,上海广益书局,民国二十五年版。

叶玉麟:《详注〈白香词谱〉》,上海广益书局,民国二十五年版。

叶玉麟:《白话译解〈庄子〉》,上海广益书局,民国二十五年版。

叶玉麟:《详注历代闺秀文选》,大达图书供应社,民国二十五年版。

叶玉麟:《白话译解〈战国策〉》,大达图书供应社,民国二十五年版。

叶玉麟:《白话译解〈国语〉》,上海广益书局,民国二十五年版。

叶玉麟:《白话译解〈墨子〉》,上海广益书局,民国二十六年版。

叶玉麟:《白话译解〈老子道德经〉》,上海广益书局,民国三十六年版。

叶玉麟:《白话〈荀子〉读本》,上海广益书局,民国三十六年版。

叶玉麟:《再增幼学琼林》,上海广益书局,民国三十七年版。

王伯沆:《冬饮庐文稿》,收入南京市通志馆文献委员会编《南京文献》(第21号),南京市通志馆文献委员会,民国三十七年版。

王伯沆:《冬饮庐诗稿》,收入南京市通志馆文献委员会编《南京文献》(第21号),南京市通志馆文献委员会,民国三十七年版。

王伯沆:《冬饮庐词稿》,收入南京市通志馆文献委员会编《南京文献》(第21号),南京市通志馆文献委员会,民国三十七年版。

王伯沆:《冬饮庐藏书题记》,收入南京市通志馆文献委员会编《南京文献》(第21号),南京市通志馆文献委员会,民国三十七年版。

王伯沆:《冬饮庐遗诗》,江苏省立国学图书馆,民国三十七年版。

王伯沆:《王冬饮先生遗稿》,中华文化研究所(台北),1962。

王伯沆:《冬饮庐遗诗》,广陵书社,2003,影印本。

王伯沆:《前清四家词选》,广陵书社,2003,影印本。

王伯沆:《后四家词选》,广陵书社,2003,影印本。

王伯沆:《评点〈云起轩词〉》,广陵书社,2003,影印本。

王伯沆:《王伯沆批点〈杜甫诗〉》,广陵书社,2004,影印本。

王伯沆:《王伯沆批点〈淮南子〉》,广陵书社,2004,影印本。

王伯沆:《王伯沆批注〈荀子〉》,广陵书社,2004,影印本。

王伯沆:《王伯沆批点〈四书集注〉》,广陵书社,2004,影印本。

王伯沆:《王伯沆批校〈红楼梦〉》,广陵书社,2004,影印本。

钟泰:《国学书目举要》,江苏法政大学,民国十四年版。

钟泰:《中国哲学史》,商务印书馆,民国十八年版。

钟泰:《荀注订补》,商务印书馆,民国二十五年版。

钟泰:《国学概论》,中华书局,民国二十五年版。

钟泰：《庄子发微》，吉林师范学院印刷厂石印本，1963。

钟泰：《荀子词例举要》，成文出版社（台北），1977。

方宝川主编《太谷学派遗书》第一辑，江苏广陵古籍刻印社，1997。

方宝川主编《太谷学派遗书》第二辑，江苏广陵古籍刻印社，1998。

方宝川主编《太谷学派遗书》第三辑，江苏广陵古籍刻印社，2001。

## 三、史志档案

方浚颐等修，晏端书等纂：《（同治）续纂扬州府志》，光绪元年刻本。

王检心修：《（道光）重修仪征县志》，光绪十六年刻本。

马锡纯编《泰州乡土志》，光绪三十四年锦章书局石印本。

王贻牟修：《（光绪）续修泰州志稿》，1921。

谢延庚修，刘寿曾纂：《民国江都县续志》，刻本，1926。

金天翮：《皖志列传稿》，苏州利苏书社排印本，1936。

胡维藩修，卢福保纂：《（宣统）续纂泰州志》，扬州大学图书馆藏油印本。

郑辅东修，王贻牟纂：《续纂泰州志稿》，扬州大学图书馆藏抄本。

张焘：《津门杂记》，光绪十一年刻本。

徐珂：《清稗类钞》，商务印书馆，1916。

钱锡万编《姜堰乡土志》，文明书社石印本，1917。

曹允源、李根源纂：《（民国）吴县志》，苏州文新公司铅印本，1933。

曹允源：《吴县志》，文新书局，1933。

杨士骏：《山东通志》，上海商务书局，1934。

戴莲芬：《鹂砭轩质言》，上海大达图书供应社，1935。

吴式基等纂修：《朝城县乡土志》，成文出版社（台北），1961。

于宗潼纂：《福山县志稿》，成文出版社（台北），1968。

赵昶、贾铭恩等纂：《朝城县志续志》，成文出版社（台北），1968。

《清宣宗实录》，中华书局，1986，影印本。

《清文宗实录》，中华书局，1987，影印本。

单毓元等纂修：《民国泰县志稿》，收入中国地方志集成编撰委员会主编《中国地方志集成·江苏府县志辑》第 68 册，凤凰出版社，1991。

韩国钧、王贻牟主纂：《民国续纂泰州志稿》，收入中国地方志集成编撰委员会主编《中国地方志集成·江苏府县志辑》第 50 册，江苏古籍出版社，1991。

胡裕燕、万清选修：《光绪清河县志》，收入中国地方志集成编撰委员会主编《中国地方志集成·江苏府县志辑》第55辑，江苏古籍出版社，1991。

李起元、王连儒修：《民国长清县志》，成文出版社（台北），2001。

梁秉鲲等修，王丕煦等纂：《民国莱阳县志》，成文出版社（台北），2001。

刘锦藻：《清朝续文献通考》，浙江古籍出版社，2000。

江苏省仪征市地方志编纂委员会编《仪征市志》，江苏科学技术出版社，1994。

江苏省扬州市地方志编纂委员会编《扬州市志》，中国大百科全书出版社上海分社，1997。

《阎敬铭围剿黄崖山奏折》，中国第一历史档案馆藏《军机处录副奏折》（微缩胶卷），编号：03-166-18-645、03-166-8911-58。

邵亨豫：《奏为代揆恳请赏还已故山东临清直隶州知州张积功世职并准其近支承袭事》，中国第一历史档案馆藏《军机处录副奏折》（微缩胶卷），编号：04-01-12-0515-141。

《呈捐复山东候补知府吴载勋履历单》，中国第一历史档案馆藏《宫中朱批奏折》（微缩胶卷），编号：04-01-13-0305-049。

**四、著作**

徐珂：《清稗类钞》，商务印书馆，1915。

胡寄尘：《虞初近志》，上海广益书局，1919。

卢冀野：《酒边集》，上海会文堂新记书店，1934。

刘鹗：《老残游记》，人民文学出版社，1957。

中国史学会济南分会：《山东近代史资料》（第一分册），山东人民出版社，1957。

中国史学会：中国近代史资料丛刊《捻军》（四），上海人民出版社，1957。

朱寿朋：《光绪朝东华录》，中华书局，1958。

魏绍昌：《老残游记资料》，中华书局，1962。

费行简：《近代名人小传》，收入沈云龙主编《近代中国史料丛刊》（正编第8辑），文海出版社（台北），1966。

盛康辑：《皇朝经世文编续编》，收入沈云龙主编《近代中国史料丛刊》（正编第84辑），文海出版社（台北），1966。

张祖佑原辑，林绍年鉴订：《张惠肃公（制军）年谱》，收入沈云龙主编《近代中国史料丛刊》（正编第 631 册），文海出版社（台北），1966。

文廷式：《文芸阁先生全集》，收入沈云龙主编《近代中国史料丛刊》（续编第 132 册），文海出版社（台北），1966。

刘鹗：《铁云藏龟之余》，香港书店，1972。

赵尔巽等撰：《清史稿》，中华书局，1976—1977。

刘蕙孙：《铁云诗存》，齐鲁书社，1980。

蒋逸雪：《刘鹗年谱》，齐鲁书社，1981。

郭嵩焘：《郭嵩焘日记》（第一册），湖南人民出版社，1981。

张集馨著，杜春和整理：《道咸宦海见闻录》，中华书局，1981。

刘蕙孙：《铁云先生年谱长编》，齐鲁书社，1982。

崇彝：《道咸以来朝野杂记》，北京古籍出版社，1982。

包世臣：《艺舟双楫》，中国书店出版社，1983，影印本。

马叙伦：《石屋续沈》，上海书店，1984，影印本。

阮元：《揅经室集》，中华书局，1985。

刘德隆、朱禧、刘德平编《刘鹗及〈老残游记〉资料》，四川人民出版社，1985。

上海图书馆编《汪康年师友书札》（一），上海古籍出版，1986。

刘鹗：《铁云藏货》，中华书局，1986，影印本。

蔡冠洛：《清代七百名人传》，中国书店，1987。

钱仪吉等：《碑传合集》，上海书店出版社，1988。

翁同龢著，陈义杰整理：《翁同龢日记》，中华书局，1989。

陈辽：《刘鹗与〈老残游记〉》，中州古籍出版社，1989。

杨钟羲撰集，刘承干参校：《雪桥诗话》，北京古籍出版社，1989。

刘蕙孙：《中国文化史稿》，文化艺术出版社，1990。

卞孝萱等编《辛亥人物碑传集》，江苏古籍出版社，1991。

杨钟羲撰集，刘承干参校：《雪桥诗话续集》，北京古籍出版社，1991。

戴逸：《步入近代的历程》，辽宁大学出版社，1992。

马西沙、韩秉方：《中国民间宗教史》，上海人民出版社，1992。

王学钧：《刘鹗的自辩状——老残游记》，辽宁教育出版社，1992。

王学钧：《刘鹗与老残游记》，辽宁教育出版社，1992。

陈辽：《周太谷评传》，南京出版社，1992。

严薇青：《严薇青文稿》，齐鲁书画社，1993。

沈寂等编《中国秘密社会》，上海书店，1993。

盛成：《我的母亲》，中国华侨出版社，1994。

侯杰、范丽珠：《中国民众宗教意识》，天津出版社，1994。

曾国藩：《曾国藩全集》，岳麓书社，1994。

刘瑜：《刘鹗及〈老残游记〉研究》，民族出版社，1995。

邓之诚：《骨董琐记全编》，北京出版社，1996。

张相文：《南园丛稿》，收入《民国丛书》编辑委员会编《民国丛书》（第五编第 99 册），上海书店，1996。

陈宝良：《中国的社与会》，浙江人民出版社，1996。

中国科学院图书馆整理：《续修四库全书总目提要（稿本）》（第 1 册、第 28 册、第 34 册），齐鲁书社，1996。

刘德隆：《刘鹗散论》，云南人民出版社，1998。

陈辽：《陈辽文存》，香港银河出版社，1998。

李申：《中国儒教史》，上海人民出版社，1999。

谢逢源：《李龙川年谱》，收入北京图书馆编《北京图书馆藏珍本年谱丛刊》（第 156 册），北京图书馆出版社，1999。

邵亨豫：《雪泥鸿爪》，收入北京图书馆编《北京图书馆藏珍本年谱丛刊》（第 162 册），北京图书馆出版社，1999。

龚易图：《蔼仁府君自订年谱》，收入北京图书馆编《北京图书馆藏珍本年谱丛刊》（第 173 册），北京图书馆出版社，1999。

龙顾山人纂：《十朝诗乘》，福建人民出版社，2000。

章士钊著，章含之、白吉庵主编《章士钊全集》（第 6 卷），文汇出版社，2000。

刘蕙孙：《刘蕙孙论学文集》，福建教育出版社，2000。

天台野叟：《大清见闻录·艺苑志异》（下卷），中州古籍出版社，2000。

李详：《药裹慵谈》，江苏古籍出版社，2000。

周新国：《中国近现代史论》，江苏人民出版社，2000。

张华松：《齐文化与齐长城》，中国戏剧出版社，2000。

刘鹗：《汉石刻考》（《四库未收书辑刊拾辑伍册》），北京出版社，2000。

王汎森：《中国近代思想与学术的系谱》，河北教育出版社，2001。

刘德威编《馀沤集——刘成忠、刘鹗及其后人诗存》，香港天马图书有限公司，2001。

夏敬观：《学山诗话》，收入张寅彭主编《民国诗话丛编》（第 3 册），上海书店出版社，2002。

殷梦霞、王冠选编《古籍佚书拾存》（第八册），北京图书馆出版社，2003。

刘家平、苏晓君编《中华历史人物别传集》（第 55 册），北京图书馆出版社，2003。

李光炘：《龙川先生诗抄》，收入殷梦霞、王冠选编《古籍佚书拾存》（第八册），北京图书馆出版社，2003。

王汎森：《晚明清初思想十论》，复旦大学出版社，2004。

司马朝军、王文晖：《黄侃年谱》，湖北人民出版社，2005。

卢前：《卢前文史论稿》，中华书局，2006。

江峰：《太谷学派生命哲学研究》，东方出版社，2007。

刘鹗著，刘德隆整理：《刘鹗集》（上、下册），吉林文史出版社，2007。

北图影印室辑《晚清名儒年谱》（第 6 册），北京图书馆出版社，2008。

王文濡：《说库》，广陵书社，2008。

朱季康：《张积中年谱》，南京大学出版社，2009。

许宝蘅著，许恪儒整理：《许宝蘅日记》（第二册），中华书局，2010。

周新国：《周新国自选集》，凤凰出版社，2010。

姚锡光等著《姚锡光江鄂日记》（外二种），中华书局，2010。

《清代诗文集汇编》编纂委员会编《清代诗文集汇编》，上海古籍出版社，2010。

虞和平主编《近代史所藏清代名人稿本抄本》第 1 辑第 30 册，大象出版社，2011。

张进：《李光炘与太谷学派南宗研究》，社会科学文献出版社，2012。

阎敬铭：《抚东奏稿》（八），收入中国社会科学院近代史研究所近代史资料编辑部编《近代史资料》（第 128 册），中国社会科学出版社，2013。

周新国等著：《太谷学派史稿》，社会科学文献出版社，2014。

朱季康：《近代华东民间秘密互助团体太谷学派的生存与信仰研究》，人民出版社，2014。

本书委员会编《翰墨清芬——刘鹗、刘大绅、刘蕙孙三世手迹辑存》，壹号书社，2014。

徐雁平整理：《贺葆真日记》，凤凰出版社，2014。

刘鹗：《要药分剂补正》（中医药古籍珍善本点校丛书），学苑出版社，2014。

邓邦述编《双泅居藏书目录初编》（《中国历代书目题跋丛书》第4辑），上海古籍出版社，2014。

《泰州文献》编纂委员会编《泰州文献》，凤凰出版社，2014—2015。

卢桂平主编《扬州文库》，广陵书社，2015。

王永平主编《扬州大学图书馆古籍珍本丛刊》（第89册），学苑出版社，2015。

朵云轩编《钟泰友朋信札》，朵云轩，2015。

朱季康点校：《太谷学派遗书选编》，社会科学文献出版社，2016。

刘德焕、刘德康编《馀泗集——刘成忠、刘鹗、刘大绅、刘蕙孙四世诗存》，2016。

韩荣钧：《黄葆年与太谷学派研究》，社会科学文献出版社，2017。

陈红彦、谢冬荣、萨仁高娃主编《清代诗文集珍本丛刊》，国家图书馆出版社，2017。

苏州工业园区档案管理中心编《李超琼日记》，古吴轩出版社，2017。

王钟霖著，周生杰、周恬羽整理：《王钟霖日记》（外一种），凤凰出版社，2017。

刘鹗著、刘德隆编《抱残守缺斋日记：壬寅日记 乙巳日记 戊申日记》，中西书局，2018。

王东培著，罗瑛、罗长德整理：《王东培笔记二种》，凤凰出版社，2019。

刘德隆、刘瑀编著：《刘鹗年谱长编》，上海交通大学出版社，2019。

冯雷、王洪军整理：《阎敬铭友朋书札》（上、下），凤凰出版社，2021。

钟泰：《钟泰著作集》，上海古籍出版社，2021。

钟泰：《庄子发微》（繁体竖排），上海古籍出版社，2022。

[美] 墨子刻著，颜世安等译：《摆脱困境——新儒学与中国政治文化的演进》，江苏人民出版社，1996。

[美] 裴宜理著，池子华、刘平译：《华北的叛乱与革命者》，商务印书馆，2007。

[英] 王斯德著，赵旭东译：《帝国的隐喻：中国民间宗教》，江苏人民出版社，2008。

[加] 王大为：《兄弟结拜与秘密会党——一种传统的形成》，商务印

书馆，2009。

[美] 裴宜理著，陈红民译：《异同之间——中国近代教会大学个案研究》，浙江人民出版社，2019。

HanKühner：DieLehrenunddie Entwicklungder "TgaiguSchule". Einedissidenteineiner Epochedes Niedergangsderonfuzianischen Orthodoxie，Wiesbaden：Harrassowitz，1996。

## 五、期刊论文

李定夷主编《黄崖流血记》，《小说新报》第 2 卷第 1 期（1916 年）。

钝宦偶笔：《小三吾亭随笔：泰州教》，《国粹学报》1911 年第 7 卷第 1 期。

《砭斋笔记》（续），《大公报》（天津版）1923 年 3 月 20 日，第 7 版。

井上红梅：《大成教·匪徒》，（上海）日本堂书店，1924 年 6 月 10 日第三版。

章士钊：《孤桐杂记》，《国闻周报》第 3 卷第 35 期（1926 年）。

卢冀野：《泰州学派源流述略》，《东南论衡》第 1 卷第 7 期（1926 年）。

卢冀野：《再论泰州学派》，《东南论衡》第 1 卷第 24 期（1926 年）。

金天翮：《泰州学案》，《甲寅周刊》第 1 卷第 44 期（1927 年）。

丁融明：《泰州教》，《甲寅周刊》第 1 卷第 45 期（1927 年）。

卢冀野：《论太谷学派与宗教 答章行严》，《国闻周报》第 4 卷第 18 期（1927 年）。

卢冀野：《太谷学派之沿革及其思想——清学旁搜记》，《东方杂志》第 24 卷第 14 期（1927 年）。

章士钊：《孤桐杂记·太谷教》，《甲寅周刊》第 1 卷第 39 号（1927 年）。

金天翮：《周太谷传》，《国学论衡》第 21 卷第 5 期（1933 年）。

谢兴尧：《道咸时代北方的黄崖教》，《逸经》第 3 期（1936 年）。

刘厚滋：《同治五年黄崖教匪案质疑》，北平研究院《史学集刊》第 2 期（1936 年 1 月）。

刘厚滋：《同治五年黄崖教匪案质疑补》，北平研究院《史学集刊》第 3 期（1937 年 4 月）。

刘厚滋：《张石琴与太谷学派》，《辅仁学志》第 9 卷第 1 期（1940 年 6 月）。

八幡关太郎：《道咸时代に於ける北支の黄崖教》，《东洋》39 年 11 月号（1936 年 11 月 1 日）。

映庵（夏敬观）：《窃窕释迦室随笔》，《同声》第 11 期（1944 年）。

蒋逸雪：《〈老残游记〉一集考证（附刘鹗年略）》，《文史杂志》第 4 卷第 1、2 期合刊（1944 年）。

陶元珍：《大成教之远源》，《经世日报·经世副刊》第 2 期（1946 年）。

啸平：《谈黄崖教》，《中央日报（南京版）》1947 年 1 月 20 日第 338 期，第 6 版。

任萧：《刘铁云与太谷教 黄崖案中之张积中》，《中央日报（南京版）》1947 年 1 月 27 日第 345 期，第 7 版。

任萧：《刘铁云与太谷教 黄崖案中之张积中》，《中央日报（南京版）》1947 年 1 月 28 日第 346 期，第 7 版。

质庐：《由黄崖案谈太谷学派》，《中央日报（南京版）》1947 年 2 月 2 日第 351 期，第 8 版。

任萧：《太谷教中之李晴峰》，《中央日报（南京版）》1948 年 11 月 27 日第 645 期，第 6 版。

刘蕙孙：《太谷学派的遗书》，《福建师范学院学报》（哲学社会科学版），1957 年第 2 期。

刘蕙孙：《太谷学派政治思想探略》，《文汇报》1962 年 10 月 11 日，第 3 版。

方宝川：《太谷学派研究的历史与现状》，《哲学动态》1989 年第 10 期。

陈辽：《太谷学派：我国传统儒学的最后一个学派》，《益阳师专学报》1990 年第 4 期。

陈辽：《一部用诗写成的诗史》，《苏州大学学报》1990 年第 4 期。

陈辽：《一篇鲜为人知的书论》，《南京艺术学院学报》（美术与设计版）1991 年第 4 期。

陈辽：《所见太谷学派遗书》，《文献》1992 年第 1 期。

王学钧：《〈老残游记〉的太谷学派观》，《江苏社会科学》1993 年第 4 期。

朱禧：《刘鹗〈老残游记〉太谷学派及其他》，《南京理工大学学报》（社会科学版）1994 年第 3 期。

陈辽：《鲜为人知的近代卓越文论》，《江苏教育学院学报》（社会科学版）1995 年第 2 期。

张秋收、诸祖仁：《泰州图书馆收藏入藏太谷学派遗书情况简介》，《南京理工大学学报》（社会科学版）1996 年第 1 期。

李仰华：《太谷学派及其代表人物》，《南京理工大学学报》（社会科学版）1996 年第 1 期。

王学钧：《刘鹗〈述怀〉释论——刘鹗与太谷学派之关系片论》，《南京理工大学学报》（社会科学版）1997 年第 2 期。

方宝川：《刘鹗手记〈道德经序〉作者考略——兼谈太谷学派与道教》，《道韵》1999 年第 5 期。

王学钧：《太谷学派的儒教观："窃比老彭释论"》，《南京理工大学学报》（社会科学版）1999 年第 2 期。

张燕：《老残游记的隐寓手法》，《贵州社会科学》2000 年第 2 期。

刘蕙孙：《我所知道的铁云先生与太谷学派》，《南京理工大学学报》（社会科学版）2000 年第 5 期。

王学钧：《"四句"解禅——太谷学派世俗禅片论》，收入《禅学研究》第四辑，江苏古籍出版社，2000。

王学钧：《太谷学派"圣功秘诀"："心息相依"》，《南京理工大学学报》（社会科学版）2002 年第 1 期。

方宝川：《太谷学派〈易〉学发微》，《南京理工大学学报》2002 年第 2 期。

汉斯·库奈：《太谷学派的教义和发展：儒学正统衰落时代的政治异端学派》，收入刘东主编《中国学术》（第 16 辑），商务印书馆，2004。

方宝川：《谢逢源稿本〈龙川弟子记〉》，《文献》2003 年第 1 期。

王学钧：《三教归一天下为公——刘鹗与太谷学派思想论片》，《南京理工大学学报》（社会科学版）2003 年第 1 期。

蔡文锦：《太谷学派一传大弟子李光炘的〈李氏遗书〉》，《扬州广播电视大学学报》2004 年第 4 期。

金文子：《我所知道的太谷学派》，《南京理工大学学报》（社会科学版）2005 年第 5 期。

朱季康：《近二十五年太谷学派研究的回顾与评价》，《人文杂志》2006 年第 3 期。

陆勇：《社会变迁与学术团体宗教化》，《南京理工大学学报》（社会科学版）2006 年第 4 期。

江峰：《太谷学派格物致知说的生命本位特色》，《北京师范大学学报》（社会科学版）2006 年第 4 期。

朱季康：《清咸同年间黄崖事件再认识》，《山东师范大学学报》（哲学社会科学版）2006 年第 3 期。

江峰：《参同而同见天机——张积中对悟元子〈参同直解〉之节释管窥》，收入詹石窗主编《道学研究》2006 年第 1 期，蓬瀛仙馆，2006。

江峰：《自我控制——中国宗教的情感修行模式》，《宗教学研究》2007 年第 2 期。

刘德隆、刘弘遽：《张积中、李光炘早年的诗歌唱和——论小王屋山居诗及〈素心女史诗馀〉》，《南京理工大学学报》（社会科学版）2007 年第 3 期。

詹石窗、江峰：《论太谷学派对道教生命思想的融通》，《厦门大学学报》（哲学社会科学版），2007 年第 3 期。

江峰：《太谷学派：渐入文化研究视域的民间儒家学派》，《哲学动态》2007 年第 12 期。

江峰、詹石窗：《试析朱熹对太谷学派生命哲学思想的影响》，《东南学术》2008 年第 6 期。

王伟凯、李培志：《太谷学派传人黄葆年之〈帝君祭文〉读解》，《湖南科技学院学报》2009 年第 3 期。

江峰：《太谷学派道教诗歌的诗化哲学透析》，《黄冈师范学院学报》2009 年第 4 期。

朱季康：《乾坤生成说：太谷学派对生命本源的探索》，《南京理工大学学报》（社会科学版）2009 年第 5 期。

朱季康：《晚清民间传统儒家学派的孝悌坚持与创新——以太谷学派为例》，《广西社会科学》2009 年第 8 期。

朱季康：《清季社会转型期民间传统儒家学派对理学的反动——以太谷学派为例》，《四川师范大学学报》（社会科学版）2010 年第 2 期。

周新国：《徘徊于学派与教派之间的活化石——太谷学派发展轨迹探讨》，《扬州大学学报》（人文社会科学版）2010 年第 3 期。

张进：《危机与应对——黄崖教案后的李光炘与太谷学派》，《扬州大学学报》（人文社会科学版）2010 年第 3 期。

朱季康：《清季社会转型期民间传统儒家学派的天人和谐观——以太谷学派为例》，《西华大学学报》（哲学社会科学版）2010 年第 6 期。

刘向东：《太谷学派形成时期的重要资料——〈南园集〉》，《扬州史志》2010 年第 2 期。

彭令：《清代太谷学派宗主手稿孤本〈群玉山房诗集〉鉴定记》，《藏书报》2013 年 9 月 23 日第 12 版。

张进:《试论太谷学派早期传播的民间宗教性》,《扬州大学学报》(人文社会科学版)2013 年第 6 期。

张再林、李雪:《晚清张积中及其〈浅碧山房词选〉论略》,《广西师范学院学报》(哲学社会科学版)2015 年第 4 期。

张进:《咸同年间太谷学派之"丹徒姚子"考》,《历史档案》2016 年第 3 期。

徐兴无整理:《王潾致钟泰信札二十一通五十八页带二封》,《文学研究》2017 年第 1 期。

杨奕成:《太谷学派妇女观之探究》,《中国文哲研究通讯》第二十八卷(2018 年)第 3 期。

张进:《张集馨与太谷学派关系探微》,收入周新国主编《淮扬文化研究》(第一辑),社会科学文献出版社,2018。

张进:《周太谷生年及〈周氏遗书〉编撰版本问题探微》,收入周新国主编《淮扬文化研究》(第二辑),社会科学文献出版社,2019。

张进:《刘鹗与太谷学派关系探微》,收入周新国主编《淮扬文化研究》(第三辑),社会科学文献出版社,2020。

张进:《太谷学人吴载勋及其著作述论》,收入周新国主编《淮扬文化研究》(第四辑),社会科学文献出版社,2021。

张进:《柳诒徵与太谷学派》,收入周新国主编《淮扬文化研究》(第五辑),社会科学文献出版社,2023。

## 六、学位论文

禹露:《王伯沆研究》,南京大学硕士学位论文,2006。

杨恒宇:《钟泰〈庄子发微〉研究》,河南大学硕士学位论文,2013。

牟晓丽:《钟泰〈庄子发微〉研究》,东北师范大学硕士学位论文,2014。

杨栎群:《从〈庄子发微〉探析钟泰的儒家思想》,内蒙古大学硕士学位论文,2017。

陆欣瑶:《钟泰生平与思想研究》,同济大学硕士学位论文,2019。

明靖:《钟泰〈荀注订补〉校勘与训诂研究》,西华师范大学硕士学位论文,2022。

杨奕成:《太谷学派及其教育思想研究》,淡江大学博士论文,2009。

许东:《儒学民间化与宗教化视域下的太谷学派研究》,山东师范大学博士学位论文,2022。

# 后　记

　　本书是国家社科基金后期资助项目，也是本人对太谷学派学习、研究的一个阶段性成果，如今终于要付梓出版了，回首过往，颇多感慨。

　　时间荏苒，回忆自己初闻太谷学派事迹已有 30 多个春秋，而真正接触并研究太谷学派迄今已近 20 年。2011 年，我在完成博士学位论文《李光炘与太谷学派南宗研究》后，感觉《太谷学派遗书》仍有缺漏和不足，有必要对太谷学派文献进行全面系统地研究，便开始主攻太谷学派文献的整理和研究。2014 年，在陈谦平教授、叶美兰教授和吴善中教授的关心下，我申报的《太谷学派稿抄本研究》项目获准江苏省哲学社科基金一般项目立项。2018 年，项目结项后，我将课题拓展为《太谷学派文献研究》，2019 年获得国家社科基金后期项目立项。立项后，项目研究进展并不顺利，一方面是受到新冠疫情的影响，外出查询资料多有不便；另一方面，因参与《扬州通史·清代卷》的编写工作，牵涉了相当的时间和精力，直到 2023 年才完成《太谷学派文献研究》的结项工作。

　　太谷学派作为一个有着独特思想内涵和文化价值的中国传统儒学的地方性学术流派，其文献犹如一座蕴藏丰富的宝藏，在漫长的整理和研究过程中，我从最初仅对太谷学派略知一二，到深入其中，被其博大精深的思想内涵和独特的文献资料所吸引，踏上了这条充满挑战又极具意义的研究之路。当然，整理和研究过程也充满了艰辛和辛酸。首先，太谷学派文献搜集多有不便。我查询国内上海、南京、苏州、扬州、泰州等各大图书馆、档案馆、网络数据库，采用各种路径和技术手段，不放过任何可能保存有太谷学派文献的角落。太谷学派文献的手稿、书画、照片等，虽然纸张已经泛黄脆弱，但是承载着独特的历史文化价值。每一次有新的发现，都让我既兴奋又紧张，兴奋于研究可能会有新的突破，紧张于对资料解读责任之重大。当然，更有因网络卖家索价过高而无法获得太谷学派文献的无比遗憾和深深无奈。其次，太谷学派文献存在着字迹潦草、涂抹钩乙、模糊不清等问题，且文献本身晦涩难懂，辨识、解读相关文献需要耗费大量的时间和精力。为了理解一段文献的准确含义，我需要反复查阅资料、对比不同版本，有时为了确认一个字而要反复推敲，甚至耗上几天时间。不过，这些困难反而磨炼了我的意志，也让我对太谷学派文献有了更全面、更深刻的认识。

在本书的写作过程中，我得到了诸多师友的热情支持和大力帮助，在此深表谢意！国家社科基金后期项目评审的各位专家，以其高屋建瓴的学术见解、科学严谨的学术态度和精益求精的学术要求，使我的项目研究能够得到最大程度的丰富和完善。我的恩师，原扬州大学副校长周新国教授以及扬州大学社会发展学院的吴善中教授、刘建臻教授给予持续不断的关心和督促，使我能够沉下心来，系统探究太谷学派文献。他们还以其渊博的学识和敏锐的学术洞察力，为我指引学术研究的前进方向，尤其是当我遇到瓶颈时，几句提点就让我茅塞顿开、豁然开朗。朱季康、韩荣钧等太谷学派研究的同仁也分享了其独特的学术见解和一些重要的太谷学派资料，对本书写作颇多启发和助益。太谷学派后裔朱松龄先生虽然年岁已高，但是通过电子邮件，不仅及时为我答疑解惑，而且提供了一些珍贵的太谷学派文献的照片。年过八旬的姚有为老师帮我辨识太谷学派文献不辞辛劳，助力最多。南京师范大学泰州学院的刘大武老师也乐于助人，为识别太谷学派文献，多次帮我向该校的书法老师请教。浙江师范大学图书馆馆长陈玉兰教授、江苏工程职业技术学院的弓楷博士、南京师范大学社会发展学院博士研究生费行健以及我的硕士研究生吉城兴，都曾无私地为我提供或者查询太谷学派的相关文献资料。

泰州图书馆特藏部的颜萍、张劲，苏州图书馆特藏部的赵亚婷也为我查询太谷学派资料提供了诸多便利，他们的热情服务和敬业精神让我非常感动。

感谢扬州大学人文社科处问筱平副处长、李长庆副处长、禹良琴老师、刘舒杨老师，扬州大学社会发展学院副院长陆和健教授、李文才教授和王嘉川教授以及扬州大学图书馆原书记陈景春教授对本书写作的关心和支持。

九州出版社的编辑对本书的编辑出版投入了巨大的精力，提出许多中肯的修改建议，对其的严谨态度和辛勤劳动，表示衷心的感谢！

最后感谢我的家人，正是她们的理解、鼓励、支持和付出，使我得以集中精力完成本书的写作。

本书的撰写，不敢奢望能反映太谷学派文献的全貌，唯欲通过考察太谷学派与近代中国儒学转型的学术关联，以及太谷学派的学术思想和建树，来揭示近代中国民间儒学由传统向现代转型的路径之一,从而为太谷学派的学术探索贡献自己的一份绵薄之力。尽管已经付出很大努力,但是囿于个人的学识能力和水平,本书不可避免地还存在着一些错误和不足之处,期待方家能够不吝赐教,多加批评和指正。未来,太谷学派文献或许还有更多值得挖掘之处,希望有更多学者能够继续将太谷学派研究推向深入。

张进

2024 年 11 月于扬州华芳苑